Bernhard Philberth   DER DREIEINE

VIA·VERITAS·VITA

BERNHARD PHILBERTH

DER DREIEINE

ANFANG UND SEIN

DIE STRUKTUR DER SCHÖPFUNG

CHRISTIANA-VERLAG STEIN AM RHEIN

Photonachweis:
1. Umschlagseite: Der neuentdeckte «Kegel»-Nebel im Sternbild «Einhorn». Aufnahme: «Hale»-Teleskop der Palomar-Sternwarte, Kalifornien/USA. Autorisation: Schweizerische Astronomische Gesellschaft.
4. Umschlagseite: Autor-Porträtaufnahme: Atelier R. Schramm, München.

3. Auflage Januar 1974   11.—17. Tausend   (1. Auflage Trinitatis 1970)
(Neue Kapitel I 5 und I 6)

Printed in Switzerland
Buchdruck/Offset Josef Schmid-Fehr, CH-9403 Goldach / St. Gallen
ISBN 3 7171 0183 8

Anfang

Das Sein

DIE KOSMISCHE GESCHICHTE

* Auch für Nicht-Physiker   ** Nur für Fach-Physiker

Die Kapitel mit * oder ** können überschlagen werden, ohne den großen Zusammenhang zu verlieren. Mathematische Formeln können ignoriert werden.

I 6 Allmacht und Ewigkeit

I 7 Bauplan und Freiheit

RELATIVITÄTSPHYSIK

QUANTENPHYSIK

Tabellen:

A

Anfang

Im Anfang schuf Gott Himmel und Erde. Die Erde war wüst und leer, Finsternis lag über der Urflut, und der Geist Gottes schwebte über den Wassern. Da sprach Gott: «Es werde Licht!» Und es ward Licht. Gott sah, daß das Licht gut war.

Genesis 1, 1-3

Der unnennbare Name

Gott hat die Welt geschaffen durch Sein Wort. Wie ein Kunstwerk das Wesen des Künstlers widerspiegelt — was immer es darstellen mag —, so spiegelt die Schöpfung das Wesen des Schöpfers in allen ihren Bereichen. Gott ist alles in allem — und die Anschauung Gottes umfaßt die Anschauung der Welt mit allen ihren Dingen.

Der Mensch ist als Gottes Ebenbild geschaffen. Weder Engel noch Tier, weder reiner Geist noch reine Materie, ist er die Begegnung des Geistes mit der Materie, des Göttlichen mit dem Irdischen; eine Begegnung im Erkennen und Erkanntsein; in der christlichen Offenbarung und der intellektuellen Forschung, in der Lehre der Kirche und der Aufklärung der Wissenschaft.

Die Welt — vom Atom bis zu den Sternenheeren des Weltalls, vom flüchtigen Gedanken bis zu den Ideologien der Weltmächte, vom Kindertreiben bis zu den Großtaten der Weltgeschichte — ist ein ebenso gigantisches wie geheimnisvolles Spiegelbild des allgewaltigen Gottes. Aber doch nur ein Spiegelbild, denn als geschaffenes, gewordenes, bedingtes Sein ist es ganz anders als das ungeschaffene, ungewordene, unbedingte Sein des ewigen Gottes, der Seinen Namen als der jenseits aller Geschichtlichkeit Seiende, als «Der Ich Bin» geoffenbart hat: JAHWE, der unnennbare Name; denen, welchen er geoffenbart, bei Strafe des Todes unaussprechbar; für kein geschaffenes, der Geschichte unterworfenes Sein vollziehbar.

Die Welt ist dem Wandel unterworfen: Aus dem Nichts geworden, ist sie — und seiend vergeht sie wieder in das Nichts. Alles Werden und Vergehen, alle Mächte und Kräfte sind Wort des unwandelbaren Gottes, der in ewiger Ruhe alle Schöpfungskraft inne hat.

Und doch ist die Welt Spiegelbild, Gleichnis Gottes. Und Gott ist der Dreieine. Aus dieser Dreiheit des Ewigen entspringt die gewaltige dreiheitliche Mächtigkeit alles endlichen Seins mit seiner Mannigfaltigkeit, Großartigkeit und Freiheit.

Warum dies gerade eine Dreiheit ist, warum dies überhaupt eine durch eine Zahl orientierte Mächtigkeit ist, ist ein unfaßbares Geheimnis. Viel mehr noch! Schon im ersten Satz der Schöpfungsgeschichte ist der Geist: der Geist Gottes schwebte über den Wassern; als der schöpfungsmächtige Gott. Im Neuen Bunde offenbart sich uns der Vater und der Sohn: der uns liebende und zu uns tretende, weltenbeherrschende Gott; Gott als unser Gott. Die ganze Offenbarung ist erfüllt von Gott, dem Vater, Sohn und Geist. Aber nirgends in der gesamten Offenbarung von Gott steht die Zahl «3» oder das Wort «drei». Denn nichts steht über Gott. Keine Zahl steht vor Gott; Ihn überkommend, Ihn kennzeichnend. Sondern jede Zahl, die Zahl als solche, ist Gestalt, Form, Inhalt Seiner Schöpfung. «Du sollst dir weder Bild noch Gleichnis von Mir machen» ist das Gebot vor allen anderen Geboten. Dies muß uns im Tiefsten durchdringen und mit Schauder erfüllen, wenn wir es wagen, Ihn den «Dreieinen» zu nennen.

Gott ist der Dreieine. Und dies ist eben so; wie Gott selbst ursachlos, fraglos, ungeworden IST. All unsere Einsicht kann dieses Geheimnis nicht begreifen, weil alle Vernunft, alle Weisheit und alle Einsicht durch diese Dreieinheit überhaupt erst gegeben wird. Alles Reden über Ihn ist nur Gleichnis. Was sollen da nochmals Bilder und Gleichnisse über Ihn: die ganze Schöpfung ist selbst Bild und Gleichnis des Dreieinen.

Gott ist dreieinig in Seiner heiligen Personalität. Gott ist Person als das bewußte ICH, das dem Geschaffenen als dem «du» gegenübersteht.

In feuriger Lebendigkeit ist Gott als Vater, Geist und Sohn dreifaltig Einer. Nicht ist eine dieser drei göttlichen Personen den anderen göttlichen Personen übergeordnet, untergeordnet oder auch gleichgeordnet; jede Zuordnung ist verfehlt: Jede erfüllt alles Leben.

Trotz ihrer Verschiedenheit sind sie nicht trennbar; — ein Wesen, ein einziger, lebendiger Gott. Der Geist ruht im Vater in unentwegter Unwandelbarkeit und ewigem Frieden als «alles in allem». Der Vater schöpft im Geiste in allerleuchtendem Feuer und allumfassender Gewalt nach Seinem Willen. Der Sohn herrscht mit dem Vater im Geist über alles Seiende und über alles Geschehen.

Dieser personale Gott ist das regierende, schöpfungsmächtige, höchstrichterliche ICH, das allem Geschaffenen als Herr gegenübersteht — und an dem dennoch die Gemeinschaft der Heiligen in Vereinigung mit Gott-Sohn ungeteilt Anteil hat: vereint mit Gott und doch von Person zu Person im Angesicht zu Angesicht vor Gott dem Herrn stehend.

Die Personalität Gottes ermöglicht und verlangt die Anrufung und Anbetung: Wir können und dürfen zu Gott «DU» sagen; DU, vor dem «ich» mich stehend begreife. Wir selbst sind Person, weil Gott, der Schöpfer, Personalität ist. Jeder von uns ist «eigene» Person und zugleich Teil der allumfassenden Personalität Gottes, welche nicht nur das Person-sein aller Mächte, Engel, Geister und Menschen in sich vereint, sondern — unendlich viel mehr — zugleich der Urgrund aller Personalität überhaupt ist.

Unser Ich ist uns buchstäblich selbstverständlich eigen — und dennoch ist dieses Ich unserer Personalität etwas unfaßbar Erstaunliches: Ich, ich selbst; ich, nicht du; ich, nicht jener! Unfaßbare Personalität, indem jedes Fassen und Begreifen ein persönlicher Akt eben eines konkreten Ich ist; eines Ich gegenüber dem Anderen, der es schon längst begriffen hat und doch nie begreifen wird. Und wenn wir noch so darüber nachdenken: «ich bin», — nicht einmal die eigene Personalität vermögen wir einzuholen; geschweige denn die allumfassende, alles «Ich-du» aller Wesen begründende Personalität Gottes.

Gott ist dreieinig in Seiner Absolutheit. Gott ist die Absolutheit als die vollkommene Ausschließlichkeit alles Anderen; derart, daß nichts Anderes ist. Ja sogar in so vollkommener Ausschließlichkeit, daß sogar das Nichts selbst in Gott inbegriffen ist.

In erhabener Großartigkeit ist Gott die allumfassende Wirklichkeit, die allerleuchtende Erkenntnis und der ewige Er-Selbst. Nicht eine dieser Absolutheiten ist den anderen übergeordnet, untergeordnet oder auch gleichgeordnet; jede Zuordnung ist verfehlt: Jede umfaßt das All und die Ewigkeit. Trotz ihrer Verschiedenheit sind diese Absolutheiten nicht trennbar; — ein Feuer, ein all-ein-seiender Gott.

Alles Wirkliche — die Realität aller erkennenden und selbstbewußten Geister, die Realität aller Räume, Zeiten und Massen, die Realität des Verschiedenen nebeneinander, nichts ausgeschlossen — existiert in Gott, der alles Wirkliche in ewigem Erkennen und ewigem Dasein durchdringt und belebt; Gott ist das Reich.

Alles Erkennen — die Einsicht aller Mächte, Geister und Wesen, wie Gesetz und Ablauf aller Welten, nichts ausgeschlossen — lebt in Gott, dessen ewiges Erkennen alle Wirklichkeit und Eigenart schafft und erhält; Gott ist die Kraft.

Alles Selbst-sein — das Selbstbewußtsein, die eigenständige Erkenntnis aller Geister wie die eigenartige Wirklichkeit aller Weltgegenstände, nichts ausgeschlossen — gründet sich in Gott, dessen unwandelbare Selbst-Mächtigkeit alles Wirkliche und alles Erkennen begründet und heiligt; Gott ist die Herrlichkeit.

Dies bestimmt das gesamte Weltgeschehen. In fortwährender Ergänzung und Verdrängung von Erfahrung und Einsicht, von Theorie und Experiment führt die individuelle Geschicklichkeit des Wissenschaftlers zu den äußersten Grenzen. Als die beiden Geschlechter des Seins zeugt die Wirklichkeit immer neue Erkenntnisse und gebiert die Erkenntnis immer neue Wirklichkeiten — und in immer neuen Seinsgenerationen entstehen unübersehbar viele Dinge in erstaunlicher Selbständigkeit und Eigenartigkeit; eine unfaßbare Vielheit und Mannigfaltigkeit — das eine neben dem ganz anderen — tut sich abgrundlos auf: Eine urgewaltige Schöpfung des allumfassenden Gottes.

In Gott ist die absolute Dreiheit von Allmächtigkeit, Allwissenheit und Allgegenwart. Er ist der All-Eine in Ewigkeit.

Gott ist dreieinig in Seiner allherrscherlichen Majestät. Gott ist die Majestät, als Herr über Leben und Tod und als Herr des Gerichts.

In unnahbarer Ungeheuerlichkeit erschöpft sich in Gott das Sein, das Nichts und das Wort. Nicht eine dieser Majestäten ist den anderen übergeordnet, untergeordnet oder auch gleichgeordnet; jede Zuordnung ist verfehlt: Jede hat die Allmacht inne.

Trotz ihrer Verschiedenheit sind sie nicht trennbar; — eine Allgewalt, ein einziger schöpfungsmächtiger, höchstrichterlicher Gott. Mit Seinem Wort wird Sein aus dem Nichts und wiederum Nichts aus dem Sein. Als «der, der IST», gestaltet Er das Nichts zu Raum, Zeit und Dasein. Selbst gegründet in nichts, im Nichts, trägt Er das Sein über der raumlosen, zeitlosen und gehaltlosen Leere. So unaussprechlich ist diese allgewaltige Majestät, daß es noch zu wenig ist, würde man sagen: Nichts ist außer Gott.

Dieser eine und einzige Herr über das Nichts — diesem unheimlichen, undenkbaren, unvollziehbaren Anderen zu allem Sein — vermag die staunenswerte Freiheit zu geben, die das Geheimnis des Bösen in sich birgt. Nur dieser Herr über das Nichts — eine Herrschaft, die nie und nirgends ihresgleichen hat — ist Stifter jener unerklärlichen Freiheit, kraft derer geschaffenen Mächten die Möglichkeit gegeben ist, Gott anzuerkennen oder zu leugnen — und frei zu wählen zwischen einem Reich des Lebens und Lichts, in welchem Gott ist, und einem Reich des Todes und der Nacht, in dem Gott ....; ein Gedanke, dessen existentieller Vollzug das Urgrauen des ewigen Todes bedeutet und die Herrschaft des «Geistes der Verneinung» aufrichtet.

Gott ist gut: Und der Löwenruf der Erlösung hallt durch alle Räume und Zeiten. Hat aber Gott überhaupt Eigenschaft, die Ihm zwingend anhaftet — und wer hätte Ihm diese fraglos gegeben? Kommt Ihm Eigenschaft jenseits von Ihm selbst, von Ewigkeit zu Ewigkeit zu; gleichsam Ihn selbst bestimmend? Vielmehr macht Gott erst alle Eigenschaftlichkeit in souveräner Machtfülle — und niemand und nichts ist, soweit das Sein reicht, Ihn anzuweisen; niemand und nichts kann Ihn hindern.

Gott ist gut. Wer sagt dies, wer kann garantieren, daß Gott — der Eine und Einzige, von dem alles, alles abhängt — wahrhaft gut ist; Gott, der mit Seinem Wort das Sein aus dem Nichts hebt; das Sein, in welchem auch der «Fürst dieser Welt», der Böse und das Böse, da ist? Die Frohbotschaft des Sohnes verkündet, daß Gott gut ist, daß Gott der Vater ist, der uns liebt und uns die Gnade gewährt, daß wir Ihn lieben: Eine überwältigende Verkündigung; gerade als würde alles, alles umgekehrt. Aber ist Gott außerhalb dieser Verheißung gut; ist Er in Ablehnung des Vaters, in der Abkehr vom Sohn, in der Sünde gegen den Geist gut; ist Er gut, wenn wir Ihm und Seinem schöpfungsmächtigen Wort mißtrauen, uns nicht auf Ihn und Sein verheißendes Wort verlassen, uns nicht auf Ihn und Sein höchstrichterliches Wort hin richten? Wer garantiert uns dann noch irgendetwas: «Mit dem Maß, mit dem ihr meßt, wird euch gemessen?»

Er selbst, der Unheimliche, Dreieine sagt, daß Er gut ist. Wie, wenn wir belogen und betrogen wären, weil Er, weil jener eben doch — —; hätte der Mißtrauende dann nicht sogar noch recht? Und furchtbar, wie aus Nacht und Nebel aufsteigend, wie eine Ausdünstung der Hölle streift ein Hauch des schrecklichsten Geheimnisses, des Geheimnisses des Bösen das Antlitz. In Grauen gehüllt ist die Urbosheit anwesend. Wer ist der Teufel? Es ist, als wollten Krallen den Schleier vor der Gegenwart dessen heben, den Aug' in Aug' anzuschauen ewige Verdammnis ist.

Gott — der selbst Ungeschaffene, selbst alles Schaffende — umfaßt alles Sein und alles Nichts so vollkommen und Gott hat das Geschaffene so unfaßbar weitgehend an sich teilnehmen lassen, daß es geschaffenen Mächten möglich ist, das Nichts gegen den Schöpfer selbst zu kehren. Und der Satan, seine Macht und sein Reich sind die Personifikation, die Anschauung und Realisation jener Ur-Antinomie, jener unheimlichsten aller Antinomien, jener wahrhaft weltbeherrschenden und weltvernichtenden Antinomie, in welcher Geschaffene das Nichts gegen ihren Schöpfer selbst kehren und über Gott selbst das Nein sprechen; über Gott selbst, der in Wahrheit in so ganz anderer Mächtigkeit zugleich als das Sein, als das Nichts und als das Wort IST.

In der göttlichen Dreieinheit vereinigen sich die Personalität, die Absolutheit und die Majestät in Vollkommenheit in einem Gott. In diesem dreieinen Gott ist zugleich ewige Ruhe und allwirkende Tatkraft, unausweichliche Gerechtigkeit und überfließende Barmherzigkeit; in diesem unfaßbaren Gott, in welchem sich Einzigkeit und Fülle, Ordnung und Freiheit, Gesetz und Wunder vereinen — und keine Grenze des Möglichen sichtbar ist. Gott ist die Schönheit und Herrlichkeit, die Wahrheit und Treue, die Güte und Liebe: Weil Er in Seinem schöpfungsmächtigen, verheißenden, höchstrichterlichen Wort es sein will.

All unser Begreifen scheitert vor diesem Heiligen. Nur Glaube, Hoffnung und Liebe führen zu diesem all-einen und ewigen Gott. Der Glaube führt zur ungetrübten Erkenntnis Gottes im Geiste; er wird zur Anschauung von Angesicht zu Angesicht. Die Hoffnung führt zur unwandelbaren Wirklichkeit des Reiches Gottes des Vaters; sie wird zur Erfüllung der himmlischen Verheißung. Die Liebe führt zur Gotteskindschaft in der untrennbaren Zugehörigkeit zu Christus, dem Sohne Gottes; sie wird zur Vereinigung mit Gott selbst.

Aber auch über Glaube, Hoffnung und Liebe verfügen wir nicht. Wenn uns der Unglaube beschleicht, können wir den Glauben nicht erzwingen; wir belügen uns selbst, wenn wir uns trotz Zweifel als Glaubende wähnen. Wenn uns die Hoffnungslosigkeit überfällt, können wir die Hoffnung nicht halten; wir betrügen uns selbst, wenn wir uns trotz Verzagen wie Hoffende gebärden. Wenn uns die Kälte in die Seele dringt, können wir die Liebe nicht entzünden; wir verstören uns selbst, wenn wir uns trotz Abscheu wie Liebende aufspielen. Glaube, Hoffnung und Liebe sind überirdische Gnaden; Geschenke des dreieinen Gottes.

Wir können uns für diese Geschenke nur bereiten, indem wir Demut, Geduld und Ehrfurcht lernen. In Demut müssen wir unsere flüchtige Einsicht leiten lassen; ohne Demut wird das Glauben törichter Aberglaube und sichernde Gewohnheit. In Geduld müssen wir in den harten Realitäten standhalten; ohne Geduld wird das Hoffen zu eitler Hoffart und kurzatmiger Oberflächlichkeit. In Ehrfurcht müssen wir uns vor dem Herrn beugen; ohne Ehrfurcht wird das Lieben zu selbstsüchtigem Buhlen ohne wahrhaftes Gegenüber. Die Gottesfurcht ist die Stärke des Glaubenden und Hoffenden. Wer Gott fürchtet, ist von Seiner Allmacht beschattet — und es gibt nichts, was der Gottesfürchtige zu fürchten hätte.

Gott, der Dreifaltig-Eine! In geheimnisvoller Ferne Ist Er als Personalität, Absolutheit und Majestät. Und so vereinigen sich ohne Unterscheidung die Personalität, die Absolutheit und die Majestät in Vollkommenheit in einem einzigen Gott. Alles Fragen, wie das sein könne und warum dem so sei, verhallt im All und in der Ewigkeit, woraus wir selbst mitsamt unseren Fragen ungewesen und fraglos zum Dasein gerufen sind.

Aber Gott ist zugleich der Große-Nahe, der grenzenlos sich Verschenkende. Seit Anbeginn ist der Mensch angelegt, das Wahre, Schöne und Gute zu suchen. Der Höchste und Heilige selbst soll unser Zielen und Trachten erfüllen. Und wer Ihn sucht, der findet Ihn; überall. Denn der Schöpfer ist in Seiner Schöpfung gegenwärtig; überall.

Der allmächtige Dialog

Gott führt ein machtvolles Selbstgespräch. Wer könnte Ihm dazwischenreden, Ihn korrigieren, Ihm das Wort abschneiden. Gott in Vater und Geist führt einen allmächtigen Dialog im Wort. Und vom Vater gezeugt und im Geist geboren, Ist der Sohn; gezeugt, nicht geschaffen. Der Sohn ist das Wort, das Wort aber ist die ganze Schöpfung. Welten entstehen und vergehen in diesem Wort.

Im menschgewordenen Sohn wird das Wort zum Gespräch Gottes mit dem Menschen. «Und das Wort ist Fleisch geworden und hat unter uns gewohnt»; das Wort, das vor aller Schöpfung steht: «Wahrlich, ehe Abraham ward, Bin Ich.»

Vor der Schöpfung war kein Raum und keine Zeit, auch kein leerer Raum und keine ereignislose Zeit, in welchen Gott hätte wohnen müssen. Raum und Zeit sind nichts neben Gott, nichts um oder über Gott, sondern sind selbst Schöpfung; zusammen mit den kosmischen Massen geschaffen und entstanden. Von «vor» oder «außer» der Schöpfung zu sprechen, ist überhaupt sinnlos, leer; da doch kein Raum und keine Zeit, in welchen diese Ausdrücke erst Sinn hätten: Wie in faustischer Vision «Um sie kein Raum, noch wen'ger eine Zeit, von ihnen sprechen ist Verlegenheit.»

Als Schöpfer von Raum und Zeit ist Gott der überräumliche und überzeitliche Herr. Alle Räume und alle Zeiten sind Ihm gleich nahe. In Ihm ist alle Vergangenheit und Zukunft eins. Er ist die Unwandelbarkeit. In Ihm ist alles beschlossen; wie aufgezeichnet. «Wer im Endgericht nicht in den Büchern des Lebens seit Anbeginn der Welt geschrieben gefunden ward, wurde in das ewige Feuer geworfen» und war dem Tode verfallen.

Und doch — erstaunlich, unfaßbar, erschreckend — ist in Ihm, dem über Raum und Zeit Thronenden, ewig da, was die Menschen immer und überall *frei* getan haben und tun werden. Er ist der Herr der Geschichte; der Schöpfungsgeschichte, der Menschheitsgeschichte, der Heilsgeschichte. Er ist der herrschende, fordernde, handelnde Gott der Geschichte. Und diese Geschichte ist kein Geschehensablauf eines programmierten Automaten, sondern lebendige Geschichte unheimlich freier Wesen. Denn Gott ist der Lebendige.

Dieser Gott ist der Dreieine. Der Sohn ist im Vater und im Geist. Die Schöpfung ist ja Sein Wort; Wort des lebendigen Gottes. Zugleich ist aber auch der Vater und Geist im Sohn. Der ewig unwandelbare, überzeitliche Herr ist zugleich in allen Räumen und Zeiten aller Schöpfung lebendig gegenwärtig. Es ist der sich «im Abendwind ergehende», den Menschen ansprechende Gott. Er ist der DA-SEIENDE, bei-uns-seiende Gott, der mit uns durch den Wandel der Zeiten schreitet; als unser Gegenüber. Er ist der Gott des Bundes und der Verheißungen, der sich mit Seinem Volk und mit Seinen Menschen verbindet und in den mannigfaltigen Veränderungen einer frei gestaltbaren Geschichte bei uns lebt. Der überräumliche und überzeitliche Herr wohnt zugleich so sehr in diesem unserem Raum und in dieser unserer Zeit Seiner Schöpfung, daß man Ihn sogar anspucken, ergreifen und kreuzigen kann.

Er ist der im Sein der Schöpfung wohnende, in den Dingen greifbare, in den Lichtstrahlen sichtbare, in den Klängen hörbare Gott. Er ist der im Menschen lebende, unabweisbare Gott, der uns im Mitmenschen begegnet; der jedem einzelnen Menschen nacheilt und jeden anrührt und ausfüllt. Er ist der das Denken schaffende, alle Gedanken ermöglichende und tragende, in der Wissenschaft sich offenbarende Gott.

Er ist der in uns Wohnende und zugleich von uns zeitlebens zu Suchende. Er ist der unmittelbar Nahe und doch unerreichbare Fremde. Er ist der mit uns Eine und zugleich der ganz Andere.

Im Wort, als Wort treten Räume, Zeiten und Massen ins Dasein — und gewesen, verschwinden sie wieder. Eine urgewaltige Entwicklung schafft einen Kosmos, eine Erde, immer höhere Lebewesen und schließlich den Menschen. Nach ehernen Gesetzen läuft die Evolution ihrer Bestimmung zu; Gesetze, welche «die Hypothese Gott entbehrlich» werden lassen. Aber auch diese Gesetze haben keinen Raum und keine Zeit jenseits der Schöpfung; keinen festen Punkt außerhalb, von wo aus sie ihren Hebel ansetzen und das Sein begründen könnten. Sie stehen selbst in den Büchern des Seins dieser umfassenden Schöpfung. Die Gesetze sind Gesetzte; auch Geschaffene. Sie sind vom überzeitlichen Gott der Schöpfung Eingeschriebene, in denen von Anfang an der Schöpfung alle Wirklichkeiten bis zum Ende, alle Wirkungsmöglichkeiten künftiger Entfaltung mitgegeben sind. «Im Anfang war das Wort, und das Wort war bei Gott, und das Wort war Gott»: Ein in ewiger Unwandelbarkeit ruhender Gott.

Zugleich aber sind in eben dieser Überzeitlichkeit Gottes alle Zeiten eins: Das Schöpfungswort Gottes klingt durch alle Zeiten. Unentwegt schöpft Gott. Entwicklung ist ununterbrochene Schöpfung; Evolution, unaufhörliche Machtentfaltung: Ein in ewigem Feuer schaffender Gott. Erstaunlich, furchtbar, unfaßbar: Alles in überzeitlicher Übermacht beschlossen — und zugleich lebendiges Geschehen freier Geschöpfe; Gott, von der unwandelbaren Ruhe der Überzeitlichkeit — und zugleich im Feuer durch den Wandel der Zeiten schreitend; der Eine und zugleich ganz Andere. Wie ist dies vereinbar?

Im allmächtigen Dialog Gottes ruhen alle Gegensätze und alle Widersprüche werden leer; alle unsere Aussagen — die einen wie die ganz anderen — werden zu Gleichnissen. Wessen Denken könnte Gott, der alles Denken geschaffen hat, nochmals überdenken? Wer könnte Gott in Seinem Dialog mit sich selbst und aller Schöpfung das Wort abschneiden oder begrenzen? Das ist keine Frage des Denkens und seiner Gesetze mehr, sondern eine Frage der Macht.

Der Dialog Gottes ist das absolut Mächtigste; unvergleichlich mächtiger als alle Gesetze der Natur, des Lebens, des Denkens, die selbst in eben diesem Dialog ins Dasein gerufen sind — und gewesen, wieder verschwinden. Das Erfassenwollen des Geheimnisses Gottes in Seiner Macht, das Dazwischenredenwollen in diesen allmächtigen Dialog, das Ermessenwollen dieses schöpfungsgewaltigen Wortes mit den uns eingeschriebenen Denkgesetzen ist wahnhafte Verkennung der Mächtigkeiten; ist Verstörung.

Wer könnte einen Elefanten an einen Esel binden; dem Elefanten den Schritt des Esels aufzwingen? Der Übermächtige geht einfach wohin er will; aller Fesseln spottend und zermalmend, was ihm im Wege. «Der Geist weht wo Er Will.» Wir kennen Ihn, so Er sich uns offenbart. Wir fassen Ihn, so Er sich uns darbietet. Wir sprechen mit Ihm wie mit dem Vater, so Er sich uns neigt. Furchtbar, erstaunlich, unfaßbar ist der lebendige Gott, der Dreieine.

Der Dreifaltige Abglanz

Der Sohn ist vom Vater gezeugt und im Geist geboren. Er ist das Wort des allmächtigen Dialogs. Die ganze Schöpfung ist aus dem Wort. Die ganze Schöpfung Ist auf den Sohn hin — und ist-nicht ohne den Sohn.

Gott Ist in Dreiheit Einer. Und Jeder ist in Dreiheit der Ganze: So ist auch der gesamten Schöpfung die Dreiheit eigen. Die ganze Schöpfung ist der dreifaltige Abglanz des Dreieinen. Das ist eben so.

Das ist gleichsam wie in unserem dreidimensionalen Raum: In jeder einzelnen Richtung — noch so weit nach rechts oder noch so weit nach hinten oder noch so weit nach oben — ist auch immer wieder dreidimensionaler Raum mit den drei Richtungen links-rechts, vorne-hinten, unten-oben. Der kleinste, noch so weit in irgendeiner Richtung betrachtete Raumteil ist vollkommen dreifaltig; ist «Raum» einfachhin; ist Abbild, Abglanz des Gesamtraumes, des Raumes einfachhin.

Dies ist Gleichnis, ein schemenhaftes Bild der lebendigen Mächtigkeit der Schöpfung — und ist doch mehr als ein Gleichnis: Die ganze Schöpfung ist eine dreieinige Hierarchie von überwältigender Mannigfaltigkeit, Beweglichkeit und Freiheit; Mannigfaltigkeit von Dreiheiten, Beweglichkeit in den Dreiheiten; Freiheit durch die Dreiheiten; Dreiheiten, die sich mannigfaltig ineinander spiegeln, beweglich auseinander hervorgehen und frei einander gestalten. Auch unser physikalischer Raum ist eine jener Dreiheiten dieses Spiels der Mächtigkeiten in einer geheimnisvollen hierarchischen Einheit, Ruhe und Ordnung.

Bei Betrachtung der Schöpfung drängen sich geradezu drei Mächtigkeiten auf; Das Sein, der Mensch und die Wissenschaft; jede in ihrer Dreiheit, in ihren vielerlei Dreiheiten. Oder bilden vielleicht Sein, Mensch, Wissenschaft auch miteinander eine Dreiheit?

Der Mensch ist als Einwohner des Seins nur Teil des Seins. Die Wissenschaft ist als Akt des Menschen wiederum nur Teil des Menschen. Das Dasein der Menschheit umfaßt nur Sekunden der Schöpfungswoche; das Dasein der Wissenschaft umfaßt wiederum nur Sekunden des Menschheitstages. Der Mensch ist im Kosmos nur Staub; die Wissenschaft ist wiederum nur ein Hauch in den Erscheinungen menschlichen Lebens. So ist das Sein von höherer Mächtigkeit als

Mensch und Wissenschaft. Das ist wirklicherweise so. Und doch ist dies nur eine, die erste Dimension.

Der Sohn beherrscht die ganze Schöpfung. Jeder Mensch ist mehr wert als der gesamte Kosmos und mehr wert als alles Wissen. Der Mensch ist die Krone der Schöpfung; Personalität, selbstbewußtes Leben, lebendiges Ich-selbst gegenüber dem Anderen, gegenüber Welt und Geist, gegenüber Sein und Wissenschaft. Erst im Menschen und durch den Menschen wird aus dem Sein Wissenschaft hervorgebracht und ins Dasein gerufen; Wissenschaft über das Sein — und das Sein wiederum umfassend und gestaltend. So ist der Mensch von höherer Mächtigkeit als Sein und Wissenschaft: personaler Träger des Auftrags, sich die Erde untertan zu machen, als selbstbewußter, eigenmächtiger Herr. Dies ist eigenartigerweise so. Und doch ist auch dies nur eine, die zweite Dimension.

Was unterscheidet den Menschen der Jetztzeit von dem der Steinzeit? Was gestaltet die Erde zu dem, was sie brauchbar und wertvoll macht? Was hat der Kultur- und Zivilisationsmensch dem Natur- und Höhlenmenschen voraus? Was hat diese Welt der Erde etwa jener des Jupiter, mit all seinen gigantischen Stürmen, Eismeeren und Vulkanen, entscheidend voraus? Was hat diese Erde dem unbewohnten Kosmos, den Sonnen und Milchstraßen unabschätzbar weit voraus? Die Wissenschaft ist jene neue Qualität, die den Menschen sich selbst und sein Leben erkennen läßt, ihn erhebt und zu dem macht, was er in dieser Welt ist — und als ihr Objekt selbst sogar in sich einschließt. Die Wissenschaft ist jene Mächtigkeit, die über den Menschen und durch den Menschen das Sein erfaßt und gestaltet, es zu dem entwickelt, was es entscheidend ist — und alles Sein in sich einschließt. So ist die Wissenschaft von höherer Mächtigkeit als der Mensch und das Sein. Das ist erkannterweise so. Und doch ist dies auch nur eine, die dritte Dimension.

Sein, Mensch und Wissenschaft sind die drei Dimensionen des Abglanzes von Vater, Sohn und Geist innerhalb der Schöpfung. Im Sein wirkt der in Seiner Schöpfung wohnende Gott; im Menschen lebt der in Sein Eigentum gekommene Gott personal; in der Wissenschaft erkennt der in Seinem Werk durch den Menschen weiterschöpfende Gott.

Dennoch ist Sein, Mensch, Wissenschaft keine vollständige Dreiheit: Der Mensch ist einfach nicht das alleinige, personale Wesen der Schöpfung. Und die Wissenschaft ist einfach nicht der alleinige, nichteinmal der höchste schöpferische Akt des Menschen; schon nicht des

Menschen, geschweige überhaupt. Somit ist Sein-Mensch-Wissenschaft doch eine Reihe absteigender Mächtigkeit. Es ist eine unvollständige Dreiheit; ein Dreisitz mit ungleich langen Füßen: Schon ist die Unvollkommenheit treuer Begleiter.

Aber wir kommen über uns selbst, über unser Menschsein nicht hinaus. Nur ein Münchhausen vermag sich an den eigenen Haaren aus dem Sumpf zu ziehen. Damit ist Sein, Mensch und Wissenschaft die uns Menschen existentiell angehende Mächtigkeit; Dreiheit in bezug auf uns in unserem Menschsein. Damit sind sie doch Abglanz des Reiches, der Herrlichkeit und Macht des Dreieinen.

Die vielfältige Dreiheit

Jeder Mächtigkeit ist selbst wieder die Dreiheit eigen.

Dem Sein ist die Dreiheit eigen; in Wirklich-sein, Selbst-sein, Erkannt-sein. Dem gehört die Dreiheit der Maßstäbe des Schönen, Guten und Wahren zu.

Dem Menschen, dem geheimnisvollen Wesen der Mitte, ist die Dreiheit in unübersehbarer Fülle von allen Seiten her eigen. Als Ebenbild Gottes ist der Mensch in der Dreiheit von Mann, Frau und Kind, wobei sich im Kind, in der Nachkommenschaft, in der Geschlechterfolge tatsächlich eine ganz neue Dimension erschließt. Dem Mensch als er selbst ist die Dreiheit von Leib, Seele und Geist eigen. Das Leben des Menschen richtet sich nach einer Dreiheit aus, die sich erstaunlich in den drei Seins- und Wissenschaftskomponenten spiegelt und die in drei grundverschiedenen Arten von Kriegen ausgetragen wird: wirklichkeitsartig, realistisch in den Nationalitäten und Wirtschaftsräumen; selbstbezüglich, existentiell in den Rassen, Typen, Geschlechtern, Sippen, Familien; erkenntnisartig, ideell in den Ideologien und Religionen. Merkwürdigerweise haben die drei Grundrassen der Menschheit im okzidentalen, ostasiatischen und orientalen Kulturkreis je eine dieser drei Komponenten zum Fundament.

Der Wissenschaft ist die Dreiheit eigen; in Naturwissenschaft, Gesellschaftswissenschaft, Geisteswissenschaft. Dazu gehört die Dreiheit der Maßstäbe als sach-, lebens- und wesensgemäß.

Jede einzelne Komponente ist wiederum dreiheitlich; jede Unterkomponente wieder und immer wieder. So könnte man etwa folgenden Weg einer fortschreitenden Aufschlüsselung verfolgen: In der Dreiheit von Sein, Mensch und Wissenschaft fächert etwa das Sein wieder als Wirklichsein, Erkanntsein und Selbstsein auf. Innerhalb dieser Dreiheit teilt sich das Wirklichsein wiederum in Naturvorgänge, Gesellschaftsleben und Geistesgeschehen. Wiederum innerhalb dieser Dreiheit etwa speziell in der physikalischen Natur findet man die Dreiheit von Raum, Zeit und Energie vor. Und schließlich ist sogar auch der Raum dreidimensional in Länge, Breite und Höhe.

Aber ebenso wäre auch in jeder anderen Komponente und Unterkomponente diese dreihafte Entfaltung verfolgbar: Etwa die Energie im physikalischen Bereich ist in ihren drei Grundformen des elektrischen und magnetischen Feldes und des Schwerefeldes dreidimensional; allem Anschein nach auch die Zeit über kosmischen Weiten.

Auf der nächsthöheren Ebene entfaltet sich so auch das Gesellschaftsleben und Geistesgeschehen in all ihren Komponenten und Unterkomponenten — und auf der noch höheren Ebene das Menschliche und die Wissenschaft in ihrer gesamten Mannigfaltigkeit. Speziell die Physik innerhalb der Naturwissenschaften ist dreiheitlich in Quantenphysik als aktueller Aspekt, in Elementarteilchenphysik als existentieller Aspekt, in Relativitätsphysik als essentieller Aspekt. Speziell die Philosophie innerhalb der Geisteswissenschaften unseres abendländischen Denkens ist in ihren Grundformen dreiheitlich: mit Materialismus, Spiritualismus, Dualismus als wirklichkeitsartigem (ontologischem) Aspekt; mit Existentialismus, Nihilismus, Personalismus als selbstartigem Aspekt; mit Realismus, Idealismus, Agnostizismus als erkenntnisartigem (erkenntnistheoretischem) Aspekt; jeder Aspekt wieder auffächernd.

Auf jedem Weg von den höchsten bis zu den niedersten Ebenen ergibt sich diese Entfaltung der Dreiheiten in einer solchen Mannigfaltigkeit, daß dies nicht entfernt erschöpfend dargestellt werden könnte.

Damit gewinnt man den Eindruck von einem Baum mit drei Stämmen, jeder mit drei Ästen, jeder mit drei Zweigen, jeder wiederum mit drei Blättern. Aber dieses Bild ist nur in dieser einen Richtung gemäß der im Geist aufgerichteten Rangfolge passend. Sich auf dieses Bild festzulegen, würde gerade das Wesen der Vielfalt im Dreiheitlichen verkennen lassen. Dies Bild einer sich einfach-aufspaltenden Dreiheitlichkeit ist selbst wieder nur eine Dimension innerhalb einer größeren Mächtigkeit; eine Dimension, der für sich allein Mangel anhaftet: So ist etwa in diesem Bild die Dreiheit von Raum, Zeit und Energie (Energie = Masse) nur ein beblätterter Zweig am Ast des Stammes eines großen Baumes.

Zugleich ist diese Dreiheit von Raum, Zeit und Energie aber der gesamte Kosmos, der alles in sich einschließend trägt; alles Sein, alle Menschheit, alle Wissenschaft umfassend; eine Dreiheit, die in den Grenzgrößen dem Nichts unmittelbar gegenübersteht. In dieser anderen Richtung gemäß der in der Welt gegebenen Mächtigkeiten wäre diese Dreiheit von Raum, Zeit und Masse der große Ausgangspunkt; der Baum mit drei Stämmen, aus denen sich Zweige, Äste und Blätter entfalten.

A 4

Aber auch damit ist es noch nicht genug. In der noch anderen Richtung gemäß den Eigenarten des in Verschiedenheit Geschaffenen erheben sich in beunruhigender Weise noch ganz andere Dreiheiten; so ganz anderer Art und auch in ihrer Dreiheit selbst so sonderbar, daß jede Hoffnung schwindet, je zu einer einheitlichen Gliederung dieser Vielfalt gelangen zu können: Im Sein das Eine, das Andere und das Viele mit dem Dualismus von Teil und Ganzheit; im Menschen das Ich, das Du und die Gemeinschaft mit dem Dualismus von Individuum und Kollektiv gegenüber der Autorität, mit den drei Grundformen des Staatswesens in Demokratien, Diktaturen und Monarchien und mit all den Erscheinungsformen der Politik, der Jurisprudenz und Soziologie; in der Wissenschaft das Richtige, das Falsche und das Ungewertete mit dem Dualismus von Einfach und Kompliziert. Sonderbare Fragen drängen sich auf: Wieso besteht das Eine neben dem Anderen und Vielen; was erhält Mich gegenüber Dir und Allen; wer behauptet das Richtige gegen das Falsche und Ungewertete? Auch in dieser, ganz anderen Richtung entfalten sich stammbaumartig Dreiheiten in Vielfalt.

Beunruhigend, unbefriedigend, ungeheuerlich: Auch die Hierarchie der Dreiheiten ist selbst nicht einheitlich, ist selbst dreifaltig; in verschiedenen Richtungen, Weisen, Hinsichten. So sind Dreiheiten in überwältigender Tiefe, in unbewältigbarer Macht, in unübersehbarer Fülle; Dreiheiten, die sich unentwegt ineinander spiegeln, auseinander hervorgehen, einander ergänzen und doch verdrängen. Ein vielfältiges, bewegliches, freies Spiel der Dimensionen, der Komplementaritäten, der Fundamente.

So entfaltet sich in der Mitte der Schöpfung eine unübersehbare Mannigfaltigkeit im gegenseitigen Durchdringen der vielfältigen Dreiheiten von allen Seiten her; so daß da sogar die diese Vielheit hervorbringende Dreiheitlichkeit selbst zu einem blutleeren Schema wird und überhaupt verloren geht — und sich ein unerschöpflicher, unübersehbarer, erdrückender Formenreichtum auftut. In der Mitte der Schöpfung im Spiel der Mächtigkeiten tost ein sich ständig wandelndes, überschäumendes, mit keiner Formel mehr bändigbares Leben; Leben, das dort erst beginnt, wo alle Philosophie aufhört. Leben, Leben, Leben.

Wo ist in diesem Spiel der Mächte Ferne und wo Nähe, wie Anfang und wie Ende, was Über und was Unter? Sind diese Maßstäbe denn selbst über diesem Spiel oder auch nur Mitspieler; darin auf- und untertauchend und sich vielfältig verschieden gestaltend und wendend?

Warum gibt es überhaupt solches und anderes, warum gibt es überhaupt mich und dich, warum gibt es überhaupt richtig und falsch — und warum sollte es all das auch nicht geben? Ist solches Fragen Weisheit oder Torheit — oder belästigt man vielleicht mit solchen Fragen nur die Fraglosigkeit? Ist man wie Prometheus mit diesen Fragen in das Kraftwerk der Schöpfung eingedrungen und spielt mit unheimlichen Schalthebeln — oder sitzt man damit schlicht im Vorzimmer des Irrenhauses, wo einfach Selbstverständliches fraglich wird? Oder ist das vielleicht der Angelpunkt, wo niemand mehr ist, der machtvolle Genialität von ohnmächtigem Wahnsinn zu scheiden vermag; der Thronsessel Buddhas, vor dem sich Welt und Wahn unlösbar vermählen?

All dies sind Fragen, die zutiefst das Wesen alles Bestehenden berühren und die sich zugleich in ihrer Fraglosigkeit ungreifbar entwinden. Aber wie, wenn diese Fragen in keinem festen Punkt außerhalb des turbulenten Treibens verankerbar sind, sondern selbst diesem Spiel der vielfältigen Dreiheit zugehören; darin auf- und abgewertet und in Zweifelskreisen mit herumgewirbelt werden! Dann gibt es keine Grenze zwischen Möglich und Unmöglich. Und eine unheimliche Dreiheit wird drohend spürbar: die Leerheit, Offenheit, Nichtigkeit der Schöpfung in sich selbst.

Es führt kein Weg der Schöpfung über sie hinaus. Die Pflanze gedeiht auf einer Handvoll Erde; der Bär fühlt sich wohl in seinem behaupteten Revier; der Primitive ist sich genügend in seinem verengten Umkreis. In der Geborgenheit der Fraglosigkeit gründet der Bestand. Aber das Große, Weitfassende, Tiefgreifende ist in sich selbst bedroht — und es erwachsen ihm aus der Wesenlosigkeit, so es sich selbst genügt, Verzweiflung und Verstörung. Denn die ganze Schöpfung ist sich nicht selbstgenügend, in sich nicht selbstbeständig, sich nicht selbstverständlich. Denn alles Geschaffene ist aus dem Wort. Aber das Wort ist bei Gott dem Dreieinen.

Nichts führt über sich selbst hinaus. Nichts ist mehr als es eben ist; mehr als es selbst. Jeder Gedanke — sogar der klügste unter lauter dümmeren — ist immer nur einer unter vielen; und wenn man die Dummheit übersieht, ist dies selbst eine ganz fundamentale Dummheit. Jede Handlung — sogar die praktischste unter lauter ungeschicklicheren — ist immer nur eine unter vielen; und wenn man das Ungeschickliche übergeht, ist dies selbst eine ganz folgenschwere Ungeschicklichkeit. Und es gibt Menschen, die ärgern sich schrecklich über

Dummheiten und Ungeschicklichkeiten. Jedes Leben — sogar das beständigste unter lauter wandelhafteren — ist immer nur eines unter vielen; und die Wandelhaftigkeit beseitigen zu wollen, ist selbst eine ganz aufwühlende Umwandlung. Ein jedes — indem es als solches da-ist — ist immer nur ein Teil des allumfassenden Ganzen — und ist damit nicht das Ganze, nicht das Allumfassende.

Dem jeweils Anderen das Da-sein absprechen zu wollen, das jeweils Andere aus dem Dasein ausrotten zu wollen, das jeweils Andere als Nichts achten zu wollen, macht kein Alleindasein, sondern macht gerade dadurch die Beschränktheit um so kenntlicher, um so einschneidender, um so unheilvoller. Kein Teil kommt über seine Teilhaftigkeit hinaus; nichts kann sich selbst einholen; nichts ist sich selbst genügend; nur der allein auf nichts und im Nichts gegründete Gott. Der Hochmütige, der Gewalttätige, der Selbstherrliche geht — indem er so ist — des wahren Seins verlustig; er verurteilt sich selbst vor dem Allerhöchsten, dessen Dreieinigkeit der Urgrund einer unbegrenzten Mannigfaltigkeit, Großartigkeit und Freiheit und allen Lebens mit all seiner Beweglichkeit und Veränderlichkeit ist.

Dennoch ist ein Zugang zur Vollkommenheit: in Gott selbst, weil und nur weil Gott will, daß dem so sei. Der unfaßbare Gott bietet sich uns selbst dar und weilt personal unter uns. Er gibt uns Sein Gebot und Seine Offenbarung. Dieser Gott ist unser Gott; «du sollst Mir Volk sein und Ich will dir Gott sein». In Glaube, Hoffnung und Liebe ist ein Zugang, wenn man demütig, geduldig und ehrfürchtig an dieses Geheimnis herantritt; demütig, weil kein noch so großes Vermögen die ganze Mächtigkeit erfassen kann; geduldig, weil kein noch so ausdauerndes Bemühen die ganze Mannigfaltigkeit umfassen kann; ehrfürchtig, weil kein noch so erhabenes Leben die ganze Herrlichkeit ausschöpfen kann.

Es gibt einen Weg zur Vollkommenheit — und im Feuer ewigen Lebens leuchtet gegenüber der Leerheit, Offenheit, Nichtigkeit eine Dreiheit, die den Tod verschlingt: Gott mit Seiner Schöpfung und Seinen Heiligen.

Vor der Übermacht Gottes ist diese Dreiheit des Himmels in Gott, Heiligen und Schöpfung eigentlich keine vollständige Dreiheit. Diese himmlische Dreiheit — in der Erlösung, nach der seinsvernichtenden Absonderung des Bösen — ist aber doch vollständig, vollkommen, weil Gott will, daß sie es ist: Er ist der in Sein Eigentum gekommene, unter ihnen wohnende Gott. Er ist der Gott, der Seine Schöpfung und Seine Heiligen in Seine Dreieinigkeit aufgenommen hat. Er ist der, von dem es heißt: «Er wird sich gürten und ihnen dienen»; so wie auch diese gesamte, erlöste und verklärte Schöpfung und alle Heiligen unentwegt Gott dienen. Gott will dies, kann dies und tut dies, weil diese Seine Schöpfung und alle Seine Heiligen Ihm in ewigem Lobpreis Ehre, Macht und Herrlichkeit immerdar zurückgeben; in urgewaltiger, geheimnisvoller Freiheit und Gnade.

Dies ist die vollkommene Dreiheit des Himmels in Ewigkeit; des Reiches, der Macht und der Herrlichkeit des Dreieinen.

Der herrschaftliche Auftrag

Nichts kann über sich hinaus; nicht das Sein als Sein; nicht der Mensch als Mensch; nicht die Wissenschaft als Wissenschaft. Das Wesen der Schöpfung ist Vielheit, Veränderlichkeit, Freiheit. Das Wesen der Schöpfung ist Wandel in vielfältiger Dreiheit, innerhalb welcher jedes Konkrete, Existierende, Darstellende immer nur Teil ist.

Aber wenn nun eben dieses erfaßt, erkannt und eben diesem Ausdruck verliehen ist, dann — ist das auch wieder nur Wissenschaft; Wissenschaft über das Sein, nicht Sein als solches; Wissenschaft über den Menschen, nicht der Mensch selbst; Wissenschaft über die Wissenschaft, nicht die Wissenschaft selbst. Dann ist dies erstaunlich viel — und zugleich erschreckend wenig.

Ist in jener großen Überwissenschaft vom Wesen der Schöpfung, die ja doch so tut, als umfasse sie alles, etwa der Garten mit seinen Blumen und Wegen inbegriffen; das Dasein, Leben und Denken des Gärtners; die Gartenbaukunde mit ihren Tabellen und Geräten? Ist der amerikanische Konservenfabrikant, der russische Infanteriegeneral, der chinesische Teekaufmann samt der Mächtigkeit seines Daseins, Lebens, Denkens und all seiner beruflichen und privaten Probleme im allgemeinen wie im konkreten inbegriffen? Weder die Bauern, noch die Ärzte, nicht einmal die Wissenschaftler selber sind mit inbegriffen. Freilich, im formlos Großen ist das alles schon mitumfaßt. Aber das Dasein, Leben, Denken ist weniger jenes Allgemeine, Große, als vielmehr die Fülle im Konkreten, Kleinen. Die strapaziösen Informationen und Geschäfte auf den Industriemessen, die langweiligen Lob-, Dank- und Dankesdankreden auf den Hochzeiten, die flunkernden Ausführungen und Diskussionen auf den Kongressen und so weiter und so fort — gehören allesamt mit dazu; mit in diese vielheitliche, veränderliche, freie Welt.

Wenn all dies mit dazu gehört, wenn all dies mit zum Wesen selbst gehört, wie möchte man dann das Wesen der Schöpfung erfassen? Man müßte ja dann immerfort sich selbst einholen; immerfort über den eigenen Schatten springen.

Die Wissenschaften schreiten voran. Immer wird alles noch umfassender, das Umfassende nochmals mit umfassend — und zugleich noch enger. Als der berühmte Professor die allumfassende Weltformel gefunden hatte, wußte er sich daheim gar nicht mehr zu behelfen — und die Frau Gemahlin wußte erst recht immer alles besser: die Leerheit, Offenheit, Nichtigkeit aller Schöpfung in sich war schrecklich gegenwärtig.

Keine Zeit war je so von der Wissenschaft beherrscht, gestaltet und zugleich bedroht wie die gegenwärtige. Es verwissenschaftlicht sich alles Denken, das ganze Leben, das ganze Dasein. Der Kosmos expandiert mit Lichtgeschwindigkeit. Aber die Wissenschaft expandiert maßlos. Was in einer Hinsicht einfach ist, wird in anderer Hinsicht maßlos kompliziert; was dort einfach ist, wird hier kompliziert; was hier einfach ist, wird dort kompliziert. Im einzelnen verengt sie sich in ein speziell-hochleistungsfähiges, allgemein-steriles Spezialistentum. Im Allgemeinen weitet sie sich in die Uferlosigkeit. Und das Allumfassende erfaßt nur noch Nichtigkeit.

Leerheit, Offenheit, Nichtigkeit bedroht die Wissenschaft, unser Leben, unser ganzes Dasein.

Die Technik expandiert exponentiell, breitet sich extrem beschleunigt aus — und hat kosmische Dimensionen angenommen. Mit der Nuklearenergie, der Energie der Sterne, ist es erstmals seit Bestehen der Welt dem Menschen — einem geschaffenen Wesen — möglich geworden, seinen Lebensraum zu vernichten. Etwas ganz Neues, Ungeheuerliches, noch nie Dagewesenes ist damit eingetreten: Erstmals ist der Fortbestand allen Lebens von den personalen Qualitäten des Menschen selbst abhängig geworden. Erstmals ist das irdische Dasein von sittlich-religiösen Kräften des Menschen abhängig geworden. Erstmals steht das Menschengeschlecht vor der Alternative: Vernichtung oder Bekehrung; Bekehrung mit völligem Umdenken in einer «Umwertung aller Werte».

Die gesamte Wissenschaft in all ihren Bereichen befindet sich in einer alle Grenzen überschreitenden Entwicklung — und exponentiell expandierend jagt die Entwicklung der Auflösung entgegen. Der Mensch muß die Herrschaft über die Wissenschaft zurückgewinnen — oder es stirbt der «nackte Affe» aus.

Aber der Sinn der Schöpfung ist nicht Auflösung, sondern Gestaltung; nicht Tod, sondern Leben; nicht Vernichtung, sondern Verwaltung in der Herrschaft des Menschen über die Welt und alle ihre Mächte. Nur der sich selbst vergötternden Schöpfung ist die Leerheit, Offenheit, Nichtigkeit eigen. Im Gegenüber zur ewigen Ruhe des Vaters und dem ewigen Feuer des Geistes, in der Erlösung der Schöpfung durch den Sohn, ist Leben. In der Hereinnahme des Geschaffenen mit dem Sohne in die Dreieinheit dessen, der Ist, weil Er ist, wird die Leerheit, Offenheit, Nichtigkeit als todbringende Drohung entmachtet — und der Tod durch das Leben überwunden.

Von Gott, dem Schöpfer selbst, haben wir den Auftrag, uns die Schöpfung untertan zu machen — und in einem Erfassen des Wesens der Schöpfung in ihrer Mannigfaltigkeit, Veränderlichkeit, Freiheit zur wahren Wissenschaftlichkeit zu gelangen: im wirklichen Begreifen, im schöpferischen Erkennen, im existentiellen Vollzug des Wesens der Schöpfung als vielfältige Dreiheit im Gegenüber zum dreieinen Gott. Wie Gautama Buddha von dem der Erlösung entgegengehenden Weltüberwinder sagt: «Er macht den Unbestand zum Wesen»; den Unbestand der Schöpfung gegenüber der Unwandelbarkeit Gottes.

Die Mannigfaltigkeit birgt die Gefahr der Spaltung, die Beweglichkeit und Veränderlichkeit die Gefahr des Unbestandes und der Maßstablosigkeit, die Freiheit die Gefahr der Zügellosigkeit in sich. Und aus Angst vor diesen Gefahren unterliegt der Mensch seit Urzeiten in seiner Selbstherrlichkeit dem Drang, in der Vereinheitlichung allbesitzend, in der Festlegung allumfassend, in der zwingenden Beweisführung allbeherrschend zu sein: das jeweils Andere, den jeweils Anderen zu überwinden und sich zu sichern. Die furchtbarsten Kriege der Geschichte und die schrecklichsten Verfolgungen zu allen Zeiten haben diese Wurzel. Seit Bestehen menschlicher Logik und Wissenschaft, seit der Entfaltung menschlicher Erkenntnis und Macht, seit dem Herrschaftsanspruch menschlicher Weltanschauung und Ideologie, besteht Urfeindschaft gegen die Mannigfaltigkeit, Beweglichkeit und Freiheit als Wesen der Schöpfung; Urfeindschaft gegen den Dreieinen, der die Schöpfung als Sein Spiegelbild und Gleichnis eben in Mannigfaltigkeit, Veränderlichkeit und Freiheit geschaffen hat. Denn die Mannigfaltigkeit macht den Allbesitz im Einen, die Veränderlichkeit die Allumfassung im Festen, die Freiheit die Allbeherrschung im Zwange der Unausweichlichkeit immer neu zunichte; macht die Sicherheit des auf sich selbst bauenden Menschen immer neu zunichte.

Trotz des mörderischen Kampfes des selbstherrlichen Menschen gegen sich und Gott in der Urfeindschaft gegen das Wesen der Schöpfung besteht die Erde als Lebensraum bis heute. Aber mit der übermächtig gewordenen Wissenschaft ist die Hinrichtung des Menschen in Selbstherrlichkeit und Selbstsicherung auf sich selbst zur tödlichen Bedrohung für alles Leben geworden. Der urweltliche Kampf eines Jeden gegen Jeden und aller gegen die Welt, der die Entwicklung so mächtig vorangetrieben hat, bedroht heute unser aller Dasein mit dem totalen Untergang.

Aber der Kampf gegen das Andere kann die Mannigfaltigkeit, Veränderlichkeit, Freiheit in der Schöpfung nicht beseitigen, denn dies ist ja ihr Wesen. Wohl kann aber dieser gegen das Wesen der Schöpfung gerichtete, im tiefsten abartige, auf Vernichtung des Anderen hinzielende Kampf das Denken, alles Leben und das gesamte Dasein pervertieren und verstören. Und mit der übermächtig gewordenen Wissenschaft wird diese Perversion des gefallenen Menschen tatsächlich zu einem qualvollen Niedergang in tödlicher Verstörung. Und so ist die verstörte Welt des auf sich selbst gerichteten, sich selbst sichernden Menschen von der schmerzlichen Zerrissenheit, dem angsterfüllten Unbestand und der feindseligen Widersprüchlichkeit und Gegensätzlichkeit eines in Grauen und Sterben umschlagenden Lebens; eben in der Perversion der Mannigfaltigkeit, Beweglichkeit und Freiheit.

Aber der Auftrag an den Menschen, sich die Erde untertan zu machen, ist nicht die Aufforderung zur Perversion, sondern eben in Übereinstimmung mit dem Wesen der Schöpfung zum wahren Herrn über das Geschehen zu werden. Dieser herrschaftliche Auftrag ist der Auftrag, diesem Wesen der Schöpfung gemäß, in Achtung vor dem Anderen und im Dienst am Anderen innerhalb der Mannigfaltigkeit das jeweils Eine zu verwalten, innerhalb der Veränderlichkeit dem jeweils Einen Bestand zu geben, innerhalb der Freiheit das jeweils Eine zu entscheiden — und all dies neben dem Anderen und in der Liebe zum Anderen. Es ist der Auftrag, im Dienste an der Schöpfung, im Begreifen ihres Wesens als Mannigfaltigkeit, Beweglichkeit und Freiheit, immer neu zum Begreifbaren, Verstehbaren, Darstellbaren zu gelangen; in Geduld, Demut und Ehrfurcht vor Gott und dem Nächsten; gegenüber dem Nächsten, der es anders macht.

Vor der übermächtig gewordenen Wissenschaft ersteht aus Uraltem etwas ganz Neues: Die ungeheuerliche Alternative, entweder zu verderben oder sich zu einer Wissenschaft in einem dem Wesen der Schöpfung gemäßen Geiste zu bekehren. Wie der neue Mensch der Erlösung zwar auch vom Manne gezeugt, aber dennoch «nicht aus dem Wollen des Mannes, sondern aus dem Geist geboren ist», so auch im gesegneten Dasein und Leben in der Macht wahrer Wissenschaft: statt in der Selbstherrlichkeit des Menschen gegründet, in der Kraft des Geistes Gottes, des Dreieinen.

Wissenschaft ist Auftrag; herrschaftlicher Auftrag; ein hohes Ethos. Wissenschaft ist Macht; Macht, die zur Vernichtung führt in der

Selbstvergötterung und Selbstverurteilung des Menschen vor einer geheimnisvollen, der Schöpfung in ihrer dreiheitlichen Vielfalt selbst eingeschriebenen Gerechtigkeit; Macht, die aber in der Hinrichtung auf Gott, den Dreieinen, zu gesegneter Herrschaft über die Welt führt. Alles Erkennen ist Stückwerk. Doch das Wahre, Schöne und Gute wird in der Hingabe eines Jeden an das Seine für den Anderen, in der Liebe eines Jeden zu Gott und zum Nächsten gegenwärtig.

Das lebendige Wissen

Die Wissenschaft ist wie ein lebendes Wesen. Die Naturwissenschaften sind der Körper, die Gesellschaftswissenschaften sind die Seele, die Geisteswissenschaften der Geist. Freilich kann man diese drei Wissenschaftsarten voneinander unterscheiden — und gerade in den Unterschieden ergeben sich die besonderen Werte des jeweils einen über das andere. Zugleich gehören sie aber zusammen, so daß jede Unterscheidung doch einen sehr fraglichen Gewaltakt bedeutet. Sie verdrängen einander und ergänzen einander zugleich; sie sind zueinander komplementär.

Die Physik, die Lehre von der Materie, ist die festest-begründete Naturwissenschaft; der Boden der Wissenschaften überhaupt. Die Anthropologie, die Lehre vom Menschen selbst, ist die selbstbezogenste Gesellschaftswissenschaft; der Mittelpunkt der Wissenschaften überhaupt. Die Theologie, die Lehre von Gott, ist die höchsterhobene Geisteswissenschaft; die Krone der Wissenschaften überhaupt. Sie sind wie drei Pole im Kreis der Wissenschaften. Gleichsam ist die Physik der Fuß, die Anthropologie das Herz, die Theologie das Haupt unter den vielen Organen der Wissenschaft.

Diese drei Grundwissenschaften sind in einer besonderen Weise eine Dreiheit, in einer besonderen Weise einander komplementär, einander verdrängend und zugleich ergänzend. Man kann und muß sie voneinander unterscheiden und kann und darf sie doch nicht voneinander trennen. Diese Wissenschaften müssen ihre Eigenständigkeit gegenüber einander bewahren und verteidigen — und dürfen sich doch nicht gegeneinander isolieren.

Mit der Wissenschaft ist es wie mit der Ehe und Familie; mit Mann, Frau und Kind: nicht in tyrannischer Beherrschung und sklavischer Unterwerfung unter Zerstörung des Eigenlebens des Partners besteht die gute Ehe und Familie; aber auch nicht im isolierten Alleingang und rücksichtsloser Selbstentfaltung über den anderen hinweg. Sondern die lebensfähige Ehe und Familie ist Liebe und Hingabe freier, in sich selbständiger, in sich gefestigter, vollständiger Persönlichkeiten aneinander; ist achtungsvoller Dienst in Freiheit und lebensgestaltender Ordnung in Herrschaftlichkeit.

Die eigenständige Mächtigkeit der Einzelwissenschaft ist berechtigt und lebensnotwendig; in weiten Bereichen der Alleingang erforderlich. Dies preiszugeben wäre Mangel, denn der Teil ist mehr als sein

Anteil am Ganzen. Zugleich ist aber das Ganze auch mehr als die Gesamtheit seiner Teile. Das ganzheitliche Zusammenspiel zu verlieren, bedeutet den Tod des Geistes in der Wissenschaft. Das ist wie beim Anatomen: An den Körperteilen in seinen Spiritusgläsern erkennt er kritisch-analytisch Fasern und Funktionen der Organe; gerade auch in Hinsicht auf das Ganze. Aber eines fehlt ihm — und das muß der Anatom wissen, denn auf das kommt es im Wesen an: er hat nicht mehr das auf der Wiese spielende Kind vor sich, sondern seelenlose Kadaverstücke; Objekte seiner Wissenschaft. «Viele Leichen habe ich (Virchow) schon seziert, aber noch nie eine Seele gefunden.»

Teil und Ganzheit ist ein mächtiges Wechselspiel, eine tiefgreifende Komplementarität der vielfältigen Dreiheit; ein beherrschendes Spiel im Leben der Wissenschaft.

Wissenschaft ist lebender Organismus. In der Trennung der Teilwissenschaften voneinander und fortschreitender Spezialisierung innerhalb der Einzelwissenschaften erfahren wir eine unheimliche Präzisierung der Erkenntnisse und eine gigantische Machtentfaltung, aber unter Verlust der Gestalt, des Lebens, des Geistes. Schon der Gedanke an eine Komplementarität der Wissenschaften, etwa an die gegenseitige Ergänzungsbedürftigkeit von Physik, Anthropologie und Theologie ist dem Fachwissenschaftler ein Greuel. Der Physiker pocht auf die Selbstbestätigung seiner Wissenschaft in ihrem einzigartig großen Erfolg — und der Theologe fühlt sich in der Antastung der Souveränität seiner Wissenschaft mit ihrem einzigartig erhabenen Objekt beleidigt. Und wer überhaupt möchte die Vollkommenheit seiner Wissenschaft in Frage gezogen sehen — oder sich gar genötigt sehen, noch dazuzulernen. Darum jagen wir dieser schreckenerregenden Aufsplitterung der Gebiete, Auflösung der Werte und Vernichtung unserer geistigen Existenz entgegen. Darum bedroht uns die Leerheit, Offenheit und Nichtigkeit der Welt.

Eine tödliche Krankheit hat die Universitäten befallen. Die Wissenschaften vermehren sich wie in Völkern, Sippen und Individuen; zahlreich fast wie die Menschen selber. Sie werden immer intellektueller, komplizierter und zugleich geistloser. Immer mehr wird der Wissenschaftler zum Geistestechniker; auf Vordermann gedrilltes Bedienungspersonal des Formalismus. Die Gleichschaltung der Universitäten mit den Hochschulen und technischen Lehranstalten ist nicht nur äußerlich. Die Wissenschaften werden immer wesensfremder; zugleich immer mächtiger und gewalttätiger. Sie werden zur Gewalttat gegen die Welt und ihre Elemente, gegen den Menschen und sein Leben, gegen Gott und Seine Offenbarung. Die Zeit der Wissenschaft der Altvorderen geht einem jähen Ende entgegen. Keine oder eine ganz neue Zukunft liegt vor uns.

Die Wissenschaft ist lebender Organismus; Physik, Anthropologie, Theologie eine komplementäre Dreiheit. Irgendwie weht etwas herüber von der Dreiheit des Himmels in Schöpfung, Gemeinschaft der Heiligen und Gott: Jedenfalls lebt auch diese Dreiheit in einem gegenseitigen Dienst, in einer notwendigen gegenseitigen Ergänzung, in einer tiefgreifenden Komplementarität. Dies ist um so erstaunlicher, als deren Gegenstände — Materie, Mensch, Gott — mit sehr verschiedenem Rang, mit zunehmender Seinsmächtigkeit übereinander stehen.

Man müßte diese Dreiheit somit auch als eine unvollständige betrachten; als Dreisitz mit sehr verschieden tragfähigen Füßen. Aber schon ist wieder die Frage, welches die eigentlich-fundamentale Wissenschaft tatsächlich ist. Und die Antwort ist abhängig davon, welche Wissenschaft man eben frei zum Fundament gemacht hatte. Man kann tatsächlich verschiedenes zum Fundament wählen und verschiedene Wertungen, Einstufungen erhalten. Die Geschichte zeigt, daß dies auch tatsächlich verschieden getan wurde, verschieden erkannt und gelebt wurde.

Diese eigenartige, erstaunliche, freie Wählbarkeit des Fundamentes ist aber selbst ein Wesenszug der Dreiheit; geradezu selbst das Fundament, das erst die komplementäre Dreiheit vervollständigt, vollendet.

Die Physik und Theologie — zwei uralte Wissenschaften, vielleicht die ältesten überhaupt — sind irgendwie miteinander anders komplementär als die Anthropologie; Anthropologie, Lehre vom Menschen, im ursprünglichen, weiten Sinne einschließlich der Physiologie, Psychologie und Verhaltensforschung des Menschen und aller den Menschen behandelnden Wissenschaften überhaupt.

Die Anthropologie — eine noch junge Wissenschaft, vielleicht die jüngste der Grundwissenschaften — ist das Selbstüberdenken des Menschen; das Überdenken des selbst Denkenden. Sie ist damit etwas Besonderes, so etwas wie eine Selbstfundamentalisierung.

Diese eigenartigste aller Wissenschaften entwickelt sich in kurzer Zeit zu einer Mammutwissenschaft mit einer eigenartigen Problematik; streckenweise ganz unproblematisch, aber gerade im Wesen höchst problematisch: Der Mensch, das alles manipulierende Wesen, macht sich zum Gegenstand seiner selbst. Der Mensch wird sich selbst zum manipulierbaren Objekt; wird zum sich selbst manipulierenden Objekt. Das einzige, offene, nicht bestimmbare Wesen wird festgelegt, bestimmt; eigenartigerweise gerade indem die Anthropologie den Menschen als das nicht-festlegbare Wesen begreift und darstellt — und eben damit doch festlegt. Der Mensch selbst, das fürchterlichste Wesen, kommt über den Menschen.

Eine unheimliche Verphysiologisierung, Verpsychologisierung, überhaupt Verwissenschaftlichung ergreift das Gesellschaftsleben und alles Menschenleben; alles durchleuchtend, begreifend und schematisierend — und das Menschsein zerstörend. Im Begreifen des Phänomens und der Gefahr der Masse wird der Mensch selbst zur Masse. Paradox: indem er sich begreift, wird er sich fremd; indem er sich sichert, verstört er sein Wesen. Und das liegt eben in diesem seinem Wesen begründet.

Der Mensch in sich ist das offene, unbestimmte, ungesicherte Wesen in der Mitte der Schöpfung. In der Jagd auf sich selbst tötet er sich. Denn das Wesen des Menschen ist die Selbstpreisgabe in der Liebe, ist die selbstlose Hingabe in dieser Welt für den Nächsten an Gott. «Wahrlich, wahrlich, Ich sage euch, wer sein Leben gewinnen will, wird es verlieren, wer es aber verliert, wird es gewinnen.»

Die sich selbstgenügende Anthropologie ist wie ein sich von Vater und Mutter lösendes, ungezogenes Kind. Indem der Mensch um sich selbst zu kreisen beginnt, verliert er das Feste unter dem Fuß und den Himmel über dem Haupt. Der Mensch bedarf der Welt und Gottes. Und die Anthropologie bedarf unmittelbarer, komplementärer Ergänzung durch Physik und Theologie.

Aber auch umgekehrt bedürfen Physik und Theologie der komplementären Ergänzung durch die Anthropologie, indem sie ohne diese Ergänzung ihre Seele verlieren würden; — die Physik, weil sie sonst die bedeutungsvollste Eigenart und Berufung der Materie ignorieren würde: das Hinzielen der Materie auf den Menschen, der in der Evolution aus der Materie hervorgeht und in der Besitzergreifung und Erkenntnis der Materie sich zu dem entfaltet, was er als Beherrscher der Erde ist; — die Theologie, weil sie sonst ihre wahre Aufgabe verfehlen würde: eben den Menschen zu Gott hinzuführen, der den Menschen als Krönung Seines Werkes geschaffen hat und — so wie der Mensch eben ist — erlösen, beschenken und erleuchten möchte.

Die Physik ist die Wissenschaft über die greifbarsten Dinge der Schöpfung, die Materie; die Wissenschaft von Raum, Zeit und Energie; wobei Energie und Masse identisch sind. Es ist etwas Großartiges um die Greifbarkeit, Festigkeit, Gegenständlichkeit der materiellen Massen, der verkörperten Energien, die gewaltig im Raume ruhend durch die Zeit gleiten. Seit sich die Physik aus dem Würgegriff der Theologie zu befreien vermochte, hat sie sich eine Eigenständigkeit erworben, in welcher sie sich in einem aufregenden Aufstieg entwickelte.

Sie ist die am wenigsten fragliche von allen Wissenschaften, die bedingungslos in fortgesetztem Hervorgehen von Theorie und Experiment auseinander in der Geschicklichkeit des Physikers ihren Weg geht: Theorie, Experiment, Geschicklichkeit, die Dreiheit der Methodik der Physik. Sie ist ihrer Haltung nach die demütigste der Wissenschaften, denn sie sucht — ohne Spekulation — nur das was ist. Doch in ihrer Wirkung ist sie zur gewalttätigsten der Wissenschaften geworden, die alle Grundlagen in Frage stellt und unser Dasein in den Grundfesten erschüttert.

Es wurde in der Physik eine neue Welt des Denkens aufgeschlossen, eine Gedankenwelt, die heute wie ein unheimlicher Fremdling in alle Natur-, Gesellschafts- und Geisteswissenschaften eindringt. Mit Recht wurde dieser Aufbruch neuer geistiger Dimensionen als Umsturz und Durchbruch, als Revolution empfunden. Es wurden grundlegende Grenzen in unserem Denken und Begreifen offenkundig, die weit über die praktisch-subjektive Feststellbarkeit, die weit über die eigentliche Arbeitsmethodik der Physik hinausweisen und das tiefste Wesen des Seins und Geschehens berühren.

Die Reaktion auf diese durch Fakten erzwungenen Erkenntnisse war geradezu panisch; besonders bei den Physikern selbst. Der Physiker fürchtete um die Exaktheit seiner Wissenschaft — und die aus träger Selbstsicherheit aufgeschreckten Wissenschaftler schauderten vor dem erwarteten Zusammenbruch. Aber die Physik stützt sich auf Fakten — und das Scheitern des erbitterten Widerstandes und zähen Kampfes der Physiker aller Nationen gegen den neuen Geist zeigt um so eindrucksvoller das existentielle Wesen und die Gewalt und Tiefe dieser neuen Geisteswelt.

Die Ängste wichen neuer Hoffnung und gewaltigen Erfolgen. Der Sturz bisher als grundlegend betrachteter und als unmittelbar einsichtig angesehener Schemen war der Sturz von Götzen, nicht von Göttern. Der Zusammenbruch menschlicher Fiktionen und klassischer Gedankenkonstruktionen war kein Zusammenbruch der Wissenschaft und ebensowenig eine Preisgabe des menschlichen Erkenntnisvermögens überhaupt, sondern war die Beseitigung von Hemmnissen und irrealen Vorurteilen und Vorstellungen. Erst die dadurch freiere, vielfältigere und lebendigere Physik konnte jene wahrhaft großartigen Erkenntnisse hervorbringen und jene wahrhaft ungeheuerlichen Erfolge erzielen, welche noch vor kurzem einfach undenkbar schienen.

Bald trat aber ein Vorgang ein, den der in das Physikfach noch nicht voll Eingedrungene noch kaum, und der darin Aufgegangene kaum mehr begreifen kann, ein ganz tiefgreifender, folgenschwerer Vorgang: Eine fortschreitende Entgeistigung. Die Physik-Emanzipation war für eine Verselbständigung notwendig, in der eine großartige, segensreiche Entfaltung stattfinden konnte. Aber der Befreiungsfreudentanz muß — jetzt nach Jahrhunderten — auch wieder ein Ende finden, wenn wir einer großen Gefahr entrinnen wollen: Der Vertechnisierung des physikalischen Denkens.

Der grandiose mathematische Apparat, der zur Bewältigung der physikalischen Phänomene aufgebaut wurde, ist zum Götzen geworden. Die intellektuelle Maschinerie, der Formalismus, hat ein Eigenleben angenommen, das dem Leben und Wirken des Physikers ihre Gesetzmäßigkeit aufzwingt. Die Anwendung des Formalismus hat selbst experimentellen Charakter angenommen: Die Formel wird angesetzt, so daß es eben stimmt, irgendwie in Einklang mit den Experimenten kommt. Die Geschicklichkeit des Physikers im Experiment, vor allem aber in der Handhabung des mathematischen Apparates wird zum neuen Ethos; einem gespenstischen Scheinethos. In der Aussage «die Welt ist Mathematik» stellt sich eine Weltanschauung dar, in der der Intellekt sich selbst in seiner Apparatur anbetet.

Das eigentliche Ziel der Physik als Wissenschaft ist verloren gegangen: Die wahre geistige Besitzergreifung von den Inhalten der physikalischen Welt, das wirkliche Begreifen des Wesens von Raum, Zeit und Energie und allen ihren Phänomenen; das lebendige Wesen, das die Symbole der Formeln ausdrücken. Die meisten Physiker werden erstaunt die Frage stellen, ob sie denn nicht eben dies machten, ob das nicht einfachhin die Aufgabenstellung der Physik sei, die jeder Physiker ganz von selbst erfüllt. Aber das ist gerade der Verlust der Geistigkeit, daß der wesenhafte Rangunterschied zwischen lebendigem und formalem Wissen gar nicht mehr gespürt wird. Es ist ein Rangunterschied wie zwischen einer vollen Ehegemeinschaft und nur sexuellem Verkehr, wie zwischen einer erhebenden Symphonie und deren theoretischer Beschreibung, wie zwischen einem lebenden

Menschen und dessen anatomischer Registratur. Und dies ist nicht nur irgendein ästhetischer Unterschied für die unverbindliche Sonntagsbetrachtung, sondern der entscheidende Unterschied für unsere Zukunft: Das lebendige Wissen durchgeistigt die Materie vom Menschen her und läßt die Physik und ihre gewaltigen Erkenntnisse für alle Wissenschaften fruchtbar werden; Geistesgeschichte gestaltend, Kultur schaffend, die materiellen Mächte wandelnd. Das rein formale Wissen bringt aber nur noch zermalmenden, fachlich höchst aktiven Fortschritt zustande bei kultureller Sterilität; ist nur noch Brutalität.

Doch diese tötende Formalisierung des Wissens in der Physik ist nicht das Wesen physikalischer Erkenntnis, in welchem der Physik unübersteigbare Grenzen gesteckt wären, sondern ist eben nur ihr Ungeist, der Verlust ihres Geistes. Doch mit diesem Verlust ist die Physik zum hauptberuflichen Handlanger der Technik herabgesunken. Selbst Geistestechnik geworden, ist sie Wegbereiter einer selbst geistlosen, geistig unbewältigten Technik, die heute einen massenwahnartigen Lebensstandard begründet und zugleich unser aller Dasein dem Abgrund der physischen Vernichtung entgegentreibt.

Aus dieser Leere heraus können die gewaltigen geistigen Mächte, die hinter den revolutionären Entdeckungen der Physik stehen, aber unter dem Schleier des Formalismus das Licht des Bewußtseins nicht erblicken, nicht fruchtbar werden. Erst in einem wiedererweckten Selbstverständnis der Physik, in der die Physik gleichsam aufwacht, kann sie ihre Aufgabe erfüllen — und den Geisteswissenschaften das geben, nach dem diese hungern. Trotz all ihrer ungeheuerlichen Erfolge hat sie in der Isolation kein Leben. Sie kann sich ihr Wesen nicht selbst geben. Sie bedarf der komplementären Ergänzung durch die Wissenschaften des Geistes; insbesondere durch die Theologie.

Wie der Mensch trotz eigenständiger Personalität sein Wesen erst in der Hinrichtung zum Anderen empfängt, so ist es auch mit der Physik und Theologie; je in sich selbständige Wissenschaft, empfängt jede ihr Leben doch erst in der Hinrichtung auf die jeweils andere. Dies gilt nicht nur für die Physik, sondern — komplementär umgekehrt — auch für die Theologie.

Die Theologie ist die Wissenschaft über den unerreichbar Fernen und zugleich unmittelbar Nahen; über Gott, den in Vater, Geist und Sohn Dreieinen. Es ist Geheimnis, Feuer, Leben in diesem überräumlichen, überzeitlichen, übermateriellen Gott, der zugleich alles geschaffen und in Seine heilige Dreiheit hereingenommen hat.

Die Theologie ist die im tiefsten fragliche Wissenschaft; die fragwürdigste von allen Wissenschaften. Wie kann man Wissenschaft treiben «über» jenen, der selbst alle Denk- und Erkenntnismöglichkeiten geschaffen hat — und somit von unendlich höherer Mächtigkeit als alles das ist, was Grundlage jeglicher Wissenschaft ist? Geheimnisvollerweise, unbegreiflicherweise ist diese Wissenschaft aber doch möglich, weil dieser Gott zugleich der in Seiner Schöpfung — fast wie unsereins — wohnende und unter uns und in uns lebende Gott ist. Er ist der sich uns offenbarende, uns gebietende, uns erlösende Gott; uns offenbarend, weil wir als eigene Personalität Gott gegenüber sind; uns gebietend, weil wir frei sind und uns entscheiden können; uns erlösend, weil wir des Bösen fähig sind und ihm verfallen waren.

Die Möglichkeit einer Theologie ist ebenso unfaßbar wie das Geheimnis der Freiheit und das Geheimnis des Bösen. Und diese Geheimnisse hängen zusammen. Schon im Anbeginn der Menschheitsgeschichte steht der «Baum der Erkenntnis des Guten und Bösen». Schon in der Schöpfungsgeschichte offenbarte sich am Baum der Erkenntnis die Freiheit und die Bosheit im Gegenüber zum Gotterkennen: «Jetzt ist der Mensch wie Unsereins geworden, so daß er erkennt, was Gut und Böse ist.» Diese selbst tiefst geheimnisvolle Dreiheit des Geheimnisses hat ihren Grund in Gott, dem Dreieinen selbst.

Die Theologie ist die Lehre von Offenbarung, Entscheidung und Erlösung über dem Geheimnis des Wissens, der Freiheit und Bosheit. Weil dies aber Geheimnis ist, ist die Methodik der Theologie im Grunde Demut, Geduld und Ehrfurcht. Alles andere an der Theologie ist — einmal in radikal-unzulässiger Weise ausgedrückt — menschliches Beiwerk; eitle Hoffart; zersetzendes Übel. Denn nur die Gnade verleiht Glaube, Hoffnung und Liebe; Glaube, der sich in der Anschauung Gottes im Geist von Angesicht zu Angesicht bewahrheitet; Hoffnung, die sich im Kommen des Reiches Gottes des Vaters und Schöpfers erfüllt; Liebe, die in der Vereinigung mit Gott-Selbst im Sohn sich vollendet. Demut, Geduld und Ehrfurcht ist der Boden wahrer Theologie; überirdische Wahrheit der Kleinen vor der Souveränität des göttlichen Willens: «Vater, Schöpfer des Himmels und der Erde, ich preise Dich, daß Du dies Klugen und Weisen verborgen, Kleinen aber geoffenbart hast; Ja, Vater, so war es Dir wohlgefällig.»

Theologie ist möglich, ja sogar notwendig. Ihre Aufgabe ist Durchgeistigung allen menschlichen Denkens, aller Wissenschaften. Und Theologie hat die Heils- und Menschheitsgeschichte mehr geformt als jede andere Wissenschaft. Sie ist die Wissenschaft des Allerhöchsten,

Allesschaffenden, Allesumfassenden — und alle Wissenschaften sind aus ihr hervorgegangen. Wie aus einer ihrer Rippen ist die Physik hervorgegangen. Berufen zur Gehilfin der Theologie in Partnerschaft, wurde die Physik eine eigenständige Wissenschaft. Aber in einem gebieterischen Gleichberechtigungsanspruch hat sie sich zu einer Macht aufgeworfen, die heute die Theologie zu Boden drückt; eine Theologie, die in einer eigenartigen Perversion ihrer Methodik ihr Wesen preisgegeben, ihren Auftrag verraten und sich in eine tödliche Isolation verlaufen hat.

Die Theologie hat sich dem Götzendienst ergeben. Diese Götzen sind die Prinzipien und Verknüpfungsoperationen menschlichen Denkens, die Gesetzmäßigkeiten der Logik, der logischen Apparatur. Sie ist zur Philosophie geworden; vom Heidentum übernommene, selbst zum Heidentum zurückgekehrte Philosophie; Weisheit und Verstand, die Gott verwirft. In der Erhebung der Denkschemen vom Hilfsmittel und Werkzeug zur Grundlage der Theologie verehrt die Theologie in erschreckender Hybris sich selbst in sich selbst. In der Theologie betet sich der Mensch selbst an. In der Anbetung des Schemas wird sie selbst Schema. Ihr Leben verlierend, wird sie ihrem Götzen ähnlich; dem logischen Apparat; eine Maschinerie.

Eine unheimliche Perversion geht in der Theologie vor sich: Statt göttliche Offenbarung und kirchliche Verkündigung mit menschlichem Denken, mit der Logik als Hilfsmittel und Werkzeug aufzuhellen, kehrt sich das an den logischen Apparat verkaufte Denken gegen die Verkündigung, gegen die Offenbarung, gegen Gott selbst. Gott als der Dreieine wird zu einem dem Apparat ungemäßen Ärgernis; zu einem an den Rand gedrängten Überbleibsel; erstaunlicherweise gerade in einer Zeit, in der nackte Fakten den Naturwissenschaften gewaltige Einsichten in die Komplementarität der Schöpfung erschließen. Auferstehung und ewiges Leben werden in Frage gestellt, da sie der Kritik, dem Götzen der Maschinerie, nicht genügen. Dafür feiert der Rationalismus — von der Physik bereits überwunden und vernichtend geschlagen — Auferstehung und wuchert in der Theologie mit zähem Leben.

Das theologische Denken wird hemmungslos strapaziert, maßlos kompliziert, die Sprache unverständlich: Ein Denken und eine Sprache einer Wissenschaft, die ihrem Wesen nach nicht nur die intelligenten, sondern schlechthin alle Menschen erreichen müßte; Arbeiter ebenso wie Minister und Wissenschaftler. In Ermangelung der Verständlichkeit bleiben die Menschen führungslos auf sich gestellt. Überall wuchert der religiöse Eigenbau, von dem sich der Intellektuelle dürftig nährt, während der Kleine verhungert. Steril und weltfremd, gerät die Theologie in eine erschreckende Isolierung; gerade auch gegenüber dem führungslos gewordenen praktischen Seelsorger. Eine erstaunliche Erscheinung beobachtet man nach den theologischen Vorträgen auf religiösen Tagungen: Ingenieure und Juristen flicken die Pfarrer wieder seelisch zusammen; wahrhaftig: «Das Kleine hat Gott erwählt, um das Große zu beschämen.»

Die Verstörung durch die Theologie, die ihr Antlitz verloren hat, ist abgrundlos; nur vergleichbar der Vernichtung durch die Nukleartechnik als Ausfluß einer entgeistigten Physik. Es ist Endzeit.

Die Theologie hat ihr Wesen preisgegeben und den Boden unter den Füßen verloren. Sie ist selbständige Wissenschaft — und doch hat sie für sich allein kein Leben. Sie bedarf der Selbstbesinnung in den Naturwissenschaften, vor allem der Physik; der komplementären Ergänzung durch die Physik.

Es ist wie eine Ironie des Schicksals: Der dialektische Materialismus, der Diamat wird zermalmt; seine Ideologien werden zu kopfloser Flucht getrieben durch die Physik. Der Hauptfeind christlicher Verkündigung wird von der Physik niedergeworfen, nicht von der Theologie. Zugleich zerstört die Physik aber auch jene gleichen Grundlagen der Theologie, mit denen sie sich von eben all den Philosophien nicht unterscheidet — und zwingt sie zur Besinnung auf eben jene Grundlage, in der sie unangreifbar, sich von allen unterscheidet und ihr wahres Wesen findet: die Offenbarung Gottes.

Wieso hat die Physik solche Macht, wie ist das möglich? Ist denn nicht der Bereich der Theologie so weit über dem der Physik, daß der Physik jede Möglichkeit des Urteils im Prinzip entzogen ist? Ja, doch, aber gerade deshalb: Freilich ist die Physik nicht in der Lage, etwa Aussagen über Gott, Seine Offenbarung, die Verkündigung, über Freiheit und Entscheidung, Gut und Böse zu machen. Sie ist erst recht nicht in der Lage, Beweise oder Gegenbeweise anzubieten. Die Zeit, in der die Physik sich dessen vermaß, ist längst vorüber und hat — ohne daß es die Theologie richtig gemerkt hätte — ganz anderem Raum gegeben: Der Bereich der Theologie ist eine Seinsmächtigkeit wesensgemäß höherer Mannigfaltigkeit, Beweglichkeit und Freiheit als jener der Physik.

Aber gerade deshalb sind die Aussagen der Physik über Grenzen der Anwendbarkeit des logischen Apparates und menschlicher Denkvorgänge und Vorstellungen für die Theologie um so gebietender. Es liegt im Wesen der Mannigfaltigkeit, Beweglichkeit und Freiheit, daß ein Bereich um so weniger mit Schemen vereinheitlicht, mit Systematik festgehalten und mit Beweisen gezwungen werden kann, je mannigfaltiger, beweglicher und freier er eben ist. Gerade je höher, mächtiger, herrlicher man den Bereich der Theologie ansieht, um so einschneidender werden die in der Physik offenkundig gewordenen Grenzen für die theologische Methodik wirksam. Können wir denn erwarten, daß sich etwa Gott, der Herr und Schöpfer der Welt samt allen Denkens und aller Denkgesetze und Denkmöglichkeiten, mit Denkoperationen umfassen läßt, die sich nicht einmal die Lichtquanten bieten lassen?

Die Physik heute — und das ist etwas ungeheuerlich Neues — hat die Macht, die Theologie zu zwingen, sich ihres höheren Ranges zu besinnen.

Welle-Körper-Dualismus und Unbestimmtheitsrelation, Raum-Zeit-Relativität und existentielle Grenzgrößen, Widerspruchssatz und Identitätssatz als Grenzgesetze! Ist das nicht das Ende der Wissenschaft, das Ende der Theologie, wenn diese ungeheuerlichen Dinge Einlaß finden? Ja und nein.

Für die Physik war das — entgegen allen Befürchtungen — jedenfalls nicht das Ende, sondern erst der Anfang eines gewaltigen Aufschwungs. Aber die Physik stützt sich auf erfahrbare Fakten — und als beschreibende Darstellung des Erfahrbaren kann sie über die Erschütterung des logischen Schematismus hinwegleiten. Für die auf das Denken und seine Gesetze gestützten Philosophien ist das aber eben doch das Ende; ein Zusammenbruch wie für den Diamat in den Grundfesten. Für diese ist es ein Ende, aber nicht das Ende für eine Theologie, die im Geiste der Offenbarung gründend, den logischen Apparat nicht mehr anbetet und als tragendes Fundament benutzt, aber mit weisem Maß als Werkzeug zu Hilfe nimmt.

In dieser Rückbesinnung der Theologie unter der Faust der Physik ist kein Ende der Theologie, sondern ein großer Anfang. Die Physik wird hierbei zur Wegbereiterin aller Wissenschaften. Denn in ihr werden geistige Wesenheiten und Ordnungen höherer Art als jener des logischen Apparates offenkundig,˙ die der gesamten Schöpfung zugrunde liegen. Sie öffnet einer mächtigeren, lebendigeren, freieren Wissenschaft die Türe. Sie läßt uralte Wahrheiten der Theologie neu erstehen; gleichsam am anderen Ende der Schöpfung in faßbaren Fakten greifbar werden — und als mächtige Analogie in allen Bereichen der Schöpfung sichtbar werden; mehr noch wie als Analogie: als Spiegelbild, als Abglanz des Dreieinen in der gesamten Schöpfung.

Die überragenden Ordnungen

Der Auftrag an den Menschen, sich die Erde untertan zu machen, die Welt zu beherrschen und zu verwalten, enthält den Auftrag, das Wesen der Schöpfung zu begreifen, zu erkennen, zu leben. Dies ist notwendig, um seine Herrschaft und Verwaltung in Übereinstimmung mit dem Wesen der Schöpfung zum Heil und Nutzen ausüben zu können.

Dazu ist dem Menschen die Fähigkeit des Denkens gegeben; des Denkens mit bestimmten Gesetzen, Regeln, Operationen; eben die Logik. In der Ausgestaltung und Anwendung ergibt sich ein logischer Formalismus, ein logischer Apparat als starkes, unentbehrliches Mittel der Wissenschaft. Es besteht die Aufgabe, diesen Apparat zweckdienlich zu entwickeln, betriebsfähig zu halten und sinnvoll einzusetzen — und es besteht die Aufgabe, die Fähigkeit zur Bedienung und Anwendung dieser Apparatur in einem förderlichen Denkprozeß zu schulen.

Doch nichts kommt über sich selbst hinaus. Es ist das Wesen eines jeden Seienden, daß es seine Grenzen nicht nochmals umfassen und übersehen kann; sonst wären es ja nicht seine Grenzen. Erst das höhere Sein, das Größere umfaßt und übersieht das Kleinere — und erkennt in dessen Begrenztheit das Wesen von dessen Bestand neben dem anderen, Nicht-so-Seienden; erkennt dessen Grenzen.

Auch das Denken kommt nicht über sich selbst hinaus; erst recht nicht dessen Logik als spezielle Form des Denkens; noch weniger wieder deren Formalismus. Und ihre eigenen Grenzen bleiben ihnen — in sich bleibend — fremd. Aber es gibt überragende Mächtigkeiten über dem Machtbereich des Denkens, der Logik, des Formalismus, die dementsprechend wesensgemäß dem Formalismus, der Logik, dem Denken nicht gemäß sind, ihren Gesetzen nicht gehorchen und sie durchbrechen; überragende Bereiche, die vielmehr alles Denken samt aller Logik und allen Formen, als Teil mitumfassen. Sofort entsteht eine bange Frage und Schrecken faßt den Wissenschaftler: Ist das nicht das Chaos, das Ende in jeder Wissenschaft?

Der Einbruch dieser Mächtigkeiten in das Reich des Menschen, der Aufbruch des Bewußtseins von diesen Mächtigkeiten ist das Ende einer alten Wissenschaft, das Ende einer alten Knechtschaft. Es ist der Auszug aus Ägypten und der Aufbruch in das Land der Verheißung im Zeichen des Dreieinen. Es ist der Anfang einer neuen Wissenschaft im Geist. Dort ist menschliches Denken und logische Apparatur nicht mehr tyrannischer Herr, sondern ergebener Diener: leistungsfähiger als je zuvor, kommt er und geht er, wie ihm geheißen. Es ist der Raum überragender Ordnung und Freiheit; ein Dasein in Mannigfaltigkeit, Großartigkeit und Freiheit.

Gibt es im Raume der überragenden Ordnungen und Freiheiten kein Chaos und keinen Terror; keine Qual? Nach welchen Gesichtspunkten, Kriterien läßt man nun diesen Diener an- und abtreten? Wiederum begegnen wir der Mannigfaltigkeit, Beweglichkeit und Freiheit dieser überragenden Bereiche, die die Möglichkeit der Willkür ebenso in sich schließen wie die Möglichkeit der Freiheit in der Ordnung des Gebotes und der Offenbarung Gottes.

Tatsächlich kann man diesen Diener an- und abtreten lassen im Dienste perversen Mißbrauches zum Unheil in einer infernalen Welt, wie im Dienste einer auf Gott hingerichteten, der Erlösung entgegengehenden Welt, in Bereitung des Kommens des Herrn. Es ist gerade das Wesen dieser überragenden Ordnungen, daß sie nicht zum Einen, Festen zwingen, daß sie nicht die Ordnung zum Terror und die Freiheit zum Chaos machen. Aber gerade, weil sie nicht zum Einen, Festen zwingen, wird eben auch der Terror wie das Chaos wieder möglich. Und schon wieder ist die Leerheit, Offenheit, Nichtigkeit der Schöpfung in sich unheimlich gegenwärtig. Denn es ist das Wesen dieser überragenden Seinsmächtigkeiten in ihrer Mannigfaltigkeit, Großartigkeit und Freiheit, das Wesen des Lebens, daß diese nur auf Gott hin wahrhaft sind. Es gibt eben keinen Frieden und keine Sicherheit innerhalb dieser Welt. Frieden und Sicherheit innerhalb dieser Welt sind Wahn. Denn Frieden und Sicherheit ist nur in Gott, dem Dreieinen.

Wie gelangt man zu diesen überragenden Ordnungen jenseits des Denkens und seiner Gesetze, jenseits der Logik und ihrer Funktionen? Man gelangt zu diesen Mächtigkeiten auf zwei Wegen: Durch die im Glauben zu erschließende Offenbarung; vor allem im Raume der Theologie — und durch die in der Erfahrung zu erschließenden Fakten; vor allem im Raume der Physik. Und im Raume der Anthropologie gibt es keinen Weg, der über die Denknotwendigkeiten und die Grenzen der Logik hinausführt? Wahre Anthropologie ist nur im lebendigen Gegenüber zu der Offenbarung und den Fakten — und in dieser gibt es diesen Weg tatsächlich: in der Selbstverleugnung des Menschen, in der Hingabe und Nachfolge Christi; in einer neuen Anthropologie: der uralten Anthropologie der Erlösung.

Können wir diese überragenden Ordnungen irgendwie fassen, kennzeichnen, definieren; was allerdings bedeuten würde, daß wir sie doch in den Formen unseres Denkens darstellen? Man kann es. Diese überragenden Ordnungen sind freilich im Raume unseres Denkens nur schemenhaft als Projektionen in eben diesem Raum der Logik darstellbar. Sie erscheinen da — wenn man nicht zuviel erwartet — als Dreidimensionalität, als Komplementarität und als Fundamentabilität. Gerade in den physikalischen Fakten stellen sich diese Ordnungen eindrucksvoll dar; als große Hilfe des Verständnisses, des über sich hinausgeführten, wissenschaftlichen Verstehens.

Dimensionalität bedeutet Abmessung, Ausdehnung, Erstreckung; Dreidimensionalität somit Erstreckung in drei Richtungen. Komplementarität bedeutet Ergänzung; Zusammenkommenmüssen von verschiedenen Komponenten zur Vollständigkeit. Fundamentabilität bedeutet Grundlegbarkeit; Wählbarkeit des Fundamentes, der Grundlage. In der Dreidimensionalität, Komplementarität und Fundamentabilität stellen sich jene überragenden Prinzipien dar, die das Wesen des Seins als Mannigfaltigkeit, als Veränderlichkeit und als Freiheit kennzeichnen; sie sind der Ausdruck der Vielheit, Großartigkeit und Lebendigkeit der Schöpfung. Jede dieser drei Grundordnungen, Grundprinzipien ist von großer Tiefe und Tragweite.

Dreidimensionalität

Dreidimensionalität ist eine in drei unabhängigen Richtungen sich erstreckende Mannigfaltigkeit. Um innerhalb dieser Mannigfaltigkeit etwas zu bestimmen, sind somit drei voneinander unabhängige Angaben notwendig und hinreichend: Zwei Angaben oder gar nur eine Angabe sind eine ungenügende Bestimmung, eine Unterbestimmung, welche die ganze Mannigfaltigkeit einer Dimension bzw sogar zweier Dimensionen offen läßt; vier oder noch mehr Angaben sind eine Überbestimmung, indem in jeweils beliebigen drei der Angaben schon die übrigen Angaben mitenthalten sind. Dreidimensionalität ist also ein «Raum»; Raum im weitesten Sinne.

Das anschaulichste und einfachste Beispiel ist die Dreidimensionalität des physikalischen Raumes unserer gewohnten Umwelt mit den drei Richtungen etwa vorne-hinten, links-rechts, unten-oben. Jeder räumliche Gegenstand hat Länge, Breite und Höhe.

Wie man eine Dreidimensionalität ermißt — dh in welchen Angabe-Schemen, Koordinaten —, ist grundsätzlich der freien Willkür überlassen. Einen Raumpunkt in einer Stadt kann man zB mit drei Angaben so bestimmen: 7 Straßen hinter, 5 Straßen rechts, 4 Stock oben. Man könnte den selben Punkt aber auch zB mit drei anderen Angaben so bestimmen: 60° zur Nordrichtung, 15° anhebend, in 800 Meter Entfernung. Und man könnte diesen Punkt auch noch beliebig anders bestimmen; das ist eine Sache der Zweckmäßigkeit, keine Notwendigkeit. Aber immer sind drei Angaben notwendig und hinreichend.

Die Wahl der Koordinaten ist frei; durch den Raum und seine Dreidimensionalität nicht festgelegt: Man kann etwa geradlinige oder auch krummlinige, zueinander senkrechte, aber auch schiefwinklige Koordinaten benutzen. Etwa zur Ermessung einer Kugel ist es vorteilhaft, die krummlinigen, aufeinander senkrechten «Kugelkoordinaten» zu benutzen; solche sind für die Erdkugel die geographischen Koordinaten: Breitengrad, Längengrad, Höhe.

Oft sind die Richtungen im Raume nicht gleichwertig; vor allem dann nicht, wenn ein Schwerefeld gegeben ist: Eine Massenverschiebung in Richtung des Feldes ist Arbeit (einen Sack Kartoffeln auf den Speicher zu tragen, bedeutet etwas anderes, als ihn auf dem Fahrrad die Straße entlang zu schieben), so daß sich die Massen und Ereignisse in der Ebene der beiden zum Feld senkrechten Richtungen arbeitsfreier Verschiebungen auszubreiten streben. So ordnet sich die Erdoberfläche mit unserem Lebensraum senkrecht zum Schwerefeld, so daß man die geographische Höhe «über dem Meeresspiegel» angibt.

Es ist allgemein vorteilhaft, Koordinaten derart zu wählen, daß ihre Angaben möglichst unabhängig voneinander sind und nicht noch Komponenten der jeweils anderen Koordinaten mitenthalten; also aufeinander senkrecht stehende Koordinaten. Dies ist für eine möglichst einfache Überschaubarkeit und große Genauigkeit vorteilhaft, aber nicht notwendig; an sich würden schon Koordinaten-Tripel genügen, die nur wenig in der Richtung voneinander abweichen; nur dürfen sie nicht ganz zusammenfallen, sonst hat man ja nicht mehr drei Angaben. Was für Koordinaten man vorteilhaft konkret wählt, hängt weitgehend vom jeweiligen Fall ab; im Falle der Erde legt man eben eine Koordinate in Richtung des zum Erdschwerpunkt, Erdmittelpunkt zeigenden radialen Feldes — und die beiden übrigen Richtungen zweckmäßig dazu senkrecht; naheliegenderweise nach der Erdrotation ausgerichtet.

Oft kommt es aber auch vor, daß eine Bestimmung schon mit zwei

A 7   49 oder auch nur einer Angabe als ausreichend empfunden wird. Das bedeutet aber noch keineswegs, daß keine Dreidimensionalität vorliegt, sondern daß aus der Sache heraus eine Dimension selbstverständlich festliegt: zB bei der Marine ist es derart fraglos selbstverständlich, daß das Schiff sich an der Meeresoberfläche befindet, daß zur Standortbestimmung die geographische Längen- und Breitenangabe ausreicht. Trotzdem ist sein Stand und es selbst dreidimensional mit Länge, Breite und Höhe: Bei einem U-Boot oder einem gesunkenen Schiff müßte man auch eine Tiefe zur Standortbestimmung angeben. Etwa bei der Bahn — auch wenn sich das Gleis mit vielerlei Kurven durch die Gegend windet — genügt eine Angabe zur Bestimmung einer Station: die Fahrtstrecke.

Die Koordinaten sind nur Darstellungsmittel; der Raum selbst und die darin sich einfügenden Dinge sind das Darstellungsobjekt. Die Wählbarkeit der Koordinaten ist grundsätzlich frei. Aber auch die Struktur des Raumes selbst nimmt Einfluß darauf, welche Koordinaten vorteilhaft gewählt werden. Es hat sich nämlich etwas ganz Ungewohntes, Erstaunliches, Neues herausgestellt: Völlig ungeachtet der Koordinatenwahl und unabhängig davon, ob man überhaupt darstellt oder nicht, hat der Raum einer Dreidimensionalität auch selbst Struktur. Es gibt gerade Räume; aber auch gekrümmte mit verschiedenmöglicher Art und Stärke der Krümmung. Die «Krümmung» bedeutet eine zunehmende Verformung von in kleinen Bezirken gegebenen und eingesehenen Größen- und Wertverhältnissen bei Übergang in größere Bereiche. Der Weltraum nahe sehr großer und dichter Massen ist «pseudosphärisch» gekrümmt; dies ist eine Sattelflächen-Geometrie mit einer Dreieck-Winkelsumme kleiner als 180°.

Aber im Gegensatz zu dieser «Raumkrümmung» als in sich gegebener Eigenschaft der Raumstruktur selbst, sind krummlinige Koordinaten nur eine willkürlich-krummlinig gewählte Maßgabe: Man kann gekrümmte Räume auch mit geraden Koordinaten beschreiben — und umgekehrt. So sind zB die geographischen Kugelkoordinaten eine krummlinige Ermessung der Erde in einem geraden Raum. Die Oberfläche der Erdkugel ist zwar sphärisch (kugelförmig) gekrümmt, aber die Krümmung dieser zweidimensionalen Fläche eines dreidimensionalen Raumes ist nur eine gekrümmte Gestalt innerhalb eines geraden Raumes: die Masse der Erde, ebenso auch die Masse der Sonne, und damit die Schwerefelder im Erdbereich sind noch zu klein, um wirkliche Raumkrümmungen mit meßbaren Abweichungen von der geraden Struktur hervorzurufen.

A 7

Die Freiheit der Koordinatenwahl, dh der Ausdruckshilfen, der Darstellungsmittel, ermöglicht eine praktisch unbegrenzte Mannigfaltigkeit der Darstellung ein und desselben Raumes; sei dieser nun gerade oder gekrümmt. Äußerlich sehr verschiedene Darstellungen können somit gleichwohl richtig sein; sie sind dann untereinander abbildungsgleich: sie lassen sich aufeinander abbilden, ineinander überführen, auseinander errechnen. Innerhalb dieser Mannigfaltigkeit der Darstellungsmöglichkeiten gibt es jedoch einfachere und kompliziertere, praktischere und unzweckmäßigere, elegantere und schwerfälligere Darstellungen derselben Geschehnisse desselben Raumes. Man merkt oft erst spät, daß ein Anderer Gleiches nur mit anderen Vorstellungen in anderen Ausdrucksweisen darstellt.

Dreidimensionalität gibt es von verschieden hoher Ordnung: Der in sich dreidimensionale, physikalische Raum ist selbst wieder nur eine Dimension in der höheren physikalischen Dreidimensionalität von Raum, Zeit, Materie. Diese Dreidimensionalität des Wirklichen ist selbst wieder nur eine Dimension in der noch höheren Dreidimensionalität von Wirklichsein, Erkanntsein und Selbstsein, welche bereits die Gegenstände und Methodiken aller Wissenschaften mit umfaßt — und damit bereits wesensgemäß höherer Mächtigkeit als etwa der logische Apparat mit seinen Denkgesetzen ist. Diese Dreidimensionalität des Seins ist wiederum gleichsam nur eine Dimension der geheimnisvollen, unaussprechlichen Dreiheit von Sein, Wort und Nichts; eine Dreiheit derartiger Übermächtigkeit, daß sie jeglichen logischen wie alogischen Raumes enthoben ist, ja sogar selbst alle logischen wie alogischen Räume entstehen und vergehen läßt, auf- und abwertet, ins Sein ruft und wieder ins Nichts verschwinden läßt. Es ist eine Dreiheit in unmittelbarer Nähe Gottes des Dreieinen; Gott Selbst eigen.

Freilich sind in jeder Dimension höherer Ordnung alle Dimensionskomponenten der unteren Ordnung mit enthalten, so daß die höheren Dreidimensionalitäten auch als höher-dimensional — etwa 3 mal 3-dimensional — bezeichnet werden können. Aber immer sind es eben solche Dreierordnungen.

Auch diese höheren Räume, erst recht diese Räume höherer Ordnung sind nicht auf gerade Strukturen beschränkt. Wenn schon die untersten Räume der physikalischen Welt in Krümmungen mannigfaltig sind (das Gerade ist ja nur ein einfacher Spezialfall innerhalb der Mannigfaltigkeit des Krummen: Krümmung null; mit Krümmungsradius unendlich), dann erst recht die höheren Räume; in Krümmungen höherer Ordnung.

Die Dreidimensionalität durchzieht das Sein in allen Bereichen. Je höher allerdings die Seinsmächtigkeiten werden, um so mehr tritt diese Dreidimensionalität im Zusammenhang mit einer Komplementarität der drei Dimensionen auf; als Dreier-Komplementarität mit drei Komponenten.

Komplementarität

Komplementarität ist eine sich in verschiedenen, einander ergänzenden und zugleich gegenseitig verdrängenden Komponenten gestaltende Vollständigkeit. Die Komplementarität ist Ausdruck jenes Wesenszuges der Schöpfung in den höheren Bereichen, in welchem verschiedene Seinsverhalte — so verschieden, daß sie sich gegenseitig eben logisch ausschließen — doch nebeneinander bestehen können und sogar zueinander kommen müssen, um Vollständigkeit zu ergeben; trotz Gegensätzlichkeit und sogar Widersprüchlichkeit je in ihrer vollen Tragweite nebeneinander, miteinander und zueinander, ohne sich gegenseitig abzuwerten.

Zugleich damit ergeben sich in der Komplementarität jene wesensgemäßen Unbestimmtheiten, Offenheiten, die nicht nur der praktischen Feststellbarkeit Grenzen setzen, sondern — viel mehr noch — der wesentliche Grund für die Möglichkeit der Geschehensabläufe überhaupt sind, indem nur innerhalb der damit gegebenen Spielräume sich Geschehnisse in Beweglichkeit und Veränderlichkeit abspielen können, die im Rahmen eines Bestimmt-Feststehenden gleichsam einfrieren, erstarren müßten. So ist dies etwa in der Quantenphysik als indeterminiert-statistisches Geschehen; in den höheren Seinsbereichen als frei-sittliches Entscheiden und Handeln, bis zur ewigen Entscheidung für Leben oder Tod. Und wegen dieser Möglichkeit in diesen Bereichen sind dies eben Bereiche höherer Mannigfaltigkeit, Mächtigkeit und Freiheit.

Die Großartigkeit der Schöpfung jenseits des Bereiches zwangsläufiger und eindeutig-festliegender Vorgänge erscheint somit eben in der Komplementarität, in welcher verschiedene, zueinander gegensätzliche und sogar widersprüchliche Komponenten notwendig sind, um Größe, Macht und Wesen eines Seinsverhaltens voll darzustellen.

Die komplementäre Ergänzung ist so gebieterisch, daß ohne die Benutzung aller ihrer Komponenten gerade die wesentlichen Möglichkeiten und Mächtigkeiten von vornherein verschlossen bleiben — und die Ablehnung der Komplementarität die Verengung einer Wissenschaft auf die wesensgemäß ärmeren Bereiche des Nichtkomplementären bedeutet; dh auf die untersten Bereiche. Zugleich ist die komplementäre Verdrängung so durchgreifend, daß sogar unsere «unmittelbar einsichtigen Denkgesetze» der Logik zu Grenzgesetzen werden, die zwar so weit als möglich zu benutzen sind, deren Benutzbarkeit aber eben begrenzt ist.

Eine Komplementarität ist eine Mächtigkeit höherer Ordnung, die in einem Wechselspiel der Komponenten in Erscheinung tritt; eine Mächtigkeit höherer Ordnung als die Schemen der gewohnten Denknotwendigkeiten, so daß sie von daher nicht erfaßbar ist; ein Wechselspiel mit eigenartigen Unbestimmtheiten und Offenheiten, deren zwanglose Spielregeln aber doch mit Geschick und Feingefühl im lebendigen Gegenüber zum Sein erlangbar sind. Diese im Sein höherer Mächtigkeiten begründeten Unbestimmtheiten, Offenheiten ergeben eben jene «Spielräume», in denen sich ein veränderliches, freiheitliches Leben zu entfalten vermag. Sie sind ein Grundwesenszug des Seins einfachhin.

Aber diese Unbestimmtheiten, Offenheiten sind nicht undefiniert, sondern unterliegen ihrerseits einer höheren Ordnung; gleichsam einer Bestimmung des Unbestimmten. Und auch im konkreten Maß der Unbestimmtheit ergänzen sich komplementäre Komponenten miteinander — und es ist einer der erstaunlichsten Umstände, daß diese Unbestimmtheiten, Offenheiten verschiebbar sind: Innerhalb jeder Komponente — frei wählbar — sind somit doch beliebig genaue Feststellungen, Festlegungen, Bestimmungen möglich, wobei sich aber damit jene Unbestimmtheit um so mehr in die dazu komplementäre, andere Komponente verlagert. Und gerade dies ist wiederum der unmittelbare Ausdruck eines mannigfaltigen, veränderlichen, freien Seins, welches eben sogar in der freien Festlegbarkeit und Bestimmbarkeit die Freiheit offenhält — und das Eine neben dem ganz Anderen möglich macht. Dieser Wesenszug der komplementären Unbestimmtheit und ihrer freien Verschiebbarkeit zwischen den Komponenten ist geradezu diese Freiheit selbst, indem es sie ohne diese gar nicht gäbe; sie ist gleichsam das Herz aller Lebensentfaltung überhaupt.

Somit gibt es in den Bereichen der Komplementarität zwar wesensgemäß keine «Sicherheiten auf Grund zwangsläufiger Denknotwendigkeiten» mehr, aber dennoch und gerade deshalb gewaltige Möglichkeiten der Entfaltung des Seins und gewaltige Aufstiegsmöglichkeiten für die Wissenschaft in geschicktem Umgang mit komplementären

Komponenten und angemessener, maßvoll beschränkter Zuhilfenahme der Denkgesetze; eine Entfaltung, in welcher die Wissenschaft in jene großartigen Bereiche vorzustoßen vermag, welche dem klassischen Denken grundsätzlich verschlossen bleiben mußten.

Komplementarität ist Ergänzung; die sich hiermit vielfach verbindende Verdrängung ist dagegen im Grunde nur ein Ausdruck dafür, daß die zur Vollständigkeit zusammengehörenden Komponenten in höheren Bereichen eben so verschiedenartig werden, so große Spielräume zwischen sich ausspannen, daß sie nicht mehr im Rahmen der Denkgesetze miteinander vereinbar sind. Deshalb wird das Verdrängungsphänomen der Komplementärkomponenten naturgemäß um so schwerwiegender, um je höhere Seinsbereiche es sich handelt. So sind an sich auch schon die drei Dimensionen des physikalischen Raumes komplementäre Komponenten, indem die Linie der ersten Dimension durch die zweite Dimension zur Fläche und diese wiederum erst durch die dritte Dimension zum vollständigen Raum ergänzt wird. Dies ist jedoch eine Komplementarität, an der noch nichts von einer Verdrängung bemerkbar ist. Aber schon in der Raum-Zeit-Materie-Komplementarität treten einschneidende Verdrängungen in Erscheinung. Ganz durchgreifend werden diese schließlich in den Bereichen höherer und höchster Mächtigkeit: weil sie eben mächtiger sind als die Logik menschlichen Denkens und der darin und nur darin begründbaren Neigung, die Welt einheitlich festzulegen. Aber die Schöpfung ist zu mannigfaltig, zu veränderlich, zu frei, um mit den dürftigen Prinzipien der Logik umfassend, einheitlich und unausweichlich festlegbar zu sein — und der Widerspruch ist — allen Versicherungen der Philosophen aller Generationen hohnsprechend — überall in der Welt gegenwärtig. Gott brauchte keine Philosophen um Erlaubnis zu bitten, als Er eine Welt schaffen wollte und schuf, in der es einfach Widerspruch gibt: Sogar von Sich selbst sagt Er: «Ich bin ein Zeichen des Widerspruchs» — und kein Geschaffener hat die Macht, dem allmächtigen Wort zu widersprechen; auch nicht, um den Widerspruch aus dem Sein zu bannen.

Eine für die Physik besonders wichtig gewordene und die ganze neuzeitliche Physik tragende Komplementarität ist der «Dualismus von Welle und Körper» in der Quantenphysik: Hinsichtlich der Lichtausbreitung, der Lichtübertragung ist das Licht ein über gewaltige Räume und Zeiten ausgedehnter, periodischer Vorgang; hinsichtlich der Lichtwirkungen, der Lichtreaktionen bei Emission und Absorption ist das Licht ein auf kleinstem Raum und innerhalb kürzester Zeit auftretendes, unteilbares Energiequantum. Gleiches wie für das Licht gilt auch für alle Teilchen und überhaupt alle Körper; es ist eine Grundeigenschaft aller Materie und Energie.

Diese physikalische Komplementarität von Welle und Körper ist die ergänzungsnotwendige Zusammengehörigkeit von sich einander logisch ausschließenden Komponenten. Diese gegenseitige Ausschließung geht erschreckend tief; so tief, daß sie eine Vereinheitlichung im Denken unmöglich macht, im Prinzip ausschließt. Jahrhundertelang standen die Wellentheorie (Huygens) und Korpuskulartheorie (Newton) des Lichtes einander unvereinbar gegenüber. Auch heute — mit der Quantenphysik — ist die Vereinheitlichung nicht möglich; sie ist im Prinzip nicht möglich.

Wohl ist es aber — gestützt auf die Erfahrung der Fakten — gelungen, klar die Hinsichten zu trennen, nach denen die eine oder andere Darstellung anzuwenden ist. Ja — bewunderungswürdigerweise — ist es sogar gelungen, einen mathematisch-logischen Formalismus zu erstellen, der schon in seiner Anwendung diese Separierung vornimmt; dem in seinem Funktionieren schon diese Hinsichtentrennung einprogrammiert ist. Die gedankliche gegenseitige Ausschließung der komplementären Komponenten — sich darstellend in den Bildern von Welle und Körper — und der mit ihnen auftretenden Unbestimmtheiten wird somit nicht etwa auf einer höheren Ebene aufgehoben, sondern vielmehr praktisch-mathematisch berücksichtigt; eben mit in den Formalismus aufgenommen und mit dem Wirkungsquantum h in ihrer Ordnung erfaßt.

Das Wirkungsquantum h der Unbestimmtheitsrelation ist freilich selbst eine ganz bestimmte Naturkonstante — $h = 6,626 \cdot 10^{-27}\ erg \cdot sec$ —, ist aber dennoch nicht die Aufhebung der quantenphysikalischen Unbestimmtheit auf der Ebene der Logik, sondern vielmehr gerade deren Darstellung mit logischen Mitteln. Gerade in der Unbestimmtheitsrelation, nach welcher das Produkt der Unbestimmtheiten zweier zueinander wirkungskomplementärer Zustandsgrößen eines Teilchens — etwa Energie und Zeit, oder Impuls und Raum, oder Drehimpuls und Drehwinkel — immer gleich dem Wirkungsquantum h ist, wird das Wesen dieser Unbestimmtheit besonders hervorgehoben und zugleich damit eine Handhabe für den Umgang damit geboten: Man kann zwar die jeweils eine Größe beliebig genau bestimmen; um so ungenauer wird aber damit die dazu komplementäre.

Diese logische Festlegung des wesensgemäß Unbestimmten ist — erstaunlicherweise — möglich bei einer an erfahrbaren Fakten orientierten, experimentell-mathematischen Anpassung des Formelapparates an das unmittelbar greifbare Geschehen. Derartiges ist aber nicht mehr möglich, mit einer rein logisch-gedanklichen Entwicklung jenseits der Möglichkeiten der Approbation der Ergebnisse am unmittelbaren Geschehen in Experiment und Erfahrung. Und doch ist es auch in diesen Bereichen — mit großer Wahrscheinlichkeit zutreffend — noch möglich: mit entsprechenden Analogien. Dazu muß aber das Wesen der Komplementarität in einem Akt lebendiger, geistiger Besitzergreifung zutiefst erschaut sein.

Die ganze Schöpfung ist voller Komplementaritäten in allen Seinsmächtigkeiten. Als analoge Abbilder voneinander umschließen Komplementaritäten höherer Ordnung solche niederer Ordnung in einer gewaltigen Hierarchie. In dieser hierarchischen Ordnung der Mächtigkeiten hat auch der logische Apparat mit seinen Denkgesetzen und Denknotwendigkeiten seinen Rang; einen zwar hohen, aber dennoch begrenzten Rang — und durch nichts, aber auch gar nichts ist garantiert, daß dieser Rang übermächtig sei. Nichts als philosophisches Vermeinen scheint den Vorrang der Logik zu sichern.

Deshalb ist es auch gar nicht erstaunlich, daß die übermächtige majestätische Dreiheit von Sein, Wort und Nichts jenseits aller Logik und Alogik souverän regiert; auch nicht, daß die komplementäre Dreiheit des Seins, über den Raum der Logik erhaben, nur noch gleichnishaft dem Denken zugänglich ist. Erstaunlich ist es nicht, daß dem Denken mit seinen Gesetzen und der Logik mit ihren Funktionen Grenzen gesetzt sind. Wahrhaftig erstaunlich ist vielmehr, daß Wissenschaft trotzdem so weit über diese Grenzen hinaus in die Bereiche überragender Ordnungen vorzudringen vermag. Dies ist aber nur möglich in einer selbst wieder komplementären Ergänzung von Physik und Theologie; in einem Aufeinander-hingerichtetsein dieser Pole der Wissenschaften. Erstaunlich ist die trotz der Begrenztheit doch so ausgezeichnete Benutzbarkeit des logischen Denkens und seiner Gesetze und Darstellungsmöglichkeiten in den Bereichen geringerer Mächtigkeit; vor allem in den Bereichen der physikalischen Welt, an deren Grenzen auch schon diese physikalische Welt dem Machtbereich der Logik in einer Weise entgleitet, daß gleichsam durch die Materie hindurch ein großartiger Blick in die Mächtigkeiten und Herrlichkeiten der gesamten Schöpfung geöffnet wird.

Die vollendete, ausgewogene, zwanglose Komplementarität ist ein Wechselspiel von drei Komponenten; eine Dreier-Komplementarität. Weil aber jede Wissenschaft in ihrer Methodik einen festen Standpunkt einnehmen muß, wird damit das bewegliche Wechselspiel in einer der Komponenten gleichsam festgehalten, so daß in der Regel nur noch Zweier-Wechselspiele, «Dualismen» in Erscheinung treten; Dualismen der Wissenschaft, welchen damit auf Grund der unvermeidlichen Fixierung in einer der drei komplementären, beweglich mitspielenden Komponenten etwas Unvollendetes, Verspanntes, Gezwungenes anhaftet. Aber der Dualismus gibt wenigstens überhaupt die Möglichkeit, noch in diese Bereiche höherer Art und größerer Mächtigkeit mit Wissenschaft vorzudringen; allerdings innerhalb wesenhafter Grenzen und unter Preisgabe mancher Sicherheit, die demjenigen wahnhaft vorgaukelt, der in der Logik und ihren Gesetzen sein Denken und sich selbst anbetet.

Die Möglichkeiten und Grenzen der Wissenschaft im Raume der Komplementarität ergeben sich zusammen mit der Fundamentabilität; der Wählbarkeit der Grundlagen und damit auch des Standpunktes, der Maßstäbe, der Methodik.

Fundamentabilität

Fundamentabilität ist die Freiheit der Wahl der Grundlage, des Fundaments. Von den drei Mächtigkeiten, Komponenten, Dimensionen einer Dreiheit ist eine jede davon als Fundament wählbar; eine Möglichkeit der Wahl, die bis zur Dreiheit des Seins selbst gegeben ist.

Mit der vollzogenen Wahl ergibt sich etwas ebenso Naheliegendes wie Merkwürdiges: die fundamentale Mächtigkeit, die alle Fragen und Antworten trägt und überhaupt ermöglicht, wird selbst zu einer so fraglosen Selbstverständlichkeit, daß sie gleichsam in Unfaßbarkeit, in Unsichtbarkeit versinkt. Auf diesem Fundament vermögen dann die jeweils anderen Mächtigkeiten in konkreter Gegebenheit und Aktivität faßbar und sichtbar hervorzutreten. Aber das Fundament prägt die Eigenart, mit welcher die anderen Mächtigkeiten hervortreten und zueinander in ein Wechselspiel treten, eben grundlegend.

Ein Fundament kann nicht nur gewählt werden, sondern es muß auch gewählt werden, wenn man in irgendeiner Weise mit etwas in Beziehung treten will, es begreifen oder einsehen will. Mit einer Standpunktnahme ist es in sich schon gewählt. Schon mit dem Entschluß, etwa eine bestimmte Wissenschaft zu betreiben, deren Maßstäbe anzulegen und deren Methodik zu benutzen, ist bereits ein Standpunkt bezogen und damit eine Komponente festgehalten; ein Standpunkt, welcher wesensgemäß auch dem Raume des Seins und dessen beweglichen Dreier-Wechselspielen zugehört. Damit erscheinen in der Regel von einer Dreiheit eben nur noch Zweier-Mächtigkeiten: Bilder in nur noch zwei Dimensionen der Dreidimensionalität; Wechselspiele von nur noch zwei Komponenten der Dreier-Komplementarität; Dualismen, die dementsprechend unvollendet, unausgewogen und gezwungen erscheinen. Das ist wie mit drei Brüdern: jeder Bruder hat immer nur zwei Gebrüder sich gegenüber, die er fassen und sehen kann.

Mit dieser Beschränkung auf Dualismen sind allerdings die Dreiheiten nicht grundsätzlich verschlossen, indem ja die konkrete Wahl des Fundaments nicht zwangsläufig festliegt. Man kann nacheinander verschiedene Fundamente wählen — und somit die übergeordnete Mächtigkeit der Dreiheiten gleichsam von den verschiedenen Standpunkten her abtasten. Deshalb gibt es nicht nur eine Wissenschaft mit einer ausschließlichen Methodik, sondern vielerlei Wissenschaften: Natur-, Gesellschafts- und Geisteswissenschaften in jeweils vielerlei Formen und Ansichten. Jede dieser Wissenschaften bleibt zwar wesensgemäß begrenzt und gezwungen — und immer droht die Gefahr der «Grenzüberschreitungen», in welchen diese Gezwungenheit grob in Erscheinung tritt. Und doch ermöglichen verschiedene Wissenschaften zusammen — wenn sie mit geschickter Beweglichkeit gewählt sind — die Dreiheiten aufzuschließen; gleichsam in verschiedenen Projektionen den Raum bildhaft zu erfassen.

Das einfachste Beispiel gibt wieder die Dreidimensionalität des physikalischen Raumes der uns gewohnten Umwelt ab: Eine der drei Dimensionen, eine Richtung, nämlich die Blickrichtung, ist beliebig als Fundament wählbar. Irgendwie konkret muß man im Raume aber auch stehen und in den Raum hineinsehen; in der Richtung der Strahlen vom jeweiligen Auge radial in die Umgebung: man kann ja nicht von allen Ecken und Enden — wie aus hunderttausend Augen — zugleich in den Raum blicken. Aber denjenigen Standpunkt, diejenige Stelle, wo das blickende Auge steht und seinen Blick auf den Umraum richtet, diejenige Dimension, in der der Blick sich hinrichtet, kann man frei wählen. In der so fundamentalisierten Richtung, Dimension, Komponente, in der Blickrichtung selbst verkürzen sich aber die Abmessungen des Raumes bis zum Verschwinden, so daß sich der Raum nur in der Ebene der beiden zur Blickrichtung senkrechten Dimensionen dem Auge darbietet. Aber schon mit zwei verschiedenen Blickrichtungen — etwa mit beiden Augen oder gar im Durchwandern betrachtet — ist dennoch die Räumlichkeit erschließbar.

Die Blickrichtung, der Aspekt ist jedoch mehr als ein Gleichnis, mehr als ein Analogon. Der Aspekt ist von geradezu existentieller Bedeutung; ein Pfeiler jeglicher Existenz. Unserem westlichen, im Wirklichen fundierten Denken ist die gewaltige Bedeutung dieser, dem Bereich der Erkenntnis zugehörigen Mächtigkeit schwerer ermeßbar als etwa dem östlichen, indischen Denken. Aber auch schon auf der materiellen Ebene unserer Wissenschaft zeigt etwa der wesenhaft verschiedene Aspekt der Existential-, Relativitäts- und Quantenphysik die daseingestaltende Macht des Aspektes. Die Aussage «nur ein anderer Aspekt» bedeutet eine wesenhafte Unterbewertung des Aspektes als einer der tragenden Komponenten der Daseinskomplementarität.

Die ganze Schöpfung ist Dasein in Aspekten; einem Dasein in gleicher Mächtigkeit von Wirklichkeit und Erkenntnis als der beiden Seinsgeschlechter. Sogar die letzte Entscheidung, die alle Existenz beherrschende Entscheidung — Himmel oder Hölle — ist aspektbestimmt: Die «Anschauung Gottes» ist der Weg zum Himmel; ja, ist der Himmel selbst. Und die Anschauung des Bösen führt zum Teufel; macht die Hölle gegenwärtig. Warum verfiel der Philosoph Choma Brutt dem Reiche der Dämonen (Gogol)? — weil er dem Wih ins Auge sah und damit selbst den Dämonen sichtbar wurde; weil damit dieses Reich zur Wirklichkeit wurde. Eine lebengestaltende Aufgabe und zugleich unheimliche Warnung erwächst daraus aller Kunst. Alle Wissenschaft erhält vom Aspekt her — jenseits von richtig und falsch — Wert oder Unwert; in tieferem Sinne Richtigkeit oder Falschheit erlangend. Und alle Religion erfährt vom Aspekt her — ungeachtet ob wirklich oder unwirklich, erkannt oder unerkannt — Heil oder Unheil; im höheren Sinne Wahrheit oder Lüge verkündend.

Der in der Fundamentabilität liegenden Freiheit sind jedoch dadurch Grenzen gesetzt, daß wir — dh die Betrachtenden — Menschen sind. Als Menschen erschöpfen wir das Sein des Menschen, aber damit nicht zugleich auch alle Wesenhaftigkeit des Seins überhaupt. Unser Standpunkt, unsere Blickrichtung ist damit immer jene des Menschen. Damit haben viele Komplementaritäten ein natürliches Fundament; «natürlich» in Bezug auf den Menschen, auf die Menschennatur. Ein derart natürliches Fundament in einer Komponente bedeutet somit, daß diese nicht «gleichberechtigt» durch Fundamentalisierung einer anderen Komponente ersetzt werden kann. Man «kann» zwar in der Regel ungeachtet dessen ersetzen, aber es erscheint dann eben das Ergebnis mehr oder minder unnatürlich, gekünstelt. Darin liegt letztlich der Grund, warum es überhaupt Unnatürliches, Gekünsteltes gibt und nicht einfach nicht gibt. Wieso kann die Natur auch Unnatürliches hervorbringen? — Daß sie das kann, daß es Unnatürliches gibt, ist etwas ganz Erstaunliches. Die Freiheit ist somit nicht aufgehoben, aber dennoch begrenzt; durch eine Ordnung eingeschränkt, die selbst durchbrechbar ist.

Freiheit und Ordnung sind zusammengehörige Komponenten einer Komplementarität; sie sind selbst Aspekte. Jeder Aspekt ist eine Blickrichtung. Aber erst in verschiedenen Blickrichtungen erschließt sich die Räumlichkeit. Immer wieder und wieder offenbart sich die Ergänzungsbedürftigkeit der verschiedenen Standpunkte, der verschiedenen Wissenschaften, der verschiedenen Mächtigkeiten: Bei aller Eigenständigkeit ist Leben und Vollständigkeit eben doch erst in der dreidimensionalen, komplementären Ergänzung gegeben: Im Hingerichtetsein des Verschiedenen aufeinander. Zugleich wird daraus auch die prinzipielle Fragwürdigkeit einer ganzheitlichen Erfaßbarkeit, Betrachtbarkeit von Dreier-Komplementaritäten deutlich; sie wird um so fraglicher, je höheren Bereichen diese Dreierkomplementarität zugehört. Und gar im höchsten Maße fragwürdig ist die Umfaßbarkeit, Überschaubarkeit der Dreiheit des Seins selbst, indem es für jedwelches Geschaffen-Seiende wesensgemäß keinen über dem Sein einnehmbaren, festen Standpunkt gibt; nur der Wahn gaukelt dies vor. Nur die Majestät Gottes in der Dreiheit von Sein, Wort und Nichts steht über dem Sein, außerhalb des Seins.

Hat man eine Komponente zum Fundament gewählt, so ist damit nur im Raume sehr niedriger Seinsmächtigkeit — wie etwa im physikalischen Raum unserer Umgebung — das Bild festgelegt. In den komplementären Räumen höherer Seinsmächtigkeit ist damit immer noch eine ganze Mannigfaltigkeit offen, denn die beiden anderen, in der Fundamentalisierung nicht festgelegten Komponenten spielen noch vielfältig, beweglich, frei miteinander. Und auch innerhalb dieser noch offenen Mannigfaltigkeit ermöglicht die Fundamentabilität die freie Wahl der Bezugnahme; dh die Wahl des Bezugssystems und damit des angelegten Maßstabes. Es sind somit Mannigfaltigkeiten höherer Ordnung durch die Fundamentabilität erschlossen; besser: für die freie Erschließbarkeit offen.

In der Wählbarkeit des Fundamentes ersteht eine Mannigfaltigkeit verschieden möglicher Systeme. Die verschiedenen Systeme sind in ihrer weltweit unterschiedlichen Mächtigkeit und Eigenart aber keineswegs «alle gleichberechtigt», wie dies eine oberflächliche Formulierung des Relativitätsprinzips erscheinen läßt. Es ist aber jede Wahl eines Fundaments prinzipiell gleicherweise möglich — und somit ist jedes System als Bezugssystem wählbar; als System des Maßstabes, das damit als solches (in dieser eben so vollzogenen Wahl und Entscheidung) jeweils allen anderen Systemen vorberechtigt wird. Jedes System ist also mit jedem anderen gleichberechtigt, als das allein vorberechtigte Bezugssystem erwählbar zu sein.

Dieser allen Systemen aller Ordnungen — auch allen Weltanschauungssystemen — eigene Wesenszug wird an den einfachen relativistischen Systemen der Invariantenphysik, der Relativitätsphysik besonders deutlich: Jedes System — gleich wie jedes andere — ist als Bezugssystem, als buchstäblich maßgebliches System wählbar. Innerhalb des Bezugssystems verschwinden alle Bewegungen und Verstreichungen; Raumwellen verlieren ihre zeitliche und Zeitwellen (etwa Materiewellen) ihre räumliche Qualität; magnetische Felder verlieren ihre elektrische und elektrische Felder ihre magnetische Qualität. Aber in der gesamten Mannigfaltigkeit der jeweils anderen Systeme erhebt sich in Bezug auf eben das gewählte Bezugssystem das vielseitige Wechselspiel von räumlichen und zeitlichen, von magnetischen und elektrischen Größen mit der ganzen Mannigfaltigkeit der Wechselwirkungen; jedoch immer wieder konkret anders in der Wahl eines anderen Systems als Bezugssystem.

Wiederum — wie analog in der Quantenphysik — ist es gelungen, mit dem erstaunlich leistungsfähigen mathematischen Apparat der Invariantenphysik diese Mannigfaltigkeiten aufeinander zu beziehen, aufeinander abzubilden. Und dies gelingt mit Hilfe unveränderlicher Größen, der «Invarianten», vor allem der in allen relativistischen Systemen gleichgroßen Invarianzgeschwindigkeit c; Invarianzgeschwindigkeit = Vakuumlichtgeschwindigkeit $c = 300\,000$ km/sec.

Aber auch dies ist keine Aufhebung dieser wesenseigenen Relativität, sondern eben deren Berücksichtigung: Allgemeine Transformationsschemen (wie etwa die Lorentztransformation), die für jede konkrete Wahl des Bezugssystems die jeweils anderen Phänomene darstellen. Doch auch nicht das Transformationsschema selbst ist das Wesen der Welt — sowenig etwa der Besitz einer Tabelle über die Umrechnung verschiedener Landeswährungen ineinander schon ein Vermögen darstellt —, sondern die dahinterstehende freie Wählbarkeit des Fundaments und die Relativierung aller Wechselwirkungen auf diese vollzogene Wahl hin ist das Wesen. Auch nicht diese Invarianten, die kein Geschehen selbst, sondern die nur das Geschehen transformierbar machende Größen sind, sind das Wesen der Welt. Sondern dieses komplementäre Wechselspiel des Relativen mit dem Absoluten, das gleichsam von den Invarianten doch repräsentiert wird, ist das Wesen. Deshalb konnten auch die Invarianten der Relativitätsphysik — in dieser Hoffnung wurde der Name «Invariantenphysik» statt Relativitätsphysik geprägt — den Diamat (dialektischen Materialismus) nicht retten: Denn weder in dem Formalismus noch in den Invarianten für sich ist das Wesen der physikalischen Welt und das Wesen des Seins begründet.

In der Invariantenphysik, der Relativitätsphysik wird auch das Problem der «Gleichberechtigung aller Systeme», das Wesen des Relativitätsprinzips ganz deutlich: Gleichberechtigung, inwieferne? Gleichberechtigung ist selbst kein absoluter Begriff — und mit dieser Relativierung des Relativen wird ein Absolutes wiederum möglich.

Die jedem System gleicherweise zukommende Berechtigung, als Bezugssystem wählbar zu sein, ergibt noch keine «gleichberechtigten Bezugssysteme»; das ist etwas grundverschiedenes. So ist zB ebenso der Kopf eines Betrunkenen, wie auch die Erdkugel als Bezugssystem wählbar. Aber das System, in welchem die ganze Landschaft und alle Sternenwelt — wie selbst im Suff — um den Schädel tanzen, ist alles andere als gleichberechtigt mit jenem System, in welchem die Berge erhaben ruhen und die Sterne majestätisch über das Firmament ziehen und nur der Betrunkene selbst naturgemäß von einem Wirtshaus zum andern taumelt.

Gerade da es Sache einer freien Wahl ist, ein beliebiges System als Bezugssystem zu wählen, gerade da jedes System in sich gleichberechtigt ist, gewählt zu werden, gerade da somit durch eine Entscheidung das Bezugssystem zum Maßstab gemacht wird, sind die verschiedenen Bezugssysteme nicht gleichberechtigt. Denn die freie Wahl enthält die Möglichkeit zu zweckmäßiger wie ungeeigneter, zu einfacher wie komplizierter, zu einsichtiger wie verschrobener, zu glücklicher wie unseliger, zu billigender wie verwerflicher Entscheidung; eben zur Entscheidung für sehr verschieden berechtigte Bezugssysteme; für sehr verschiedene Maßstäbe, Standpunkte.

Das ist gerade das Überraschende, daß damit — schon in die relativistisch-physikalische Welt — frei vom Menschen her grundsätzliche Wertungen und Wertunterschiede eingeführt werden; Wertungen, die vom Menschen in Hinsicht auf die Erfordernisse den Systemen gegeben werden. So ist zB unter allen möglichen Bezugssystemen für geographische, kulturelle, geschichtliche Vorgänge auf der Erde die Erdkugel selbst das meistberechtigte Bezugssystem, indem jede andere

Wahl des Bezugssystems zwar möglich, aber unglücklicher wäre; für bestimmte planetarische Vorgänge wäre dies die Sonne; für bestimmte stellare Vorgänge der Schwerpunkt der Milchstraße; in konkreten anderen Hinsichten müßte man als meistberechtigtes Bezugssystem ein noch anderes System auswählen. Das ist der eigentliche Inhalt des Relativitätsprinzips: Jedes beliebige System kann in einer wertbestimmenden Wahl zum maßgeblichen Bezugssystem gemacht werden.

Erst in der wahren geistigen Besitzergreifung von diesem, in den erfahrenen Fakten erschlossenen Wesenszug in der Physik, kann die Physik in Analogien über sich hinaus fruchtbar werden. Und auch diese Fruchtbarkeit wird zu lebendiger Erfüllung des geistigen Raumes zwischen der Physik und Theologie wiederum erst in der Begegnung der erfahrenen Fakten mit der geglaubten Offenbarung.

Auch die Fundamentabilität gibt es in verschieden hohen Bereichen; in Bereichen verschieden hoher, verschieden umfassender Seinsmächtigkeiten. Nur in den untersten Seinsbereichen sind die Mannigfaltigkeiten noch vielfach abbildungsgleich; aufeinander abbildbar wie die relativistisch-physikalischen Systeme mit dem invariantenphysikalischen Logikkalkül. In höheren Seinsmächtigkeiten gibt es nur noch gelegentlich komplementäre Entsprechungen — und in höchsten Bereichen Unterscheidungen bis zur völligen, gegenseitigen Seinsausschließung.

In einer ganz unheimlichen Weise öffnet die Fundamentabilität die Möglichkeit von mannigfaltigen Perversionen; von schrecklichen Pseudoformen, Umkehrformen. Sie berührt das Geheimnis des Bösen; des Bösen, das nicht nur als Mangel des Guten, sondern als eigene Form verkehrten Seins besteht.

Die verschiedenen Seinsformen, Systeme sind als gleichwohl wählbare und vollziehbare Systeme einander «gleichberechtigt», aber in ihren abgrundlosen Unterschieden keineswegs gleichwertig und gleich gerechtfertigt. Da gibt es Unterschiede nicht nur nach einfach und kompliziert oder nach angenehm und widerlich, sondern auch nach heilig und unheilvoll, gerecht und verworfen. Es gibt Tag und Nacht, Leben und Tod. Kein Relativismus erfaßt das Wesen der Schöpfung, die als ein mächtiges Wechselspiel von Relativ und Absolut da ist. Denn über allem steht Gott. Mit Seinem Gebot und Seiner Offenbarung ist Er das unvergängliche Maß des Guten und Heiligen, denn «Himmel und Erde werden vergehen, aber Meine Worte werden nicht vergehen.»

Es lebt nichts ohne Gott; es ist nichts ohne Gott. Und doch geht es auch ohne Gott; nach dem souveränen Willen des wahrhaft furchtbaren, lebendigen Gottes, des Seienden, des wahrhaft unheimlichen, unvergleichlichen Herrn über das Nichts: im ewigen Tod der Hölle.

Die Fundamentabilität ist Ausdruck einer machtvoll der Schöpfung mitgegebenen Freiheit; in den untersten Bereichen nur angedeutet, aber in den höchsten Mächtigkeiten von Sein-schaffender und Sein-vernichtender Gewalt in der Entscheidung für oder gegen Gott und Sein Reich; eine Freiheit, wie sie nur der Dreieine selbst zu spenden vermag.

Die Dreidimensionalität, Komplementarität und Fundamentabilität sind Grund-Wesenszüge der Dreiheit des Seins, welche selbst wieder miteinander dreidimensional, zueinander komplementär und gegeneinander fundamentabel sind; sie sind das Wesen der Mannigfaltigkeit, Großartigkeit und Freiheit, welches allem Seienden als Spiegelbild, als Gleichnis des Dreieinen eigen ist. Von Christus selbst heißt es: «Er redete in Gleichnissen zu ihnen — und ohne Gleichnisse redete Er nicht zu ihnen; auf daß sie hören und doch nicht hören, sehen und doch nicht sehen.» Darin liegt etwas Geheimnisvolles, fast Paradoxes:

Wer unbelastet von Sicherheitsbestrebungen, von Rückversicherungen gegen Gott, der Schöpfung gegenübersteht, wer lebendig der Offenbarung begegnet, für den wird alles erstaunlich einfach: Die Gleichnishaftigkeit ist in ihm keinem eitlen Besitz-, Herrschafts- und Selbstsicherungsdrang im Wege und gibt ihm kein Ärgernis — aber weil sie selbst das Wesen des Seins ist, öffnet sich ihm im Gleichnis das Leben selbst. Es öffnet sich jene freie, schauende Erkenntnis, in welcher der Mensch Ebenbild Gottes ist; jener einfache Geist, der dem Kleinen nahe ist nach dem Jubelruf Christi: «Herr, Vater, Schöpfer des Himmels und der Erde, Ich preise Dich, daß Du dies Klugen und Weisen verborgen, Kleinen aber offenbar gemacht hast; ja, so hat es Dir wohlgefallen.»

In der ganzen Schöpfung gibt es keinen Frieden und keine Sicherheit außer in Gott. Und von der Endzeit im Gericht über die selbstherrliche Welt heißt es: «Während die Menschen von Frieden und Sicherheit reden, bricht plötzlich das Verderben über sie herein.» Wenn wir in anmaßendem Hochmut uns selbst zum Maßstab machen, unsere «unmittelbaren Einsichten» und kümmerlichen «Denknotwendigkeiten» verabsolutieren — da doch nur Gott selbst absolut ist — um ein geschlossenes, widerspruchsfreies, allvereinendes Weltbild erzwingen und sicherstellen zu wollen, dann ist das Heil verloren. Dann entstehen unübersehbare Denksysteme, Lehrmeinungen, Doktrinen und Ideologien, die einander bis aufs Blut bekämpfen, einander bis ins Mark widersprechen und haßerfüllt trachten, einander zu vernichten. Dann erheben sich Beschimpfung, Verachtung und Verurteilung auf den Lehrstätten und die Waffen auf den Schlachtfeldern. Dann verbluten die Völker, und der Geister bemächtigt sich die Verstörung. Dann ist der Leib der Kirche gespalten, so daß die Welt im Unglauben versinkt. Dies ist die Herrschaft des «Fürsten dieser Welt», des «Geistes der Verneinung», des «Vaters der Lüge», des «Mörders von Anbeginn».

Der Weisen Weisheit, nicht nur der Törichten, und der Verständigen Verstand, nicht nur der Dummen, verwirft Gott und macht sie zunichte. Und dies ist nicht ein törichter und unverständiger Gewaltakt eines tyrannischen Diktators, sondern entspricht dem Wesen der Schöpfung, die allen sich Hingebenden offensteht und offenkundig ist; eine Schöpfung von urgewaltiger Mannigfaltigkeit, Großartigkeit und Freiheit; eine lebendige Schöpfung als Spiegelbild Gottes. Gott aber ist der Dreieine.

Moses sprach zu Gott: «Wenn ich nun zu den Kindern Israels komme und zu ihnen spreche: 'Der Gott eurer Väter hat mich zu euch gesandt', und sie mich dann fragen werden: 'Wie heißt er?', was soll ich ihnen dann antworten?» Gott entgegnete dem Moses: «Ich bin, der Ich bin!» Er fuhr fort: «So sollst du zu den Israeliten sprechen: Der 'Ich bin' hat mich zu euch gesandt.»

Exodus 3,13

I

Das Sein

1. Welt und Wirklichkeit

Was ist Welt, was ist die Welt?

Es gibt wenig Fragen, die so uralt sind wie diese — und es gibt wenig Fragen, die so unterschiedlich beantwortet worden sind und werden wie diese. Und doch ist die Beantwortung dieser Fragen von grundlegender Bedeutung für unser ganzes Leben. Verschiedene Kulturen entstehen und vergehen mit dem Aufkommen und Verschwinden verschiedener Antworten — und sehr verschiedene politische, wirtschaftliche, gesellschaftliche Systeme und Mächte gründen auf den verschiedenen Antworten. Was ist die Welt, was ist der Mensch in Wahrheit?

Gibt es überhaupt eine Wahrheit? Die Offenbarung Gottes sagt, daß es eine Wahrheit gibt. Aber dies ist wohl eine überweltliche Wahrheit. Läßt sich eine überweltliche Wahrheit verweltlichen, dh als Wahrheit der Welt selbst erkennen? Läßt sie sich in keinerlei Weise, oder in genau einer Weise oder in vielerlei Weise verweltlichen?

Von der geoffenbarten Wahrheit sagt zwar die Offenbarung selbst, daß sie in die Welt hineingetragen worden sei und dort erkannt und verwirklicht werden könne, daß aber die «Welt» die Wahrheit nicht ergreife, daß die Finsternis das Licht nicht annehme.

Die Offenbarung selbst scheint somit nicht zu sagen, daß ihre überweltliche Wahrheit unbedingt auch eine Wahrheit der Welt selbst sei. Wenn aber die Offenbarung selbst keine oder keine eindeutige Auskunft erteilt, oder gar, wenn wir die Offenbarung nicht glauben oder sonst — etwa aus methodischen Gründen — als unbedingte Grundlage ablehnen, dann sind wir wieder auf die uralte Frage zurückgeworfen: Was ist die Welt, was ist die Wahrheit von der Welt in der Welt?

Gibt es überhaupt eine Wahrheit über die Welt innerhalb der Welt selbst?

Man ist geneigt, diese Frage für unvernünftig zu halten. Es erscheint beinahe selbstverständlich, daß alles irgendwie sein müsse; irgendwie in bestimmter Weise. Wie es ist, wäre dann die Wahrheit; anderes die Unwahrheit; richtiger: Die Erkenntnis, wie es wirklich sei, wäre eben die Wahrheit. Aber ist es wirklich so selbstverständlich und fraglos, daß es irgendwie bestimmt sein müsse? Was ist überhaupt fraglos?

Warum muß dies so sein; wer fordert dies? Fordert dies die Welt selbst? Fordert dies der Mensch? Fordert dies der Umstand, daß wir glauben, uns dies nicht anders denken zu können? Und selbst wenn unser Denken dies fordern würde, was hätte dies zu bedeuten? Hat unser Denken die Welt gemacht, auf daß es Maßstab für alle Welt sein müsse? Wer kann und darf überhaupt Forderungen an das Wesen der Welt stellen; wer, der nicht ihr Schöpfer ist?

Irgendwie muß es doch sein — und wie es ist, das ist die Wahrheit! Wir können zwar nicht umhin — nicht praktisch und nicht theoretisch — mit dieser These zu leben. Ohne diese ist tatsächlich kein Anfang. Aber wenn wir darüber stille werden — eine Stunde, einen Tag, ein Leben lang —, dann entgleitet diese These höchst merkwürdig ins Wesenlose. Sie steht gleichsam nirgends; sie selbst ist gleichsam ihr eigener Fuß und Boden.

Wie groß ist die Tragfähigkeit dieser Grundthese, dieser These aller Thesen? Riesengroß! Denn alle Kulturen, alle Wissenschaften, alle Zivilisation, alles steht darauf; es lastet darauf gleichsam die ganze Weltgeschichte. Und dennoch ist sie die Wesenlosigkeit in sich selbst.

Also könnte es auch sein, daß der Welt kein bestimmtes So-Sein zukäme! Was soll man darauf antworten? Wir könnten diese Aussage in sich selbst zerstieben lassen: «Die Welt hat also doch ein bestimmtes Sein, indem sie eben kein bestimmtes Sein hat.» Mag dieses Wortspiel noch so geistreich erscheinen, so ist es doch zutiefst töricht, denn mit dem Wesenlosen kann man nicht operieren. Gleichsam ist das Wesen der Welt die Wesenlosigkeit. Alles ist offen, geheimnisvoll offen.

Die Aussage «irgendwie muß es sein» ist mit sich selbst eins, steht in sich selbst fest, ist mit sich im Gleichklang. Dagegen die Aussage: «Es ist so, daß es nicht irgendwie in bestimmter Weise ist», ist mit sich selbst uneins, zerstört sich in sich selbst, ist gegensätzlich zu sich selbst. Also!? Also kann nur die Aussage: «irgendwie muß es sein», richtig sein, wahr sein!? Aber wer oder was garantiert die Wahrheit dieses Schlusses? Diesen Schluß selbst kann man nur dann und höchstens dann vollziehen, wenn «es irgendwie bestimmt ist»; ist dies nicht der Fall, so stößt auch dieser Schluß ins Leere, Wesenlose.

Wer oder was garantiert; etwa unser Denken und unsere unmittelbare Einsicht? Woher wissen wir, daß unser Denken und unsere Einsicht hinreichend feste Stricke sind, um den ungeheuerlichen Elefanten «Welt» fesseln zu können?

Wessen Denken und wessen Einsicht hätte je die Welt umfaßt und

I 1

bezwungen? Was dann, wenn die Welt unseren «Denknotwendigkeiten» einfach hohnlacht? Wer oder was garantiert; etwa die Welt selbst? Ist vielleicht das Eine, Feste, Gegensatzlose ein Grundprinzip der Welt; so daß man mit diesem Prinzip die Welt erfassen könnte? Man braucht kein Philosoph zu sein, um überwältigt zu sehen, daß gerade die Vielheit, Wandelbarkeit und Gegensätzlichkeit die Welt kennzeichnen. Oder vielleicht muß man ein Philosoph der Hohen Schule sein, um einsehen zu können, daß der blasse Formalismus des Identitäts- und Widerspruchssatzes zwingender einsichtig ist als die Wirklichkeit, die eben als Vielheit, Wandelbarkeit und Gegensätzlichkeit da-ist und nicht nicht-da-ist. Was ist das für eine Rechtsprechung, in welcher sich Kritik und Kritiklosigkeit nicht mehr unterscheiden, indem die Einsicht zugleich Angeklagter, Kläger, Zeuge und Richter ist?

Eine Ahnung taucht auf: Ist vielleicht die Möglichkeit von jeglicher «unmittelbaren Einsicht» dem Schöpfungsplan einer Welt selbst eigen; einer Welt, die in Fülle und Beweglichkeit bestehen soll und in welcher sich entsprechend eine Fülle verschiedener Anschauungen in Ordnung gestalten kann und soll? (Schon in der Relativitätsphysik wird eine derart relationale Seinsstruktur der Welt greifbar und sichtbar). Und eine Befürchtung taucht auf: Ist vielleicht die Verabsolutierung und Selbstvergötterung jeglicher solchen Einsicht am vielfach fruchttragenden Baume der Erkenntnis der Anfang des Abfalls und die Ursache, daß sich die Gegensätze qualvoll und mörderisch gestalten? Hat vielleicht diese These aller Thesen — daß es irgendwie sein müsse — nur in der Demut ihre Berechtigung, auf daß das je für sich Einzelne, je in sich Fußfassende, je mit sich Genügende im Zusammen jene Vielfalt, Wandelbarkeit und Gegensätzlichkeit einer wesenhaft-wesenlosen Welt entspringen läßt; einer Welt von ebenso zermalmender Härte wie von unheimlicher Offenheit.

Vielheit, Wandelbarkeit und Gegensätzlichkeit *ist* in der Welt, kennzeichnen die Welt; kennzeichnen die Ereignisse und Geschehnisse, Leben und Treiben, Umgebung und Menschen. Und warum ist dies so? Weil es eben so und nicht anders ist; weil der Schöpfer eben die Welt so und nicht anders geschaffen hat. Dies ist wohl so, weil der Schöpfer kein Gefängnis wollte, in welchem oben und unten, rechts und links, hinten und vorne alles grau in grau vor Mauern ist.

Aber eine Wahrheit muß es doch geben! Das mag wohl sein. Aber wer garantiert, daß eine solche schon innerhalb der Welt gegeben sein müsse — und nicht etwa erst im überweltlichen Schöpfer selbst? Wer dürfte oder was könnte dies garantieren, da doch niemand und nichts — außer dem Schöpfer selbst — über der geschaffenen Welt steht? Oder muß etwa der Schöpfer selbst garantieren, daß nicht allein Er selbst die Wahrheit sei? Muß; wer oder was ist so mächtig, um diesen unvergleichlichen Zwang ausüben zu können? Wo sitzt dieser Übergewaltige; in welcher Studierstube?

«Was ist Wahrheit» fragte Pontius Pilatus im Prozeß Jesus Christus. Wahrheit, jene eine, feste, selbstgewisse Wahrheit, die das Wesen der Welt darstellt!? Wir hatten noch nicht begonnen, war sie schon in der Wesenlosigkeit zerflossen. Der allein mögliche Anfang war in sich schon das Ende. Wir hätten nur beginnen können, wenn wir ohne (wahre!) Garantie willkürlich — selbstherrlich, oder verzweifelt — festgesetzt hätten, was vernünftig, was notwendig, was selbstverständlich ist. Somit hätten wir zwar nicht — wesensgemäß nicht — zu einer Wahrheit, aber wenigstens zu einer Weltanschauung kommen können. Wir hätten zu einer Weltanschauung kommen können, mit welcher wir die Zahl der bisherigen um eine weitere vermehrt hätten. Je nach unserem Geschick wäre sie besser oder schlechter gewesen oder wäre — am wahrscheinlichsten — irgendwo im Haufen mitmarschiert; in einem müden, kampferprobten und siegestrunkenen Heerhaufen unter dem Zeichen: «Viel Steine gabs und wenig Brot.» Und doch marschieren auch wir in dieser merkwürdigen Masse mit, deren Wesen darin besteht, daß jeder darin der allüberragende und allzusammenfassende Führer ist. Mit dem ersten Federstrich des Philosophen ist man schon rekrutiert; in einer geheimnisvollen Fremdenlegion, aus der kein Entkommen ist. Es ist etwas Staunenswertes um die Welt mit ihrer Vielheit, Wandelbarkeit und Gegensätzlichkeit, die sich mit jedem neuen Versuch der Zusammenfassung nur nochmals vermehrt. Und dieses ist Wirklichkeit.

Vielleicht liegt die Wahrheit der Welt in der Wirklichkeit? Die Wirklichkeit selbst ist vielleicht die Wahrheit; die Wirklichkeit mit all ihrer Vielheit, Wandelbarkeit und Gegensätzlichkeit? Wenn wir so sagen, vollziehen wir aber eine Umdeutung des Begriffs «Wahrheit». Es erscheint deshalb angemessen, die Suche nach einer Wahrheit innerhalb der Welt einmal ehrlich vom Programm abzusetzen — und einmal nach der Wirklichkeit zu fragen.

Was ist Wirklichkeit, was ist die Wirklichkeit?

Mächtig liegt die Welt in ihrer Wirklichkeit vor uns; «zum Greifen nahe». Und doch ist es, als gäbe es keinen wirklichen Zugriff.

Die Welt ist die Gesamtheit alles Wirklichen, aller Wirklichkeit. Die Welt ist Ablauf der Wirklichkeit; das Wirkende.

Ist dies eine Antwort auf die Frage: Was ist Welt, was ist Wirklichkeit? Es sollte keine Antwort geben! Sofort bieten sich eine Legion Weltanschauungen an, die Frage zu beantworten; geistreiche und armselige, weitausgreifende und enge, anspruchsvolle und bescheidene, mächtige und schwächliche, verderbenbahnende und segenstiftende. Es ist erstaunlich, welche Macht den Weltanschauungen innewohnt: Die ganze Geschichte steht auf den Weltanschauungen. Die gewaltigen Umwälzungen der Weltgeschichte gehen allermeist irgendwie mit dem Auf- und Niedergang von Weltanschauungen einher; oft sind diese Umwälzungen unmittelbar durch Auftreten vieler Weltanschauungen, durch Wandlung gegebener Weltanschauungen oder durch Aufeinanderprallen gegensätzlicher Weltanschauungen ausgelöst. Kultur, Gesellschaft, Politik, Wirtschaft, Forschung, Technik, die ganze Umweltgestaltung erwächst aus entsprechenden Antworten und Einstellungen zur Welt; Wirken in der Welt; Bewirken von Welt.

Die Weltanschauungen sind nicht nur Abbilder einer Wirklichkeit, sondern schaffen selbst wiederum Wirklichkeit. Zugleich aber sind die Weltanschauungen — als solche und in ihrer Macht — auch selbst Wirklichkeit. Und die eigenartige Möglichkeit öffnet sich, daß Wirklichkeit und Weltanschauung gleichsam um einander kreisen; sich gegenseitig bestätigen und rechtfertigen, sich gegenseitig machen und ins Dasein rufen; gegenseitig, ohne Grund und Boden außerhalb als sich selbst.

Wenn aber wirklich die Weltanschauungen auf die Wirklichkeit zurückwirken und sie gestalten, dann könnte die Frage nach einer Wirklichkeit-an-sich gar nicht unabhängig von den zu allen Zeiten auf diese Frage gegebenen Antworten gestellt werden. Dann wäre diese Antwort gleichsam von sich selbst und allen anderen Antworten abhängig; man könnte also gleichsam gar nicht anfangen. Jeder Anfang wäre gleichsam ein Willkürakt, der das Gefüge wieder ändert. Schon das Wort «Wirk-lichkeit» kennzeichnet etwas Aktives: Wirken, als etwas im Geschehen Seiendes.

Wiederum begegnen wir der Wesenlosigkeit der Welt; einer Ungesichertheit, aus welcher heraus die verschiedensten Mächte und Dinge Gestalt anzunehmen vermögen. Wir begegnen einer festen Geschlossenheit des jeweils Einzelnen in sich innerhalb der Vielheit, Wandelbarkeit und Gegensätzlichkeit einer unheimlich offenen Welt.

Diese Offenheit, Nicht-Zwangsläufigkeit, Unbestimmtheit, die das gesamte Sein erfaßt, durchdringt und beherrscht, ist die Wurzel einer gewaltigen Freiheit, die dem Sein seine mannigfaltige und großartige Gestaltungskraft verleiht. Diese Offenheit, Unbestimmtheit reicht bis hinab in die Mikrophysik, wo sie im Wirkungsquantum zwar nur noch gleichsam als verkümmerte Kleinheit verbleibt, aber dennoch das gesamte physikalische Geschehen entscheidend erfaßt, durchdringt und beherrscht.

Aber um leben zu können, um sinnvoll und zweckdienlich leben zu können, muß man sich doch irgendwie in bestimmter Weise orientieren. Gibt es denn keine Wirklichkeit, die unabhängig von allen Weltanschauungen greifbar ist? Irgendwie muß man doch anfangen können.

«Ich denke, also bin ich.» — Gewiß, irgendwie muß man anfangen; aber gerade so herum, daß das harte Sein am flüchtigen Gedanken hängt? Bedarf die Selbstgewißheit des Denkens? Gibt es denn keine Wirklichkeit, die unabhängig von allen Gedanken und Anschauungen einfach ist? Sollte uns mißlingen, was jedem Lebewesen sonst fraglos gelingt: zu leben, einfach wirklich da zu sein? Sollte uns dies mißlingen, weil wir denken — und uns unsere Gedanken in die lebensfremde und lebensfeindliche Wesenlosigkeit hinübertragen? Nein, Schluß, es gibt eine Wirklichkeit schlechthin!

Was ist Wirklichkeit? Wirklichkeit ist das Wirkende, das sich Auswirkende. Mehr können wir eigentlich gar nicht sagen — und das ist nicht viel. Wir müssen uns weiterhelfen, indem wir Beispiele zusammensuchen:

Die mir nächstliegende und wirklich zwingende Wirklichkeit ist, daß ich bin. Wirklichkeit ist aber auch, daß ich bin als ich-selbst, als nicht der Andere und als nicht die Welt schlechthin. Es ist Wirklichkeit, daß das Ich unterschieden ist vom Du und von allem Anderen.

Wirklichkeit sind mir aber auch meine Sinne und mein Denken. Ich kann sehen, hören, riechen, schmecken, fühlen, vielleicht sogar mit «höheren Sinnen» aufnehmen. Ich kann das Aufgenommene überdenken und mit meinem Geiste durchdringen. Ich kann sogar aus mir selbst heraus Dinge denken und in meinem Geiste Gestalt annehmen lassen. All dieses Können ist auch mir naheliegende und mir nicht fragliche Wirklichkeit. Auch die Ergebnisse aus diesem Können sind — als solche, nicht so sehr im Ergebnis — ebenfalls mir naheliegende und nicht fragliche Wirklichkeit.

Da aber ich auf mein Ich-selbst beschränkt bin und ich nur mit meinen Sinnen aufnehme und nur mit meinem Denken verarbeite, und nur mit meinem Geist durchdringen und gestalten kann — nicht mit den Sinnen eines Anderen oder der Welt selbst, nicht mit dem Denken eines Anderen oder der Welt selber, nicht mit dem Geist eines Anderen oder der Welt selber —, kommen wir zu etwas ebenso sonderbar wie selbstverständlich Anmutendem: Wirklichkeit ist mir nur das, was sich irgendwie für mich auswirkt, dh mit meinem Ich in Beziehung tritt — und soweit es sich eben auswirkt. Da ich nur immer Ich-selbst bin und niemand und nichts anderes, ist tatsächlich nur dies Wirklichkeit.

Und doch, so unumgänglich dies auch zu sein scheint, man empfindet deutlich, daß sich hier die Betrachtung in der Wesenlosigkeit zu verlaufen droht. Aber gerade die Leerheit und Offenheit, gerade die Ungesichertheit der Welt, unserer Existenz und all unserer Betrachtungen veranlaßt uns jetzt, einen riesengroßen Schritt weiterzugehen, wenn wir nicht in einem ganz engen und gänzlich weltfremden Subjektivismus beschränkt bleiben wollen; einen Schritt, welcher für den Philosophen einen ebenso ungesicherten Willkürakt darstellt, wie er für beinahe jedes Lebewesen elementarer Lebensakt und gleichsam selbst zwingende Wirklichkeit ist: Sich zu eigen zu machen, daß die Wirklichkeit sehr viel mehr ist als das, was sich in meinem Ich auswirkt; mehr als das, was sich für mich auswirkt, was für-mich-ist.

Die Wirklichkeit ist mehr als ein für-mich-sein. Es gibt eine gewaltige Welt als Wirklichkeit gleichsam außerhalb von mir.

Schon von Geburt an lernt man andere Wesen ganz ähnlicher Art kennen; erst als Eltern, dann als Geschwister, dann als Verwandte und Bekannte, dann als die Mitmenschen; einer Menschheit, welche nicht nur die Gegenwart erfüllt, sondern in einer Geschichte aus einer langen Vergangenheit kommend in die Zukunft hineinwächst. Man lernt immer mehr Wesen mehr oder minder verschiedener Art kennen; höhere und niederere Tiere und — wenn man nur hinreichend aufgeschlossen und fähig ist — Geister verschiedener Art. Das für-mich-Wirkliche weitet sich aus auf «für-dich-Wirkliches», «für-euch-Wirkliches» und «für-uns-Wirkliches».

Aber damit noch nicht genug: Das «für-uns-Wirkliche» wird zu derart harter Gegenständlichkeit, daß sich die Dimension eines «an-sich-Wirklichen» öffnet. Von Kind an bis in unbegrenztes Alter begreifen wir, daß wir immer noch dazu lernen können oder könnten — und so zeigt sich die Wirklichkeit von unerfaßbarer Mächtigkeit. In unfaßbarer Fülle kommt die Wirklichkeit auf uns zu; in unfaßbarer Vielheit, Wandelbarkeit und Gegensätzlichkeit ist die Welt als Wirklichkeit; die Welt, in der wir leben.

Stahlharte Wirklichkeit sind die Dinge der Umwelt: Sind mein Heim mit seinen Einrichtungen, Häuser, Höfe, Fabriken, Straßen, Gärten, Wälder, Felder, Wüsten, Flüsse, Seen, Meere, Ebenen, Berge und Täler mit mannigfaltigen Arten von Steinen, Pflanzen und Tieren; Dinge, denen wir unmittelbar begegnen. Wirklichkeit sind Dinge von den Atomen bis zu den Sternen; Wirklichkeit ist die Erde und die Erdgeschichte, der Mensch und die Menschheitsgeschichte; Dinge, die uns die Wissenschaften erschlossen haben. Die Wissenschaften selbst sind Wirklichkeit; die Natur-, Gesellschafts- und Geisteswissenschaften je als solche. Wirklichkeit sind Sinne und Denken, sind Erfahrungen und Gedanken; die richtigen wie die falschen, die klugen wie die dummen, die guten wie die bösen. Wie immer sie sich auswirken, wie immer sie sind, so sind sie Wirklichkeit.

Wirklichkeit bin ich, bist du und sind die Menschen überhaupt; sind Wohl- und Übelbefinden, Gesundheit und Krankheit, Freude und Leid, Gefühle, Empfindungen, Erlebnisse. Wirklichkeit ist die Begegnung des Ich mit dem Du, die Begegnung zwischen den Menschen, Sympathie und Antipathie, Freundschaft und Feindschaft, Liebe und Haß. Wirklichkeit sind Beruf und Liebhaberei, Anerkennung und Verachtung, Rang und Würden, sind die Familie, die Gesellschaften, die Gemeinschaften, die Völker, Staaten und Nationen, sind Politik, Wirtschaft und Verkehr, Propaganda, Wahrheit und Lüge. Wirklichkeit sind Kunst und Kultur ebenso wie Primitivität und Barbarei, sind Theater, Konzert, Literatur, Presse, Rundfunk, sind Geschichte und Tatkraft, Schicksal und Gestaltung. Wie immer sich dies auswirkt, wie immer dies ist, so ist es Wirklichkeit.

Wirklichkeit sind aber auch die Vermutungen, Meinungen und Anschauungen, die Religionen und Ideologien, die Erkenntnisse; die tiefschürfenden wie die oberflächlichen, die gesunden wie die krankhaften, die heilsamen wie die verderblichen, die guten wie die bösen. So wie sie sich auswirken und wie sie sind, so und als solche sind sie Wirklichkeit.

Darunter gibt es merkwürdige Bereiche der Wirklichkeit; merkwürdige Wirklichkeiten: Möglichkeiten als Möglichkeiten, indem sie Hoffnungen und Bereitschaft erwecken und zu diesem antreiben und von jenem abhalten. Ahnungen als Ahnungen, Mythen als Mythen, Märchen als Märchen, Romane als Romane, Dichtung als Dichtung,

I 1

Träume als Träume, Illusionen als Illusionen, Wahnideen als Wahnideen, Luftschlösser als Luftschlösser, Halluzinationen als Halluzinationen, Aberglaube als Aberglaube. Was will man dazu sagen? Diese
Dinge wirken sich weltweit aus — und sind da; sie sind Wirklichkeit
im buchstäblichen Sinne. Und doch!? Wiederum begegnen wir der
geheimnisvollen Offenheit der Welt, es ist, als wehe uns der eisige
Hauch einer abgrundlosen Leere an: Weltbeherrschende Wirklichkeit
ist auch, daß die Menschen Unwirklichem nachjagen, daß die Menschen sich selbst und andere belügen und betrügen, daß die Menschen
Falsches für richtig und Richtiges für falsch halten können und halten.
Vielfach ist gar nicht entscheidend, was ist, sondern was die Menschen
meinen, daß sei; oft gerade bei epochemachenden Umwälzungen; oft
gerade bei Dingen, die die Wirklichkeit grundlegend gestalten. Auch
das ist eben damit Wirklichkeit.

Wir brauchen nur ans Fenster zu treten, die Spalten der Zeitungen
zu überfliegen, die Bücherstapel in den Geschäften zu bestaunen, dann
sehen wir Wirklichkeit; dann sehen wir wildgewordene Technik sich
austoben, aufgepeitschte Sportler einander nachrennen und aufge-
brachte Sportfreunde mit einander wetten und einander verprügeln,
verblendete Soldaten aufeinander schießen und verhetzte Massen
einander zerfleischen, geriebene Geschäftsleute einander betrügen und
streitsüchtige Politiker einander anpöbeln, aufgeblasene Religions-
systeme einander das Heil streitig machen und hochmütige Philosophen einander mit Wahrheiten übertrumpfen.

Nicht nur das ist Wirklichkeit, was die Weisen und Gelehrten als
«die Welt» lehren, sondern daß sie als solche dasitzen, wie sie dasit-
zen und indem sie dasitzen und nach Absatz um sich blicken, das ist
Wirklichkeit; wie sie dasitzen und da-sind neben den Politikern mit
ihren Ideologien, neben den Soldaten mit ihren Waffen, neben den
Geschäftsleuten mit ihren Anwälten, neben den Sportlern mit ihren
Muskeln, neben den Ingenieuren mit ihren Maschinen, neben den
Dichtern mit ihren Romanen und Erzählungen — und neben der
Vielzahl der Menschen, Heilige und Verbrecher, in einer vielheit-
lichen, wandelbaren und gegensätzlichen Welt.

All das ist Wirklichkeit, die ungeheuerliche Wirklichkeit in ihrer
Leere und doch Großartigkeit, in diamantener Härte trotz ihrer Ungesichertheit. Und warum ist das so? Weil der ewige Vater, der in un-
wandelbarer Absolutheit ruht, ein so vielheitliches und weites All
wollte.

Wirklichkeit, eine urgewaltige Dimension.

2. Geist und Erkenntnis

Was ist Geist, was ist der Geist?

Schon wenn man diese Frage stellt, beschleicht einen das Gefühl der Hilflosigkeit. Man meint, es irgendwie sicher zu wissen — und erfährt eine tiefe Ernüchterung, wenn man zu formulieren anfangen will.

Der Geist ist der Träger des Erkenntnisvermögens; der Geist ist Träger der Erkenntnis; der Geist ist Vollbringer der Erkenntnis!

Der Fundamentalsatz der Experimentalphysik lautet: «Man kann jedes Experiment so anstellen, daß es nicht geht.» Dieser Witz hat aber einen sehr tiefen Hintergrund und man kann ihn auf alle Wissenschaften analog anwenden; etwa als Fundamentalsatz der Philosophie: «Man kann jeden Gedanken so führen, daß er nichts sagt; man kann jeden Inhalt so formulieren, daß damit nichts ausgesagt ist.» Hätte man öfter an diesen Satz gedacht, wären vielleicht viele folgenschwere Fehler und Scheinurteile unterblieben; vielleicht hätte sogar die Geistesgeschichte einen anderen Verlauf genommen. Es ist vielleicht doch ein Fundamentalsatz. Gibt es vielleicht Dinge, auf die dieser Fundamentalsatz wesensgemäß immer Anwendung findet?

Wenn der Geist gleichsam die Quelle, der Urgrund des Erkennens ist, wie soll man ihn dann selbst erkennen und dann gar diese Erkenntnis formulieren können? Welche Zange kann sich selbst fassen? Und dennoch begreifen wir irgendwie, was der Geist ist; gleichsam als Selbstgewißheit des Geistes.

Wieder stehen wir vor einer ganz tiefgehenden Offenheit, die jede Erwartung von etwas Bestimmtem wesenlos werden läßt. Wiederum müssen wir uns mit Beispielen genügen lassen.

Ist das Denken, ist das logische Denken, ist das logische Kombinieren, ist etwa die Mathematik Geist oder Ausdruck des Geistes oder eines Geistes?

Vor nicht allzu langer Zeit hätte man diese Fragen — wenigstens in der einen oder anderen Form — vielleicht ohne viel Bedenken bejaht. Seit es die vielzitierten, vielbestaunten und vielherabgeminderten logischen Automaten, die Computer, gibt, ist man vorsichtiger. Wenigstens die Fähigkeit der logischen Kombination besitzt der Computer in ganz phänomenaler Vollendung.

Man argumentiert, daß der Computer nur nach den ihm vom Ingenieur eingeprägten logischen Gesetzen die ihm vom Ingenieur eingestellten, programmierten Aufgaben bewältige — und daß somit der «Geist des Computers» immer nur der Geist des konstruierenden und bedienenden Ingenieurs sei; der Computer sei und bleibe geistloses Instrument, Werkzeug. Die Folgerung mag zwar stimmen, aber das Argument ist wenig ergiebig. Wer garantiert denn dann, daß das logische Kombinieren und Denken des Ingenieurs selbst — und des Menschen überhaupt — mehr sei als eine von Natur her mit Logik-Gesetzen eingeprägte und durch Geschehnisse der äußeren Umwelt und der inneren Charakterzüge programmierte Apparatur; also im Wesen gleicher Art wie der Computer? Was dann noch als Raum für «Geist» übrig bliebe — nämlich das Eingeprägtsein einer Gesetzlichkeit — wäre sehr, sehr wenig.

Es gibt verschiedene Ebenen logischen Denkens. Die einfachste Logik, die «Boolesche Logik» folgt unbeweglich den Operationen «und», «oder», «nicht» und den daran geknüpften Kriterien eines eindeutigen «richtig» und «falsch»: Die Verknüpfung von zwei Urteilen über «und» ist dann und nur dann richtig — sonst falsch —, wenn beide Urteile richtig sind; die Verknüpfung von zwei Urteilen über «oder» ist dann und nur dann falsch — sonst richtig —, wenn beide Urteile falsch sind; die Verknüpfung eines Urteils mit «nicht» führt aber eindeutig richtig in falsch bzw falsch in richtig über. Es gibt also in dieser Logik nur zwei Werte, eben «richtig» und «falsch»; nichts Drittes, insbesondere auch keine Zwischenwerte oder Wahrscheinlichkeits-, Möglichkeitswerte. Niemand und nichts garantiert aber, daß diese einfachste Logik — verbunden mit dem Widerspruchssatz — immer ausreichend sei; im Gegenteil: Schon die Quantenphysik muß sich höherer und mannigfaltigerer logischer Operationen bedienen, um die Phänomene erfassen zu können.

Die Denkprozesse (wenn man es so nennen will!) des Computers — wenigstens heutiger Konstruktion — verlaufen aber nur in dieser einfachsten und technisch leicht ersetzbaren Booleschen Logik. Das Gehirn verfügt dagegen über die sehr viel mannigfaltigeren logischen Operationen aller Mathematik, Physik, Philosophie und vielleicht noch ganz anderer Bereiche.

Sind vielleicht die höheren logischen Operationen dem Automaten, dem Computer, wesensgemäß verschlossen? Gewiß hat das menschliche Gehirn um ganze Größenordnungen mehr «Schaltelemente» als die zur Zeit höchstentwickelten Computer — und die Schaltelemente des Gehirns scheinen bis in jene mikrophysikalischen Bereiche zu reichen, in welchen quantenphysikalisch-unbestimmte Vorgänge ablau-

fen. Um mit bekannten elektrotechnischen Schaltelementen vergleichbare Elementanzahl zu erreichen, hätte man um mehrere Größenordnungen größere Apparaturen (fast astronomische Größen!) nötig —
und wäre auch dann noch auf kausal-bestimmte Denkprozesse beschränkt, so daß die Funktionsmöglichkeit in Bereichen wesenhafter
Unbestimmtheit und damit Ungezwungenheit und grundsätzlich freier
Gestaltbarkeit wohl immer noch verschlossen bliebe.

Bevor man aber an Unzulänglichkeiten heutiger Computer grundsätzliche Kritik anknüpft, sollte man unseres «Fundamentalsatzes»
gedenken. Die schon genug beunruhigenden Automatenwesen von
heute sind gleichsam noch im Säuglingsalter der ersten Generation.
Immer höhere Arten von Fähigkeiten werden ausgebildet und die Fähigkeiten selbst unentwegt gesteigert. Was können einmal die ausge-
wachsenen Urenkel? Nicht einmal nach unbedingt festen Gesetzen
bräuchte ein solcher Automat zu operieren; sondern etwa mit Hilfe passender Rauschpegel könnten sogar wesenhaft-unbestimmte Vorgänge
mit statistischer Methode bewältigt werden, wobei der Automat die
Häufungswerte selbst auswählt; eine Fähigkeit, welche zwar nur eine
irgendwie äußerliche, ungezielte Anpassung der kausal-bestimmten
Denkprozesse des Computers an quantenphysikalisch-unbestimmt ablaufende Phänomene darstellt; im Gegensatz zu den in sich in quantenphysikalische Unbestimmtheiten reichenden und deshalb möglicherweise gezielt steuerbaren Denkprozessen des Gehirns. Dies ist
aber immerhin schon ein sehr weitreichender Übergang.

Das Zukunftsprogramm der gigantischen Computerinstitute geht
aber sogar noch weiter: den sich selbst in der Welt orientierenden
Automaten zu entwickeln; den gleichsam von den Geschehnissen der
äußeren Welt und seines eigenen Inneren programmierten Computer.
Wer kann heute schon sagen, ob dies wirklich nicht mehr als kranke
Phantasien amerikanischen Fortschritts-Optimismus sind? Nicht einmal
als unwahrscheinlich kann man derartige Möglichkeiten beurteilen.
Jedenfalls: In höchst beunruhigender Weise entwickeln diese Computer zunehmend Fähigkeiten, die sie dem Menschen als Denkendem
immer ähnlicher machen; sogar die Ausfallerscheinungen ähneln erstaunlich der menschlichen Psychopathie.

Gibt es vielleicht höhere Arten des Denkens als die des logischen
Denkens überhaupt; vielleicht weniger ein unlogisches Denken (im
Sinne gewollter und nicht gekonnter Logik) als vielmehr ein über-
logisches Denken, das entsprechend nicht an starre Gesetze gebunden
und deshalb freier, beweglicher, mächtiger ist? Sind höhere Arten des

I 2

Denkens — so es solche überhaupt gibt — dem Computer grundsätzlich verschlossen? Erhält ein solcher Computer schließlich Geist; vielleicht in zunehmendem Maße mit seiner Fortentwicklung? Erkennt ein solcher Computer wirklich?

Es führt kein Weg, diese Frage zu beantworten. Aber wer Geist hat, der weiß, daß in derartigen Apparaturen nicht der Geist zu finden ist, den wir suchen; auch nicht wirkliche Erkenntnis, es sei denn, man lasse es sich genügen, gesetzmäßig-logische Denkvorgänge, die wesensgemäß nur gesetzmäßige Umgestaltung und Fortgestaltung von Gegebenheiten sind, als «Erkenntnis» anzusehen.

Die Arbeit des Menschen mit dem Computer enthält eine eigenartige Problematik. Sie wirkt auf den Menschen zurück und beeinflußt sein Denken; auch das Denken dessen, der diese Apparate nicht anbetet.

Sie gleicht einem Herrn mit einem Diener: Dieser Diener ist von einer unvergleichlich ergebenen Dienstbeflissenheit, arbeitet absolut genau gemäß den Anordnungen und vielfach rascher als der Herr. Dieser Diener arbeitet nach der nackten Logik und spricht und versteht nur seine speziellen Sprachen; Sprachgebilde exakter Logik. Geringste Ungenauigkeit in der Anweisung führt zu einer entsprechend andersartigen, ungewollten Ausführung. Es ist als würde der Diener geradezu boshafterweise unexakte Anweisungen in Fehlergebnisse auslaufen lassen, um den Herrn dessen Unzulänglichkeit fühlen zu lassen.

Damit ergibt sich ein eigenartiger Effekt: Gerade durch seine Dienstbeflissenheit und seine unbedingte Weisungstreue, durch seine Exaktheit und Schnelligkeit, zwingt der Diener dem Herrn seine Eigenart auf; er zwingt den Herrn, sich ganz auf seine (des Dieners) Arbeitsmethodik, Denkweise und Sprache einzustellen und sich dieser anzupassen. Dies führt dazu, daß sich des Herrn eigener Denkstil und des Herrn eigene Gedankenführung jener des Dieners schließlich unterwerfen muß. Gerade die ungeheure Leistungsfähigkeit des Dieners, die ihn im Fortschritt der Wissenschaft zu einem unentbehrlichen Hilfsgeist macht, läßt diese Unterwerfung zu einem fast unausweichlichen Zwang werden. Und in erstaunlicher Weise wird damit der Herr zum Diener und der Diener zum Herrn. Dieser Zusammenhang erinnert merkwürdig an jenen Ausspruch: «Wer herrschen will, sei aller Knecht». Ein derartiges Dienstbarkeitsverhältnis ist damit von großem Nutzen, aber auch von höchst bedrohlicher Gefahr:

I 2

Der logische Apparat — nicht nur der Computer als maschinelles, logisches Instrument, sondern die Logik mit ihrer Gesetzlichkeit auch schon als solche — ist ein wichtiges Hilfsmittel zur Beherrschung der Welt und Gestaltung der Wirklichkeit. Auf allen Gebieten des modernen Lebens ist deshalb eine Beherrschung des logischen Apparates, dh die Fähigkeit zu exakt-logischem Denken ein Erfordernis. Der Computer zwingt dazu, sich in dieser Fähigkeit fortgesetzt zu schulen und auszubilden; er zwingt zu exakt-logischem Denken. Dies ist der Nutzen — wenn man es so bezeichnen möchte —, der dem Menschen aus dem Umgang mit dem Computer erwächst.

Zugleich ist aber das Sein so geartet, daß seine Lebendigkeit gerade nicht ein Verharren im logischen Schema darstellt und dieses sogar ausschließt, sondern gleichsam erst in der Variation um das logische Gerüst herum ersteht. Die logische Struktur der Welt gleicht dem Knochengerüst des Menschen, welcher aber erst durch das bewegliche Fleisch darum herum zu Leben gelangt; das blanke Skelett ist geradezu das Sinnbild des Todes. Das Sein gleicht auch der Musik: Nicht der Dreiklang für sich, nicht die Harmoniegesetze als solche und auch nicht das Verharren im Harmoniegesetz macht die Lebendigkeit und Herrlichkeit musikalischen Geschehens, sondern erst die vielfältige, bewegliche, freie Variation um diese herum. So ergibt sich auch das lebendige, schöpferische, segensreiche Denken erst im vielfältigen, beweglichen, freien Spiel um die logisch ausgerichtete Grundstruktur des Denkens herum; in nicht zu enger, sklavischer, tötender Verhaftung an dieses leblose Skelett; aber auch nicht in zu weiter, auflösender, zerstörender Entfernung von dieser tragenden Ordnung. Und je mächtiger ein Denken ist, um so weiter und damit produktiver vermag es vom logischen Schema in den freien Raum auszuschweifen, ohne seine Struktur, seine Wirklichkeitshaftigkeit und Wirklichkeitsgestaltungsfähigkeit einzubüßen; ohne seine Seinhaftigkeit zu verlieren, vielmehr diese dadurch eben erst gewinnend.

Es gibt somit wesensgemäß einen Spielraum; einen zwar erstaunlich weiten, aber nicht unbegrenzten und von der Gedankenkraft abhängigen Spielraum in einem Wechselspiel von Freiheit und Ordnung (etwa in der Quantenphysik wird dieser Spielraum unmittelbar faßbar und als Wesen allen Geschehens überhaupt offenbar). Aber der Computer zwingt dem Menschen eben jenes extrem sich verengende, tötende Formaldenken auf, in welchem das freie, wahrhaft schöpferische Fließen der Gedanken erstickt wird und erlischt. Dies ist die furchtbare Gefahr, die dem Menschen aus dem Umgang mit dem Computer droht;

eine Bedrohung, die sich auf unsere gesamte geistige, gesellschaftliche und weltliche Existenz erstreckt. Dies droht den Menschen in den Unmenschen und unser Dasein in eine Hölle zu verwandeln.

Der sich gleichsam vermenschlichende Computer-Automat ist gewiß erschreckend. Aber wirklich deprimierend ist eben die umgekehrte Tendenz der Verautomatisierung des Menschen; nicht nur in seinen Lebensgewohnheiten, sondern vor allem in seinem Denken.

Die Ergebnisse der fortgeschrittenen Mathematik und Logik gehören wohl zu den interessantesten Dingen unserer Welt; besonders in den Goedel'schen Theoremen, welche über die sich übereinanderordnenden mathematisch-logischen Systeme andeutungsweise folgendes aussagen: Ein formal widerspruchsfreies System ist zwangsläufig formal unvollständig — und innerhalb keines Systems kann der Nachweis seiner formalen Widerspruchsfreiheit erbracht werden; wenn überhaupt, dann erst aus der Ebene eines diesem übergeordneten Systems. Aber für das höhere System gelten diese Theoreme wieder, für das nächst- und immer nächsthöhere System immer und immer wiederum, so daß also nie die vollständige Sicherheit erreicht wird. Und sogar diese Theoreme selbst gehören bestimmten Gedankensystemen zu, die keineswegs die ganze Mannigfaltigkeit des menschlichen und gar geschaffenen Seins umfassen. Somit spiegelt sich die Offenheit des Seins sogar in diesem Formalismus merkwürdig wider; in einer Spiegelung, der aber selbst die Blässe des Formalismus anhaftet.

Liegt auf dieser Ebene die Unterscheidung des Menschen vom Computer; sind wir damit auf den Spuren des Geistes? Man spürt zu tiefst, hier führt kein Weg hinaus. Hier kommt man nur immer noch tiefer in den Sumpf einer unheimlichen Abgötterei hinein. Es mag ja sein, daß auf dieser formalistischen Ebene immer und immer nochmals die Fähigkeit des menschlichen Gehirns als übergeordnet über die Fähigkeit des Computers aufzeigbar ist; gleichsam in ständiger Flucht des Menschen vor dem Automaten. Aber all das zusammen ist eben der Raum des Automaten, in welchem dem Menschen vielleicht noch die Rolle des großen Super-Automaten zufällt. Man könnte ein dem Goedel-Theorem entsprechendes Automaten-Theorem aufstellen: Kein Automat vermag seine eigene Automatenhaftigkeit zu erkennen; immer erst höhere Automaten; höhere und immer höhere Automaten in immer abwegigerer Abgötterei. Ein schrecklicher Fluch wird deutlich: Wer sich in den Raum des Automaten begibt, um sich über den Automaten zu erheben, macht sich selbst zum Automaten. All dies zusammen — hier diese Betrachtungen einschließlich — sind in sich selbst Vereinseitigung, Verarmung, Verfall.

Warum überhaupt diese Betrachtungen? Ist der Geist hinter solcher Kompliziertheit und Lebensferne verborgen? Eben nicht; der Geist ist die Einfachheit selbst. Aber um diese Abgötterei, die in immer lebensfremderer Verkomplizierung und Formalisierung sichtbar wird, fassen und überwinden zu können, muß man ihr begegnen. Es wäre zwar besser, wenn es diese Abgötterei gar nicht gäbe; wenn sie uns völlig fremd wäre. Aber wenn wir von solch tödlicher Krankheit befallen sind, ist es besser, sie zu erkennen. Und sie ist wirklich überall sichtbar.

In der «Logistik» erreicht die Klarheit und Exaktheit der Anwendung des logischen Apparates ihre reinste Ausgestaltung; sowohl der Nutzen als auch die Gefährdung wird maximal. In der Logistik erscheinen damit naturgemäß die wesenseigenen Exzesse am stärksten: Aussagen über Geist oder gar Gott selbst werden als inhaltslos, leer, sinnlos, unreal festgestellt; in der Verabsolutierung der Logistik daraus sogar eine Nichtexistenz abgeleitet. In der Tat sind innerhalb des Bereiches der Logistik derartige Aussagen sinnlos und unreal. Aber dies ist ein Zeichen der Verengung eben dieses Bereiches der Logistik; ein Nachweis seiner eigenen Begrenztheit, nicht aber ein Nachweis der Sinnlosigkeit und Irrealität von Geist und Gott selbst; nicht einmal ein Nachweis der Sinnlosigkeit und Irrealität jeglicher Aussagemöglichkeit über Geist und Gott.

An der Frage der Mächtigkeit scheitert die Logistik in ihrer eigenen Selbstherrlichkeit: Keine Wissenschaft, auch die Logistik nicht, kann auf Arbeitshypothesen verzichten; sie gehören geradezu zu deren Methodik. Auch die Logistik muß damit ein Dasein eines Gottes, der das Weltall geschaffen hat, wenigstens als Arbeitshypothese gelten lassen. Wenn es aber einen Gott geben sollte, welcher das ganze Weltall geschaffen hat — das ganze Weltall, einschließlich des Menschen und damit wiederum einschließlich dessen Gehirn und aller seiner direkten und indirekten Denkmittel und Denkhilfen, wie etwa auch der Computer, sogar einschließlich aller Denkgesetze und Denkmethodiken und insbesondere auch einschließlich der Logistik —, wie kann man dann erwarten, daß dieser Gott mit irgend einer Denkgesetzlichkeit und Denkmethodik — wie etwa der Logistik — überdenkbar und begreifbar sei? Ist aber die Logistik — wie überhaupt jede Methodik — in ihrer Mächtigkeit in dieser Weise wesenhaft begrenzt, so sind jenseits dieser Grenze wieder alle Möglichkeiten offen.

Nicht nur in der letzten Frage, ob und was Gott sei, sondern auch schon in der Frage, ob und was Geist sei, ist diese wesenhafte Offenheit unverschließbar gegeben. Wie soll der Geist und sein Erkennen von einer speziellen Methodik innerhalb seines Machtbereichs überschaubar und umfaßbar sein können? Und wieso kann eine derart elementare und in ihrer prinzipiellen Unbeantwortbarkeit entscheidende Frage aus dem Bewußtsein dieser Methodiker verschwinden? Der Grund liegt in der geheimnisvollen Selbstverengung des Götzendienertums. Es wird immer mehr gerechnet und immer weniger gedacht; immer mehr formalisiert und immer weniger lebendig erkannt. Bestürzenderweise ist diese Tendenz besonders ausgeprägt in den Lehrstätten der Philosophie und Wissenschaft; eine Dekadenz als zwangsläufige Folge der Selbstvergötterung des Menschen in seinem Denken.

Die «Formalisierung» wird bewußt zur Grundlage der philosophischen und wissenschaftlichen «Fortentwicklung» erhoben und gemacht — und automatenhafter Schematismus ergreift im «Geistesleben» die Herrschaft; beinahe eine Selbstverständlichkeit. In gewissem und beschränktem Sinne kann man freilich mit den gesetzmäßigen Denkvorgängen der Formalistik, mit der schematischen Umgestaltung und Fortgestaltung verabsolutierter Gegebenheiten zu «Neuem» gelangen; aber zu erschreckend Neuem, aus dem sich eine fürchterliche Welt gestaltet; eine Welt, wie ihr die neue Kunst grauenvoll Ausdruck gibt. Die Menschen huldigen dem Automatismus, beten ihn an — und werden ihrem Gott ähnlich: Automaten. Wann werden Mensch und Automat einander kollegial die Hände schütteln — oder richtiger, auf den Kasten klopfen? Erst morgen?

Ist dies Geist, ist dies wirkliches Erkennen? Wiederum führt kein Weg, diese Fragen zu beantworten. Die Geistlosigkeit muß zwar im Automatismus ihren Geist erkennen. Aber der Geist sieht dem Ungeist ins Angesicht — und erkennt das Zerrbild der Erkenntnis; eine schreckliche Perversion.

Ist überhaupt die Denkfähigkeit des Menschen der Geist? Ist das Geist, was «durch ein Atom am falschen Platz» zur Idiotie verurteilt ist, was mit Chemie und Chirurgie zerstört werden kann, was mit dem Kalk des Alters bestürzend abbröckelt? Wo ist die Antwort, die uns Frieden und Sicherheit wäre?

Ist vielleicht die Denkfähigkeit und gar das Denken selbst nur ein Instrument, dessen sich ein Geist oder der Geist oder einfachhin Geist bedienen kann, wenn das Instrument eben intakt ist, und sich dessen auch wirklich bedient, soweit es intakt ist? Ist es ein Instrument, dessen sich der Geist frei bedient; frei, nicht etwa selbst dem Zwange irgendwelcher «Denkgesetze» oder sonstiger «Notwendigkeiten» unterworfen? Ist das Gehirn und das Denken selbst vielleicht nur ein Instrument, dessen sich ein Geist über irgendwelche Komplementaritäten frei zu bedienen und Denkprogramme zu gestalten vermag; etwa über die Komplementarität der quantenphysikalischen Unbestimmtheiten, in welche die Gehirnprozesse hinabzureichen scheinen; oder über eine darüberstehende physikalisch-biologische Komplementarität von Gesetz und Vitalität; oder gar über noch mächtigere Komplementaritäten? Ist der Geist so frei, daß er diese Freiheit auch gleichsam gegen sich selbst richten kann; seine Freiheit preisgebend, vernichtend? Ist der Geist frei, so daß er etwa auch götzendienerisch die «Denknotwendigkeiten» anbeten, sich ihnen sklavisch unterwerfen und zum Zerrbild dessen werden kann, zu dem er vom Schöpfer berufen ist? Ist der Geist frei, so daß er sich andererseits aller «Gesetze» und «Notwendigkeiten» in herrscherlicher Macht frei entheben oder frei bedienen kann?

Wer könnte diese Fragen beantworten? Wiederum stehen wir vor der Leere und Wesenlosigkeit, vor der abgrundlosen Offenheit der Schöpfung. Wiederum sind wir auf den Anfang zurückgeworfen: Keine Zange kann sich selbst fassen; — und der Geist ist die Wurzel aller Erkenntnis. Die Erkenntnis, jede Erkenntnis ist selbst Akt des Geistes, gleichsam Schöpfungswerk des Geistes. Keine Grenze ist erkennbar!

«Der Geist weht, wo er will.»

Vielleicht kommen wir weiter, wenn wir nach der Erkenntnis fragen. Kann der Geist erkennen, was Erkenntnis ist; kann gleichsam die Erkenntnis sich selbst fassen? Schon wiederum ein Kreisen in sich; ein in sich Geschlossenes innerhalb der Offenheit der Schöpfung! Aber wenn wir frei sein sollten und sind und alles offen ist, dann fragen wir eben einmal trotz der Fragwürdigkeit aller Erkenntnistheorie:

Was ist Erkenntnis, was ist die Erkenntnis?

Erkennen bedeutet zur Kenntnis nehmen, zu wissen beginnen, bewußt werden. Mehr kann man eigentlich gar nicht sagen. Sofort beginnt wieder das Fragen:

Was zur Kenntnis nehmen, was zu wissen beginnen, wessen bewußt werden? Man ist geneigt, diese Frage als töricht zu betrachten und mit «selbstverständlich das Wirkliche, die Wirklichkeit» zu beantworten. Ist das wirklich(!) so selbstverständlich? Es könnte doch sein, daß dies nur unseren Denkgewohnheiten so selbstverständlich erscheint! Tatsächlich ist es eine Eigenart des abendländischen Denkens, diese Antwort für selbstverständlich zu halten; sonst würden wir die Frage schon gar nicht so stellen. Schon das Wort «Er-kennen» bezeichnet etwas Passives: Kennen-lernen von etwas unabhängig Seiendem. Aber weil wir auch nicht über unseren Schatten springen können, lassen wir die Antwort einmal gelten. Damit hätten wir also die Wirklichkeit als Maßstab für das Erkennen festgestellt; dh auch wieder erkannt.

Wer nimmt überhaupt zur Kenntnis, wem wird überhaupt bewußt? Wir, uns! Wer bist aber Du und Du und Du, der ich Euch mit mir zusammen als «Wir» bezeichne? Ihr seid Wesen der Umwelt, die ich als meinesgleichen begreife; dh auch wieder erkenne.

Wenn ich nicht von vorneherein eine Wirklichkeit einfachhin annehme — gleichsam in einem besonderen Erkenntnisakt willkürlich zum Maßstab setze —, so ist mir (eine Selbstverständlichkeit!) alles Erkennen immer nur in meinem Erkennen und als mein Erkennen faßbar; dh auch wieder erkennbar. Ich bin ich — und nicht der andere und nicht die Welt schlechthin —, so daß alles Sein immer nur ein Für-mich-Sein in der Erkenntnis ist.

Also ist Erkenntnis von untergeordnetem Rang; nur ein Für-mich-sein gegenüber dem umfassenderen An-sich-Sein der Wirklichkeit!? Also ist Erkenntnis nur ein Abbild der Wirklichkeit für mich; ein Abbild, das richtig ist, wenn es mit der Wirklichkeit übereinstimmt, und das falsch ist, wenn es mit der Wirklichkeit nicht übereinstimmt! Warum? Eben weil ich erkenne, daß ich nicht allein in der Welt bin, sondern zusammen mit vielen, vielen Wesen meinesgleichen; eben weil ich erkenne, daß eine Wirklichkeit außer mir und meiner Erkenntnis da ist; eine Wirklichkeit, die nicht nur maßgeblich für das ist, was richtig und was falsch ist, sondern sogar das Da-Sein (Wirklich-Sein!) aller richtigen und falschen Erkenntnisse aller Wesen mitumfaßt. — Weil ich eben all das erkenne; ich, nicht schwächer und nicht mächtiger, als ich eben bin!

Damit sind wir wieder in einem Kreis gefangen; in einem Kreis, der in sich geschlossen ist — und der sich in sich selbst genügend sein mag. Aber wer, der diesem Kreis nicht angehört, garantiert, daß dieser Kreis allumfassend sein müsse, daß es nichts anderes auch noch gäbe?

Erklärungen und Begründungen führen nicht weiter; sie verlieren sich gleichsam in der Wesenlosigkeit. Aber schon in der Schöpfungsgeschichte sind «erkennen» und «zeugen» eines. Wenn wir nichts, gar nichts anbeten — außer Gott —, erschließt sich uns ein weiter Machtbereich; der Bereich der schöpfungskräftigen Mächte der Erkenntnis, der Machtbereich des Geistes.

Erkenntnis, nur Abbild der allein wirklich(!) seienden Wirklichkeit; Erkenntnis, das nur Für-mich-Sein innerhalb des umfassenderen Ansich-Seins der Wirklichkeit!?

Wie aber, wenn es mächtigere Geister geben sollte, die dem Zwange, so zu erkennen, nicht unterliegen? Wie, wenn ein anderer Geist einfach anders erkennt; anders, so daß er nicht gezwungen ist, dies als «Gesetz» und als «Notwendigkeit» zu erkennen und anzuerkennen? Ist dessen Erkenntnis vielleicht beschränkter, weil er wirkliche Grenzen in seiner Torheit nicht erkennt, und nicht erkennt, was wirklich richtig und was wirklich falsch ist? Oder ist er ein Geist von so mächtiger Erkenntnis, daß er in seiner Macht selbst Wirklichkeit zu schaffen und Grenzen zu setzen fähig ist, daß er selbst bestimmt, was wirklich und was unwirklich, was richtig und was falsch ist?

«Objektiv» und «subjektiv»: Den Banausen stört es zutiefst, daß dazwischen keine scharfe Grenze sein soll — und damit verbundene Wertungen offen sind; daß ein freies Wechselspiel dazwischen sein könnte. Aber schon den Demagogen, den Schwarzkünstler der Massengesellschaft, ficht dies wenig an; im Gegenteil: Er pfeift darauf — und alle, alle — Objektivisten wie Subjektivisten — laufen ihm nach in eine umgekrempelte Welt. Den Rattenfänger von Hameln gibt es!

Mächtige Geister, personale Mächte, — gute und böse — stehen über diesem Wechselspiel von objektiv und subjektiv! Ist es möglich, daß es verschiedene Reiche und Bereiche gibt, die von Geistern verschiedener Art geprägt und geschaffen sind — und denen Geister verschieden großer Macht innewohnen? Könnte es sein, daß die diesem Reiche zugehörigen Geister geringerer Macht eben jenen Gesetzen und Notwendigkeiten mehr oder minder unterworfen sind, welche von Geistern größerer Erkenntnismacht mehr oder minder frei gezeugt und geschaffen sind; derart, daß Geister geringerer Macht in Verstörung fallen, wenn sie sich den von mächtigeren Geistern gesetzten Ordnungen nicht beugen?

Es führt kein realer Weg, diese Fragen zu beantworten. Es gibt darauf keine Antwort, die schlechthin Gültigkeit haben könnte, die schlechthin richtig oder falsch sein müßte; schon gar nicht, wenn es solche Mächte in der Tat gibt. Urteile darüber — weil sie ja eine nochmals übergeordnete Erkenntnisgewalt voraussetzen würden — sind deshalb leer: Das gibt es nicht! Das gibt es! Wer sagt das; welcher ohnmächtige oder erkenntnisgewaltige Geist?

Geist und Welt sind wesensgemäß von gleicher Mächtigkeit, aber gegensätzlich orientiert, so daß Erkenntnis und Wirklichkeit gleichsam einander die Waage halten, einander ins Dasein rufen und im Dasein halten: Weltverbundenheit bedeutet Verlust des Geistes; Geisterfülltheit bedeutet Abkehr von der Welt. Mangel an Geist liefert dem Gesetz der Welt, dem Zwang der Wirklichkeit aus; Entsagung der Welt erschließt die Macht des Geistes, die Wunderkraft der Erkenntnis. Diese Verdrängung schafft den Raum für das Dasein; zwischen diesen Polen pulsiert alles Leben in der Ergänzung von Geist und Welt, in der befruchtenden Hinrichtung von Erkenntnis und Wirklichkeit aufeinander. So wird die Offenheit der Wunderkraft gegenüber der Welt zu gestaltender Freiheit und der Zwang der Gesetzmäßigkeit wird durch den Geist zu lebendiger Ordnung. Und als Träger dieser Begegnung von Geist und Welt — gleichsam im Mittelpunkt der Schöpfung — wäre der Mensch berufen; der Mensch, halb Tier nach seiner weltlichen Herkunft aus dem Staub der Erde — und halb Engel in seiner Begnadung im Hauche des Geistes Gottes.

Freilich ist diese Macht der Erkenntnis dem Menschen unbegreiflich, der im Vergriffe am «Baum der Erkenntnis des Guten und Bösen» sich dessen Frucht selbst einverleibt hat; der die Erkenntnis auf sich selbst hinorientiert hat. Daß der Erkenntnis gleiche Mächtigkeit wie der Wirklichkeit zukomme, ist wesensgemäß demjenigen unfaßbar, der statische Erfassung einer verabsolutierten Wirklichkeit im menschlichen Denken jener dynamischen Erkenntnis des Schöpfergeistes gleichsetzt und ein schematisches Funktionieren der physiologischen Apparat des Gehirns als «Geist» anbetet. Denn diese Gleichsetzung und Anbetung ist die wohl verhängnisvollste Schuld der Menschheit, in welcher all unsere Wissenschaften — trotz ihrer imposanten Ergebnisse — unter fortschreitender Verkomplizierung in immer beängstigenderer Geistlosigkeit versinken, so daß unsere Gottähnlichkeit zur Fratze pervertiert. Alle Versuche, diese Art von «Erkenntnis» von der des Tieres oder des Computers abzuheben, werden immer erschreckender als unwesentliche Unterscheidungen offenkundig. Denn diese Erfassung des Wirklichen im Denken und in Denkvorgängen ist ein ebenfalls dem Wirklichen zugehöriger und dem Zwange der Gesetzmäßigkeit unterworfener Vorgang; nur noch ein Widerschein des Feuers des Geistes, abgebildet in der Dimension der Gesetzmäßigkeiten der Welt.

Der wahre, schöpfungsgewaltige, wundermächtige Geist, der in der Kraft seiner Erkenntnis alle Wirklichkeit schafft und erhält, ist aber eine ganz andere Dimension und ist ganz anders orientiert: Er geht von der Allmacht aus; der Allmacht, für die keine Wirklichkeit zwingend ist, sondern vor deren Wort Welten entstehen und vergehen. Dahingeordnet ist die schöpferische Erkenntnis in der Kraft jenes Geistes, der in grandioser Einfachheit alle Macht inne hat. In der Tat: auch «der Mensch lebt nicht allein vom Brot, sondern auch von jedem Wort aus dem Munde Gottes».

Wissenschaft!? Wissen schaffendes Forschen des Menschen, um die Welt zu beherrschen! Gewiß ist es eine große Aufgabe und ein hoher Wert, die Wirklichkeit zu kennen; eine geradezu lebenswichtige Aufgabe und eine segensvolle Aufgabe, wenn sie in richtiger Orientierung bewältigt wird: Die Wissenschaft muß Dienerin sein, nicht Herrscherin, denn sie reicht wesensgemäß nicht hin, die schöpfungsgewaltigen Mächte des Geistes und der freien Geister zu begreifen oder gar zu zwingen. Dem verstörten Menschen in seinem irdischen Dasein ist der Machtbereich des Geistes nicht eigen; nicht mehr und noch nicht: Doch im lebendigen Gegenüber zu Gott kommt dem Heiligen diese machtvolle Erkenntnis zu, in welcher er an der Schöpferkraft des Geistes Gottes lebendigen Anteil hat. Aber nicht in mühevollem Zusammenlesen komplizierter Feststellungen, sondern in unmittelbarem, feurigem Sein; einfach und gewaltig wie es das Hohe Lied der Liebe preist: «. . . Jetzt schauen wir durch einen Spiegel, unklar. Dann aber von Angesicht zu Angesicht. Noch ist mein Erkennen Stückwerk. Dann aber werde ich erkennen, wie ich selbst erkannt bin . . .»; selbst erkannt und in dieser Erkenntnis geschaffen.

Wahrer Geist ist Abbild des Geistes des Dreieinen, der unbedingt in unbegrenzter Schöpfungskraft mit Seinem Worte das All entstehen ließ — und das All mit allen Dingen und Geschehnissen in allen Räumen über alle Zeiten in Seinem Gedenken vor dem Nichts erhält; Abbild jenes urgewaltigen Gottes, dessen Gedenken und Vergessen über Sein und Nichtsein, über Leben .und Tod höchstrichterlich herrscht: «Im Anfang war das Wort. Und das Wort war bei Gott. Und Gott war das Wort. Dieses war im Anfang bei Gott. Alles ist durch es geworden.» Was Gott erkennt, das Ist; was Er vergißt, das ist vergessen und besteht nicht mehr — und hat auch nie bestanden.

Die erste und letzte Schöpfermacht ist allein Gott in der Majestät des Wortes. Aber innerhalb dieser Schöpfung schöpfen auch schon Künstler, Erfinder und Menschen aller Art; erst recht mächtige, weltgestaltende Geister: Weil der Erste und Letzte, der allein wahrhaft Schaffende, der alleine Herr über Sein und Nichts den Geschaffenen auch Schöpfungskraft geben wollte und eingeschaffen hat. Geist ist Abbild dieses Schöpfergottes — und ist Geschenk dieses Geistes aller Geister an Seine Geschöpfe. Geister sind Ebenbilder dieses allgewaltigen Gottes; Ebenbilder des Ewigen in der Endlichkeit; aber Ebenbilder, denen in ihrer Ebenbildlichkeit selbst Schöpfungskraft gegeben und eigen ist, in der sie am Schöpfungswerk des Allmächtigen teilnehmen.

Geister sind schöpfungskräftige Mächte der Erkenntnis. Aber jede Macht — außer Gott selbst — ist begrenzt und die Grenze einer Macht ist nicht auch die Grenze anderer Mächte. So gibt es Geister sehr verschiedener Machtvollkommenheit; aber auch sehr verschiedener Art: Mächte «der Erkenntnis des Guten und des Bösen». Und die «Mächte der Lüfte» lassen die Erde in ihren Grundfesten erzittern und das Wirkliche um sein Dasein bangen.

Böse Mächte zeugen in ihrer Erkenntnis Gesetze und Notwendigkeiten und schaffen Wirklichkeiten entgegen dem Willen des Einen und Einzigen, des wahren Herrn — und verfallen deshalb der Verstörung in ewigem Grauen und Tod. Ihre Werke vergehen und sie selbst verschwinden aus dem Dasein; ihre schöpferische Macht — so gewaltig sie auch sei — ist in Wahrheit nichtig, nichts. Denn wahre Schöpfermacht ist nur im Geiste Gottes. Gute Mächte zeugen in ihrer Erkenntnis Gesetze und Notwendigkeiten und schaffen Wirklichkeiten in Ergebung in den Willen des Geistes der Geister, des Herrn des All — und «erben» das Reich des Allmächtigen in Ewigkeit. Ihre Werke leben und sie selbst leben in Ewigkeit; ihre schöpferische Macht — so gering sie auch sein mag — ist wahrhafte Schöpfermacht im Geiste Gottes; ist Schöpfermacht Gottes durch die Seinen; ist Schöpfungswerk Gottes, des zuerst und zuletzt und allein wahrhaft Schaffenden. Und warum ist das so? Weil der allmächtige Geist, dessen Willen nichts einzuschränken vermag, eine so freie und gewaltige Schöpfung wollte.

Erkenntnis, eine urgewaltige Dimension!

3. Personalität und Selbst

Was ist Personalität, was ist Person?

Personalität ist Selbst-Bewußtsein. Person ist ein ich-bewußtes Wesen, das mit anderen ich-bewußten Wesen in die Beziehung Ich-Du treten kann. Personalität ist Ansprechbarkeit; nicht notwendig in Worten, sondern in irgendwelchen Formen und Ausdrücken von Welt und Geist. Personalität ist der Träger allen Lebens, aller Freude, aller Liebe; es ist keine Liebe außerhalb der Personalität. Personalität ist der Träger des Willens; der Wille ist die Kraft der Personalität. Gott, die Person aller Personen, ist die allumfassende Liebe und der allgewaltige Wille — und wer Gott liebt, tut Seinen Willen und nur wer Gottes Willen tut, liebt Gott, denn es gibt keine Liebe im Widerstand gegen Gott.

Ich bin ich-selbst; ich bin kein anderer als eben ich; ich bin Person. In gleicher Weise gibt es noch andere Personen als mich selbst; jede für sich ein Ich-selbst wie ich. Ich erkenne dies, weil es wirklich so ist; dies ist wirklich, weil ich es so erkenne.

Ich habe Beziehungen mit diesen Anderen: Es gibt Eltern und Elternschaft, Brüder und Bruderschaft, Schwestern und Schwesternschaft; es gibt Verwandte und Verwandtschaft, Sippschaft; es gibt Bekannte und Gemeinschaft, Gesellschaft verschiedenster Art; es gibt Völker, Nationen, Staaten und Landsmannschaften, Freundschaften, Feindschaften verschiedenster Art. Ich erkenne dies, weil es wirklich so ist; es ist wirklich so, weil ich es so erkenne. Wir alle sind wirklich; wir alle erkennen; wir alle sind Personen und stehen persönlich einander gegenüber. Wir alle stehen vor Gott.

Welche Selbstverständlichkeit! Gerade als wenn man hierüber nichts gesagt hätte! Und doch ist jeder einzelne Schritt vom selbstgewissen Ich — in welchem gleichsam alle Erkenntnis und Wirklichkeit zum Sein erwacht — zu all den anderen selbstbewußten Wesen ein im Grunde ganz ungesicherter, in nichts begründeter Schritt; in nichts begründet als in einem persönlichen Akt der Freiheit, den wir als Person vollziehen. In der Tat, es gibt nichts, was so sehr von uns ganz persönlich abhängt, als die Beziehung zum «Nächsten».

Wer hat sich schon darüber gewundert, daß er ist — und nicht nicht-ist; daß er als er selbst ist — und nicht als der andere; daß er und der andere voneinander unterschieden sind — und nicht sie selbst? Wie fragte doch einmal eine Frau meinen Onkel: «Entschuldigen Sie, sind Sie es selbst, oder sind Sie Ihr Herr Bruder?» Witzig aufgelegt entschuldigte der Onkel gerne und antwortete sehr zufriedenstellend: «Ich bin mein Bruder selber.»

«Ich bin selber.» Wenn man ernst über diese buchstäbliche Selbstverständlichkeit nachdenkt, wird einem ganz schwindelig. Es ist, als würde aller Boden unter den Füßen schwinden; als würde alles Sein grundlegend in Frage gestellt. Festhalten; aber wo!? Am besten an der eigenen Nase.

Das Selbst-Sein — und vor allem unser personales Bewußt-Sein — hebt sich anscheinend irgendwie stärker vom Wirklich-Sein und Erkannt-Sein ab; stärker als sich Wirklich-Sein und Erkannt-Sein voneinander abheben. Zugleich scheint aber das Selbst-Sein noch weniger faßbar; es ist gleichsam eine solche Selbstverständlichkeit, daß es schon jede Frage — geschweige Antwort — nach sich selbst von vorneherein ersterben läßt, obgleich es doch jede andere Frage erst ermöglicht. Ist anscheinend unser Dasein derart, daß es gleichsam schon in sich selbst das Selbst-Sein zum Fundament des Seins gewählt hat; oder wenigstens sehr dazu geneigt ist, dies als «eigentliches Fundament» seines Seins anzunehmen?

In der Bewußtheit der Personalität wird gleichsam auch Wirklichkeit und Wirkliches als es-selbst greifbar und lebendig — und wird gleichsam auch Erkenntnis und Erkanntes als es-selbst greifbar und lebendig. Was ist ein Selbst-Sein von Gegenständen der Welt oder von Einsichten des Geistes, ohne daß dieses als eben es-selbst — nicht anderes — in personalem Bewußtsein, in Selbst-Bewußtsein lebendig würde: Unterscheidung ohne Unterscheider, Grenze ohne Passant, Gestalt ohne Gestalter; Sein ohne Namen.

Die Personalität verleiht all ihrem Gegenüber ihren Namen. Der Name ist selbst das Gegenüber. Der Name steht für die Person. Welch grenzenlose Macht, Herrlichkeit und Hoheit tritt dem Menschen im Namen Gottes gegenüber; einem Namen, den die Juden nicht auszusprechen wagten. Gott selbst spricht vom Menschen, der Seinen Namen kennt: «er kennt Meinen Namen, er ruft Mich an, Ich will ihn erhören.» Vom Menschen, dem die Herrschaft über die irdische Schöpfung übertragen ist, heißt es in der Schöpfungsgeschichte, daß ihm alle Geschöpfe vorgeführt wurden, damit er ihnen den Namen gebe — und wie sie vom Menschen benannt seien, so sollten sie heißen. Unsere bürgerliche, wirtschaftliche, gesellschaftliche Existenz dreht sich irgendwie um den Namen: Wo der Name steht, steht der

Kopf. Das Namensrecht ist das Ur-Recht. Und in Namen erschließen sich die Dinge der Wirklichkeit und die Inhalte der Erkenntnis im Bewußtsein der Person; der Person, der Personalität, gegenüber welcher alle Dinge und Inhalte der Schöpfung zum Leben gelangen. In der Personalität belebt sich gleichsam die gesamte Schöpfung.

Die Belebungskraft der Personalität wird von den lebendigen Menschen tief empfunden; so sehr, daß im personalen Bewußtsein der Menschen sogar die Dinge und Einsichten selbst personifiziert werden. So fremdartig und illusionär dies erscheinen mag, geschieht dies nicht nur mit den Stoff-Bärchen verträumter Kinder und den Haustieren gemütseliger Tanten: Alle Völker und Rassen aller Epochen und Erdteile personifizieren Tiere, Pflanzen und Steine aller Art, Länder und Berge, Sonne, Mond und Sterne; aber auch Ansichten und Vorstellungen, Gefühle und Empfindungen, Sehnsüchte und Triebkräfte. — Und die Welt der Mythen, Sagen und Märchen tut sich auf mit Göttern, Geistern und Feen, mit Dämonen, Riesen und Zwergen, mit Königen, Bürgern und Bettlern, mit feuerspeienden Drachen, lieblichen Jungfrauen und braven Helden, mit guten und bösen Mächten und Menschen aller Art — und mit mächtigen, geheimnisvollen Namen, deren Nennung die Begegnung herbeiführt. «Es war einmal...» beginnen die Märchen des Abendlandes; «da erzählte er seine Geschichte...» beginnen die Märchen des Morgenlandes — und der Abendländer wundert sich, wenn der Morgenländer bereit ist, für eine Geschichte ein Todesurteil aufzuheben; Märchen, in denen sich die personale Eigenart und Lebenskraft der Völker ausdrückt. Wie armselig die Menschen, denen diese Welt verloren geht! Nicht den Lebendigen, sondern den Sterbenden geht diese Welt kraftvollen Ausdrucks der Personalität verloren; denjenigen, die in den Massenmedien ertrinken und mit der Masse zu «Realfaktoren» herabsinken.

Person als Bewußt-Sein! Was ist eine Wirklichkeit und was ist eine Erkenntnis, die nie und nirgends in einem Bewußtsein da-ist; auch nicht im Bewußtsein eines Schöpfers und erst recht nicht im Bewußtsein eines Geschaffenen? Welt ohne Bewußtsein, Geist ohne Bewußtsein? Schöpfungskraft ohne Bewußtsein dessen, was war, ist und sein wird; ohne Bewußtsein dessen, was sein soll?

Geist ohne Personalität ist Erkennen ohne Selbst-Wissen, ist Schöpfungskraft ohne Wirkung. Dies ist wohl ein Unding, ein Ding der Nicht-Gewißheit, ein Ding der Unmöglichkeit (wie man so schön dahinsagt). Und dennoch lassen sich diese Fragen nicht beantworten. Jegliche Frage und jegliche Antwort, sogar das Fragen und Antworten als solches, ist selbst Bewußtseinsakt — und wesensgemäß nicht jenseits des Bewußtseins. Wiederum tritt eine Offenheit vor unser Bewußtsein und wir schauen in abgrundlose Leere. Wir selbst sind wie Wolken vor der Wesenlosigkeit.

Es gibt keine Antwort über das letzte Wesen der Personalität; es gibt keine Antwort jenseits des Bewußtseins. Aber wer das klare Bewußtsein des Geistes Christi hat, der weiß, daß Welt und Geist im und als Bewußtsein der Personalität ersteht und lebt; auf Personalität hin da-ist. Wer dem Geist die Personalität abspricht, macht ihn zu einer Gesetzmäßigkeit und seine Schöpferkraft zum Mechanismus einer toten Apparatur «Welt». Dann bleibt nichts mehr vom Geiste der Offenbarung des personalen Gottes. Wer so spricht, ist kein Christ, mag er auch im Ornat und mit der Professur christlicher Theologie vor uns stehen. Er ist ein Wegbereiter jenes Anderen, der auch Geist ist, aber nur seine eigene Personalität und Freiheit achtet — und alle Personalität und allen Geist außer sich leugnet und tötet; er ist Wegbereiter des «Vaters der Lüge und Mörders von Anbeginn». Gott ist Person — und das All Ist auf Seine Person hin. Gott ist selbstbewußter Geist, welcher Personalität und Freiheit all Seiner Geschöpfe achtet. Gott ist personaler Geist der Geister — und Vater in Ewigkeit all derer, die Ihm «von Angesicht zu Angesicht» gegenüberstehen.

Viele verknüpfen die Vorstellung von Person mit der Vorstellung von Gestalt, Leib — oder gar menschlichem Körper. Deshalb wollen und können sie nicht fassen, daß Gott Person sei. Sie wehren sich gegen den guten, uralten Mann mit dem langen, weißen Bart. Sie wehren sich mit Recht dagegen, denn Gott selbst hat den Menschen als erstes Gebot gegeben: «Du sollst dir weder Bild noch Gleichnis von Mir machen.» Gott ist Ur-Person jenseits aller Gestalten und Gestaltbarkeit. Aber im Bereich des Geschaffenen hat die Verknüpfung von Personalität und Gestalt — wenn sie freilich nicht töricht enge gezogen wird — einen sehr tiefen Grund.

Viele nehmen auch Anstoß an der «Auferstehung des Fleisches». Welch gräßlicher Gedanke, für Zeit und Ewigkeit in einem fleischlichen Körper — wie diesem hier — herumlaufen zu sollen. Nehmen unsere Atome, Moleküle, Zellen dieses Fleisches an der Auferstehung Anteil? Was heißt schon «unsere», wenn nach immer etwa sieben Jahren praktisch keine Atome unseres Fleisches mehr die selbigen geblieben sind, sondern mit anderen ausgewechselt wurden, die zahllos vielen anderen Organismen und sogar Menschen vorher schon eigen waren und künftig noch eigen sein werden. Und wenn sich diese doch irgendwie angängig aufteilen ließen: Haben wir dann Füße, um welche Böden eine lange Ewigkeit damit zu vertreten; Mund, Magen, Darm, um uns mit welchen Speisen unaufhörlich zu verköstigen; ein Gehirn, um welche Dinge ewiglich zu überdenken? Sind wir dann groß oder klein, dick oder dünn, männlich oder weiblich, mit der Frische der Jugend oder den Runzeln des Alters? Man denkt unwillkürlich an den Indianer, der mit jungen Jahren in die ewigen Jagdgründe gelangen möchte; gerade als könne man den irdischen Lebenslauf im jugendlichen Vorübergang für die Ewigkeit festhalten.

Das ist primitiv aufgefaßt, gewiß! Aber was verbleibt von der Ewigkeit mit diesem Zubehör der Fleischlichkeit; oder was verbleibt von wirklichem Fleisch ohne dieses Zubehör? Oder droht uns gar ewige Wiederkehr im Fleische mit immer neuer Geburt, Jugend, Alter, Tod? Vielleicht droht dem Verdammten dieses Grauen; aber gewiß nicht dem Heiligen in einer wahrhaftigen Erlösung. Fleisch und Blut können das Reich nicht erben (Paulus). — Dies ist eben Geheimnis! Eines der vielen Geheimnisse, die immer dann aufmarschieren, wenn man nicht mehr aus weiß! Aber das Wort Gottes ist Offenbarung und nicht Vergeheimnissung, nicht Geheimhaltung.

Was bedeutet dieses Wort «Fleisch» überhaupt? Gerade in der Offenbarung Gottes heißt es doch, daß verloren sei, wer dem Fleische diene und dem Fleische verhaftet sei. Gott selbst sagt als Grund für die sintflutliche Vernichtung: «Mein Geist wird nicht mehr lange in den Menschen bleiben; sie sind ja nichts anderes mehr als Fleisch.» Paulus spricht von einem Fleische der Menschen und der Tiere, aber auch von einem Fleische der Pflanzen und Gesteine, ja sogar von einem Fleische von Mond und Sternen. Christus selbst spricht von dem dargereichten Brot als Seinem Fleisch. Schon die Juden und viele Seiner Jünger nahmen Anstoß: «Wie kann uns Dieser Sein Fleisch zu essen geben — und viele verließen Ihn.» Die Offenbarung selbst stellt den «verklärten Leib» des Heiligen — der «strahlt wie die Sonne», der durch verschlossene Türen einzutreten und doch mit den Seinigen zu essen vermag — dem fleischlichen Leib gegenüber. Aus dieser schroffen Gegenüberstellung ist für lange Epochen in der Kirchengeschichte jene Leib- und Fleischfeindlichkeit hervorgegangen, welche uns heute geradezu lebensfremd erscheint.

Was ist jenes «Fleisch, das Gott schaut»? Was ist naheliegender als an die greifbare Fleischlichkeit des Menschen ausdruckhaft anzuknüpfen; an den fleischlichen Leib, mit dem der Mensch als Mensch verhaftet ist, mit dem die menschliche Person, die Personalität des Menschen greifbar und sichtbar verhaftet ist; so verhaftet, daß man Personalität und fleischlichen Körper unversehens identifiziert! Aber hat das Angesicht eines Geistes in diesem unserem allzumenschlichen Sinn notwendig Augen, Nase, Mund und Ohren? Wir laufen Gefahr, am Buchstaben zu haften und den Geist zu verkennen, aber «der Buchstabe tötet».

In den Worten biblischer Begriffswelt bedeutet das «Fleisch» des «verklärten Leibes» soviel wie Gestalt, Struktur, Wesenhaftigkeit; Wesenhaftigkeit des als Er-Selbst Existierenden; gleichsam im Gegensatz zur gestalt- und strukturlosen Unbegrenztheit des Wesenlosen. Es bedeutet eben Personalität.

Der Geist Gottes hat in der Schöpfungskraft Seiner Erkenntnis das All mit allen Welten und Geistern, mit allen Wirklichkeiten und Erkenntnissen, mit allen Räumen und Zeiten, ins Dasein treten lassen und hält es im Dasein. Warum sollte Gott geschaffene Geister nicht unmittelbar an dieser schöpfungsmächtigen Erkenntnis Seiner Allgewalt teilnehmen lassen können — und eben in der «Anschauung von Angesicht zu Angesicht» lebendig teilnehmen lassen? Ist diese Geist-Geist-Anschauung nicht sogar das überhaupt Unmittelbarste und Naheliegendste? Der Geist — beinahe selbstverständlich — bedarf keines organisch-chemischen Fleisches und keiner physiologischen Reaktionen physikalisch-chemischer Augen und Ohren. Die Möglichkeit des Sehens und Hörens mit fleischlichen Augen und Ohren ist eigentlich das Unbegreiflichere.

Warum sollte sich aber andererseits ein mächtiger Geist — als schöpfungskräftige Macht der Erkenntnis — nicht auch einen Leib mit fleischlichen Augen und Ohren, Armen und Beinen schaffen können, wenn und wann und wo er will; wenn er nur hinreichend schöpfungskräftig ist, um gleichsam in der Macht seiner Erkenntnis einer Welt und ihren Wesen ein so gestaltetes Dasein Seiner selbst aufzwingen zu können? Warum sollte es unmöglich sein, daß «sich Gott im Abendwind erging»?

Warum sollte Gott Seinen Heiligen nicht auch die Macht verleihen können, jedenorts und jederzeit — ohne Raum, Zeit und Materie verhaftet zu sein — in einem fleischlich-materiellen Körper auftreten und unmittelbar in der materiellen Welt wirken zu können; in einer Materialisation — ohne Geburt — Körperlichkeit anzunehmen und in einer Verklärung — ohne Tod — die Körperlichkeit wieder abzulegen? Wem dies gar so ungewohnt und phantastisch erscheint, möge sich vor Augen halten, daß derartige Möglichkeiten gar nicht so «unnatürlich» sind: Schon jedes Lichtquant existiert in einem Wechselspiel von Potenz und Akt; über allen Raum und in aller Zeit des von der Welle erfaßten Alls ist der Lichtenergie die Möglichkeit der Verkörperung eigen, die sich in Raum und Zeit an einer Stelle zu einem Moment ungezwungen und unbestimmt im Auftreten des Körpers ereignet. Schon im Bereiche der physikalisch-materiellen Elementarteilchen scheint Derartiges wesenhaft der Schöpfung eigen zu sein; wieviel mehr in Bereichen der höheren und höchsten Seinsmächtigkeiten.

Und warum hat die Schöpfung ein so unbegreifliches Wesen? Weil es der Schöpfer so wollte. Schöpferischer Allgewalt ist alles möglich. Es gibt eine Grenze — obgleich sie eigentlich gar nicht faßbar ist —, an welcher jedes Reden in leeres Wortspiel umschlägt und nur noch Schweigen sich als Geist erweist.

Eigentlich müßte man schweigen. Kann man aber das Wesen der Dinge des Schweigens näherbringen, wenn man nicht darüber redet? Vielleicht kann ein freier, personaler Akt der Wortergreifung doch die Ahnung von etwas ganz Wesentlichem näherbringen. Was ist Personalität, was ist Gestalt, was ist Wesenhaftigkeit, was ist ein Wesen?

Personalität ist gleichsam das Selbst-Sein der bewußten Wesen. Diese irgendwie ungreifbare Aussage führt uns wieder an den Anfang zurück; auf das Selbst-Sein der Dinge. Selbst, Selbst-Sein? Etwas ebenso buchstäblich Selbst-Verständliches wie Unbegreifliches!

Jedes Wirkliche ist es selbst — und kein anderes Wirkliches; jede Wirklichkeit ist sie selbst — und keine andere Wirklichkeit. Aber eben dadurch wird das Andere, Gegensätzliche daneben mögliche und existente Wirklichkeit. Jedes Erkannte ist es selbst — und kein anderes Erkanntes; jede Erkenntnis ist sie selbst — und keine andere Erkenntnis. Aber gerade dadurch wird das Andere, Widersprüchliche daneben mögliche und existente Erkenntnis. Jede Welt ist sie selbst — und keine andere. Aber gerade dadurch werden andere Welten daneben möglich und existent. Jeder Geist ist er selbst — und kein anderer. Aber gerade dadurch werden andere Geister daneben möglich und existent.

Andere Wirklichkeiten, andere Welten, andere Erkenntnisse, andere Geister; wesensgemäß anders? Gibt es gar keine Kriterien, um solche Möglichkeiten zu erfassen oder auszuschalten? Wäre es kein Kriterium für die Unmöglichkeit, wenn etwa andere Welten im Gegensatz zu unserer Welt stehen müßten, wenn etwa andere Geister im Widerspruch zu unserem Geiste stehen müßten?

Man spürt zutiefst, daß diese Kriterien jämmerlich schwächlich sind gegenüber dem Sein und seiner Gewalt, denn schon innerhalb dieser Welt und dieses Geistes ist unüberbrückbare Gegensätzlichkeit und tiefgreifende Widersprüchlichkeit. Die Gegensätzlichkeit ist geradezu ein Wesenszug der Welt und der Widerspruch ist machtvoll in der Welt da. Der eindrucksvollste Beweis für sie ist es, wie die Philosophen alle Kräfte dagegen aufbieten. Aber je mehr sie Gegensatz und Widerspruch aus ihren Lehren verdrängen und verbannen, um so mehr geraten sie miteinander in Gegensatz und um so mehr widersprechen sich ihre Lehren untereinander. Wenn man Gegensatz und Widerspruch beseitigt und leugnet, wird dadurch nur nochmals ein Gegensatz und ein Widerspruch mehr geschaffen.

Es ist schreckenerregend, zu welch mörderischem Haß und besinnungslosem Fanatismus manche Ideologien, manche Weltanschauungen die Menschen treiben, wenn sie dem Gegensatz und Widerspruch begegnen. Heute ist der ganze Erdkreis von ideologischem Haß und Fanatismus bedroht. Aber nicht das Starke bedarf der unwidersprochenen Selbstrechtfertigung, sondern das Schwache, das Angst um seinen Bestand hat; nicht das Erhabene, sondern das Erbärmliche bedarf der Scheuklappen. Das Unzulängliche und Minderwertige bedarf der Ausrichtung und Vereinheitlichung, der Formalisierung des Denkens. Die Offenbarung — in ihrer übergeordneten Mächtigkeit und Weisheit — kennt die Gegensätze und Widersprüche und ihre Bedeutung; sie gibt Anweisung, wie man Gegensatz und Widerspruch im Geiste der Gebote Gottes bewältigt und — gerade vor ihnen — das Leben nach dem Willen Gottes ausrichtet.

Dieses Selbst-Sein eines Jeden in sich gegenüber dem Anderen ist für alle Mächtigkeiten: Für jedes Elementarteilchen, jedes Atom und Molekül, jeden Kristall und Stein, jeden Berg und jede Landschaft, jeden Fluß und jedes Meer, jeden Weltkörper und jede Weltinsel; für jede Zelle, jedes Organ und jeden Organismus, jede Pflanze und jedes Tier, jede Art und Gattung, jede Flora und Fauna; für jeden Menschen, jede Familie und Sippe, jede Gemeinschaft und Gesellschaft, jedes Volk, jeden Staat, jede Nation; für jeden Einfall und jeden Gedanken, jede Betrachtung und jede Weltanschauung; für überhaupt jedes geschaffene Werk jeder Art klein und groß.

So ergibt sich ein eigenartiges Nebeneinander, Miteinander und Gegeneinander des Einzelnen mit der Gemeinschaft und des Teils mit dem Ganzen; ein Wechselspiel, in welchem das Einzelne und der Teil mehr ist als das Bruchstück einer Gemeinschaft oder Ganzheit — und in welchem eine Gemeinschaft und eine Ganzheit auch mehr ist als die Summe der Einzelnen oder Teile.

Jedes Existierende, jedes Da-Seiende ist es selbst. Warum? Weil es nicht das andere Da-Seiende ist, weil es nicht ein anderes Da-Seiendes ist, weil es seine eigene Wesenhaftigkeit und nicht die eines anderen Da-Seienden hat, weil es von den anderen Da-Seienden unterschiedlich ist. Warum ist es aber unterschiedlich? Weil es Gestalt, Struktur hat und in dieser Gestalt, Struktur begrenzt ist — und in dieser seiner Grenze eben von den anderen Dingen geschieden ist. Warum ist es begrenzt? Weil es eben da-ist und sich nicht in der Unbegrenztheit des Wesenlosen gleichsam auflöst und als Da-Seiendes in der Leere, im Nichts verschwindet. Gestalt, Struktur, Wesen, Grenze sind gleichsam selbst Gestalten, Strukturen des urgeheimnisvollen «Selbst», das jedem Geschaffenen, jedem Da-Seienden eigen ist.

Jedes Seiende ist es-selbst in Unterscheidung vom Anderen — und kann somit wesensgemäß nicht Anderem die Möglichkeit des Bestandes absprechen; kann gleichsam nicht Anderes ausschließen, weil eben Anderes schon in sich selbst ausgeschlossen ist. Eine unübersehbare Mannigfaltigkeit, Vielheit und Verschiedenheit wird durch das Selbst-Sein nebeneinander möglich — und die Gesamtheit alles Seienden schöpft diese Möglichkeiten aus. In Gegensätzlichkeit und Widersprüchlichkeit sind die mannigfaltigen Wirklichkeiten und Erkenntnisse nebeneinander jede als sie-selbst. Wollte man — in der Aufhebung des Gegenüber — alles zusammenfassen, verbliebe wirkungsloser Formalismus und sinnlose Öde. Aber das Sein ist feuriges Leben des mannigfaltig Selbst-Seienden miteinander und gegeneinander.

Damit ist es aber einfachhin selbstverständlich, daß jede Wirklichkeit ihre Gestalt, ihre Struktur, ihr Wesen, ihre Grenze hat; daß jede Erkenntnis ihre Gestalt, ihre Struktur, ihr Wesen, ihre Grenze hat; daß jede Welt ihre Gestalt, ihre Struktur, ihr Wesen, ihre Grenze hat; — und daß jeder Geist seine Gestalt, seine Struktur, sein Wesen, seine Grenze hat. Jede Person, jedes Selbst-Bewußtsein ist gleichsam ein eigenes Bezugssystem, ein besonderes, eigenmächtiges Bezugssystem für alles Sein.

Die sehr verschiedene Mächtigkeit verschiedener Personen macht sie zwar nicht alle eigentlich gleichberechtigt; — aber eine jede Person ist doch in gleicher Weise ein bewußtes Ich gegenüber allem Anderen. Diese Eigenart des Selbst-Seins spiegelt sich bis in die Physik mit ihren mannigfaltig-möglichen Systemen, welche zwar nicht alle «gleichberechtigt» sind, wohl aber jedes ebenso wie jedes andere — ob groß oder klein — «berechtigt» ist, alles Geschehen auf sich zu beziehen. Für das Sein selbst ist dieses «berechtigt» selbst existentieller Art: Jedes Selbst-Sein ist die Bezugnahme allen Seins und Geschehnisses auf sich selbst.

Indem aber jedes Selbst-Seiende alles Sein und Geschehen auf sich bezieht, stehen die vielen Selbst-Seienden auch miteinander in Beziehung: Jedes Beziehen-auf-sich-selbst bildet das Beziehen des anderen Selbst-Seienden-auf-sich-selbst in sich ab. Es sind sogar Schemen aufstellbar — jede Weltanschauung ist ein solches Schema —, die diese Abbildungen ineinander überzuführen gestatten. Dies ist eine Möglichkeit im Bereiche des Seins selbst, wie sie analog auch im Bereiche der relativitäts-physikalischen Systeme gegeben ist, indem deren jeweilige Geschehensbeziehungen — über die jeweiligen relativen Zustandsgrößen der verschiedenen Systeme gegeneinander — ineinander abbildbar, aufeinander umrechenbar, ineinander «transformierbar» sind.

In der Begegnung des vielerlei Selbst-Seienden miteinander ergibt sich ein merkwürdiges Wechselspiel von «relativ» und «absolut»; ein Wechselspiel gegenseitiger Verdrängung und Ergänzung, in welchem unentwegt das eine aus dem anderen und das andere wieder aus dem einen hervorgeht; ein Wechselspiel, in welchem das Relative nur durch das Absolute und das Absolute nur durch das Relative faßbar und einsichtig wird. Die Begegnung des mannigfaltig und vielerlei Selbst-Seienden miteinander erfolgt über Wirklichkeit und Erkenntnis, erfolgt in Wirklichkeit und Erkenntnis.

Alles Selbst-Sein aller Personalität zusammen ist von gleicher Mächtigkeit wie alles Wirklich- und Erkannt-Sein aller Welt und allen Geistes; aber irgendwie gegensinnig orientiert. Wie Geist und Welt gegeneinander laufen, so das Selbst-Sein der Personalität wiederum gegen beide. Die einander gleichsam aufhebenden Mächtigkeiten halten einander im Gegenüberstehen die Waage; halten einander im Dasein.

Personalität ist Selbst-Mächtigkeit; auf sich selbst hingerichtetes Bewußtsein, auf sich selbst hingerichteter Wille. Aber in der Wirklichkeit der Welt und in der Erkenntnis des Geistes stehen die vielerlei verschiedenen Selbst-Mächtigkeiten einander gegenüber; stehen im gegenseitigen Einflußbereich, stehen in Verbindung, in Verhaftung miteinander. Diese Spannung des Gegenüber des Einen zum Anderen und Jedes zu Jedem gestaltet sich in Welt und Geist als Wirklichkeit und als Erkenntnis; ist geradezu die Wirklichkeit und die Erkenntnis. Dieses sich in und als Welt und Geist gestaltende Gegenüber des Einen zum Anderen, diese Bindung und Verhaftung mit dem Anderen ist eine Hinrichtung von sich selbst zum Anderen; eine Hinrichtung nach jeweils außen, die eben der Hinrichtung der Personalität nach jeweils innen auf sich selbst entgegengerichtet ist. Und diese Spannungen nach innen und nach außen halten einander existentiell die Waage, denn ohne dieses Gleichgewicht wäre kein Bestand: Weil je in sich Selbst-Seiendes da ist, kann das Verschiedene einander in und als Wirklichkeit und Erkenntnis gegenübertreten und begegnen — und weil Vielerlei da ist, kann sich das Einzelne demgegenüber in selbstbezüglicher Personalität und eigenständiger Strukturiertheit unterscheiden, abgrenzen und behaupten.

Personalität, Welt und Geist laufen merkwürdig gegeneinander: Je mehr sich eine Selbstbezogenheit verdichtet, in eigenem Bewußtsein und Willen verselbständigt, um so eigenartiger, eigenständiger und charakteristischer wird die Persönlichkeit, — aber um so mehr umgibt sie sich auch mit der eigenen Wirklichkeit und eigenen Erkenntnis ihrer eigenen Welt und ihres eigenen Geistes; eine sich verengende, zunehmend abschließende Dreiheit. Und je mehr eine Person ihre Selbstbezogenheit überwindet, um so mehr verliert sie an personaler Besonderheit und individueller Welthaftigkeit und Geistigkeit, aber um so mehr nimmt sie an der Wirklichkeit einer allgemeinen Welt und an der Erkenntnis eines allgestaltenden Geistes lebendigen Anteil; eine sich weitende Dreiheit.

Jedes Seiende ist es-selbst. Und im Selbst-Sein eines jeden Seienden neben all dem Anderen, im Selbst-Bewußtsein einer jeden Person im Gegenüber zu allem Anderen öffnet sich die Schöpfung zu einer unfaßbaren, unüberschaubaren Mannigfaltigkeit, Großartigkeit und Freiheit. Und warum ist das so? Weil der lebendige Gott, der in Christus selbst Menschennatur angenommen hat, um in ewiger Liebe den Menschen und alle Schöpfung mit Sich zu vereinen und an Seiner Majestät teilhaben zu lassen, ein so selbständiges Leben wollte.

Das Selbst, eine urgewaltige Dimension!

4. Bestand und Grenzen

Erstaunlich: Das Sein ist — und ist nicht nicht. Oder ist das nicht etwas Fragloses? Sein und nicht Nichts! Wenn kein Sein wäre, wären auch wir nicht mit unserem Sehen, Hören, Denken. Wenn Gott nicht wäre: nichts, nichts, nichts. Vielleicht wäre dann nichteinmal das Nichts! Aber so ist etwas. Gott ist, ich bin, Welten sind; erstaunlich, erstaunlich.

Was gibt einem Seienden Bestand; was macht, daß es dasteht, gegenständlich ist, anderem gegenübersteht, daß ihm etwas anderes gegenübertreten und begegnen kann? Diese Frage ist so fundamental, daß man sie irgendwie als nutzlos, sinnlos empfindet und daß zugleich diese Frage sich eigentümlich dem Zugriff entzieht. Diese Frage wird ja selbst von dieser Frage umfaßt und in Frage gestellt; man kann sie eigentlich gar nicht beantworten. Und doch wird ein ganz wesenhafter Zusammenhang aussagbar: Das Seiende hat Bestand, weil es Grenzen aufweist; weil es sich in Unterscheidungen und Veränderungen darbietet. Also gerade jenes, das seinem Bestand ein Ende bereitet und damit seinen Bestand eigentlich in Frage stellt, macht seinen Bestand, begründet seinen Bestand.

Die letztlich existenzbegründende Grenze des Seienden ist aber jene Grenze zum Nichts. Das Seiende ist Unterscheidung vom Nichts; das Seiende ist Veränderung gegenüber dem Nichts. Das Nichts selbst hat keine Grenze, keine Unterscheidung, keine Veränderung; sonst wäre es nicht nichts. Im Nichts ist gleichsam auch die Grenze, die Unterscheidung und Veränderung nichtig. Aber im Sein ist Grenze, Unterscheidung und Veränderung nicht nichtig — und damit eben seiend.

Damit erscheint auf einmal die Homogenität (= Gleichmäßigkeit) und als Gegenstück die Inhomogenität (= Ungleichmäßigkeit) als etwas ganz Wesentliches; viel tiefergehend als man je denken möchte. Grenze ist nichts anderes als Ende der Homogenität. Was ist Sein in vollkommener Gleichmäßigkeit? Was ist ein homogener Raum ohne jede Veränderung; nirgend und nie unterbrochen durch eine Unterscheidung, durch eine Veränderung, nirgend und nie unterbrochen etwa durch einen Gegenstand oder ein Ereignis? Was ist ein homogener Ton; in allen Zeiten und Räumen ohne jede Veränderung seiner Intensität oder Frequenz? Derartige Homogenität wäre zwar noch kein Nichts, aber man empfindet auch kein echtes Sein. Man spürt in der

Homogenität irgendwie einen Übergang vom Sein in das Nichts; einen Grenzbereich des Seins. Eine homogene Materie gibt es schon gar nicht: Im Kleinen differenziert sich Materie immer in Atome und diese wieder in Elementarteilchen; im Großen differenziert sie sich durch Grenzen. Jeder Gegenstand, jedes Atom, jeder Kristall, jeder Stern, jede Galaxie ist begrenzt — und ist in dieser Grenze da. Die Quantelung des Seins ist dem Sein wesenhaft zugehörig; schon die berühmten Antinomien der beliebigen Unterteilbarkeit des Raumes, der Zeit und der Materie in der klassischen Philosophie deuten unausweichlich darauf hin.

Es gibt überhaupt keine vollkommene Homogenität; nie und nirgends. Nur das Nichts ist vollkommene Homogenität. Die Kraft des Seins, die Tiefe des Seins verkörpert sich im Maße der Inhomogenität. Und dies reicht bis in die speziellsten Bereiche unseres Lebens: Ohne Landesgrenzen gäbe es keine Länder, sondern nur einfach Land. Diese Grenze braucht kein Drahtverhau mit Schlagbäumen und Zollbeamten zu sein; es genügt schon die Zuständigkeit verschiedener Regierungen und Behörden oder die Zugehörigkeit verschiedener Berge, Täler und Flüsse; so gibt es etwa den «Freistaat» Bayern in Unterscheidung von anderen Staaten, die sich zwar nicht etwa als Sklavenstaaten, aber irgendwie sonst als anders darstellen. Ohne Unterscheidung der Mineralien, Pflanzen und Tiere voneinander und untereinander gäbe es etwa gar keine Tiere, sondern einfach nur Tier; es gäbe nicht Fuchs und Has: kein Fuchs und kein Has, potzblitz was ist das! Ein Bleistift liegt vor mir; lang und spitz, vom ebenen Tisch unterschieden und abgegrenzt, so daß er zum Schreiben benutzbar ist, indem man ihn auf dem unterschiedenen Papier abschmieren kann. In unübersehbarer Vielheit und Verschiedenheit verändert sich etwas vom einen zum anderen; beim Übergang über eine Grenze.

Das Bestehende ist begrenzt und das Begrenzte besteht; es besteht, weil es begrenzt ist und ist begrenzt, weil es besteht. Nur das Nichtbestehende ist ohne Grenze und nur das Nichtbegrenzte ist ohne Bestand: Außer Gott, dem ganz Anderen, Nichtgeschaffenen, dem Herrn über das Sein und das Nichts im Wort, vor dem auch das Sein nichtig wird und auch das Nichts seiend wird.

Das Sein selbst ist nicht unterschiedslose Existenz; nicht einfach Dasein ohne weiteres. Das Sein hat eine Metrik mit sehr unterschiedlichen Graden. Das Sein ist sogar in drei Dimensionen zu ermessen, die gleichsam aufeinander senkrecht stehen. Alle drei dieser Urdimensio-

I 4

nen haben eine Ausrichtung gemäß Unten-Oben. Aber jede dieser drei Urdimensionen ist selbst wieder dreidimensional; bildet für sich wieder einen Raum mit durchgreifenden Komplementaritäten. Das Sein im Ganzen ist somit als eine höherdimensionale Mächtigkeit ansprechbar.

Eine dieser drei Urdimensionen erstreckt sich in Richtung der Werte Schlecht-Gut; unten das Schlechte und oben das Gute; metaphysisch unten das Böse und oben das Heilige. Eine zweite dieser Dimensionen erstreckt sich in Richtung der Bereiche; unten der physikalisch-kosmische, dazwischen der soziologisch-menschliche, oben der theologisch-heilsgeschichtliche Bereich. Eine dritte dieser Dimensionen erstreckt sich in der irgendwie fundamentalen Richtung der Seinstiefe selbst.

Diese Seinstiefe ist das Maß, wie weit es vom Nichts abgerückt ist, wie ausgeprägt es ist, welchen Grad an Gegenständlichkeit es besitzt, mit welcher Festigkeit es der Vernichtung und Versinkung in das Nichts entgegensteht. Und diese Seinstiefe ist unmittelbar durch die Inhomogenisierung bestimmt; durch die Ausgeprägtheit der Grenzen, innerhalb derer sich Dasein gestaltet und sich das Eine vom Anderen abhebt und sich als es selbst vergegenständlicht. Die Seinstiefe ist zugleich das Maß der Teilhaftigkeit und Individualisierung, mit der sich Teil von Ganzheit und Einzelner von Gemeinsamkeit absondert und schließlich gar abschließt. Abschließt, existentiell abschließt! Damit deutet sich bereits etwas Erstaunliches, geradezu Unheimliches an: Nicht nur in der vollständigen Homogenität ist das Sein von verschwindender Tiefe und dem Nichts nahe; auch in einer vollständigen Inhomogenität vollzieht sich wieder eine Verflachung der Seinstiefe, bis ein Seiendes in einer seinsvernichtenden Abschließung endet.

Es ist gar nicht so ungewöhnlich, daß Nullwerte sowohl im einen Extremfall wie auch in dem dazu entgegengesetzten Extremfall erreicht werden. Gerade in analogen Begebenheiten ist Derartiges überall anzutreffen: In der Elektrotechnik ist sowohl bei dem verschwindenden Strom des Leerlaufs, wie auch bei der verschwindenden Spannung des Kurzschlusses die Energie Null; im Maschinenbau ist sowohl bei der verschwindenden Kraft des Freilaufs wie auch beim verschwindenden Weg der Totalbremsung die Arbeit Null; ein Mensch, der alles sofort verschleudert, hat seine Lebensgrundlage ebenso verloren wie ein Mensch, der überhaupt nichts mehr ausgibt. Immer dann, wenn sich etwas als Produkt gegeneinanderlaufender Faktoren darstellt, ergibt sich in beiden Extremen der Grenzwert Null. Aber nahezu alle Lebens- und Daseinsfunktionen sind dieser Art. Das Sein selbst ist von dieser Art. Das Sein grenzt gleichsam oben wie unten, vorne wie hinten an das Nichts an; das Sein ist wie ein Zwischenbereich; ein Zwischenbereich zwischen nichts; ein Vorübergang vom Nichts in das Nichts.

Die Seinstiefe ist eine Seinsdimension, die sich über alle Werte und Bereiche des Seins erstreckt; gleichsam quer durch die Reihen der Seinshierarchie verläuft. Alle Ebenen zeigen gleicherweise die Metrik der Seinstiefe. Und mit einer erstaunlichen Ähnlichkeit bilden sich die verschiedenen Bereiche des Seins aufeinander ab.

Im physikalisch-kosmischen Bereich ist Entstehung, Gestaltung und Vergehung durch drei Phasen bestimmt: Entstehung der Weltmasse quadratisch mit der Weltzeit in einem sich kubisch mit der Weltzeit erweiternden Weltraum; als homogener Gaskosmos. Gestaltung des Weltalls in beginnender und instabil-exponentiell fortschreitender Ballung von kosmischen Gaswolken mit der Entstehung von Galaxien, Sternen und Planeten; als inhomogener Sternkosmos. Vergehung der Weltmassen im immer weiter um sich greifenden existentiell instabilen Kollaps der ausgebrannten Sterne bis zur existenzvernichtenden Abschließung aus dem Weltraum und der Weltzeit; als entkoppelter Grenzkosmos.

Der Übertritt von Neutronen vom Nichts ins Dasein in der zunehmenden Entstehung der Weltmasse bedingte die völlige Homogenität des Raumes und der Zeit mit nur angedeuteter Inhomogenität in der kaum differenzierbaren Teilchenhaftigkeit des Protonen-Elektronen-Plasmas. Die kaum vom Nichts unterschiedene Seinstiefe in einem Höchstmaß von Homogenität ermöglichte der Materie, ins Dasein zu treten. Aber erst in der Inhomogenisierung und Massenballung gestalten sich Galaxien, Sterne und Planeten wie unsere Erde. Und erst damit entsteht ein differenzierter, dh in sich mannigfaltig unterschiedlicher Kosmos, der in einer extrem beschleunigten, dh immer schneller sich verändernden Entwicklungsfunktion schließlich sogar Leben und intelligente Wesen hervorbringt. Erst in dieser Inhomogenisierung entsteht der Kosmos mit immer gewaltigerer Seinstiefe, die sich nicht nur in der größten Weltmasse verkörpert, sondern deren Seinsgewalt — wie in fragloser Selbstverständlichkeit — sogar den Menschen samt seiner Wissenschaft hervorbringt. Aber zugleich ist diese immer schneller voranschreitende Inhomogenisierung und Ballung mit ihrer immer durchgreifenderen Unterschiedlichkeit und immer rascheren Veränderlichkeit auch der Übergang zum Ende. Die unheimliche

Dynamik des Seins gründet sich in seiner Instabilität und ist somit wesensgemäß mit Anfang und Ende verbunden.

Mit dem Ende des Weltalls ist es wie bei einem Staatsbankrott, der vom Bankrott einzelner großer Firmen und Banken unter Mitreißen von immer mehr Firmen und Banken eingeleitet wird und immer rascher fortschreitend die ganze Wirtschaft ergreift. Mit der Entwicklung des Weltalls ist es wie mit anfangs immer größer werdenden Reichen oder Kulturen, die erst ihre Macht und Stabilität erhöhen, bis sie ihre Vollkraft erreicht haben, um dann immer stärker zum Zerfall zu neigen und unterzugehen. Mit Entstehung, Gestaltung und Vergehung des Weltalls ist es wie mit dem Menschen selbst: Geburt aus dem Geheimnis der Keimzelle; jugendlicher Aufstieg zu geschichtemachendem Handeln in der Vollkraft und Reife; alternder Rückgang, Verengung und Kräfteverfall mit Absterben einzelner Organe als Einleitung des Todes des ganzen Organismus. Aber kein Lebender, nichts Existierendes kann Tod und Ende umfassen. So gibt es kaum einen Menschen, der den Geringfügigkeiten des Alltags nicht mehr Beachtung zuwendet als Geburt und Tod; als Herkunft und Hingang, zwischen denen sich doch sein gesamtes Dasein ausspannt.

Die Inhomogenisierung in der Ballung der kosmischen Massen zu Sternen ist nicht eine Nebenerscheinung in einem grundsätzlich homogenen Kosmos, ist nicht eine unwesentliche Abweichung in einem gleichmäßig materieerfüllten Weltraum. Sie ist vielmehr der wesenhaft das Dasein und dessen Gestaltung und Entwicklung beherrschende Vorgang. Hiermit erlangt das Dasein seine mächtige Tiefe und Dynamik; hiermit wird aber zugleich auch in immer rascherer Beschleunigung das Verschwinden der Massen in einem expandierenden Raum-Zeit-Kontinuum eingeleitet. Existenzgestaltung und Existenzvernichtung sind ein und derselbe Vorgang.

Dieser ungeheuerliche Vorgang im kosmischen Bereich bringt im Höhepunkt des kosmischen Seins sogar den Menschen hervor; dieser wiederum bringt im Höhepunkt der Menschheit die Wissenschaft hervor. Und so ist die Menschheit ein erstaunlich ähnlicher Ausschnitt aus diesem kosmischen Geschehen; die Wissenschaft wiederum ein erstaunlich ähnlicher Teilausschnitt aus dem Leben der Menschheit. In Entstehung, Entwicklung und Vergehen sind Sein, Mensch und Wissenschaft unmittelbare Spiegelbilder voneinander.

Wie mit dem Kosmos, so ist es auch mit der Menschheit: Während die über Jahrhunderttausende existente Urgesellschaft durch überall gleichartige Strukturen gekennzeichnet war, in der sich auch die Führer von ihren Mannen nicht grundsätzlich hervorhoben, ging eine erst langsam, dann sich extrem selbsterregende Inhomogenisierung mit Differenzierung der Gesellschaft vor sich; ein Vorgang, in welchem heute innerhalb Monaten Entwicklungen ablaufen, die früher Jahre, Jahrzehnte, Jahrhunderte, Jahrtausende, Jahrzehntausende benötigten. Diese Strukturierung der Gesellschaft mit immer größeren Statusunterschieden und Machtzusammenballungen ist der Grund für immer vielseitigere und qualifiziertere Lebensmöglichkeiten und Gestaltungsmöglichkeiten im politischen, wirtschaftlichen, sozialen Geschehen; zugleich aber eine extrem zunehmende existentielle Bedrohung mit völliger Auflösung aller Maßstäbe in einer erschreckenden Überfunktionalisierung, Manipulierung, Vergewaltigung aller Natürlichkeit des Menschen und der ganzen Menschheit.

Wie mit dem Menschen, so ist es auch mit der Wissenschaft: Aus jahrhunderttausendlanger, überall wie fraglos-selbstverständlich in sich gegebener Weltanschauung haben sich — erst langsam, dann immer schneller und mächtiger — immer profiliertere Weltanschauungen, Wissenschaften, Systeme herausgebildet, die immer ausgeprägtere Maßsysteme in sich strukturieren. In einer selbsterregenden Beschleunigung haben derartige Entwicklungen in Jahrtausenden, Jahrhunderten, Jahrzehnten, Jahren, Monaten, Wochen heute zu einer geistigen Situation geführt, in welcher sich «die» Wissenschaft in immer leistungsfähigeren Spezialwissenschaften konzentriert, die sich zugleich voneinander absondern und in ihren eigenen Wertsetzungen verselbständigen. Dies ist der Grund für die extrem beschleunigte, heute kosmische Größenordnung annehmende Machtentfaltung der Menschheit; zugleich aber auch der Grund für eine existentielle Bedrohung des gesamten Menschengeschlechtes. Die Bedrohung unseres gesamten Daseins mit der physischen Totalvernichtung ist hierbei nur äußerer Ausdruck einer — trotz Steigerung der wissenschaftlichen Möglichkeiten und Erfolge innerhalb der sich verengenden Spezialgebiete — fortschreitenden geistigen Verarmung eben in dieser verengenden, existenzauflösenden Differenzierung.

Die Jetztzeit — nicht die Steinzeit — ist von der Selbstvernichtung bedroht; die Wissenschaftlichkeit — nicht die Dummheit — raubt die Lebenskraft. Primitive Selbstverständlichkeit — nicht tiefsinnige Einsicht — begründet Dasein. All diese Vorgänge der zunehmenden Inhomogenisierung, Strukturierung, Ballung sind überall nicht nur Abweichungen vom gleichmäßigen Dasein in einer homogenen Grund-

I 4

form, sondern sind wahrhaft existentieller Art; Existenz begründend und auflösend.

Die verschiedenen Ebenen sind nicht nur Abbilder voneinander; viel mehr noch: Sie setzen sich — wie in einem einzigen Geschehensablauf bis in die letzten Verästelungen — nacheinander fort. Über zehnmilliarden Jahre währt der Kosmos; über milliarden Jahre die Erde mit niedersten Lebewesen; einige hundertmillionen Jahre die Zeit der Wirbeltiere; einige zehnmillionen Jahre die Zeit der Säugetiere; einige millionen Jahre die Zeit der hochentwickelten Affen und Primaten; einige hunderttausend Jahre die Zeit des Urmenschen mit dem Gebrauch des Feuers; einige zehntausend Jahre die Steinzeit mit einfachen Steingeräten; einige tausend Jahre die Metallzeit mit Kupfer-, Bronze- und Eisengeräten, -werkzeugen und -waffen und bereits hochentwickelter Architektur und Kultur; einige Jahrhunderte die Zeit der Hochkulturen mit Eroberung der Erde, mit Feuerwaffen und einfachen Maschinen; einige Jahrzehnte die Zeit großindustrieller Entfaltung und Entwicklung der Wissenschaft zu einer erdebeherrschenden Durchdringung der inneren Zusammenhänge; einige Jahre die Zeit der Kybernetik und der ungeheuerlichen neuzeitlichen Biologie, Physiologie und Psychologie, der Nukleartechnik und Weltraumfahrt, in welcher die Macht des Menschen geradezu kosmische Dimensionen erreicht hat.

Stetig, ohne Knick- oder Nahtstellen, geht diese erstaunliche Exponentialfunktion einer Entwicklung des kosmischen Bereichs in die Entwicklung des menschlichen und schließlich wissenschaftlichen Bereichs über. Denn alle diese Bereiche sind eines Wesens — und in der Seinsgestaltung sind sie von ein und derselben Art: Entstehung; erst langsame, dann immer schnellere und schließlich rasend schnelle Entwicklung; mit gewaltigen Höhen und Tiefen kurz vor einem unheimlich drohenden Ende; ein Ende, das ebenso unfaßbar ist, wie es sich zugleich in allen Entwicklungen abzeichnet und diese bestimmt; ein Ende, das dieser Entwicklung wesenhaft zugehört.

Die Gesamtenergie des Weltalls ist 0; immer Null. Wie ist das mit der Entropie; dem «Maß der Unordnung» oder dem «Maß der Wahrscheinlichkeit», indem ein Zustand höchster Unordnung zugleich einen Zustand mit höchster Wahrscheinlichkeit darstellt? Man hat leicht den Eindruck, daß die Entwicklung wissenschaftlicher Erkenntnis, aber auch schon die Entwicklung immer höherer Lebewesen der Entropie entgegen liefe; bzw daß diese Entwicklungen anders als die Vorgänge bei physikalischen Prozessen abliefen. Tatsächlich sind diese Entwicklungen im intellektuell-wissenschaftlichen und biologisch-lebendigen Bereich auch in dieser Hinsicht wesensgemäße Abbildungen von jenen im kosmisch-physikalischen Bereich: jeweils «Entropie-Inhomogenisierungen» mit irgendwie konstantem Gesamtwert der Entropie; offenbar konstant 0; immer Null.

Makrophysikalisch ergeben sich bemerkenswert andere Verhältnisse als mesophysikalisch und mikrophysikalisch: Die Schwerkraft führt den Zustand des homogen durchmischten Gases — mesophysikalisch einen Zustand höchster Entropie — irreversibel (unumkehrbar) in den Zustand der Massenballung — mesophysikalisch einen Zustand niederer Entropie — über. Offenbar gibt es — im Zusammenhang mit der Negativität der Potentialenergie der Schwerkraft — auch eine negative Entropie; derart, daß auch die Gesamtentropie des Weltalls unverändert Null ist und bleibt.

Und eben dies spiegelt sich erstaunlich im Bereich der biologischen Evolution bis zum Auftreten des Menschen: Die Entwicklung der höheren Lebewesen ist ein irreversibler Prozeß, in welchem sich die zuvor gegebene mächtige Potentialität zunehmend erschöpft, aber zugleich höher geordnete Wesenheiten entstehen. Der einmal gegebene Entwicklungsvorgang ist nicht umkehrbar. Das zuvor gegebene «Auch-anders-Mögliche» ist verspielt, diese Mächtigkeit des Möglichen erschöpft und vergangen. Das Hochstrukturierte kann nur noch entarten und vergehen, aber nicht mehr auf jenen kraftvollen Zustand zurückkehren, von dem aus alle Wege noch offenstanden. Das hochentwickelte Alte kann nie mehr in die Jugend zurückkehren, um einen anderen Lebensweg einzuschlagen; es ist zugleich damit aber auch markanter, ausgeprägter, wesenhafter und damit eben in dieser anderen Weise kraftvoller. Und dies gilt für das Einzelwesen wie für die ganze Art.

Sogar in den Wissenschaften spiegelt sich dieser Prozeß; also in einem Bereich innerhalb des Bereiches des Menschen am Ende seiner Entwicklung: Wissen, Kenntnis ist irreversibel. Der noch jugendlich Unwissende lebt in einem urtümlichen Zustand von gewaltigem Reichtum an Bildungsmöglichkeit; aber noch arm an tatsächlichem Wissen. Der Unwissende ist noch mit allem belehrbar; der Wissende kann aber nicht mehr aus seinem Zustand der Geprägtheit und damit Mächtigkeit und Verantwortlichkeit zurück in den Zustand der Naivität, der Gelöstheit entfliehen. Auch dies gilt für den Einzelnen wie für die Menschheit; für die Einzelerkenntnis wie für die Wissenschaft im ganzen: Vom Steinbeil konnte die Menschheit zur Keramik und von der Dampfmaschine zur Nukleartechnik gelangen. Aber die nukleare Bombe kann die Menschheit — es sei denn durch Vernichtung ihrer selbst — nicht mehr loswerden: Macht und Ohnmacht zugleich, Gewinn und Verlust zugleich.

Die Entwicklung der Wissenschaften wie auch der Lebewesen ist somit tatsächlich wesensähnlich der Entwicklung des Kosmos; die konsequente Erscheinung in einem Teil- und Teilteilbereich. Diese Entwicklungen verlaufen nirgends gegen die Entropie, sondern eben — wie bei der Energie — im Sinne von Inhomogenisierungen der Entropie mit konstant gleich Null verbleibendem Gesamtwert.

Die Grenzen sichern den Bestand. Was sind diese Grenzen; wie weit reichen sie; gegen was grenzen sie das Bestehende ab? Was ist das Sein; was ist Sein; wie ist die Schöpfung konstruiert?

Das Sein ist eine dreidimensionale Mächtigkeit. Was sind die wirklichen Seinsdimensionen? Es ist eine der Merkwürdigkeiten des Seins, daß es keine «wirkliche» Seinsdimensionierung gibt; die Dimensionierung ist frei. Das Wirkliche ist selbst nur als eine der Seinsdimensionen erfaßbar.

Das Sein erstreckt sich gleichsam in drei urgewaltigen Dimensionen: Der Wirklichkeit der Welt, der Erkenntnis des Geistes, des Selbst der Personalität. Es gibt gleichsam einen Ur-Raum des Seins in den drei Dimensionen des Wirklich-Seins, des Erkannt-Seins, des Selbst-Seins. Die drei Dimensionen des Seins stehen gleichsam senkrecht aufeinander, ergänzen und verdrängen einander, begründen einander, halten einander im Dasein:

Wirklichkeit ist, was als Wirklichkeit erkannt ist — und diese Wirklichkeit ist sie selbst, keine andere. Erkenntnis ist, was als Erkenntnis wirklich ist — und diese Erkenntnis ist sie selbst, keine andere. Selbst ist, was als es selbst wirklich ist und was als es selbst erkannt ist.

Innerhalb der Wirklichkeit einer Welt gibt es vielerlei Wirkliches, das je als es-selbst da-ist. Weil es abgegrenzt und unterschiedlich ist von anderem, weil seine Gestalt innerhalb der umfassenderen Wirklichkeit der Welt eben umfaßbar, gleichsam von außenher abtastbar ist, sind seine Grenzen faßbar. Gibt es aber Grenzen der Wirklichkeit einer Welt; der gesamten Wirklichkeit dieser Welt? Wie sind solche Grenzen geartet und sind derartige Grenzen faßbar?

Ebenso gibt es auch innerhalb der Erkenntnis eines Geistes vielerlei Erkanntes, das je als es-selbst da-ist. Indem es abgegrenzt und unterschiedlich gestaltet und strukturiert ist, hat jedes Erkannte neben anderem Bestand. Weil seine Gestaltung innerhalb der umfassenderen Erkenntnis des Geistes eben umfaßbar und gleichsam von außen her absehbar ist, sind seine Grenzen überschaubar. Gibt es aber Grenzen der Erkenntnis eines weltweiten Geistes? Wie sind derartige Grenzen geartet und sind solche Grenzen überschaubar?

Jedes Seiende ist es-selbst im Gegenüber zu anderem. Gibt es vielleicht auch eine Grenze, welche die Andersartigkeit als solche begrenzt — und gleichsam die Möglichkeit von zusehr-anderem ausschließt? Eine beunruhigende Bedrohung liegt in dieser Frage. Warum beharren die Philosophen so unbedingt auf der Forderung der Widerspruchsfreiheit, die niemals beweisbar ist, ohne diese Forderung selbst zu unterstellen? Und gibt es den Widerspruch etwa nicht in der Welt; als geradezu weltbeherrschende Macht? Wie ein eigensinniger Esel vor einem Elefanten steht diese Grundforderung aller Denksysteme vor der Möglichkeit, daß keine Grenze der Andersartigkeit gegeben ist. Wie immer das kleine Eselchen auch seine Daseinsberechtigung beteuert, kann man doch nur für es hoffen, daß der Koloß nicht einfach zu laufen anfängt und ihn unbemerkt unter seinen Füßen zermalmt.

Seltsame Fragen! Wie können wir diese gespensterhaften Fragen überhaupt angehen; Fragen, die schlechthin unsere und alle Existenz betreffen? Vielleicht geht es folgendermaßen:

Wenn wir diesen Fragen nachgehen, begegnen wir zwei wahrhaft abseitigen, absonderlichen Mächten: dem Fremden und dem Illusionären; dunklen, geheimnisvollen und dennoch weltbeherrschenden und geistgestaltenden Mächten. Man scheut sich, sie überhaupt gelten zu lassen und sie als Seiendes anzusprechen — und dennoch sind sie allem Sein wesensgemäß zugehörig: Sie sind die gleichsam unermeßlich breite Grenzzone des Möglichen zwischen Sein und Nichts; sie sind gleichsam die Begegnung des Seins und des Nichts; sie sind das Wechselspiel zwischen dem Sein und dem Nichts; aus welchem heraus Ungewesenes hervortritt und in welchem Gewesenes verschwindet. Alles Leben wird von diesen Mächten zutiefst gestaltet: Alle Vorsorgungen, welche die Einzelnen wie die Staaten treffen, um sich zu sichern, alle Auf- und Abrüstung, alle Verhandlungen, alles Militär- und Polizeiwesen, alles Planen und Erwägen, alles Vertreter-, Händler-, Makler- und Kreditwesen; ebenso alles Lernen, Studieren, Informieren, Propagieren, alles Forschen und Erfinden; aber auch alle Märchen, Mythen, Sagen, Anekdoten, Dramen und Komödien, jeder Roman und alle bildende Kunst; alle Wünsche und Erwartungen; alles,

alles ist Sein im Banne des Fremden oder Illusionären. Fast scheint es, das ganze Leben sei ein Spiel zwischen Fremdem und Illusionärem. Fast scheint es, das Sein selbst sei etwas Fremdes, Illusionäres; sei gleichsam nur ein schmaler Bereich zwischen dem Fremden und dem Illusionären.

Wirklichkeit ist, was als Wirklichkeit erkannt ist, was erkannte Wirklichkeit ist. Dies mag unangreifbar sein, denn wie sollte man sonst Wirklichkeit als Wirklichkeit fassen? Aber muß Wirkliches immer auch erkannt sein, um eben Wirklichkeit sein zu können? Wir können nicht umhin, daß es auch Wirklichkeiten und Wirkliches gibt, das nicht erkannt ist; richtiger, das von uns, von mir nicht erkannt ist. Dies ist dann etwas «Fremdes». Aber auch als Fremdheit — eben als nicht Erkanntes — kann es doch Wirklichkeit sein; etwa indem ich nach noch Unbekanntem, Fremdem suche und mich dies Mühe und Aufwand kosten lasse; die gesamte Forschung und Wissenschaft ist als solche indirekte Wirklichkeit des Fremden, die schließlich irgendwie erwartet oder unerwartet jetzt noch Fremdes erkennen läßt und zu erkannter Wirklichkeit werden läßt. Der Fortschritt gründet sich hierin.

Ist jedoch als solch Fremdes nur das von den Suchern noch nicht Gefundene und Erkannte möglich; von Suchern, Wissenschaftlern, Grüblern, Zweiflern, Experimentatoren, die in ihren Rieseninstituten die Beherrschung der Welt vorantreiben oder die weltfremd für sich träumend ihren Gedanken nachhängen? Oder ist vielleicht auch solcherart Fremdes möglich, das ganz anderen Bereichen, ganz anderen Welten zugehört; andere Welten, die dieser Welt wesensgemäß fremd sind — und wesensgemäß mit keiner Erkenntnis dieser Welt faßbar sind?

Erkenntnis ist, was als Erkenntnis wirklich ist, was wirkliche Erkenntnis ist. Auch dies mag unangreifbar sein, denn wie sollte sich sonst Erkenntnis als Erkenntnis erweisen? Aber muß Erkanntes immer auch wirklich sein, um eben Erkenntnis sein zu können? Wir können nicht leugnen, daß es auch Erkenntnisse und Erkanntes gibt, das nicht wirklich ist; richtiger, das an-sich nicht wirklich ist. Dies ist dann etwas «Illusionäres». Aber auch als Illusion — eben als nicht Wirkliches — kann es doch Erkanntes sein; etwa in Kunst und Dichtung als wesentlicher Pfeiler aller Kultur, aber auch als Psychopathie. Gerade an der Kultur und an der Psychopathie scheiden sich buchstäblich die Geister: Pflege oder Vernichtung. Schon wenn man alles Psychopathische ausmerzen wollte, bliebe nur noch eine Welt von Spießern und Verbrechern; gar eine Ausmerzung aller Phantasie und aller Ideen überhaupt würde die Welt selbst allen Lebens berauben. Das menschliche Leben des Einzelnen wie der Völker und Staaten, das wirtschaftliche und politische Geschehen erwächst letztlich aus dem Illusionären — und wird mehr von Illusionen bestimmt, welche Phantasten und Demagogen den illusionshungrigen Massen vorgaukeln, als von Realfaktoren. Menschenführung, kulturelles und künstlerisches Schaffen und überhaupt die Verwirklichung von Ideen in der Welt ist die erwartete oder unerwartete Verwirklichung des Illusionären.

Ist jedoch als solch Illusionäres nur die Unwirklichkeit der Irren in den Anstalten oder nur das von Künstlern, Erfindern, Unternehmern, Politikern noch nicht Getane und Verwirklichte möglich; also von Akteuren, die frei herumlaufend die Geschicke der Völker dirigieren? Oder ist vielleicht auch solcherart Illusionäres möglich, das ganz anderen Bereichen, ganz anderen Geistern zugehört, die dem Geiste dieser Welt wesensgemäß illusionär erscheinen — und wesensgemäß nicht als Wirklichkeit in dieser Welt kenntlich und bekannt sind?

Wie soll man an diese Fragen herankommen? In der Vielheit der Personen ergibt sich schon innerhalb dieser Welt und dieses Geistes eine große, unüberschaubare Mannigfaltigkeit von Bereichen, die einander mehr oder minder überschneiden, berühren oder fernstehen. Was dem einen wirkliche Erkenntnis ist, ist dem anderen unwirkliche Erkenntnis, Illusion; was dem einen erkannte Wirklichkeit ist, ist dem anderen unerkannte Wirklichkeit, Fremdheit. Und wieder spürt man den grundlegenden Zusammenhang zwischen Dasein und Inhomogenität; zwischen Bestand und Grenzen.

Innerhalb des Seins gibt es keinen absoluten Zustand, kein absolut Seiendes, dessen Wirklichkeit und Erkenntnis allein — gleichsam als allein ruhender Mittelpunkt, als umfassend maßgebliches Koordinatensystem — alles umfassend ausrichten, koordinieren würde. Sondern Wirklichkeit und Erkenntnis eines jeden Seienden halten sich in ihrer gegenläufigen Ausrichtung jeweils gegenseitig im Dasein; im einen wie auch im anderen je für sich. Dennoch und gerade deshalb vermag jedes Seiende alles andere auf sich hinzurichten; jedes Selbst-Seiende ist wesensgemäß ein derartiges Hingerichtetsein auf sich selbst: Je ein relationales Bezugssystem innerhalb des allumfassend Absoluten.

Die dreidimensionale Komplementarität von Wirklichkeit, Erkenntnis und Selbst ergibt sich überdies in einem eigenartigen Wechselspiel des «Einen» mit dem «Allen». Die Wirklichkeit und Erkenntnis der vielen und mannigfaltig verschiedenen Selbst-Seienden hängen zusammen; die vielerlei verschiedenen Personen sind irgendwie doch einer Welt und einem Geist zugehörig. Gerade die Wirklichkeit und Erkenntnis des jeweils Einen enthält ja die vielen Anderen neben sich (dem Einen) selbst und verknüpft ja die vielen Anderen mit sich (diesem Einen) selbst. Erst das Gegenüber jedes Selbst-Seienden mit jedem Anderen in der Mannigfaltigkeit aller Wirklichkeit und aller Erkenntnis ergibt jene vollständige Komplementarität eines Seins nach gleichsam «innen» — und eines Nichts nach gleichsam «außen».

Aber dennoch und zugleich ist innerhalb dieses Seins jedes Selbst-Seiende in mehr oder minder besonderer Weise mit Wirklichkeit und Erkenntnis «umgeben», verhaftet; innerhalb dieses Seins bildet doch jede Person mehr oder minder ausgeprägt ihre eigene Welt, ihren eigenen Geist aus — und wird für uns «Normale» mehr oder minder fremdartig und illusionär und entschwindet mehr oder minder ins «Absonderliche».

Was ist normal und was absonderlich? Diese Frage entgleitet wesensgemäß dem Zugriff, denn wo sollte man die Frage ansetzen; in welchem normalen oder absonderlichen Punkt? Rein willkürlich könnte man die Mächtigkeit zum Maßstab machen: «Wo sind die Mehreren; sitzt der Affe im Zoo hinter Gittern oder wir und die ganze Welt?» Aber nicht immer erscheint die Antwort so selbstverständlich. Wo ist die Mehrheit? Aber selbst wenn man auf einer Seite eine eindeutige oder gar überwältigende Mehrheit gefunden hätte; was sagt das? Der Maßstab der Mehrheit ist eigentümlich wesenlos; nicht nur wenn vergleichbare Mächtigkeiten hier wie dort stehen: Gerade der Fortschritt und alle Werte der Kultur und Zivilisation werden von wenigen großen Absonderlingen geschaffen; von jenen, die eben das Normal überragen und anders als normal sind. Vor allem vom Himmel heißt es: «Viele werden durch die enge Pforte einzutreten versuchen, aber nur wenige werden es vermögen.» Mächtigkeit, Mehrheit ist wesensgemäß kein absoluter Maßstab. Man kommt so eben nicht weiter.

Wie weit kann derart seinsgemäße Verabsonderlichung gehen? Es ist keine Grenze dafür gegeben und faßbar: Bis zum vollkommenen Verschwinden von ganzen Seinsmächtigkeiten ins Nichts. Ins Nichts?; sogar bis in jene seinsvernichtende Absonderung des ewigen Todes.

Die Dreieinheit des Seins in Wirklichkeit, Erkenntnis und Selbst von Welt, Geist und Personalität ist von einer unergründlichen Gewalt und Tiefe. Die drei Komponenten — Wirklichkeit, Erkenntnis und

Selbst — gehören gleichsam als Sein gegenüber dem Nichts zusammen. Wie soll man das ausdrücken?

Dem Selbst-Sein der Personalität ist ein Verhaftetsein mit der Wirklichkeit einer Welt und der Erkenntnis eines Geistes eigen. Es steht somit dem gleichsam Positiven des Personalen in einer existentiellen Verhaftung, Bindung, Verschuldung ein gleichsam Negatives gegenüber und dies zusammen ergibt nichts; besser: ergäbe nichts, wenn «man» es zusammenfallen lassen könnte.

Das Sein ist doch nicht Nichts! Gewiß nicht. Aber das Sein ist eine dreidimensionale Komplementarität mit Ergänzung und doch Verdrängung — und diese Ergänzung und Verdrängung ist eben selbst eine seinsmäßige, existentielle Ergänzung und Verdrängung: Sein im Gegenüber, gleichsam von «innen»; Nichts im Zusammenfallen, gleichsam von «außen».

Das Sein ist nicht nichts. Es hat einen Ursprung und einen Rand, mit dem es gegen das Nichts abgegrenzt ist; mit dem Ursprung abgegrenzt gegen das Nichts «vorher»; mit dem Rand abgegrenzt gegen das Nichts «außen». Das Sein, alles geschaffene Sein ist damit wesenhaft endlich. Das Sein ist nicht nur endlich, sondern auch begrenzt; aber begrenzt in Unerreichbarkeit dieser Grenzen für jedes konkrete Sein selbst, für jedes Selbst. Das Sein kann sich selbst nicht einholen.

Die dreidimensionale Komplementarität des Seins ist ein dynamisches Wechselspiel dieser Komponenten, in welchem sich das Sein fortschreitend vertieft und weitet. Die Wirklichkeiten zeugen immer neue Erkenntnisse und die Erkenntnisse gebären immer neue Wirklichkeiten — und so gestalten sich immer ausgeprägtere Selbsthaftigkeiten. Das Sein versinkt gleichsam immer tiefer gegenüber dem Rand und Ursprung, von dem es herkommt und auf den hin es orientiert ist, den es aber eben damit wesenhaft nicht einzuholen vermag. Es gibt überhaupt kein Zurück.

Innerhalb des Seins gibt es kein absolutes Maß; jedes Seiende, jedes Selbst hat sein eigenes Maß in sich und trägt sein Gesetz mit sich. «Mit dem Maß, mit dem ihr meßt, wird euch gemessen.» Das allem Seienden, das dem verschiedenartigsten Sein gleich wesenseigene und gleich unerreichbare Maß — das absolute Maß, auf das sich alles Sein hinordnet — ist nur im Ursprung und an den Grenzen allen Seins, am Rand des Seins gegeben. Der Mathematiker denkt da sofort an die «Randwertproblematik», welche die Eigenart jeglicher Bereiche entscheidend bestimmt; die Werte am Rand, an der Grenze eines Bereiches bestimmen dessen Eigenart.

In diesem Rand, einem unerreichbar Fernen und doch allbestimmend Nahen laufen alle Wirklichkeiten und alle Erkenntnisse alles Seienden wie in einem Punkt zusammen: In Gott, in dessen Allgewalt das Sein und das Nichts gleichsam eins werden. Denn Gott ist der Dreieine, der große Eine in der Dreiheit des Seins, des Nichts und des Wortes; des allgewaltigen und allrichtenden Wortes, welches das Sein und das Nichts scheidet.

Man würde derartige Betrachtungen kaum wagen, wenn sich all dies nicht ebenso im physikalischen Bereich des Kosmos abspielen würde. Die klaren physikalischen Fakten geben überhaupt Anlaß und Mut, dem Sein in dieser ungeheuerlichen Weise nachzugehen.

Die physikalische Welt ist beherrscht von der Dreiheit Raum, Zeit und Materie. Die Wirklichkeit ist dem Raume zugeordnet; sie gleicht dem Raum, der «äußeren Anschauung» der Geschehnisse. Die Erkenntnis ist der Zeit zugeordnet; sie gleicht der Zeit, der «inneren Anschauung» der Geschehnisse. Das Selbst ist der Materie, der Masse, der Energie zugeordnet; es gleicht den Massekörpern, in welchen das Seiende in mannigfacher Verschiedenheit seiner Verkörperungen einander gegenübersteht. Raum, Zeit und Materie sind überhaupt die Erscheinungen von Wirklichkeit, Erkenntnis und Selbst im physikalischen Bereich.

Innerhalb des Kosmos gibt es keinen absoluten Raum und keine absolute Zeit, die einen absoluten Ruhezustand oder einen absoluten Mittelpunkt darstellen würden. Raum, Zeit und Materie bedingen sich gegenseitig. Aber gerade dadurch hat jedes Teilchen, jeder Körper, jeder Stern, jede Galaxie seinen eigenen Raum und seine eigene Zeit, in denen es den Kosmos ermißt und darstellt. Jede Masse, ob groß oder klein, richtet alles kosmische Sein auf sich selbst hin und stellt es sich gegenüber; eine Hinrichtung, die sich in seinem radialen Schwerefeld verkörpert.

Zugleich hängen mit diesem Gegenüber in diesem jeweils eigenen Raum und eigener Zeit jedes Teilchens alle Teilchen zusammen. So finden sich die Körper, die Sterne, die Galaxien in einem allgemeinen Weltraum und einer allgemeinen Weltzeit. In diesem Weltraum und dieser Weltzeit stehen die vielen individuellen Massen — klein und groß — in Wechselwirkung miteinander; ziehen einander an, bewegen sich umeinander, stoßen einander, verbinden sich miteinander. Eben innerhalb dieses allgemeinen Raum-Zeit-Kontinuums hat jede Masse in absonderlicher Weise ihren eigenen Raum und ihre eigene Zeit; um so absonderlicher, je größer und dichter sie ist, je stärker sie auf sich bezieht und in sich gekehrt existiert, je schwerer die Massen. Und diese Absonderung schreitet fort bis zum völligen Ausscheiden dieser Masse aus dem Weltraum und der Weltzeit. Mit dieser Abschließung vergeht diese Materie samt ihrem Raum, ihrer Zeit und ihrer Masse, dh samt allen Energien, Feldern, mit allem, was sie ist, spurlos aus dem Dasein. Sie überschreitet als «Grenzmasse» die Grenze vom Sein ins Nichts.

Die «Grenzmasse» ist nicht etwa nur eine phantastische Spekulation einer fleischlosen Theorie, sondern der modernen Astrophysik fundamental zugehörig; vergleichbar dem absoluten Temperatur-Nullpunkt. Die Sterne leben gleichsam «vor» der Grenzgröße — und bieten alle Energien auf, dem existentiellen «Kollaps» so lange als möglich auszuweichen; vergleichbar der Aufbietung aller Reserven eines Organismus, den doch unvermeidlichen Tod aufzuschieben. Die Bildung der Grenzmasse erscheint nicht einmal als etwas Ungewöhnliches, sondern als der natürliche Tod aller Sterne, aller materiellen Massen. Der größte Teil der Materie des Weltalls ist diesen Weg der Vergänglichkeit bereits gegangen und verschwunden.

Das Weltall hat Anfang und Ende; einen Anfang in der Entstehung von Materie aus dem Nichts; nicht etwa in einer «vorher» ereignislosen Zeit in einem «dort» inhaltlosen Raum, sondern zusammen mit Raum und Zeit aus einem auch nicht leeren, raumlosen, zeitlosen Nichts; ein Ende in der fortschreitenden, schließlich alle Materie ergreifenden Vergehung als Grenzmassen. Gewaltig spricht die Offenbarung von diesem Verschwinden der Weltkörper und aller Materie aus Raum und Zeit, die damit selbst nichtig werden, vor dem Herrn über Leben und Tod: «Himmel und Erde schwanden vor Seinem Angesicht — wie eine Buchrolle, die man schließt — und es fand sich keine Stätte mehr für sie.»

Was war vor der Entstehung des Weltalls; was wird nach seiner Vergehung sein; wo, wann, was? Alles Fragen wird leer, selbst nichtig; alle Antworten enden: Nicht dort, nicht dann, nicht das; nichts was in Raum, Zeit und Materie des «All» ermeßbar wäre.

Auch das Weltall im Ganzen — gleichsam von außen, von außerhalb des Alls her — ist eine Grenzmasse: Raum und Zeit sind im Wechselspiel mit den Massen strukturiert, gestaltet. Jede Masse existiert im Schwerefeld jeder anderen existierenden Masse; in einem raum-zeitlichen Verhaftetsein in potentieller Energieverschuldung. Die positive Energie der Massen als sie selbst ist gleich der negativen Energie dieser Verschuldung in Raum und Zeit gegenüber zu den anderen Massen: Und die Summe aller Energien des Weltalls ist Null. Die Gesamtenergie jeder einzelnen Masse ist Null — und die Gesamtenergie des Weltalls ist Null.

Auch das Weltall ist nicht nichts; wir leben ja in diesem Kosmos, haben selbst einen Körper, haben um uns greifbare Gegenstände, Sterne, Galaxien. Aber Raum, Zeit und Materie sind eine komplementäre Dreiheit; sich existentiell ergänzend und zugleich verdrängend: Das Weltall ist Sein im Gegenüber, gleichsam von «innen»; aber Nichts im Zusammenfallen, gleichsam von «außen». Und die Grenzen dieses Kosmos halten den Kosmos vor dem Nichts im Dasein. Dieser Kosmos hat einen Ursprung, in welchem er zeitlich gegen das Nichts «vorher» abgegrenzt ist; einen Rand, in welchem er räumlich gegen das Nichts «außerhalb» abgegrenzt ist.

Diese existentiellen Grenzgrößen ragen bis in unser physikalisches Geschehen jetzt und hier herein und bestimmen alles Geschehen: mit der Invarianzgeschwindigkeit c; jener endlichen (300 000 km/sec) und doch unerreichbaren Grenzgeschwindigkeit, in welcher alle Räume und Zeiten zu Null verschwinden. Jedes Licht kommt immer wie vom Rand und Ursprung her. Die Energie mc^2 aller Massen m ist auf die Invarianzgeschwindigkeit c hinorientiert. Mit der Invarianzgeschwindigkeit versinken die Massen unentwegt im Raum mit der Zeit; richtiger: dieses Versinken erschließt den Raum mit immer neuen Strecken eines sich fortgesetzt vertiefenden Weltraumes und erschließt die Zeit mit immer neuen Momenten einer sich in fortgesetztem Altern erweiternden Weltzeit. In wechselseitiger Begründung von Raum, Zeit und Materie vertieft und weitet sich das Weltall fortschreitend. Und in dieser Vertiefung und Weitung versinkt die Materie fortgesetzt gegenüber dem Rand und Ursprung, von dem sie herkommt und immer nur herkommt; auf den sie aber niemals hingeht und den sie wesenhaft niemals zu erreichen vermag. Anders herum ausgedrückt: Das Weltall expandiert, weitet sich mit Invarianzgeschwindigkeit; mit der nie und nirgends einholbaren Grenzgeschwindigkeit.

Innerhalb des Kosmos gibt es kein absolutes Maß; keinen absoluten Ruhezustand und keinen absoluten Mittelpunkt. Dennoch und gerade deshalb hat jede Masse ihr eigenes Maß, ihre eigene Metrik in Raum und Zeit; ihren eigenen Raum und ihre eigene Zeit. Jede Masse ist sich selbst Bezug; sich selbst Ruhe und Mittelpunkt des Kosmos. Eben diese Maßlosigkeit in sich, die Nichtigkeit absoluten Maßes innerhalb des Kosmos ermöglicht die Mannigfaltigkeit aller Maßsysteme aller Massen nebeneinander. Eben dadurch hat jede Masse ihr eigenes Maßsystem, in dem sie die Welt ermessen kann und ermißt; ja ermessen muß, indem sie nichts anderes hat als sich selbst. Das absolute Maß ist auf die allen gleicherweise unerreichbare Grenze hinorientiert; auf den Ursprung und Rand, der Grenze zwischen Sein und Nichts.

Ursprung und Rand begrenzen ein physikalisch-kosmisches Sein in der Dreiheit von Raum, Zeit und Materie: Ein Innen, Innen, Innen von 14 milliarden Lichtjahren Tiefe, 14 milliarden Jahren Alter und trilliarden Sonnen Masse. Und außen, das Weltall, dieser gigantische Kosmos von außen? Es gibt kein Außen, es ist kein Außen. Wenn wir aber doch «von außen» an das All — in mathematischer Spielerei — herangehen wollten, so wäre das Weltall nichts: zu Nichts verschwindende Räume, Zeiten und Massen; der ganze Kosmos ein verschwindender Punkt ohne Länge, ohne Alter, ohne Masse; nicht einmal ein Punkt.

Was ist Ursprung und Rand; was diese geheimnisvolle Grenze zwischen Sein und Nichts?

Die Frage nach der Grenze zwischen dem Sein und dem Nichts ist die Frage: was ist das Sein; was ist das Nichts? Aber sofort empfindet man die Leerheit, Nichtigkeit dieser Fragen: das Sein mit einem fragenden «ist» nochmal in sich selbst einzuholen; das Nichts mit einem fragenden «ist» wesenhaft mißzuverstehen! Nur in dichterischen, gleichnishaften Streifzügen kann man das Unfaßbare erahnen lassen.

Grenzen! Anderes Sein außerhalb jeglicher Räume, jeglicher Zeiten, jeglicher Materie dieses Seins, dieses Weltalls? Anderes Sein außerhalb jeglicher Wirklichkeit, jeglicher Erkenntnis, jeglichen Selbst dieses Seins? Andere Welten, andere Geister, andere Personalitäten außerhalb des Seins, außerhalb dieses Seins? So völlig entschwundene Fernen wehen uns an, daß man eigentlich gar nicht davon sprechen könnte; man müßte dafür gleichsam ein Loch lassen; ein Loch, das nicht einmal zu finden wäre.

Wo liegen die Grenzen des Seins, das diesem Sein Gestalt und Struktur gibt und vor der Vernichtung bewahrt? Wo liegen die Grenzen «dieses» Seins, auf daß ihm «anderes» gegenüber stehen könnte? Ist solch «anderes» nur das Nichts oder anderes Sein? Wird anderes Sein vom Nichts eingeschlossen; ist anderes nicht? Diese Fragen entgleiten alle ins Wesenlose, Sinnlose. Aber eben diese unheimliche Wesenlosigkeit, Sinnlosigkeit läßt das Nichts als eine geheimnisvolle Mächtigkeit erahnen.

I 4

Grenzen! Grenzen der umfassenden Wirklichkeit einer Welt; Grenzen der umfassenden Erkenntnis eines Geistes? Was sind das für Grenzen, die von keiner noch umfassenderen Wirklichkeit her und von keiner noch umfassenderen Erkenntnis her abtastbar, absehbar sind? Was sind das für Grenzen, die keine Gestalt, keine Struktur mehr faßbar und einsehbar abgrenzen?

Wie mag man noch wirken, wo die wirkliche Welt — so groß sie auch sein mag — selbst aufhört, wirklich zu sein; wo sie endet, in dieser Wirklichkeit zu ruhen? Wie mag man noch erkennen, wo der schöpfende Geist — so mächtig er auch immer sein mag — selbst aufhört, zu erkennen; wo er endet, in dieser Erkenntnis zu schöpfen? Da gibt es kein Außen mehr, sondern nur immer Innen, Innen, Innen; nur immer kleiner und eingeschlossen. Und wie ist dieses Sein von «Außen»? Eine wahrhaft leere, nichtige Frage, auf die man nur mit «Nichts» antworten kann — oder besser eben nichts antwortet.

Das Sein ist in nichts begrenzt; es ist also nicht begrenzt. Das Sein ist vom Nichts begrenzt; es ist also doch begrenzt. Man fühlt die Leerheit, Phrasenhaftigkeit dieser Wortspiele. Dem Nichts ist eben auch nicht beizukommen. Die Grenzen des Seins sind nicht und sind doch; sie sind die Unfaßbarkeit in sich. Und die Grenzen werden offenkundig nur im Scheitern und Versagen: in dem erschütternden Erkennen des vollkommenen Unvermögens leuchtet die mächtige Übererkenntnis der Erlösung auf.

Grenzen des Seins begegnet man nur noch in der Seins-Endlichkeit als solcher; gleichsam indirekt. Aber man stößt nirgends an Grenzen an; man kann keine Grenze fassen und sehen. Man kann dem Nichts eben auch nicht begegnen; es nicht antreffen. Man kann in dieser Endlichkeit in jeder Richtung unentwegt weiterlaufen: Das Sein ist doch irgendwie unbegrenzt. Zugleich ist das Sein — bei aller Endlichkeit — ausdehnungsfähig. Wohin ausdehnungsfähig? In sich selbst! Die Grenze ist selbst gestaltlos, der Bestand ungesichert. Das Sein selbst ist gleichsam wesenlos; sein Wesen liegt in der Wesenlosigkeit. Sein und Nichts ist wie eine übermächtige Komplementarität; eines gibt gleichsam dem anderen sein Wesen.

Ungeheuerlich: Das Sein ist wie ein Loch im Nichts; ein Loch, das aber selbst in nichts verschwindet: keine Länge, keine Dauer, keine Masse; keine Wirklichkeit, keine Erkenntnis, kein Selbst; keine Welt, kein Geist, keine Personalität; Nichts, Nichts, Nichts. In diesem Nichts ist auch das Sein nichts. Nichts Seiendes ist diesem metaphysischen Nichts gegenüber; nicht einmal ein Nichtsein. Und doch erstaunlich:

Das Nichts ist wie der Rand des Seins; ein Rand, der das Sein begrenzt und gewaltige Räume, Zeiten, Massen einschließt; gigantische Wirklichkeiten von Welten, mächtige Erkenntnisse von Geistern, eigenartige Selbstheiten von Personalitäten; Sein, Sein, Sein. In diesem Sein ist auch das Nichts Seiendes, indem es ja dem Sein als seine Grenze gegenübersteht; sogar das Nichts ist als Nichts da. Und auf einmal überkommt den Schauenden daseinerschütternder Schauder vor der Macht des Wortes, das Sein und Nichts scheidet; überweltliche Furcht vor der Majestät des Dreieinen; der Majestät des Seins, des Nichts und des Wortes.

Grenzenlose Endlichkeit mit immer Innen, Innen, Innen; ohne äußere Gestalt, ohne äußeres Wesen, ohne äußeres Sein; Sein immer nur als eben es selbst, in sich selbst! Gestalthaftes, wesenhaftes Dasein vor dem gestaltlosen, wesenlosen Nichts; Dasein, das besteht, indem es gleichsam als Seiendes dem Nichts nicht begegnet. Und wie groß ist eine solche Welt? So groß — nicht größer und somit wesenhaft nicht mehr umfaßbar und nicht mehr überschaubar —, als sie eben von dem schöpfenden Geist erkannt und im Erkennen zur Wirklichkeit geworden ist.

Die komplementäre Zusammengehörigkeit von Sein und Nichts ist keine «am Rande» liegende Erscheinung, sondern dem Wesen des Seins und Nichts selbst zugehörig. Die ergänzende und zugleich verdrängende Durchdringung von Sein und Nichts beherrscht alles Entstehen und Vergehen; in einer Weise wie es kein Menschengeist je von sich aus zu denken wagen würde. Diese Komplementarität ist der Urgrund unbegrenzter Möglichkeiten; zugleich von zermalmender Gewalt gegenüber jenem, der den überexistentiellen Ordnungen dieser ungeheuerlichen Komplementarität zuwiderlaufend, in diese Überbereiche einzudringen sucht. Das Weltall selbst, der Kosmos, die allumfassende Ordnung des Seins selbst ist unterhalb jener Komplementarität, in welcher wahrhaft schaudervolle Macht und strahlende Herrlichkeit sich vereinen.

Andere Welten, andere Geister außerhalb des Seins, außerhalb dieses Seins? Die Frage ist schon leer, geschweige die Antwort. Keine bestehende Welt und kein geschaffener Geist kann aus sich selbst Antwort geben; so groß diese Welt und so mächtig dieser Geist auch sein mag. Das Sein ist immer nur «dieses» Sein. Jedes «andere» Sein ist Leere, Offenheit, Nichtigkeit. Denn gegenüber dem Sein ist nur das Nichts. Und doch öffnet gerade die Leere, Offenheit, Nichtigkeit von allem «Außen» unbegrenzte Möglichkeiten des Bestandes für Anderes, denn gleichsam ist «dort» und «dann» die Unmöglichkeit ebenso nichtig wie die Möglichkeit.

Nicht nur anderes Sein als dieses Seiende steht im Banne des Nichts, auch dieses Sein selbst ist seiend durch das Nichts. Denn immer und überall wird durch die Nichtigkeit der Unmöglichkeit die Möglichkeit geschaffen; Möglichkeit, die als Seiendes Gestalt annimmt. So ist unfaßbarerweise — etwas da; ist und ist nicht nicht.

Was öffnete die Mannigfaltigkeit der Möglichkeit unbegrenzter Maßsysteme, in denen jede Masse in einer ihr eigenen Raum-Zeit-Struktur die Welt ermessen kann und ermißt und somit als sie selbst da ist? Die Nichtigkeit eines absoluten Maßsystems innerhalb dieses Seins öffnete diese Möglichkeit, öffnete die Mannigfaltigkeit des Seins, machte das Sein als Mannigfaltigkeit. Bis in die letzten Fasern ist das Sein erfüllt von diesem Wesen.

Sogleich denkt der Ingenieur an die Möglichkeit von Eigenschwingungen in Netzwerken, die für solche Frequenzen nicht unmöglich sind, und damit auf diesen Frequenzen da sind, für welche die äußeren Bestimmungsgrößen der Anlage nichtig sind; dh für die Nullstellen der Knotenmatrix. Die gesamte Steuer-, Regler-, Computertechnik und überhaupt alle Technik wird beherrscht von dieser Eigentümlichkeit. Das ganze Weltall samt allem Leben, Treiben und Denken der Menschheit ist aber ein gewaltiges Netzwerk und jedes Elementarteilchen, jeder Gegenstand, jeder Mensch, jeder Wert, überhaupt jedes als es selbst Seiende in dieser Welt ist gleichsam eine Eigenschwingung dieses Netzwerkes; eine «Nullstelle» dieses Netzwerkes, wo die Unmöglichkeit nichtig wird und das Sein damit sich in sich selbst genügt.

Das Sein, alles Sein ist leer im Wesen, offen von innen, nichtig von außen — und deshalb hat es Existenz. Denn eben in seiner Leerheit ist es mit jeder Art von Wesenhaftigkeit frei erkennbar — und vermag sich gleichsam selbst aufwandlos in mannigfaltigem Wesen zu verwirklichen. In seiner Offenheit ist es entfaltungsfähig, ausdehnungsfähig, gestaltungsfähig — und entfaltet und gestaltet sich ohne Widerstand, in Unerreichbarkeit seiner Grenzen. In seiner Nichtigkeit ist es aus sich mit Werten und Inhalten, Gegenständlichkeiten frei erfüllbar — und füllt sich ohne Erschöpfung.

Damit ist also nun doch Wesen, Gestalt, Wert existent; also ist das Sein doch nicht leer, nicht offen, nicht nichtig! Eigentlich ebenso überraschend und unfaßlich wie zugleich fraglos und selbstverständlich:

Nur das Leere ist der Erfüllung fähig — und dann eben damit erfüllt. Und das ist eben die geheimnisvolle Komplementarität von Sein und Nichts; jene Komplementarität, welche die erschreckende und zugleich großartige Mannigfaltigkeit, Beweglichkeit und Freiheit hervorbringt; jene Komplementarität, in welcher das Sein so formenreich und dennoch leer, so begrenzt und dennoch offen, so beständig und dennoch nichtig ist; in welcher das Sein rätselhaft unbegreiflich und zugleich so zauberhaft schön ist.

In der Nichtigkeit des Seins ist auch die Unmöglichkeit nichtig. Wenn die Unmöglichkeit nichtig ist, erhebt sich Möglichkeit und gestaltet sich zum Dasein. Und in der Offenheit des Seins ist keine Grenze des Möglichen erreichbar. Unbegrenzt ist alles möglich! Aber ist dies nicht selbst eine nichtige, offene Aussage; eine gänzlich ungesicherte, selbst unmögliche Aussage? Wer könnte und dürfte jenes sagen; wer umgekehrt dieses? Man ist geneigt, all dies als leere Redewendungen zu betrachten; mit Recht könnte man dies, denn das sind sie auch. Aber dahinter steht eine schrecklich beunruhigende Komplementarität zwischen Möglichkeit und Unmöglichkeit, zwischen Sein und Nichts:

«Das ist doch alles Unsinn, Unheil, Boshaftigkeit» — möchte man ausrufen. Aber eben mit diesem Ausruf hat man jenes abgrundlose, schrecklich-quälende Rätsel des Seins angerufen, das in eben dieser Komplementarität verborgen liegt: Wieso gibt es überhaupt den Unsinn, das Unheil, das Böse? Kein noch so großes Aufgebot von Polizei und Lehrern kann den Unsinn beseitigen; kein noch so großes Aufgebot von Ärzten und Pfarrern kann das Unheil abhalten; trotz aller heiligen Engel ist das Böse nicht vertilgt worden. Und es gibt böse Bereiche, in denen Unsinn und Unheil das Dasein entscheidend prägen: ein furchtbares Geheimnis!

Schon auf dieser Welt gibt es solche Bereiche. Oder ist vielleicht nicht diese unsere Welt mehr vom Unsinn und Unheil bestimmt als von Sinnhaftigkeit und Heilsgeschehen? Philosophie, die wahrhaft umfassend sein wollte, müßte somit Unsinn und Unheil mit einschließen; auch in sich selbst. Aber wie könnte sie dies, wenn die Widerspruchsfreiheit Grundlage jeglicher philosophischer Methodik ist und sein muß? Kann sie den Widerspruch aus dem Raum der Widerspruchsfreiheit heraus umfassen und beherrschen; kann sie den Unsinn mit der Sinnhaftigkeit zwingen? Wohl nicht, denn die Mächtigkeit des Unsinnigen ist größer. Wie die Mannigfaltigkeit der ungeordneten, unharmonischen Formen eine unvergleichlich größere Mächtigkeit ist als jene der geordneten, harmonischen, also nach Auswahlprinzipien gesonderten Formen, so ist auch die Mächtigkeit allen Seins unvergleichlich größer als jene des widerspruchsfreien, logischen oder überhaupt sinnhaften Bereiches innerhalb des Seins. Deshalb wird sogar durch nichts soviel Unsinn und Unheil in die Welt hineingetragen als durch den maßlos hochmütigen Anspruch der mannigfaltigen Philosophien und Ideologien, widerspruchsfrei-zwingend die Welt zu bestimmen und damit in ihr und über sie zu herrschen. Zugleich wird damit niederschmetternd deutlich: die wesenhafte Unfähigkeit jeglicher Philosophie, jeglicher Weisheit und jeglichen Verstandes, das Sein zu umfassen. Anders ausgedrückt: Jede Philosophie, und sogar alle Philosophie zusammen, ist nur Teil des Seins — und damit ist es einfachhin Unsinn, daß diese das Sein umfasse und Unheil ist der Anspruch, daß irgendeine Philosophie herrsche.

Etwas Schreckliches wird offenkundig: Vor der Nichtigkeit des Seins wird in der unheilvollen, hochmütigen Selbstverherrlichung des Geschaffenen der Sinn selbst zum Unsinn und der Unsinn zu seinem Sinn und Wesen.

Wenn die Nichtigkeit des Unmöglichen vollziehbare Möglichkeit schafft, so ist alles möglich, dann ist keine Grenze des Möglichen abzusehen. Wenn man dies eigentlich Unfaßbare einmal doch staunend gespürt hat, hat man einen ganz tiefen Blick in das Wesen von Möglich und Unmöglich, von Werden und Vergehen, von Sein und Nichts geworfen; einen Anblick, der das Leben umgestaltet. Man steht dann wie auf einer anderen, schrecklich hohen und unwohnlichen Plattform. Wenn man einmal wahrhaft begriffen hat, warum etwas ist, geschieht, lebt und nicht nicht ist, nicht nicht geschieht, nicht nicht lebt, ist man selbst des Seins, Geschehens, Lebens sonderbar entfremdet und selbst nicht mehr dessen fähig. Die Unmöglichkeit, die Unfähigkeit des wahrhaften Begreifens und Durchschauens, die Ohnmacht hält uns im Dasein.

Alles ist möglich? Und alles Mögliche ist wohl auch seinsberechtigt? Ja und nein, denn eben auch Unsinn und Unheil sind möglich. Man kann niemand hindern — eben weil alle Möglichkeit offen ist — allem Berechtigung zuzuerkennen. Kraft einer geheimnisvollen Freiheit kann auch dieser personale Akt der Erkenntnis vollzogen werden und Wirklichkeit werden. Aber gerade wegen der ungeheuerlichen Weitläufigkeit, gerade wegen der unübersehbaren Bereiche und Mächte ist dies Torheit, Vermessenheit, Schuld. Dies kennzeichnet denjenigen, der in dieser Weitläufigkeit verloren geht. Wer sagt denn, daß alles Mögliche und Beständige auch gut und heilig sei? Man kann ja auch den Kopf in den Rachen eines Löwen bringen; gar in den Rachen jenes Anderen Alten, der «herumschleicht wie ein brüllender Löwe und sucht, wen er verschlinge».

Keine bestehende, noch so wirkungsweite und große Welt, kein geschaffener, noch so erkenntnisgewaltiger und schöpfungskräftiger Geist kann aus sich selbst Auskunft geben; — nur der über allen Welten, Geistern und Personen thronende Gott. Er, der nicht Wirklichkeiten und Erkenntnissen unterworfen ist; Er, der dem Wandel nicht unterworfen ist; Er, der grenzenlos über allem Seienden Ist, der alles Sein geschaffen hat und erhält; Er, der nicht unseren Räumen und Zeiten unterworfen ist wie die geschaffenen Einwohner, sondern der überräumliche und überzeitliche Herr, der alle Räume und Zeiten geschaffen hat und dem alle Räume und Zeiten gleich nahe sind; Er, der unbegreifbare Gesetzgeber jenseits allen Gesetzes; Er, dieses Sein allen Seins, dieser Geist aller Geister, diese Personalität aller Personen, dieser allgewaltige dreieine Gott; Er kann sich allen Welten und Geistern offenbaren; auch dem Kleinsten.

Aber diese Offenbarung tut kund, daß es Gut und Böse gibt, daß es ein Heil und ein Verderben gibt, daß es Schuld und Erlösung gibt. Diese Offenbarung tut kund, daß es ein Reich der ewigen Allgewalt und Herrlichkeit in lebendigem Gegenüber zu Gott selbst gibt, ein ewiges Leben in der Schöpferkraft Gottes, das in der Ruhe Gottes dem Wandel nicht mehr unterworfen ist. Und diese Offenbarung tut kund, daß es aber auch ein anderes Reich ewiger Nacht und ewigen Grauens gibt; ein anderes Reich, das derart anders ist, daß Gott selbst zu den Wesen dieses Reiches spricht: «Wahrlich, wahrlich, Ich kenne euch nicht, Ich weiß nicht, woher ihr seid»; ein Reich, das so unaussprechlich dem lebendigen Sein absonderlich ist, daß es «Der Tod» ist.

Sein und Nichts, Bestand und Grenzen! In unserer Begrenztheit haben wir Bestand. Die Unmöglichkeit, letzte Dinge zu begreifen, sichert uns vor der Verstörung. Sterne, die in entartender Verdichtung die Grenzgrößen erreicht haben; Dreiheiten in Raum, Zeit, Masse, welche dem Sein entschwunden sind, welche die Schwelle der Existenz überschritten haben; oder gar jene andere Welt des «ewigen Feuers, der Hölle, des zweiten Todes», des Todes nach dem Tode; jene andere Welt jenseits der Pforte des Lebens?! Wo, wann, wie sind diese; sind sie überhaupt noch oder sind sie nicht mehr; Sein oder Nichts? Vollzieht Er sie noch in Seinem schöpfungsmächtigen Wort; hält Er sie noch in einem geheimnisvollen Sein über dem Nichts; oder eben nicht, nicht mehr? Wer könnte — ohne vergehen zu müssen — die Majestät fragen: den Unheimlichen, Schrecklichen, Dreieinen!

Weltall und Wahrheit! Den klassisch geschulten Philosophen schaudert bei dieser Vermählung von Immanenz mit Transzendenz, von Physik mit Metaphysik, von Materie mit Offenbarung. Diese Dinge säuberlich auseinanderzuhalten und diffizil zu unterscheiden, gilt als Vorbedingung für kritische Wissenschaftlichkeit. Die Wissenschaftler überbieten sich gegenseitig in der Herausstellung der Unterschiede; der Unterschiede in Gegenstand und Methodik, in Rang und Wertordnung, in der Beziehung zum Menschen und zur Umwelt. Und diese Unterscheidungen haben auch in ihrer Art ihre Berechtigung und bewahren vor oberflächlichen Verallgemeinerungen.

Aber was überhaupt kritisch oder kritiklos, erlaubt oder verboten, geistreich oder primitiv ist, ja sogar die Kriterien der Kritiklosigkeit selbst, hängen entscheidend davon ab, welchen Wesens die Schöpfung ist; was das Wesen des Seins ist. Schon wenn man vermeint, innerhalb der Schöpfung einen absoluten Maßstab zu besitzen, der eine absolute Kritik garantiert, ist man einer Fiktion verfallen. «Unmittelbar einsichtig» ist im Grunde nichts; nur der Hochmut, die Selbstbezogenheit und Selbstherrlichkeit des Menschen läßt ihn diese Grundwahrheit nicht selbst unmittelbar einsichtig werden. Oder richtiger: Eine unübersehbare Mannigfaltigkeit ist unmittelbar einsichtig. Weil alles Sein in sich nichtig ist, ist eben auch die Unmöglichkeit unmittelbarer Einsicht nichtig — und damit wird allerhand unmittelbare Einsicht möglich und vollzogen; eines wie auch ganz anderes.

Man darf alle diese Einsichten nicht einmal als Wahn abtun: Eben dadurch sind ja die mannigfaltig verschiedenen Erkenntnisse der verschiedenen Geistesstrukturen da; jede in ihrer eigenen Art. So ist die Schöpfung vom Herrn über das Sein und das Nichts gewollt, daß das verschiedenste nebeneinander Existenzmöglichkeit findet. Und so schuf Er — wie der Schöpfungsbericht selbst sagt — «jedes in seiner Art». Man müßte das Sein selbst, welches Dasein in und als Mannigfaltigkeit ist, als Wahn ansprechen. Aber was soll dann noch das Wort «Wahn»? Wer, der selbst ist, dürfte, ohne sich töricht über alles Geschaffene zu erheben, in diesem existentiellen Sinne von «Wahn» sprechen?

Das Wesen des Seins ist die Wesenlosigkeit; in dieser aber tritt unübersehbar mannigfaltige Wesenhaftigkeit ins Dasein. Die Unfähigkeit des Erkennens dieses Wesens in der Nichtigkeit ermöglicht die Selbstbehauptung, das Selbstsein einer jeden Wissenschaft, eines jeden Menschen, eines jeden Seienden. Die Begrenztheit sichert den Bestand. Aber in eben diesem, alles Sein tragenden Grundwesenszug sind alle Bereiche des Seins einander zutiefst verwandt; sie sind eines Wesens: Weil sie alle das Werk eines Schöpfers, des Dreieinen sind — und alle dessen Wesen abbildhaft widerspiegeln. Insbesondere vom Menschen heißt es: «Er schuf ihn nach Seinem Ebenbild, nach Seinem Ebenbild schuf Er ihn.» So fließen die physikalischen Fakten und die geoffenbarten Wahrheiten im Menschen in wundervoller Harmonie zusammen. Der Herr ruft Seine Schöpfung an und die ganze Schöpfung antwortet Ihm. Alles Geschaffene spiegelt Sein Wesen, ist Träger Seines Wesens; lebendige Verkörperung erster und letzter Wahrheit.

Wissenschaft ist Unterscheidung und Abgrenzung, dadurch Strukturierung und Machtentfaltung; aber eben dadurch auch Bewußtseinsspaltung in Wahn und Dünkel, Verengung und Entfremdung des höchsten Wesens. Wissenschaft ist Menschenwerk. Doch die Schöpfung selbst hat eine unfaßbare Weitläufigkeit und Fülle in wunderbarer Einfachheit und Einheitlichkeit. Ist somit die Wissenschaft der Wahrheit feindlich? Ja und nein — und dennoch sollte man nicht von einer Wahrheitsfeindlichkeit der Wissenschaft sprechen. Sie ist ja selbst Teil der Schöpfung, selbst Schöpfung, selbst Mittel des Herrn, sich zu offenbaren. Die Wissenschaft ist die Immer-auf-dem-Wege-Befindliche. Und sie ist in besonderer Weise auch heute noch auf dem Wege:

Im ursprünglichen, elementaren Erleben und Empfinden der Jugend der Menschheit war der religiöse, der gesellschaftliche und der natürliche Bereich innigst miteinander verbunden; so ähnlich empfunden, daß sie als eine einzige, weltumspannende Wahrheit erschienen sind; die Menschen hatten diesen fürchterlichen Wald noch nicht betreten. Heute, in der Vollkraft menschlichen Schaffens haben sich die Wissenschaften in unübersehbaren Formen spezialisiert und strukturiert und in einer bestürzenden und verwirrenden Vielfalt der Formen scheinen uralte Maßstäbe überholt und alle Wahrheiten in Frage gestellt; mitten drin stehend sieht man den Wald vor Bäumen nicht, aber in der eng begrenzten Sichtweite des Spezialisten sieht jeder das ihn jeweils umgebende Dickicht in allen Einzelheiten. Doch schon deutet sich ein Ende an und gerade in der völligen Auflösung aller Ganzheitlichkeit kommt die alternde, reifende Menschheit an ihre Grenzen; vertreten durch Einzelne ist es der Menschheit vergönnt, den Wald der Fachdoktrinen durchschritten habend, der unbegrenzten Weite ansichtig zu werden, in der sich alle Verschiedenheiten in einem Chor vereinen.

Sogar Physik und Offenbarung, diese Pole unseres Geisteslebens, machen einander einsichtig. An den Grenzen der Möglichkeit des Wissens wird in allen Wissenschaften und durch diese hindurch die Grenzenlosigkeit offenbar. In der Unnahbarkeit kommt Gott nahe; Gott, der selbst Seine Schöpfung zum Gleichnis Seiner selbst nimmt: «So hoch der Himmel über der Erde, so hoch sind Meine Gedanken über den euren.»

Die Wesensverwandtschaft des physikalisch-kosmischen, des soziologisch-menschlichen und des theologisch-heilsgeschichtlichen Bereichs der Offenbarung wird überwältigend sichtbar in jener Ausrichtung, die alles Sein beherrscht; in jener wahrhaft existentiellen Ausrichtung, die jegliches Sein über dem Nichts trägt: Im Oben-Unten.

Das Oben-Unten ist ein Urmythos; wohl der stärkste Mythos überhaupt, der die ganze Welt trägt, der die Entwicklung des Menschen zu einer gesunden, ausgereiften Persönlichkeit beherrscht und der den Weg zum jenseitigen Heil vorzeichnet. Das Oben-Unten ist ein überweltlicher Maßstab, der die Welt richtet; ein Urmythos:

Oben das Hohe, das Erhabene, das Gute, das Heilige; hoch über den Wolken ist der Himmel, der Wohnsitz Gottes. Und so sprach Luzifer, der «Lichtträger» und mächtigste Engel des Alls — der Andere Alte, der andere zu Gott und Erstgeschaffene — in Hochmut: «Ich will meinen Wohnsitz hoch in den Himmeln, über den Wolken aufschlagen; ich will sein wie Gott.» Und das war sein Sturz in die Tiefe. Unten ist das Niedere, das Elende, das Böse, das Verdammte; tief unten in der Erde ist die Hölle, die Behausung des Teufels. Seit Urzeiten verbindet sich im Empfinden der Menschen die räumliche Richtung mit der religiösen Wertung. Religion heißt «Bindung»; Bindung an letzte, ewige Maßstäbe. Wehe dem Menschengeschlecht, das diese Bindungen preisgegeben und verloren hat.

Der Einbruch physikalischen Denkens mit der Erkenntnis der Kugelgestalt der Erde und der Struktur des Weltraumes und gar die Raumfahrt haben schwere Erschütterungen des an diesen Bildern orientierten, religiösen Empfindens bedeutet. Im freien Weltraum gibt es keine Unterschiede in den Raumrichtungen; kein in dieser Weise orientiertes Unten-Oben. «Als Gagarin aus seiner Raumschiffluke blickte, hatte er Gott nicht gesehen.» Was verbirgt sich hinter diesen Erklärungen angesichts einer armseligen Erdumkreisung gegenüber der Mächtigkeit des Kosmos? Eine Verkennung der Mächtigkeiten; eine unkritische Vermengung verschiedener Ebenen; oder gerade damit eine bewußte Verhöhnung? Ist das physikalische Unten-Oben eine primitive, überholte Verquickung natürlichen und religiösen Empfindens, von der man sich endlich lösen müsse; überholte Relikte in der Naturwissenschaft, die man endlich «entmythologisieren» müsse?

In Wahrheit entspringt eine derartige Scheidung der armseligen Kritiksucht des Halbgebildeten. Denn das religiöse Unten-Oben aus der Jugendfrische der Menschheit — gerade in Verbindung mit dem räumlichen Unten-Oben — enthält eine Wahrheit von unerschöpflicher Tiefe.

Das unverbildete Kind besitzt noch die Fähigkeit, in Märchen und Geschichten eine hinter den Kulissen des Wirklichen liegende, lebengestaltende Wahrheit zu begreifen. Dem «mit beiden Füßen im Leben stehenden», durch die Massenmedien manipulierten Zivilisationsmenschen, dem in einer pervertierten Freiheit entmündigten und entmenschten Massenwesen ist diese Fähigkeit verlorengegangen; in der Anbetung der Wissenschaft verehrt er Schemen. Erst in einer vergeistigten Kunst, Philosophie, Wissenschaft, die, im Erreichen ihrer Grenzen über sich hinaustretend, sich der Religion verbindet, ist diese Wahrheit dem reifen Menschen wieder erlangbar. Und so ist es auch mit der Menschheit im ganzen mit der physikalischen und metaphysischen Wahrheit im Unten-Oben; das Unten-Oben ist sogar dieser Entwicklungsgang der Menschheit in sich selbst.

Was bedeutet eigentlich das mythische Unten-Oben; meint das tatsächlich die räumliche Richtung, oder ist die besondere räumliche Richtung nur der äußere, sinnbildhafte Ausdruck für etwas ganz anderes? Ist vielleicht umgekehrt die Benennung der besonderen, zur Erdoberfläche senkrechten räumlichen Richtung als «unten-oben» die analoge, sinnbildhafte Bezeichnung von etwas viel Ursprünglicherem?

Unten-Oben verbindet sich im Wesen mit Rang, Zustand, Status. Oben ist der mit Anstrengung, Aufwand, Mühe, Arbeit, Energie erreichbare Status, Rang, den nur das Wenigere, Bessere, Erfolgreichere erreicht und einnimmt. Die «oberen Zehntausend» sind nicht die im Dachgeschoß der Hochhäuser wohnenden, sondern sind die mächtige, einflußreiche, «hohe» Gesellschaft; die «unteren Schichten» sind die unfähige Masse, das «gelenkte Menschenmaterial» ohne materielle oder geistige Potenz. Wen die Kräfte verlassen, der «fällt» — und mit Kräftigung steht er wieder auf. Der «erliegende» Krieger fällt und der

Kranke «erliegt» seiner Krankheit. Neu «erstehende» Mächte «steigen auf», wer Karriere macht, «steigt auf». Der Versagende ist «niedergedrückt», der Unternehmende «hochgemut». Untergang, Niedergang und Hochentwicklung, Aufstieg sind fundamentale, existentielle Empfindungen, Wertungen; noch ohne räumliche Richtung.

Dazu kommt noch eine Empfindung und Wertung, die unmittelbar mit dem Status, Rang zusammenhängt, die aber auch keine räumliche Ausrichtung bedeutet: Oben ist Reichtum (materiell), Erleuchtung (geistig), Licht, Glanz, Unabhängigkeit, Herrlichkeit, Herrschaftlichkeit (personell); unten ist Armut, Engstirnigkeit, Dunkelheit, Dumpfheit, Abhängigkeit, Knechtschaft.

Der Verhaltensforscher sieht die Verbindung dieser Status-, dieser Rangwertung mit dem Unten-Oben als Folge des aufrechten Ganges des Menschen (im Gegensatz zur horizontalen Lage etwa des Fisches): «erhobenen Hauptes», der Mann mit Rückgrat; umgekehrt: gebeugt, Verbeugung. Vieles zeigt den wahren Kern dieser Betrachtung. Dennoch wird dieser gewaltige Urmythos mit diesen beachtenswerten Ergebnissen einer großen Modewissenschaft nicht entfernt erschöpft. Vielleicht ist sogar umgekehrt die physische Aufrichtung des Menschen eine Anpassung an ein kosmisches Unten-Oben. Denn all dies ist schon in der kosmischen Existenz grundgelegt:

Unten im Tal; oben auf dem Berg. Wasser fließt und Steine rollen von selbst vom Berg zum Tal, von oben nach unten. Es erfordert Mühe, Anstrengung, Arbeit, Energie, sie wieder von unten nach oben zu befördern. Zugleich sind oben Sonne, Sterne, Himmel, Licht; unten im Tal ist aber Schatten, ist Dunkelheit — und gar im Keller, in Höhlen, in der Erde ist Finsternis. Das Unten-Oben ist also auch im physikalisch-astronomischen Bereich eigentlich keine räumliche, sondern eine energetische Ausrichtung; erlebnismäßig ebenso wie faktisch durch die Schwere, durch das Potentialgefälle bestimmt: Oben ein Zustand, ein Potential größerer Energie; unten kleinerer Energie. Und erst dieses elementare Erlebnis des Zustandes, Ranges, Potentials findet sich zusammen mit jener räumlichen Richtung senkrecht zur Erdoberfläche; mit jener speziellen Richtung augenfälligen Potentialgefälles, mit welcher sie schließlich identifiziert wird und nach der sich der Mensch ausrichtet.

Dieses Unten-Oben ist auch im Kosmos weitab von der Erde, von der Sonne und sogar Milchstraße keineswegs aufgehoben. Gerade im Kosmos gibt es dieses ursprüngliche Unten-Oben in fundamentaler Bedeutung; ein wahrhaft existentielles Unten-Oben von seinschaffender und seingestaltender Macht. Dieses ist ein Nieder-Höher im Potential, im Energieniveau verschiedener Zustände kosmischen Seins. Die Existenz ist Dasein in Potentialen.

Das ursprüngliche, elementare Unten-Oben ist im Weltall nicht nur nicht überholt und aufgehoben, sondern wird erst im Kosmos in seiner vollen existenztragenden Gewalt offenbar. Was in dem metaphysischen Ahnen einer unverbildeten Jugend des Menschseins im Bilde der Erdschwere, des Potentialgefälles der Erde wahrhaftig empfunden ward und was in einer seinsverflachenden Zwischenphase menschlicher Denkgeschichte überholt schien, wird in den kosmischen Dimensionen wieder zu einem grandiosen Einblick in das Wesen der letzten Dinge; wird zur Verkörperung einer urgewaltigen Wahrheit.

Das Weltall ist aus dem Nichts entstanden — und vergeht wieder in dem Nichts; mit Raum, Zeit und Materie entstehend und vergehend. Das Sein ist ein Durchgang vom Nichts in das Nichts. Entstehung und Vergehung werden durch das Potential, dh die Höhe des Energieniveaus bestimmt. Das Potential ist aber wesenhaft eine negative Größe; eine Größe unter Null. Das höchstmögliche Potential ist das Potential Null selbst: vor, außerhalb, über allem Sein; ein unerreichbares, unvollziehbares, undenkbares Jenseits allen Seins; jenseits von Raum und Zeit in Allgegenwart und Ewigkeit.

Jedes Elementarteilchen der Materie ist in der Tiefe des existentiellen Potentials ungewesen ins Dasein getreten; also bereits mit einer gewaltigen Verschuldung gegen das Weltall geboren worden, indem es seine Existenz im Gegenüber zu allem anderen Existierenden angenommen hat, indem ihm seine existentielle Energie in einer Kreditaufnahme zukommt. So ist nun die Materie da; existent in Raum und Zeit, die selbst — zuvor und außerhalb ungewesen — eben in diesem Gegenüber existieren. So gestaltet sich nun die Materie in Raum und Zeit in der Mannigfaltigkeit der Geschehnisse des Daseins. Aber in zunehmender Verdichtung und verengender Verselbständigung in der eigenen Schwere vertiefen die sich vereinzelnden Massenzusammenballungen ihr Potential bis zur Abschließung, bis zum Verschwinden aus Raum und Zeit, bis zum Verschwinden von Raum und Zeit selbst. Rund hundertmilliarden Jahre währt dieses Dasein des Weltalls zwischen Entstehung und Vergehung; eine Zeit, wie sie merkwürdigerweise schon von Gautama Buddha richtig angegeben wird: «... tausend mal tausend mal tausend Leben in einer Weltentstehung und -vergehung ...»

Das geheimnisvolle Nullpotential ist jenseits von Ursprung und Rand des Kosmos; gleichsam oberhalb allen Seins. Ursprung und Rand ist die obere Grenze des Seins, von der alles Bestehende herkommt und zu der niemals etwas hingeht; ein offenes Sein, aber offen in Unerreichbarkeit seiner Grenzen. Alle Materie entsteht ungewesen im Weltall später als der Ursprung innerhalb des Randes, tief unten im existentiellen Potential. Alle Materie vergeht gewesen in einem Versinken in der Tiefe des Potentials; in immer rascherem Zugehen auf eine Grenze, spät, innen, zutiefst unten im Potential. Das Weltall ist somit sowohl am Anfang wie am Ende (zeitlich), außen wie innen (räumlich), zuoberst wie zuunterst (energetisch) begrenzt. Das Sein ist ein Zwischenbereich, ein Durchgang zwischen dem Nichts oben und dem Nichts unten.

Angesichts dieses urgewaltigen Geschehens drängt sich eine wahrhaft absonderliche Frage auf: Ist das Nichts, welches das All oben von seinem Anfang her begrenzt, das gleiche Nichts wie jenes, welches das All unten, auf sein Ende hin begrenzt? Obschon es grenzenlos unsinnig erscheinen möchte, das nicht einmal ausdrückbare Nichts auch noch in sich zu unterscheiden, weht eine Ahnung von einem unheimlichen Unterschied in unser Dasein herüber. Und diese Ahnung findet reiche Nahrung von der entgegengesetzten Seite her: von der Offenbarung. Eine geradezu überwältigende Parallelität wird offenkundig.

Ist jenes zunehmende Verengen des Geschaffenen in sich selbst bis zum Verenden gleich dem Hinaustreten über sich selbst in die grenzenlose Weite? Ein Unterschied wie Nacht und Tag wird spürbar: Dem ewigen Tod in der Selbstbezogenheit dessen, der «verlorengeht», steht das Hinaustreten des Heiligen über sich selbst in die grenzenlose Weite der Majestät Gottes gegenüber; ein Hinaustreten in der «Selbstverleugnung, Selbstentsagung und restlosen Hingabe.»

Der Weg zum Nirvana Gautama Buddhas in der alle Selbstbezogenheit überwindenden Askese ist nicht eine Verengung bis zum Untergang. Er ist das Durchschreiten der Sphäre «des unbegrenzten Raumes» und «des unbegrenzten Bewußtseins» und «des Nichtdaseins» bis zur völligen Erlösung von allem «Verhaftetsein»; bis der Heilige erkennt: «nicht ist die Welt». Warum nennt die Offenbarung die Hölle «das ewige Feuer, den zweiten Tod»; den Tod nochmals unter dem Tod? Warum ist die Hölle seit alters her als «unten», als innen in der Erde, als «das Ende» empfunden; warum der Himmel als das «Oben» über dem Dasein, als das außerhalb aller Sphären, als der «Anfang des Lebens»? Ist dieser mächtige, kulturschaffende und kulturtragende

Mythos rein zufällig, oder ist die physikalische Welt ein gigantisches Abbild der höchsten Seinsmächtigkeiten; ein Symbol der Wahrheit, ein Spiegelbild höchster Wesenheit?

«Hölle» bedeutet nicht einen Gegensatz zu «Himmel» wie heiß und kalt oder wie häßlich und schön, sondern etwas inhaltlich anderes: Hölle kommt von «Hel»; das ist «die Abgeschlossene», die unerreichbar vom lebendigen Sein Abgetrennte. Himmel dagegen bedeutet «Harmonie»; das ist Einklang. Geradezu unheimlich präzise ist der Kosmos ein Abbild der letzten Wahrheiten der Offenbarung.

Schon äußerlich tritt eine merkwürdige Ähnlichkeit des Menschseins als Abbild dieses kosmischen Seins vor das Auge: In der Evolution, in seiner Entwicklungsgeschichte geht die Menschheit und alles irdische Leben aus der Materie hervor, tritt als bewußtes Leben der Erde ins Dasein, und — wenn die Lebensmöglichkeiten dieser Erde erschöpft sind — verschwindet sie wieder in die Materie. Und ähnlich wird auch der Einzelne geboren, tritt als bewußtes Wesen ins Leben, und stirbt wieder. Eindringlich gemahnt die Verkündigung: «Mensch bedenke, daß du aus Staub bist — und zu Staub wirst.»

Ist das kosmische Sein tatsächlich dem Menschsein ähnlich? Gibt es eine Wesensverwandtschaft des Menschen mit dem Kosmos; einen Einklang des Menschen mit dem Tao; den Einklang, den alte chinesische Weisheit als die Quelle des Glücks und Heils verkündet? Geht diese Wesensverwandtschaft vielleicht bis in die letzten Wahrheiten der Offenbarung und Verkündigung? Ist die theologische Verbindung der Erlösung durch den Sohn Gottes mit dem ganzen Kosmos vielleicht doch mehr als eine überspannte Spekulation?

Jede Masse tritt schon ins Dasein mit einem energetisch-existentiellen Schuldkonto; dem Kredit für ihr Dasein in der Tiefe des Potentials in Raum und Zeit; Potential als Energieniveau unter Null. Mit diesem Kredit stehen die Massen im Dasein; sie leben gegenüber dieser Schuld und sterben wieder in der Überschuldung in sich selbst. Das Heer der Sterne zieht diesen Weg des Daseins als natürliches Werden und Vergehen; als Gang der Welt. Sofort drängt sich eine merkwürdige Frage auf: Ist vielleicht alles Dasein — schon von Geburt an — existentiell verschuldet; besteht es wesensgemäß im Gegenüber zu einer existentiellen Verschuldung? Warum predigt Gautama Buddha das existentielle Verschuldetsein, das leiblich-seelisch-geistige Verhaftetsein als das Wesen des Daseins, als den Grund des Daseins überhaupt — und das Karma als Gesetz dieser Welt? Warum spricht

Buddha von allen «Welten», von den höllischen und irdischen, aber sogar auch von den himmlischen Welten, als von Welten des Leidens; «alles ist Leiden»: Dasein unter Null? Alles ist «eine mit Mühe aufrechterhaltene Übung»; alles ist «dem Wandel unterworfen» — und der «Heilige macht den Unbestand zum Wesen».

Ist das unerlöste Dasein jener fürchterliche «Schuldturm, aus dem niemand herauskommt, bevor nicht alles auf Heller und Pfennig bezahlt ist», von dem das Gleichnis Jesu Christi spricht? Warum verkündet die biblische Offenbarung das Bestehen einer Erbschuld und die Erlösungsbedürftigkeit hiervon; die Erlösung als Erlassung einer gigantischen Schuld zur Erlangung des ewigen Friedens, der ewigen Ruhe, des ewigen Heils? Warum wählt Christus hierzu in Seinem Gleichnis vom unbarmherzigen Knecht einen so überaus denkwürdigen Zahlenvergleich: Die Schuld des Mitknechtes von 100 Denaren gegenüber der Verschuldung des Knechtes an den Herrn, an Gott mit 10 000 Talenten; also ein Verhältnis von Eins zu Millionen? Es ist doch sonst nicht die Art der Bibel, mit maßlos übertriebenen Beispielen die Menschen zu erschrecken und zu entmutigen und sinnlos einzuschüchtern! Zufall oder Ungeheuerlichkeit: Dies ist gerade das Verhältnis der von einem Menschen in seinem ganzen Leben betätigten Energie zu der Energieverschuldung seines leiblich-menschlichen Daseins gegen das Weltall, gegen die Schöpfung, gegen Gott; also das Verhältnis des Betrages, mit dem der Mensch seinem Mitmenschen gegenübertritt, zu dem Kredit, auf Grund dessen er eben überhaupt da ist.

Der natürliche Gang der kosmischen Massen, der Sterne, ist das Vergehen in der Überschuldung in das Nichts. Und erregende Parallelen drängen sich auf: Warum ist der Gang der Welt, der Weg im «Gesetz dieser Welt» der Gang ins Verderben? Warum ist der Weg zur Hölle «der breite Weg, die Hinfahrt ins Verderben in der Annehmlichkeit des Lebens und des Sich-gehen-lassens»? Warum ist der Weg zum Himmel «der schmale Pfad, die enge Pforte, der mühsame Aufstieg in der Überwindung der Natur; das Sich-Gewalt-antun»?

Eine wahrhaft grauenhafte Frage springt aus dem Dunkel: Alles Sein ist doch Schöpfung; wer ist dann der Teufel; warum gibt es überhaupt den Satan, jenen personalen «Fürsten dieser Welt», der Christus alle Reiche dieser Welt anbieten konnte, falls Er niederfiele, um ihn anzubeten? Warum mußte Gott-Selbst im Sohne arm, geschmäht, wundgeschlagen bis zur Kreuzigung durch diese Welt gehen, um uns «loszukaufen»? Wem hätte denn Gott, der allmächtige Schöpfer allen

Seins, etwas zu bezahlen, wenn Er uns zu Sich nimmt? Warum müssen wir im Taufgelöbnis — zur «Reinwaschung von der Erbschuld» — versprechen, dem Teufel und all seiner Macht, seinem Reichtum und Pomp zu widersagen?

Warum sind diese Fragen so grauenhaft? Erwecken diese Fragen nicht den Anschein, daß diese Schöpfung vielleicht doch eine Kutsche mit einem üblen Fahrplan und einem bösen Kutscher ist?

Eine bange Frage meldet sich zaghaft: Warum ist der Weg zum Heil überhaupt Entsagung, Mühe, Leid? Konnte Gott, der Schöpfer unzählbarer Welten und Geister, der Eigentümer unerschöpflicher Reichtümer, uns dies nicht alles einfach schenken? Doch darauf gibt es eine wahrhaft erlösende Antwort: Gerade das will Gott; eine so schöne Antwort, daß sie vielen ganz unglaublich ist. Trotz all der Wahrheit in all den großen Religionen der Erde ist das «Evangelium», dh die Frohbotschaft Gottes durch Jesus Christus, doch etwas ganz Neues: Die Verkündigung Gottes selbst, daß Er uns Abba, dh «lieber Vater» ist, und daß wir Ihm Kinder sind; Kinder, berufen zur Erbschaft des ewigen Reiches. Gegenüber Ihm, der Ist, gibt es keinen Wandel, keine mit Mühe aufrechterhaltene Übung — und die Erbschaft des Reiches ist Anteil an der ganzen Schöpfung jenseits von Wandel und Mühe: in der «ewigen Ruhe».

Die Schöpfung als solche ist ja nicht übel und böse, denn «Er sah, daß es gut war». Wo oder wie sind Sterne, ihr Entstehen und Vergehen, übel; wo oder wie Pflanzen und Tiere der Erde böse? Das einzige irdische Wesen, das des Bösen fähig ist, ist der Mensch; das einzige auf Erden geschaffene Wesen, dem der «Baum der Erkenntnis des Guten und Bösen» vorgestellt wurde und immerfort wird, der dessen gewahr wurde und davon gekostet hat, so daß ihm die «Augen aufgingen und er sah, daß er nackt war», der Mensch, der seiner Unzulänglichkeit in sich selbst gewahr wurde, der in seiner Begrenztheit das Wesen seines Bestandes erkannte. Der Mensch ist das einzige Wesen auf dieser Erde, innerhalb dieser irdischen Welt der Materie, für das es Gut und Böse überhaupt gibt, weil er das einzige irdische Wesen ist, das zum Guten über sich hinaus in Gott berufen ist: Geist verbunden mit Materie. Und dieses in dieser Stellung wahrhaft einzigartige Wesen, den Menschen, will Gott beschenken, wahrhaft grenzenlos beschenken.

Die Offenheit des Seins soll uns nicht verstören; seine Endlichkeit in der Unerreichbarkeit seiner Grenzen soll uns nicht einschließen; die Nichtigkeit soll uns nicht mit dem Tod drohen. Sondern das Unerreichbare soll uns erreichbar sein. Die Grenzen des Seins und Kosmos sollen nicht unsere Grenzen sein, denn Sich selbst in Seiner unbegrenzten Herrlichkeit will Gott uns schenken; uns in Ewigkeit Anteil geben an Seiner unwandelbaren Ruhe und uns zugleich in Anschauung Seines allerschaffenden Feuers an aller Schöpfung teilnehmen lassen. Er selbst sagt von Sich: «Er wird Sich gürten und ihnen dienen.»

Wir müssen uns nur beschenken lassen; in der Einsicht der prinzipiellen Unerreichbarkeit der Grenzen des Seins und der Grenzen von uns selbst, das Geschenk als Geschenk dankbar anerkennen und annehmen. Wir müssen dazu Stolz, Hochmut und Selbstherrlichkeit — jene Mächte, in denen wir eben dieser Welt verschuldet und verhaftet sind und ihren Grenzen unterliegen — ablegen; uns von uns selbst lösen und uns in Liebe Gott und Seinem Wort hingeben. Aber dieses Lösen von uns selbst, die Überwindung von Stolz, Hochmut und Selbstherrlichkeit ist ja schreckliche Entsagung, Mühe, Leid. Doch sogar noch davon will Er uns erlösen, wenn wir Ihn anrufen und Ihn darum bitten; der vertrauende Anruf ist ja schon die Loslösung, auf die Gott wartet.

Gott ist nicht ein kosmisches Prinzip, ist nicht Gesetz, sondern ist lebendige Personalität und freier Gesetzgeber. Er ist Person, die jeden von uns kennt und liebt: Und in nichts zerrinnt Nacht und Grauen vor dem, der ohne Grenzen IST.

5. Weltall und Wahrheit

DER MAKROKOSMOS

Das Weltall ist das allumfassende Schöpfungswerk; ist das physikalisch-kosmische Sein, innerhalb dessen die Menschheit mit all ihren Wissenschaften entsteht und vergeht; innerhalb dessen aber auch Gott Seiner Schöpfung und dem Menschen, als Seinem Geschöpf begegnet. Der Kosmos ist die allumfassende «Ordnung» des Seins. Und in dieser auf den Urgrund hingerichteten Ordnung sind all diese verschiedenen Bereiche in ehrfurchtgebietender Weise einander wesensgleich und einander zugeordnet. So wird auch der physikalische Kosmos zum Künder überirdischer Wahrheit.

Der Kosmos ist nicht nur der Träger jeglichen Geschehens, sondern auch selbst Abbild der höchsten Wesenheit. Die Physik hat Grenzen erreicht, wo ungeahnte Mächtigkeiten einander begegnen. Der allgewaltige Herr offenbart sich, wo Er will; nicht wo wir es Ihm vorschreiben.

Die Frage nach der physikalischen Existenz behandelt die Existenzphysik. Es ist dies die Physik der Kosmologie, dh der Entstehung, Gestaltung und Vergehung des Kosmos mit seinen Galaxien und Sternen; zusammen mit der Physik der Elementarteilchen, in denen sich alles materielle Sein verkörpert. Kosmos und Elementarteilchen hängen zusammen und ihre Größen bestimmen sich gegenseitig. Die Existenzphysik ist Physik des ganz Großen, des eigentlichen Makrokosmos, und des ganz Kleinen, des eigentlichen Mikrokosmos; Physik an den Grenzen zwischen dem Sein und dem Nichts.

Existenzphysik ist Grenzphysik; sowohl oben wie unten. Ob ihre Formen, ihre Begriffe, ihre Ausdrucksweisen — wie «Expansion, Ursprung, Rand, Nullpotential» usw — mehr sind als Gleichnisse, als ein moderner Mythos, um Überweltliches in der Welt doch faßbar werden zu lassen, ist selbst der Faßbarkeit entzogen. Wie soll denn auch das Existierende selbst das Mittel liefern können, den Grund des Existierenden zu erfassen. Greifbares, fragloses Dasein ist nur im Mittelbereich, im Mesokosmos; Größenordnungen unter den Grenzen des extremen Makrokosmos und Größenordnungen über den Grenzen des extremen Mikrokosmos. Das mesokosmische Dasein ist gleichsam nach oben im Makrokosmos wie auch nach unten im Mikrokosmos allseits durch einen Wall von Gleichnissen, Bildern, Mythen vom Nichts getrennt und vor der Auflösung bewahrt.

Jeder der drei Grundaspekte des Seins, der existentielle, der essentielle und der aktuelle, brachte auch eine andere Physik hervor, die an andere Grenzen des Seins heranführt und auch selbst in anderer Art begrenzt ist. Die Relativitätsphysik ist Essentialphysik; Physik der Größenverhältnisse und Systemmetrik, der Abbildungen, der Größen in Bezug aufeinander. Die Quantenphysik ist Aktualphysik; Physik der Wirkungen und Reaktionen, der Geschehensabläufe, der Größen in Wechselwirkung miteinander. Die Existenzphysik ist dagegen Physik des Daseins — und es haften ihr weder die formalistische Blässe und Geschehenslosigkeit der Relativitätsphysik noch die Unbestimmtheit und mikrostatistische Unstrukturiertheit der Quantenphysik an. Obgleich die Existenzphysik an der Grenze der Faßbarkeit entlang geht, ist sie der Gewalt des Daseins unmittelbar nahe und damit doch sehr viel gegenständlicher als ihre beiden Schwestern; ihre Grenzen und Schwächen liegen anders.

Diese drei Komponenten der Physik sind in ihren verschiedenen Ausrichtungen und Größen wesensgemäß nicht miteinander eindeutig vereinigbar; sie verdrängen einander. Und doch gehören sie zu einer einzigen Physik komplementär zusammen. Es ist sogar so, daß jede dieser drei Grundformen die beiden anderen mit in sich enthalten muß, wenn sie vollständig sein soll; jede enthält beide anderen mit in sich, aber in jeweils anderer Weise. Die gewaltigen Möglichkeiten und Erfolge der Physik sind in dieser Komplementarität begründet; zugleich ergibt dies aber auch eine beunruhigende Mannigfaltigkeit mit vielen Fehlermöglichkeiten.

Existenzphysik

Die Existenzphysik wird beherrscht von einer aus der Relativitätsphysik sich ergebenden Grundgröße: die Invarianzgeschwindigkeit c; in unserem Potential konstant $c = 2,997\,925 \cdot 10^{10}\ cm/sec$; also c rund $300\,000\ km/sec$. Dies ist zugleich die Vakuum-Lichtgeschwindigkeit. Diese Invarianzgeschwindigkeit ist die für alle beliebig bewegten Systeme immer unveränderlich (= invariant) gleich große, quasi-unendliche Grenzgeschwindigkeit, gegen die hin alle räumlichen und zeitlichen Abstände zu Null verschwinden und alle Massen unendlich groß werden. Es ist die unüberschreitbare und von keiner Masse erreichbare Geschwindigkeit, mit der sich nur die Neutrinos und die elektromagnetischen Strahlungsenergien (Licht uä) ohne Alterung fortbewegen. In der Existenzphysik ist die Invarianzgeschwindigkeit aber weniger wegen dieser Relativierung beherrschend, sondern wegen der damit gegebenen kosmischen «Expansionsgeschwindigkeit» und wegen der sich damit ergebenden Äquivalenz zwischen Energie E und Masse m: Jede Energie E — Bewegung, Wärme, Strahlung, elektrische und magnetische Felder usw — besitzt Masse und jede Masse ist Energie. Masse und Energie sind nur verschiedene Eigenschaften ein und derselben existentiellen Wesenheit. Die Grundbeziehung der Relativitätsphysik bestimmt diese Äquivalenz zwischen Energie E und (träger) Masse m gemäß $E = mc^2$.

Daneben beherrscht noch eine andere, der Quantenphysik (Planck) eigenen Grundgröße die Existenzphysik: das Wirkungsquantum h; in unserem Potential ergibt sich konstant $h = 6{,}626\,196 \cdot 10^{-27}\ erg \cdot sec$. Wirkung ist Energie ($erg = g\,cm^2/sec^2$) mal Zeit ($sec$) — und h ist die elementare Wirkungseinheit, mit der alle Wirkungen und alle Reaktionen und Geschehnisse «gequantelt» sind. Die Beziehung $E \cdot t = h$ bestimmt aktuell die Unbestimmtheitsrelation (Heisenberg), nach welcher Energieunbestimmtheit und Zeitunbestimmtheit miteinander im Spielraum h offen sind und Reaktionen zulassen; aber auch existentiell das Dasein jeglicher Energie E und Masse als Materiewelle mit einer Schwingungsdauer t. Jeglicher Energie E kommt mit jeder ihrer Schwingungen der Dauer t ein Wirkungsquantum h zu. Das Wesen der Existenz verbindet sich mit der universellen Grundbeziehung aus der Quantenphysik: $E = h/t$.

Die wichtigste Größe der Existenzphysik ist aber das Potential Φ; gemeint ist künftig mit «Potential» immer nur das Schwerepotential, das Gravitationspotential; mit Potentialenergie P entsprechend Gravitations-Potentialenergie. Potential ist Energieniveau (energetischer Status, Rang). Als Beispiel: Geldverdienen macht Arbeit — aber man ist danach auch reicher. Wasser oberhalb eines Gefälles ist auf höherem Potential als unterhalb — und man kann dieses Gefälle, dieses Potentialgefälle etwa zur Stromerzeugung ausnutzen. Allgemein: weit auseinanderstehende Massen haben gegeneinander ein höheres Potential; nahe beieinanderstehende Massen ein niedereres. Potential ist Energieniveau; noch keine Energie selbst. Potentialenergie P ergibt sich erst zusammen mit der Masse m: Je größere Wassermasse an einem Gefälle wirksam wird, um so größere Potentialenergie setzt sich um. Allgemein:

große Massen in einem bestimmten Abstand voneinander haben gegeneinander eine größere Potentialenergie, kleine Massen eine kleinere. Die Potentialenergie P ist somit das Produkt aus der (schweren) Masse m und dem Potential Φ, in welchem sich diese Masse befindet; gemäß: $P = m \cdot \Phi$.

All diese irdischen Potentiale — etwa der Wassermasse weiter oder näher von der Erdmasse entfernt — sind durch die Anziehung der Erdmasse auf die Masse (Wasser, Steine usw) gegeben; unten im Tal, unterhalb eines Gefälles ist größere Nähe zur Erdmasse, ist stärkeres Verhaftetsein mit der Erdmasse. Niedereres Potential bedeutet stärkeres Verhaftetsein mit anderen Massen. Auf der Spitze eines Berges ist ein höheres Potential; das höchste irdische Potential ist so hoch über der Erde gegeben, daß die ganze Erdkugel in der Ferne fast verschwindet und ihre Anziehungskraft praktisch verschwunden ist. Aber dann ist man immer noch mit der Sonne verhaftet, mit den Sternen der Milchstraße (Galaxis) und allen Sternen des Weltalls; eben mit der ganzen Weltmasse. Zwar sind diese Massen des Weltalls meist weit entfernt und im einzelnen sehr wenig wirksam; aber in ihrer Gesamtmasse so gewaltig, daß sich das kosmische Potential Φ als ein gigantischer Betrag darstellt, demgegenüber die Potentialbeiträge der Milchstraße oder noch weniger der Sonne und noch viel weniger der Erde nur noch wie ganz geringfügige Potentialvertiefungen erscheinen.

Das Potential wäre Null und alle Potentialenergien wären Null, wenn alle Massen so weit voneinander entfernt stünden, daß sie sich gegenseitig nicht mehr anziehen; daß sie nicht mehr miteinander verhaftet sind. Das Potential Null ergibt sich mit unendlich großen Abständen; jeder endliche Abstand ergibt demgegenüber negative Werte des Potentials.

Das Dasein ist wesensgemäß ein Verhaftetsein mit allen Massen des Weltalls; das Potential Φ wesensgemäß eine negative Größe; ein Schuldenniveau. Die Potentialenergie P ist damit eine negative Energie; ein Schuldbetrag. Ergänzt sich — im Sinne eines Urphänomens — für das Weltall im ganzen wie auch für die einzelne Masse für sich die positive Massenergie $E = mc^2$ der trägen Masse mit der negativen Potentialenergie $P = m\Phi$ der schweren Masse gemäß $E + P = 0$, also gemäß $mc^2 + m\Phi = 0$ zu Null, zu Nichts, so ist das Quadrat c^2 der Invarianzgeschwindigkeit c gleich dem negativen Potential $-\Phi$; also $c^2 = -\Phi$.

Da das Potential eine negative Größe ist, hat das höchstmögliche Potential — außerhalb des Verhaftetseins mit jeglichen Massen des Weltalls, also außerhalb des Raumes und der Zeit und außerhalb des Daseins des Kosmos — den Betrag 0. Dieses Nullpotential ist gleichsam «vor» dem Ursprung (zeitlich), «außerhalb» des Randes (räumlich) und «über» dem Rang des Kosmos (energetisch): Dies ist für eine existierende Masse prinzipielle Unerreichbarkeit; es ist jenseits der Existenz. Für jenes Nullpotential ist dem Seienden nicht einmal die Unterscheidung «es ist» und «es ist nicht» vollziehbar. Im Nullpotential wäre somit auch die quasi-unendliche Lichtgeschwindigkeit gleich Null, so daß gleichsam Null und Unendlich zusammenfällt; ohne Sein zwischen sich lassend. Raum und Zeit, Bewegung und Verstreichung, Masse und Energie, Wirkung und Ereignis haben im Nullpotential kein Dasein. Eine Ahnung von der schaurigen Großartigkeit des Nirwana weht uns an.

Die Potentialhierarchie

Das Dasein ist wesengemäß ein Verhaftetsein mit allen Massen des Weltalls; Existenz im kosmischen Potential. Erst mit dem endlichen, kosmischen Potential $\Phi = -c^2$ bzw $-\Phi = c^2 > 0$ treten Räume und Zeiten, Bewegungen und Verstreichungen, Massen und Energien, Wirkungen und Ereignisse ins Dasein. Das höchste, real in Raum und Zeit des Kosmos erreichbare Potential ist das existenzbegründende, kosmische Potential Φ im intergalaktischen Raum; im flachen Weltraum zwischen den Weltinseln, den Milchstraßen, das heißt zwischen den Galaxien. Mit dem Ausdruck «flacher Weltraum» sei also Raum minimaler Krümmung fern der Massenballungen verstanden, wie er eben im intergalaktischen Raum angenähert erreicht ist und welcher den größten Teil des kosmischen Raumes darstellt. Das Potential wird tiefer, wenn man sich aus dem intergalaktischen Raum einer Galaxie — etwa unserer Milchstraße — nähert, und wird immer tiefer, wenn man in den interstellaren Raum innerhalb einer Galaxie zwischen deren Sterne eindringt. Das Potential wird immer noch tiefer, wenn man sich im interstellaren Raum einem Einzelstern nähert; um so tiefer, je näher man dem Stern kommt und je massereicher und dichter dieser ist.

Der Kosmos ist eine Potentialhierarchie: Der freie, «flache» Weltraum ist eine gleichsam flache Potentialebene tief unter dem geheimnisvollen Nullpotential. Die Galaxien stellen in dieser Ebene gewaltige Potentialmulden dar, mit dem jeweiligen Galaxenzentrum am Muldenboden; seichte Pfützen auf einer großen Tiefebene. Die Sterne stellen innerhalb dieser galaktischen Mulden wesentlich kleinere, trichterartige Potentialvertiefungen mit dem Sternkörper am Boden dieses Trichters dar, wobei sie mehr oder minder hoch am Rande der übergeordneten galaktischen Mulde um das Galaxenzentrum laufen: die Sonne, in 26 000 Lichtjahren vom Zentrum entfernt, in 250 000 000 Jahren einen Umlauf vollendend. Die Planeten stellen innerhalb des stellaren Trichters nochmals viel kleinere Potentialtrichterchen dar, die wiederum an der Wand des Potentialtrichters ihres Muttersterns umlaufen: die Erde in 150 000 000 *km* (ca 8 Lichtminuten) von der Sonne entfernt in definitionsgemäß 1 Jahr Umlaufzeit. Die Trabanten, Satelliten — wie unser Mond oder die künstlichen Erdsatelliten — sind winzige Trichterchen innerhalb wieder des planetaren Potentialtrichterchens und wiederum an deren Wand umlaufend.

«Kleinere und noch kleinere» Potentialtrichter sind dies freilich in kosmischen Maßstäben; verglichen mit der unvorstellbaren Höhe des Nullpotentials über allem Sein. Die Größe dieser galaktischen Mulden und deren stellarer Trichter werden deutlich bei Betrachtung der Energien, die zum Verlassen eines Trichters und Erreichen der flachen Wand des jeweils übergeordneten Trichters erforderlich sind. Als Vergleich diene der meistgebrauchte militärische Sprengstoff Trinitrotoluol TNT mit 750 cal Detonationsenergie pro Gramm Sprengstoff; immer voller Wirkungsgrad gerechnet:

Um 1 Gramm auf der Erde liegender Masse (eine Haselnuß) den Erd-Potentialtrichter verlassen zu lassen (ihr selbst Planetenstatus zu verleihen), ist bereits die Energie von 20 Gramm TNT erforderlich. Um dieses 1 Gramm Masse den Sonnenpotentialtrichter verlassen zu lassen (ihr selbst Stellarstatus zu verleihen), ist die Energie von 100 Gramm TNT erforderlich; die Energie einer Handgranate. Um diese kleine Masse von 1 Gramm die Milchstraßen-Potentialmulde verlassen zu lassen (ihr selbst Galaxenstatus zu verleihen), ist bereits die Energie von 15 000 Gramm TNT erforderlich; die Energie einer schweren Artilleriegranate. Um gar für diese haselnußgroße 1-Gramm-Masse die existentielle Energieverschuldung im kosmischen Potential zu tilgen, was dem nichtvollziehbaren Erreichen des Nullpotentials jenseits von Raum und Zeit und jenseits der Existenz — gemäß dem Spruch des Erhabenen «nicht ist die Welt» — entspräche, wäre die Energie von $3 \cdot 10^{10}$ Gramm TNT aufzubringen; 30 000 Tonnen TNT, die Energie einer Atombombe.

Verglichen mit diesem Energieniveau des kosmischen Potentials unter dem Nullpotential ist somit die zusätzliche Vertiefung unseres Status durch die Nähe von Milchstraße, Sonne und Erde praktisch unbedeutend. Nur für unsere menschliche Technik bedeutet schon das Überwinden des kosmisch geradezu verschwindenden Erdpotentials mit den kosmisch winzig kleinen Massen eines Raumschiffes den vollen Einsatz der Großmächte. Betrachtet man im Vergleich das Nullpotential als tausend Meter über dem kosmischen Potential, so ergibt sich etwa: Das Weltall ist somit eine tief unten (1000 m) ausgedehnte Tiefebene mit den seichten (1 mm tiefen) Mulden der Galaxien und darin den kleinen (0,01 mm) strudelförmigen Trichterchen der Sterne und darin wieder den noch kleineren (0,001 mm) Potentialtrichterchen der Planeten. Konkret das Erdpotential ist somit kaum tiefer als das Interstellarpotential — und dieses kaum tiefer als das kosmische Potential des intergalaktischen Raumes; kaum tiefer, verglichen mit dem existentiellen, kosmischen Potential unter dem Nullpotential.

Die Potentialenergie P einer Masse m im kosmischen Potential Φ ist also $P = m\Phi$. Die Potentialenergie P ist damit — wie das Potential Φ selbst — eine negative Größe; eine Energieverschuldung an das Dasein in einem Verhaftetsein an die Massen des Kosmos. Das Guthaben, das dieser Schuld gegenübersteht, ist die Energie $E = mc^2$ dieser Masse m als sie selbst. Die Gesamtenergie einer jeden einzelnen Masse des Weltalls ist somit Null; die Gesamtenergie aller Massen zusammen ist Null. Damit ergibt sich die Beziehung $E + P = 0$, also $mc^2 + m\Phi = 0$ als Grundbeziehung der Existenzphysik; der Physik der Entstehung, des Daseins und der Vergehung des Kosmos und seiner Elementarteilchen. Als Grundbeziehung der Existenzphysik ergibt sich damit $\Phi = -c^2$.

Atombau und Materie

Die Nukleonen sind die Masseträger und Grundbausteine der Materie.

Die Materie besteht aus Atomen. Die vielerlei Dinge der Umwelt sind alle nur verschiedene Verbindungen von knapp 100 Arten von Atomen. Jedes Atom ist wie das Sonnensystem aufgebaut: Das Atom besitzt einen positiv-elektrischen Atomkern (vergleichbar der Sonne), der von den negativ-elektrischen Elektronen (vergleichbar den Planeten) umkreist wird. Der Atomkern hat nur rund $1/10\,000$ des Durchmessers der Elektronenbahnen; dh des ganzen Atoms (Sonne rund $1/4000$ Durchmesser der Pluto-Bahn). Die Masse des Atomkerns ist rund 4000 fach der Masse aller Atomhüll-Elektronen (Sonne rund 800 fache Masse aller Planeten). Die Masse der Materie ist also fast allein in den Atomkernen enthalten.

Dieser massetragende Atomkern besteht aus zwei Arten von Elementarteilchen: den elektrisch-positiven Protonen und den elektrisch ungeladenen Neutronen. Ein Proton und ein Neutron sind ungefähr gleich schwer. Es sind überhaupt zueinander verwandte Teilchen, die sich im Atomkern unentwegt ineinander durch Ladungsaustausch verwandeln; Proton zu Neutron und Neutron zu Proton. Man bezeichnet deshalb diese «Kernbildner» Proton und Neutron mit dem gemeinsamen Namen «Nukleon» (nucleus = Kern). Von einem Nukleon spricht man vor allem dann, wenn es nicht auf die elektrische Ladung, sondern auf die Masse ankommt. Ähnlich, wie «Mann» und «Frau» mit der gemeinsamen Bezeichnung «Mensch» belegt wird, wenn nicht nach dem Geschlecht unterschieden wird.

Ein Atom hat soviele Elektronen in der Hülle, wie Protonen im Kern; dazu kommen im Kern noch ungefähr gleich viele Neutronen. Die hochgestellte Zahl zum Atomsymbol bezeichnet die Nukleonenzahl des betreffenden Atoms, dh seine Masse; zB: Das einfachste Atom, das Wasserstoff-Atom H^1 hat nur ein Proton (das einzige Atom ohne Neutron); das Schwerwasserstoff-Atom H^2 hat 1 Proton und 1 Neutron; das Helium-Atom He^4 hat 2 Protonen und 2 Neutronen; das Eisen-Atom Fe^{56} hat 26 Protonen und 30 Neutronen; das Uran-Atom U^{238} hat 92 Protonen und 146 Neutronen; usw.

Die ganze Materie besteht somit aus drei Elementarteilchen: den Protonen, Neutronen und Elektronen; dh eben aus Nukleonen und Elektronen. Bei hohen Temperaturen sind die Hüllelektronen von den Atomkernen losgerissen, so daß die elektrisch-negativen Elektronen und die elektrisch-positiven Atomkerne durcheinander wirbeln; sogenanntes «Plasma». Unter verschiedenen Bedingungen können Elektronen, Protonen und Neutronen frei — dh als Einzelteilchen, außerhalb des Atomverbandes — auftreten.

Frei ist nur das Elektron und das Proton stabil; dh unbegrenzt unverändert beständig. Das freie Neutron dagegen ist instabil: es «zerfällt» unter Energieabgabe mit 932 Sekunden mittlerer Lebensdauer in ein Proton und ein Elektron und ein Anti-Neutrino. Diese Neutronenzerfallszeit ist so lange, daß sich das Neutron in den meisten Fällen doch wie ein stabiles Teilchen verhält. Alle anderen Elementarteilchen — einige dutzend, die unter extremen Bedingungen kurzzeitig auftreten —, zerfallen demgegenüber in ein milliardstel bis ein trilliardstel dieser Zeit.

Die Massen (angegeben in Gramm g) dieser Grundbausteine sind:

Neutronmasse	m_n	$=$	$1{,}674\,920 \cdot 10^{-24}\,g$
Protonmasse	m_p	$=$	$1{,}672\,614 \cdot 10^{-24}\,g$
Elektronmasse	m_e	$=$	$9{,}109\,558 \cdot 10^{-28}\,g$

Warum haben diese Teilchen gerade diese Massen? Während das Elektron die Verkörperung seiner elektrischen Ladungsenergie darstellt, ist das Nukleon der Massenträger der Materie. Als grundlegende Masseneinheit, als «Elementarmasse m», ist daher wesenhaft die Masse des stabilen Nukleons, die Protonmasse anzusehen. Genau genommen enthält aber die Protonmasse m_p zur Elementarmasse m noch einen kleinen Massenanteil, der die Verkörperung der Energie eines mikrophysikalisch geschlossenen Magnetfeldes darstellt.

Diese Magnetfeldmasse m_{p_m} ist $\mathrm{m}\,(2/9)\cdot\varphi a/4\pi$. Weil $m_p = m + m_{p_m}$ errechnet sich damit die Elementarmasse m aus der totalen Protonmasse m_p gemäß: $\quad m = m_p/[1 + (2/9)\cdot\varphi a/4\pi] = m_p/1{,}000\,1206$

Die nur den radial über den ganzen Kosmos erstreckten Feldern zugehörige Elementarmasse m ist somit um $0{,}202 \cdot 10^{-27}\,g$ kleiner als die Protonmasse m_p; ein winziger Unterschied, der nur bei genauesten Bestimmungen merklich in Erscheinung tritt.

Zeit und Raum des Kosmos strukturieren sich in den Einheiten einer Elementardauer τ und einer Elementarlänge λ. Diese ergeben sich unmittelbar aus der Elementarmasse m, zusammen mit der Invarianzgeschwindigkeit (Vakuum-Lichtgeschwindigkeit) c und dem Wirkungsquantum (Elementarwirkung) h:

Invarianzgeschwindigkeit	c	$=$	$2{,}997\,925 \cdot 10^{+10}\,cm/sec$
Wirkungsquantum	h	$=$	$6{,}626\,196 \cdot 10^{-27}\,erg{\cdot}sec$
Elementarmasse	m	$=$	$1{,}672\,412 \cdot 10^{-24}\,g$
Elementardauer	$\tau = h/mc^2$	$=$	$4{,}408\,383 \cdot 10^{-24}\,sec$
Elementarlänge	$\lambda = h/mc$	$=$	$1{,}321\,600 \cdot 10^{-13}\,cm$

Die Elementarverhältnisse

Das Verhältnis von Elementarlänge zu Elementardauer ist gleich der Invarianzgeschwindigkeit; $\lambda/\tau = c$. Eine Expansion von einem punktförmigen Ausgang mit c erreicht nach $1\,\tau$ eine Kugeloberfläche mit dem Radius $1\,\lambda$. Das Volumen $(4\pi/3)\cdot\lambda^3$ dieser Kugel ist das Elementarvolumen V_1; zugleich Proton-, Pion- und Elektron-Volumen.

Das Verhältnis von Masse zu Volumen ist die Dichte; genauer die Massendichte ϱ. Das Verhältnis von Elementarmasse m zu Elementarvolumen V_1 ist die Elementar-Massendichte ϱ_1. Dies ist zugleich die Protondichte; rund die Nukleondichte.

Für Kosmos und Elementarteilchen von fundamentaler Bedeutung ist noch eine andere Dichte; die Wirkungsdichte: Das Verhältnis von Wirkung zu Volumen ist die Wirkungsdichte. Das Verhältnis von einem Wirkungsquantum h zu einem Elementarvolumen V_1 ist die Elementar-Wirkungsdichte η_1; die Wirkungsdichte-Einheit.

Schließlich ist noch eine Wirkungsintensität von entscheidender Bedeutung: Das Verhältnis von Wirkung zu ihrem Raum- mal Zeitabstand von einer Bezugsstelle ist die Wirkungsintensität. Das Verhältnis von einem Wirkungsquantum h zu einer Elementarlänge λ mal einer Elementardauer τ ist die Elementarwirkungsintensität χ_1; die Wirkungsintensitäts-Einheit.

Die Dimension $g \cdot cm/sec^2$ der Wirkungsintensität ist die Dimension einer Kraft. Die Wirkungsintensität ist tatsächlich der Schlüssel zu den physikalischen Kräften: zur Schwerkraft (Gravitation), zur Ladungskraft (Coulombkraft) und sogar zur Kernkraft.

Die Elementar-Einheiten sind:

Elementar-Volumen	V_1	$= (4\pi/3) \cdot \lambda^3 =$	$0,966\,917 \cdot 10^{-38}\ cm^3$
Elem.-Massendichte	ϱ_1	$= m/V_1 =$	$1,729\,635 \cdot 10^{14}\ g/cm^3$
Elem.-Wirkungsdichte	η_1	$= h/V_1 =$	$0,685\,291 \cdot 10^{12}\ g/cm \cdot sec$
Elem.-Wirkungsintens.	χ_1	$= h/\lambda\tau =$	$1,137\,326 \cdot 10^{10}\ g \cdot cm/sec^2$

Die den Kosmos im Ganzen wie auch die Elementarteilchen im Einzelnen bestimmenden Größen erscheinen immer in den Elementareinheiten. Deshalb ist es in mancher Hinsicht zweckdienlich, mit dimensionslosen Größenzahlen zu arbeiten; als Größe pro ihre Elementareinheit.

Wenn es auch nicht ganz konsequent ist, sei dies zwar nicht für die Dichte (Massendichte), aber für die Wirkungsdichte und die Wirkungsintensität so praktiziert; eine formale Vereinfachung spricht dafür. Man erhält damit eine Wirkungsdichtezahl bzw Wirkungsintensitätszahl. Die Wirkungsdichtezahl η ist die Anzahl Wirkungsquanten h pro 1 Elementarvolumen V_1; die Wirkungsintensitätszahl χ ist die Anzahl Wirkungsquanten h jeweils pro deren $\lambda \cdot \tau$-Abstand von einer Bezugsstelle.

Die Wirkungsdichte wie auch die Wirkungsintensität gibt es als Weltgröße und als Partikelgröße: bei der Weltgröße mit den Wirkungsquanten aus allen Elementarteilchen des Weltalls; bei der Partikelgröße mit nur den Wirkungsquanten eines bestimmten Teilchens.

Das Weltall ist in Raum und Zeit endlich. Zu jedem Punkt des Weltalls gibt es einen räumlich und zeitlich fernsten Punkt, den «Fernstpunkt». Dieser ist räumlich (nicht zeitlich) randartig — und ist zeitlich (nicht räumlich) ursprungartig. Die dafür gebräuchliche Bezeichnung «Antipol» kann falsche Vorstellungen wachrufen.

Die Tiefe R des Weltraumes, die Welttiefe, ist die räumliche Entfernung dieses Fernstpunktes (gleichsam «Randes») von hier und jetzt. Sie ist rund 14 milliarden Lichtjahre. Es ist dies jene Strecke, die das Licht in 14 000 000 000 Jahren zurücklegt, wobei es jedes Jahr rund 10 000 000 000 000 (zehn billionen) Kilometer bewältigt.

Die Welttiefe R hat den Charakter eines Kugelradius (Weltradius R). Bemerkenswerterweise führt es in bestimmten Aspekten zu exakt richtigen Ergebnissen, wenn man das Volumen des Weltalls als klassische Kugel ansetzt. Daß dies möglich ist, ergibt sich aus der besonderen Raum-Zeit-Struktur des Kosmos, mit welcher sich die überkomplizierten relativistischen Strukturen im ganz Großen wieder zu quasi-klassischen Verhältnissen vereinfachen. Bis auf weiteres sei somit der Rauminhalt des Alls, dh das «Weltvolumen» gemäß $(4\pi/3) \cdot R^3$ gerechnet.

Proportional zur Welttiefe R ist das Weltalter T. Das Weltalter ist die Zeit seit der Entstehung des Weltalls; der zeitliche Abstand des Ursprungs und des Fernstpunktes von hier und jetzt. Das Weltalter ist gleich der reziproken Hubble-Konstanten; rund 14 milliarden Jahre.

Das Weltall ist ebenso alt in Jahren wie tief in Lichtjahren: ein in Raum und Zeit mit Lichtgeschwindigkeit, genauer mit Invarianzgeschwindigkeit c expandierender Kosmos.

Die Entdeckung der Möglichkeit eines expandierenden Kosmos (Friedmann, Lemaître) war eine der bedeutendsten Leistungen der Geistesgeschichte. Ein Weltall, das von kleinstem Anfang an mit zunehmender Alterung zunehmende Weitung erfährt, ist in der Tat etwas Gigantisches. Die Erkenntnis dieser kosmischen Expansion war der Übergang zu einem ganz neuen Weltverständnis.

Alle den Realitäten einigermaßen gerecht werdenden Weltmodelle der neuzeitlichen Kosmologie sind expandierend. Der wirkliche Kosmos besitzt eine expandierende Struktur; freilich eine Struktur, die sich konkret von den Vorstellungen der Entdecker der kosmischen Expansion wesentlich unterscheidet. Die «Expansion» selbst erweist sich als ein wesenhaft relationales Phänomen.

Die makrokosmischen Größen stehen in charakteristischen Verhältnissen zu den mikrophysikalischen Größen. Dies gilt vor allem für das Verhältnis von Weltalter T zur Elementardauer τ und von Welttiefe R zur Elementarlänge λ ; ein Verhältnis, das jeweils gleich der Zeitzahl Z ist.

Das Weltalter T enthält — vom Urbeginn bis heute — rund 10^{41} Elementardauern τ. Das Verhältnis $T/\tau = Z$ ist die dimensionslose Zeitzahl Z, die das Weltalter in den absoluten Einheiten der Elementardauer ausdrückt. Die Zeitzahl Z ist heute also auch 10^{41} ; eine riesengroße Zahl mit 41 Nullen.

Die Welttiefe R besitzt entsprechend ebenso Z Elementarlängen, wie das Weltalter Elementardauern; gemäß $R/\lambda = Z$. Die Verhältnisse R/T wie auch λ/τ sind gleich der Invarianzgeschwindigkeit c gemäß $R/T = \lambda/\tau = c$.

Die kosmischen Größen sind in charakteristischer Weise von der Zeitzahl Z abhängig; vor allem eben Weltzeit T in Elementardauern τ , Welttiefe R in Elementarlängen λ und Weltvolumen V in Elementarvolumina V_1 gemäß:

Weltalter	T	$=$	$Z \cdot \tau$	$=$		$4{,}4 \cdot 10^{17}\ sec$
Welttiefe	R	$=$	$Z \cdot \lambda$	$=$		$1{,}3 \cdot 10^{28}\ cm$
Weltvolumen	V	$=$	$Z^3 \cdot V_1$	$=$	$Z^3 \cdot (4\pi/3)\,\lambda^3\ =$	$10^{85}\ cm^3$

In manchen Aspekten wird jedoch das Weltvolumen noch eine Korrektur mit dem Strukturfaktor $\sigma = {}^1/_{10}$ erfahren.

Über diese Grundbeziehungen werden sämtliche kosmischen Größen von der Zeitzahl Z beherrscht: die Weltmasse M , die Massendichte ϱ , die Wirkungsdichten η , die Wirkungsintensitäten χ ; vor allem die Zahl der Nukleonen, Neutrinos und Wirkungsquanten im Weltall.

Zahlenwertgleichungen werden von vielen Physikern verabscheut; meist mit Recht. Es gibt jedoch besondere und gerade besonders wichtige Fälle, in denen Zahlengrößen allein dem Wesen entsprechen; etwa die Bohrschen Bahn-Quantenzahlen, von denen treffend gesagt wurde: «Gott schuf die ganze Zahl, anderes ist Menschenzutat» (Planck). Quantenphysikalisch komplementär sind Größenpaare, deren Produkte sich zu einer Wirkung ergänzen: Energie und Zeit, Impuls und Raum, Drehimpuls und Drehwinkel.

Schon in letzterer, sehr wichtigen Beziehung hat der Drehwinkel —
wesenhaft als Voll-Umdrehung — Stückzahlcharakter: Bei den Elementarteilchen als immer $1\,h$ bei Volldrehung (in der Wirkungserschließung von 0 auf 1 entsprechend $h/2$).

Die wichtigste Komplementarität ist die quantenphysikalische Ur-
komplementarität des Wirkungsquantums h selbst mit der Stückzahl:
$1\,h\,,\,2\,h\,,\,n\,h\ldots Z\,h$. Wie der Mikrokosmos, so ist auch der Makrokosmos, überhaupt das ganze Weltall von der ganzen Zahl beherrscht.
Diese entscheidende Zahl ist die Zeitzahl Z. Neben der Wirkung
selbst, treten auch Wirkungsdichte und Wirkungsintensität wesenhaft
als Zahlengrößen auf. Vor allem ist aber die Materialität des Kosmos
wesenhaft eine Zahlengröße: die Nukleonenzahl N.

Die Zeitzahl Z bestimmt die Anzahl der Wirkungsquanten h als Funktion der Anzahl N der Nukleonen des Weltalls. Dies beruht auf der
fundamentalen Beziehung, daß einem Nukleon in jeder neuen Elementardauer ein weiteres Wirkungsquantum h zukommt; als $m\,c^2\cdot\tau = h$.
Das Nukleon existiert gleichsam als Welle, die in jeder Elementardauer
eine volle Schwingung (Schwingungsdauer τ) mit der Wirkung h aus-
führt.

Jedes bei einer Zeitzahl Z noch existente Nukleon hat somit seit dem
Ursprung des Kosmos Z Schwingungen ausgeführt und ist Träger von Z
Wirkungsquanten h. Ganz allgemein ist für ein mit der Zeitzahl Z
existierendes Nukleon: die Nukleon-Wirkung $= Z\cdot h$.

Die Weltmasse

Die Weltmasse M, die totale Masse des Weltalls besteht aus zwei
wesenhaft verschiedenen Massenkomponenten M_r *und* M_c; gemäß
$M = M_r + M_c$.

Die Welt-Ruhemasse M_r besteht aus Nukleonen und Elektronen,
wovon die Nukleonen über 999‰ von M_r darstellen; diese ruhen praktisch im Weltraum. Die Welt-Strahlungsmasse M_c besteht aus Neutrinos
und Photonen, wovon die Neutrinos über 999‰ von M_c darstellen;
diese sind mit Invarianzgeschwindigkeit c bewegt.

Beide Massenkomponenten M_r und M_c wirken in gleicher Weise
gravitierend: sie haben je proportional ihrer Masse Trägheit und
Schwere und üben Schwerkräfte aufeinander aus. Die eigentliche Wirkung — als Energie mal Zeit — ist aber bei diesen Massenkomponen-

ten wesenhaft verschieden. Auch sonst haben diese beiden Massenarten sehr verschiedene Eigenschaften:

Die Masse eines Nukleons oder Elektrons bleibt unverändert; von seiner Entstehung bis zur Vergehung, solange es existiert. Sie unterliegt nur einer Modifizierung durch die relativistische Massenvergrößerung und die Massendefekte.

«Ruhemassen» können mit jeder Geschwindigkeit bewegt sein, die kleiner als Invarianzgeschwindigkeit c ist. Hierbei treten relativistische Vergrößerungen gegenüber dem eigentlichen Ruhemassenwert auf. Diese meist sehr geringen Massenzuwachse sind ebenfalls schwer und träg. Bei der Ballung von Nukleonen zu Atomkernen oder zu schweren Sternen ergeben sich charakteristische Massendefekte für jedes an der Ballung beteiligte Nukleon. Der Massendefekt wird in Neutrino- oder Photonenmassen umgesetzt; dh die Defektenergie mit Invarianzgeschwindigkeit abgestrahlt. Bei Atomkernen ist dieser Massendefekt durchschnittlich nur rund 8‰.

Bei grenzdichten Sternen ist dieser Massendefekt aber gerade die Hälfte der Nukleonenmasse selbst; also die halbe Nukleonenmasse ist damit bereits in Neutrinos und Photonen abgestrahlt. Beim nachfolgenden existentiellen Kollaps, bei welchem schlagartig die Sternnukleonen aus dem Dasein verschwinden, wird nochmals eine Neutrino- und Photonenmasse gleich der halben Nukleonenmasse freigesetzt. Es ist damit so, als sei die ganze verschwundene Nukleonenmasse «verstrahlt» worden.

Die Masse eines Neutrinos oder Photons nimmt dagegen proportional mit dem Weltalter T ab: ein bei Z entstandenes Neutrino hat bei $2Z$ bzw $3Z$ usw nur noch die Hälfte bzw ein Drittel seiner Entstehungsmasse. Dieser Massenschwund der invarianzbewegten Energien ist durch die Expansion des Weltraumes bedingt und wird in der Rotverschiebung weit herkommenden Lichtes sichtbar. Dieser Massenschwund ist aus einem kosmischen Energieerhaltungssatz exakt beweisbar: eben damit bleibt die Gesamtenergie des Weltalls immer gleich Null — und eben damit bleibt insbesondere auch die Energie in bezug auf jeden beliebigen Punkt immer konstant im Sinne des klassischen Energiesatzes.

Die eigentliche Weltmaterie wird durch die Nukleonen verkörpert. Die Nukleonenzahl kennzeichnet die materielle Weltmasse M_r.

Bei rund $Z = 10^{40}$ (1,4 milliarden Jahre nach dem Ursprung) war die maximale Weltmasse gegeben, die damals fast nur aus rund $\frac{1}{2} \cdot 10^{80}$ Nukleonen (Protonen + Elektronen) bestand. Heute, bei rund $Z = 10^{41}$ (14 milliarden Jahre Weltalter) sind nur noch rund $2 \cdot 10^{78}$ Nukleonen in leuchtenden Sternen und kosmischen Gasmassen beobachtbar; rund $2 \cdot 10^{21}$ Sonnenmassen gemäß einer Dichte von $3 \cdot 10^{-31}$ g/cm^3. Dies sind nur rund 4% des bei der Inhomogenisierung gegebenen Maximalwertes.

Die restlichen 96% der ehedem gegebenen Weltmasse sind in den Stern-Brennprozessen und im Existenzkollaps der ausgebrannten Sterne zu Neutrinos verstrahlt oder in Neutronensternen entartet. Weil die Neutrinos extrem wenig mit Materie reagieren (sie durchdringen ganze Sternkörper unabsorbiert), sind diese kaum beobachtbar. Ebenso sind die Neutronensterne, mit ihren kleinen Oberflächen und ihrem Strahlungsmaximum im Gammabereich, kaum direkt beobachtbar.

Die heute von den Nukleonen großräumig gebildete Dichte dürfte ganz grob etwa mit 10^{-30} g/cm^3 anzusetzen sein; desgleichen die heute von den Neutrinos großräumig gebildete Dichte. Alles zusammen ist die heutige Weltmasse rund 10^{22} Sonnenmassen; das sind $2 \cdot 10^{55}$ g. Diese Weltmasse verteilt sich schätzungsweise zur Hälfte auf Neutrinostrahlung, zu einem Drittel auf Neutronensterne und zu einem Sechstel auf noch nicht entartete Sterne. Die Gesamtmasse des Weltalls ist bereits auf ein Viertel der maximalen Weltmasse von $4 \cdot 10^{22}$ Sonnenmassen abgefallen, weil die Neutrinos mit der Zeit fortschreitenden Massenschwund erleiden.

Die nichtentartete Materie ballt sich in Sternen, die sich in gewaltigen Sternwolken, den Galaxien scharen.

Der Weltraum ist erfüllt von knapp 10^{11} Galaxien (das sind Weltinseln, Milchstraßen), die in durchschnittlich einigen millionen Lichtjahren Entfernung von der jeweils nächsten, einigermaßen gleichmäßig im Weltraum verstreut sind; hundert milliarden Milchstraßen, wie unsere. Jede dieser Galaxien ist eine mächtige Sternwolke von rund hunderttausend (10^5) Lichtjahren Durchmesser mit durchschnittlich je knapp 10^{11} Sternen, die in durchschnittlich einigen Lichtjahren Entfernung vom jeweils nächsten in ihrer Galaxie ihre Bahn ziehen; je hundertmilliarden Sterne wie unsere Sonne. Der intergalaktische Raum

— zwischen den Galaxien — ist fast ohne Materie; nur erfüllt vom fast homogenen «Neutrino-Meer». Im interstellaren Raum — zwischen den Sternen innerhalb einer Galaxie — ist Materie fein verteilt als gewaltige Gas- und Staubmassen, aus denen sich auch heute noch gelegentlich neue Sterne bilden.

Die Weltwirkung ✳

Die letztlich entscheidende Größe des Kosmos wie der Elementarteilchen ist die Wirkung; dh das Produkt aus Energie mal Zeit. Das Wirkungsquantum h und die Invarianzgeschwindigkeit c sind überhaupt die beiden Fundamental-Invarianten der Physik. Vor allem in der Wirkung unterscheiden sich Ruhemasse M_r und Strahlungsmasse M_c wesentlich voneinander.

Die Weltwirkung, dh die Wirkung des gesamten Weltalls, wird durch die Nukleonen (und Elektronen) des Weltalls erzeugt: Ein Nukleon produziert infolge seiner Alterung mit jeder neuen Elementardauer τ ein weiteres Wirkungsquantum h, sodaß der Weltwirkung mit jeder Elementardauer soviele Wirkungsquanten neu zufließen, als Nukleonen im Weltall existieren.

Dagegen erzeugen die mit ihrer Invarianzgeschwindigkeit nichtalternden Neutrinos und Photonen keine Wirkungsquanten. Jedem Neutrino oder Photon kommt gleichsam nur $1\,h$ an Wirkung unveränderlich zu; zudem in ganz anderer Weise als den laufend Wirkung erzeugenden Nukleonen und Elektronen. Neutrinos und Photonen liefern damit keinen Beitrag zur Weltwirkung. Die Verstrahlung von Ruhemassen beendet den fortschreitenden Wirkungszuwachs.

Die Nukleonen treten in einer homogenen Entstehungsphase I des Kosmos — vor 13 bis 14 milliarden Jahren — in prinzipieller Ununterscheidbarkeit ins Dasein; jeweils einer den ganzen jeweiligen Raum erfüllenden Welle mit allen Z Wirkungsquanten zugehörig. Ist N die in der Entstehungsphase ansteigende Nukleonenzahl, so ist die Anzahl W der Welt-Wirkungsquanten gleich $N \cdot Z$; die Weltwirkung selbst $NZ \cdot h$.

Diese Beziehung gilt über das Ende der Entstehungsphase bei Z_i (= Inhomogenitäts-Zeitzahl) hinaus solange, als noch keine Energie verstrahlt und noch keine Nukleonen verschwinden. Verschwindet ein Nukleon etwa bei Z_s, so bleibt die von diesem Nukleon bis Z_s erschlos-

sene Wirkung $Z_s \cdot h$ weiterhin im Weltall: das Nukleon hinterläßt gleichsam dem Weltall Z_s Wirkungsquanten.

Aus diesen (im einzelnen exakt beweisbaren) Gegebenheiten folgen
die entscheidenden Beziehungen für die Wirkungsquantenanzahl W des
Weltalls. Die Weltwirkung ist ganz allgemein $W \cdot h$, wobei die

$$\text{Welt-Wirkungsquantenzahl} \quad W = Z \cdot M/m \quad ; \quad M = M_r + M_c \; .$$

Diese Beziehung gilt ganz allgemein vom Welt-Ursprung bis zum Welt-
Ende; auch bei defektierenden und verschwindenden Nukleonen. So-
lange die gesamte Weltmasse M nur Ruhemasse M_r als defektlose
Nukleonen ist, gilt speziell:

$$\text{für} \quad M = M_r = N \cdot m \quad ; \quad \text{also} \quad W = Z \cdot N = \eta \cdot Z^3 \; .$$

Die Weltwirkungsquantenzahl W ist auch in der Ruhemasse M_r ausdrückbar. Wenn bis Z_i die Nukleonenanzahl N_i entstanden ist und ohne
Massendefekt existiert, wenn nach Z_i keine Nukleonen mehr entstehen,
aber Nukleonen Massendefekte erleiden oder vergehen, so gilt für die
Wirkungsquantenanzahl W des Weltalls:

$$\text{bis } Z_i: \quad W = N \cdot Z \quad ; \quad \text{ab } Z_i: \quad W = N_i Z_i + \int\limits_{Z_i}^{Z} (M_r/m) \, \mathrm{d}Z$$

Wenn ab Z_i weder Nukleonen verschwinden noch defektieren, so geht
diese Beziehung ebenfalls in $W = N \cdot Z$ über. Wenn ab Z_i alle Nukleonen
verschwinden ($M_r = 0$ ab Z_i), so bleibt ab Z_i die Weltwirkung konstant
$W = N_i \cdot Z_i$. Der Realfall liegt dazwischen; je nach der Ballungsdynamik sich mehr dem einen oder anderen Grenzfall annähernd.

Diese beiden Beziehungen für W — einerseits $Z \cdot M/m$, andererseits
die Integralbeziehung mit M_r/m — sind einander im quantitativen Ergebnis gleichbedeutend, in ihrer physikalischen Aussage aber verschieden. Der Beweis für die Gleichheit der beiden W-Beziehungen ergibt
sich aus der Tatsache, daß Ruhemassen nicht schwinden, sich aber in
gleich große Strahlungsmassen umwandeln können (Massen- und Ener-
gieeerhaltung), während Strahlungsmassen mit $1/Z$ schwinden. Der gesamte Massenschwund ist daher proportional der jeweiligen Strahlungsmasse durch Z; es ist

$$\mathrm{d}M/\mathrm{d}Z = -M_c/Z \quad ; \quad \text{also} \quad M + Z \cdot \mathrm{d}M/\mathrm{d}Z = M - M_c = M_r \; .$$

Dividiert man diese Gleichung durch m und integriert zwischen Z_i und
Z, so folgt die obenstehende Gleichheit der beiden Ausdrücke für W.

Es wären somit begrifflich zwei größenmäßig zwar gleiche, aber aussagenmäßig verschiedene W, als W' und W'', zu unterscheiden. Die besondere Bedeutung dieses Umstandes soll hier wenigstens erwähnt werden:

Zusammen mit der unveränderlichen Gestalt des kosmischen Potentialtopfes (s. u.) ergibt die größenmäßige Gleichheit von W' und W'' einen Beweis für die «Gesamtenergie des Weltalls gleich Null» aus dem einfachen, klassischen Energie-Erhaltungssatz. Diese Fundamentalbeziehung $E + P = 0$ des Gesamtkosmos ist somit nicht nur als eine arbeitshypothetische Unterstellung betrachtbar, zu der passend sich irgend ein Gravitationsfaktor G errechnet. Diese Gesamtenergie-Null-Beziehung ist vielmehr eine unausweichliche Notwendigkeit der Existenz. Die bald zu erwartende experimentelle Bestätigung der Veränderlichkeit des Gravitationsfaktors G wird dies auch meßtechnisch untermauern.

Die Wirkungsdichte **

«Dichte» bezeichnet in der Regel eine Massendichte; dh das in einem mehr oder minder großen Bereich gegebene Verhältnis von Masse zu Volumen, in welchem diese Masse enthalten ist. Die Dimension der Massendichte ist g/cm^3; die Einheit ist die Elementar-Massendichte $\varrho_1 = m/V_1 = m \cdot 3/4\pi\lambda^3$.

Diese Elementar-Massendichte ϱ_1 ist zugleich die Nukleondichte; dh Nukleonmasse m pro Nukleonvolumen V_1. Das Verhältnis der Weltmasse M zum Weltvolumen $(4\pi/3)R^3 = Z^3 \cdot V_1$ ergibt mit $V_1 = m/\varrho_1$

$$\text{die Welt-Massendichte} \quad \varrho = M \cdot 3/4\pi R^3 = \varrho_1 \cdot M/mZ^3.$$

Eine viel wichtigere Größe ist demgegenüber die Wirkungsdichte. Diese ist Wirkung pro Volumen, in welchem diese Wirkung enthalten ist. Die Dimension der Wirkungsdichte ist $g/cm \cdot sec$; die Einheit ist die Elementar-Wirkungsdichte $\eta_1 = h/V_1 = h \cdot 3/4\pi\lambda^3$. Die Dimension $g/cm \cdot sec$ läßt die Raum-Zeit-Symmetrie und das gleichartige Gegenüber von Raum (cm) und Zeit (sec) zur Masse (g) erkennen, was bereits auf eine besondere Bedeutung der Wirkungsdichte hinweist.

Die Welt-Wirkungsdichte ist das Verhältnis der gesamten Weltwirkung $W \cdot h$ zum Weltvolumen $Z^3 V_1$. Diese Weltwirkungsdichte in Elementareinheiten h/V_1 ist die wichtige Welt-Wirkungsdichtezahl η. Sie ist ein gesamtkosmischer Mittelwert und bedeutet die durchschnittliche Anzahl von Wirkungsquanten je Elementarvolumen im Weltraum.

Mit der Anzahl $W = Z \cdot M/m$ der Weltwirkungsquanten und der Anzahl Z^3 der Welt-Elementarvolumina im Weltraum ist die

$$\text{Wirkungsdichtezahl} \quad \eta = W/Z^3 = M/mZ^2 .$$

Die Wirkungsdichte η' selbst ergibt sich aus der Wirkungsdichtezahl η zusammmen mit der Dimension in Elementar-Wirkungsdichten h/V_1 zu:

$$\text{Wirkungsdichte} \quad \eta' = \eta \cdot \eta_1 = \eta \cdot h/V_1 = \eta \cdot h \cdot 3/4\pi\lambda^3 .$$

Mit diesen uneingeschränkt gültigen Beziehungen $\eta = M/mZ^2$ und $\varrho = \varrho_1 \cdot M/mZ^3$ wird umgekehrt sowohl die totale Weltmasse M als auch die Dichte ϱ durch die Wirkungsdichtezahl η uneingeschränkt ausdrückbar:

$$M = \eta \cdot mZ^2 \quad ; \quad \varrho = \varrho_1 \cdot \eta/Z = (m\eta/Z) \cdot 3/4\pi\lambda^3 .$$

Über $\varrho_1 = m/V_1$ und $\eta = \eta' \cdot V_1/h$ ergibt sich damit eine unmittelbare Beziehung zwischen Massendichte ϱ und Wirkungsdichte η' gemäß:

$$\varrho = \eta'/cR .$$

Als Beziehung gesamtkosmischer Mittelwerte gilt $\varrho = \varrho_1 \cdot \eta/Z = \eta'/cR$ uneingeschränkt; großräumig gilt dies ebenfalls noch extrem genau. Jedoch gilt dies nicht mehr bei lokalen Massenballungen. So steigt die Massendichte an Festkörperoberflächen sprunghaft an, während die Wirkungsdichte langsamer und stetig ansteigt. Vor allem das Maß der lokalen Überhöhungen in Massenballungen ist sehr verschieden. Der Maximalwert im Inneren grenzgroßer Sterne ist heute im Verhältnis zum großräumigen Mittelwert:

für die Massendichte 10^{43} fach
für die Wirkungsdichte $10^{43/2}$ fach
für die Wirkungsintensität 10^0 fach; dh konstant.

Das Maß der Überhöhungen ist somit extrem unterschiedlich. Die lokalen Überhöhungen sind dabei nur auf derart kleine Bereiche beschränkt, daß der großräumige Mittelwert dadurch nur ganz unbedeutend beeinflußt wird. Etwa im flachen Weltraum ist die Wirkungsdichtezahl extrem genau η_0. Vollkommen homogen ist die Wirkungsintensität, welche überhaupt die wichtigste Größe ist.

Die Wirkungsintensität ist Wirkung pro Raum- mal Zeitabstand. Die Wirkungsintensitätseinheit ist die Elementar-Wirkungsintensität $h/\lambda\tau$.

Schon die relativistisch invariante Wirkung im Zähler, der im Nenner Raum- und Zeitabstand symmetrisch gegenüberstehen, weist auf eine besondere Bedeutung der Wirkungsintensität hin. Die Dimensionen zeigen eine konsequente Nacheinanderfolge der drei Größen:

Massendichte	$\equiv$	Masse/cm^3	
Wirkungsdichte	$\equiv$	Wirkung/cm^3 $\equiv$	Masse/$cm{\cdot}sec$
Wirkungsintensität			$\equiv$ Wirkung/$cm{\cdot}sec$

Wirkungsdichte bedeutet Wirkung pro Volumen (cm^3) ; ist somit eine einem objektiven Raumbereich eigene Größe. Wirkungsintensität bedeutet aber Wirkung pro Raum·Zeit-Abstand ($cm \cdot sec$) ; ist somit eine einem «subjektiven» Bezugspunkt eigene Größe. Insofern sind Wirkungsintensität und Wirkungsdichte etwas wesenhaft Verschiedenes.

Eine derartige Wirkungsintensität als Wirkung pro Raum·Zeit-Abstand setzt voraus, daß die Wirkung (wie die Masse) lokalisierbar sei. Dies ist tatsächlich der Fall; sogar mehr noch: die Wirkung stellt überhaupt den Raum und die Zeit dar; ein Umstand, der sich noch tiefgreifend herausstellen wird und auf den einstweilen nur vorbereitend hingewiesen sei. Damit zusammenhängend ist folgendes für die Wirkungsintensität charakteristisch:

Im Nenner-Produkt ist der Zeitabstand (τ) mit dem Raumabstand (λ) über die Invarianzgeschwindigkeit c miteinander verknüpft. Ebenfalls nur vorbereitend sei erwähnt, daß dies als eine Folge der kosmischen «Expansion» erscheint, die aber primär eine existentielle Elementarteilcheneigenschaft ist. In der Form $h/\lambda\tau$ der Elementar-Wirkungsintensität tritt dies — beinahe selbstverständlich — derart in Erscheinung, daß diese mit $\tau = \lambda/c$ in die Form hc/λ^2 überführbar ist. Diese Form läßt die Elementar-Wirkungsintensität in der speziellen Eigenschaft als Elementarkraft erscheinen. Der pro räumliches Abstandsquadrat wirkende Kraftcharakter wird unmittelbar deutlich:

$$\text{Elementarkraft} \quad h/\lambda\tau \;=\; hc/\lambda^2 \;=\; mc^2/\lambda \;.$$

Mit einer Proportionalitätsgröße a_n zu $1/\lambda\tau$ wird die Wirkungsintensität eines Wirkungsquantums h zweckmäßig erfaßbar:

Ein Wirkungsquantum, dh 1 h befinde sich in einem raum-zeitlichen Abstand $\lambda\tau/a_n$ von einem Bezugspunkt. Die durch dieses Wirkungsquantum am Bezugspunkt gegebene Wirkungsintensität ist also $a_n \cdot h/\lambda\tau$; die damit gegebene Wirkungsintensitätszahl ist somit einfach gleich a_n.

Von verschiedenen Wirkungsquanten kommt einem jeden davon in Bezug auf einen Bezugspunkt ein eigener Faktor a_n, als a_1, a_2, a_3 usw zu. Die gesamte Wirkungsintensitätszahl am Bezugspunkt von all diesen Wirkungsquanten ist damit die Summe über alle a_n-Werte; gemäß $\chi = a_1 + a_2 + a_3 + \ldots$. Weil dabei kein Wirkungsquantum näher als $1\,\lambda\tau$ stehen kann (Elementargrößen), sind alle einzelnen a_n-Werte kleiner als 1. Die gesamte Wirkungsintensitätszahl kann damit — je nach den Gegebenheiten — kleiner oder größer als 1 sein.

Neben der Wirkungsintensitätszahl eines bestimmten, einzelnen Wirkungsquantums sind vor allem noch zwei Summen-Wirkungsintensitätszahlen besonders wichtig: die Partikel-Wirkungsintensitätszahl φ und die Welt-Wirkungsintensitätszahl Y.

Partikel- und Welt-Wirkungsintensität **

Sowohl die Partikel- wie auch die Welt-Wirkungsintensität sind Summenwerte aus je sehr vielen Wirkungsquanten.

Die Partikel-Wirkungsintensitätszahl ist die a_n-Summe über alle, einem bestimmten Elementarteilchen (= Partikel; etwa Nukleon, Elektron) zugehörigen Wirkungsquanten. Diese wird sich als der Wirkungsfaktor zugehörigen Wirkungsquanten. Diese ist die «Feldkonstante» φ : ein konstanter Wert $\varphi = 0,934\,802\,200$, welcher das individuelle Feld der Elementarteilchen und seine elektrostatische Kraft begründet (s.u.) und welcher die Massen von Elektron, Pion und Proton bestimmt.

Die Welt-Wirkungsintensitätszahl ist die a_n-Summe über alle Wirkungsquanten des ganzen Weltalls. Dies ist die «Existenzvariable» Y : ein mit Z und η variabler Wert, der sich (s.u.) ergeben wird:

Welt-Wirkungsintensitätszahl $\quad Y = 3\eta Z$; Existenzvariable.

Die Welt-Wirkungsintensität Y' selbst, ergibt sich aus der Welt-Wirkungsintensitätszahl Y zusammen mit der Dimension in Elementar-Wirkungsintensitäten $h/\lambda\tau$ gemäß:

Welt-Wirkungsintensität $\quad Y' = Y \cdot h/\lambda\tau$.

Die Welt-Wirkungsintensität Y', die Welt-Wirkungsdichte η' und die Welt-Massendichte ϱ bilden erstaunlich einfache Verhältnisse:

$$Y'/\eta' = 4\pi R c \quad ; \quad \eta'/\varrho = R c \quad ; \quad Y'/\varrho = 4\pi R^2 c^2 .$$

Vor allem bestimmt die Existenzvariable Y das kollektive Feld des Weltalls mit seiner Schwerkraft und dem dafür definierten Gravitationsfaktor G. Zwei Elementarmassen m würden im Abstand von einer Elementarlänge λ, aufeinander die Schwerkraft $G \cdot m^2/\lambda^2$ ausüben. Diese Kraft besteht aus zwei gleichen Grundkomponenten $\frac{1}{2}G \cdot m^2/\lambda^2$: eine Masse im Feld der anderen + andere Masse im Feld der einen. Wie sich in verschiedenen Zusammenhängen ergeben und bestätigen wird (s.u.), ist die Existenzvariable Y das Verhältnis der Elementarkraft $h/\lambda\tau$ zu dieser Grundkomponente $\frac{1}{2}G \cdot m^2/\lambda^2$; gemäß:

$$Y = (h/\lambda\tau):(\tfrac{1}{2}G \cdot m^2/\lambda^2) \ ; \quad \text{damit:} \quad G = (2/Y)\cdot hc/m^2 = 2c^4/Y'$$

Die Energiedichten **

Aus ϱ, η', Y' folgt $4\pi\eta'^2/Y' = \varrho$. Dies ergibt eine Beziehung für die Energiedichte $c^2 \cdot 4\pi\eta'^2/Y' = c^2 \cdot \varrho$.

Der Ausdruck $c^2\varrho$ steht für die Massen-Energiedichte; der Ausdruck $c^2 \cdot 4\pi\eta'^2/Y'$ für die Gravitationsfeld-Energiedichte (eine ihrem Wesen nach negative Größe). Diese beiden Energiedichten sind im großräumigen Mittelwert einander gleich. Im Gegensatz zu $c^2 \cdot 4\pi\eta'^2/Y'$ unterliegt aber $c^2\varrho$ im inhomogenen Sternkosmos auch mesophysikalisch sehr starken Schwankungen. Daher ergänzen sie sich im inhomogenen Kosmos zwar über extrem große Bereiche miteinander zu Null; nicht aber über mesophysikalische Bereiche. Nur in einem vollkommen homogenen Gaskosmos oder in grenzdichten Sternen ist diese Null-Ergänzung der Energiedichten schon in mikrophysikalischen Bereichen gegeben: als Grund dafür, warum nur unter diesen Gegebenheiten Nukleonen entstehen und vergehen können. Entstehung oder Vergehung von Nukleonen hätten in inhomogenen Bereichen zeitliche Energieveränderungen im Raum zur Folge (Energiesatz-Verletzung!).

Die Gravitationsfeld-Energiedichte ist kollektiv durch die Wechselwirkung aller Masseteilchen mit allen Masseteilchen des Weltalls bedingt. Der einzelnen λ-Schale eines Nukleons könnte man daraus den Gravitationsfeld-Energieanteil $-h/T = -h/Z\tau$ zuschreiben. Dies ergibt ebenfalls, daß die Gesamtenergie eines Nukleons — die Energie seiner Masse m zusammen mit der seines bis zum Rand und Ursprung reichenden Feldes — schon für sich gleich Null ist.

Interessant ist die Analogie dieser Gravitationsfeld-Energiedichte $4\pi(\eta'c)^2/Y'$ zur Elektrofeld-Energiedichte: als Energie pro Fläche ist $\eta'c$ analog zu Ladung pro Fläche; ebenso ist Y' analog zur Dielektrizitätskonstanten, was weiterhin auf eine Beziehung dieser zur Feldkonstanten φ hinweist. Zwischen Elektrofeld und Gravitationsfeld besteht allerdings ein bemerkenswerter Unterschied: Die elektrische Größe «Ladung pro Fläche» (gewöhnlich Verschiebung D genannt) ist ein räumlich gerichteter Vektor; also ein Vektor mit je einer Komponente in den drei räumlichen Richtungen. Die Überlagerung gegensinniger Vektoren dieser Art kann sich daher zu Null kompensieren. Die Gravitationsgröße «Energie pro Fläche» ($\eta'\cdot c$) dagegen, die sich durch Multiplikation mit c aus der fundamentalen Größe «Wirkung pro Volumen» ableitet, ist sozusagen zeitartig. Sie steht senkrecht auf allen drei räumlichen Richtungen und ist daher als einkomponentige, in räumlich imaginärer Richtung weisende Größe ansprechbar. Die Überlagerung dieser Größen ergibt daher stets ihre algebraische Summe; das Quadrat davon ist negativ.

Mathematisch ausgedrückt: während die elektrische Verschiebung D Teil eines Vierer-Tensors ist, ist η' Teil eines Vierer-Vektors, der Gravitations-Feldvektor genannt sei:

$$f = (f_1, f_2, f_3, ic\eta') = \left(grad \int (\varrho c^2/4\pi r)\, dV , \; i \cdot \int (\varrho c^2/4\pi r^2)\, dV \right).$$

Der Gradient des ersten Integrals gibt den Dreiervektor (f_1, f_2, f_3). Das zweite Integral gibt $c\cdot\eta'$; mit $i = (-1)^{1/2}$ die Imaginärkomponente.

Weitab von Massenballungen und kosmisch ruhend (im Substrat) ist f gleich dem «kosmischen» f_k gleich $(0, 0, 0, \; ic\eta_k')$. Zur ausdrücklichen Kennzeichnung, daß diese Wirkungsdichtezahl ausschließlich den kosmischen Mittelwert bedeutet, ist hierbei η_k' statt allgemein η' geschrieben. Für zwei beliebige, konkrete Massen m_a und m_u ist:

$$f^2 = (f_k + f_a + f_u)^2 = f_k^2 + 2f_k f_a + 2f_k f_u + 2f_a f_u + f_a^2 + f_u^2 .$$

Das $4\pi/Y'$-fache davon — mit $Y' = 4\pi R c \eta_k'$ — ist die Feldenergiedichte. Und zwar entspricht der 1. Term der Wechselwirkungsenergie des Kosmos in sich selbst. Der 2. und 3. Term entspricht der Wechselwirkungsenergie von m_a bzw m_u mit dem Kosmos, die gleich $-2m_a c^2$ bzw $-2m_u c^2$ ist. Der 4. Term entspricht der Wechselwirkungsenergie von m_a mit m_u, die die gegenseitige Anziehung derselben bedingt. Der 5. und 6. Term entspricht dem Gravitations-Massendefekt von m_a bzw m_u in sich selbst.

Die allgemein-relativistische Raumzeitkrümmung ist nicht allein durch die Massenenergiedichte (genauer: Energie-Impuls-Tensor) gegeben, sondern durch die Summe aus dieser Massenenergiedichte ϱc^2 und der Feldenergiedichte $4\pi f^2/Y'$. In der Nähe großer Massen herrscht der Einfluß von ϱc^2 entscheidend vor. Aber in einem großen Bereich (zehnmillionen Lichtjahre) oder im ganzen Kosmos, kompensieren sich diese beiden Summanden im Mittel, so daß der Mittelwert der Raumzeit-Krümmung verschwindet. Im Gegensatz zu lokalen Massenballungen hat also der Kosmos als Ganzes keine Raumkrümmung.

Dies öffnet einen interessanten Aspekt: Alle Massen ziehen einander an — und damit ergibt sich die negative Potentialenergie. Diese ist im Raum fast homogen ausgebreitet, so daß in großen Volumina die positiven Massen-Energien und negativen Potential-Energien miteinander zu Null ausgeglichen sind: dies bedeutet Krümmungs- und Kräftefreiheit des Makro-Raumes. Ein Großraum-Volumen übt keine Schwerkraft auf ferne Massen oder ein anderes fernes Volumen aus. Nur in lokal überhöhten Massenballungen wird die Massenanziehung als Beschleunigung wirksam; etwa nahe und in Galaxien oder zwischen Gruppen-Galaxien. Auf Substrat-Galaxien wirken keine die Fluchtbewegung bremsenden oder beschleunigenden Kräfte. Die Geschwindigkeit der kosmischen Expansion wird durch Schwerkräfte nicht verändert. Dies ist ein Weltall mit konstanter Expansion, in welchem sich die Energie-Null-Bilanz bei linear wachsender Welttiefe R mit der Zeitabhängigkeit des Gravitationsfaktors G und der Weltmasse M einstellt; als einfache Lösung der allgemeinen Feldgleichung. Das Weltall ist endlich; aber nicht in Raum-Zeit-Krümmungen geschlossen, sondern offen in Unerreichbarkeit seiner expansiven Grenzen.

Die Integration über den gesamten Weltraum begründet die völlige Homogenität der Welt-Wirkungsintensität: Wo immer im Weltraum man die Bezugsstelle wählt, ergibt sich zur gleichen Zeitzahl Z auch die gleiche Welt-Wirkungsintensitätszahl; dh der gleiche Wert $3\eta Z$ als Existenzvariable Y. Dies gilt auch in extremsten Massenballungen: etwa in Grenzsternen ergibt sich schon für sich eine Wirkungsintensitätszahl Y, jedoch verbunden mit einer existentiellen Entkopplung aus dem Weltraum. Wirkungsintensitätszunahme in Ballungen verbindet sich mit gleichem Verlust durch Absonderung, bei insgesamt konstantem Wert Y der Wirkungsintensität.

Im Makrokosmos gibt es zwei zueinander komplementäre Aspekte:

Alle kosmischen Größen — vor allem Zeit, Raum, Masse — werden von der Zeitzahl Z beherrscht. Die Zeitzahl Z ist selbst weder Zeit noch Raum, sondern ein dimensionsloser Parameter: eine alle natürlichen Zahlenwerte von 1 an durchlaufende Größe. Die Zeitzahl tritt ebenso als Verhältnis von Zeit- wie von Raumgrößen in Erscheinung: $Z = T/\tau$ wie $Z = R/\lambda$.

Ist etwa $T = Z \cdot \tau$ «die» Zeit; ist etwa $R = Z \cdot \lambda$ «der» Raum des Kosmos? Ist «wirklich» der Weltraum eine «gewöhnliche» Kugel mit dieser Raumtiefe R als Radius; also mit dem Volumen $4\pi R^3/3$?

Diese Frage ist nicht schlechthin beantwortbar: Der Fernstpunkt liegt vom Hier Z Elementarlängen und vom Jetzt Z Elementardauern zurück. Dies ist aber ein relationaler Abstand; vom Hier und Jetzt eines jeden beliebigen Bezugspunktes aus gleicherweise.

Der Makrokosmos wird von zweierlei Art Größen bestimmt, die zu einander komplementär sind. Diese beiden Arten seien als «Parameter-Größen» und «Präsenz-Größen» voneinander unterschieden. Die bisherigen Größen waren Parametergrößen. Es gibt ua Parameterzeit, Parameterraum, Parametermasse einerseits — und andererseits Präsenzzeit, Präsenzraum, Präsenzmasse.

In ihrer Verschiedenartigkeit sind sie ganz analog zueinander komplementär, wie subjektiv und objektiv oder wie erkenntnisartig und wirklichkeitsartig zueinander komplementär sind. Vielleicht hilft ein Beispiel weiter:

Die allgemeine Fachmeinung (den Parametergrößen analog) ist zwar eine weitgehend «objektive» Erkenntnis, die aber für sich eigentümlich schemenhaft und unwirklich ist. Erst über die persönliche, subjektive Ansicht der Einzelperson, welche sich in ihrem Verhalten realisiert, erlangt die Fachmeinung echte Wirklichkeit. Umgekehrt ist die individuelle Einzelansicht (den Präsenzgrößen analog) zwar nur eine «subjektive» Erkenntnis; als solche aber — alle ihre Unzulänglichkeiten, Schwächen, Fehler inbegriffen — unmittelbare Wirklichkeit. Dennoch erlangt sie erst in der Orientierung an der breitfundierten Fachmeinung den Status einer echten Erkenntnis.

Die gesamte Geistesgeschichte entfaltet sich in diesem Spiel. Dieses Spiel ist die Dynamik der Geschichte. Ohne dieses komplementäre Wechselspiel zutiefst begriffen zu haben, bleibt das Wesen der Geistesgeschichte verschlossen. So viel und so aufwendig man auch sonst

Wissenschaft betreiben mag, ohne dies bleibt alles Forschen flach und leblos. Ohne diese Komplementarität ergibt sich jene geistige Sterilität, welche die intellektuelle Mittelschicht kennzeichnet und unseren Wissenschaften wie eine Krankheit anhaftet.

Wie mit dem Dualismus von Welle und Körper im Mikrokosmos, so ist es auch mit dem Dualismus von Parameter- und Präsenzaspekt im Makrokosmos: diese Aspekte verdrängen und ergänzen einander zugleich. Diese Komplementarität ist nur auf der Basis der Wirkung zu bewältigen. Denn die Wirkung ist nicht nur eine quantenphysikalische und relativistische Invariante, sondern vor allem die existentiell grundlegende Größe.

Die auf die Wirkung (als Energie mal Zeit bzw Impuls mal Länge) abgestellte Erfassung bewältigt diese Aspektkomplementaritäten im Makro- wie im Mikrokosmos exakt, einfach und elegant. Eben deshalb ist die Wirkung diese grundlegende Größe, weil sie jene komplementären Mächtigkeiten miteinander verbindet. In jedem Fall ist es wichtig, sich diese Aspekte klar zu machen, um nicht in den Fehler der Großmutter zu verfallen, welche die heutigen Preise an den früheren Einkommen mißt.

Die Beurteilung der Tragfähigkeit und Anwendbarkeit der verschiedenen Aspekten zugehörigen Größen, ist eine der schwierigsten Probleme einer jeden fortgeschrittenen Wissenschaft. Nichteinmal die Aspektreinheit einer Operation kann als unbedingte Forderung erhoben werden, indem viele Phänomene gerade als überkreuztes Zusammenkommen verschieden aspektiver Größen auftreten. Letztlich resultiert eben daraus die unüberschaubare Mannigfaltigkeit der Erscheinungen in der Welt.

Die Parametergrößen **

Die Parametergrößen sind in diesem Sinne objektive, absolute Größen.

So gibt es eine Parameter-Zeit: Zwei beliebige Galaxien sind miteinander dann parametrisch gleichzeitig, wenn ihre Zeitzahl gleich ist. Sie sind gleich alt, wenn ihre Nukleonen gleiche Zeitzahl aufweisen; dh wenn die jedem ihrer Nukleonen zukommende Wirkungsquantenanzahl gleich ist; dh praktisch, wenn sie gleichen Entwicklungsstatus besitzen. Konkret ist unsere Zeitzahl Z_0 hier und jetzt gleich 10^{41}; der Andromedanebel, ein Virgonebel, ein beliebiger Quasar ist dann mit uns parametrisch gleich alt, wenn er eben auch gleiche Zeitzahl 10^{41} aufweist.

Wann wird dies aber sein? Diese Frage schon, die eine objektiv-wirkliche Zeit voraussetzt, entgleitet in seltsame Unwirklichkeit.

So gibt es auch einen Parameter-Raum mit seinem klassischen Kugelvolumen $(4\pi/3)\,R^3$. Auch dieser hat ganz konkrete, objektive, absolute Eigenschaften: seine Dichte ϱ und seine Wirkungsdichtezahl η ist jene in unserer Umgebung; praktisch etwa innerhalb hundertmillionen Lichtjahren Umkreis. Dieser Parameterraum hat eine klassische, euklidische Geometrie ohne Krümmungen; nur nahe dichter und massereicher Sterne erscheinen lokale Krümmungen. Es ist der alle Nukleonen des Weltalls enthaltende Absolutraum.

Wo ist aber der Mittelpunkt dieser Raumkugel; wo ist die Oberfläche dieser Kugel, an welcher die Massen mit Invarianzgeschwindigkeit fliehen; was ist gar jenseits dieser Oberfläche? Auch diese Fragen, die einen objektiv-wirklichen Raum voraussetzen, entgleiten in seltsame Unwirklichkeit.

So gibt es auch eine Parameter-Masse; speziell eine Parameter-Nukleonenzahl N: Dies ist die Summe aller Nukleonen, mit einer bestimmten Zeitzahl Z; wann und wo ein Nukleon auch sein mag, wenn ihm diese Zeitzahl Z zukommt. Auch dies ist zwar ein genau definierbarer und in konkreten Zahlen angebbarer Wert, der aber keiner einheitlichen Zeitlichkeit oder Räumlichkeit einordenbar ist.

Die Parametergrößen sind eigentlich nur gedankliche, abstrakte Konstruktionen, mathematische Fiktionen. Die Parameterzeit ist eine erkenntnisartige Zeit, der Parameterraum ein erkenntnisartiger Raum: als solche ein absolutes, objektives Schema, das dem Erkenntnisakt, dem erkennenden Überschauen hervorragend dienlich ist, aber buchstäblich nicht wirklich ist. Die Parameterzeit und der Parameterraum ist keine wirkliche Zeit und kein wirklicher Raum; keine Zeit, kein Raum, in welchem die Wirkungen geschehen.

Jene eigentliche Zeit und jener eigentliche Raum, welche die Wirkungen vermitteln, ist die Präsenzzeit und der Präsenzraum. Diese sind aber nicht absolut, sondern wesenhaft relational. Es sind weniger abstrakte, als vielmehr konkrete Größen; gleichsam nicht «objektive», sondern «subjektive» Größen.

Präsenz heißt Gegenwärtigkeit. Es bedeutet wirkfähiges Gegenüber. Wechselwirkung setzt Gegenwart, Präsenz voraus. Ein Ringkämpfer kann nur mit einem präsenten Gegner ringen; nicht mit einem, der sich jetzt in einem anderen Erdteil aufhält, oder der hier schon gestorben oder noch nicht geboren ist.

In kosmisch kleinem Umkreis hat es den Anschein, als sei die Präsenz rein ein Problem des räumlichen Abstandes unter Voraussetzung der Gleichzeitigkeit, dh der «Gegenwart» im engeren Sinn. Tatsächlich ist die Präsenz ein raum-zeitliches Gegenüber. Relativistisch ausgedrückt, erfordert jede Wechselwirkung einen «Eigenzeitabstand gleich Null». Quantenphysikalisch ausgedrückt, muß die «Kehrbesenbeziehung» erfüllt sein; dh das Gegenüber wird mit der Zeit über den Raum herbeigekehrt.

All dies bedeutet das gleiche: Wirkungsgegenwart, dh eben Präsenz ist gegeben, wenn der Wechselwirkungspartner so weit in Lichtsekunden entfernt wie in Sekunden jünger ist. Die Wirkungsverbindung erfolgt mit Invarianzgeschwindigkeit; die Ursache muß also schon um soviel früher ausgegangen sein, um wieviel sie weiter entfernt ist.

Die Invarianzgeschwindigkeit c ist nicht nur relativistisch die höchste, nicht überschreitbare Geschwindigkeit, sondern auch quantenphysikalisch die Wirkungsvermittlung. Im relativistischen Aspekt bedeutet die Dauer- und Längenkontraktion zu Null bei Invarianzgeschwindigkeit, daß diese Präsenz essentiell eine wie unmittelbare, quasi-abstandslose Berührung der Wechselwirkungspartner darstellt.

Schon daraus wird deutlich, daß die Präsenzzeit und der Präsenzraum keine absoluten, bezugsunabhängigen Größen sein können.

Etwa die Schwere-Wechselwirkung zwischen zwei Nukleonen bedeutet: Kraft durch das eine Nukleon im Feld des anderen Nukleons; zugleich aber auch Kraft durch das andere Nukleon im Feld des einen Nukleons. Diese Wechselwirkung hat also zwei Komponenten, die verschieden zeit- und raumartig sind: Diese eine Komponente manifestiert sich hier bei diesem Nukleon; jene andere Komponente dort beim anderen Nukleon. Diese Komponente manifestiert sich verspätet gegenüber jener; jene Komponente aber zugleich auch verspätet gegenüber dieser: jeweils mit der Invarianzgeschwindigkeit verspätet; offenbar jeweils in einer anderen Zeitordnung verspätet.

Dazu gibt es eine Präsenzmasse, speziell eine Präsenz-Nukleonenzahl: Dies ist jene Zahl von Nukleonen, die eben mit dem jetzt und hier befindlichen Bezugsnukleon in Wechselwirkung sind; die jetzt und hier «sichtbar» sind. Damit ist es möglich, daß Nukleonen hier noch nicht präsent sind, die bei einem Z gleich unserem schon längst (parametrisch) existent sind; umgekehrt, daß Nukleonen hier noch präsent sind, die bei einem Z gleich unserem schon längst (parametrisch) verschwunden sind.

Die Präsenzzeit und der Präsenzraum sind die Träger der Wirkungen; die wirkliche Zeit, der wirkliche Raum. Diese aber sind wesenhaft relational; bezugsabhängig; aber nicht relational in Bezug auf ein relativistisches Bezugs-System, sondern auf einen existentiellen Bezugspunkt.

Jede Galaxie, überhaupt jedes Nukleon hat sein eigenes, existentielles Raum-Zeit-System; das Nukleon *ist* überhaupt dieses «sein Raum-Zeit-System».

Der Kosmos ist raumzeitlich in grandioser Einfachheit strukturiert; anschaulich begreifbar und mit elementarer Mathematik berechenbar. Der extreme Makrokosmos hat — wie der extreme Mikrokosmos — einen fast subjektivistischen Charakter.

Die Seins-Pole *

Das Weltall ist raum-zeitlich zwischen drei Polen ausgespannt; dem «Ursprungspunkt», dem «Bezugspunkt» und dem «Fernstpunkt»:

1. Der Ursprungs-Punkt (auch «Singularität» genannt): Dies ist der Anfang mit noch räumlich und zeitlich punktförmigem Weltall; noch ohne Ausdehnung. Dieser Ursprungspunkt ist ein absoluter Pol, von dem aus eindeutig die Zeitzahl Z und die Ausdehnung jedwelcher kosmischen Existenz bestimmt ist. Dieser Pol selbst ist aber in keinen Räumen und Zeiten präsent. Gleichsam: selbst unwirklich, bestimmt er alle Wirklichkeit. Der Ursprungspunkt ist Seinsanfang; mit existentiellem Charakter.

2. Der Bezugs-Punkt (auch «Beobachter» genannt): Jedes Seiende ist es selbst — und nicht auch noch ein anderes: eine fundamentale Eigenart alles Geschaffenen, deren Mißachtung von vornherein zu Irrealität und Fehlerkenntnis verurteilt. Jedes Seiende ruht wesenhaft in sich selbst —

und bezieht alles auf diesen in sich selbst gegebenen Raum-Zeit-Punkt hin. Als Bezugspunkt ist dieser wesenhaft ruhend; der Ruhepunkt in sich. Damit hat er keinen räumlichen Abstand vom Ursprungspunkt; insoferne ist er quasi-absolut.

Der Abstand des Bezugspunktes vom Ursprungspunkt ist rein zeitlich: der Bezugspunkt ist gegenüber dem Ursprungspunkt nicht gewandert, wohl aber gealtert. Er altert schneller und ist mehr gealtert als alle anderen Punkte des Weltalls: er ist der Rand der Weltzeit. Der Bezugspunkt ist räumlich die innere, zeitlich die hintere Seinsgrenze; mit relativistischem Charakter.

Dieser Bezugspunkt ist ein relationaler Pol, der frei wählbar ist. Jeder Substrat-Punkt, jede Galaxie, ist als dieser Bezugspunkt wählbar. Aus dieser großen, potentiellen Mannigfaltigkeit ist aber immer nur genau ein Punkt aktuell wählbar und gewählt; eben der Standpunkt des «Beobachters», der Ort eines Existierenden. Für uns ist das eben unser Hier und Jetzt.

Unser realer Standpunkt ist auf der Erde, dh in der Galaxis (unserer Milchstraße) hier und jetzt; nicht auch noch zugleich anderweits und andermal. Der Weltraum ist der ganze, uns umgebende Raum, aus dem wir von ringsumher Licht von Galaxien und Quasaren erblicken, die sich in 1, 3, 7, 12 milliarden Lichtjahren Entfernung befinden.

Diese Objekte sind bei uns hier und jetzt mit ihren Wirkungsquanten (begleitet von ihren Schwerewirkungen, von Licht- und Radiostrahlung, Neutrinos usw) präsent. Sie sind präsent, dh gegenwärtig als entsprechend 1, 3, 7, 12 milliarden Jahre weniger gealtert als wir; weniger alt, dh jünger als wir jetzt in unserer Zeit (wegen der Einsteindilatation sind auch die hier und jetzt präsenten Quanten ferner Objekte im Alter ihrer dortigen Erzeugung verblieben).

3. Der Fernst-Punkt (auch «Antipol» genannt): Von einem Bezugspunkt — etwa von unserem Hier und Jetzt — gibt es einen entferntesten Punkt; am weitesten räumlich draußen und am weitesten zeitlich zurück. Dieser Fernstpunkt ist wesenhaft invarianzbewegt; immer mit Lichtgeschwindigkeit c vom Bezugspunkt fortbewegt. Er ist von unserem Hier und Jetzt 14 milliarden Lichtjahre räumlich entfernt und 14 milliarden Jahre zeitlich entfernt; mit fortlaufend sich vergrößernden Entfernungen. Gegenüber dem Bezugspunkt hat er somit eine raum-zeitliche Entfernung. Weil er gegenüber unserem Hier — das in unserer Zeitordnung an der Stelle des Ursprungspunktes verblieben ist — räumlich entfernt ist, ist er in gleichem Maße auch gegenüber dem Ursprungspunkt räumlich

entfernt. Weil er gegenüber unserem Jetzt gleichweit zeitlich zurückliegt wie der Ursprungspunkt, ist er gegenüber dem Ursprungspunkt — wenigstens in unserer Zeitordnung — nicht zeitlich entfernt: zeitlich, nicht räumlich, ist er der Ursprung.

Der Abstand des Fernstpunktes vom Ursprungspunkt ist rein räumlich. Der Fernstpunkt ist gegenüber dem Ursprungspunkt nicht gealtert, wohl aber gewandert: vom Ursprungspunkt wie vom Bezugspunkt mit der quasi-unendlichen Grenzgeschwindigkeit c — ohne Zeitablauf die ganze Welttiefe R — geflohen. Er flieht in allen Richtungen zugleich; er flieht schneller und ist weiter geflohen als alle anderen Punkte des Weltalls: er ist der Rand des Weltraumes. Der Fernstpunkt ist zeitlich die vordere, räumlich die äußere Seinsgrenze; mit quantenphysikalischem Charakter.

Dieser Fernstpunkt erscheint unter verschiedenen Aspekten verschieden. Insoferne, als er für jeden der vielen, frei wählbaren Bezugspunkte anders ist, ist er relational. Insoferne, als er aber der quasi-unendliche Grenzpunkt und ohne zeitlichen Abstand vom Ursprungspunkt ist, ist er quasi-absolut.

Im Ursprungspunkt ist der ganze Kosmos erst in punktförmiger Kleinheit existent; im Bezugspunkt ist der Rand einer gealterten Weltzeit, im Fernstpunkt der Rand eines ausgedehnten Weltraumes präsent. Und eben dieses Gegenüber dieser drei Pole spannt die gigantischen Raum-Zeit-Erstreckungen des kosmischen Innenaspektes (aus der Tiefe des kosmischen Potentials gesehen) auf, mit allen Punkten des Weltalls; im Gegensatz zum punktförmigen Verschwinden des Weltalls im unvollziehbaren Außenaspekt (vom unerreichbaren Null-Potential her gesehen).

Die drei Aspekte *

Immer ist der Ursprungspunkt der absolute Anfang allen Seins, aller Materie und aller Räume und Zeiten des Alls; immer ist der Bezugspunkt unser Hier und Jetzt unserer Existenz; immer ist der Fernstpunkt das weiteste Gegenüber mit allen Räumen und Zeiten des Alls dazwischen; und immer erscheinen alle diese drei Seinspole in jeder Betrachtung. Dennoch kann jeder dieser drei Pole zum Fundament einer Betrachtung gemacht werden. Damit erscheinen drei zueinander komplementäre Aspekte:

1. Der existentielle Aspekt hat den Ursprungspunkt zum Fundament; als absoluter Orientierungspunkt des Weltalls. Damit wird der Bezugs-

punkt zur zeitlichen Grenze, am meisten gealtert und fortlaufend weiter alternd. Damit wird zugleich der Fernstpunkt zur räumlichen Grenze, am weitesten entfernt und fortschreitend weiter entfernend. Der makrokosmische Parameter Z (Zeitzahl) ist orientiert am Ursprungspunkt. Der Ursprungspunkt ist für das gesamte Weltall der Ausgangspunkt seiner Raum-Zeitlichkeit, seines kollektiven «Raum-Zeit-Feldes», in welchem es seine kollektive (ganzheitliche) Existenz begründet. Die Welt-Wirkungsintensität ist als Existenzvariable Y die Summe aller Wirkungen pro Raum·Zeit-Abstand von diesem Ursprungspunkt.

2. Der relativistische Aspekt hat den Bezugspunkt zum Fundament; als relationaler Orientierungspunkt im Weltall. Vom erwählten Bezugspunkt spannt sich essentiell dessen Raum-Zeit-Kontinuum zum Fernstpunkt aus. Verschieden gewählte Bezugspunkte haben verschiedene Raum-Zeit-Systeme, die sich ineinander relativistisch transformieren. Es erscheinen damit die relativistischen Kontraktionen; wie projektive Abbildungen. Keines dieser Raum-Zeit-Systeme enthält aber den Ursprungspunkt. Der Ursprung projiziert sich auf den konkret gewählten Bezugspunkt: dieser wird zu Mitte und Ursprung.

Der Bezugspunkt ist den Ruhemassen wesenszugehörig; jede Ruhemasse kann auch zum Bezugspunkt gewählt werden. Damit wird der Fernstpunkt den invarianzbewegten (c) Massen wesenszugehörig. Zwar hat ein invarianzbewegtes Photon oder Neutrino gegenüber verschiedenen Bezugspunkten verschiedene Energietönungen. Zugleich ist aber die Invarianzgeschwindigkeit c die gegenüber jedem Bezugspunkt in jeder Richtung immer gleichgroße, unerreichbare, quasi-unendliche Grenzgeschwindigkeit. In allen Richtungen fortgerichtete Invarianzbewegungen laufen wie in einem einzigen, absoluten Geschwindigkeitswert c zusammen, so daß sich etwa die Licht-Kugelwelle in einem punktförmig auftretenden Photon verkörpert. Zugleich ermangelt aber der Invarianzbewegung jegliche Alterung. Ebenso ist es auch mit dem in jeder Richtung zugleich invarianz-fortbewegten Fernstpunkt: er ist einerseits der wesenhaft unerreichbare, quasi-unendliche Rand allen kosmischen Seins, der das All wie mit einer Kugelfläche einhüllt; zugleich vereinigen sich in ihm alle Raumrichtungen im Ursprungsmoment wie in einem einzigen Raum-Zeit-Punkt.

So ist der Fernstpunkt eine existentielle Grenze: ein «Schwarzschild-Radius». Solche Grenzradien begrenzen das Sein in beiden Richtungen: nach unten bei den Grenzsternen (s.u.), wobei man dieser Grenze von außen gegenübersteht und diese zu einem quasi-verschwindenden Punkt entartet; nach oben beim Fernstpunkt des ganzen Weltalls, wobei man dieser Grenze von innen gegenübersteht und diese zu einem quasi-unendlichen Rand entflieht. Nach unten wie oben ist diese Grenze der Unerreichbarkeit der Invarianzgeschwindigkeit c wesensgleich.

Es gibt kein Sein jenseits dieser Grenzen. Unten wie oben ist die Schwarzschildgrenze die wesenhaft unerreichbare Grenze des Seienden; die Grenze, die zwischen dem Sein und dem Nichts scheidet. Das Weltall ist unten und oben endlich; aber dennoch offen: in Unerreichbarkeit seiner Grenzen.

3. Der quantenphysikalische Aspekt hat den Fernstpunkt zum Fundament; als wirklicher Orientierungspunkt für das Weltall. Vom Fernstpunkt her versinkt ein jedes Elementarteilchen — in allen Richtungen zugleich — mit Invarianzgeschwindigkeit c, wobei es fortgesetzt Wirkungen mit neuen Raum- und Zeitelementen erschließt, erzeugt (s.u.). Raum und Zeit geschieht; vom Fernstpunkt her zum Bezugspunkt im Teilchen. Jedes Teilchen baut seine Wirkung im Weltall immer weiter aus; in raumzeitlichen Periodizitäten: als seine Materiewelle und als sein individuelles Feld. In diesen Wirkungen — als Wellen und Felder gestaltet — vollziehen sich die quantenphysikalischen Wechselwirkungen. In dieser Wirkungserschließung begründet das Teilchen seine Existenz. Die Partikel-Wirkungsintensität φ ist die Summe all der Wirkungen eines Teilchens pro Raum·Zeit-Abstand vom Teilchen; aus allen Tiefen, angefangen am Fernstpunkt.

Weil jedes Nukleon in allen Raumrichtungen zugleich fortlaufend versinkt, erscheint — vom Nukleon als Bezugspunkt aus — der Fernstpunkt wie ein sich mit c weitender Rand, der kugelförmig das Weltall einhüllt. Weil jedes Nukleon von dort und dann ab versunken ist, wird der Fernstpunkt zum Ursprung; allerdings zum Ursprung in einem immer mehr vertieften, geweiteten Kosmos.

In diesem Aspekt ist der Kosmos zwar am Rand und Ursprung gegen das Nichts geschlossen; aber in jedem Elementarteilchen — in dessen fortlaufender Raum- und Zeiterschließung — offen. Auch in diesem Aspekt sind Rand und Ursprung die Grenze des Seins; eine wesenhaft unerreichbare Grenze, indem jede Annäherung ein Zurücklaufen in die Vergangenheit (bis zum Moment Null des Weltalls) erfordern würde.

In jedem Aspekt ist das Weltall endlich und offen; aber in Unerreichbarkeit seiner Grenzen. Möglicherweise ist dies zugleich auch eine Unerreichbarkeit im Erkennen. Vielleicht kann der Makrokosmos — wie der Mikrokosmos — nur in gegeneinander verdrängenden und zugleich miteinander ergänzungsbedürftigen Aspekten begriffen werden. Dies ist aber kein Grund zur Resignation; im Gegenteil: Erst damit öffnen sich jene weiten Horizonte, in denen die urgewaltigen Zusammenhänge des Makrokosmos aufleuchten. Denn die Offenheit selbst ist das Wesen des Seins.

Raum-Zeit-Union und Retardation **

In der Präsenz-Raumzeit ist ein Objekt um so jünger, je weiter es — von unserem Hier und Jetzt — entfernt ist.

Zwangsläufig verbindet sich also die räumliche Entfernung vom Rand (räumlich auf uns hier zu) mit der zeitlichen Entfernung vom Ursprung (zeitlich auf uns jetzt zu): Je tiefer im Raum (wir hier sind am tiefsten), um so älter in der Zeit (wir jetzt sind am ältesten) — und das Proportionalitätsmaß ist die Invarianzgeschwindigkeit c; jene Geschwindigkeit, die auch dem Licht und aller elektromagnetischen Strahlung, dh den Photonen eigen ist; ebenso auch allen Neutrinos.

In der Präsenz-Raumzeit sind sie in dieser Weise entfernt und alt. Die Präsenz ist somit gegenüber dem Parameter verzögert, «retardiert»: aus großer Entfernung ist ein noch junger Zustand — mit noch kleinerer Zeitzahl als unsere hier und jetzt — präsent. Ebenso ist aus großer Entfernung ein noch kleinerer Zustand — mit noch geringerer kosmischer Expansion als unsere hier und jetzt — präsent. Sogar die Massen sind aus großer Entfernung verzögert präsent.

Diese Präsenz-Verhältnisse, diese allein wahrhaft wirklichen Räume, Zeiten und Massen werden durch Betrachtungen erfaßbar, welche die ganzen Tiefen zusammenfassen. Dh sie werden durch Integrationen über den ganzen Kosmos erfaßbar; vom Bezugspunkt (etwa einem Nukleon hier und jetzt; etwa unserer Galaxis) aus bis zum Rand und Ursprung zurückgehend.

Vorteilhaft bedient man sich hierzu eines dimensionslosen Integrationsparameters x, der von 0 am Bezugspunkt (hier und jetzt) bis 1 (am Rand und Ursprung) läuft — und der damit die Präsenz der verschiedenen Zustände aus zunehmenden Tiefen erfaßt. Dieser Integrationsparameter erscheint ebenso als $x = r/R$ wie auch als $x = t/T$; ist also selbst weder Raum noch Zeit. Er bezeichnet aber die jeweilige Entfernung r im Verhältnis zur Welttiefe R der Bezugsstelle. Er bezeichnet zugleich die jeweilige Verzögerungszeit t im Verhältnis zum Weltalter T des Bezugsmomentes.

Also für uns hier und jetzt erfaßt x die kosmischen Verhältnisse in der räumlichen Entfernung r und in der zeitlichen Entfernung t von hier und jetzt zurück; im Verhältnis zur gegenwärtigen Welttiefe R_0 von 14 milliarden Lichtjahren und zum gegenwärtigen Weltalter T_0 von 14 milliarden Jahren.

Von den normalerweise kleinen Streubewegungen abgesehen, besitzt eine Masse (ein Nukleon, eine Galaxie) makrokosmisch immer den gleichen Abstand x vom Bezugspunkt. Die x-Größe ist also einer Masse, einer Kugelschale zu allen Zeiten immer unverändert eigen; als kennzeichnender Raum- und Zeitabstand vom Bezugspunkt.

Eine räumliche oder zeitliche Entfernung x von hier zurück, bedeutet umgekehrt eine räumliche bzw zeitliche Entfernung $1 - x$ der präsenzmäßig erfaßten Stelle vom Rand und Ursprung; bedeutet eine Stelle in der eigenen Tiefe $R_x = R(1-x)$ bzw im eigenen Alter $T_x = T(1-x)$. Damit erscheint der Faktor $(1-x)$ in den Retardierungen.

Das Produkt $x(1-x)$ ist symmetrisch zum Bezugs- und zum Fernstpunkt. Es tritt in entscheidenden Beziehungen auf: Weil $R \cdot x$ der räumliche Abstand eines Objektes vom Bezugspunkt und damit auch vom Ursprungspunkt ist, weil $T \cdot (1-x)$ der zeitliche Abstand dieses Objektes vom Fernstpunkt und damit auch vom Ursprungspunkt ist, stellt $RT \cdot x(1-x)$ das Raum·Zeit-Abstandsprodukt dieses Objektes vom Ursprungspunkt dar. Weil ein Objekt im räumlichen Abstand $R \cdot x$ vom Bezugspunkt einem Weltalter $T(1-x)$ zugehört, in welchem die Expansion des Weltalls erst $(1-x)$-fach derjenigen vom Bezugs-Weltalter T war, hat eine Kugelschale mit Radius $R \cdot x$ um den Bezugspunkt den Umfang $2\pi R \cdot x(1-x)$ und die Oberfläche $4\pi [R \cdot x(1-x)]^2$. Bei dieser tangentialen Retardierung laufen die Schwerkraftlinien jenseits $x = \frac{1}{2}$ («Welt-Äquator») wieder zusammen, so daß in Potentialanteilen — statt $R \cdot x$ — ein retardierter Radial-Abstand $R \cdot x(1-x)$ wirksam wird.

Die kosmische Raumstruktur ✳

Die Oberfläche einer Kugel des Radius $r = R \cdot x$ ist parametrisch wie klassisch gleich $4\pi [R \cdot x]^2$; dagegen präsent gleich $4\pi [R \cdot x(1-x)]^2$, so daß sie im Fernstpunkt wieder wie punktförmig zusammenläuft.

Die Retardierung mit $(1-x)$ ist für kleine Entfernungen bedeutungslos, wird bei halber Welttiefe $R/2$ gleich x selbst und wird gegen den Rand und Ursprung allein beherrschend. Jenseits halber Welttiefe $R/2$, also mit $x > 1/2$, lagern sich somit kleinere Kugelschalen um größere. Dies

Paradoxon löst sich aber einfach dadurch, daß diese «umschließende», kleinere Schale einer früheren Zeit zugehört: die umschließende Schale war früher kleiner als die umschlossene Schale später sein wird.

Ist der gesamte Raum ab Bezugspunkt ($x = 0$) in Kugelschalen der Dicke $R \cdot dx$ unterteilt, so ist das Volumen einer Kugelschale mit Radius $r = R \cdot x$ im parametrischen (klassischen) Raum gleich $4\pi [R \cdot x]^2 \cdot R\, dx$; im präsenten Raum dagegen gleich $4\pi [R \cdot x(1-x)]^2 \cdot R\, dx$. Das gesamte Raumvolumen ergibt sich als Integral von $x = 0$ bis 1 ; für den Parameterraum gleich der klassischen Kugel $4\pi R^3/3$; für den Präsenzraum zu $4\pi R^3/30$. Das Volumenverhältnis von Präsenzraum zu Parameterraum ist der «Strukturfaktor» $\sigma = 1/10$.

Das Zusammenlaufen der Präsenz-Raumzeit in äußerster Ferne zu einem einzigen Punkt, ist somit — infolge der Expansion — ein Effekt seiner Geschichte. Der Weltraum ist nicht wirklich gekrümmt (nur eine formal-mathematische Krümmung). Er ist — ganz anschaulich — in drei Raumdimensionen erstreckt.

Diese Struktur des Weltraumes im Verein mit konstanter Raumexpansion zeigt sich astronomisch in einer quasi-klassischen Verteilung der Galaxien am Firmament; in einer visuell konstanten Galaxienanzahl pro Volumen.

Die visuelle Galaxiendichte **

Es gab parametrisch eine Zeit, ab welcher keine weiteren Galaxien zu den schon gebildeten mehr dazu kamen, aber auch keine Galaxien gänzlich verschwanden. Dies dürfte etwa ab $Z = 3 \cdot 10^{40}$ — etwa vor 10 milliarden Jahren — gewesen sein. Ein Nukleonenverschwinden verminderte dann zwar die Masse der einzelnen Galaxien, nicht aber die Anzahl der Galaxien bzw der als Quasare beobachtbaren (sichtbaren, dh visuell erfaßbaren) Protogalaxien, dh Galaxien-Vorstufen.

Unter diesen Umständen bedeutet die kosmische Raumstruktur, daß bis in Entfernungen, aus denen jene Zeit präsent ist, überall gleiche Galaxiendichte prinzipiell sichtbar (visuell) ist:

Dies bedeutet konkret: Man mißt Entfernungen mit der Rotverschiebung nach dem klassischen Dopplereffekt. Hierbei betrachtet man Kugelschalen mit immer etwa 10 millionen Lichtjahren Stärke. Dann ist überall (in jeder so bestimmten Entfernung) die Anzahl der Galaxien in einer Kugelschale genau proportional dem Quadrat der Entfernung dieser Kugelschale. Anders ausgedrückt: Überall — soweit Galaxien schon da sind — ist die visuelle Galaxiendichte (Galaxienzahl pro visuelles, parametrisches Volumen) konstant.

Zurzeit reichen für die einwandfreie astronomische Beobachtung dieser Dichten-Konstanz die Beobachtungsmittel noch kaum aus. Außerdem ist die Beobachtungsauswertung nicht einfach, weil die Galaxien verschiedene Größen und Leuchtkraft besitzen und diese zudem im Laufe der Entwicklungsgeschichte ändern. Aber wohl schon in naher Zukunft ist damit die krümmungsfreie, quasi-klassische Raumstruktur des Makrokosmos bestätigbar.

Erst in jenen Tiefen, in denen noch nicht alle Galaxien geballt waren, ergibt sich eine Abnahme der pro Raumeinheit zählbaren Galaxien.

Vollständig fällt die sichtbare Materie schließlich in jenem fernen und frühen Bereich ab — etwa von 2 Jahrmilliarden nach Ursprung bis zurück zum Ursprung selbst —, in welchem die Nukleonen überhaupt erst entstanden sind; bis eben auf Null am Rand und Ursprung selbst.

Das Paradoxon (Olbers), daß nicht das ganze Firmament hell wie die Sonnenscheibe leuchtet, erklärt sich teils aus der expansionsbedingten Rotverschiebung; vor allem aber aus diesem visuellen Abfall bis auf Null gegen den Rand und Ursprung.

Symmetrie und Bezug

Der von hier und jetzt zum Rand und Ursprung laufende Parameter x ist ebenso räumlich als r/R wie zeitlich als t/T gegeben. Als Raumintegration aufgefaßt, wäre x der räumlichen Entfernung r/R von hier bis zurück zum Rand, aber $(1-x)$ dem zeitlichen Alter vom Ursprung her zuzuordnen. Ebenso ergäbe sich aber auch umgekehrt eine Zeitintegration mit x als zeitliche Entfernung t/T von jetzt zurück zum Ursprung, aber mit $(1-x)$ als räumliche Tiefe zum Rand.

Damit ist sowohl eine Raum-Zeit-Symmetrie mit Vertauschbarkeit der Raum- und Zeitgrößen, als auch eine Richtungssymmetrie mit gleicher Form der Integration, zurück wie vor, gegeben. Diese Symmetrieeigenschaft der Weltstruktur ist bereits ein starker Hinweis auf deren Realität. Dazu kommt noch eine ganz andere Symmetrie: die des Bezugspunktes.

Diese Raum-Zeit-Struktur ergibt sich mit Bezug auf einen konkreten Ausgangspunkt; etwa von uns hier und jetzt. Der Bezugspunkt kann aber ebenso auch an jeder anderen Stelle und zu jedem anderen Moment sein.

Jede Galaxie, sogar jedes Nukleon kann Bezugspunkt sein; dazu mit jeder beliebigen Zeitzahl Z als Z_0. Vor allem kann jeder «Substratpunkt» zum Bezugspunkt genommen werden.

An jeder Stelle des Weltraumes gibt es einen und nur einen quasi-absoluten Ruhezustand; mittelpunktsartig im Weltall, am symmetrischen Strahlungseinfall kenntlich. Die Mannigfaltigkeit aller absoluten Ruhepunkte des Weltalls ist das «Substrat». Alle rein systematischen Fluchtbewegungen — dh genau der Hubble-Konstanten genügend — gehören dem Substrat zu. Die Galaxien ruhen im wesentlichen im Substrat. Relative Bewegungen gegenüber dem Substrat sind die «Peculiar-Bewegungen». Die vergleichsweise kleinen Streubewegungen, mit denen die Galaxien von den systematischen Fluchtbewegungen abweichen (durchschnittlich $\pm 200\ km/sec$; in Galaxiengruppen bis $\pm 700\ km/sec$) sind Peculiar-Bewegungen; ebenso beliebige Teilmassen-Bewegungen innerhalb der Galaxien.

Das «kosmologische Prinzip» besagt, daß das Weltall in Bezug auf jeden beliebigen Substratpunkt gleichartige Raum-Zeit-Struktur besitzt. Nur sind naturgemäß in Bezug auf verschiedene Bezugspunkte die Entfernungen und Alter eines jeden Objektes verschieden: Immer liegt das ganze Weltall zwischen dem jeweiligen Bezugspunkt und dessen Fernstpunkt. Es ist aber ein konkretes anderes Objekt beim Bezugspunkt mit um so geringerem Alter präsent, je weiter es vom Bezugspunkt entfernt ist. Der Fernstpunkt ist mit dem Ursprungsmoment des Weltalls präsent. Damit ist der jeweilige Bezugspunkt immer der tiefste im Raume und der älteste in der Zeit: wie in der Mitte am Boden eines tiefen Potentialtopfes.

Damit hat also jede Galaxie, jedes Nukleon seine eigene Raum-Zeit — und keine zwei sind einander gleich. Jede Raum-Zeit eines jeden Bezugs enthält alle Ereignisse und alle Galaxien und Nukleonen in sich; aber jede in sowohl räumlich anderer als auch zeitlich anderer Ordnung. Das Nebeneinander und Nacheinander ist wesenhaft in der Raumzeit eines anderen Bezugs anders.

Betrachtet seien dazu die Objekte zwischen zwei Galaxien: was der einen Galaxie näher ist, ist der anderen ferner. Mit Bezug auf die andere Galaxie ordnen sich somit die Objekte verschieden gerichtet im Raume. Und weil sich diese Ordnung in drei voneinander unabhängigen Richtungen erstreckt, ist eben «der Raum dreidimensional». Für die räumlichen Verhältnisse ist dies selbstverständlich; nicht aber für die Zeit, die dazu ganz symmetrisch strukturiert ist.

Der Fernstpunkt hat von einem Bezugspunkt den größtmöglichen räumlichen Abstand, die volle Welttiefe R ; zugleich den größtmöglichen zeitlichen Abstand, das volle Weltalter T. Besitzt eine ferne Galaxie vom Bezugspunkt den räumlichen Abstand $R \cdot x$, so auch den zeitlichen Abstand $T \cdot x$, um welchen sie somit jünger als der Bezugspunkt ist. Eine andere Galaxie habe vom Bezugspunkt in anderer Richtung ebenfalls den räumlichen Abstand $R \cdot x$ und ist damit ebenfalls um $T \cdot x$ jünger als der Bezugspunkt. In der Zeit des Bezugspunktes sind also diese beiden Galaxien miteinander gleich alt. Wenn es nur eine Zeitdimension gäbe, müßten diese beiden Galaxien absolut miteinander gleich alt sein.

Wegen des kosmologischen Prinzips gilt aber: Mit der einen Galaxie als Bezugspunkt, ist die andere Galaxie von dieser entfernt (bei passender Wahl des Winkels etwa auch $R \cdot x$) — und damit die andere jünger als die eine (etwa um $T \cdot x$). Umgekehrt, mit der anderen Galaxie als Bezugspunkt, ist die eine Galaxie von dieser (etwa $R \cdot x$) entfernt — und damit die eine (etwa um $T \cdot x$) jünger als die andere. Diese Altersunterschiede sind aber Unterschiede in einem absoluten Parameter (gleichsam «absolutem Alter»); gekennzeichnet durch eine noch geringere Zeitzahl Z und entsprechend noch früherem Entwicklungsstadium.

Die verschieden gerichteten Zeitachsen erscheinen etwa bei der Emission eines Photonen-Schauers von einem Bezugspunkt: In der Zeit des Bezugspunktes bleiben diese invarianzbewegten Photonen konstant im Alter der Emission und konstant im Abstand vom Rand, vom Fernstpunkt. Galaxien im Abstand $R \cdot x$ vom Bezugspunkt — bei der Emission also im kleineren absoluten Alter $T \cdot (1-x)$ — werden von den Photonen erreicht, wenn diese Galaxien in ihrer eigenen Zeit das größere absolute Alter $T/(1-x)$ erreicht haben. Die Photonen laufen gleichsam in Gebiete mit immer stärker verdrehten Zeitrichtungen.

Im Grunde ist das eine ähnlich triviale Feststellung für die Zeit wie beim Raume: Mit der einen Galaxie als Bezug, sind Objekte, die auf dem Wege zur anderen Galaxie liegen, um so jünger, je näher sie der anderen Galaxie sind. Umgekehrt, mit der anderen Galaxie als Bezug, sind die gleichen Objekte um so älter, je näher sie dieser anderen Galaxie liegen. Dies ist aber keine «Zeitumkehr», kein «Zeitablauf von der Zukunft in die Vergangenheit». Es ist nur eine andersgerichtete statische Ordnung der Altersstufen der dazwischenliegenden Objekte. Das «Dazwischenliegen» ist ebenso zeitlicher wie räumlicher Art.

Aus dem Präsenzaspekt, zusammen mit dem kosmologischen Prinzip, ergibt sich dies zwangsläufig und unproblematisch. Erstaunlich ist jedoch, daß sich damit aus der dreidimensional-möglichen Erstreckung im Raume, zwangsläufig auch eine dreidimensionale Erstreckung in der Zeit ergibt.

Raum-Zeit-Aspekte *

Im Makrokosmos ist eine statische Erstreckung in einem dreidimensionalen Raum und eine statische Erstreckung in einer dreidimensionalen Zeit: ein Zueinander-Lagern in drei räumlichen bzw zeitlichen Richtungen. Unsere Erfahrung ist dagegen eine statisch dreidimensional-räumliche Erstreckung, zusammen mit einem dynamisch eindimensional-zeitlichen Ablauf. Neben dem statisch-dreidimensionalen Aspekt des Raumes wie auch der Zeit, gibt es noch einen dynamisch-eindimensionalen Aspekt der Zeit, aber auch des Raumes: ein Immer-weiter-Ablaufen in einer Alterung (zeitlich) bzw Expansion (räumlich).

Die Alterung ist keine Dehnung der zeitlichen Abstände zwischen den schon gegebenen Ereignissen, sondern ein Hinzukommen immer neuer Zeitelemente zu der für immer festliegenden Zeitlichkeit des Vergangenen. Aber eben in diesem dynamischen Fortgang ist die Zeit dem Raume wesensgleich: So ist die Expansion des Kosmos im Raume radial keine Dehnung des Raumes in sich, sondern ein immer neues Hinzukommen neuerschlossener Raumelemente beim Nukleon; dh beim jeweiligen Bezugspunkt. Weil diese Expansion nur radial vom Bezugspunkt erfolgt (tangentiale Dehnungen sind nur sekundäre Folgen), ist dieser dynamische Raumaspekt eindimensional; wie die Zeit.

Nur dadurch, daß alle Nukleonen der näheren Umgebung in gleicher Weise immer neue Raumelemente erschließen, erscheint — relativ zu uns, wie das Zugabteil für Mitreisende — der Raum als etwas Statisches, Ruhendes. Die zunehmend unterschiedlich gerichtete Raumerschließung der Nukleonen ferner Galaxien läßt — relativ zu uns, wie die zurückbleibende Landschaft für Zugreisende — die Dynamik des Raumes erscheinen: als «Nebelflucht» der Galaxien.

In statischer Zueinanderordnung ist also die Zeit ebenso dreidimensional wie der Raum. Und im dynamischen Fortgang ist der Raum ebenso eindimensional wie die Zeit. Der Kosmos ist somit in jeder Weise symmetrisch in Raum und Zeit.

Als einzige wirkliche und das Sein fundamental beherrschende Unsymmetrie — gleicherweise beim Raum wie auch bei der Zeit — ist die der Ablaufrichtung gegeben: Raum und Zeit können nicht «rückwärts» laufen; es gibt kosmisch keine Kontraktion und keine Verjüngung.

Raum und Zeit ist überhaupt ein und dieselbe Wesenheit. Raum und Zeit, Expansion und Alterung sind nur diese verschiedenen Aspekte dieser Wesenheit: Die «Zeit» ist als «innere Anschauung» der erkenntnisartige, dynamische Aspekt; der «Raum» ist als «äußere Anschauung» der wirklichkeitsartige, statische Aspekt. Deshalb empfindet man die Alterung als etwas so «Selbstverständliches»; die Expansion aber als etwas so Staunenswertes.

In diesen beiden Aspekten ergibt sich «Raum» und «Zeit» so, wie wir es eben erleben und erfahren: als 4-dimensionales Kontinuum mit den drei statischen Raumdimensionen und der einen dynamischen Zeitdimension. Dies ist ein im konkreten Bezug auf unser Hier und Jetzt gegebener Schnitt aus einer höhermannigfaltigen Mächtigkeit im Makrokosmos. Die relativistischen Kontraktionen ergeben sich als die spezielle Projektion der verschiedenen Schnitte verschiedener Bezugsysteme aufeinander. Mit diesen Projektionen (in «Transformationen» mathematisch erfaßbar) ist eine so weitgehend zutreffende Beschreibung des Kosmos möglich, daß man in der Regel mit dem 4-dimensionalen Raum-Zeit-System auskommt. Zur Erfassung des gesamten Makrokosmos ist dieses System naturgemäß überfordert: es liefert da nur noch gleichnishafte Projektionen, Abbildungen, die nur noch in speziellen Aspekten «richtig» sind. Dies ist etwa zu vergleichen mit den Abbildungen der Erdkugel in unseren Karten, die entweder auf Winkel- oder Flächentreue gefertigt werden können, aber nicht mehr auf unbeschränkte Wiedergabetreue.

Konstruktion und Physikalität *

Es gibt keine «absolute Weltzeit». Dh ein eindeutiges und bezugsunabhängiges Älter- oder Jüngersein gibt es nicht; genau analog, wie es auch kein absolutes, bezugsunabhängiges Ferner- oder Nähersein gibt.

In unserer Zeit hat der Weltraum eine bestimmte Struktur; untrennbar mit unserer Zeit verbunden. In der Zeit eines jeden Nukleons hat der Raum gleichartige Struktur. Aber immer wieder ist es eine andere, nicht trennbare Raum-Zeit-Union. Nachdem aber prinzipiell — wegen der Veränderung des Raumes mit der Zeit — keine Raumgestalt ohne Festlegung ihrer Zeitgestalt faßbar ist, gibt es auch keinen «absoluten Weltraum». Wann, dh in welchem Moment einer absoluten Zeit sollte der Weltraum diese oder jene Gestalt besitzen; wann, wenn eine solche absolute Weltzeit überhaupt nicht existiert?

Es gibt zwar viele mathematisch-logisch konstruierbare «Räume»; aber keinen wirklichen Absolutraum. So gibt es den Primitivtyp des Raumes, dessen Bild das mittelalterliche Denken beherrscht hat: den unendlich-krümmungsfreien, euklidischen Raum. Weiter gibt es die negativ-ge-krümmten Räume von Lobatschewski; die positiv-gekrümmten von Riemann; die endlich-krümmungsfreien von Matschinski; und andere mehr.

Vor allem gibt es eben den endlich-krümmungsfreien Parameter-Raum verbunden mit der Parameter-Zeit. Mit dem Parameter Z der «Zeitzahl» wird damit eine überaus instruktive und fruchtbare Betrachtung des Weltalls und seiner Geschichte möglich; gleichsam über die Köpfe aller individuellen Nukleonen-Raum-Zeiten hinweg; in einer ebenso fruchtbaren und treffenden wie eigentlich irrealen, rein geistigen Konstruktion.

Diese gedanklich konstruierten, gleichsam nur im Erkenntnisakt exi-stenten Raumkonstruktionen sind allesamt nur Modelle. Und alle sind sie — mehr oder minder — als Modelle für einen absoluten Überraum überfordert. In seinem auch begrenzten Rahmen entspricht nur der Parameterraum, welcher das unmittelbar komplementäre Gegenstück zur Mannigfaltigkeit der wirklichen, präsenten Raumzeitstrukturen im erkennenden Akt darstellt, der Wirklichkeit; als solches ist er selbst Wirklichkeit.

Überfordert sind vor allem jene «gekrümmten» Raumkonstruktionen einer allgemein-relativistischen Physik. Die Relativitätsphysik ist schon in ihrer Eigenart als solche — eben als Physik der Bezugssysteme und deren trotz Verschiedenheit «gleichberechtigten» Raum-Zeit-Struktu-ren — überfordert, wenn man von ihr ein «in höherer Raumdimension gekrümmtes, endliches Kontinuum» als Modell eines bezugsunabhängi-gen, dh absoluten Weltraumes erwartet. Damit erwartet man nicht nur einen Stilbruch der Relativitätsphysik mit sich selbst (eine wesenhafte Relativität schließt eben solche Absolutheit aus!), sondern überhaupt etwas physikalisch Irreales.

Fast unvermeidlich ergeben sich in den Wissenschaften Überforderungen gegebener Theorien. Es ist sinnvoll, fruchtbare Theorien anzuwenden, bis sich eben ihre Überforderung erweist. Die Erkenntnis der Überforderung ist der erste Schritt zur nächsten Ebene. Ein fast untrüglicher Hinweis auf Überforderung ist aber Kompliziertheit und Unanschaulichkeit.

Wie kompliziert waren die epizyklischen Planetenbahnen im geozentrischen Weltbild — und wie anschaulich ergaben sich dann die Planetenbewegungen als einfache Kreisbahnen im heliozentrischen Weltbild des Kopernikus. Die Welt ist in Anschauung und zur Anschauung geschaffen — und in der richtigen Betrachtung ist sie auch einfach und anschaulich.

Allerdings erfordern neue Grundkonzeptionen ein prinzipielles Umdenken, das naturgemäß dem auf bestimmte Denkrichtungen und Denkmethodiken eingefahrenen Spezialisten schwerer fällt als einem fachlich zwar unvorbelasteten, aber geistig hochstehenden und geübten Denker. So hatte mit der «allgemeinen Naturgeschichte und Theorie des Himmels» von Kant die gebildete Gesellschaft schon ein gutes Wissen über astronomische Fakten, die der Fachastronomie selbst aber erst rund 150 Jahre später zugänglich wurden. Die großen Geister der Geschichte schaffen nicht nur weitreichende Fortschritte, sondern hinterlassen auch schwer übersteigbare Barrieren.

Die Raum-Zeit-Struktur des Weltalls ist in wundervoller Einfachheit und Anschaulichkeit faßbar, aber nur in einer der existentiellen Wirklichkeit genau angepaßten Grundkonzeption; mit adäquaten Zulänglichkeiten und Grenzen: mit der Existenzphysik und der ihr eigentümlichen Relationalität.

Die existentielle Relationalität und die Nichtfaßbarkeit eines «absoluten Raumes» ist das existentielle Analogon zur essentiellen Relationalität der Relativitätsphysik.

Der Raum eines jeden speziell relativistischen Systems umfaßt zwar den gesamten Weltraum; aber im Raum eines jeden relativistischen Systems bilden sich die Ereignisse anders ab. Ein «absoluter Überraum», welcher alle Räume aller konkreten Bezüge umfaßt, ist weder relativistisch noch existentiell gegeben oder faßbar.

Dies ist genau wie mit den Weltanschauungen: Jede enthält jede andere und die ganze Welt abbildhaft mit in sich; aber jede eine jede andere in anderer Weise. Und verstörend, mörderisch ist der Wahn, eines umfassenden Übersystems mächtig zu sein.

Die Nichtfaßbarkeit einer absoluten Zeit und eines absoluten Raumes zwingt jedoch ebensowenig zur Resignation, wie überhaupt die Nichterstellbarkeit einer absoluten Weltanschauung in allen Bereichen des Seins. Die Mannigfaltigkeit selbst ist eben «die» Welt, das Sein. «Linienelemente» und Transformationen ergeben konkrete Aussagen.

Das Linienelement **

Das Linienelement ds ist eine nützliche Invariante zur mathematischen Beschreibung von Raum-Zeit-Strukturen.

Die relativistischen Modelle konstruieren einen expandierenden gekrümmten Raum, dessen Krümmung von der Massendichte ϱ und dem Gravitationsfaktor G abhängt. Der durch die zeitliche Funktion $F(t)$ beschriebene Expansionsverlauf ist dabei durch ein Wechselspiel aus potentieller und kinetischer Energie bestimmt. Zusammen mit der Funktion du, welche das zeitunabhängige, räumliche Linienelement darstellt, ergibt sich: $ds^2 = dt^2 - F^2(t) \cdot du^2$.

Dagegen expandiert der reale, existentielle Kosmos wesenhaft mit Invarianzgeschwindigkeit c, womit $F(t)$ gleich dem Weltalter T wird. Seine Raumstruktur und insbesondere auch die Relation zwischen Radial- und Tangentialabständen sind existentiell bestimmt. Der Gravitationsfaktor hat darauf keinen Einfluß, sondern ergibt sich selbst erst aus der Raumstruktur und der Wirkungsdichte. Zugleich ergibt sich durch die existentielle Raum-Zeit-Struktur eine charakteristische Form der räumlichen Funktion du . Das Linienelement ergibt sich im Parameter- bzw Präsenzaspekt gemäß:

Parameter: $ds^2 = dt^2 - T_0^2 \cdot [dx^2 + x^2(d\vartheta^2 + \sin^2\vartheta \, d\varphi^2)]$

Präsenz : $ds^2 = dt^2 - T_x^2 \cdot [dx^2/(1-x)^2 + x^2(d\vartheta^2 + \sin^2\vartheta \, d\varphi^2)]$

t Zeit eines Vorganges

x Abstandsparameter ; $x = r/R$

ϑ, φ Winkel in Kugelkoordinaten

T_0 Weltalter beim Beobachter (als Konstante) ; $T_x = (1-x)T_0$

T_x Weltalter bei der «damaligen» Lichtemission.

Das Parameter-Linienelement ist eine rein abstrakte Größe; ohne unmittelbare Wirklichkeit: über einen euklidischen Raum bei konstantem Weltalter verlaufend.

Das Präsenz-Linienelement ist die unmittelbare Wirklichkeit; allerdings relational: etwa bezogen auf uns hier und jetzt. Es beschreibt die raumzeitlich kosmischen Ereignisse, die mit dem bei uns hier und jetzt eintreffenden Licht präsent sind; außerdem dazu benachbarte Ereignisse, soweit dt klein gegen T_0 und soweit dx klein gegen 1 bleibt.

Das Präsenz-Linienelement hat von Anfang bis Ende des Kosmos die immer gleiche, rein kinematische Struktur; mit nur raumzeitlichen Größen. Aus dem Präsenz-Linienelement sind sofort interessante Ergebnisse ablesbar:

Für ein Photon (für welches immer $ds = 0$) auf seinem Weg zu uns (also $d\vartheta = 0$, $d\varphi = 0$) folgt aus dem Präsenz-Linienelement für jedes Zeitintervall dt die Zeit $T_0 \cdot dx$. Dies Photon benötigt somit auf seinem ganzen Weg die Zeit $t = T_0 \cdot x$; wie für einen Weg $r = R_0 \cdot x$; dh wie für den parametrischen Abstand bei T_0.

Den Doppler-Effekt eines von der Emissionsstelle x_x zu uns bei $x_0 = 0$ laufenden Photons, erhält man mit $ds = 0$, $d\vartheta = 0$, $d\varphi = 0$ aus dem Null-Werden der Differenz zweier Zeitintegrale: des Integrals von $t_x + dt_x$ bis $t_0 + dt_0$ abzüglich des Integrals von t_x bis t_0. Diese Differenz $dt_x/T_x - dt_0/T_0 = 0$ ergibt:

$$dt_x/dt_0 = T_x/T_0 = 1 - v/c .$$

Der Beobachtungswinkel $d\vartheta$ etwa einer fernen Galaxie mit dem damaligen Durchmesser D ergibt sich aus dem Präsenz-Linienelement für $dx = 0$ (tangential ausgemessen) und $d\varphi = 0$ (passend koordiniert). Mißt man D durch einen tangential laufenden Lichtstrahl der Laufzeit $dt = D/c$ aus ($ds = 0$), so folgt — mit $cT_0 = R_0$ obige direkte Ableitung bestätigend —:

$$dt = D/c = T_0 \cdot x(1-x) \cdot d\vartheta ; \quad \text{daraus:} \quad d\vartheta = D/[cT_0 \cdot x(1-x)] = D/r_x .$$

Das Präsenz-Linienelement ergibt für $dx = 0$ eine geodätische Linie; als Ausdruck für die Beschleunigungsfreiheit streubewegungsloser Massenpunkte.

Die Transformation **

Es seien zwei verschiedene Raum-Zeit-Systeme S' und S'' gegeben. Jedes hat eine radiale Raumkoordinate r' bzw r'' und Zeitkoordinate t' bzw t''. Jedes ist über den gesamten Kosmos erstreckt. System S' hat einen Nullpunkt $0'$, bei welchem $r' = 0$, $t' = 0$; System S'' hat $0''$ bei

$r'' = 0$, $t'' = 0$. Der Abstand $0'$ und $0''$ voneinander ist $r = R \cdot x$ bzw $t = T \cdot x$.

Ist speziell $0'$ zum Bezugspunkt gewählt, so werden diese radial zueinander gerichteten Raum-Zeit-Größen durch eine zweidimensionale, raum-zeit-symmetrische Transformation ineinander übergeführt. Mit folgenden Substitutionen wird diese besonders einfach:

relativistische Kontraktion $\varkappa = (1-\beta^2)^{1/2}$, wobei $\beta = v/c$
kosmischer Abstandsfaktor $\delta = (1-x^2)^{1/2}$, wobei $x = r/R = t/T$
Zeitgradient $\qquad\qquad w = v/c^2 = \beta^2/v$

Ohne die additiven Konstanten der Nullpunkt-Abstände ($0''$ von $0'$) ergibt sich die

kosmische Transformation:
$$(\varkappa/\delta) \cdot r'' = r' - v \cdot t'$$
$$(\varkappa/\delta) \cdot t'' = t' - w \cdot r'$$

In dieser ist $c = r'/t' = r''/t''$ eine Invarianzgeschwindigkeit.

Diese kosmisch-existentielle Transformation geht für kleine kosmische Abstände, dh mit r klein gegen R, in die Lorentz-Transformation der relativistischen Physik über: indem hiermit die Wurzel $(1-x^2)^{1/2} = \delta$ zu 1 wird; $\delta \rightarrow 1$.

Die Lorentz-Transformation ($\delta \equiv 1$) geht ihrerseits für zudem kleine Geschwindigkeiten, dh mit v klein gegen c, in die Galilei-Transformation der klassischen Physik über: indem hiermit auch noch die Wurzel $(1-\beta^2)^{1/2} = \varkappa$ zu 1 wird; $\varkappa \rightarrow 1$.

Wie also die Galilei-Transformation als Sonderfall kleiner Geschwindigkeiten in der Lorentztransformation enthalten ist, so ist wiederum die Lorentztransformation als Sonderfall kosmisch-kleiner Entfernungen in der kosmisch-existentiellen Transformation enthalten.

Sind $0'$ und $0''$ beides Substratpunkte, — also $v/c = r/R$, damit $\varkappa/\delta = 1$ —, so geht die kosmische Transformation über in die

Basis-Transformation:
$$r'' = r' - v \cdot t'$$
$$t'' = t' - w \cdot r'$$

Die Basistransformation unterscheidet sich von der Galileitransformation der klassischen Physik nur durch den Beifaktor w. Dieser Beifaktor w zum räumlichen Abstand r' in der Zeitgleichung verschwindet in der Galilei-Transformation zu Null. Er verschwindet mit v sehr klein gegen c.

Dieser Beifaktor $w = v/c^2$ ist der «Zeitgradient»; das Maß einer als «Verstreichung» bezeichneten Eigenschaft. Die Verstreichung ist das genaue, raum-zeit-vertauschte Analogon zur Bewegung; der Zeitgradient w (Dimension: Zeitverschiebung pro Raumdistanz) ist das entsprechende Analogon zur Geschwindigkeit v (Dimension: Raumverschiebung pro Zeitdistanz).

Die Basistransformation ist quasi-klassisch: Mit der systematischen Fluchtgeschwindigkeit treten keine relativistischen Massenvergrößerungen auf. Auch die Raum- und Zeitgrößen sind invariant; sind nicht relativistisch verändert. Die relativistischen Kontraktionen sind nur essentielle Projektionen von Raum-Zeit-Strukturen aufeinander, welche kosmisch kleine Abstände überspannen; $x \to 0$, $\delta = 1$.

Insbesondere ergibt die Basistransformation eine quasi-klassische Rotverschiebung der systematischen Fluchtbewegung: Der Nullpunkt $0''$ emittiere eine Welle der Form $sin[2\pi(r'' + ct'')/\lambda'']$. Werden darin r'' und t'' mit der Basistransformation durch $r' - vt'$ bzw. $t' - wr'$ ersetzt, so ergibt sich eine Wellenlänge λ' gemäß:

$$\lambda''/\lambda' \;=\; \tau''/\tau' \;=\; (1 - v/c) \;=\; (1 - r/R)$$

Damit ist die Entfernung r von Galaxien bis in größte Tiefen exakt bestimmbar:

$$r/R \;=\; 1 - \lambda''/\lambda' \;=\; 1 - \tau''/\tau'$$

Transformation und Relation **

Wird $0''$ und $0'$ als Emissionspunkt bzw. als Bezugspunkt miteinander vertauscht, so vertauschen sich in der Basistransformation — sonst formgleich — nur r'', t'' mit r', t' und umgekehrt. Mit jedem Substratpunkt als Bezug ergibt sich die gleiche Form der Basistransformation. Dies bedeutet, daß jeder Substratpunkt gleichartig als Bezugspunkt wählbar ist und gleichen typischen Anblick des Kosmos bietet: Die Basistransformation ist uneingeschränkt relational und dem kosmologischen Prinzip genügend.

Diese Vertauschbarkeit des Bezugspunktes ist jedoch wesenhaft zu unterscheiden von der «Umkehrfunktion», welche bei gleichgehaltenem Bezug nur formal umgekehrt r', t' durch r'', t'' ausdrückt.

Die Umkehrfunktion zur Lorentztransformation ist von gleicher Form wie diese selbst: in beiden links der gleiche Vorfaktor $(1 - vw)^{1/2} = \varkappa$. Damit muß die speziell-relativistische Physik die Frage nach ausgezeichneten Ruhepunkten offen lassen. Die Umkehrfunktion zur Basistransformation ist jedoch von anderer Form, indem bei deren Umkehrfunktion links der Vorfaktor $(1 - vw) = \varkappa \cdot \delta$ erscheint, wo bei der Basistransformation $\varkappa/\delta = 1$ steht. Damit ist nur die Transformationsrichtung der

Basistransformation quasi-klassisch; dh der Substratpunkt als Bezug ausgezeichnet.

Substratpunkte sind quasi-absolute Ruhepunkte. Dies äußert sich etwa bei der Rotverschiebung konkret darin: Wenn in einem Substratpunkt (zB $0''$) ein Photon emittiert wird, so bewegt sich dessen Welle — bis das Photon absorbiert wird — immer in diesem Raum-Zeit-System (S'') seiner Emission; wie in einem «Äther», der im System der Emission ruht. Das Photon hat seine Geschichte eingeprägt; nicht nur relativistisch in der Systemzugehörigkeit, sondern auch quantenphysikalisch: eine spätere Emission stammt aus einer Energie, die schon mehr Wirkung erschlossen hatte als eine früher emittierte. Dieser Umstand tritt jedoch in der speziell-relativistischen Physik formal nicht in Erscheinung.

Die speziell-relativistischen Systeme sind nicht beziehungslos «relativistisch», sondern in je einem Punkt quasi-absolut orientiert: in ihrem Substrat-Punkt, der praktisch etwa an einer systematischen Rotverschiebung aller Galaxien und an einem symmetrischen Einfall der Hintergrundstrahlung feststellbar ist.

Mitte und Ruhe *

Jeder Punkt des Substrats ist ein absoluter Ruhepunkt. Jede Masse, die an einem Substratpunkt ruht, hat eine conzentrische Lage im Weltall; liegt in der «Mitte». Jeder Substratpunkt repräsentiert die Mitte eines speziell-relativistischen Systems. Diesem System gehört aber auch noch jede andere Masse an, welche relativ zu demjenigen Substratpunkt ruht, welcher dieses System bestimmt; soweit diese anderen Massen auch entfernt seien. Es gibt unbegrenzt viele Substratpunkte und damit unbegrenzt viele speziell-relativistische Systeme. Mit ihren großen Ausdehnungen durchdringen sich diese gegenseitig vollständig.

In einem (in jedem beliebigen) speziell-relativistischen System hat somit immer nur ein Punkt eine conzentrische Lage: nur der im Substrat ruhende Punkt liegt im Mittelpunkt; als System-0-Punkt. Alle anderen Massen dieses Systems haben eine exzentrische Lage: sie sind damit gegenüber dem Substrat um so schneller bewegt, je weiter sie von der Mitte ihres Systems entfernt sind.

Somit existiert die absolute Ruhe als conzentrische Lage; jede absolute Bewegung als exzentrische Lage im jeweiligen System. Jedes System hat aber seinen eigenen Ruhepunkt, der wesenhaft an immer anderer Stelle liegt als der Ruhepunkt jedes anderen Systems. Deshalb ist Mitte und

Ruhe etwas Relationales: in einer vollkommenen Gleichberechtigung aller Systeme.

Jede im Substrat ruhende Galaxie hat somit absolute Ruhe: es kommt ihr existentiell keine kinetische Energie zu. Nur mit Peculiarbewegungen verbinden sich kinetische Energien, die sich jedoch auf eben diese peculiarbewegten Massen beschränken. Deshalb zeigen makrophysikalisch auch nur die Peculiarbewegungen relativistische Effekte, Peculiarbewegung ist absolute Bewegung.

Substratpunkte können einander wesenhaft nie begegnen. Eine Relativgeschwindigkeit und eine «Bewegungsenergie» von Substratpunkten gegeneinander ist wesenhaft nicht realisierbar; nicht objektivierbar.

Kosmische Dynamik

Die «Fluchtbewegung der Galaxien» erscheint im relationalen Aspekt. Im existentiellen Aspekt haben die Galaxien keine kinetische Energie. Die kosmische Dynamik — der Bewegungsverlauf der Weltmassen, der Galaxien — ist vom existentiellen Aspekt bestimmt. Sie ist überhaupt nicht von der Art, daß sie etwa durch Umsetzung von kinetischen und potentiellen Energien ineinander bestimmt würde. Sie ist nicht vergleichbar etwa mit der Bremsung der Entfernungsgeschwindigkeit von Kometen im Schwerefeld der Sonne. Die «Fluchtgeschwindigkeit der Galaxien» kann wesenhaft nicht «gebremst» werden. Dies bestätigt, was sich in anderem Zusammenhang schon ergeben hat:

Zwar wirken die Galaxien mit Schwerkräften aufeinander, was eben die negative Potentialenergie ergibt, mit der sich die positiven Massenenergien zu Null ergänzen. Aber eben diese gleichgroßen, negativen wie positiven Energien im Raum heben die Bremswirkung der eigentlichen Schwermassen-Anziehung auf. Gar eine so starke Bremsung, wie sie ein «pulsierendes Weltall» erfordern würde, wird schon durch die astronomische Beobachtung ausgeschlossen: es müßten dann seit dem «Singularitätspunkt» (rückextrapolierter Ausgangspunkt) weniger als 10 milliarden Jahre (weniger als $^2/_3$ der reziproken Hubble-Konstanten) vergangen sein, obgleich die ältesten Sterne schon 12 milliarden Jahre alt sind.

Vor allem ergibt sich aber die «Expansion des Weltalls» als Umkehraspekt aus der Raum-Zeit-Erschließung durch die Nukleonen. Dies ergibt wesenhaft eine konstant mit Invarianzgeschwindigkeit c ablaufende Expansion: als Urphänomen, das nicht durch anderes bedingt ist, sondern seinerseits alles andere bedingt.

Was ist überhaupt die Bewegungsenergie?

Die kinetische Energie   *

Die kinetische Energie — dh die Bewegungsenergie — ist eine der wichtigsten Energieformen. Das gesamte Geschehen wird dadurch beherrscht: Das Kreisen der Planeten, alle technischen Bewegungen usw. Sogar die Wärme ist kinetische Energie der Atome in der Materie.

Kinetische Energie ist immer die Energie der Bewegung einer Masse relativ zu einer anderen Masse: eines Planeten relativ zur Sonne; eines Autos relativ zur Landstraße oder zu anderen Autos; eines Ultrastrahls gegen das Laborgerät usw. Nur in der Wechselwirkung ist die kinetische Energie realisierbar. Damit wird der Grund für die Leerheit des relativistischen Problems der kinetischen Energie sichtbar; ein Beispiel:

Auf ein relativ zur Erde ruhendes Atom wirkt eine kurzdauernde Beschleunigung, so daß nach deren Endigung dieses Atom die Geschwindigkeit v gegen die Erde besitzt. Vorher wie nachher ist dieses Atom ein speziell-relativistischer Bezugspunkt. Bezogen auf das Atom hatte die Erdmasse vorher die Bewegungsenergie Null; nachher aber den Riesenwert von Erdmasse mal $v^2/2$. Alle Galaxien des Weltalls haben in diesem Bezug auf das Atom ihre Geschwindigkeiten mit dem Vektor v verändert, was relativistisch Energieverschiebungen in Größenordnung der Energie des ganzen Weltalls bedeuten müßte.

Derartige «Energien» sind gar nicht realisierbar: um diese kinetischen Energien der Galaxien gegen das Atom zu realisieren, müßte den Galaxien jener Bewegungszustand erteilt werden, welchen diese relativ zum Atom vor dessen Beschleunigung hatten. Dies sind also existentiell irreale Energien. Statt dessen sind immer nur jene kleinen Energien realisierbar, welche sich an die Atommasse selbst knüpfen; dh welche eben bei der Beschleunigung in diese investiert wurden und welche bei Zusammenstößen wieder freigesetzt werden.

So wichtig die kinetische Energie ist, so eng ist zugleich der relationale Aspekt, der ihr zukommt. Komplementär dazu gibt es den relationalen Aspekt eines «Potentialtopfes».

Der Potentialtopf   **

Das Potential (genauer: das Gravitationspotential) ist das Energieniveau, das durch die Schwerkräfte der Massen des Weltalls an einer Bezugsstelle gegeben wird.

Schwerkraft zwischen zwei Massen ergibt sich durch eine Masse im Feld der anderen Masse plus andere Masse im Feld der einen Masse.

Diese beiden Kraftkomponenten greifen nicht nur räumlich, sondern auch zeitlich unterschiedlich an: das bei der einen Masse wirkende Feld ist von der anderen Masse früher erstellt worden; das bei der anderen Masse wirkende Feld ist von der einen Masse früher erstellt worden: auch Schwerewirkungen breiten sich mit Invarianzgeschwindigkeit aus.

Die Schwerkraft zwischen zwei Massen wird üblicherweise durch die sogenannte «Gravitationskonstante» G ausgedrückt: Schwerkraft ist G mal erste Masse mal zweite Masse durch Abstandsquadrat. Besser sei jedoch G als «Gravitationsfaktor» bezeichnet, weil sich G gar nicht als über alle Zeiten konstant erweisen wird. Der mit einem Nukleon in der kosmischen Entfernung r (dh $R \cdot x$) wirksame Gravitationsfaktor sei als G_x bezeichnet.

Das Potential an einer Stelle (Bezugsnukleon) wird durch die umliegenden Massen bestimmt. Weil das Potential der absoluten Energie zugehört — und nicht etwa resultierenden Schwerkraftwirkungen —, ist die Richtung, in der die Massen liegen, bedeutungslos. Es ist also gleichgültig, ob die Massen etwa alle unsymmetrisch auf einer Seite, oder symmetrisch auf einer konzentrisch umgebenden Kugelschale liegen.

Mit einem Vorfaktor $\frac{1}{2}$ (analog zur geladenen Hohlkugel) ist der relationale Potentialbeitrag $d\Phi_r$ einer im Abstand r_x wirkenden Masse m_x gleich $-\frac{1}{2}G_x m_x / r_x$. Die Masse einer Kugelschale ist aber gleich ihrem Volumen mal ihrer Massendichte. Dieser Potentialbeitrag einer Kugelschale ist also $\frac{1}{2}G$ mal Volumen mal Massendichte/Abstand. Diese einzelnen Größen sind in der heutigen Welttiefe R und Zeitzahl Z ausdrückbar:

Eine kosmische Kugelschale des Radius $r = R \cdot x$ besitzt mit ihrer $(1-x)^2$-retardierten Oberfläche bei einer dünnen Wandstärke $dr = R \cdot dx$ das Kugelschalen-Volumen $4\pi R^3 \cdot x^2 (1-x)^2 dx$.

Die Massendichte wurde gemäß $\varrho = (\eta m/Z) \cdot 3/4\pi \lambda^3$ als Funktion von der Zeitzahl Z und der parametrischen Wirkungsdichtezahl η ermittelt. Die Kugelschale mit r-Radius ist jedoch mit der Zeitzahl Z_x gemäß $Z_x = (1-x) \cdot Z$ präsent. Die präsente Massendichte ist $(1-x)$-fach der für Z_x geltenden parametrischen Massendichte. Indem sich diese beiden Faktoren — je $(1-x)$ im Zähler und Nenner — wegheben, ergibt sich damit die präsente Massendichte $(\eta_x m/Z) \cdot 3/4\pi \lambda^3$.

Wegen der tangentialen Retardierung der Kugel-Oberflächen mit $(1-x)^2$ ist die Feldliniendichte insgesamt proportional $[x(1-x)]^{-2}$; also eine zu $x = \frac{1}{2}$ räumlich symmetrische Schwerkraftwirkung. Somit wirkt der Abstand $R \cdot x$ zur Bestimmung des Potentials (wie beim Beobachtungswinkel) als mit $(1-x)$ retardiert; gemäß $r_x = R \cdot x (1-x)$.

Mit diesen Teilfaktoren — und mit $Z_x = Z(1-x)$ — ergibt sich der Potentialbeitrag $-d\Phi_r$ dieser Kugelschale zu:

$$-d\Phi_r = (mZ^2/R) \cdot \tfrac{3}{2} \cdot G_x \eta_x (1-x) x \cdot dx = \tfrac{3}{2} \cdot G_x \eta_x Z_x (m/\lambda) x \cdot dx$$

Damit kommt man über eine Integration dann zu einem quadratischen Potentialtopf mit dem relationalen Potential $x^2 c^2/2$ über dem tiefsten Potential 0 am Bezugspunkt bei $x = 0$, wenn:

$$\tfrac{3}{2} \cdot G_x \eta_x Z_x \cdot (m/\lambda) = \tfrac{3}{2} \cdot G\eta Z \cdot (m/\lambda) = c^2 \; ; \qquad \text{damit wird}$$
$$\tfrac{3}{2} \cdot G\eta Z = hc/m^2 \; ; \quad \text{also} \quad G = (2/3\eta Z) \cdot hc/m^2$$

In diesem Aspekt wirkt also jede Schale mit derart eigenen Werten, daß $G_x \eta_x Z_x$ eine Invariante für alle x darstellt.

Auch in diesem relationalen Aspekt ergibt sich mit $Y = 3\eta Z$ der

Gravitationsfaktor $\quad G = (2/Y) \cdot hc/m^2 = 2c^4/Y'$.

Bewegung und Potential *

Existentiell haben die Substratpunkte keine Eigenbewegung, so daß keine kinetische Energie existiert. Existentiell ist überall im Weltall das gleiche, kosmische Potential $-c^2$, so daß kein Potentialgefälle existiert. Relational erscheint aber doch die Fluchtbewegung und der Potentialtopf.

Das relationale Potential $x^2 c^2/2$ ist genau gleich $v^2/2$ der Fluchtgeschwindigkeit v dieser Stelle des Substrats gegenüber dem Bezugspunkt: In diesem relationalen Aspekt hat damit eine Substratmasse m_x gleiche potentielle wie kinetische Energie $m_x \cdot x^2 c^2/2$.

Nichts im Weltall kann gegen den Rand und Ursprung laufen. Jeder bewegte Gegenstand und jede emittierte Strahlung läuft immer nur in noch größere räumliche und zeitliche Abstände vom Rand und Ursprung. Dies bedeutet, daß mit auf uns hergerichteten Vorgängen ein umgekehrtes Potentialgefälle wirksam wird, als mit weggerichteten Vorgängen. Damit lösen sich einige kritische Probleme:

1. Rotverschiebung: Das von fernen Galaxien zu uns kommende Licht läuft — im relationalen Aspekt — wie gegen ein Potentialgefälle herauf. Dadurch wird im relationalen Aspekt der relativistische Dopplereffekt

der Fluchtbewegung mit näherungsweise $1 - x^2/2$ zur quasi-klassischen Rotverschiebung $\lambda''/\lambda' = 1 - x$ korrigiert.

2. Energieverteilung: Auf uns her bezogen erscheint im relationalen Aspekt für die systematisch fluchtbewegten Galaxien deren potentielle Energie negativ gleich ihrer kinetischen Energie, so daß die Summe beider Energien überall verschwindet. Umgekehrt würde die weggerichtete Fluchtbewegung bedeuten, daß die Summe beider Energiebeträge am Rand bei $x = 1$ die existentielle Energie (Masse mal c^2) erreichen würde.

3. Bewegungsenergie: Welche Energien haben die Galaxien vor und nach der Beschleunigung einer Bezugsmasse (Atom)? Gegenüber dem anderen System, welchem die Bezugsmasse nachher angehört, haben sie keine andere Energie als gegenüber dem einen System, welchem die Bezugsmasse vorher zugehörte: Im existentiellen Aspekt besitzen die Galaxien gegenüber den Substratpunkten, welche die Systeme repräsentieren, überhaupt keine Energien; im relationalen Aspekt bleibt die Summe aus kinetisch und potentiell veränderten Energien unverändert. In der Energiebilanz erscheint immer nur jene individuell in der Bezugsmasse selbst investierte Energie, die sich allein mit den örtlichen Massen von anderen Systemen zu realisieren vermag: Beschleunigung eines Massenpunktes ist Wechsel des Systems und der Exzentrizität. Mit der Trägheitskraft — dem Widerstand gegen den Systemwechsel — manifestiert sich die kinetische Energie. Mit der Exzentrizität manifestiert sich die potentielle Energie.

Mag auch formal der relativistische Aspekt weitgehend durchführbar sein, so wird er unter extremen Verhältnissen (zB ein Ultrastrahl-Proton als Bezugsmasse) doch unvernünftig überstrapaziert. Im besonderen gilt dies etwa für «rotierende Bezugssysteme» und ihre überinvarianten Tangentialgeschwindigkeiten und periodischen Beschleunigungen in größeren Entfernungen. Wie der quantenphysikalische Aspekt, so auch der relativistische: Obgleich innerhalb ihres Rahmens glänzend bewährt und für physikalisches Verständnis unentbehrlich, hat doch jeder Aspekt seine Grenzen; als Grundeigenart allen Seins.

Die Verbindungen des quanten- und relativitätsphysikalischen Aspektes zur Existenzphysik sind mannigfaltig; in gegenseitiger Begrenzung und zugleich Ergänzung. Damit erscheinen h und c als die Grundgrößen der Existenzphysik. Diese sei nun wieder spezifisch aufgegriffen.

Wirkung und Expansion *

Auf der ganzen Erde intensiviert sich die Kosmologie. Tatsächlich ist das Verständnis des Kosmos grundlegend für das Selbstverständnis des Menschen; seit eh und je Kultur- und Geistesgeschichte entscheidend mitbestimmend.

Der Prüfstein für alle diese physikalischen, mathematischen oder auch nur ideologischen Konstruktionen ist das Verhältnis dieser Modelle zur Wirkung und Expansion. Dies ist naturgegeben, denn das Wirkungsquantum h und die Invarianzgeschwindigkeit c sind schlechthin die beiden Grundkonstanten in allen Bereichen des Kosmos.

Allein schon an der fundamentalen Bedeutung der Wirkung, welche Energie mal Zeit, dh Masse mal Invarianzgeschwindigkeitsquadrat mal Zeit ist, scheitern ausnahmslos alle Modelle mit «ewiger Materie». Diese Modelle besitzen naturgemäß keine Zeitzahl: ihre Zeit kommt ja von unbegrenzt her. Diese Modelle hätten somit alle zwangsläufig eine unbegrenzt große und ständig noch wachsende Wirkung und Wirkungsdichte; Dinge der Unmöglichkeit. Dies gilt insbesondere für alle «Steady-state-Modelle» (Hoyle, Bondi) mit konstanter Massendichte und mit der Fluchtgeschwindigkeit c als «Welthorizont»; ebenso für alle «Pulsations-Modelle» mit konstanter Weltmasse; erst recht für die primitiven statischen Modelle eines ewigen Alls.

Real ist nur ein endlicher Anfang vor einem bestimmten Weltalter T; gemäß $T = \tau \cdot Z$. Real ist zudem nur eine mit der Invarianzgeschwindigkeit c identische Expansion. Dies bedeutet eine endliche Welttiefe R; gemäß $R = \lambda \cdot Z$.

Die Zeitzahl Z und die Wirkungsdichtezahl η bestimmen den Gravitationsfaktor G und beherrschen damit die kosmische Geschichte. Es können jedoch nur ganz bestimmte Wirkungsdichte-Funktionen von der Weltzeit real sein.

Der Wirkungsdichte-Exponent **

Die Anzahl der Wirkungsquanten pro Volumen des den Bezugspunkt bzw einen sonst betrachteten Punkt großräumig umgebenden Raumes, ist die parametrische Wirkungsdichtezahl η. Die Veränderung dieser örtlichen, parametrischen Wirkungsdichtezahl η, welche im Anfang bei $Z = 1$ den Wert η_a habe, wird am besten durch einen Wirkungsdichteexponenten ε angegeben:

Wirkungsdichtezahl $\quad \eta = \eta_a \cdot Z^\varepsilon$

Damit ergeben sich eine parametrische Weltnukleonenzahl N und eine örtlich-meßbare, parametrische Dichte ϱ gemäß:

Welt-Nukleonenzahl $\quad N = \eta Z^2 = \eta_a \cdot Z^{\varepsilon+2}$
Massen-Dichte $\quad \varrho = \varrho_1 \eta/Z = \varrho_1 \cdot \eta_a \cdot Z^{\varepsilon-1}$

Mit ϱ_1 gleich $1{,}729\,668 \cdot 10^{14}\ g/cm^3$ als der Elementardichte.

Mit verschiedenen Exponenten ε würde sich somit ergeben:

$\varepsilon = +1 \quad$ konstante Welt-Massendichte ϱ
$\varepsilon = 0 \quad$ konstante Welt-Wirkungsdichte η'
$\varepsilon = -1 \quad$ konstante Welt-Wirkungsintensität Y'
$\varepsilon = -2 \quad$ konstante Welt-Nukleonenzahl N
$\varepsilon = -3 \quad$ konstante Welt-Wirkungsquantenzahl W

Jeweils die vier anderen Größen wären damit entsprechend veränderlich. Die Veränderlichkeit des Kosmos in der Zeit ist wesenhaft; dh ein «ewiger Kosmos» ist wesenhaft unmöglich: Es gab einen Anfang mit $Z = 1$.

Aber auch mit endlichem Anfang sind nur ganz bestimmte Exponenten ε möglich.

Zuerst seien die Möglichkeiten für ε in der Anfangszeit betrachtet; also ab $Z = 1$ der ersten Elementardauer der kosmischen Zeit.

Ein Anfang mit $\varepsilon \leqslant -1$ ist unmöglich: Damit hätten — um zu den heutigen Verhältnissen führen zu können — gigantische Anfangswirkungsdichten gegeben gewesen sein müssen; über 10^{40} Wirkungsquanten pro Elementarvolumen. Wo hätten überhaupt diese gewaltigen Wirkungen — dh Energie·Zeit-Produkte — herkommen sollen, wenn die Zeit überhaupt erst beginnt?

In der Anfangszeit war ε notwendig merklich größer als -1. Tatsächlich genügt nur $\varepsilon = 0$ während einer längeren Anfangszeit der Beziehung Wirkung = Energie·Zeit. Und diese Konstanz der Wirkungsdichtezahl η wird wiederum nur mit dem Anfangswert $\eta_a = \eta_1 = 1$ erfüllt. Damit ergeben sich erfreulich einfache Funktionen für die kosmischen Größen während einer längeren Anfangszeit:

$\varrho = \varrho_1 \cdot Z^{-1} \quad ; \quad$ reziprok-lineare Dichte
$\eta = 1 \quad ; \quad$ konstante Wirkungsdichtezahl
$M/m = Z^2 \quad ; \quad$ quadratische Nukleonenzahl

Es entstanden also in der Anfangszeit laufend Nukleonen; quadratisch mit der Zeitzahl ansteigend, wobei der Gravitationsfaktor G linear mit der Zeitzahl abfiel.

Die Erhaltung der Energie gegenüber jedem beliebigen Bezugspunkt erfordert für diese Nukleonenentstehung die vollkommene Homogenität: Entstehung als «Einzelnukleon» in einem Entstehungsfeld mit über den ganzen Kosmos ausgedehnter Auftritts-Unbestimmtheit; in einem Kosmos mit wesenhafter Vertauschbarkeit der Nukleonen ohne jede Individualität. Jedes neu entstehende Nukleon tritt mit voller Wirkung $h \cdot Z$ ins Dasein; wie das erstentstandene Nukleon und fähig, als dieses zu erscheinen.

Keinesfalls könnten Nukleonen als Massenballungen entstehen, weil solche immer lokale Störungen der Energieerhaltung und verschieden geartete Nukleonen zur Folge hätten. Schon gar nicht könnten Nukleonen in explodierenden Massenballungen — vergleichbar den Supernovae (Jordan) — entstehen, die ihre Expansionsenergie fast schlagartig aus dem Weltraum entnehmen müßten. Diese Nukleonenentstehungen sind somit nicht als Umkehrung des Nukleonenverschwindens mit grenzschweren Sternen auffaßbar, denn Kontraktionsenergie ist in den Weltraum abstrahlbar.

Mit Endigung der Homogenität bei der Inhomogenisierungs-Zeitzahl Z_i endete zwangsläufig auch die Nukleonenentstehung.

Weil der Wirkungsdichte-Exponent bis Z_i immer 0 ist, sei weiterhin erst ab Z_i mit einem Wirkungsdichte-Exponenten ε gerechnet. Sind ϱ_i, η_i und N_i die bei Z_i gegebenen (parametrischen) Größen, so erscheint der Ansatz mit dem Wirkungsdichte-Exponenten ε in der Form:

$$\varrho = \varrho_i (Z/Z_i)^{\varepsilon-1} \quad \text{wobei} \quad \varrho_i = \varrho_1/Z_i$$
$$\eta = \eta_i (Z/Z_i)^{\varepsilon} \quad \text{wobei} \quad \eta_i = 1$$
$$M/m = N_i (Z/Z_i)^{\varepsilon+2} \quad \text{wobei} \quad N_i = Z_i^2$$

Diese Beziehungen gelten entsprechend für mittlere ε, wenn sich ε zwischen Z_i und Z verändert.

Nur für eine Anfangszeit ist notwendig der Wirkungsdichte-Exponent ε größer als -1; konkret $\varepsilon = 0$. Ist einmal eine große Anzahl $N_i = Z_i^2$ Nukleonen entstanden, so kann ε auf kleinere Werte als -1 abfallen. Simpel ausgedrückt: Damit etwas existieren kann, muß erst einmal etwas entstehen; dieses kann dann aber später wieder vergehen.

Mit Endigung der Nukleonenentstehung bei Z_i fällt ε auf einen Wert zwischen -2 und -3. Der Grenzwert $\varepsilon = -2$ bedeutet konstant bleibende Nukleonenzahl; weder Entstehung noch Vergehung von Nukleonen. Der Grenzwert $\varepsilon = -3$ bedeutet dagegen extrem schnelles Vergehen der Nukleonen; durch Ballung zu grenzdichten Sternen mit vollständiger Umsetzung der Ruhemassen (Nukleonen) in Strahlungsmassen (Neutrinos), welche parametrisch mit $1/Z$ schwinden.

Weil unmittelbar nach der Inhomogenisierung noch keine für ein Nukleonenverschwinden ausreichend dichten Ballungen auftreten konnten, war der Wirkungsdichte-Exponent ε bis etwa 1 milliarde Jahre nach der Inhomogenisierung praktisch gleich -2. Aber schon etwa 5 milliarden Jahre nach der Inhomogenisierung war ein weit überwiegender Teil der Nukleonen verschwunden, womit ε bereits bis nahe an -3 abgefallen war.

Die effektive Wirkungsdichte **

Zur Beurteilung der prinzipiell möglichen Wirkungsdichten in der Geschichte des Weltalls, genügte der Parameter-Aspekt. Sobald aber quantitative Ergebnisse zu gesamtkosmisch orientierten Größen — wie Y oder G — gesucht werden, ist mit der effektiven Wirkungsdichtezahl η_{eff} zu rechnen: das ist ein integraler Mittelwert über alle η_x. Mit dieser effektiven Wirkungsdichtezahl ergibt sich die

Existenzvariable $Y = 3Z \cdot \eta_{\text{eff}}$, damit $G = (2/Y) \cdot hc/m^2$.

In folgenden Präsenz-Ableitungen sei — statt vom Bezugspunkt mit x — vom Fernstpunkt («Rand und Ursprung») mit z parametrisiert. Es sei also $1-x = z$ substituiert. Es ist $z = Z_z/Z$, konkret $z_i = Z_i/Z$. Die wichtigsten Präsenz-Formeln sind symmetrisch in x und z.

Eine Kugelschale mit dem Radius $R \cdot x = R(1-z)$ ist mit einem Alter $T_z = z \cdot T$ mit einer Wirkungsdichtezahl η_z präsent; also mit einer Wirkungsdichte $\eta_z' = \eta_z \cdot h/V_1 = \eta_z \cdot h \cdot 3/4\pi \lambda^3$. Bei dem Kugelschalen-Volumen $V_z = 4\pi R^3 \cdot z^2 (1-z)^2 dz = 4\pi Z^3 \lambda^3 \cdot z^2 (1-z)^2 dz$ ist die aus dieser Schale präsente Wirkung gleich $\eta_z' \cdot V_z$. Mit dem Raum·Zeit-Abstand $s_z = R T \cdot z(1-z) = Z^2 \cdot \lambda \tau \cdot z(1-z)$ der Schale zum Ursprungspunkt ergibt sich der Wirkungsintensitätsanteil dY' aus dieser Schale zu $\eta_z' \cdot V_z/s_z$; also $dY' = (h/\lambda\tau) \cdot 3Z \cdot \eta_z \cdot z(1-z) dz$.

Das Integral über $\eta_z \cdot z(1-z)\,dz$ von $z = 0$ bis 1 heiße die

effektive Wirkungsdichtezahl $\quad \eta_{eff} = \displaystyle\int_0^1 \eta_z \cdot z(1-z)\,dz \quad$; also

Welt-Wirkungsintensität $\qquad Y' \ = \ 3Z \cdot \eta_{eff} \cdot (h/\lambda\tau)$
Welt-Wirkungsintensitätszahl $\ Y \ = \ 3Z \cdot \eta_{eff}$; Existenzvariable

Der Gravitationsfaktor $\ G \ = \ (2/Y) \cdot hc/m^2 \ = \ 2c^4/Y'$ wird damit:
Gravitationsfaktor $\ G \ = \ (2/3Z\eta_{eff}) \cdot hc/m^2$.

Die Existenzvariable ✻

Um die Existenzvariable $Y = 3Z\eta_{eff}$ als Funktion vom Weltalter T zu ermitteln, wird — für $Z \geq Z_i$ — das η_{eff}-Integral in zwei Teilintegrale aufgespalten. Das erste Teilintegral geht vom Ursprung bei $z = 0$ bis zur Inhomogenisierung bei $z = z_i$, wobei $\eta_z \equiv 1$. Das zweite Teilintegral geht ab der Inhomogenisierung bei $z = z_i$ bis zum Bezugspunkt bei $z = 1$, wobei $\eta_z = (z/z_i)^\varepsilon$. Damit:

$$\eta_{eff} \ = \ \int_0^{z_i} z(1-z)\,dz \ + \ \int_{z_i}^1 (z/z_i)^\varepsilon \cdot z(1-z)\,dz$$

Der Ursprung — mit $Y = 1$ — wird in seiner Singularität selbst zwar noch nicht mit erfaßt. Aber schon bei winzigsten z-Werten liefern die Integrale exakte Werte.

Solange der Bezugspunkt $z = 1$ selbst noch im Homogenkosmos liegt — also $Z \leq Z_i$ —, hat η_{eff} den konstanten Wert $1/6$. In diesem Bereich des homogenen Entstehungskosmos war $Y = \frac{1}{2}Z$. In diesem Bereich stieg Y bis $\frac{1}{2}Z_i$; konkret Y_i rund $1/3 \cdot 10^{40}$.

Je weiter der Bezugspunkt im inhomogenen Gestaltungskosmos liegt — also $Z > Z_i$; dh $z_i < 1$ —, um so kleiner wird das erste Teilintegral, das nun den Wert $z_i^2/2 - z_i^3/3$ annimmt. Die η_{eff}-Funktion, dh die Summe beider Teilintegrale, fällt ab Z_i immer weiter ab. Damit steigt $Y = 3Z\eta_{eff}$ nach Z_i anfänglich noch weiter an, erreicht bei $Z_m > Z_i$ ein Maximum, fällt nach Z_m wieder ab um am absoluten Weltende Z_e wieder bei $Y = 1$ anzulangen.

Diese η_{eff}-Funktion ist nur wenig vom ε-Wert abhängig. Insbesondere ergeben sich kaum Abweichungen, wenn man ab z_i bis $z = 1$ einen konstanten ε-Mittelwert ansetzt (statt einer Funktion).

Aus dem gemessenen heutigen G_0 folgt mit $G_0 = (2/Y_0) \cdot hc/m^2$ direkt Y_0. Bei dem zu rund 14 milliarden Jahren ermittelten Weltalter T_0, womit recht genau $Z_0 = 10^{41}$ wird, ergibt sich $Y_0/3Z_0 = \eta_{eff_0}$; also:

heutiger Gravitationsfaktor	G_0 =	$6{,}6732 \cdot 10^{-8}\ dyn\,cm^2/g^2$
heutige Existenzvariable	Y_0 =	$2{,}1286 \cdot 10^{39}$
heutige effektive Wirkungsdichtezahl	η_{eff_0} =	$0{,}007095$ = $1/141$

Zusammen mit einem willkürlich angesetzten ε ist damit die ganze η_{eff}-Funktion bestimmbar; insbesondere $z_i = Z_i/Z_0$ und damit Z_i; ferner Z_m und Z_e. Konkret mit konstantem ε ergibt sich:

	z_i	Z_i	T_i	Z_m	T_m	Z_0	T_0	Z_e	T_e
$\varepsilon = -2$	5,370	5,4	0,75	16	2,2	1	14	84	11,8
$\varepsilon = -2{,}5$	6,710	6,7	0,94	16	2,2	1	14	3,4	0,48
$\varepsilon = -3$	7,689	7,7	1,08	16	2,2	1	14	2,7	0,38
mal	10^{-2}	10^{39}	$10^9 a$	10^{39}	$10^9 a$	10^{41}	$10^9 a$	10^{80}	$10^{50} a$

Liegt der Bezugspunkt in der extrem langen Endphase des Weltalls — für $z_i < 10^{-20}$ (bis Endwert rund 10^{-40}) und für $-2{,}1 \geq \varepsilon \geq -3$ —, so nimmt das erste Teilintegral den Wert $z_i^2/2$ an; das zweite Teilintegral den Wert $-z_i^2/2{+}\varepsilon$. Damit wird:

$$Y = 3Z \cdot z_i^2 \cdot (1/2 - 1/2{+}\varepsilon)\,; \quad \text{also} \quad Y \cdot Z = 3Z_i^2 \cdot (1/2 - 1/2{+}\varepsilon)$$

Weil die End-Zeitzahl Z_e mit $Y = Y_e = 1$ erreicht wird, gilt:

$$Z_e = 3Z_i^2 \cdot (1/2 - 1/2{+}\varepsilon)\,; \quad \text{für } \varepsilon = -2 \text{ ist } Z_e = 3Z_i^2 \cdot (ln\,Z_e/Z_i - \tfrac{1}{2})$$

Die Potentialgleichung **

Der existentielle Potentialbeitrag $-d\Phi = \tfrac{1}{2}G \cdot dM_x/r_x$ einer im wirksamen Abstand $r_x = R \cdot x(1-x) = R \cdot (1-z)z$ stehenden Masse $dM_x = dM_z$:

$$-d\Phi = (G/2R) \cdot dM_z/z(1-z)$$

Über den gesamten Weltraum — mit der Welt-Wirkungsquantenzahl W — gilt: Weltwirkung $= M \cdot c^2 T = W \cdot h$. Bei so großem Teilvolumen dV_z, daß die Massenverteilung wie homogen anzusetzen ist, gilt:

$dW \cdot h = dM_z \cdot c^2 T$;   also $dM_z = dW \cdot h/c^2 T = dW \cdot m/Z$.

Ist $dV_z = 4\pi R^3 z^2 (1-z)^2 dz$ das Volumen einer Kugelschale des Radius $R \cdot x = R(1-z)$ und der Dicke $R \cdot dz$, so ist die mit dieser Kugelschale präsente Wirkung: $dW \cdot h = V_z \cdot \eta_z' = V_z \cdot \eta_z \cdot h \cdot 3/4\pi\lambda^3$; also:

$$dW = 3Z^3 \cdot \eta_z \cdot z^2 (1-z)^2 dz \quad ; \quad \text{und der zugehörige}$$

präsente Massenanteil $dM_z = dW \cdot m/Z = 3mZ^2 \cdot \eta_z \cdot z^2 (1-z)^2 dz$.

Der Potentialanteil $-d\Phi$ ergibt sich also mit dM_z gemäß:

$$-d\Phi = (G/2R) \cdot dM_z/z(1-z) = (G/2R) \cdot 3mZ^2 \cdot \eta_z \cdot z(1-z) dz \ .$$

Das Integral über $-d\Phi$ von $z = 0$ bis 1 ergibt $\Phi = -(G/2R) \cdot 3mZ^2 \eta_{\text{eff}}$. Der in diesem Potential auftretende Integralwert $3mZ^2 \eta_{\text{eff}}$ ist der potentialbestimmende, «effektive» Wert der Weltmasse:

effektive Welt-Masse $M_{\text{eff}} = m \cdot Z \cdot Y = 3mZ^2 \cdot \eta_{\text{eff}} = \int dM_z/z(1-z)$.

umgekehrt: $Y = M_{\text{eff}}\lambda/mR$; $Y' = M_{\text{eff}}c^2/R$

Speziell mit $Z_0 = 10^{41}$ und $\eta_{\text{eff}_0} = 0,007095$ ergibt sich die

heutige effektive Weltmasse $3mZ_0^2 \cdot \eta_{\text{eff}_0} = 3,560 \cdot 10^{56} g$.

Dieses Potential $\Phi = -(G/2R) \cdot 3mZ^2 \eta_{\text{eff}} = -GM_{\text{eff}}/2R$ ergibt genau mit $G = (2/3Z\eta_{\text{eff}}) \cdot hc/m^2 = (2/Y) \cdot hc/m^2$ den Wert $-c^2$ des existentiellen Potentials. Dies ist die

existentielle Potentialgleichung $GM_{\text{eff}}/2R = (M_{\text{eff}}/RY) \cdot hc/m^2 = c^2$

Mit diesem und nur diesem Potential $-GM_{\text{eff}}/2R$ ergibt sich für Teilmassen m des Weltalls eine Potentialenergie $-m \cdot GM_{\text{eff}}/2R = -mc^2$; also negativ gleich ihrer Massenenergie mc^2. Was für jede Teilmasse gilt, gilt auch für alle Teilmassen; dh für die gesamte Weltmasse. Es ergibt sich damit die Energie-Null-Bilanz des Weltalls.

Makrokosmische Daten *

Im Ursprungspunkt — mit $Z = 1$ — waren die präsenten, effektiven und parametrischen Werte miteinander identisch; alles war 1 .

Im homogenen Entstehungskosmos I — mit $1 \ll Z \leqslant Z_i$ — ergaben sich einfachste Werte:

$\varepsilon = 0$; $\eta = 1$; $\eta_{\text{eff}} = {}^1/_6$; damit: $Y = \tfrac{1}{2}Z$; $G = (4/Z) \cdot hc/m^2$; $M_{prs} = mZ^2/_{10}$; $M_{\text{eff}} = mZ^2/_2$; $M_{para} = mZ^2$; $\varrho = m/V_1 Z$.

Diese Werte gelten bis zur Inhomogenisierung $Z = Z_i$.

Im inhomogenen Gestaltungskosmos II, nach der Inhomogenisierung, — mit $Z > Z_i$ — ergeben sich die Werte abhängig von ε ; damit:

Existenzvariable	Y	$=$	$3Z \cdot \eta_{\text{eff}}$; $Y' = (h/\lambda\tau) \cdot 3Z\eta_{\text{eff}}$
Gravitationsfaktor	G	$=$	$(2/Y) \cdot hc/m^2 = 2c^4/Y'$
effektive Weltmasse	M_{eff}	$=$	$m \cdot Z \cdot Y = 3\,m \cdot Z^2 \cdot \eta_{\text{eff}}$
parametrische Weltmasse	$M_{para} =$		$m \cdot Z_i^2 \cdot (Z/Z_i)^{\varepsilon+2}$
parametrische Dichte	ϱ	$=$	$(m/V_1 Z) \cdot (Z/Z_i)^{\varepsilon}$

Um alle diese Daten für jede beliebige Zeit zu erhalten, benötigt man nur noch den Wirkungsdichteexponenten ε, der bisher noch fiktiv angesetzt werden mußte. Auch η_{eff}, damit Y und G, sogar Z_i ergibt sich daraus zwangsläufig. Notwendig und hinreichend, um ein konstantes ε bestimmen zu können, ist noch ein Meßwert (außer G_0 und T_0). Dafür prinzipiell geeignet ist die großräumige Dichte in unserer makrophysikalischen (etwa 10^8 Lichtjahre) Umgebung; dh die

heutige parametrische Massen-Dichte $\varrho = \varrho_0 = (m/V_1 Z_0) \cdot (Z_0/Z_i)^{\varepsilon}$.

Während die Dichte $\varrho_i = m/V_1 Z_i$ bei der Inhomogenisierung nur durch die Ruhemassen des Wasserstoff-Plasmas (fast keine Neutrinos und Photonen) gebildet wurde, besteht die heutige Dichte $\varrho_0 = \varrho_{r0} + \varrho_{c0}$ aus zwei großräumigen Anteilen: der Dichte ϱ_{r0} der Ruhemassen (Nukleonen und Elektronen), und der Dichte ϱ_{c0} der c-Bewegtmassen (Neutrinos und Photonen). Bei konstantem ε stehen diese in der eindeutigen Abhängigkeit $\varrho_{r0} = (3+\varepsilon)\varrho_0$ bzw $\varrho_{c0} = -(2+\varepsilon)\varrho_0$ voneinander. Deshalb genügt der Meßwert von schon einer dieser Größen, um ε und alle anderen Daten zu erhalten.

Mit der Messung einer zweiten von diesen Größen, hat man bereits eine überzählige («abundante») Date, welche eine Kontrolle des Ansatzes ermöglicht; bzw Rückschlüsse auf eine Veränderlichkeit von ε zuläßt. Tatsächlich war ε anfänglich näher bei -2 und läuft jetzt mehr gegen -3, womit das Verhältnis $\varrho_{c0}/\varrho_{r0}$ größer wird.

Alle drei Größen ϱ_0, ϱ_{r0}, ϱ_{c0} sind praktisch sehr schwierig zu beobachten und zu messen. Schon die großräumige Dichtebestimmung für die in den Sternen geballte, «leuchtende» Materie ist nur sehr ungenau möglich; erst recht die kaum beobachtbare Materie etwa in den Neutronensternen. Die großräumige Dichtebestimmung für die kaum registrierbaren Neutrinos ist fast unmöglich; zumal noch der Neutrinofluß von der Sonne zu eliminieren ist.

Umfangreiches, teils widersprüchliches Datenmaterial läßt gegenwärtig einen Wert $\varrho_{r_0} = 10^{-30} \, g/cm^3$ als am wahrscheinlichsten annehmen. Damit hätte (s.u.) ein konstantes ε den Wert $\varepsilon = -2,5$. Damit sind $3/4$ der bei Z_i maximal vorhandenen Weltmasse bereits wieder verschwunden: von der maximalen Masse ist $1/8$ noch als nicht verstrahlte Nukleonen und $1/8$ noch als mehr oder minder verrotete Neutrinos vorhanden. Von diesem $1/8$ der noch bis jetzt verbliebenen Materialität ist möglicherweise der überwiegende Teil schon entartete Materie von Neutronensternen. Damit wären die Neutrinosstrahlungsmassen und die Neutronensternmassen schon wesentlich größer als die Massen der noch nicht entarteten Materie der leuchtenden Sterne.

Unter noch vielen anderen abundanten Fakten ist vor allem der Gravitationsanstieg wichtig.

Der Gravitationsanstieg *

In der homogenen Entstehungsphase des Weltalls hatte der Weltraum immer genau 1 Wirkungsquantum h pro Elementarvolumen V_1; parametrische Wirkungsdichtezahl $\eta \equiv 1$. Dies bestätigt eine frühere Annahme («Dirac-Idee»). In dieser Phase — mit konstantem $\eta_{\text{eff}} = 1/6$ — war der Gravitationsfaktor G konkret $(4/Z) \cdot hc/m^2$, so daß dieser reziprok-proportional der Zeit kleiner wurde. Dies bestätigt eine weitere frühere Annahme (Eddington, Jordan). Bei der Inhomogenisierung war $G = G_i = (4/Z_i) \cdot hc/m^2$.

Ab Z_i wurde η_{eff} veränderlich. Damit fiel G anfänglich zwar noch ab, aber immer mehr verzögert, bis G bei Z_m (2,2 Jahrmilliarden) den Minimalwert G_m erreicht hatte. Dann begann G langsam wieder zu steigen, um in später Weltzeit fast proportional mit der Zeit anzusteigen. Am absoluten Weltende wird G wieder seinen hohen Ursprungswert erreicht haben: gleich der Coulomb-Konstanten.

Besonders wichtig ist für uns der heutige Anstieg dG/dTG_0 des Gravitationsfaktors G. Dieser ist aus der Y-Funktion durch Differentiation nach der Zeit zu erhalten.

Mit den Meßwerten $G_0 = 6,6732 \cdot 10^{-8} \, dyn\,cm^2/g^2$ und $Z_0 = 10^{41}$ ergibt sich — unter Ansatz konstanter ε-Werte — theoretisch:

	M_i	M_0	ϱ_i	ϱ_{r0}	ϱ_{c0}	G_i/G_0	G_m/G_0	$dG/dT G_0$
$\varepsilon = -2$	48	48	32	5,0	0	0,79	0,48	42
$\varepsilon = -2,5$	76	20	26	1,0	1,0	0,63	0,41	52
$\varepsilon = -3$	99	7,6	23	0	0,79	0,55	0,38	57
mal		$10^{54} g$		$10^{-27}; 10^{-30} g/cm^3$		1		$10^{-12}/a$

(M_i, M_0 parametrische Weltmasse; ϱ_0, ϱ_{r0}, ϱ_{c0} parametrische Dichte)

Der Gravitationsfaktor G hat somit zwischen der Inhomogenisierung Z_i bis heute Z_0 eine Wanne durchlaufen, in welcher er sich nicht sehr verändert hat. Der heutige Anstieg ist nicht sehr von ε abhängig: für jedes ε rund $\frac{1}{2} \cdot 10^{-10}/a$. Seit 1 milliarde Jahre hat sich G um 5 % erhöht.

Der Gravitationsfaktor G hat — indirekt über die Sonnen-Strahlungsleistung und den Sonne-Erde-Abstand — großen Einfluß auf die Temperatur der Ozeane. Andererseits sind die Lebewesen und deren Entwicklung sehr temperaturabhängig; woraus folgt, daß sich die Temperatur der Ozeane innerhalb dieser letzten 1 milliarde Jahre nicht viel verändert haben kann. Trotzdem läßt dies nicht zuverlässig auf einen konstanten oder nahezu konstanten Gravitationsfaktor G rückschließen, weil neben anderen temperaturverändernden Einflüssen auch stark regulierende Effekte (zB Veränderung des Albedo durch Eis- und Wolkenbildung) auftreten. Es könnte sogar sein, daß wir nur deshalb auf diesem besonderen Planeten leben, weil sich hier die verschiedenen Effekte gerade hinreichend kompensiert haben. Bis Ende der 70er Jahre dürfte der theoretische G-Anstieg von $\frac{1}{2} \cdot 10^{-10}/a$ an den Planetenumläufen direkt zu messen sein (Shapiro); unter Eliminierung der Umlauf-Beschleunigung durch Gezeitenwirkung der Planeten auf der Sonne, der Umlauf-Bremsung durch Meteoreinfall auf die Planeten, der Einflüsse durch Sonnenwind, Magnetfeldkopplung usw.

Ballung und Vergehung

Die Inhomogenisierung war bei rund $Z_i = 7 \cdot 10^{39}$; rund 1 Jahrmilliarde nach dem Ursprung. Dies ergibt sich in guter Übereinstimmung mit den verschiedensten astronomischen Beobachtungen. Vor allem stimmt dieser Wert erstaunlich genau mit jenem Wert überein, welcher auf völlig anderem Weg gefunden wurde: bei der Begründung (s.u.) für die Inhomogenisierungszeit durch die Neutronen-Zerfallszeit.

Mit Verschiebung der Existenzvariablen Y zu immer kleineren Werten und entsprechend immer weiterer Vergrößerung des Gravitationsfaktors G tritt immer intensivere Ballung der noch verbliebenen Materie zu Sternen auf. Mit fallender Existenzvariabler erreichen hierbei immer kleinere, geballte Nukleonenzahlen die Grenzgröße, bei welcher die Ballung aus dem Dasein schwindet. Schließlich, wenn Y bis auf 1 abgefallen ist, vergehen sogar einzelne Nukleonen — etwa Wasserstoffatome aus der Ultrastrahlung —, die der Ballung entgangen sind. Die Zeitzahl Z_e, bei welcher $Y = Y_e = 1$ erreicht wird, ist das Ende des Weltalls.

Die Existenzvariable Y ist die kosmische Wirkungsintensitätszahl. Der Wert $Y = 1$ hat somit die überaus interessante Bedeutung, daß die gesamte Wirkungsintensität gleich $1\,h$ in $1\,\lambda$ und $1\,\tau$ Entfernung ist. Das absolute Ende des Weltalls ist damit erreicht, wenn die Weltwirkung kleiner als 1 Wirkungsquantum in $1\lambda{\cdot}\tau$-Abstand geworden ist; dh wenn die kosmische Wirkung in Bezug auf einen beliebigen Punkt die Elementareinheit unterschritten hat.

Sogar in dem irrealen Grenzfall $\varepsilon = -2$ (ganz ohne Ballung) würden alle Nukleonen gemeinsam nach rund 10^{51} Jahren vergehen. Der reale Endzeitwert von ε liegt irgendwo zwischen $-2{,}3$ und -3. Der konkrete ε-Wert beeinflußt dabei zwar extrem stark die vor dem Weltende noch vorhandene Nukleonenzahl; aber kaum den Wert des End-Weltalters $T_e = Z_e{\cdot}\tau$, das immer bei $\frac{1}{2}\cdot 10^{50}$ Jahren erreicht ist.

In rund 100 milliarden Jahren wird der leuchtende Sternkosmos verschwunden und der Raum dunkel geworden sein. Nach Vergehen der Sterne und Planeten folgt ein Staubkosmos in Nacht und Grauen. Das absolute Weltende wird nach einer zwar endlichen, aber geradezu irrsinnig langen Zeit von 10^{50} Jahren erreicht: mit dem Vergehen der letzten Nukleonen und damit von Raum und Zeit selbst. Das aus raum- und zeitlosem Nichts aufgetauchte Weltall versinkt damit wieder in raum- und zeitlosem Nichts.

DER MIKROKOSMOS

Der Makrokosmos ist eine existentielle Einheit mit dem Mikrokosmos. Ihre Strukturen bedingen einander. Das ganz Große und das ganz Kleine ist nur in der gegenseitigen Begründung wirklich verstehbar.

Sogar die Raum-Zeit-Struktur und die Expansion des Kosmos haben eine mikrophysikalische Ursache. Diese ist grundlegend für die Größen und Verhältnisse der Elementarteilchen.

Der Kosmos expandiert. Er weitet sich im Raume mit der Zeit; er weitet sich in der Zeit mit dem Raum. Er wird größer, indem er älter wird; älter, indem er größer wird. Was ist Maßgabe für was? «Ein Geck das ist ein Stutzer, ein Stutzer ist ein Geck» singen die Bauern im «Tiefland».

Letzte Maßstäbe, absolute Maßstäbe? Das normale Dasein ist nicht das des Ararat an der «Grenzscheide» des Seins zum Nirwana. Ein Existierender kommt nicht umhin, Entstehung, Gestaltung und Vergehung von Raum und Zeit eben in selbst wieder räumliche und zeitliche Bilder einzukleiden: Das Nichts als ein endloser, dunkler, leerer Raum, in welchem plötzlich «irgendwo», wo «man» aber «vorher» gar nichts bemerken konnte, in einer gewaltigen Explosion Materie entstand und sich ausbreitete? Auch der Physiker denkt in Bildern und setzt seine Mathematik auf Bilder an; freilich immer mehr auf unanschaulich werdende Analogbilder.

Aber ist der Kosmos wirklich unanschaulich; ist er nicht in Anschauung geschaffen; einfach und gigantisch? Vielleicht machen ihn nur unzulängliche Bilder unanschaulich? Viele Schwierigkeiten erstehen aus der sich rasch erschöpfenden Tragfähigkeit des Bildes von der Expansion selbst. In der richtigen Konzeption dessen, was diese «Expansion» tatsächlich ist, wird der kosmische Raum auf einmal sehr anschaulich.

Die Raum-Zeit-Erschließung *

Die Weitung des Kosmos ist gar nicht das, was man sich eigentlich unter «Expansion» vorstellt. Sie ist auch keine «Dehnung des Kosmos in sich»; sie ist überhaupt keine Dehnung. Sie ist ein Versinken, ein Erschließen von immer neuen Raumelementen im Nukleon selbst.

Was uns hier als «der» Raum umgibt, ist das Zusammen der jeweils eigenen Räume jedes der Nukleonen des Weltalls; «die» Zeit, das Zusammen der jeweils eigenen Zeiten aller Nukleonen. Jedes Nukleon ist nur existenzfähig im Gegenüber zu allen Nukleonen, eingeschlossen in die Weltmasse im Weltraum mit der Weltzeit; zugleich aber — als es selbst — mit seinem eigenen Raum in seiner eigenen Zeit.

Mit dem Raum ist es ähnlich wie mit der Zeit: Die Zeit weitet sich nicht dadurch, daß der zeitliche Abstand, daß die Dauer zwischen zwei beliebigen Momenten — zB zwischen Christi Geburt und Tod — immer länger würde, sondern, daß unsere Gegenwart gleitend ist und daß immer neue, bisher nicht existente Zeitspannen hinzukommen: Der jetzige Moment der Gegenwart ist schon wieder versunken; der neue auch wieder; wieder und immer wieder; wir waren noch nie so alt wie im Augenblick; schon sind wir wieder älter und wieder. Die Gegenwart gleitet laufend in die Zukunft und erschließt damit laufend neue Zeitspannen. Alle Momente unserer Geschichte gleiten — zueinander aber unverändert bleibend — immer weiter in die Vergangenheit. Die Zeit empfinden wir deshalb als etwas Fließendes. Richtiger: das Fortgleiten der Gegenwart ist etwas Fließendes, aber die vollzogene Geschichte ist etwas unheimlich Unveränderliches.

Konkret dem einzelnen Nukleon wächst in seiner Zeit fortgesetzt eine neue und immer neue Elementardauer τ und mit jeder Elementardauer ein weiteres Wirkungsquantum h zu. So hat es — seit dem Ursprung — bis jetzt $Z = 10^{41}$ Elementardauern und damit auch 10^{41} Wirkungsquanten, mit denen es in der Zeit des Kosmos existent ist. Diese Existenz ist aber zugleich eine Existenz im Raume des Kosmos — und der Raum eines Nukleons ist seiner Zeit wesensähnlich.

Wie die Zeit eines Nukleons sich über die ganze Weltzeit erstreckt, so erstreckt sich auch der Raum des Nukleons, in welchem es mit seinen gesamten (bis jetzt 10^{41}) Wirkungsquanten existent ist, über den gesamten Weltraum. Wie in seiner fließenden Gegenwart neue und immer neue Elementardauern zum jeweiligen Alter dazukommen, so erweitert das Nukleon in seiner räumlichen Anwesenheit seinen Raum auch um neue und immer neue Elementarvolumina: In einem raumerschließenden Versinken öffnet es in der Mitte seines Raumes mit jeder Elementardauer ein neues kugelförmiges Raumelement mit der Elementarlänge $\lambda = \tau \cdot c$ als Radius.

Das im Elementarvolumen in der Elementardauer zuvor erschlossene Raumelement wird damit zu einer konzentrischen Kugelschale um das jeweils raumerzeugende Elementarvolumen; zu einer Kugelschale mit einer Wandstärke gleich der Elementarlänge λ. Die früher und immer früher erschlossenen Raumelemente eines Nukleons sind somit als immer fernere und ausgedehntere Kugelschalen — je mit λ Wandstärke — um die Existenzmitte des Nukleons gelagert; das am Uranfang ersterschlossene Raumelement in einer Entfernung gleich der Weltraumtiefe $R = Z \cdot \lambda$.

Der Raum eines Nukleons ist somit ganz analog gerichtet wie die Zeit: Wie die Zeit unumkehrbar vom Weltursprung auf die Gegenwart hingerichtet ist, in der sie immer weiteren Zuwachs erfährt, so ist auch der Raum unumkehrbar vom Weltrand von allen Seiten her radial auf das Elementarvolumen des Nukleons hingerichtet, wo er immer weiteren Zuwachs erfährt. Immer nach Ablauf einer weiteren Elementardauer wird das neuerschlossene Elementarvolumen zur 1. Kugelschale um das erschließende Elementarvolumen. Mit dieser neuen Elementarzeit ersteht der Nukleonenenergie das neue Wirkungsquantum, das dem 1. Raumelement (um das Elementarvolumen herumgelagert) zugehört. Jedem Raumelement, jeder Kugelschale um das Nukleon gehört ein Wirkungsquantum des Nukleons zu. Es ist wie ein Verharren des einmal Erschlossenen.

Existentiell ist somit der Raum von gleicher Art wie die Zeit; die oft betonten Unterschiede, die in der eindeutigen Gerichtetheit der Zeit gesehen wurden, verschwinden somit im existenzphysikalischen Aspekt, denn existentiell ist auch der Raum eindeutig gerichtet und zudem fortschreitend in dieser Richtung zuwachsend.

In der auf das Nukleon hingeordneten Richtung — also radial — dehnt sich also gar kein Raum; expandiert gar nichts. Vielmehr läßt das Nukleon in seinem Versinken die einmal erschlossenen Raumelemente — kugelschalenförmig hintereinander — mit in sich unveränderten Abständen hinter sich; wie ein Minenlegboot seine Teufeleier mit unveränderlichen Abständen hinter sich läßt (die Minen vergleichbar eben den Wirkungsquanten, in denen sich die Raum-Zeit-Elemente des Nukleons darstellen).

In dieser fundamentalen, radialen Raumstrukturierung sind Raum und Zeit einander wesensgleich und zusammengehörig: immer eine neue Elementarlänge λ pro neuer Elementardauer τ als existentieller Grund der «Expansion des Universums» mit Invarianzgeschwindigkeit c gemäß $\lambda / \tau = c$.

Erschließung und Expansion *

Bezogen auf diesen radial unveränderlichen Raum versinkt somit das Nukleon in allen drei Raumdimensionen (von allen Richtungen her gleicherweise) immerfort mit Invarianzgeschwindigkeit c. Dies bedeutet, daß auch die Nukleonenmasse m und alle in Atomen, Sternen, Galaxien verkörperten schweren Massen im Grunde auch nur als invarianzbewegte Massen existent sind, denen gleichsam ebenfalls eine Ruhemasse Null zuzuschreiben wäre. Dies bedeutet, daß es im Kosmos überhaupt keine eigentlichen «Ruhemassen» gibt. Dies kam bereits in jener, an die quantenphysikalische Impuls-Orts-Beziehung erinnernde Bestimmung der Elementarlänge λ gemäß $mc\lambda = h$ zum Vorschein, in welcher der Impuls mc wie von einer invarianzbewegten (c) Masse m in Erscheinung tritt.

Die «Raumexpansion» ist somit nur der Umkehraspekt einer Betrachtung vom Nukleon aus; gleichsam mitbewegt. Damit ist die radiale «Raumexpansion des Weltalls» existentiell identisch der Invarianzgeschwindigkeit c: Es ist nur ein «mit c expandierendes» Weltall existenzfähig; ein stillstehender oder gar kontrahierender Kosmos ist wesenhaft unmöglich. Notwendig und hinreichend für eine Änderung der Expansionsgeschwindigkeit ist eine Änderung der Invarianzgeschwindigkeit selbst.

Die «Expansion» ist existenzschaffendes, Raum und Zeit erschließendes Versinken; ist die Existenz von Zeit, Raum und Materie mit allen sich darin abwickelnden Vorgängen.

Erschließung und Invarianzgeschwindigkeit *

Das Versinken des Nukleons ist das Erschließen von Raum und Zeit; Raum mit der Zeit als Versinken mit Invarianzgeschwindigkeit $v = c$; Zeit mit dem Raum als Versinken mit Invarianzzeitgradient $w = 1/c$. Dies ist überhaupt das Wesen seiner Raum- und Zeithaftigkeit, seiner raumzeitlichen Existenz. Umgekehrt entsteht und besteht in dieser Weise «Raum» und «Zeit».

Sein Raum in sich ist aber Bewegungslosigkeit; seine Zeit in sich ist Verstreichungslosigkeit. Es ist gar kein Zeitablauf im in sich ruhenden Raum des Nukleons; die Raumelemente in ferneren Raumschalen und ihre Wirkungsquanten sind nicht nur früher erschlossen, sondern in ihnen ist die frühere Zeit selbst bleibend, unveränderlich gegenwärtig.

Es ist etwas Unheimliches; im physikalischen Bereich von Raum, Zeit, Masse, wie in der übergeordneten Dreiheit von Welt, Geist, Selbst; vor allem wie auch im religiösen Sein: Das einmal Geschehene ist bis an das Ende des Kosmos unveränderliche, bleibende Existenz. Nur im fortgesetzten, raum- und zeiterschließenden und raum- und zeitschaffenden Versinken, in der existentiellen Expansion, ist Fließen, Veränderung, Fortgang.

Damit erklärt sich, warum die Invarianzgeschwindigkeit die nichtüberschreitbare quasi-unendliche Grenzgeschwindigkeit relativ zum Nukleon und zu jeder Masse überhaupt ist: Geringere Geschwindigkeit bedeutet immer noch ein Versinken mit fortschreitender Raum- und Zeiterschließung. Invarianzgeschwindigkeit selbst bedeutet bewegungs- und verstreichungsloses Verweilen im Raum mit Erlöschen des Zeitablaufes in Zeitlosigkeit. Wirkungsquanten, Photonen, Neutrinos, die von einem Nukleon ausgehen, verweilen zeitlos im Raume des Nukleons. Noch größere Geschwindigkeit, «Überinvarianzgeschwindigkeit» würde aber ein Zurückgelangen in die Vergangenheit bedeuten: eine Irrealität.

Die Existenzphysik ergibt somit die unmittelbare Ursache für das Grundphänomen der Relativitätsphysik: die Unüberschreitbarkeit, die Quasi-Unendlichkeit der Invarianzgeschwindigkeit; ein Phänomen, das in der Relativitätsphysik selbst nur als eine notwendige, aber in sich unbegreifliche Folge erhalten wird. Ebenso findet man aus der Existenzphysik Zugang zu dem Grundphänomen der Quantenphysik, welches in der Quantenphysik selbst als in sich unbegreifliche ψ-Funktion erscheint.

Der Welle-Körper-Dualismus *

Mit der existentiellen Wirkungserschließung ergeben sich für das Proton — genauer für die Elementarmasse m (und dann ebenso auch für die Elementarladung e) — zwei einander komplementäre Aspekte:

Der eine Aspekt betrachtet eben den Körper «Nukleon» (bzw Elektron) als ruhendes Objekt mit Körper-Radius (Raumvolumen), mit Masse und Energie. Dieser Körper ist im Raume eng lokalisiert. Dabei altert er fortgesetzt: am Orte eines statisch betrachteten Raumes ruhend, läuft er in der Zeit. Dieser Körper «verkörpert» eben die Energie dieses Vorganges. Diese Energie produziert mit ihrer Alterung fortschreitend Wirkung. Diese Wirkung entsteht in Wirkungsquanten h in Raumschalen, welche mit Invarianzgeschwindigkeit c enteilen.

Der andere Aspekt betrachtet eben diese Schalen. Diese sind über den gesamten Weltraum und die gesamte Weltzeit ausgedehnt, wobei sie immer unverändert in Raum und Zeit verharren. Sie bleiben bewegungslos im räumlichen Abstand vom Rand und nichtalternd im zeitlichen Abstand vom Ursprung unverändert liegen. Gegenüber dieser raum-zeitlichen Unveränderlichkeit enteilt das Nukleon mit Invarianzgeschwindigkeit c : in fortgesetzt neue Raum-Zeit-Elemente erschließendem Versinken. Diese quasi-Fortbewegung ergibt eben den existentiellen Impuls mc und die existentielle Energie mc^2 .

Diese beiden Aspekte sind aber das genaue Analogon zum Welle-Körper-Dualismus bei den elektromagnetischen Wellen der Photonen. Tatsächlich verbindet sich auch mit dem Elementarteilchen-Körper dualistisch eine Materiewelle.

Die Materiewelle *

Das Nukleon ist im gesamten Weltraum mit allen seinen Wirkungsquanten existent. Wie? Eben als Materiewelle; als eine im gesamten Weltraum — vom Nukleon aus gesehen — synchrone Schwingung mit der Elementardauer τ als Schwingungsdauer. In dieser Schwingung sind alle, mit den einzelnen Schwingungen eines Nukleons erschlossenen Wirkungsquanten diesem Nukleon zugehörig; jedes Wirkungsquantum dasjenige Raumelement (diejenige Kugelschale) erfüllend, mit dem es erschlossen wurde und jedes fernere Wirkungsquantum einer früheren Elementardauer des Nukleons zugehörig. Jedes dem Nukleon neu zufallende Wirkungsquantum ist wie ein neuer Schlag, welcher der Materiewelle eine neue Schwingung zufügt. Die eigentliche Materiewellenfrequenz $f = 1/\tau$ ist somit existentiell die «Häufigkeit der Wirkungsquantenerschließung pro Zeiteinheit»; also eine Erschließungs-Häufigkeit. Mit der Elementardauer τ selbst (statt etwa Sekunden) als Zeiteinheit, erhält damit die Nukleonenfrequenz den Wert 1 .

Im existentiellen Raum- und Zeitaspekt ist somit eine Welle gegeben. Ist diese identisch der «Materiewelle», welche im relativistischen und quantenphysikalischen Raum- und Zeitaspekt gegeben ist? Der erste Eindruck läßt diese existentielle Welle andersgeartet erscheinen. Tatsächlich ist dies jedoch ein und dieselbe Materiewelle; nur eben in verschiedenen Aspekten. Auch die Materiewelle hat eine dualistische Gestalt in zwei sich komplementär ergänzenden Aspekten.

In höchst erstaunlicher Weise ergeben sich tatsächlich alle wesentlichen Materiewelleneigenschaften, die sonst untrennbar mit den spezifischen Eigenarten der Relativitätsphysik verknüpft sind, auch im Rahmen der Existenzphysik; im existenzphysikalischen Aspekt aber ohne all die besonderen Eigenheiten der Relativitätsphysik. Es werden somit Ergebnisse des Relativitätsaspektes auch auf dem Umweg über den Quanten- und Existenzaspekt erhaltbar:

Hinsichtlich der Schwingungsdauer erscheint alles in beinahe selbstverständlicher Einfachheit: Das im existentiellen Zeitaspekt unveränderliche Festliegen der Oszillation — so, daß jede Oszillation und jedes ihr zugehörige Wirkungsquant fest jener Elementardauer verbleibt, in welcher es erschlossen wurde — bedeutet im relativistischen Zeitaspekt eben die im ganzen Raum synchrone Oszillation gemäß $\tau = h/mc^2$. Schwieriger ist dies jedoch hinsichtlich der Wellenlänge $\Lambda = h/mv$ der Materiewelle. Als Zeitwelle hat die Materiewelle eine Wellenlänge auch nur als indirekte Größe mit verschiedenster Problematik.

Wellenlänge und Impulsfrequenz *

Bezogen auf das Nukleon bewegt sich die existentiell im Raum festliegende (überhaupt den Raum schaffende!) Welle mit der Geschwindigkeit c; dh mit Invarianzgeschwindigkeit. Demgegenüber ist die Welle eines dazu mit der Geschwindigkeit v bewegten Nukleons anders bewegt; und zwar: nach vorne mit der Geschwindigkeit $c + v$; in der senkrechten Ebene ebenfalls mit c; nach hinten mit $c - v$ (existentiell sind diese, nur im relativistischen Aspekt grenzwerthaften Additionen offenbar möglich; existentiell erscheinen überhaupt quasi-klassische Verhältnisse, indem sich die typischen Relativierungen erst mit dem relativistischen Raum- und Zeitaspekt ergeben). Im gesamten Raum ergibt sich damit eine Differenzschwingung der Schwingungsdauer $T = \tau \cdot c/v = h/mvc$; also eine Differenzfrequenz $f_i = mvc/h$, welche somit dem Impuls mv proportional ist; also eine «Impulsfrequenz» f_i. Diese Impulsfrequenz f_i ist jedoch nicht wie etwa die «Schwebung» zweier Wasserwellen oder Schallwellen zu verstehen, sondern als das, was sie eben existentiell ist: eine «Differenzhäufigkeit der Wirkungsquantenerschließung pro Zeiteinheit»; also eine Erschließungs-Differenz-Häufigkeit (genau wie die Materiewellenfrequenz selbst die Erschließungs-Häufigkeit selber ist).

Damit haben zwei (bzw n) miteinander bewegte Nukleonen nicht nur doppelten (n-fachen) Impuls $2 \cdot mv$ (bzw $n \cdot mv$), sondern auch eine doppelte (bzw n-fache) Impulsfrequenz $f_i = 2 \cdot mvc/h$ (bzw $n \cdot mvc/h$). Zusammen mit der existentiellen Geschwindigkeit c ergibt die Impulsfrequenz f_i aber gemäß der Wellengleichung für ein Nukleon die typische, sogenannte «Materiewellenlänge» $\Lambda = c/f_i = h/mv$; und zwar in jeder Richtung zur Bewegung genau in der Weise, wie es der relativistische Zeitgradient erfordert: in je größerem Winkel von der Bewegungsrichtung ausschwenkend, um so größer gegenüber $\Lambda = h/mv$; bis zum unendlichen Wert (gemäß $v = 0$) in der senkrechten Ebene.

Solches bedeutet die Materiewelle existentiell; alles weitere ist bildhafter und damit begrenzt tragfähiger Kommentar. «Phasengeschwindigkeiten», schon gar solche mit Überinvarianzgeschwindigkeiten c^2/v kommen dabei überhaupt nicht mehr vor. Das eigentlich Aufregende an der ganzen Angelegenheit ist aber, daß sich diese qualitativ und quantitativ richtigen Ergebnisse rein aus dem existentiellen Aspekt (zusammen mit quantenphysikalischen Beziehungen) ergeben, wobei keine einzige der spezifisch relativistischen Operationen erforderlich war oder auch nur erschienen war; keine Raumkontraktion, keine Zeitkontraktion, keine Einsteindilatation, kein Zeitgradient, kein Additionstheorem, nichts.

Der Wirkungsquantenzuwachs *

Typisch existenzphysikalisch ergibt sich dies jedoch nur für die Schwingung der «Welle» als Wirkungsquanten-Zuwachs bzw als Wirkungsquanten-Differenz-Zuwachs. In einem davon gelösten, eigenständigen Wellenbild (eben in einem unterschobenen Bild, in einer Vorstellung) ergäbe sich dies nur für die Welle von jeweils einzelnen Nukleonen (im H^2 oder H_2 zB 2 Nukleonen; im U^{235} zB 235 Nukleonen) in Bezug auf auch immer die Einzelwelle eines jeden Nukleons des «ruhenden» Bezugsobjekts. Andernfalls könnten keine derartigen «Schwebungen» (als welche sie im Wellenbild zu kommentieren wären) erscheinen, mit denen sich die Materiewelleneigenschaften tatsächlich ergeben könnten. Anders ausgedrückt: Das Wellenbild (als eben nur ein Bild) ist in seiner Tragfähigkeit nur beschränkt tauglich; ein Umstand, welcher unter anderem Aspekt dem Quantenphysiker altvertraut ist. Dies bedeutet zugleich: Existenzphysikalisch sind m, λ, τ, ferner c und h die Einheiten, die alles Dasein beherrschen; auch die Materiewellenphänomene in ihrer gesamten Breite.

Mit diesem existentiellen Aspekt der Materiewelle erklärt sich etwa die sonst kaum erklärbare Resonanzabsorption von Neutronen an etwa U^{235}-Kernen (ebenso an U^{233}-, Pu^{239}- und anderen spaltbaren Transuranen): Wie die Absorptionsspektren erkennen lassen, liegen im Bereich der thermischen Neutronengeschwindigkeiten zwischen 0 und ca $2 \cdot 10^5$ cm/sec — entsprechend 0 bis 0,025 eV kinetischer Neutronenenergie — eine Reihe eng nebeneinanderliegender Spalt-Absorptionsmaxima mit bis über 10 000 fach überhöhten Einfangquerschnitten. Gegenüber der Nukleonen-Massenenergie mc^2 von 10^9 eV bedeuten 0,025 eV einen Energiezuwachs von weniger als 10^{-10}. Es ist aber gänzlich unwahrscheinlich, daß die Resonanzfrequenzen aller spaltbaren Schweratomkerne gerade in diesem zur Grundfrequenz $f = mc^2/h$ verschwindend kleinen Frequenzintervall 10^{-10} liegen sollten (gleichnishaft würde dies bedeuten, daß bei einem Handel 10 000 000 000 DM noch zu wenig und 10 000 000 002 DM schon zu viel wäre; daß aber für ganz diskrete Pfennigbeträge so um 10 000 000 001 DM der Handel mit großem Interesse stattfände). Mit der sich aus dem existentiellen Aspekt ergebenden Impulsfrequenz, welche gemäß $f_i = mvc/h$ proportional der Neutronengeschwindigkeit v ansteigt, ist jedoch die Einstellung von Resonanzen mit einer der verschiedenen Schwingungsmöglichkeiten (und damit Spaltmöglichkeiten) der schweren Kerne sehr naheliegend.

Im existenzphysikalischen Aspekt erklären sich wichtige Materiewelleneigenschaften ganz zwanglos; Eigenschaften, die im relativistischen und quantenphysikalischen Aspekt unverständlich bleiben und mit denen rein formal zu operieren man sich deshalb gewöhnen mußte. Ein weiteres Problem dieser Art ist etwa die Materiewellen-Frequenzaddition:

Wirkungsquantum und Frequenz *

Eine Verdoppelung (Ver-n-fachung) der Masse eines Körpers ergibt eine Verdoppelung (Ver-n-fachung) seiner Materiewellenfrequenz. Dies besagt der nach der Erfahrung orientierte quantenphysikalische Formalismus gemäß $f_k = m_k c^2/h$. So hat zB ein Schwerwasserstoffatom H^2 (mit $p+n+e$), aber auch ein Wasserstoffmolekül H_2 (mit $p+e+p+e$) mit seinen zwei Nukleonen und seiner damit praktisch verdoppelten Nukleonenmasse die verdoppelte Frequenz; He^4 vervierfachte, U^{235} ver-235-fachte Frequenz. Keine sonst bekannten Wellen ergeben bei ihrer Zusammenlegung eine Veränderung ihrer Frequenz (schon gar nicht

I 5

Verdoppelungen oder Ver-n-fachungen), sondern bei je für sich unveränderten Frequenzen immer nur Überlagerungen mit Intensitätssummierungen. Dagegen bei den Materiewellen ergeben sich Frequenzsummierungen, Frequenzadditionen.

Man ist geneigt, den Grund für diese ungewöhnliche Vereinigung (Frequenzaddition) von Materiewellen in einer «Verschmelzung» der Nukleonen zu einer neuen Einheit zu suchen. Aber die Bindungsenergien sind schon beim Schwerwasserstoffatom H^2 mit dicht aneinanderstehenden Nukleonen nur Promille der Massenenergie; gar beim Wasserstoffmolekül H_2 mit in zehntausendfachem Abstand voneinanderstehenden Nukleonen nur ein zehntrilliardstel. Ja sogar zwei ganz ohne gegenseitige Bindung in beliebigem Abstand zueinanderstehende Nukleonen ergeben diese Frequenzverdoppelung. Überdies können zwei derartige Nukleonen sowohl je für sich mit ihrer einfachen Frequenz, als auch gemeinsam mit der verdoppelten Frequenz erscheinen.

Diese Frequenz-Phänomene sind existenzphysikalisch begründet. Während deshalb der relativistische und quantenphysikalische Aspekt unzulänglich ist, diese Problematik zu lösen, ergibt sich diese um so zwangloser im existentiellen Aspekt:

Im existentiellen Aspekt bedeutet «Frequenz» eben einfach die «Häufigkeit der Wirkungsquantenerschließung» — und mehr als dies hineinzudeuten, wäre existenzphysikalisch nicht begründet. Zwei Nukleonen (n Nukl.) erschließen somit je Elementardauer $\tau = h/mc^2$ jeweils ein Wirkungsquantum h; also zusammen zwei (bzw n) Wirkungsquanten h pro Elementardauer τ. Dies gilt naturgemäß ungeachtet von Bindungsenergien und Abständen; dh für jede — auch verschwindende — Bindungsenergie und für jeden — auch unbegrenzten — Abstand. Dies heißt damit aber nicht zwangsläufig, daß beide (alle n) Nukleonen zusammen jede halbe (jede n-tel) Elementardauer ein Wirkungsquantum erschließen müßten — und sich damit die Wirkungsquantenverteilung um sie im Raume in Kugelschalen mit halben (n-tel) Elementarlängen Stärke lagern müßten. Nur eine solche Fehldeutung macht es so uneinsichtig, warum mit beliebig loser Kopplung von zwei (n) Nukleonen sich deren Materiewellenfrequenz verdoppelt (ver-n-facht) — und warum jedes von zwei Nukleonen für sich mit einfacher Frequenz, wie auch beide zusammen mit doppelter Frequenz wirksam werden können.

Dies begründet ein wesentliches Phänomen der Existenzphysik: Mehrteilchensysteme können sowohl mit den einzelnen Wellen jedes ihrer Einzelteilchen als auch mit der gemeinsamen Welle mehrerer oder aller zusammenspielender Teilchen wirksam werden. Statt des klassischen «entweder-oder» gibt es ein existentielles «sowohl-als-auch». Diese existenzphysikalische Offenheit (Nicht-Festgelegtheit) ist von grundlegender Bedeutung für das physikalische Sein überhaupt. Es ist das komplementäre Gegenstück zur quantenphysikalischen Offenheit in der Unbestimmtheit der Reaktion und zur relativitäts-physikalischen Offenheit der Wählbarkeit des Bezugssystems.

Masse und Wirkungserschließung *

Die Elementarmasse m erschließt, erzeugt mit jeder neuen Elementardauer τ ein neues Wirkungsquantum h. Nun gibt es aber auch andere Elementarteilchen-Massen als m; etwa die totale Protonmasse m_p, welche um die magnetische Protonmasse m_{pm} größer als die Elementarmasse m ist; die noch größere Neutronmasse m_n; die kleinere Pionmasse m_π; die noch viel kleinere Elektronmasse m_e, welche um eine magnetische Elektronmasse m_{em} größer als die statische Elektronmasse m_{es} ist. Zudem gibt es die jeweils verschiedenen Massen einer großen Zahl mehr oder minder kurzlebiger Elementarteilchen.

Wie die Schwingungsdauer der Materiewelle all dieser Teilchen zeigt, erschließen alle diese «endlichen Ruhemassen» m_x mit jeder neuen Schwingungsdauer ihrer Zeit ein neues Wirkungsquantum h; in Schalen, welche ebenfalls mit Invarianzgeschwindigkeit c entfliehen. Damit ergibt sich eben die Schwingungsdauer t_x gemäß $t_x = h/m_x c^2$. Damit ergibt sich ferner die Schalenstärke gemäß $h/m_x c$ als gleich der Compton-Wellenlänge dieses Teilchens der Masse m_x.

Auch hierbei ist ein «sowohl-als-auch» gegeben: Damit kann das Proton sowohl in der einheitlichen Welle mit $h/m_p c$-Schalen wirken: als auch zusammengesetzt aus der Elementarwelle mit λ-Schalen $h/m_{ps} c = h/mc$ und aus einer Welle mit $h/m_{pm} c$-Schalen. Ebenso kann das Elektron sowohl in der einheitlichen Welle mit $h/m_e c$-Schalen wirken; als auch zusammengesetzt aus einer Welle mit $h/m_{es} c$-Schalen und einer Welle mit $h/m_{em} c$-Schalen. Vorausbemerkt: Nur die Elementarmasse m in ihrer Materiewelle, und die Elementarladung e in ihrem elektrostatischen Feld (nicht in der an die Elektronmasse geknüpften Materiewelle) hat λ-Schalen. Nur beim Proton und Elektron (in diesen verschiedenen Hinsichten) ist deren Schalenstärke mit λ gleich dem Proton- bzw Elektron-Radius. Mit diesem Einklang hängt es zusammen, daß dies die beiden einzigen stabilen Teilchen im Universum sind.

Tatsächlich ist λ eine Elementarlänge und τ eine Elementardauer; aber nicht im Sinne einer Kleinstlänge bzw Kleinstdauer und auch nicht in dem Sinne, daß alle Strecken bzw Dauern nur in ganzzahligen Vielfachen davon auftreten könnten.

Man muß unterscheiden zwischen dem Begriff der «Elementargröße» und dem Begriff der «Kleinstgröße». Ersterer kennzeichnet eine Quantelung, letzterer kennzeichnet eine untere Grenze. Für die relativistisch invarianten Größen (etwa Wirkung, elektrische Ladung, magnetischer Fluß) fallen beide Begriffe zusammen. Dagegen für die varianten Größen (etwa Länge, Dauer, Masse) sind sie nicht nur voneinander verschieden, sondern es ist sogar fraglich, ob es hier überhaupt eine Kleinstgröße gibt. Jedenfalls ist schwer einzusehen, an welcher Grenze die relativistische Verkürzung der Länge (beispielsweise der Wellenlänge eines Ultrastrahls) Halt machen sollte.

Bei rasch bewegten Nukleonen gibt es beliebig kürzere Schwingungsdauern als τ. Bei Photonen und Neutrinos und deren Wellen gibt es kontinuierlich variable Werte von Längen, Dauern und Massen. «Elementar» bedeutet strukturelle Einheitlichkeit. In diesem Sinne sind λ, τ, m Elementargrößen, welche die Struktur der Elementarteilchen und des Weltalls bestimmen. «Kleinst» bedeutet dagegen eine größenmäßige Nichtunterschreitbarkeit, Nichtunterteilbarkeit. Einheitlichkeit und Unterteilbarkeit schließen sich aber nur in derselben existentiellen Bezogenheit aus. Beispiele machen dies deutlicher:

So ist zB ein geprägtes Pfennigstück eine unteilbare Einheit des Geldes. Trotzdem kann man dieses noch zerschneiden; aber nur als Metallstück; nicht als Zahlungsmittel — und der verbleibende Metallwert ist Wert in gänzlich anderem Sein.

So ist zB ein Atom («das Unteilbare») tatsächlich eine unteilbare Einheit eines Elements als solchem; ein Schwerwasserstoffatom ist die kleinste Menge Schwerwasserstoff. Dennoch ist dieses unter energischem Beschuß in Proton, Neutron und Elektron zerlegbar. Aber diese «Unterteilung des Atoms» mit den auseinanderfliegenden Teilen ist nicht mehr dem Schwerwasserstoffatom als ihm selbst eigen; ist kein seiner Existenz als Schwerwasserstoff-Atom mehr zugehöriges Verhalten.

Und so ist es schließlich auch mit dem Nukleon selbst: Das Nukleon ist die Einheit der in sich existenten Masse; Masseneinheit, in der Raum und Zeit des Kosmos in Elementarlängen λ und als Elementardauern τ erschlossen werden, da sind und das Dasein des Kosmos gestalten.

Mit Hochenergiestößen treten freilich Nukleonen auch mit kleineren als λ-Längen (etwa $\lambda/2$, $\lambda/2\pi$) in Erscheinung. Nur sind das eben keine jener Geschehnisse, in welchen die Elementarteilchen als Elemente der Existenz des Weltalls erscheinen. Mit solchen Vorgängen gewinnt man zwar wertvolle Einsicht in die besonderen Strukturen unter Extrembedingungen, zugleich entfernt man sich aber von der Einsicht in das Wesen der kosmischen Existenz als solcher; ähnlich wie man sich dem Wesen des Menschen in dem Maße entfremdet, als man ihn in anatomischer oder psychoanalytischer Zerteilung ergründet.

Es gibt eine existentielle Relationalität; freilich eine Relationalität ganz anderer Art als die aktuelle Relationalität der Quantenphysik oder die essentielle Relationalität der Relativitätsphysik.

Die Schwerkraft *

Die in der existentiellen Raum- und Zeiterschließung gegebene Nukleonenwelle ist in einer dualistischen Komplementarität der Materiewelle identisch. Die kosmische Expansion und die Materiewelle sind nur verschiedene Erscheinungen ein und derselben Wesenheit des Kosmos.

Mit diesen beiden Grundphänomenen des Kosmos und der Nukleonen verbindet sich noch ein drittes Grundphänomen: die Schwerkraft, die Gravitation. Die Verbindung zwischen Expansion und Gravitationsfaktor G war bereits über die Energie-Null-Bilanz des Weltalls greifbar geworden. Die wesenhafte Verbindung zwischen Materiewelle und Gravitation ergibt sich — komplementär zum allgemein-relativistischen Aspekt der Gravitation — aus der Existenzphysik in erstaunlich einfacher Weise:

Jedes Nukleon erschließt sich mit jeder Elementardauer ein neues Raumelement mit einem neuen Wirkungsquantum. Aber immer und überall im ganzen Kosmos findet dieses Erschließen neuer Raumelemente nur an Stellen statt, die schon von allen anderen Nukleonen mit früheren Schwingungen erschlossen worden sind. Jedes Nukleon sinkt fortgesetzt in die schon früher erschlossenen Raumelemente (Kugelschalen) aller anderen im Kosmos schon existenten Nukleonen hinein; sinkt also in den mit Wirkungsquanten geladenen Raum eines jeden anderen Nukleons ein. Diese Wirkungsberührung mit anderen Nukleonen ist aber je nach der Lage des anderen Nukleons verschieden:

Im jeweiligen Erschließungs-Raumelement eines Nukleons ist das dazu fernste Nukleon des Kosmos mit dem von ihm schon am Uranfang erschlossenen Raumelement gegenwärtig; ein näheres Nukleon mit seinem entsprechend später, dh weniger früher erschlossenen Raumelement; ein nahes Nukleon mit seinem erst ganz kürzlich erschlossenen Raumelement. Der Wirkungsquantenzuwachs, den ein Nukleon mit jeder neuen Elementardauer erfährt, erfolgt somit aus einer von den betreffenden Raumelementen aller anderen Nukleonen zusammen gestalteten Stelle des Weltraums; dh er erfolgt aus einer Stelle des Weltraumes, an welcher die anderen Nukleonen mit ihren früher erschlossenen Wirkungsquanten gegenwärtig sind; jedes mit seinem zurückliegenden Raumelement und seinem früheren Zeitelement, also mit zurückliegender Stelle seines Raumes und noch frühem Moment seiner Zeit gegenwärtig. Es ereignet sich somit im Wirkungsquantenzuwachs eine Wirkungsberührung des aufnehmenden Nukleons im Wirkungsraum der übrigen Nukleonen. Dieser im Versinken gegebene Wirkungsquantenzuwachs, aus einem mit einer Wirkungsdichte anderer Nukleonen erfüllten Raum, ist die Ursache der Gravitation. Damit erklären sich unmittelbar die wichtigsten Eigenschaften der Gravitation, der Schwerkraft:

Die Schwerkraft K zwischen zwei Nukleonen mit je der Masse m im Abstand r voneinander ergibt sich mit der so definierten und abgeleiteten Gravitationsgröße G gemäß $K = G \cdot m^2/r^2$:

Mit $G = (2/Y) \cdot c\,h/m^2$ ergibt sich $K = (2/Y) \cdot c\,h/r^2$

Schon diese Beziehung, in welcher die Massen m selbst gar nicht mehr vorkommen, zeigt die Schwerkraft als den genannten Wirkungsquanteneffekt. Von der kosmisch gegebenen Größe Y abgesehen, erscheinen in dieser Grundgleichung der Schwerkraft nur noch die Größen h und c/r^2. Darin kommt h von jenem, dem Nukleon in seiner Raumerschließung zuwachsenden Wirkungsquantum: je größer h, um so stärkere Anregung; also: Schwerkraft proportional h. Darin kommt c von der Geschwindigkeit, mit der das Nukleon die einzelnen Raumelemente des anderen Nukleons durchsinkt und hierbei mit dessen hier gemäß $1/r^2$ gegebenen Wirkungsquantendichte in Berührung kommt: je schneller es durchsinkt und je größer die örtliche Wirkungsdichte, um so mehr laufende Wirkungsberührung; also: Schwerkraft proportional c und $1/r^2$.

Allgemein-relativistisch wird die Gravitation als Folge einer «Krümmung des Raumes» gedeutet. Dieser Aspekt ist weitgehend äquivalent dem existenzphysikalischen Aspekt. Wie aber schon die viel diskutierten Paradoxien zeigen — der Beschleunigung einer kleinen Masse müßte ein plötzlich auftauchendes Schwerefeld für alle übrigen Weltmassen entsprechen —, ist dieser allgemeinrelativistische Aspekt nur begrenzt tragfähig. Die Existenzphysik zeigt den Grund: Diese Wirkungsquanten-Erschließung durch die Massen *ist* der Raum. Diese Wirkungsquanten-Erschließung ergibt aber auch die Gravitation. Die Raum-Struktur ist somit, ebenso wie die Gravitation, je eine Folge der Nukleonen-Wirkungen. Es ist aber nicht die Gravitation Folge der Raumkrümmung; auch nicht umgekehrt. Gleichsam: Gravitation und Raumstruktur sind zwei Schwestern, deren gemeinsame Mutter die Nukleonen-Wirkung ist. Als Geschwister sind sie einander so ähnlich, daß die allgemeine Relativitätsphysik zwar das Verhalten von Massen im gegenseitigen Gravitationsfeld richtig als raumzeitliche Minimalbahnen beschreibt. Sie stellt aber doch nur eine phänomenologische, keine ursächliche und wesenhafte Verbindung zur Gravitation her.

Schwere und Trägheit ✳

Die Schwerkraft ist somit: Masse eines Nukleons (h) im Feld (c/r^2) eines anderen Nukleons; ebenso — als Wechselwirkung — auch umgekehrt: Masse des anderen Nukleons im Feld des einen Nukleons. Die Geschwindigkeitsgröße c ist hierbei die eigentliche Verbindungsgröße zwischen beiden Nukleonen und deren Feldern: denn ebenso wie sich c in Bezug auf das andere Nukleon als Versinkungsgeschwindigkeit des Nukleons im Feld des anderen Nukleons darstellt, so ist sie zugleich auch in Bezug auf das Nukleon selbst das Verhältnis seiner eigenen Raumelementdicke λ pro deren Entstehungsdauer τ.

Es wäre somit anzunehmen, daß gegeneinander schnellbewegte Nukleonen eine veränderte Schwerkraft aufeinander ausüben; ferner, daß periodisch schwingende Massen eine Gravitationswelle zur Folge haben.

Neben der Schwere wird damit zugleich auch die Trägheit der Masse, dh des Nukleons verständlich: Während der Beschleunigung, und nur während dieser, werden in unmittelbarer Nähe des Nukleons dessen sonst kugelschalige Raumelemente (dh Wirkungsquantenverteilungen) deformiert; und zwar in Beschleunigungsrichtung gegenüber der existentiell angestrebten Größe verdichtet, bzw nach hinten verdünnt. Dies bedeutet eine Kraftwirkung auf das Nukleon entgegen der Geschwindigkeitsänderung. Genau das ist aber die Trägheit. Damit sind — auf gleiches Grundphänomen zurückführend — auch Schwere und Trägheit einander zwangsläufig gleich.

Ist die Geschwindigkeitsänderung beendet, erscheinen sofort wieder die kugelschaligen Elementarräume um das Nukleon — und die Deformationsbereiche bleiben immer weiter hinter dem versinkenden Nukleon im Weltraum zurück. Es ist mit dem Abheben der Deformation vom Nukleon die Trägheitskraft wieder verschwunden, aber die früher einmal gewesene Beschleunigung bleibt dem Feld des Nukleons eingeprägt. Existentiell, auch physikalisch-existentiell ist damit ein Nukleon, das immer unverändert an einer Stelle gelegen hatte, etwas anderes als ein Nukleon, das an diese Stelle erst durch eine Verschiebung — dh durch Beschleunigungen — im Raum gelangt ist. Das einmal Geschehene ist dem Kosmos und jedem einzelnen Gegenstand unverwischbar für immer eingeprägt.

Freilich ist diese Beziehung $K = (2/Y) \cdot ch/r^2$ nur für die Schwerkraft zwischen zwei Nukleonen (genau zwei Elementarmassen m) unmittelbar faßbar. Tatsächlich wirkt jede Masse mit dem gleichen Gravitationsfaktor $G = (2/Y) \cdot ch/m^2$ gravitierend: die Masse vom Pion, Elektron, vom Neutrino, Photon; ja sogar die negative quasi-Masse der Gravitationsenergie. Aber es wird durch die Nukleonen die Raum-Zeit gegeben — und somit wird die Gravitation für alle Massen durch die Nukleonen begründet: durch m^2 im Nenner wird G universell festgelegt.

Wirkungsintensität und Feldkonstante **

Die Kräfte werden durch die Wirkungsintensitäten bestimmt; dh durch die Wirkungsquanten h in den Raumschalen pro deren Raum·Zeit-Abstand in $\lambda \cdot \tau$-Einheiten. Die Elementar-Wirkungsintensität $\chi_1 = h/\lambda\tau$ ist selbst die Elementareinheit der Kraft. Konkret beim Nukleon betrachtet:

Das Nukleon erschließt mit jeder neuen Elementardauer τ ein weiteres Wirkungsquantum h. Jedes seit dem Welt-Ursprung erschlossene Wirkungsquantum gehört einer konzentrisch um das Nukleon liegenden Kugelschale mit der Wandstärke λ zu. Weil das Wirkungsquantum immer mit dem Übergang von der Elementardauer $n \cdot \tau$ zu $(n+1) \cdot \tau$ erzeugt wird, gehört es dem Moment $(n+\frac{1}{2}) \cdot \tau$ zu.

Betrachten wir das Elementarvolumen des Nukleons selbst als das 0. (nullte) Raumelement, so ist die anschließende Kugelschale zwischen $r = 1 \cdot \lambda$ bis $2 \cdot \lambda$ das 1. Raumelement; die Kugelschale zwischen $r = n \cdot \lambda$ bis $(n+1) \cdot \lambda$ das n. Raumelement. Dem der n. Raumschale zugehörigen Wirkungsquantum ist somit der Abstand $(n+\frac{1}{2}) \cdot \lambda$ vom Nukleonenmittelpunkt zuzuschreiben; in den Elementareinheiten λ selbst ist somit die Abstandszahl gleich $(n+\frac{1}{2})$. Das gleiche gilt für den zeitlichen Abstand in Elementareinheiten τ.

Die Wirkungsintensität ist aber Wirkung pro Raum·Zeit-Abstand; je in Elementareinheiten h und $\lambda{\cdot}\tau$. Weil jede Schale, also auch die n. Schale, genau $1h$ Wirkung besitzt, ist die Wirkungsintensität der n. Schale im Nukleonenmittelpunkt gleich $(h/\lambda\tau)/(n+\frac{1}{2})^2$; ihre Wirkungsintensitätszahl damit einfach $1/(n+\frac{1}{2})^2$.

Nachdem der Zeitabstand über die Invarianzgeschwindigkeit c mit dem Raumabstand verknüpft ist, ergibt sich in gleicher Weise die Wirkungsintensität als hc pro räumliches Abstandsquadrat λ^2 gemäß $(hc/\lambda^2)/(n+\frac{1}{2})^2$. Die Wirkungsintensitätszahl der n. Schale ist also auch wieder $1/(n+\frac{1}{2})^2$. Damit kann man auch rein räumlich operieren.

Die Wirkungsintensitätszahl des Elementarvolumens selbst, dh der 0. Schale, wäre somit genau 4. Die Wirkungsintensitätszahl der 1. Schale ist $1/2{,}25$; der 2. Schale $1/6{,}25$ usw. Die totale Wirkungsintensitätszahl aller Schalen $1, 2, 3, \ldots Z$, ab der Nukleonenoberfläche beim Radius λ bis zur vollen Weltraumtiefe beim Radius R, ist somit die Summe über alle diese Schalen-Wirkungsintensitäten. Diese totale Wirkungsintensitätszahl ist die als Feldkonstante φ bezeichnete Größe:

$$\text{Feldkonstante} \quad \varphi \;=\; \sum_{1}^{Z}(n+\tfrac{1}{2})^{-2} \;=\; 0{,}934\,802\,200$$

Zwar wird Z (heute 10^{41}) immer größer. Doch schon billionstel Sekunden nach dem Ursprung hatte φ den konstanten Grenzwert erreicht.

Ab Nukleonen-Mittelpunkt — also einschließlich der 0. Schale — käme noch die Zahl 4 dazu; die Summe wäre dann $4{,}934\,802\,200$.

Die Summation ab Nukleonenoberfläche bei $r = \lambda$ über den Umraum bis $r = R$ ist die Integration über den gesamten, wirklichen Nukleonenraum, indem das zwischen $r = 0$ bis λ befindliche Elementarvolumen ($n = 0$) selbst eine bemerkenswerte Sonderstellung einnimmt:

Der Spin im existentiellen Aspekt **

Die Wirkungsquanten werden vom Nukleon erzeugt, erschlossen. Raum und Zeit selbst werden vom Nukleon erzeugt, erschlossen. Dem Nukleon selbst, dh dem Elementarvolumen als der 0. Schale, kommt mit der von 0τ zu 1τ entstehenden Zeit gleichsam nur eine halbe Elementardauer $\tau/2$ zu. Demgemäß ist auch die Wirkung $h/2$, wie sie eben den Nukleonen (aber auch den Elektronen) bezogen auf «volle Umdrehung» 2π eigen ist.

Diese halbe Elementardauer $\tau/2$ der Erschließung ergibt in der radialen Richtung der c-bewegten Schalen eine halbe Elementarlänge $\lambda/2$. Damit bestimmt der jeweils mittlere Radius $(n+\frac{1}{2})\cdot\lambda$ der n. ten Kugelschale die Wirkungsintensität dieser $n\cdot\tau$ früher erschlossene Schale. Der Faktor φ — als Summe über die Wirkungsintensitätszahlen aller Schalen — ist damit ein Ausdruck für den Spin $h/2$ des Fermions.

Der Spin ist keine eigentliche «Rotation des Teilchens um seine Achse»; man würde damit auch ganz unmögliche Tangentialgeschwindigkeiten beim Proton oder Elektron erhalten. Der Spin ist eben diese Wirkungserschließung, mit welcher Raum und Zeit des Nukleons entstehen; eine Wirkungserschließung aus dem Elementarvolumen.

Dem Elementarvolumen ($n = 0$) kommt jedoch damit Raum und Zeit in wesenhaft anderem Sinne zu als den kugelschalenförmig sich anschließenden Raumelementen ($n = 1, 2, 3 \ldots$). Erst in diesen eigentlichen Raumelementen hat Raum und Zeit als wechselwirkungsfähiger, feldbildender Nukleonenraum, und hat die unveränderlich erschlossene Teilchenzeit mit den hier und dann als Feld gegebenen Wirkungsquanten feste Existenz erlangt; gleichsam die Produktionswerkstätte als fertiger Handelsartikel verlassen. Erst hinter sich bietet das versinkende Nukleon feldbildende Wirkungsquanten für Wechselwirkungen dar; erst hinter sich bietet es Raum und Zeit dar. Gleichsam wie bei einem Minenlegboot: Auf dem Boot noch in Bewegung, gehört die Mine dem Minenfeld noch nicht zu; erst die abgesetzte Mine gehört dem Minenfeld in unveränderlichem Verharren zu.

Die einzig sinnvolle und wirkliche Summation ist somit jene von λ bis R (dh der Schalen 1 bis Z), welche die Feldkonstante φ ergibt.

Feldkonstante und Existenzvariable **

Die Feldkonstante $\varphi = 0,934\,802\,200$ (der analoge klassische Wert mit quadratisch-abnehmender «Feldliniendichte» wäre 1) ist eine Schlüsselgröße für die gesamte Elementarteilchenphysik; ähnlich wie die Existenzvariable Y für die Kosmologie.

Die Feldkonstante φ ist die Wirkungsintensitätszahl-Summe über alle Raumschalen eines Elementarteilchens bis zur Weltraumtiefe R. Die Wirkungsintensität der fernen Schalen nimmt jedoch so sehr (quadratisch) mit der Entfernung ab, daß nur die nahen Schalen zu φ merklich beitragen; alle Schalen außerhalb von ein milliardstel Millimeter zusammen haben nur noch knapp 1‰. Damit ist φ, trotz der Erstreckung über den ganzen Weltraum, eine von kosmischen Veränderungen unabhängige Konstante von knapp 1.

Die Existenzvariable Y ist ebenfalls eine Summe über alle Wirkungsintensitäten; aber nicht nur über diejenigen eines Elementarteilchens, sondern über alle Wirkungsintensitäten des ganzen Weltalls an einer Bezugsstelle. Bei der überall im Weltraum gleichen Wirkungsdichte tragen vor allem die großen Entfernungen zur Existenzvariablen Y bei; aller Raum innerhalb zehnmillion Lichtjahren Umkreis nur noch knapp 1‰. Damit ist Y eine von den kosmischen Veränderungen des Weltalls abhängige Variable mit heute dem riesengroßen Wert $2 \cdot 10^{39}$.

Die Feldkonstante φ wie die Existenzvariable Y sind beide Wirkungsintensitätszahlen; aber die Existenzvariable Y, als Summation über alle an einer Stelle gegebenen Wirkungsintensitäten des Weltalls, eine kosmisch-makrophysikalische Größe; die Feldkonstante φ dagegen, als Sumation über nur die Wirkungsintensitäten des betreffenden Elementarteilchens selbst, eine elementar-mikrophysikalische Größe.

Diese Verwandtschaft von φ mit Y erstreckt sich auch auf den Kugelfaktor 3: Bei der Existenzvariablen Y ergab sich dieser Kugelfaktor, indem eine Kugelschale mit $n \cdot \lambda$-Radius und λ-Wandstärke (n. Schale) ein Volumen von $3 \cdot n^2$ Elementarvolumina besitzt. Genau in der gleichen Weise enthält auch die Feldkonstante φ diesen Kugelfaktor 3.

Wie in der Existenzvariablen Y parametrisch der Teilfaktor 3η als 3fache kosmische Wirkungsdichtezahl η erscheint, so enthält auch die Feldkonstante φ die 3fache Wirkungsquantendichtezahl Q, mit welcher ein elementares Wellenfeld auftritt:

Die Elementarwelle **

Jede Kugelschale von λ-Wandstärke besitzt genau 1 Wirkungsquantum h. Damit ist die elementare Wirkungsdichtezahl, dh die Quantendichtezahl Q in erster Näherung reziprok-proportional dem Volumen der betreffenden Kugelschale; in Elementarvolumeneinheiten gerechnet. Dies gilt in erster Näherung, denn der genaue Wert hängt ein wenig noch davon ab, wo sich die Wirkung vorzugsweise verdichtet.

Das Volumen des n. Raumelements (der n. Schale) ist gleich der Differenz der beiden Kugelvolumen mit $(n+1) \cdot \lambda$-Radius und mit $n \cdot \lambda$-Radius; also gemäß $(n+1)^3 - n^3$ gleich dem $(3n^2 + 3n + 1)$-fachen des

Elementarvolumens. Die Wirkungsquantendichtezahl — dh mit $1\,h$ pro Elementarvolumen als Einheit gerechnet — ist somit als Mittelwert im ganzen n. Raumelement gleich $Q = 1/(3n^2+3n+1)$. Während somit im Elementarvolumen mit $n = 0$ selbst immer genau 1 Wirkungsquantum entsteht (also, aber in anderem Sinne, einer Quantendichtezahl gleich 1 entsprechend), nähert sich die Quantendichtezahl für sehr große n immer mehr dem Grenzwert $1/3n^2$.

Im Grenzwert für sehr große n gilt also $3Q = 1/n^2 = (\lambda/r)^2$ gemäß dem klassisch-quadratischen Feld. Man rechnet somit zweckmäßig mit der dreifachen Quantendichtezahl $3Q$, womit sich im Grenzwert das klassische Feld ergibt; also: $3Q = 1/(n^2+n+1/3)$.

Diese Quantendichtezahl $1/(n^2+n+1/3)$ bezeichnet jedoch den über das gesamte Volumen des n. Raumelements gleichmäßig gemittelten Wert. So angesetzt ergäben sich von Raumelement zu Raumelement stufenförmig, ringterrassenartig abfallende Werte. Tatsächlich ist die Quantendichtezahl aber eine Wellenfunktion $1-cos2\pi r/\lambda$, welche als eine sich weitende Schwingung stetig derart abklingt, daß innerhalb eines jeden Raumelements genau 1 Wirkungsquantum h gegeben ist. Damit ergibt sich ein über das n. Raumelement wirksamer Mittelwert a_n, der ein wenig von $1/(n^2+n+1/3)$ abweicht: nach verschiedenen Abschätzungen ist die in a_n enthaltene Beizahl (statt $1/3$) nur $1/4 \pm 0,01$. So ergibt sich mit $a_n = 1/(n^2+n+1/4) = 1/(n+\frac{1}{2})^2$ die im n. Raumelement wirksame, dreifache Wirkungsdichtezahl zu:

$$3Q = (1-cos2\pi r/\lambda)\cdot a_n = (1-cos2\pi r/\lambda)/(n+\tfrac{1}{2})^2$$

In großer Entfernung — dh r groß gegen λ, bzw n groß gegen 1 — ergibt sich damit gemäß $1/n^2$ die quadratische Abnahme des klassischen Feldes; allerdings noch modifiziert durch die periodische Wellenfunktion.

Diese Wellenfunktion besitzt in ihrem Wellenglied $cos2\pi r/\lambda$ immer eine volle Periode in jedem Raumelement; also 1 Periode pro λ, wobei sie zusammen mit dem Summanden 1 aber immer positiv bleibt. Offensichtlich ist dies aber (sowohl formal gemäß $1-cos2\pi r/\lambda$ als auch physikalisch als Intensitätsfunktion) die Quadrierung einer $sin\,\pi r/\lambda$-Welle, welche sich mit einer vollen Periode über immer zwei Raumelemente erstreckt; also 1 Periode pro $2\cdot\lambda$, wobei sich negative und positive Halbwellen folgen. Damit ergeben immer 2 Wirkungsquanten zusammen eine volle Periode der Grundwelle.

Offensichtlich ist diese, der Wirkungsintensität des Nukleons zugeordnete Wellenfunktion die Materiewelle. Der der Welle zugehörige Intensitätsfaktor $(n^2+n+1/4)$ ist ja eben der Faktor $(n+\frac{1}{2})^2$ der Wirkungsintensität der n. Raumschale. Ferner ist die Verbindung zur Gravitation augenscheinlich, die sich schon anderweitig als doppelquantig ergeben hat. Schließlich ergibt eine Raum-Zeit-Spiegelung ein dazu negatives Quadrat $3Q$ der Wellenfunktion, so daß sich die Wellenfunktionen von Antiteilchen und Teilchen gegenseitig löschen.

Die Antimaterie *

Jedes Nukleon, jede Elementarmasse hat eine bis in die volle Tiefe R und über das volle Alter T der Welt-Raumzeit reichende Materiewelle mit der gigantischen Wirkung $Z \cdot h = 66\,MW \cdot sec^2$. Diese Wirkung *ist* überhaupt seine Raum-Zeit. Weil eine solche Welle zeitlich bis zum Ursprung zurückreicht, ist sie heute nicht mehr aufbaubar; somit sind Einzelnukleonen heute nicht mehr erzeugbar.

Die Welle eines Antiteilchens (etwa Anti-Proton) ergänzt sich jedoch mit der Welle des zugehörigen Teilchens (etwa Proton) bei räumlichem Zusammenfallen zu Null. Deshalb ist heute trotzdem noch eine «Paarerzeugung» möglich: Energie eines hinreichend energischen Gamma- oder Ultrastrahls kann sich etwa als Proton zusammen mit einem Antiproton materialisieren. Hierbei entsteht das Proton und das Antiproton am selben Punkt, um sich sodann voneinander zu entfernen. Damit brauchen sich nur die beiden Wellen, die sich gleichsam bis zum Paarerzeugungs-Moment miteinander zu Null ergänzt hatten, voneinander zu lösen. Umgekehrt ist es beim Vorgang der Paarvernichtung, wenn das gebildete Antiproton auf irgend ein Proton stößt und zusammen mit diesem verstrahlt: Es ergänzen sich dann die beiden Wellen ab der Verstrahlung zu Null.

Trotz der Erstreckung der Materiewellen über die gesamte Welt-Raumzeit ist aufgrund eben dieser Nullergänzung von Welle und Antiwelle eine derartige Paarerzeugung und Paarvernichtung jederzeit möglich. Diese erscheint somit nur als eine besondere Art von Energieumsetzung, bei der anderweitige Energie vorübergehend als Massenenergie von Teilchen und Antiteilchen investiert wird: als Proton und Antiproton, als Elektron und Positron, als Materie und Antimaterie aus ganzen Antiatomen. Sonst sind Nukleonen und Elektronen in keiner Reaktion zerstörbar: Erhaltung der Baryonen-Zahl und Leptonen-Zahl.

Daraus ergeben sich einige interessante Konsequenzen: Die Masse und Energie der Antimaterie ist positiv (wie die der normalen Materie). Es muß aber dann die von Antimassen erschlossene Wirkung negativen Wert haben, dh die von Antimassen erschlossene Raumzeit muß derart «gespiegelt» sein, daß $\lambda \cdot \tau$ negativ wird: Sonst würde bei einer Paarerzeugung von Nukleonen eine Wirkung von $2 \cdot Zh$ auftauchen — und bei der Paarvernichtung wieder verschwinden.

Bei solcher Umkehrung sowohl der Wirkung h als auch der Raumzeit $\lambda \tau$ bei Antiteilchen, ist deren Wirkungsintensität $h/\lambda \tau$ und damit deren Gravitation zwar gleichgerichtet, deren elektrische Ladung und deren Spin (Umlauf) ist aber umgekehrt.

Das Pion ✳

Das Nukleon, etwa das Proton mit seiner Masse m, ist gesamtkosmisch ausgerichtet, indem es fortgesetzt Raum und Zeit erschließt und bis zum Rand und Ursprung des Kosmos seine Raumzeit ausbreitet. Zugleich ist aber die Elementarlänge λ gemäß $\lambda = h/mc$ und die Elementardauer τ gemäß $\tau = h/mc^2$ eine absolute existentielle Größe, die offenbar alle Teilchen beherrscht. Es wäre nun auch ein Teilchen denkbar, das nicht in dieser Weise «weltoffen» ist, sondern eine in sich geschlossene Existenz aufweist.

Die einfachste Form einer geschlossenen Linie ist aber der Kreis; mit der Elementarlänge λ als Radius und damit vom Umfang $2\pi\lambda$. Diesen Umfang mit der Invarianzgeschwindigkeit c (der universell-existentiellen Geschwindigkeit) einmal voll zu umlaufen, erfordert die Zeit $t_\pi = 2\pi\tau$. Ein Teilchen mit solcher kreisförmig introvertierter Existenz müßte somit in erster Näherung eine um 2π kleinere Energie und Masse als das Proton besitzen.

Nahe dem λ-Radius ist ein kleineres Feld wirksam; kleiner im Vergleich mit jenem, das sich mit dem klassischen Feldlinienbild ergäbe, welches an größeren Entfernungen normiert ist. Diese Verkleinerung wird eben durch die Feldkonstante φ erfaßt. Im geschlossenen System ist dagegen kein in größere Entfernung auslaufendes Feld gegeben. Der ganze geschlossene Kreisumfang $2\pi\lambda$ ist somit durch die schwächere Nahstruktur des Feldes bestimmt. Ein geschlossenes Teilchen müßte somit auch um diese Feldkonstante φ leichter sein; dh seine Masse müßte sich aus der Elementarmasse m, multipliziert mit sowohl $1/2\pi$ als auch φ ergeben. Die so errechnete Masse ist die Masse des einfachsten geschlossenen Teilchens. Es ergibt sich damit überraschend genau die Masse des geladenen Pions m_π gemäß:

$$m_\pi = m \cdot \varphi/2\pi = 248{,}8188 \cdot 10^{-27}\,g \;;\quad \text{Meßwert: } 248{,}8062 \cdot 10^{-27}\,g\,.$$

Dieser meßtechnisch erhaltene «wahrscheinlichste Meßwert» ist somit gerade um die «Standard-Abweichung» (Meßfehler) von 0,046‰ kleiner als der berechnete Wert.

Diese Modifizierung des Pion-Terms mit φ (bzw analog auch anderer Umlauf-Terme) hat einen Schalen-Aspekt mit c-Umläufen: der letzten Elementardauer der Weltzeit zugehörig auf $(1+\frac{1}{2})\lambda$-Radius; der vorletzten Elementardauer zugehörig auf $(2+\frac{1}{2})\lambda$-Radius; ... der n. letzten Elementardauer zugehörig auf $(n+\frac{1}{2})\lambda$-Radius. Die Aufsummierung über die Umläufe aller Zeit ergibt den Faktor φ. Die Kraftwirkung eines solchen Feldes nimmt in hoher Potenz mit dem Radius ab.

Das Pion wurde bereits theoretisch vorausgesagt (Yukawa), bevor es experimentell entdeckt wurde. Als gesondertes Elementarteilchen ist das Pion nicht stabil existenzfähig; es zerfällt mit $2,6 \cdot 10^{-8}$ sec Lebensdauer radioaktiv. Es ist existentiell überhaupt anderer Art als das Proton oder das Elektron.

Die Länge λ, welche sich als h/mc aus der Elementarmasse m, dh aus der «statischen Protonmasse» ergibt, ist offenbar eine wirkliche Elementarlänge mit fundamentaler Bedeutung. Dies zeigen auch eine Reihe weiterer, überaus interessanter Beziehungen; vor allem solche, die sich an c-Umläufe auf λ-Radius knüpfen.

Das Nukleon-Drehmoment **

Proton und Neutron schreibt man ein mechanisches Drehmoment zu; aufgefaßt als Rotation der Masse um ihre Achse. Der «Spin» erscheint so als Drehmoment.

Drehmomente haben — obgleich sie anderen Wesens sind — die Dimension einer Wirkung. Das Drehmoment eines Nukleons hat, sofern man dieses mit seinem Spin gleichsetzt, die Größe $h/2\pi$; in manchen Beziehungen auch $h/4\pi$. Diese Größe ist allerdings insoferne eine Fiktion, weil Drehmomente nach Drehwinkel, dh Kreisbogen pro Radius definiert sind, was man auch anders hätte festlegen können. Existentiell sinnvoll sind nur Vollumdrehungen — und für diese besitzt dieses Voll-Drehmoment den 2π-fachen Wert h; gemäß $2\pi \cdot h/2\pi = h$.

Dieser Drehimpuls würde beim Nukleon in jedem Fall (als Hohl- wie Vollkugel und mit allen vernünftigen Radien angesetzt) eine Oberflächen-Tangentialgeschwindigkeit von wesentlich unter Invarianzgeschwindigkeit ergeben; überdies in nicht überzeugenden Verhältnissen. Existentiell gibt es bei all diesen Elementarvorgängen aber immer nur die Invarianzgeschwindigkeit c.

Mit c-Geschwindigkeit auf λ-Radius wird aber das Voll-Drehmoment h gerade mit einer Masse m_π/φ erzielt:

$$(m_\pi/\varphi)\cdot c\cdot 2\pi\lambda \;=\; (m/2\pi)\cdot c\cdot 2\pi\lambda \;=\; mc\lambda \;=\; h$$

Die Pionmasse m_π ist gemäß m_π/φ mit der Feldkonstanten φ modifiziert anzusetzen (ohne diese Modifizierung ergäbe sich mit m_π interessanterweise sehr genau der «klassische Elektron-Radius»).

Der Spin eines Nukleons ist auf Volldrehung allerdings nicht h, sondern $h/2$ (Fermion); dies eben infolge der Erschließung von 0 auf den vollen Wert h, was effektiv $h/2$ ergibt.

Das Nukleon *

In diesem Aspekt ist somit der Nukleon-Radius λ als durch ein Pion gegeben betrachtbar. Die restliche Nukleon-Masse trägt in diesem Aspekt nicht zum Drehmoment des Nukleons bei.

Obgleich also das Nukleon die unteilbare Elementareinheit ist, gibt es zugleich auch den Aspekt des Nukleons als Mehrteilchensystem. Das einfachste Nukleon-System sind 7 Pionen. Von diesen bilden 3 Pion-Paare — je ein Paar in einer anderen der drei Raumdimensionen — eine sich gegenseitig vollkommen absättigende Einheit; vermutlich in jedem Paar mit gegeneinander umlaufendem positiven und negativen Pion. Diese 6-Pionen-Einheit ist damit in einem Höchstmaß in sich ausgewogen, stabil und angreifbar. Nur bei einer Verstrahlung mit einem Antinukleon löst sich auch diese festeste «Verbindung» auf, wobei mehrere Pionen (meist 5) einzeln auftreten.

Dazu kommt das 7. Pion, welches somit eine Sonderstellung einnimmt: es ist Träger des Dreh- und Magnetmoments — und ist reaktionsfreudiger. In diesem 7. Pion unterscheiden sich Proton und Neutron voneinander: ein positives Pion beim Proton; ein neutrales Pion beim Neutron.

Charakteristisch für die Existenzphysik ist hierbei ein «sowohl-als-auch» der Aspekte: Existentielle Einheitlichkeit einerseits und andererseits mehrteiliges System; aber auch innerhalb dessen: entweder Umlauf aller 7 Pionen je mit λ-Radius; oder paarweiser Umlauf der 6 Pionen mit je zusammen $\lambda/2$-Radius, womit sich die 3 Paare zu einem «Core» von diesem $\lambda/2$-Radius bilden; oder gemeinsamer Umlauf aller 6 Core-Pionen auf $\lambda/6$-Radius; oder gar Umlauf der Totalmasse auf $\lambda/2\pi$-Radius.

Die Stoßradien *

Dieses 7 Pionen-Modell des Nukleons findet eine erstaunliche Bestätigung durch die Hochenergie-Physik:

Gemäß dieser «Zusammensetzung» des Nukleons aus $3 \cdot 2 + 1 = 7$ Pionen tritt das Nukleon unter verschiedenen Bedingungen eben mit verschiedenen Radien in Erscheinung. So existiert das Nukleon mit dem Radius λ eines jeden seiner 7 Pionen, die einander vertauschbar gleich sind; es existiert damit als «weiche Kugel» mit dem λ-Radius $1,32 \cdot 10^{-13}$ cm. Bei starkem Beschuß wird aber jedes der drei Pionenpaare des Core einzeln mit dem paareigenen Umlaufradius $\lambda/2$ (entsprechend 2 facher Pionmasse) wirksam. Damit wirkt der Core wie eine Hohlkugel mit dem Radius $\lambda/2$, auf deren Oberfläche die positiven und negativen Pionenladungen in den wechselnden Stellungen ihres Umlaufes auftreten. Wirklich werden hochenergetische Elektronen am Nukleon wie an einer Hohlkugel wechselnder Ladung mit $0,66 \cdot 10^{-13}$ cm Radius gestreut (Hofstadter). Bei energischstem Beschuß von Nukleonen aufeinander wird der Nukleonenradius $\lambda/6$ der sechs Pionen des Core oder gar $\lambda/2\pi$ des Nukleons im ganzen als absolute Grenze der möglichen Annäherung, als «harte Kugel» mit $0,21 \cdot 10^{-13}$ cm wirksam.

Tatsächlich können sich die Mittelpunkte zweier höchstenergischer Nukleonen nicht weiter nähern als auf den genau meßbaren Abstand von $0,42 \cdot 10^{-13}$ cm. Dieser harte Stoßradius von $\lambda/2\pi = 0,21 \cdot 10^{-13}$ cm ist jener Radius, welcher eben einem Umlauf der Nukleonmasse m im ganzen zukommt; einem Umlauf mit der Umlaufdauer τ und der Umlauflänge λ, welcher mit dem gesamten m das Drehmoment h bzw $h/2$ ergibt.

In den verschiedensten Aspekten bestätigt sich so die Größe λ als eine wirkliche «Elementarlänge». Und immer wieder erscheint das klassisch unverständliche, existenzphysikalische «sowohl-als-auch» als Fundamental-Eigenschaft.

Die Kernkraft *

Der Core ist mit seinen 3 Pion-Paaren vollkommen in sich ausgewogen. Das 7. Pion ist als Schalenpion reaktionsfähiger: in diesem vermögen sich nicht nur Proton und Neutron ineinander umzuwandeln, sondern diese bewirken auch die Bindung der Nukleonen im Atomkern.

Gegenüber dem vereinzelten Schalenpion im Einzelnukleon stellen Schalenpion-Paare einen ausgewogeneren Zustand dar. Das System eines Nukleonenpaares — etwa des Proton-Neutron-Paares im Schwerwasserstoffkern H^2 — verliert an Energie und gewinnt damit an Stabilität, so daß sich eben zwei Nukleonen zu vereinigen vermögen und das neutrale Pion seine Zerfallsneigung verliert.

Das Paar der beiden Schalenpionen erstrebt nun seinerseits eine Umlaufbahn mit dem Radius $\lambda/2$. Dies ist jedoch ein kleinerer Bahnradius als es die beiden Core zulassen, so daß die beiden Schalenpionen auf λ-Radius laufen müssen. Das Paar der Schalenpionen befindet sich also in einem geweiteten und damit gespannten Zustand. Dieser Spannungszustand ist die Ursache der Kernkraft. Das Minimum des Wechselwirkungspotentials beim Mittelpunktabstand zweier in Hochenergiestößen einander bis $0{,}66 \cdot 10^{-13}\,cm$ — dh $\lambda/2$ — genäherter Nukleonen bestätigt dies.

Die Kernkräfte sind somit keine «Austauschkräfte»; «Austauschimpulse» müßten ja sogar abstoßende Wirkung haben. Die Kernkräfte, die aus dem Bestreben der Schalenpionen rühren, sich auf den Grundzustand der ihnen existentiell zukommenden Umlaufbahn zusammenzuziehen, sind somit Umschließungskräfte, Einschließungskräfte, Oberflächenkräfte. Damit ist es nun möglich, die Kernkräfte quantitativ zu berechnen; und zwar mit einer Variation $d\lambda$ des Umlaufbahnradius λ des Schalenpions eines Nukleons, welche eine entsprechende Variation dE_π der Pionenenergie E_π zur Folge hat:

Weil der Umlaufbahnradius (unvariiert $= \lambda$) reziprok-proportional der Pionenenergie (unvariiert $= m_\pi c^2 = mc^2 \cdot \varphi/2\pi$) ist, ergibt sich: $dE_\pi = -m_\pi c^2 \cdot d\lambda/\lambda$. Daraus ergibt sich die Kraft K_k eines Nukleons in Bezug auf ein anderes gemäß $K_k = -dE_\pi/d\lambda$; mit negativem Vorzeichen als anziehende und damit potentialmindernde Kraftrichtung:

$$K_k = m_\pi c^2/\lambda = mc^2 \varphi/2\pi\lambda = hc\varphi/2\pi\lambda^2 = (m_\pi/m) \cdot hc/\lambda^2$$

Die Kraft K_π eines Pionenpaares, dh die Kraft der starken Wechselwirkung eines Nukleons auf ein anderes und des anderen auf das eine, ist das doppelte hiervor; also:

$$K_\pi = 2 \cdot K_k = 2(m_\pi/m) \cdot hc/\lambda^2 ; \quad \text{das sind } 3450 \; kp$$

Die Kern-Bindungsenergie *

Die Kernkraft ist gänzlich anders geartet als die Ladungs- oder Schwerkraft: Das umlaufexistente Pion, an welches sich die Kernkraft knüpft, hat überhaupt keine radial geöffnete Raumzeitlichkeit; nicht wie das Elektron oder Nukleon, an welches sich demgemäß eine quadratisch mit dem Abstand abfallende Ladungs- bzw Schwerkraft knüpft. Die Kernkraft ist nicht im Sinne eines auslaufenden Feldes, sondern im Sinne der Spannkraft eines elastisch gedehnten Faßbandes gegeben. Die radiale Wirkungstiefe der Kernkraft kann damit nur durch eine Art Spurbreite der Umlaufbahn gegeben sein.

Wie schon der Beifaktor m_π/m der Kernkraft vermuten läßt, kommt der Umlaufdauer $2\pi\tau$ ein Spielraum der Dauer τ — dh der Elementardauer und radialen Schwingungsdauer der vollen Nukleonenmasse m — zu. Dies bedeutet einen Bahnradius-Spielraum von $\lambda/2\pi$. Der buchstäblich «wirkliche»» Umlaufradius reicht somit $\pm \lambda/4\pi$ über λ hinaus.

Mit dieser Einwirktiefe $\lambda/4\pi$ taucht ein anderes Nukleon, das von ferne kommend sich an ein Nukleon bindet, in die Kernkraft K_k ein. Das Produkt ergibt eine

Bindungsenergie $K_k \cdot \lambda/4\pi = m_\pi c^2/4\pi = (\varphi/8\pi^2) \cdot mc^2 = 0,01184 \cdot mc^2$

Genauer ergibt sich die Bindungsenergie unter Berücksichtigung der Kraft-Variation und der für solche Spielräume gegebenen Gauß-Glocke. Bezeichnet man das Verhältnis der Radius-Variation zu λ mit x, so ergibt sich als ein Kraft-Weg-Integral die Nukleon-

Bindungsenergie $m_\pi c^2 \cdot \displaystyle\int_0^\infty (1+x)^{-2} \cdot e^{-(4\pi x)^2}\,\mathrm{d}x = 0,00966 \cdot mc^2$

Dies entspricht dem Massedefekt eines Atomkernes von knapp 9,7 ‰.

Die tatsächlichen Massedefekte von Atomkernen sind etwas geringer, weil durch Nullpunktschwingungen, Ladungen, Oberflächenspannungen usw noch Restenergien verbleiben. Es konvergieren jedoch die Massedefekte der Atomkerne — etwa vom He^4 mit 7,9 ‰, über O^{16} mit 8,5 ‰, zum Fe^{56} mit 9,1 ‰ — bei den spannungsärmsten Kernen erstaunlich gut gegen diesen theoretischen Wert von 9,7 ‰ entsprechend 9,1 MeV Bindungsenergie pro Nukleon.

Wieso ist überhaupt die Bindungsenergie pro Nukleon von der Kernnukleonenzahl praktisch unabhängig? Die buchstäblich «oberflächliche» Erklärung, daß jedes neu zu einem Kern kommende Nukleon — im Sinne der Paarbildung der Schalenpionen und in Hinsicht auf die «kurze Reichweite» der Kernkraft — immer nur mit einem der Oberflächennukleonen in Wechselwirkung trete, hat viel für sich, ist aber in ihrem Individualismus für sich allein noch nicht voll befriedigend. Offenbar hat auch jener Aspekt eine Berechtigung, in welchem alle siebten Schalenpionen von n Nukleonen eines Atomkerns kollektiv miteinander eine Spurbreite $\lambda/4\pi\,n$ aufweisen.

Der Atomkern *

Weil die Paarbildung der Schalenpionen die Grundursache der Kernkraft ist, sind somit Kerne mit gerader Nukleonenzahl stabiler als
ungerade Kerne. Gerade Kerne mit ungerader Protonen- und ungerader
Neutronenzahl gibt es nur deshalb nicht stabil (ausgenommen mit den
Nukleonenzahlen 1+1, 3+3, 5+5, 7+7, wo sich sonst zu hohe Über-
schüsse einer Nukleonenart ergäben), weil sie mit Elektronenab-
stoßung (Betazerfall) einfach in die besonders stabilen doppel-geraden
Kerne mit sowohl gerader Protonen- als auch gerader Neutronenzahl
übergehen können. Doppel-gerade Kerne sind besonders stabil, weil
zwei geladene Pionen und zwei neutrale Pionen sich besser gegeneinander
auswiegen als ein geladenes mit einem neutralen Schalenpion.

Extrem fest gebunden und bei Kernreaktionen besonders bevorzugt
sind Kerne mit magischer Protonenzahl oder mit magischer Neutronenzahl oder gar mit beidem. Die magischen Zahlen («magisch»,
allgemein ein witziger Ausdruck für undurchsichtige Zahlen) sind: 2,
8 (= 2+6), 14 (= 2+6+6), 20 (= 2+6+6+6), ferner 28, 50, 82, 126.
Die besondere Bedeutung dieser magischen Zahlen, welche den Protonen und den Neutronen nur je für sich zukommen (magische Gesamt-
nukleonenzahl ist bedeutungslos), zeigt, daß ein von allen Core gemeinsam gebildeter Atomkernkörper gegeben sein muß, welcher von allen
Schalenpionen umlaufen wird, wobei sich sowohl die geladenen Pionen
wie auch die neutralen Pionen in gesonderten Schalen ordnen. Abgeschlossene Schalen mit magischen Pionenzahlen (vergleichbar den
abgeschlossenen Elektronenschalen der Edelgaskonfiguration in den
Atomhüllen) sind damit extrem ausgewogen und stabil. Ganze Protonen
und Neutronen, die im Atomkern gepackt wären und zudem durch
«Ladungsaustausch» fortgesetzt ineinander übergingen, könnten sich
unmöglich in derart gesonderten Schalen ordnen. Auch die Mesonen-
atome mit ihren Röntgenspektren weisen auf diese Schalenpionen-
anordnungen hin, in welche sich die zusätzlichen Ionen-Mesonen ein-
ordnen.

Kern- und Elementarvolumen *

Betrachtet man die gesamte Menge der einigen hundert Isotopen, so
gewinnt man den Eindruck, daß neben der Paarigkeit und Schalen-
ordnung der Schalenpionen auch Anordnungen der Core im Atomkernkörper von Bedeutung und von Einfluß auf die Bindungsenergie sind.

Auch im Atomkern wirken die Core — wie beim Einzelnukleon — unter verschiedenen Bedingungen mit den verschiedenen Radien λ, $\lambda/2$, $\lambda/6$: In manchen Beziehungen scheint der Atomkernkörper wie mit lauter Core je des Radius λ gepackt, so daß der Atomkern mit einem Kernradius proportional λ und der Kubikwurzel aus seiner Nukleonenzahl wirkt; die Pionenschalen wären damit innerhalb eines solchen Kernkörpers. In anderen Beziehungen wirken sie aber offenbar mit Radien $\lambda/2$ oder $\lambda/6$.

So fällt in der Isotopentabelle auf: erstens, daß die Massendefekt-Reihe der stabilen Kerne H^1, H^2, He^3, He^4 mit ihren extremen Abweichungen stark abgesetzt ist von jener weiteren Reihe vom Li^6 bis Pb^{208}, deren Kerne den Massendefekt von obigen 9‰ gut einhalten; zweitens, daß bis zum Pb^{208}, dem schwersten stabilen Kern, nur mit den Nukleonenzahlen 5 (= 1+4) und 8 (= 4+4) kein stabiler Kern existiert; drittens, daß radioaktive Massenabstoßung nur als einzelne Nukleonen (1) oder als Heliumkerne (4) erfolgt; viertens, daß innerhalb des Bandes der stabilen Kerne kurzlebige Alphastrahler (Heliumabstoßer) und Spontanspaltungen (hier ebenfalls als Zerfall in Helium, gegebenenfalls zusammen mit einem Nukleon) nur unmittelbar über dem Helium (bis 12 Nukleonen) auftreten; fünftens, daß außerdem kurzlebige Alphastrahler und Spontanspaltungen (hier in zwei mittelgroße Kerne und Neutronen) innerhalb der sich fortsetzenden Linie des stabilen Bandes nur über dem Blei auftreten; sechstens, daß bei all dieser Radioaktivität am Schluß immer nur der Wasserstoff-, Helium- und Bleikern verbleibt (nur bei Spontanspaltung über dem Blei auch Teilkerne). Von den offensichtlich ausgezeichneten Kernen sind zwar He^4 (2+2) und Pb^{208} (82+126) doppelt-magisch. Diese Magizität kann jedoch nicht der alleinige Grund für diese einzigartige Sonderstellung des H^1, des He^4 und Pb^{208} sein, weil derartige Besonderheiten sonst mit keiner anderen Magizität verbunden sind.

Diese Kerne H^1, He^4, Pb^{208} zeichnen sich aber dadurch aus, daß ihre Core mit jeweils einem der möglichen Radien gerade 1 Elementarvolumen ausfüllen: H^1 in sich selbst mit seinem existentiellen λ-Radius; He^4 als Tetraeder mit je $\lambda/2$-Radien; Pb^{208} als Kugelpackung mit je $\lambda/6$-Radien; also je mit einem anderen jener Radien, in denen der Core wirksam zu werden vermag. Wie immer es auch sei: auch die einzigen über dem Pb^{208} liegenden und in Größe des Weltalters langlebigen Kerne des Thoriums und Uran, die ganz unmagisch sind, entsprechen einer Kugelpackung mit $\lambda/2\pi$-Radien, in denen das Gesamtnukleon wirksam zu werden vermag; oberhalb dieser Kerne nehmen die Spontanspaltungen überhand.

Man kann sich damit dem Eindruck schwer verschließen, daß die Atomkernkörper auf das Elementarvolumen (Kugel mit λ-Radius; Volumen des Protons, des Wasserstoffkerns) hinorientiert sind. Wenigstens in manchen Beziehungen verhält sich der Atomkern wie ein Schalensystem aus den Schalenpionen um einen Atomkernkörper, welcher alle Core-Pionen innerhalb des Elementarvolumens vereinigt.

Druckfestigkeit *

Die Umlaufaspekte bestimmen auch die Festigkeit der Materie; vor allem die Druckfestigkeit: Erscheint in einem Umlaufaspekt eines Teilchens eine mit der Geschwindigkeit v auf dem Radius r umlaufende Masse m_x, so ergibt das Verhältnis von deren Zentrifugalkraft $m_x v^2/r$ zu deren Bahn-Kugeloberfläche $4\pi r^2$ die Druckfestigkeit $m_x v^2/4\pi r^3$.

Für das Proton (dh das Nukleon) erscheint bei seiner «weichen Kugel» eine mit c auf dem Radius λ kreisende Elementarmasse m; als Masse seiner 7 Pionen. Die Zentrifugalkraft ist damit $mc^2/\lambda = h/\lambda\tau$ gleich der Elementarkraft χ_1; die Oberfläche $4\pi\lambda^2$ gleich der Elementar-Kugeloberfläche. Das Verhältnis ist gerade der Grenzdruck

$$p_0 = mc^2/4\pi\lambda^3 = 5,182 \cdot 10^{34} \, dyn/cm^2 = 5,284 \cdot 10^{28} \, Atm.\,,$$

welcher im Mittelpunkt eines nukleonendichten Grenzsternes auftritt. Bei größerem Druck müßte das Nukleon etwa auf seine «harte Kugel» zusammenbrechen.

Für das Elektron (s. u.) erscheint eine mit c auf dem «großen Elektronradius» $\lambda \cdot 2/\varphi\alpha$ kreisende Elektronmasse $m_{es} = m \cdot \varphi\alpha/4\pi$. Die Druckfestigkeit des Elektrons ist damit

$$p_0 \cdot (\varphi\alpha/4\pi) \cdot (\varphi\alpha/2)^3 = 1,116 \cdot 10^{24} \, dyn/cm^2 = 1,138 \cdot 10^{18} \, Atm.$$

Dies ist tatsächlich der Druck, wie er etwa im Inneren der «weißen Zwerge» auftritt. Größerer Druck preßt die Materie bis auf Nukleonendichte zusammen. Nach hinreichender Auskühlung bestimmt der «große Radius» der Elektronen das Sternvolumen, womit sich eine Sterndichte von rund $10^7 \, g/cm^3$ ergibt. Damit kann bereits mit $1/6$ Sonnenmasse im Sterninneren ein Neutronen-Kern gebildet werden.

Für das Wasserstoff-Atom ergibt sich mit seinem kreisenden Hüllelektron eine Druckfestigkeit von $2,34 \cdot 10^{13} \, dyn/cm^2 = 2,39 \cdot 10^7 \, Atm.$ Tatsächlich zeigen die verschiedenen Materialien eine solche Druckfestigkeit von einigen millionen Atmosphären. Bei höherem Druck werden die Elektronenhüllen abgequetscht.

Es ist zwar einleuchtend, aber trotzdem erstaunlich, daß die Druck-festigkeiten mit den pro Oberfläche gegebenen Zentrifugalkräften über-einstimmen, welche in den Umlaufaspekten erscheinen. Zugleich zeigt dies aber auch den nur gleichnishaften Charakter dieser Umläufe; «so als ob». Wären es objektivierbare Bahnen, in welchen — wie bei Planeten — die Zentrifugalkräfte im Gleichgewicht mit den Zentripetal-kräften stünden, würden schon geringe Drucke die Bahneigenschaften verändern.

Die Umlaufaspekte bestimmen nicht nur materiell die Existenz des Pions, die Drehmomente des Protons und Elektrons, die Strukturen des Nukleons und der Atomkerne und die Festigkeit der Materie. Sie be-stimmen elektrisch auch die Magnetfelder und begründen damit die Existenz der Magnetmomente, Magnetfeldenergien und Magnetfeld-massen.

Elementarladung und Strukturkonstante **

Die elektrische Ladung besitzt ebenfalls eine Elementargröße:

$$\text{die Elementarladung} \quad e = 1{,}602\,192 \cdot 10^{-19}\,A\,sec\,.$$

Das Proton trägt eine positive Elementarladung e^+; das Elektron eine negative Elementarladung e^-.

Fast immer, wenn die Elementarladung e wirksam wird, erscheint eine dimensionslose Konstante α (Sommerfeld), welche neben φ und π die wichtigste Größe der Elementarteilchenphysik ist: die «Feinstruktur-konstante»; wegen ihrer Universalität besser: «Strukturkonstante» α.

Die Strukturkonstante α ist im Wesen ein Wirkungsverhältnis: Sind zwei großflächige Platten, die zueinander im beliebigen Abstand d parallel stehen, auf jeder Teilfläche A mit einer elektrischen Ladung Q gegeneinander geladen, so ist die zwischen A gegebene

$$\text{elektrische Feldenergie} \quad E^{\parallel} = (Q^2/2\varepsilon) \cdot d/A = \langle 2\pi Q^2 \cdot d/A \rangle$$

$\langle$ Angaben in spitzen Klammern immer: im elektrostatischen Maßsystem mit Vakuum-Dielektrizitätskonstante $\varepsilon = 1/4\pi\,\rangle$.

Speziell mit $Q = e$ und $A = d^2$ — dh in einem elementargeladenen, regelmäßigen Würfel der Kantenlänge d — ergibt $E^{\parallel} = (e^2/2\varepsilon)/d$.

Der Abstand d mit Invarianzgeschwindigkeit c durchlaufen, ergibt eine Dauer d/c. Die Feldenergie $E^{\parallel}$ mit dieser Aufbauzeit d/c multipliziert ergibt eine Größe mit der Dimension einer Wirkung: $E^{\parallel} \cdot d/c = e^2/2\,\varepsilon\,c$.

Diese Wirkung ergibt im Verhältnis zu h die Strukturkonstante:

$$(e^2/2\varepsilon c):h = e^2/2\varepsilon ch = \alpha \quad ; \quad \text{bzw} \quad \langle 2\pi e^2/ch \rangle = \alpha$$

Magnetisch: Läuft in einem langen Hohlzylinder des beliebigen Radius r auf jeder Teillänge $l = r$ eine Elementarladung e mit Invarianzgeschwindigkeit c um, so wird in diesem Hohlzylinder ein Magnetfluß $\alpha h/e$ induziert. Elementar läuft aber eine Elementarladung e (statt im langen Zylinder) im Kreisring mit charakteristischer Stromdichteverteilung um. Dabei induziert sie den Elementar-Magnetfluß $\varphi \cdot \alpha h/e$ (s.u.).

Sowohl die elektrischen als auch magnetischen Felder werden immer mit der Wirkung αh (statt h) aufgebaut. Trotzdem ist nicht αh die «elektrische Wirkungseinheit», sondern $\alpha h \cdot \varphi/4\pi$: denn erstens sind alle elementaren Felder mit φ modifiziert; zweitens haben die realen Feld-Kugelschalen der Elementarladung e (im Gegensatz zum ebenen Plattenpaar) noch den Kugelflächen-Beiwert $1/4\pi$. Es ist damit (s.u.) die

elektrische Elementarwirkung $\quad h_s = \alpha h \cdot \varphi/4\pi = h \cdot \varphi\alpha/4\pi$.

Elementarkreisstrom und Elementarmagnetmoment **

Bewegte elektrische Ladung, dh Ladung pro Zeit, ergibt einen elektrischen Strom.

Läuft eine Elementarladung e auf einem Kreis von λ-Radius mit c-Geschwindigkeit um, so ergibt sich eine Umlaufdauer $2\pi\lambda/c$. Die Elementarladung e dividiert durch diese Dauer ergibt den Elementar-Kreisstrom i_1 gemäß: $\quad i_1 = ec/2\pi\lambda = e/2\pi\tau = 5785\,A$.

Das Produkt aus Strom mal umlaufene Fläche ergibt ein Magnetmoment. Die Fläche eines Kreises mit λ-Radius ist $\pi\lambda^2$; multipliziert mit dem Elementar-Kreisstrom i_1 ergibt diese das Elementar-Magnetmoment

$$\mu_1 = \pi\lambda^2 \cdot ec/2\pi\lambda = ec\lambda/2 = eh/2m = 3{,}173989 \cdot 10^{-22}\,A \cdot cm^2 \,.$$

Der Elementarcharakter dieser Größen wird ua am Nukleon sichtbar.

Das Nukleon-Magnetmoment **

Das Proton- und das Neutronmagnetmoment ist sehr genau meßbar. Dieser Meßwert ist sehr ähnlich dem $3\,m_\pi/m$- bzw $-2\,m_\pi/m$-fachen des Elementar-Magnetmoments μ_1 :

Proton - Magnetmoment μ_p Meßwert $= +1{,}410\,620 \cdot 10^{-22}\ A \cdot cm^2$

$\qquad\qquad\qquad\quad +3\,(m_\pi/m) \cdot \mu_1 \quad = +1{,}416\,663 \cdot 10^{-22}\ A \cdot cm^2$

Neutron-Magnetmoment μ_n Meßwert $= -0{,}966\,321 \cdot 10^{-22}\ A \cdot cm^2$

$\qquad\qquad\qquad\quad -2\,(m_\pi/m) \cdot \mu_1 \quad = -0{,}944\,442 \cdot 10^{-22}\ A \cdot cm^2$

Jedem der sieben Pionen des Nukleons ist ein Teilmoment $(m_\pi/m) \cdot \mu_1$ zuordenbar. In der ersten und zweiten Raumdimension laufen ausge-wogene Ladungspaare, von denen kein Magnetmoment resultiert. Das siebte Pion muß aber mit dem dritten Paar in der dritten Raumdimension umlaufen. Beim Proton laufen somit 3 geladene Teilchen $(+ - +)$ auf dieser Bahn; beim Neutron 2 und ein neutrales $(+ - 0)$. So etwa könnte man es erklären, warum beim Proton $+3$, beim Neutron -2 der Teil-Magnetmomente resultieren.

Erstaunlicherweise gibt es daneben eine Formel, welche den Meßwert des Proton-Magnetmoments noch viel genauer trifft:

Proton-Magnetmoment $\mu_p = (^2/_3)^2 \cdot \mu_1 = 1{,}410\,662 \cdot 10^{-22}\ A \cdot cm^2$

Die extreme Genauigkeit, verbunden mit der bestechenden Einfachheit spricht dafür, daß diese Formel ein wesenhaft richtiger Ausdruck für das Proton-Magnetmoment ist. Dies ist auch irgendwie begründbar: Das Produkt von $(^2/_3)^2$ mit dem Elementarmagnetmoment μ_1 bedeutet, daß ein Kreis mit $(^2/_3) \cdot \lambda$-Radius vom Elementar-Kreisstrom i_1 um-flossen wird. Im 7 Pionen-Modell des Proton müßte aber das Schalen-Pion (7. Pion) in einer Ebene zusammen mit dem einen Core-Pion-Paar umlaufen. Damit hätte diese Ebene eben 3 Pionen, von denen 2 gleicher-weise positiv geladen sind. Die Pion-Wellen werden demnach in Relation zueinander gemeinsam wirksam.

Der Elementarmagnetfluß **

Läuft eine Elementarladung e mit c-Geschwindigkeit auf einem Kreis mit λ-Radius um, so ist diesem Umlauf zur Umlaufdauer $2\pi\tau$ eine Schwankung τ eigen.

Es ist damit so, als fließe der Kreisstrom i_1 in einem ringförmig ge-schlossenen Runddraht mit der Drahtstärke $\lambda/2\pi$, dessen Drahtmittel-linie eben den Kreisring $2\pi\lambda$ bildet. Aus dem Radius λ und aus diesem Verhältnis 2π von Kreisradius zu Pfaddurchmesser bestimmt sich eine Induktivität L. Elektrotechnisch berechnet, erhält man damit ein L

zwischen $48 \cdot 10^{-22}$ $Vsec/A$ für gleichmäßige, bis $49 \cdot 10^{-22}$ $Vsec/A$ für nach außen abnehmende Stromdurchflutung. Tatsächlich verringert sich der elementare Kreisstrom nach außen; ähnlich wie bei der Kernkraft, nur durch e statt durch m_π erzeugt.

Mit der Induktivität L gleich $49 \cdot 10^{-22}$ $Vsec/A$ ergibt sich eine magnetische Speicherenergie $i_1{}^2 \cdot L/2$ von rund $820 \cdot 10^{-9}$ erg. Das ist im wesentlichen gleich der Massenenergie $m_e c^2$ des Elektrons. Aus grundsätzlichen Erwägungen ist aber die Magnetfeldenergie $i_1{}^2 \cdot L/2$ nicht genau gleich $m_e c^2$, sondern gleich $m_{es} c^2 = E_{es}$; das ist der um rund 3‰ kleinere elektrostatische Anteil der Elektron-Energie (s.u.).

Bei dem gegebenen Elementar-Kreisstrom i_1 von 5785 A und dieser Energie E_{es} von $816 \cdot 10^{-9}$ erg läßt sich der dazugehörige Elementar-Magnetfluß ausrechnen: $\qquad 2E_{es}/i_1 = 282 \cdot 10^{-19}$ $V \cdot sec$.

Dies ist aber gerade $\varphi a h/e$. Dieses ist der vom Elementar-Kreisstrom tatsächlich induzierte Magnetfluß; eben der

Elementar-Magnetfluß $\quad \Phi_1 = \varphi a h/e = 2{,}821\,206 \cdot 10^{-17}\, V \cdot sec$.

So ist also $\frac{1}{2} \cdot i_1 \cdot \Phi_1$, das halbe Produkt aus dem Elementar-Kreisstrom $i_1 = ec/2\pi\lambda$ und dem Elementar-Magnetfluß $\Phi_1 = \varphi a h/e$, gleich der statischen Elektron-Massenenergie $E_{es} = (\varphi a/4\pi) \cdot ch/\lambda$. Offenbar gibt es einen magnetischen Term in dieser Größe. Die magnetischen Phänomene des Elektrons knüpfen sich zwar an den «großen Elektron-Radius» (s.u.). Aber generell ist das Elektron in der Struktur der geschlossenen Umläufe mit dem Pion verwandt.

Überhaupt alle statischen Magnetfelder sind in diesem Elementar-Magnetfluß $\Phi_1 = \varphi a h/e$ gequantelt. Analog zum Flußquantum $h/2e$ bei der Supraleitung erscheint jedoch gelegentlich auch ein halbierter Elementar-Magnetfluß $\varphi a h/2e$; so beim Proton:

Die Proton-Magnetfeldenergie **

Die Magnetfeldenergie des Protons E_{pm} ist das halbe Produkt aus dem halbierten Elementarmagnetfluß $\varphi a h/2e$ mit einem Kreisstrom i_p, der sich als Proton-Magnetmoment μ_p pro Elementarfläche $\pi\lambda^2$ ergibt:

$$E_{pm} = \tfrac{1}{2} \cdot (\varphi a h/2e) \cdot i_p = \tfrac{1}{2}(\varphi a h/2e)(\mu_p/\pi\lambda^2)$$

Statt des Meßwertes von μ_p kann pragmatisch die sehr genaue Beziehung $\mu_p = (^2/_3)^2 \cdot \mu_1 = (^2/_3)^2 \cdot ec\lambda/2$ gesetzt werden. Damit ergibt sich eine einfache Formel für die

Proton-Magnetfeldenergie $E_{pm} = (^2/_9)(\varphi a/4\pi) \cdot hc/\lambda = 1{,}81321 \cdot 10^{-7}$ erg

Weil die zugehörige Masse das $1/c^2$-fache davon ist und weil $h/c\lambda$ gleich der Elementarmasse m ist, ergibt sich für die

Proton-Magnetfeldmasse $\quad m_{pm} = (^2/_9)(\varphi a/4\pi)\cdot m = 0{,}000\,120\,632\cdot m$

Die totale Protonmasse m_p setzt sich damit aus einer magnetischen Protonmasse m_{pm} und aus einer statischen Protonmasse m_{ps} zusammen, wobei m_{ps} identisch der Elementarmasse m ist.

$$m_p = m + m_{pm} = [1 + (^2/_9)\,\varphi a/4\pi]\cdot m = 1{,}000\,1206\cdot m$$

Umgekehrt ist damit aus der unmittelbar meßbaren Protonmasse m_p die Elementarmasse m bestimmbar:

Elementarmasse $\quad m = m_p/[1 + (^2/_9)\,\varphi a/4\pi] = m_p/1{,}000\,1206$

Diese Beziehung wurde schon vorwegnehmend zur Bestimmung der genauen Zahlenwerte von m, von $\lambda = h/mc$ und $\tau = h/mc^2$ benutzt.

Der große Elektron-Radius **

Der Elektron-Spin — mit $h/2$ auf Volldrehung — müßte bei einer Rotation des Elektrons mit seinem eigentlichen Radius λ (oder auch mit dem «klassischen Elektron-Radius») eine Oberflächengeschwindigkeit von fast $300\,c$ ergeben. Das hierbei induzierte Magnetfeld hätte eine Energie, welche um viele Größenordnungen größer als die ganze Elektron-Massenenergie wäre. Hierbei würde sich das Magnetfeld auch extrem kurz schließen.

Der Spin und die magnetischen Phänomene verbinden sich beim Elektron mit einem rund 300 fach größeren Radius als der elektrostatische Elektron-Radius. Dieser ergibt sich in einer für das existenzphysikalische «sowohl-als-auch» bezeichnenden Weise:

Besitzt das Elektron eine Magnetfeldenergie E_{em}, so sind die Magnetphänomene sicher von einer um diese verminderten Elektron-Massenenergie bedingt; sonst würde sie sich selbst mitenthalten. Sie ergibt sich mit einer statischen Elektron-Energie $E_{es} = E_e - E_{em}$ bzw mit einer statischen Elektron-Masse $m_{es} = E_{es}/c^2$. In einem Umlaufaspekt dieser Masse m_{es} mit c auf einer Kreisbahn, ergibt sich nach der Bahnquantenbedingung ein Kreisumfang gleich deren Compton-Wellenlänge $h/m_{es}c = hc/E_{es}$. Die Umlaufdauer ist h/E_{es}. Der Radius dieser Umlaufbahn ist eben der große Elektronradius $r_m = hc/2\pi E_{es}$.

Vorwegnehmend: Mit der Energie $E_{es} = (\varphi a/4\pi) \cdot mc^2$ ergibt sich der große Elektron-Radius $hc/2\pi E_{es} = (2/\varphi a) \cdot \lambda = 387{,}476 \cdot 10^{-13}\,cm$. Dieser große Elektron-Radius hat anscheinend auch eine astrophysikalische Bedeutung (MacGregor): ausgebrannte Sterne mit kleinen Massen sacken bis auf das durch diesen Radius bestimmte Volumen ihrer Elektronen zusammen.

Die eigentliche Realbedeutung dieses Umlaufaspektes liegt freilich im Elementarbereich: Die mit c umlaufende Masse m_{es} ergibt eben das Volldrehmoment h; bzw als Erschließungswirkung $h/2$. Und die ebenso umlaufende Elementarladung e ergibt die charakteristischen Magnetphänomene des Elektrons.

Das Elektron-Magnetmoment **

Eine mit c auf dem großen Radius $hc/2\pi E_{es}$ mit der Umlaufdauer h/E_{es} kreisende Elementarladung e ergibt einen Strom $e \cdot E_{es}/h$. Dieser Strom multipliziert mit der umlaufenen Kreisfläche $(hc/E_{es})^2/4\pi$ ergibt das Magnetmoment $eh/4\pi m_{es}$.

Dies ist im wesentlichen das «Bohr-Magneton» $eh/4\pi m_e$, welches statt m_{es} die totale Elektronmasse m_e enthält, so daß es 3,4‰ kleiner ist. Der Meßwert des Elektron-Magnetmoments ist das 1,001159658-fache des Bohr-Magnetons — und ist in guter Näherung (Schwinger) als das $(1+a/2\pi)$-fache $= 1{,}001161$-fache des Bohr-Magnetons ausdrückbar. Gegenüber dem Meßwert ist das mit m_{es} berechnete Magnetmoment $eh/4\pi m_{es}$ nur 2,25‰ vergrößert. Vom Meßwert weicht $eh/4\pi m_{es}$ sehr genau doppelt soviel nach oben wie $eh/4\pi m_e$ nach unten ab; bemerkenswert, weil ein ganz ähnliches Abweichverhältnis auch bei der Feinstrukturkonstanten a festzustellen ist. Wie dem auch sei: Von dieser kleinen Abweichung abgesehen, ergibt $eh/4\pi m_{es}$ das richtige Elektron-Magnetmoment.

Die Magnetmomente sind sehr genau meßbar und in verschiedener Hinsicht sehr aufschlußreich. Dennoch sind sie nur Nebenerscheinungen des Magnetfeldes des Elementarteilchens mit seinem Magnetfluß und seiner Magnetfeldenergie. Das Magnetmoment ist Strom mal umflossene Fläche, so daß hier noch Korrekturen durch die Stromdichteverteilung im Stromweg auftreten. Die Magnetfeldenergie ist Strom mal halber Magnetfluß, so daß sie unmittelbar aus der statischen Elektronenenergie errechenbar ist.

Der statischen Elektronenenergie E_{es} gehört eine Compton-Wellenlänge hc/E_{es} zu. Der sich damit schließende Kreis besitzt den großen Elektronradius $hc/2\pi E_{es} = 387 \cdot 10^{-13}\, cm$. Eine darauf mit Invarianzgeschwindigkeit c umlaufende Elementarladung e ergibt einen Kreisstrom $e \cdot E_{es}/h = 19{,}7\, A$. Tritt hierbei der Radius $hc/2\pi E_{es}$ zugleich als eine quantenphysikalische Schwankung $hc/2\pi E_{es}$ des Umlaufes auf, so fließt dieser Strom wie mit einem Pfaddurchmesser von $hc/(2\pi)^2 E_{es}$.

Ein Strom $e \cdot E_{es}/h$ in einem solchen Ringleiter des Radius $hc/2\pi E_{es}$ induziert ein Magnetfeld. Elektrotechnische Laborformeln ergeben, daß der Fluß dieses Magnetfeldes den Wert $\varphi ah/e$ besitzt. Damit kann man den naheliegenden Gedanken als bestätigt betrachten, daß dieser Fluß $\varphi ah/e$ als universeller Elementarmagnetfluß Φ_1 auch das Elektron-Magnetfeld festlegt.

Das halbe Produkt aus dem Strom $e \cdot E_{es}/h$ und dem Elementarmagnetfluß $\varphi ah/e$ ergibt damit die Elektron-Magnetfeldenergie

$$E_{em} = \tfrac{1}{2} \cdot (e \cdot E_{es}/h) \cdot \varphi ah/e = (\varphi a/2) \cdot E_{es} = 0{,}003\,410\,790 \cdot E_{es}$$

Die totale Elektronmasse $m_e = E_e/c^2$ setzt sich damit zusammen aus einer magnetischen Elektronmasse $m_{em} = E_{em}/c^2$ und einer statischen Elektronmasse $m_{es} = E_{es}/c^2$; also:

$$m_e = m_{es} + m_{em} = [1 + \varphi a/2] \cdot m_{es} = 1{,}003\,4108 \cdot m_{es}.$$

Umgekehrt ergibt die unmittelbar meßbare totale Elektronmasse m_e die

statische Elektronmasse $\quad m_{es} = m_e/(1 + \varphi a/2) = m_e/1{,}003\,4108$.

Bei der Kleinheit von m_{em} gegen m_e würden auch andere Ausgangswerte als E_{es} selbst, in einer extrem rasch konvergierenden Approximation, zum richtigen Wert von E_{es} führen. Die an sich unsaubere Methode, den Ergebniswert selbst schon vorwegnehmend zu benutzen, kann man damit als legitimiert ansehen; sowohl beim Elektron wie auch beim Proton.

Feld und Ladung

Die Feldkonstante φ erscheint in der Regel bei elementaren Feldflüssen: der elektrische Elementarfluß tritt als φe auf; der magnetische Elementarfluß als $\varphi ah/e$. Demgegenüber ist die elektrische Elementarladung einfach e; eine (hypothetische) magnetische Elementarladung wäre ah/e.

Je nachdem, ob Feldflüsse oder Ladungen einen Vorgang bestimmen, erscheint eine Größe mit oder ohne die Feldkonstante φ.

Mit der Kombination dieser elektrischen und magnetischen Flüsse und Ladungen strukturieren sich verschiedene Terme; jeder wieder als dynamische Ladungsumläufe oder als statische Felderstreckungen. Mit den Grundlängen r_m bzw λ gibt es sowohl E_{em} als auch E_{es} in allen diesen Strukturen und Aspekten. Die wichtigsten Terme des Elektrons sind jedoch:

E_{em} im Aspekt des dynamisch-geschlossenen Umlaufes der elektrischen Elementarladung e auf Radius r_m, womit ein magnetischer Elementarfluß $\varphi a h/e$ induziert wird.

E_{es} im Aspekt des statisch-offenen Kugelfeldes des elektrischen Elementarflusses φe, womit eine elektrische Elementarladung e auf Radius λ auftritt.

Geschlossene Strukturen **

Der quantenphysikalische Umlaufaspekt besitzt einen dazu komplementären relativistischen Aspekt; an eine geschlossene Materiewelle anknüpfend. Betrachtet sei ein Kreisring mit λ-Radius, welcher um seinen Mittelpunkt rotiert (als Modell ein Autoreifen, der gemäß der Raddrehung um die Radachse rotiert). In Bezug auf den Mittelpunkt — dh auf das kosmisch-ruhende Bezugssystem — ist diese Rotation als rein speziell-relativistische Bewegung gegeben. Damit unterscheidet sich eine Tangentialzeit von einer Radialzeit. Beides sind Zeiten, die dem rotierenden Kreisring zugehören: die Tangentialzeit ist zeitlicher Fortschritt, der dem Kreisring in tangentialer Richtung synchron erscheint; die Radialzeit ist zeitlicher Fortschritt, der ihm in radialer Richtung, also an je zwei gegenüberliegenden Stellen, als synchron erscheint.

Im Gegensatz zur Radialzeit ist die Tangentialzeit nicht wirbelfrei. Daher zeigt sie im geschlossenen Umlauf eine Versetzung, die durch die tangentiale Verstreichung des Kreisringes zustande kommt und gleich dem Zeitgradienten w mal dem Kreisumfang $2\pi\lambda$ ist. Von außen gesehen läuft die Tangentialzeit kontrahiert ab. Wegen der Zeitversetzung ist sie aber nach immer einer ganzen Umdrehung des Kreisrings gleich weit wie die Radialzeit. Sie laufen also nicht immer weiter auseinander; sie sind nur verschiedene Erscheinungsbilder einer einzigen Zeit.

Eine ringförmige Materiewelle vermag nur in einem Zustand des Selbstgenügens zu existieren, wenn nämlich auf ihren Umfang gerade eine oder mehrere ganze Wellenlängen kommen (Schrödinger). Da die Materiewelle aber eine reine Zeitschwingung in der Tangentialzeit darstellt, so bedeutet dies, daß die genannte Tangentialzeit-Versetzung gleich ist der einfachen oder ganzzahlig-mehrfachen Materiewellen-Schwingungsdauer. Diese ist im Falle des Pions, bei welchem der Zeitgradient w gleich $1/c$ ist, gemäß $T = 2\pi\lambda w = 2\pi\lambda/c = 2\pi\tau$ gegeben. Die Tangentialzeit-Versetzung ist also gerade gleich einer Umlaufdauer.

Betrachtet man in diesem Modell des Kreisringes die Materiewelle — im Sinne einer echten Zeitwelle — etwa als eine zusätzliche Rotation des Kreisringes um seine Tangentialachse (als eine kreisförmig in sich geschlossene Rohruhr mit dem Kreisumfang als Mittellinie; wie ein Auspuffrauchring), so wäre ein derartiger Kreisring längs eines vollen Umfanges gerade einmal um seine tangentiale Achse gewendelt. Bildlich vorgestellt, wären also die in Gestalt von Kreislinien nebeneinander «ring-parallel» laufenden Feldlinien, schraubenförmig um die mittlere Kreislinie verdrillt; so daß jede Linie bei einem vollen Umfang wieder in sich selbst zurückführt.

Diese beiden zueinander senkrechten Rotationen — die Rotation um den Kreismittelpunkt und die Rotation um den Kreisumfang — bedingen einander; als raumzeitlich bzw elektromagnetisch sich wechselseitiges Erzeugen. Indem diese beiden Rotationen in zwei verschiedenen Richtungen zueinander stehen können, gibt es zwei Spinrichtungen; die Links- und die Rechtsschraube. Diesen gehören wohl auch zwei verschieden gerichtete Wirkungsquanten zu.

Auf dem Fundament der Existenzphysik sind somit die geschlossenen Strukturen der Elementarteilchen in verschiedenen Bildern erfaßbar; in verschiedenen, zueinander komplementären Aspekten; insbesondere in einem quantenphysikalischen und in einem relativistischen Aspekt. Der «Spin» der echten Elementarteilchen hat viele Gesichter. Aber alles sind immer nur Modelle, welche in gegenseitiger Verdrängung und zugleich Ergänzung verschiedene Seiten des Geschehens beleuchten.

Das Elementarteilchen hat überhaupt keine räumliche und zeitliche Gestalt; «hat» keine Raum-Zeit-Struktur; existiert nicht «in» Raum und Zeit: Es ist ein Geschehen, das selbst erst den Raum und die Zeit, das elektrische und das magnetische Feld erzeugt, schafft.

Die Umlaufaspekte begründen somit die Existenz vieler wesentlicher Größen und Eigenschaften. Sie treten hierbei in einem charakteristischen «sowohl-als-auch» zusammen mit den Radialaspekten in Erscheinung: jeder Aspekt die volle Masse und Ladung beanspruchend; also nicht nur in einem unproblematischen «teils-teils», sondern in einem erstaunlichen «zugleich-so-und-anders». Der klassische Identitätssatz ist damit in eigentümlicher Weise durchbrochen.

Neben die Umlaufaspekte tritt der Radialaspekt. Für die Existenz der Elementarteilchen ist deren Radial-Struktur fundamental; wie beim Proton, so auch beim Elektron mit seinem elektrostatischen Feld.

Das elektrische Kugelfeld **

Eine Kugel mit dem beliebigen Radius d_o sei mit der elektrischen Ladung Q oberflächengeladen. Konzentrisch zur Kugel liege eine Kugelschale mit dem inneren Radius r_i und dem äußeren Radius r_a. Die Schalendicke ist $d = r_a - r_i$; der mittlere Radius $r_n = \frac{1}{2} \cdot (r_a + r_i)$.

Im klassischen Fall, mit quadratisch-abnehmender Feldstärke, ergibt sich die Feldenergie $E_n{}^\mathsf{I}$ in dieser Kugelschale zu:

$$E_n{}^\mathsf{I} \;=\; (Q^2/2\varepsilon)\cdot d/[4\pi\, r_i r_a] \;=\; (Q^2/8\pi\,\varepsilon)\cdot d/(r_n{}^2 - d^2/4)$$

Nun sei der ganze Raum — vom Radius d_o bis unendlich — in konzentrische Kugelschalen unterteilt, welche alle die gleiche Schalendicke d besitzen. Die n. Kugelschale ist das zwischen $r_i = d_o + nd - d$ und $r_a = d_o + nd$ eingeschlossene Volumen. Der mittlere Radius zwischen r_i und r_a ist damit: $r_n = d_o + nd - \frac{1}{2}d$.

Setzt man zur Vereinfachung $d/d_o = \varDelta$, so ergibt sich für die n. Schale der mittlere Radius r_n und die dazugehörige Fläche A_n zu:

$$r_n \;=\; d_o(1 + n\varDelta - \tfrac{1}{2}\varDelta) \quad ; \quad A_n \;=\; 4\pi r_n{}^2$$

Ohne das (mit $\varDelta \to 0$ vernachlässigbare) Glied $d^2/4 = d_o{}^2 \cdot \varDelta^2/4$, wird $r_i \cdot r_a$ zu $r_n{}^2 = d_o{}^2(1 + n\varDelta - \frac{1}{2}\varDelta)^2$ und die Energie $E_n{}^\mathsf{I}$ der n. Schale zu:

$$E_n{}^\mathsf{I} \;=\; (Q^2/8\pi\,\varepsilon)\cdot d/r_n{}^2 \;=\; (Q^2/8\pi\,\varepsilon d_o)\cdot \varDelta/(1 + n\varDelta - \tfrac{1}{2}\varDelta)^2$$

Die gesamte elektrostatische Feldenergie $E^\mathsf{I} = {}_1\varSigma E_n{}^\mathsf{I}$ der mit Q geladenen Kugel des Radius d_o ist die Summe über alle Schalenenergien:

Kugel-Feldenergie $\quad E^\mathsf{I} \;=\; (Q^2/8\pi\,\varepsilon d_o)\cdot {}_1\varSigma\, \varDelta/(1 + n\varDelta - \tfrac{1}{2}\varDelta)^2$

Mit einer Schalendicke d klein gegen den Kugelradius d_o — dh $\varDelta \to 0$ —, wird die $\varDelta$-Summe von $n = 1$ bis ∞ gleich 1. Damit ergibt E^I die

klassische Kugelkondensatorenergie $\quad E^\mathsf{I} \;=\; Q^2/8\pi\,\varepsilon d_o \;=\; \langle Q^2/2d_o \rangle$.

Das gequantelte Kugelfeld **

Der Allgemeinfall des elektrostatischen Kugelfeldes ist also durch zwei voneinander unabhängige Längen bestimmt: etwa durch d_o und d (bzw d_o und Δ). Speziell für das kontinuierliche, klassische Feld entartete die eine Länge d (bzw Δ) zu Null, so daß nur noch die eine Größe d_o des Kugelradius bestimmend war.

In einem Feld mit Längenquantelung ist zwar ebenfalls nur noch die eine Länge d_o des Kugelradius bestimmend. Die anderen Längen verschwinden aber nun nicht zu Null, sondern werden alle gleich d_o gemäß $\Delta = 1$. Es wird damit aber auch der Abstand der die maßgeblichen Kugelflächen A_n bestimmenden Radien voneinander gleich d_o; eine Bedingung, die nur von den Mittelradien r_n eindeutig erfüllt wird:

$$r_n = d_o(1+n-\tfrac{1}{2}) = d_o(n+\tfrac{1}{2}) \quad ; \quad A_n = 4\pi r_n^2$$

Damit ergibt sich die Energie E_n der n. Kugelschale zu:

$$E_n = (Q^2/2\varepsilon)\cdot d/4\pi r_n^2 = (Q^2/8\pi\,\varepsilon d_o)\cdot(n+\tfrac{1}{2})^{-2}$$

Die gesamte Feldenergie E des gequantelten Feldes wird damit zu:

$$E = {}_1\Sigma E_n = (Q^2/8\pi\,\varepsilon d_o)\cdot {}_1\Sigma(n+\tfrac{1}{2})^{-2} = (Q^2/8\pi\,\varepsilon d_o)\cdot\varphi = \langle\varphi Q^2/2d_o\rangle$$

Unter diesen Quantelungsbedingungen — ungeachtet der Größe von d_o und Q — ergibt sich somit die gequantelte Kugelfeldenergie als φ-fach der klassischen Kugelfeldenergie. Völlig unabhängig von allem Vorhergehenden ergibt sich dieser Faktor φ für das elektrostatische Kugelfeld ebenso als $\varphi = {}_1\Sigma(n+\tfrac{1}{2})^{-2}$ wie er sich als die Feldkonstante φ — aufgrund der kosmischen Expansion und Wirkungserschließung — für die Proton-Wirkungsintensität ergeben hat. Dieser Faktor φ hatte aber auch das Pion bestimmt.

Weil bei Kugelladungen mit großem Q auf großem d_o dieser Faktor nicht auftritt (der klassische Integralfaktor bzw Summenfaktor mit $\Delta \to 0$ ist 1), ergibt sich die Frage: Mit welchem Q auf welchem d_o ist diese Quantelung tatsächlich gegeben? Diese ist beim Elektron gegeben:

Das statische Elektron-Feld **

Ist die allgemeine Oberflächen-Ladung Q einer Kugel mit Radius d_o gleich der Elementarladung e des Elektrons, so ergibt sich die Energie E des gequantelten Feldes zu $\quad E = \varphi e^2/8\pi\,\varepsilon d_o = (\varphi e^2/4\pi\,\varepsilon)/2d_o$.

Umgekehrt ist zu einer Feldenergie E der Radius d_o bestimmbar: $d_o = \varphi e^2/8\pi\varepsilon E$. Speziell für das Elektron ist hierbei die statische Elektron-Massenenergie zu setzen, weil der magnetische Energieanteil E_{em} einem andersgearteten Feld zugehört. Weil

$$E_{es} = E_e/(1+\varphi a/2) = m_e c^2/(1+\varphi a/2) \qquad \text{ergibt sich damit}$$

$$d_o = (1+\varphi a/2)\cdot\varphi e^2/8\pi\varepsilon m_e c^2 = 1{,}321\,600\cdot10^{-13}\,cm\,.$$

Dies ist aber das $(1+\varphi a/2)\cdot\varphi$-fache des «klassischen Elektronradius» $e^2/8\pi\varepsilon m_e c^2$ bzw $\langle e^2/2m_e c^2\rangle$.

Vor allem ist dies aber — innerhalb der extrem engen Meßgenauigkeit von nur wenigen Millionstel — genau gleich der Elementarlänge $\lambda = 1{,}321\,600\cdot10^{-13}\,cm$.

Dies besagt etwas ganz Grundlegendes:

1) Das elektrostatische Elektronfeld besitzt genau die gleiche λ-Schalenstruktur wie das Massenfeld des Protons mit der Elementarmasse m. Alles wird damit überraschend einfach und durchsichtig. Es wird:

Elektronradius = Pionradius = Protonradius = Elementarlänge λ.

2) Die Elektronmasse ist — von dem nur 3,4‰ großen Magnetmassenanteil abgesehen — voll die Verkörperung seiner elektrostatischen Feldenergie. Die ältesten Vorstellungen erweisen sich damit doch als richtig.

3) Dieses elektrostatische Feld ist mit λ gequantelt und deshalb durch die universelle Feldkonstante φ modifiziert. Überhaupt alle Längen in diesem Feld sind λ: der Radius der oberflächengeladenen Kugel, die Dicke der gequantelten Kugelschalen, der Abstand der maßgeblichen Kugelschalenradien r_n voneinander.

Mit $d_o = \lambda$ geht $E = \varphi e^2/8\pi\varepsilon d_o$ über in $E_{es} = \varphi e^2/8\pi\varepsilon\lambda$.

Weil $e^2/2\varepsilon hc = a$ und $m_{es} = E_{es}/c^2$ ist dies die

statische Elektronenenergie $E_{es} = (\varphi a/4\pi)\cdot hc/\lambda = \langle\varphi e^2/2\lambda\rangle$ bzw

statische Elektronmasse $m_{es} = (\varphi a/4\pi)\cdot h/c\lambda = (\varphi a/4\pi)\cdot m$

Mit $m_{es}/m = \varphi a/4\pi = \langle\varphi e^2/2hc\rangle$ ergeben sich:

der große Elektron-Radius	r_m	$= \lambda\cdot2/\varphi a$
die Pion-Masse	m_π	$= m_{es}\cdot2/a$
die Proton-Magnetfeldmasse	m_{pm}	$= m_{es}\cdot2/9$

Die Verhältnisse bei den Grund-Elementarteilchen Proton, Pion, Elektron werden damit nicht nur extrem genau faßbar, sondern auch verblüffend einfach:

Proton-Energie:

E_{ps}	statisch	$mc^2 \ = \ hc/\lambda$	938,1460 MeV
E_{pm}	magnetisch	$(^2/_9)(\varphi a/4\pi)\cdot hc/\lambda$	0,1132 MeV
E_p	total	$E_{ps} + E_{pm} \ = \ [1 + (^2/_9)(\varphi a/4\pi)]\, hc/\lambda$	938,2592 MeV

(mit $\pm$ 5,5 ppm Standard Abweichung) Meßwert 938,2592 MeV

Pion-Energie:

E_π	geladenes Pion	$(\varphi/2\pi)\cdot hc/\lambda$	139,5759 MeV

(mit $\pm$ 46 ppm Standard Abweichung) Meßwert 139,5688 MeV

Elektron-Energie:

E_{es}	statisch	$(\varphi a/4\pi)\cdot hc/\lambda$	509,2670 KeV
E_{em}	magnetisch	$(\varphi a/2)(\varphi a/4\pi)\cdot hc/\lambda$	1,7370 KeV
E_e	total	$E_{es} + E_{em} \ = \ (1 + \varphi a/2)(\varphi a/4\pi)\cdot hc/\lambda$	511,0040 KeV

(mit $\pm$ 3,2 ppm Standard Abweichung) Meßwert 511,0041 KeV

E_n	Neutron-Energie:	Meßwert	939,5527 MeV
$E_{\pi o}$	Neutralpion-Energie:	Meßwert	134,9645 MeV

1 pars pro million $= \ 1\ ppm \ = \ 0{,}001‰\ ;\ 1\,MeV \ = \ 10^3\,KeV$.

Die Umrechnung der *MeV*-Werte in die *erg*-Werte ergibt sich durch Multiplikation mit $1{,}602\,1917\cdot 10^{-6}\ erg/MeV$.

Die Energien dividiert durch c^2 ergeben die Massen.

Massenverhältnisse:

m_{ps}/m	$=$	1	; $h/c\lambda \ =$	m Elementarmasse	
m_{es}/m	$=$		$\varphi a/4\pi$	$=$ 0,000 542 844	$=$ 1/1842,1495
m_{pm}/m	$=$	$(^2/_9)(\varphi a/4\pi)$		$=$ 0,000 120 632	
m_p/m	$=$	$1 + (^2/_9)(\varphi a/4\pi)$		$=$ 1,000 1206	
m_{em}/m_{es}	$=$		$\varphi a/2$	$=$ 0,003 410 790	
m_e/m_{es}	$=$		$1 + \varphi a/2$	$=$ 1,003 4108	
m_π/m	$=$		$\varphi/2\pi$	$=$ 0,148 778 39	$=$ 1/6,721 4062
m_π/m_{es}	$=$		$2/a$	$=$ 274,07204	$=$ 1/0,003 648 676
m_π/m_p	$=$	1/6,7222170	;	gemessen	1/6,72256
m_e/m_π	$=$	1/273,14041	;	gemessen	1/273,127
m_e/m_p	$=$	$(\varphi a/4\pi)\cdot[1 + \varphi a/2]/[1 + (^2/_9)(\varphi a/4\pi)]$		$=$	1/1836,1091 ;
				gemessen	1/1836,109 .

I 5

Das «statische» elektrische Feld der Elementarladung e ist in Wirklichkeit ein dynamischer Ausbreitungsvorgang; es ist die kosmische Expansion mit Invarianzgeschwindigkeit c :

Mit jeder Elementardauer τ wird eine neue λ-Schale um das «Elektron selbst» erzeugt; als neue 1. Schale mit der Feldenergie $E_n = E_1$. Die zuvor 1. Schale wird zur 2. Schale, ihre Schalenenergie E_1 zu E_2; E_2 zu E_3; . . .; die zuvor 5. Schale zur 6. Schale, ihre Schalenenergie E_5 zu E_6; . . . usw. Die Schalenenergie E_n der n. Schale ist

$$E_n = (e^2/8\pi\varepsilon\lambda)(n+\tfrac{1}{2})^{-2} = (ahc/4\pi\lambda)(n+\tfrac{1}{2})^{-2}$$

Je weiter eine Schale fortschreitet (je größer ihr n-Wert wird), um so kleiner wird die ihr zugehörige Feldenergie E_n; bis zum Verschwinden. Weil aber mit jedem τ immer gleichmäßig eine neue 1. Schale gezeugt wird und immer gleichmäßig die gegebenen Schalenenergien E_n Stufe um Stufe abfallen, bleibt die Summe über alle Schalenenergien immer konstant: Als «elektrostatische» Feldenergie $E_{es} = {}_1\Sigma E_n$. Diese Energie $E_{es} = (\varphi a/4\pi)\cdot hc/\lambda$ verkörpert sich eben als elektrostatische Elektronmasse $m_{es} = E_{es}/c^2 = (\varphi a/4\pi)\cdot h/c\lambda$.

Jede einmal erschlossene Schale läuft mit Invarianzgeschwindigkeit $\lambda/\tau = c$ vom Elektron weg. Somit altern die einmal erschlossenen Schalen nicht mehr; ihr Erschließungsmoment verbleibt ihnen feststehend. Ihr Abstand vom Elektron wird nicht nur räumlich, sondern auch zeitlich immer größer. Wegen dieses Fehlens des Zeitablaufes tritt das formale Produkt $E_n \cdot \tau$ nicht als eine «Schalenwirkung» auf.

Wohl aber ergibt sich eine Wirkung $E_{es} \cdot \tau$ mit der konstanten Feldenergie E_{es}, welche dem fortgesetzt alternden Elektron im Ganzen eigen ist. Diese Energie E_{es} erschließt jede Elementardauer τ die

Elektron-Schalenwirkung $E_{es} \cdot \tau = h_s = (\varphi a/4\pi)\cdot h = ah\cdot\varphi/4\pi$.

Diese elektrische Schalenwirkung h_s enthält den Teilfaktor ah der Wirkung des e-geladenen Raum-Zeit-Würfels, zusammen mit $\varphi/4\pi$. Indem 4π den Kugelflächenbeiwert und φ die Summation über alle λ-gequantelten Schalen darstellt, ergibt sich umgekehrt zwangsläufig aus der eigentlichen elektrischen Wirkungseinheit $h_s = (\varphi a/4\pi)\cdot h$, speziell für den Raum-Zeit-Würfel eben die Wirkung ah. In Übereinstimmung damit, daß die totale Wirkung des Elektrons gleich seinem Alter T mal seiner Energie E_{es} ist, bleibt diese Wirkung h_s jeder Schale — auch einer noch so alten und fernen — konstant eigen.

Die Wirkungserschließung erfolgt somit im elektrischen Feld der Elementarladung e in λ-Schalen in τ-Zeitabständen; und zwar durch die gesamte elektrostatische Feldenergie $(\varphi a/4\pi)\cdot hc/\lambda$ der Elementarladung e. Dies ist ganz konsequent im Sinne des Welle-Körper-Dualismus, in dem das unteilbare Energiequantum gemäß Wirkung/Schwingungsdauer dem Korpuskel zukommt.

Beim elektrischen Feld (Welle) der Elementarladung e ist diese Wirkung h_s. Das in der statischen Elektronmasse m_{es} unteilbar verkörperte Energiequantum ist also h_s/τ, dh $(\varphi a/4\pi)h/\tau$.

Beim materiellen Feld der Elementarmasse m ist diese Wirkung h. Das in der statischen Protonmasse $m_{ps} = m$ unteilbar verkörperte Energiequantum ist also h/τ.

Mit der Elementarladung e ist es insoweit wie mit der Elementarmasse m: Mit jeder Elementardauer τ wird eine neue λ-Schale erschlossen, welcher jedoch bei der Elementarladung die Wirkung $h_s = (\varphi a/4\pi)\cdot h$ zukommt, bei der Elementarmasse aber die Wirkung h. Das Verhältnis h_s/h ist dabei das statische Elektron/Proton-Massenverhältnis: $h_s/h = \varphi a/4\pi = m_{es}/m$.

Der Elementarladung e gehört das elektrische Feld zu. Der Elementarmasse m gehört das Schwerefeld zu. Überhaupt jeder schweren Masse gehört ein Schwerefeld zu: mit Schalen der Wirkung h, aber einer der Masse proportionalen Frequenz. So besitzt auch die statische Elektronmasse m_{es} als solche sekundär ein Schwerefeld mit den Schalenwirkungen h, aber dafür den Schalendicken $(h/h_s)\cdot\lambda$. Auf diese Schalen bezogen kommt also dem elektrischen Feld der Elementarladung e gleiche Wirkung h wie dem Schwerefeld der statischen Elektronmasse m_{es} zu. Wieso ergibt sich mit gleicher Wirkungsgröße einmal die elektrische Kraft, andermal die Gravitationskraft? Ein wesentlicher Unterschied ist sichtbar:

Die statische Elektronmasse m_{es} ist die Verkörperung der elektrostatischen Feldenergie $m_{es}c^2$ der Elementarladung e. Die statische Elektronmasse m_{es} ist aber nicht die Verkörperung der Feldenergie des von m_{es} ausgehenden Gravitationsfeldes. Auch die Elementarmasse m ist nicht die Verkörperung der Energie des von m ausgehenden Gravitationsfeldes. Diese Energien des m_{es} bzw m selbst eigenen Gravitationsfeldes sind aber nicht nur viel zu klein (φ/Y-fach), sondern haben auch negatives Vorzeichen (würden in der Verkörperung negative Massen ergeben). Würde die Gravitationskraft in gleicher Stärke durch die

Schalenwirkung bestimmt werden wie die Ladungskraft (Coulombkraft), so würde deren Verkörperung bei der statischen Elektronmasse m_{es} genau $-m_{es}$ selbst sein; also sich mit m_{es} zu genau Null ergänzen. Tatsächlich sind aber die Gravitationskräfte und -energien für diese individuelle Nullergänzung um rund den Faktor $5 \cdot 10^{-40}$ zu klein.

Die Kräfte **

Die drei wichtigsten Kräfte des Kosmos sind die Kernkraft K_π, die Ladungskraft K_e (Coulombkraft) und die Schwerkraft K_g (Gravitation). Sie haben — wie unten begründet — ganz analoge Form:

$$\text{Kernkraft} \qquad K_\pi = 2E_\pi/\lambda$$

$$(e^+, e^-) \text{ Ladungskraft} \qquad K_e = 2E_n/\lambda$$

$$(m, m) \text{ Schwerkraft} \qquad K_g = 2E_{ng}/\lambda$$

Die Kernkraft K_π ist die Kraft zwischen zwei Nukleonen im Atomkern. Sie wird bestimmt von der Pionenergie $E_\pi = m_\pi c^2 = (\varphi/2\pi) \cdot hc/\lambda$. Diese Kernkraft K_π ist in dieser Form der Ladungskraft K_e sehr ähnlich, indem lediglich an Stelle von m_{es} die Pionmasse m_π steht. Dies gilt allerdings nur auf λ-Abstand extrapoliert, weil die Kernkraft mit viel höherer Potenz der Entfernung abnimmt.

Die Ladungskraft K_e ist die Kraft zwischen einer Elementarladung e^-, welche in der n. Schale einer anderen Elementarladung e^+ steht (und umgekehrt). Sie wird bestimmt von der elektrischen Feldenergie E_n dieser n. Schale.

Die Schwerkraft K_g ist die Kraft zwischen einer Elementarmasse m, welche in der n. Schale einer anderen Elementarmasse m steht (und umgekehrt). Sie wird bestimmt von der Gravitationsfeldenergie E_{ng} dieser n. Schale. Weil:

$$E_n = (a/4\pi)(hc/\lambda)(n+\tfrac{1}{2})^{-2} \qquad \text{bzw}$$

$$E_{ng} = (1/Y)(hc/\lambda)(n+\tfrac{1}{2})^{-2} \qquad \text{ergibt sich, indem die beiden}$$

Ladungen bzw Massen den Mittelpunktsabstand $\lambda \cdot (n+\tfrac{1}{2}) = r_n$ besitzen:

$$K_e = G_e \cdot e^2/r_n^2 = 2(a/4\pi) \cdot hc/r_n^2 = 2(a/4\pi)(hc/\lambda^2)(n+\tfrac{1}{2})^{-2} = 2E_n/\lambda$$

$$K_g = G \cdot m^2/r_n^2 = 2(1/Y) \cdot hc/r_n^2 = 2(1/Y)(hc/\lambda^2)(n+\tfrac{1}{2})^{-2} = 2E_{ng}/\lambda$$

G_e ist die elektrostatische Grundkonstante; $G_e = (4\pi\varepsilon)^{-1} = \langle 1 \rangle$.

Die Feldenergie E_n bzw E_{ng} ist dem ganzen Volumen der n. Schale zugeordnet, welches in großen Entfernungen riesengroße Ausmaße annimmt. Es ist deshalb nicht selbstverständlich, daß die Kräfte K_e oder K_g von diesen Schalenenergien E_n bzw E_{ng} bestimmt werden. Der Grund wird in einer anderen Formulierung faßbar.

Dazu seien diese beiden Kräfte K_e und K_g zwischen einem naturgemäß einander zugeordneten Teilchen-Paar — Proton und Elektron — miteinander verglichen: Ladungskraft zwischen deren Elementarladungen e^+ und e^-; Schwerkraft zwischen deren statischen Massen m und m_{es}.

Kraft und Wirkungsintensität **

Die dem elektrostatischen Feld der Elementarladung e zugehörige statische Elektronmasse m_{es} enthält in jeder Schale die Erschließungs-Wirkung $h_s = (\varphi a/4\pi)\cdot h = (m_{es}/m)\cdot h$.

Es gilt also $(a/4\pi)\cdot h = (1/\varphi)(m_{es}/m)\cdot h$. In der Ladungskraft geht damit der Teilfaktor $(a/4\pi)\cdot h$ in $(1/\varphi)(m_{es}/m)\cdot h$ über.

In der Schwerkraft zwischen der statischen Elektronmasse m_{es} und statischen Protonmasse m geht ebenfalls der Faktor m_{es}/m ein, weil die eine der beiden Massen m_{es} statt m ist.

Setzt man wieder $(n + \tfrac{1}{2})^{-2} = a_n$ und $hc/\lambda^2 = h/\lambda\tau$, so folgt:

(e^+, e^-) Ladungskr. $K_e = 2(1/\varphi)(m_{es}/m)\cdot hc/r_n^2 = 2(a_n/\varphi)(m_{es}/m)\cdot h/\lambda\tau$

(m, m_{es}) Schwerkr. $K_g = 2(1/Y)(m_{es}/m)\cdot hc/r_n^2 = 2(a_n/Y)(m_{es}/m)\cdot h/\lambda\tau$

Der Faktor 2 ist der Wechselwirkungsfaktor. Beide Kräfte existieren als Wechselwirkung. Tatsächlich besteht die Schwerkraft ebenso wie die Ladungskraft aus zwei Komponenten, die eine Verdopplung bedeuten: eine Ladung im Feld der anderen und andere Ladung im Feld der einen; ebenso eine Masse im Feld der anderen und andere Masse im Feld der einen.

Der Faktor $(m_{es}/m)\cdot h/\lambda\tau$ ist die (m_{es}/m)-fache Elementar-Wirkungsintensität $\chi_1 = h/\lambda\tau$, welche hier nur als Dimensionsgeber (Elementarkraft χ_1) auftritt.

Es verbleiben nur noch die beiden Teilfaktoren a_n/φ bzw a_n/Y, mit welchen sich K_e und K_g voneinander ausschließlich unterscheiden. Diese Verhältnisse haben eine überaus interessante Bedeutung:

a_n/φ ist das Verhältnis der Wirkungsintensität der n. Schale zur ganzen Wirkungsintensität des einen Elementarteilchens.

a_n/Y ist das Verhältnis der Wirkungsintensität der n. Schale zur ganzen Wirkungsintensität des gesamten Weltalls.

Jedes Teilchen wirkt also mit dem Wirkungsintensitätsanteil der n. Schale seines Feldes; dh derjenigen Schale, in der das andere Teilchen eben steht und dementsprechend es Anteil am ganzen anderen Partikel hat. Während dieser Wirkungsintensitätsanteil bei der Ladungskraft im Verhältnis zur Wirkungsintensität aller Schalen des beteiligten Teilchens wirkt, wirkt dieser Wirkungsintensitätsanteil bei der Schwerkraft im Verhältnis zur ganzen Welt-Wirkungsintensität.

Durch diese Relation nur zur partikulären, in sich selbst unveränderlichen Teilchen-Wirkungsintensität, erklärt sich die Konstanz der Ladungskraft. Umgekehrt erklärt die Relation zur veränderlichen Welt-Wirkungsintensität die Veränderlichkeit der Schwerkraft mit den mannigfaltigen Veränderungen in den Tiefen des Kosmos.

Kraft und Kosmos *

Aus $hc/m = \lambda \cdot c^2$ folgt $(m_{es}/m) \cdot hc = \lambda \cdot m_{es} c^2 = \lambda \cdot E_{es}$; damit:

$$(e^+, e^-) \quad K_e = (2/\varphi)(m_{es}/m) \cdot hc/r_n^2 = (2/\varphi) \cdot \lambda \cdot E_{es}/r_n^2$$
$$(m, m_{es}) \quad K_g = (2/Y)(m_{es}/m) \cdot hc/r_n^2 = (2/Y) \cdot \lambda \cdot E_{es}/r_n^2$$

Die Ladungskraft einer allgemeinen Ladung Q_x auf die elementare Ladung e eines Elektrons ist $K_{ex} = (Q_x/e) \cdot K_e$.

Die Schwerkraft einer allgemeinen Masse m_x auf die statische Masse m_{es} eines Elektrons ist $K_{gx} = (m_x/m) \cdot K_g$.

In der existentiellen Potentialgleichung $GM/2R = c^2$ steht die Effektiv-Weltmasse M und der Weltradius R . Weil

$G = (2/Y) \cdot hc/m^2 = (2/Y) \cdot \lambda \cdot c^2/m$ folgt: $Y = (M/m):(R/\lambda)$; also:

$$(Q_x, e^-) \quad K_{ex} = 2 \cdot (Q_x/\varphi e) \cdot \lambda \cdot E_{es}/r_n^2$$
$$(m_x, m_{es}) \quad K_{gx} = 2 \cdot (m_x/M) \cdot R \cdot E_{es}/r_n^2$$

Während makrophysikalisch anstatt des mikrophysikalischen Faktors φ der Wert 1 tritt, und während in K_{ex} wie in K_{gx} gleicherweise die Elektronenenergie E_{es} pro Abstandsquadrat r_n^2 steht, sind diese beiden Kräfte im übrigen erstaunlich spiegelbildlich:

In K_{ex} steht die Elementarlänge λ , und die elektrische Ladung Q_x steht im Verhältnis zur Elementarladung e .

In K_{gx} steht der Weltradius R , und die schwere Masse m_x steht im Verhältnis zur gesamten Weltmasse M .

Damit wird mit geradezu wunderbarer Klarheit deutlich, daß und wie die Ladungskraft mikrophysikalisch, die Schwerkraft aber makrophysikalisch bestimmt und orientiert ist. Gleichsam: die Ladungskraft ist die vom Mikrokosmos in den Mesokosmos hinaufgreifende, individuelle Kraft der Materie; die Schwerkraft ist aber die vom Makrokosmos in den Mesokosmos hinabgreifende, kollektive Kraft der Materie. Beide Kräfte sind somit in den Grenzen des Kosmos verankert; die Ladungskraft in der unteren, die Schwerkraft in der oberen Grenze des Seins.

In ihrer Individualität begründet die Ladungskraft die Existenz der Teilchen. In ihrer fundamentalen Kollektivität begründet die Schwerkraft die Existenz des Weltalls.

Unsymmetrie und Existenz

Die Elementarmasse m ist kollektiv-kosmisch ausgerichtet. Dies bringt die Raum-Zeit des Kosmos hervor. Dies begründet zugleich die Schwerkraft als ein Verhältnis zur Welt-Wirkungsintensität: zur Existenzvariablen Y.

Die Elementarladung e^+ und e^- ist dagegen individuell-partikular ausgerichtet. Dies bringt das elektrische Feld als Quell- und Sinkstelle hervor. Dies begründet zugleich die Ladungskraft als ein Verhältnis zur Partikel-Wirkungsintensität: zur Feldkonstanten φ.

Die von den Nukleonenmassen erschlossene Raum-Zeit des Weltalls wird nicht durch negative Raum-Zeiten von Antinukleonenmassen kompensiert. Das Schwerefeld ist ohne Sinkstellen. Die materielle Seinsentfaltung ist wesenhaft unsymmetrisch und makrokosmisch. Erst im Gegenüber zur Welt-Raum-Zeit erhält die Welt-Masse ihre existentielle Ergänzung zu Null. Erst in der Dreiheit von Raum-Zeit-Masse verschwindet die räumliche, zeitliche und materielle Mächtigkeit des Alls in Bezug auf «außen»; verschwindet im Nichts als Nichts. Dies ist der Grund, warum überhaupt Weltraum und Weltzeit, warum überhaupt Weltmasse da ist und nicht nicht-ist. Das Sein in Raum und Zeit, expandierend und alternd, ist wesenhaft Unsymmetrie. Völlig symmetrisch ist nur das Nichts.

Die von den Ladungen e^+, e^- ausgehenden elektrischen Felder ergänzen sich hingegen schon innerhalb dieser Welt-Raum-Zeit zu Null. Die elektrische Seinsentfaltung ist wesenhaft symmetrisch und mikrokosmisch. Es gibt im Weltall genau soviel negative wie positive elektrische Ladungen; soviel Ladungslöcher wie Ladungen selbst, die nur miteinander entstehen und vergehen können. In den Atomen und Sternplasmen kompensieren sich die elektrischen Felder schon fast vollkommen in mikrophysikalischen Bereichen. Auch die verschwindend kleinen Ladungsverschiebungen innerhalb galaktischer Räume, kompensieren sich im übergalaktischen Makrokosmos.

Die gigantische Weltwirkung wird damit praktisch nur von den Nukleonen erstellt; mit ihren je $10^{41}\,h$ bis zum Rand und Ursprung. Ein Wirkungsanteil der elektrischen Felder als solcher — falls diese überhaupt Wirkung zeugend sind — ist infolge der makrokosmischen Neutralität verschwindend klein. Nur die den elektrischen Feldenergien sekundär zukommende Masse, die Elektronmasse m_e, trägt als solche rund $\frac{1}{2}$‰ zur Weltwirkung bei; ungeachtet der elektrischen Ursache.

Wirkung und Existenz

Die kollektive Bezogenheit der Schwerkraft hängt damit zusammen, daß die Welt-Wirkungsintensitätszahl Y bzw die Welt-Wirkungsintensität $Y' = Y \cdot h/\lambda\tau$ den Gravitationsfaktor G bestimmt:

$$ G = (2/Y) \cdot hc/m^2 = 2c^4/Y' . $$

Der Gravitationsfaktor G ist mit dem Wechselwirkungsfaktor 2 und der Konstanten c^4 reziprok-proportional der Welt-Wirkungsintensität Y'. Diese ist aber Wirkung pro Raum·Zeit-Abstand. Die Welt-Wirkungsintensitätszahl Y an einem Punkt ist die Summe aller Wirkungsquanten h pro Raum·Zeit-Abstand jedes Wirkungsquantums in $\lambda\cdot\tau$-Einheiten.

Damit taucht die ganz wesentliche Frage auf, wieso überhaupt die Wirkung diese fundamentalen Folgen haben könne.

Es wäre falsch, etwa dem Wirkungsquantum ein «Feld» zuzuschreiben; wie der Masse oder der Ladung. Die Wirkung hat kein Feld, sondern *ist* Feld. Die Wirkungsintensität übt keine Kraft aus, sondern *ist* Kraft. Die individuelle Erscheinungsform der Wirkungsintensität *ist* die Ladungskraft — und in ihr existiert die elektrische Ladung und das elektrische Feld. Die kollektive Erscheinungsform der Wirkungsintensität *ist* die Schwerkraft — und als Null-Ergänzung zu diesem Schwerefeld existiert die Weltmasse.

Ein Wirkungsquantum ist überhaupt kein «Teilchen», «Körper» oder etwas ähnliches. Sonst wäre es auch nicht begreiflich, wieso ein Wirkungsquantum in seinem Raumelement verbleiben sollte und sich nicht etwa — wie ein kleines Körperchen — in ein anderes Raumelement fortbewegen könnte. Vielmehr sind die Wirkungsquanten eines Nukleons die Wirkung — und zwar eben die gequantelte Wirkung — des Nukleons selbst, in welcher das Nukleon Raum und Zeit erschließt und gestaltet. Noch viel mehr:

I 5

Das Nukleon existiert überhaupt in diesen seinen Wirkungsquanten und als diese Wirkungsquanten in Raum und Zeit. Die Wirkungsquanten erfüllen nicht den Nukleonenraum, sondern stellen ihn überhaupt dar: Der Raum ist wesenhaft Wirkung; er existiert als Energie mal Zeit in den Nukleonenwirkungsquanten. Dieser Raum des Nukleons ist radial auf das existenztragende Elementarvolumen hinorientiert und bildet so das Nukleonenfeld; das Feld, dh die Raum-Zeit-Existenz.

Jedes Nukleon existiert in seiner eigenen Dreiheit von Raum-Zeit-Masse. Das Zusammenwirken dieser Dreiheiten aller Nukleonen ist aber der Weltraum, die Weltzeit und die Weltmasse.

Die Grundformel **

Die elementaren Energie-Verhältnisse ergaben sich als nur durch die Konstanten φ, α, π bestimmt. Diese haben eine einfache Bedeutung:

φ Feldkonstante ; φ = 0,934 802 200
α Strukturkonstante ; α = 1 / 137,036 02
π Kreiskonstante ; π = 3,141 592 654

Damit ist es möglich (Karl Philberth) eine Formel aufzustellen, welche auf der Basis der Elementarenergie hc/λ zugleich für alle drei statischen Energien E_{ps}, E_π, E_{es} gültig ist, und sogar noch zwei weitere interessante Terme liefert:

$$E = (hc/\lambda) \cdot \varphi a/A$$

Der Beifaktor a kann 1 oder α sein.
Mit $a = 1$ ergeben sich Ausdrücke für Massen-Terme;
mit $a = \alpha$ ergeben sich Ausdrücke für Ladungs-Terme.

Der Beifaktor φ nimmt die Summe über alle $(n+\tfrac{1}{2})^{-2}$ vorweg, so daß die Flächen nur noch durch ihren Beiwert A auszudrücken sind.

Der Beiwert A kann 1 oder 2π oder 4π sein.

Mit $A = 1$ wird die Elementar-Quadratfläche λ^2 zur Basis;
   Erstreckung mit λ orthogonal zu Erstreckung mit λ: radial-radial;
   als Ausdruck für eine fundamentale Einheit in sich;
mit $A = 2\pi$ wird die Elementar-Zylinderoberfläche $2\pi\lambda^2$ zur Basis;
   Krümmung mit λ orthogonal zu Erstreckung mit λ: tangential-radial;
   womit ein dynamischer Umlauf beschrieben wird: ein Wirbelfeld;
mit $A = 4\pi$ wird die Elementar-Kugeloberfläche $4\pi\lambda^2$ zur Basis;
   Krümmung mit λ orthog. zu Krümmung mit λ: tangential-tangential;
   womit ein statischer Auslauf beschrieben wird: ein Quellenfeld.

I 5

Die Grundterme **

1) Das Proton ; $E_{ps} = mc^2$:

Mit $a = 1$ und $A = 1$ und 1 statt φ ergibt sich die Proton-Energie:

$$(hc/\lambda) \cdot \varphi a/A \quad \rightarrow \quad hc/\lambda \quad = \quad mc^2 \quad = \quad E_{ps}$$

Diese Elementar-Energie mc^2 des Protons ergibt sich also in der 1-Haftigkeit aller Beifaktoren φ, a und A. Dies entspricht genau der existentiellen Ur-Einheitlichkeit des Protons und seiner statischen Masse m als Elementarmasse. Im Proton ist die Masse m nicht die Verkörperung seiner eigenen Feldenergie, sondern ist die ihm fundamental eigene Größe. Daher steht im Proton-Term mit der Elementar-Energie mc^2, auch anstelle der Feldkonstanten φ der Faktor 1.

2) Das Pion ; E_π :

Mit $a = 1$ und $A = 2\pi$ ergibt sich die Pion-Energie:

$$(hc/\lambda) \cdot \varphi a/A \quad \rightarrow \quad mc^2 \cdot \varphi/2\pi \quad = \quad E_\pi$$

Dies ist der dynamische materielle Term des geladenen Pions; als Träger der Kernkräfte; auch als frei existenzfähiges Teilchen.

3) Das «halbe» Pion ; $\frac{1}{2}E_\pi$:

Mit $a = 1$ und $A = 4\pi$ ergibt sich die halbe Pion-Energie.

Mit dem Wirkungsquantum h über die Kugelfläche $4\pi\lambda^2$ ist dies ein statischer materieller Term von knapp $70\,MeV$. Tatsächlich ist dies der wichtigste Hadron-Term; ein Term der inneren Bindung der mittel- und überschweren Elementarteilchen.

4) Das «doppelte» Elektron ; $2E_{es}$:

Mit $a = \alpha$ und $A = 2\pi$ ergibt sich die doppelte Elektron-Energie.

Mit der dem Einheitswürfel eigenen elektrostatischen Wirkung $\alpha \cdot h$ in einer geschlossenen Zylinderfläche $2\pi\lambda^2$ ist dies ein dynamischer elektrischer Term für extrem bewegliche Elementarladungen (c-Umläufe). Tatsächlich ergibt sich dieser $2E_{es}$-Term beim Ladungstransport in Supraleitern. Das von der BCS-Theorie (Bardeen) postulierte «gekoppelte Elektronenpaar» ist eine gleichnishafte Beschreibung dieses Terms $2E_{es}$.

Ein geladenes Teilchen beliebiger Masse m_x bewegt sich mit beliebiger Geschwindigkeit v (auch $v = c$) in einem Magnetfeld beliebiger Induktion B auf einer Kreisbahn. Auf dieser wird die Zentrifugalkraft von der Lorentzkraft aufgefangen; mit einfacher Elementarladung e gilt $m_x v^2/r = e \cdot v \cdot B$. Mit einer in sich geschlossenen Quantenbahn ist dieser Radius $r = h/2\pi\, m_x v$. Mit Ladung e (nicht $2e$) schließt der damit umlaufene Kreis in dem angelegten Magnetfeld den Fluß $h/2e$ ein. Nach Abschalten des angelegten Magnetfeldes stellen sich in Leitern immer so große Ströme ein, daß der eingeschlossene Magnetfluß erhalten bleibt; speziell in supraleitenden Hohlleitern ungedämpft. Elementar-Umläufe von Elementarladungen (e oder $2e$) können gar keinen Fluß der Größe $h/2e$ induzieren; nur den viel kleineren Elementar-Magnetfluß $\varphi a h/e$. Das Flußquantum $h/2e$ ist einfach ein technisch festgehaltener Fluß; allerdings durch gequantelte Ströme. Die Supraleitung ist also offenbar durch den dynamischen $2E_{es}$-Term — wie mit Invarianzgeschwindigkeit c beweglichen elektrischen Ladungen — verursacht.

Der $2E_{es}$-Term ist der Träger der «Schwachen Wechselwirkung»; analog wie der E_π-Term Träger der «Starken Wechselwirkung» ist.

5) Das Elektron ; E_{es} :

Mit $a = \alpha$ und $A = 4\pi$ ergibt sich die Elektron-Energie E_{es} :

$$(hc/\lambda) \cdot \varphi a/A \;\; \to \;\; mc^2 \cdot \varphi a/4\pi \;\; = \;\; E_{es}$$

Dies ist der statische elektrische Term des Elektrons, wie es als freies, stabiles Teilchen auftritt.

Die Grundstrukturen *

Die Grundformel $(hc/\lambda) \cdot \varphi a/A$ kennzeichnet die Grundstrukturen. Diese sind von zwei Komponenten geprägt: erstens materiell bzw. elektrisch; zweitens offen bzw. geschlossen. Dies gibt 4 Kombinationen:

Das Proton ist im Wesen materiell und offen; seine Elementarmasse m und deren radiales Feld bestimmt seinen Grundterm E_{ps}. Das Pion ist im Wesen materiell und geschlossen; sein Massen-Umlauf bestimmt seinen Term E_π. Das Elektron ist im Wesen elektrisch und offen; seine Elementarladung e und deren radiales Feld bestimmt seinen Grundterm E_{es}. Zugleich ist das Elektron aber auch elektrisch und geschlossen; sein Ladungs-Umlauf bestimmt ebenfalls seinen Grundterm gemäß $i_1 \Phi_1/2 = E_{es}$.

Proton, Pion und Elektron sind je in ihrer Art die einfachsten Strukturen, die dabei auch noch immer durch ein und dieselbe Elementarlänge λ bestimmt sind: Die einfachste offene Form ist die Gerade: als radiales Strahlenfeld beim Proton und Elektron. Die einfachste geschlossene Form ist der Kreis: als Zylinderfeld beim Pion. Zugleich sind sie — je in ihrer Art — auch die leichtesten Teilchen: Das Proton ist das leichteste Baryon; das Pion das leichteste Meson; das Elektron das leichteste Lepton.

Proton, Pion und Elektron sind somit in jeder Hinsicht durch Minimalbedingungen ausgezeichnete, wesensverschiedene Grundstrukturen. Proton und Elektron sind die einzigen stabilen Teilchen im Kosmos.

Die Struktur-Komplementarität ∗

Jede der drei Grundstrukturen ist für eine der drei Grund-Elementarteilchen — Proton, Pion, Elektron — fundamental. Die beiden jeweils anderen Strukturen kommen komplementär hinzu.

Dem Proton ist die Masse (m) fundamental eigen, als seine Existenz; es hat gar kein Feld, dessen Energie in seiner Masse verkörpert wäre (wie dies beim Elektron der Fall ist). Ladung und Umlauf kommen jedoch beim Proton komplementär hinzu.

Dem Elektron ist die Ladung (e) fundamental eigen, als seine Existenz. Masse und Umlauf ergeben sich erst daraus komplementär.

Dem Pion ist der Umlauf fundamental eigen, als seine Existenz; es hat gar kein Dreh- oder Magnetmoment. Masse und Ladung kommen erst komplementär hinzu.

Jedes Seiende wird erst in allen Komponenten vollständig: Alle haben sie Masse und Energie mit Materiewelle und Schwerefeld; alle haben sie Ladung mit elektrischem Feld. Und auch das Proton und Elektron haben Umlaufaspekte; materiell als die verschiedenen Stoßradien, elektrisch als die verschiedenen Magnetfelder erscheinend.

Vor allem wichtig ist die Masse-Ladungs-Komplementarität: Die schwere Masse — in der Einheit der Elementarmasse m — ist als kollektive Erscheinung der Wirkung existent. Die elektrische Ladung — in der Elementarladung e — ist als individuelle Erscheinung der Wirkung existent. Vollständig ist aber ein Teilchen nur in zugleich kollektiver wie individueller Wirkungsentfaltung. Dies erklärt das Faktum, daß sich diese einfachen und erstaunlich genauen Massenverhältnisse nur für die geladenen Formen ergeben: vom Elektron zum geladenen Pion und zum Proton; zB aber nicht von den Elektronen oder Nukleonen zum neutralen Pion — und auch nicht zB von den Elektronen oder Pionen zum Neutron.

Während die Ladung beim Elektron eine Masse m_{es} zur Folge hat, haben die Ladungen von Pion und Proton keinen Einfluß auf deren Massen m_π bzw m. Beim Elektron ist eben die elektrische Ladung fundamental, beim Pion und Proton nur komplementär.

Was im einen Teilchen primäres Wesen seiner Existenz ist, erscheint im anderen Teilchen als sekundäre Vervollständigung. Diese vervollständigenden Komponenten sind jedoch von der fundamentalen Komponente in jeweils besonderer Weise geprägt. Damit ergibt sich schon mit diesen einfachsten und leichtesten Teilchen eine große Mannigfaltigkeit von Eigenschaften und Aspekten.

Die Elementarteilchen *

Schon die drei Grundelementarteilchen ergeben sich damit nicht als Anregungen einer einzigen Struktur, sondern als mögliche Spielarten von drei Grundstrukturen. Die eindrucksvolle Ordnung der wichtigsten Elementarteilchen nach bestimmten Quantenzahlen in einem dreidimensionalen Schema (Gell-Mann) ist bei all ihrer Fruchtbarkeit noch keine Erfassung der Strukturen selbst. Eine Spintheorie, welche als solche nur mit dem drittrangigen Aspekt operiert, dürfte zur Bewältigung einer Strukturerfassung auch nicht ausreichen. Eine universelle Formel für alle Elementarteilchen zu finden, erfordert zumindestens eine gründliche Vertrautheit mit den aufgezeigten Grundstrukturen; mit deren Wesen und Eigenarten und mit deren gegenseitiger Komplementarität.

Wie dem auch sei: Allein die Grundstrukturen erschließen das Wesen des Mikro- und Makrokosmos. Die Grund-Elementarteilchen tragen das gesamte kosmische Geschehen: Die Protonen und Elektronen und die Atomkerne, in welchen Nukleonen von den Pionen gebunden sind, tragen allein die Materialität des Kosmos. Daneben beherrschen nur noch die Strahlungsmassen — Neutrinos und Photonen — das kosmische Geschehen. Alles übrige tritt nur in verschwindenden Spuren und immer nur extrem kurzzeitig bei Energie-Umsetzungsprozessen auf.

Proton und Elektron

Beim Proton kommt zur fundamentalen Elementarmasse m noch komplementär eine Elementarladung e^+. Sie bilden so eine existentielle Einheit. Eben in dieser Existenzeinheit besitzt das kollektiv wirksame Schwerefeld der Elementarmasse m und das individuell wirksame elektrische Feld der Elementarladung e die gleiche λ, τ-Schalenstruktur. Beide haben sie die gleiche radiale Welle, die gleichsam am Rande des Kosmos aufsitzt und die Existenz des Protons begründet: Bezogen auf den Rand und Ursprung, als unveränderlich festliegende Raum-Zeit-Gestalt; bezogen auf das Proton als den Kosmos überspannende Oszillation. Welle- und Körperaspekt vertauschen sich bei Vertauschung des Bezuges.

Im kollektiven Aspekt ist diese Welle eben das Schwerefeld, welches in kollektiver Energie-Null-Ergänzung die Existenz der schweren Massen begründet. Im individuellen Aspekt ist diese gleiche Welle eben das Ladungsfeld, das analog eine individuelle Null-Ergänzung findet: gleichsam in einem Loch, welches die positive Elementarladung e^+ des Protons in der Raum-Zeit des Kosmos hinterläßt.

Dieses Ladungsloch des Protons ist eine negative Elementarladung e^-. Diese hat damit naturgemäß die gleiche λ, τ-Schalenstruktur wie das Proton; aber mit eben umgekehrter (negativer) Oszillation. Weil diesem Loch-Feld seinerseits eine Energie zukommt, die sich in einer Masse verkörpert, existiert dieses Ladungsloch als eigenständiges Teilchen: als Elektron.

Beim Elektron ist somit die Elementarladung e^- fundamental, zu welcher eine statische Elektronmasse m_{es} komplementär hinzukommt.

Die Rangfolge

Das Proton existiert als Ergänzung der fundamentalen Elementarmasse m mit einer Elementarladung e^+. Diese hinterläßt eine freie negative Elementarladung e^-, die damit weiterhin zum Fundament des Elektrons wird. Das Elektron existiert als Ergänzung der nun fundamentalen Elementarladung e^- mit einer Elektronmasse m_{es}.

Das Proton ist damit erstrangig; das Elektron zweitrangig. Ebenfalls zweitrangig ist der Umlaufaspekt, welcher sich an die Elementarmasse m anknüpft: das Proton als mit c umlaufende Pionen. Drittrangig sind schließlich die an die Aspekte mit umlaufenden Ladungen geknüpften Magnetfeldmassen m_{pm} des Protons bzw m_{em} des Elektrons.

Man kann somit eine Rangfolge — Masse m, Ladung e, Umlauf — feststellen. Diese Rangfolge spiegelt sich auch in den Eigenschaften der zugehörigen Teilchen:

Das mit der Elementarmasse m fundamentale Proton ist am vielseitigsten; mit vier Radien und Magnetfeld. Das mit der Elementarladung e fundamentale Elektron ist schon ärmer; mit zwei Radien und Magnetfeld. Das mit dem Umlauf fundamentale Pion ist am einfachsten; mit nur einem Radius ohne Magnetfeld. Proton und Elektron sind frei unbegrenzt beständig (stabil); das Pion ist frei nicht dauerhaft beständig (instabil).

Die erstrangigen Elementarmassen m stellen als Protonen und Atomkerne 999,4‰ der gesamten Weltmaterialität. Die zweitrangigen Elementarladungen stellen als Elektronen knapp 0,5‰ der Weltmaterialität. Die drittrangigen Umläufe stellen als Magnetfeldmassen noch 0,1‰ der Weltmaterialität. Die Umläufe in den freien Pionen haben keinen Anteil an der Weltmaterialität.

Zu dieser eigentlichen Materialität, welche in den Ruhemassen verkörpert ist, kommt allerdings noch eine ganz andere Art von Energie und Masse im Kosmos: die Neutrinos und Photonen.

Neutrino und Photon

Das Proton (als wesenhaft materielles Teilchen) und das Elektron (als wesenhaft elektrisches Teilchen) haben eines miteinander gemeinsam: beides sind stabile Teilchen mit endlicher Ruhemasse. Aber schon beim Proton mit dem Aspekt des Pion-Umlaufs, und beim Elektron mit dem Aspekt des Ladungsumlaufs, ergänzt sich das radiale, statische Feld durch eine c-Bewegung.

Wenn die Natur aber alle Spielarten von fundamental und komplementär verwirklicht, muß es auch radial mit Invarianzgeschwindigkeit c ausstrahlende Vorgänge geben: eine auf materieller Basis; eine auf elektrischer Basis.

Die materielle Form der radial invarianzbewegten Energie ist das Neutrino. Die elektrische Form der radial invarianzbewegten Energie ist das Photon (Licht).

Wie Elektron und Proton als radial-strahlende Ruheenergien miteinander verwandt sind, so Photon und Neutrino als radial-strahlende invarianzbewegte Energien. Wie Elektron und Photon als elektrische Energien miteinander verwandt sind, so Proton und Neutrino als materielle Energien.

Während das Photon eine dem elektrostatischen Feld verwandte, elektromagnetische Oszillation in Raum und Zeit darstellt, ist das Neutrino anscheinend eine dem Schwerefeld verwandte Oszillation des Raum-Zeit-Kontinuums selbst. Tatsächlich ist die Wechselwirkungsfähigkeit des Neutrinos gegenüber der Wechselwirkungsfähigkeit des Photons in gleichem Maße verringert, wie die Schwerkraft gegenüber der Ladungskraft; je rund φ/Y-fach (ca $5 \cdot 10^{-40}$-fach).

Photon und Neutrino sind keine echten Teilchen. Es sind nur Ausdrücke für die bei Reaktionen mit den elektromagnetischen bzw raumzeitlichen Wellenfeldern auftretenden Energiequanten. Als invarianzbewegte Energien haben sie die Ruhemasse Null und erfahren keine Alterung. Sie erschließen damit auch keine Wirkung. Es kommt ihnen Wirkung nur in einem anderen Sinne $E \cdot T = h$ zu: ihre Quantenenergie E mal ihre Schwingungsdauer T ist gleich dem Wirkungsquantum h. Photonen und Neutrinos können dabei mit jeder beliebigen Schwingungsdauer und damit jeder Quantenenergie $E = h/T$ auftreten.

Spekulative Verhältnisse *

Die Strukturkonstante α hat wegen ihrer sehr großen Bedeutung schon viele Spekulationen hervorgerufen. Bedeutendste Physiker (Eddington) glaubten, daß $1/\alpha$ die ganze Zahl 137 sei; eine Erwartung, welche mit fortschreitender Meßgenauigkeit enttäuscht wurde.

Neuere Arbeiten stellten vergleichend fest, daß die Massen vieler Atomkerne sehr genau ganz- und halbzahlige Vielfache der Elektronmasse m_e sind; zudem oft in eigenartigen Zweierpotenzen (Witmer). Im Zusammenhang damit erscheint:

$$1/\alpha = 136 + 1 + (2^2 + 1)/136 = 137{,}036\,77 \; ; \; \text{wobei } 136 = 2^3 (2^4 + 1)$$

Eine andere Arbeit beschreibt gruppentheoretisch Elementarteilchen-Verhältnisse in höherdimensionalen, komplexen Räumen (Wyler). Dabei ermittelt sich:

$$1/\alpha = (8\pi^4/9)(2^4 \cdot 5!/\pi^5)^{1/4} = 137{,}036\,08$$

Die Abweichungen gegenüber dem derzeit wahrscheinlichsten Meßwert 137,03602 ($\pm 1{,}5\,ppm$) sind zwar beachtlich klein. Jedoch können numerische Genauigkeiten nie exakte Beweise für eine Erfassung des Wesens sein. Mit hinreichend komplizierten Formeln ist es immer möglich, für eine begrenzte Zahl von Verhältnissen beliebig genaue numerische Werte zu erhalten; zumal mit programmierbaren Rechenmaschinen. Dennoch können genaue Zahlenwerte hilfreiche Hinweise auf reale Hintergründe in einem Ansatz sein. In diesem Sinne ist alle Physik eine «Numerologie», indem Orientierung an den Meßwerten zu ihrer Methodik gehört.

Ein spekulativer Ansatz muß eine wenigstens so gute numerische Genauigkeit bieten, daß man ihn mindestens als Annäherung gelten lassen kann; in der Hoffnung, sich durch Entdeckung von Feinkorrekturen noch weiter herantasten zu können. Er muß sich aber auch noch durch andere Merkmale empfehlen: in Formulierung und Voraussetzung einfach und arm (möglichst ohne freie Parameter und möglichst ohne neue Lehrsätze); in Konzeption und Wesensschau klar und einsichtig (möglichst unmittelbar zugängliche Gedanken mit möglichst anschaulichen Strukturen); in Fortschritt und Querverbindungen fruchtbar und mannigfaltig (möglichst ausbaufähig in sich, und mit anderen Wissenschaftszweigen verbindend).

Bei der Mannigfaltigkeit der Aspekte und Eigenschaften schon des Protons, Pions oder Elektrons in sich, sind auch in verschiedenen Aspekten verschiedene Beziehungen zueinander zu erwarten. In diesem Sinne soll — zu den bisherigen — noch ein weiteres spekulatives Verhältnis zur Diskussion angeboten werden.

Zweierpotenzen *

Das statische Massenverhältnis von Elektron/Pion ist $\alpha/2$; das von Elektron/Proton ist $\varphi\alpha/4\pi$. Die Größenwerte von φ und π sind bereits geklärt. Warum besitzt aber α gerade die Größe $1/137{,}03602$?

Merkwürdigerweise besitzt $\alpha/2$ sehr genau den Wert $\varphi/2^8$; also $1/\alpha$ den Wert $2^7/\varphi$. In der hierbei auftretenden Abweichung von $0{,}793‰$ steckt eine Überraschung: Innerhalb der derzeitigen Meßungenauigkeit von $0{,}0015‰$ weicht gegenüber der ganzen Zahl 137 der Wert $2^7/\varphi$ genau doppelt so viel nach unten wie $1/\alpha$ nach oben ab:

$$2^7/\varphi \;=\; 136{,}92736 \;=\; 137 \,-\, 0{,}530‰$$
$$1/\alpha \;=\; 137{,}03602 \;=\; 137 \,+\, 0{,}263‰$$

Mag dies auch Zufall sein, so ergibt $\alpha = \varphi/2^7$ eine bemerkenswerte Beziehung unmittelbar für e^2 zu hc ; daraus ferner etwa für die Kernkraft K_π zu e^2 gemäß:

$$e^2/hc \;=\; \varepsilon\cdot\varphi/2^6 \quad \text{bzw} \quad K_\pi \;=\; (e/\lambda)^2\cdot 2^8/4\pi\,\varepsilon \;=\; \langle (16\,e/\lambda)^2\rangle$$

Falls es sich damit nicht nur um numerologische Ähnlichkeit handeln sollte, würde damit ein implizit in e und in α enthaltener Faktor φ nun explizit erscheinen. Nachdem die Elementarladung e eine in der Tiefe ihres elektrischen Flusses stehende Flußquelle darstellt, ist ein Faktor φ

implizit in e auch irgend wie glaubhaft. Neben φ erscheinen nur noch die hohen Zweierpotenzen. Auch diese sind glaubhaft, denn Zweierpotenzen drücken einfachstmögliche Ordnungen geschlossener Strukturen aus. Warum erscheint beim Elektron aber gerade diese eine, hohe Zweierpotenz 2^8, warum realisieren sich nicht schon niederere Potenzen?

Aspekt und Einzigartigkeit *

Die Elementarteilchen sind die Träger der materiellen Existenz des Kosmos; sind die Verkörperung des Kosmos. Diese Existenz ist Einklang der Elementarteilchen mit dem Kosmos; wechselseitige Raumzeit-Entsprechung. Die individuelle Teilchen-Raumzeit und die kollektive Welt-Raumzeit sind überhaupt nur verschiedene Aspekte derselben Wesenheit.

Eine große Zahl von Strukturen vermag quantenphysikalisch sich selbst zu genügen. Aber eine existentielle Bedingung des Einklangs mit dem Kosmos trifft jene Auswahl unter den quantenphysikalisch-möglichen Strukturen, in welcher sich die Existenz verwirklicht: in jener Struktur, welche diesem kosmischen Einklang eben am nächsten kommt.

Dieser Einklang braucht wohl kein vollkommener zu sein; sonst wäre überhaupt keine Existenz möglich. Realisiert wird offenbar jene quantenphysikalisch mögliche Struktur, welche eine etwas kleinere Masse ergibt als sie der Einklang erfordert: eine minimal abweichende Defektmasse. So ist auch die realisierte Protonmasse m_p um nur wenig — 41‰ — kleiner als 7 Pionmassen m_π .

Jedenfalls wird eine solche Minimalbedingung immer nur von einer Struktur erfüllt, so daß auf jeder Basis nur ein einziges stabiles Teilchen existiert: eines auf der materiellen (raumzeitlichen) Basis der Elementarmasse m , als Proton; ein anderes auf der elektrischen Basis der Elementarladung e , als Elektron. Nur diese beiden Teilchen sind unzerstörbar; so daß sie auch bei den energischsten Reaktionen erhalten bleiben: Erhaltung der Baryonen-Zahl und der Leptonen-Zahl.

Welcher Art ist der auswahltreffende, existentielle Aspekt?

Das existentielle Massenverhältnis *

Im Umlauf-Aspekt hat sich das Elektron als verwandt mit dem Pion gezeigt. Dies würde auch in der guten Übereinstimmung von $\alpha/2$ mit $\varphi/2^8$ zum Ausdruck kommen. Im Aspekt des radial über den Kosmos erstreckten Feldes ist aber das Elektron verwandt mit dem Proton. Damit ist zu erwarten, daß sich ein existentieller Aspekt des Elektrons primär in einem Verhältnis zum Proton ausdrückt.

Sicherlich gibt es eine solche existentielle Proton-Verwandtschaft des Elektrons; neben seiner quantenphysikalischen Pion-Verwandtschaft. Eine solche Beziehung zwischen Elektron und Proton wird wohl den Faktor φ für die mikrophysikalisch orientierte Struktur des Elektrons enthalten; dazu einen Faktor, welcher die makrophysikalisch orientierte Struktur des Protons ausdrückt, wofür sich der Strukturfaktor σ des makrophysikalischen Weltraumes anbietet. Numerologisch läßt sich damit ein Elektron/Proton-Massenverhältnis m_e/m_p ansetzen, gemäß:

$$m_e/m_p \; = \; (\sigma\varphi/4)^2 \; - \; 2{,}8\%o$$

Tatsächlich stellt der Faktor $(\sigma\varphi/4)^2$ ein existentielles Massenverhältnis dar, dem als Energieverhältnis eine quadratische Form eigen ist. Die Begründungen für die Teilfaktoren σ und $\varphi/4$ sind allerdings vage. Sie bestätigen sich jedoch bemerkenswert in einer Extrapolation auf den Ursprung:

Die Gravitation ist mit der sie bestimmenden Welt-Wirkungsintensität Y wesenhaft eine Präsenzgröße, so daß der Strukturfaktor σ am Platze erscheint. Im Ursprung — mit seiner Identität von Präsenz- und Parameterraum in seinem einzigen Elementarvolumen — war naturgemäß $\sigma = 1$. Außerdem war im Ursprung naturgemäß nur das Elementarvolumen als nulltes Raumelement existent; damit wird $n^2 + n + 1/4$ mit $n = 0$ zu $1/4$. Von daher ist zu φ der Faktor $1/4$ beigeordnet. Damit war in der Extrapolation auf den Ursprung das ganze existentielle Massenverhältnis $m_e/m_p = (\sigma\varphi/4)^2$ gleich 1.

Die kosmische Existenz war von Anfang an mit sich im Einklang. Die Grundeinheiten waren im Anfang 1 und sind auch 1 geblieben. Aus dieser 1-Haftigkeit haben sich mit der Entwicklung die der Vermehrung der Raum- und Zeit- und Materieelemente konsequent entsprechenden Veränderungen in den Größen und Verhältnissen ergeben.

Die Ur-Einheit *

Die ganze spätere Entwicklung wird konsequent von den Ursprungswerten vorgezeichnet; von jenen Werten, mit denen der Kosmos sein Dasein eröffnet hat. Im Ursprung waren Mikro- und Makrokosmos noch identisch.

Nur während des Ursprungs — dh des Überganges von 0 zu 1 — war der Wert des Faktors $\varphi = \varphi_u$ gemäß der Beizahl $1/4$ in der Wirkungsintensitätsfunktion gleich 4. Nur in diesen Ursprung extrapoliert war $\sigma\varphi/4$ gleich 1. Nur auf diese Wirkungserschließung gemäß $h/2$ des Ur-Fermions und Längenerschließung gemäß $\lambda/2$ (also mit einem Volumen von gleichsam $1/8$ Elementarvolumen) extrapoliert, war die Ur-Wirkungsdichtezahl η_u gleich 4; wie φ_u. Der «Außenraum» war gleichsam die Rückführung auf den «Ausgangspunkt», der damit zu seinem eigenen Antipol wird: Gespenstisch unwirkliche ur-existentielle Größen; vor der Existenz des ersten Nukleons.

Mit Vollendung der ersten Elementardauer τ und Erschließung der ersten Elementarlänge λ war alles 1. Die Wirkungsdichtezahl η war gleich 1. Der Kugelfaktor $3 - 3/n + 1/n^2$ war mit $n = 1$ ebenfalls 1. Die Existenzvariable Y war somit 1; ebenso die noch mit ihr identische «Feldkonstante» φ, die damals noch variierte.

Die Schwerkraft und die Ladungskraft unterschieden sich noch nicht voneinander; beide waren $hc/\lambda^2 = mc^2/\lambda$, dh $h/\lambda\tau$.

Diese erstaunliche Ein-heitlichkeit ist identisch eben dem existentiellen Ein-klang des Nukleons mit dem Kosmos als Grund für dessen stabile Existenz. Damit sind m, λ, τ als kosmische Elementar-Einheiten gegeben. Darin liegt auch das Geheimnis begründet, warum die «Naturkonstanten» c und h diejenigen Zahlenwerte besitzen, die sie eben besitzen: sie sind im absoluten Ur-Maßsystem einfach alle 1; weil und wie m, λ, τ je gleich 1 ist. In einem «urpraktischen Maßsystem» wäre:

die Masseneinheit	$10^{24} m$	$=$	1,672 412	g
die Dauereinheit	$10^{24} \tau$	$=$	4,408 383	sec
die Längeneinheit	$10^{12} \lambda$	$=$	1,321 600	mm

Warum diese Elementar-Einheiten der Masse (Energie), Länge (Raum) und Dauer (Zeit) etwa in unserem Gramm-Zentimeter-Sekunden-Maßsystem so krumme Zahlenwerte besitzen, ist gar keine physikalische, sondern nur eine historische Frage: warum die Menschen miteinander übereingekommen sind, den 1 000 000 000 sten Teil des Erdquadranten als Längen-Einheit «Zentimeter» (cm), die Menge von 1 Kubik-Zentimeter Wasser als Massen-Einheit «Gramm» (g), den 24·60·60 sten Teil einer Erdumdrehung als Zeit-Einheit «Sekunde» (sec) fiktiv festzulegen — und alles in diesem «cgs-System» auszudrücken.

Wichtige Probleme der Physik lösen sich oft ganz von selbst, wenn man sie nur in den kosmischen Elementareinheiten des Urmaßsystems ausdrückt: Massen in m; Längen in λ; Dauern in τ; Geschwindig-keiten in $c = \lambda/\tau$; Impulse in mc; Energien in mc^2; Wirkungen in $h = mc\lambda = mc^2\tau$ und Ladungen in e; also in Größen mit der natür-lichen 1-Wertigkeit. Diese Größen variieren nur unter den extremsten Bedingungen der ersten Anfangs- und letzten Endzustände. Diese Ur-Einheitsgrößen — m, λ, τ, c, h und e — sind universelle Naturkon-stanten des Kosmos.

Die Mannigfaltigkeit

Erst mit zunehmender Trennung von Makro- und Mikrokosmos wurden deren kennzeichnende Größen existent; mit jenen Werten, die bis heute das Geschehen im Großen wie im Kleinen bestimmen.

Wechselwirkungen zwischen zwei Teilchen können naturgemäß frü-hestens existieren ab dem Moment, da überhaupt mehr als 1 Teilchen existiert. Dies war aber erst mit der zweiten Elementardauer der Fall, mit welcher nun auch der Wechselwirkungsfaktor 2 erschien.

Raumelement-Summierungen können naturgemäß erst existieren, wenn mehrere Raumelemente existieren. Dies wurde erst mit mehreren Elementardauern zunehmend Wirklichkeit, womit der Kugelfaktor 3 erschien.

Präsenzräume können naturgemäß erst existieren, wenn überhaupt schon Raumtiefen existieren. Dies wurde ebenfalls erst mit mehreren Elementardauern zunehmend Wirklichkeit, womit der Strukturfaktor σ erschien.

Die Eigenpotentialenergie der Nukleonen wurde bald verschwindend klein gegenüber der Massenenergie: die sich mit der Massenenergie zu Null ergänzende Potentialenergie wurde damit bald nur noch durch das Wechselwirkungspotential der vielen Nukleonen miteinander bestimmt.

Im Ursprung selbst war $\sigma\varphi/4 = 1$; die Elektronmasse gleich der Proton-masse. Das eine und einzige Ursprungsteilchen war aber weder Proton noch Elektron, die je des Ladungspartners bedurft hätten: es war ein Neutron. Wann konnten Elektronen frühestens auftreten?

Auf den Ursprung extrapoliert, ist die Schwerkraft gleich der Ladungskraft. Im 1-Nukleonen-Kosmos des Ursprungs ist der Nukleo-nen-Grenzradius (aus der Energie-Null-Bedingung) gleich der Elemen-tarlänge λ. Zu jeder Zeit ist der Nukleonenradius ebenso wie der Elektronenradius gleich der Elementarlänge λ. Gleiche Kräfte, gleiche

Radien; Radien von Kugeln, denen noch kein Raum eigen ist! In dieser Welt des Elementaren gibt es keine in Bruchteilen auszudrückende Unterteilungen. Da gibt es nur Elementarvolumen, Elementarlänge, Elementardauer und Wirkungsquantum; alles ist Einheit in sich.

Diese hochinteressante Einheitlichkeit und Gleichheit der Kräfte und Radien ist allerdings mit einem wesenhaften Unterschied zwischen Nukleon und Elektron verbunden: Das alleinseiende Nukleon wird im Ursprung in seiner positiven Massenenergie $E = mc^2$ von seiner negativen Potentialenergie $P = m\Phi$ in sich schon existenzbegründend zur Gesamtenergie Null gemäß $E + P = 0$, ergänzt. Im Gegensatz zur Potentialenergie ist aber die elektrische Ladungsenergie — der Ladung des Protons wie des Elektrons — selbst eine positive Energie, die wesenhaft nicht zu einer Nullergänzung der Elektronenmasse fähig ist. Vielmehr ist die Elektronenmasse nur die Verkörperung eben dieser positiven Ladungsenergie; so wie sich jede Energie als äquivalente Masse verkörpert. In den ersten Elementardauern konnten deshalb noch keine Elektronen auftreten; nur Neutronen.

Erst in einem hinreichend großen Kosmos — etwa $Z = 1000$ und größer —, in welchem von vielen Nukleonen ein allgemeines Potential im Weltraum geschaffen worden ist, kann sich jede Massenenergie — ob groß oder klein — mit der ihrer Masse zugleich zukommenden Potentialenergie existenzbegründend zu Null ergänzen.

In einem größeren Kosmos ist damit kollektiv für jede beliebig große Masse die existentielle Energie-Null-Ergänzung gegeben; auch für kleinere Massen als die Elementarmasse m. Damit können neben die Nukleonen — etwa durch Zerfall der Neutronen in Protonen und Elektronen — auch Elektronen ins Dasein treten. Gegenüber der nur kollektiven Energie-Null-Ergänzung ergänzen sich die elektrischen Ladungen aller Teilchen auch schon individuell miteinander zu Null; jedes Elektron (^-e) mit einem Proton (^+e). Deshalb gibt es im Weltall gleichviele Elektronen wie Protonen; einschließlich der Neutronen, die schon in sich die Elektron-Proton-Ladungs-Nullergänzung darstellen.

Im kollektiven Potential eines größeren Kosmos können beliebige Massen existenzfähig werden; neben Neutronen, Protonen und Elektronen auch Neutrinos, Photonen, Mesonen und eben die ganze Schar der «Elementarteilchen» im weiteren Sinne. Eine hochdifferenzierte Welt mit einer großen Mannigfaltigkeit von Teilchen, Formen und Gestaltungen wird schließlich existent.

In der Anfangszeit sind notwendig Nukleonen entstanden. Charakteristische Prozesse gestalten heute den Kosmos. Notwendig vergehen die Nukleonen wieder bis zur Endzeit des Weltalls. Wie ist die Entstehung, Gestaltung und Vergehung des Weltalls?

Das Weltall hat drei Grundphasen; eine Entstehungsphase (I) als homogener Gas-Kosmos; eine Gestaltungsphase (II) als inhomogener Stern-Kosmos; eine Vergehungsphase (III) als entkoppelter Grenz-Kosmos. Der Uranfang und das Ende sind Unfaßbarkeit — und doch sind die kosmischen Größen auf den Ursprung des Weltalls hinorientiert; hinorientiert auf Unfaßbares. Ist das nicht unmöglich, sinnlos?

Was ist überhaupt möglich und was unmöglich, was sinnvoll und was sinnlos; in wessen Mächtigkeit möglich, in welchem Maßstab sinnvoll? Es ist eine der Besonderheiten dieser Welt — auch der Physik, aller Wissenschaft und aller Religion —, daß sie (wenn sie nicht in Flachheiten verbleiben wollen) ihre Orientierungen in ihnen selbst nicht mehr eigenen Extrapolationen finden müssen und finden können; Orientierungen, Hinordnungen, in denen sie gleichsam über sich hinauswachsen; in denen sie ihr Wesen, aber auch ihre Grenze erfahren; in denen sie lebendig, mächtig, aber zugleich auch fragwürdig, nichtig werden.

Das Weltall ist ein geheimnisvoller Strom. Nur in seiner Unbegreiflichkeit begreifen wir sein Wesen; wie in dem Lied der Ureinwohner Afrikas: «Niemand weiß, wo er herkommt und wo er hingeht, der Sambesi.» Wissen wir letztlich, wo das Weltall herkommt und wo es hingeht; wie sein Anfang und wie sein Ende?

Der Ursprung

Der Ursprung des Kosmos ist Unfaßbarkeit; ein Anfang, an dem gleichsam der Schöpfergeist selbst erst sein existenzgestaltendes Gedenken aufnimmt. Vor Einsatz der ersten Elementardauer, vor $Z = 0$: kein Raum und keine Zeit; auch kein leerer Raum und keine ereignislose Zeit, die erfüllt werden könnten oder müßten, um «Welt» zu bilden. Erst recht keine Materie, keine Masse: Nichts, gar nichts; undenkbares Nichts, wo auch das Nichtdenken schon zuviel ist.

Der Uranfang des Kosmos ist in der Tat ein Ur-«Sprung», wie man ihn von alters her in zutiefst richtigem Empfinden bezeichnet.

Im Ursprung — im Sprung vom Nichts in das Sein — wird spontan 1 Nukleon existent. «Eins»; ein großes Wort von einer kleinen Zahl! Der Ursprung ist die Zeitspanne $Z = 0$ bis $Z = 1$; die Zeit der ersten Elementardauer $T = 1 \cdot \tau$. Im Ursprung hat der Weltraum die Tiefe $R = 1 \cdot \lambda$; den Raum der ersten Elementarlänge mit 1 Elementarvolumen Inhalt. Am Ende der ersten Elementardauer, mit der ein Neutron mit vollem Wirkungsquantum h zur Existenz gekommen ist, ist damit die Wirkungsdichtezahl η in sich gleich 1; also $\eta = \eta_1 = 1$ bei $Z = 1$. Die Effektivwerte sind identisch den Parameterwerten.

Beschränkt auf das Elementarvolumen, hat der Kugelfaktor (sonst 3) den Wert 1; damit die Existenzvariable Y (sonst $3Z\eta$) bei $Z = 1$ und $\eta = 1$ den Wert $Y_1 = 1$. Die Potentialgleichung $-\Phi = (M/RY) \cdot hc/m^2$ ergibt bei $Y = 1$ mit $M = m$ und $R = \lambda$ den Wert $-\Phi_1 = hc/m\lambda = c^2$.

In diesem Ursprungskosmos mit $T = \tau$, $R = \lambda$ bei $Z = 1$ besitzt daher diese 1-Nukleonen-Welt ($N = 1$) in sich schon eine negative Potentialenergie $-P_1 = ch/\lambda$, die gemäß $\lambda = h/mc$ gleich ihrer positiven Massenenergie $E = mc^2$ ist. Erstaunlich und selbstverständlich zugleich: Die Gesamtenergie dieses 1-Nukleonen-Kosmos ist schon in sich Null; Existenz an der Grenze zwischen Nichts und Sein.

Beschränkt auf das einzige Nukleon hat der Wechselwirkungsfaktor (sonst 2) den Wert 1; bei $Y = 1$ hat damit der Gravitationsfaktor G (sonst $G = (2/Y) \cdot hc/m^2$) den Wert $G_1 = hc/m^2$. Die Kraft K_1 des Nukleons im Eigenfeld wird somit $G_1 \cdot m^2/\lambda^2$; also $K_1 = hc/\lambda^2$. Längs λ ergibt sich damit eben die Potentialenergie P_1 als: $P_1 = K_1 \cdot \lambda = hc/\lambda$.

Alles in diesem Ursprungskosmos ist 1: Seine Kraft P_1/λ würde 1-mal seine Masse m in 1-mal der Elementardauer τ längs 1-mal der Elementarlänge λ beschleunigen, was 1-mal Invarianzgeschwindigkeit c bedeutet; seine Energie, als 1-mal Kraft mal 1-mal Weg, bedeutet in 1-mal der Elementardauer τ auch 1-mal das Wirkungsquantum h: Alles «1»; kein Bruchteil und kein Mehrfach. Es existieren noch keine Zahlen — und wer sollte auch zählen? Das Sein selbst hat ein selbstmächtiges «1» ausgerufen.

Zugleich weist diese wundervolle Ein-fachheit in der ursprünglichen Einheitlichkeit und im fortdauernden Einklang von Nukleon und Kosmos gebieterisch auf diese Art der Entstehung des Kosmos hin.

Ein Nukleon hat den Kosmos grundgelegt; wohl auch, ob er als Materie oder Antimaterie existent sein würde (was wir eben heute als «Anti...» bezeichnen; sonst umgekehrt). Der Ursprung, auf den hin alles kosmische Sein orientiert ist, hat selbst noch keine Zeit als Nacheinander und keinen Raum als Nebeneinander. Kraft, Weg, Energie, Masse, Feld, Bewegung: alles nur Gleichnisse; ungeheuer mächtige Gleichnisse, die das Weltall tragen; Einheitsgleichnisse!

Zugleich ergibt sich die Schwerkraft $K_2 = 2hc/\lambda^2$ in der Wechselwirkung zweier Nukleonen im Abstand λ voneinander. Diese Kraft K_2 längs des Weges λ ergibt gemäß $K_2 \cdot \lambda = 2hc/\lambda = 2mc^2$ gerade die Massenenergie mc^2 dieser beiden Nukleonen. Und schon folgt dem «1» das «2» ins Dasein.

Zeitzahl $Z = 2$: Schon sind 4 Nukleonen mit 8 Wirkungsquanten in 8 Elementarvolumina existent. Erste Andeutungen von Raum und Zeit erscheinen; erste Wechselwirkungen treten auf.

Zeitzahl $Z = 3$ bis $Z = 10$: Immer mehr Nukleonen treten ins Dasein. Immer mehr gestaltet sich Raum und Zeit. Die Wirkungsdichtezahl η ist 1 und bleibt lange Zeiten (bis Z_i) gleich 1. Die effektive Wirkungsdichtezahl η_{eff} nähert sich rasch dem Wert $1/6$; der Kugelfaktor dem Wert 3. Damit nähert sich die Existenzvariable Y rasch dem laufenden Wert $\frac{1}{2}Z$; der Gravitationsfaktor G dem laufenden Wert $(4/Z) \cdot hc/m^2$. Schon mit $Z = 10^{10}$ ist ein homogener Kosmos mit streng diesen konstanten bzw laufenden Werten gegeben.

Zeitzahl $Z = 10^{10}$ bis $Z = 10^{30}$: Raum und Zeit existieren; es sind die festen Größen Wirkungsdichtezahl $\eta = 1$ und Kugelfaktor $= 3$ gegeben. Mit unvorstellbarer Schnelligkeit — billionenfach schneller als die Detonationsreaktion der Wasserstoffbombe — entstehen gemäß Z^2 Nukleonen und gemäß Z^3 Elementarvolumina. Materie entsteht «aus dem Nichts» (Jordan, Eddington).

Die Entstehung der Materie

Jedes neue Nukleon tritt mit voller Wirkungsquantenzahl Z ins Dasein, wie das Urnukleon selbst; ununterscheidbar. Jedes Nukleon ist auf den Ursprung hinorientiert. Diese eigenartige Entstehung war dadurch möglich, daß in dieser Entstehungsphase von einer den Gesamtraum des Kosmos umfassenden Homogenität ($\eta = 1$) ein kollektives Nukleonfeld mit wesenhafter Nichtindividualisierbarkeit im Rahmen einer den ganzen Weltraum umfassenden Unbestimmtheit gegeben war; vergleichbar dem entarteten Fermigas, das freilich heute — im inzwischen inhomogen gewordenen Kosmos — nur noch unter speziellen Bedingungen auftreten kann. Jedenfalls wird die prinzipielle

Möglichkeit und sogar Wahrscheinlichkeit derartiger Vorgänge sogar noch in unserem heutigen, inhomogenen Kosmos durch mannigfaltige quantenphysikalische Effekte aufgezeigt; Effekte, die alles aktuelle Geschehen entscheidend bestimmen. Offenbar stellen diese heute noch gegebenen und geschehenbestimmenden Vorgänge aber nur noch Relikte aus jener Epoche dar, in welcher mit einer Wirkungsdichtezahl η immer konstant gleich 1 und prinzipieller Homogenität mit überall in jedem Elementarvolumen genau 1 Wirkungsquantum h über den gesamten Weltraum, noch eine diesen Vorgängen wesenhaft zugehörige, ganzheitliche Weltstruktur gegeben war. Die Nukleonen-Entstehung war wesenhaft mit derartiger kosmischer Homogenität und 1-Haftigkeit der Wirkungsdichte ($\eta = 1$) verknüpft, so daß diese Nukleonen-Entstehungsmöglichkeit mit der späteren Inhomogenisierung zwangsläufig endete. In der Tat ist auch nirgends ein Effekt beobachtbar, der eine heute noch gegebene Nukleonenentstehung nachweisen würde.

Heute scheinen prinzipiell nur noch «Paarerzeugungen» — Teilchen zusammen mit Antiteilchen, und auch das nur in Hochenergieprozessen — geschehen zu können, bei denen nicht einer neuen Welle über den Weltraum Existenz verschafft werden muß, sondern sich nur zwei einander zu Null ergänzende Wellen quasi-kontinuierlich voneinander zu trennen brauchen. Diese Paarerzeugung ist auch insofern keine echte Materievermehrung, als das Antiteilchen bei erster Begegnung mit einem der vielen Teilchen unserer Umwelt sofort wieder zerstrahlt, so daß heute im Endeffekt mit Erzeugung eines Teilchens ein anderes vernichtet wird. Die Paarerzeugung ist somit nur eine besondere Form von Energieumsetzungen mit dem Teilchenpaar als kurzdauernder Zwischenphase.

Eine andere Frage ist, ob vielleicht auch in der Entstehungsphase des Kosmos nur Teilchen und Antiteilchen als Paare miteinander entstanden und heute in Galaxien und Antigalaxien voneinander geschieden seien. Eine derartige Annahme ist jedoch mit den Tatsachen nicht gut vereinbar: Ohne gegenseitige Schwereabstoßung hätte keine großräumige Trennung erfolgen können — und mit solcher Schwereabstoßung wären die galaktischen Potentialenergien um viele Größenordnungen zu klein, um die existentielle Energie-Null-Bedingung erfüllen zu können. Es sind nur Nukleonen (oder sehr viel mehr als Antinukleonen) entstanden. Vermutlich sind in der Entstehungsphase keine Antinukleonen entstanden; andernfalls müßten aus den Räumen der früheren Epochen Strahlungen einfallen, die in der Zerstrahlung dieser Antinukleonen mit Nukleonen erzeugt worden wären.

Ein hier und jetzt erzeugtes Nukleon-Antinukleon-Paar besitzt wohl überhaupt keine Raum-Zeit-Erschließung. Die Anti-Raum-Zeit-Erschließung des Antinukleons kompensiert gleichsam die Raum-Zeit-Erschließung eines Nukleons. Der gleiche Umstand, der jetzt und hier nur noch Paare entstehen läßt, brachte in der homogenen Entstehungsphase nur Nukleonen der einen Art hervor. Sein ist Unsymmetrie: Unsymmetrie im Raum als Versinken in einer Richtung; Unsymmetrie in der Zeit als Alterung in einer Richtung; Unsymmetrie in der Materie als nur Nukleonen. Das Werden von Raum und Zeit ist wesenhaft zusammengehörig mit dem Werden von nur einer Nukleonenart in der homogenen Entstehungsphase.

Mit immer vollen Z Wirkungsquanten (Z entsprechend dem jeweiligen Weltalter bzw Weltradius) tritt im homogenen Entstehungskosmos ein neues Nukleon ins Dasein; jedes Nukleon mit jedem vertauschbar; prinzipiell keines vom anderen unterscheidbar. Auch diese Eigenart ragt relikthaft bis in unseren heutigen Kosmos herein. Diese prinzipielle Vertauschbarkeit der Nukleonen hängt hierbei unmittelbar mit der existentiellen Relationalität des Raumes zusammen. Für jedes Nukleon, für jeden Bezug ist ein anderes Nukleon das fernste und damit — seit dem Ursprung bei $T = 1\tau$ — am wenigsten gealterte Nukleon.

Neutronenentstehung und Wasserstoffplasma

Die Nukleonen-Entstehung ist nicht so vorstellbar, daß «man» bei Betrachtung einer bestimmten Stelle des Raumes plötzlich daselbst ein Nukleon vorfindet, das vorher weder an dieser Stelle vorhanden war noch von Nachbargebieten eingewandert ist. Bei einem derart spontan ins Dasein tretenden, individualisierbaren und lokalisierbaren Nukleon wäre es auch unbegreiflich, wieso diesem schon ein bis an den Rand und Ursprung des Kosmos sich erstreckendes Feld mit allen Z Wirkungsquanten zukommen könnte.

Vielmehr kommt dem ideal homogenen Raum des Entstehungskosmos pro Elementarvolumen genau immer ein Wirkungsquantum, dh $1\,h$ zu; in einer existentiellen Identität von Raum und Wirkung gemäß $\eta \equiv 1$. Erhöht sich mit der Expansion die Anzahl der Elementarvolumina, erhöht sich zwangsläufig auch die Zahl der Wirkungsquanten. Diesen zunehmenden Wirkungsquanten ist kollektiv eine zunehmende Zahl von Nukleonen zugehörig; aber nicht individuell und nicht lokal den «einzelnen» Wirkungsquanten zuschreibbar. Das «einzelne» Nukleon ist in der vollkommenen Homogenität überhaupt nicht individualisierbar, nicht lokalisierbar, nicht als «es» beobachtbar und nicht in seinen Raum- und Zeitgrößen bestimmbar.

Mit der statistisch gleichmäßig im Raum verteilten Entstehung von nicht lokalisierbaren Nukleonen ist der Energie-Erhaltungssatz nicht verletzt: Für jede Stelle ist in jedem Moment die Gesamtenergie des Weltalls gleich Null. In einem inhomogenen Kosmos würde dagegen durch lokale Massenentstehung der Energie-Erhaltungssatz verletzt werden, weil das Gravitationsfeld die einzelnen Stellen nur mit der endlichen Invarianzgeschwindigkeit erreicht.

Die Nukleonen entstehen in der homogenen Entstehungsphase I in ihrer undifferenzierten, elektrisch-neutralen Einheit: als Neutron. Sie entstehen als je eine Masseneinheit, die einer über den ganzen Weltraum erstreckten Welle mit Z Wirkungsquanten zugehört. Sie treten damit absolut stehend — dh konzentrisch ruhend — ins Dasein.

Dieser Umstand hat eine ganz besondere Bedeutung: Die Materiewelle, die raum-zeitlich in Z Wirkungsquanten mit λ und τ strukturiert ist, hat rein räumlich (auf den selben Moment bezogen) für das ruhende Teilchen eine unbegrenzt große Materie-Wellenlänge: $\Lambda = h/mv$ ergibt mit $v = 0$ den Wert ∞. Das Entstehungs-Neutron ist somit nicht lokalisiert; die Ortsunbestimmtheit ist unbegrenzt. Das Entstehungs-Neutron ist überall im Kosmos potentiell gegenwärtig.

Bei $Z = 10^{24}$ ist das Weltall rund 4,41 Sekunden alt und 1,32 million Kilometer tief ($132 \cdot 10^9$ cm ; wie der Sonnendurchmesser) mit einer Masse von 1,67 trillion Tonnen ($1,67 \cdot 10^{24}$ g ; wie alles Meerwasser) bei einer Dichte von 160 billionstel des Wassers ($160 \cdot 10^{-12}$ g/cm^3 ; wie technisches Hochvakuum): eine absolut kalte, dünne Neutronenwolke. Zwischen $Z = 10^{26}$ bis $Z = 10^{27}$ überschreitet das Weltalter die Zerfallszeit (932 Sekunden mittlere Lebensdauer) des Neutrons, so daß das kalte Neutronengas schon in der ersten Stunde des Weltalls in heißes Proton-Elektron-Plasma, dh in Wasserstoff-Plasma übergegangen ist.

Mit einer Zerfallszeit von 932 Sekunden zerfällt ein Entstehungs-Neutron in ein Proton, ein Elektron und ein Neutrino. Die Zerfalls-energie von 0,78 MeV, dh von $1,25 \cdot 10^{-6}$ erg verbleibt im Durchschnitt zu $2/3$ dem Neutrino, zu $1/3$ dem Elektron und zu weniger als 1‰ dem Proton als Bewegungsenergie. Das Elektron bewegt sich damit fast mit Lichtgeschwindigkeit, das Proton mit allen möglichen Geschwindigkeiten, je nach der Energie und Abstoßrichtung von Neutrino und Elektron; durchschnittlich mit 10^7 cm/sec. Auf diese Weise ergibt sich ein Wasserstoff-Plasma mit einer Elektronengas-Temperatur von knapp

1 milliarde $°K$ und einer Protonengas-Temperatur von ca 500 000 $°K$; ohne «Energie-Gleichverteilung».

In der ganzen homogenen Phase — zwischen 1 Stunde bis 1 milliarde Jahre nach dem Ursprung — ist die Stoßzeit proportional dem jeweiligen Weltalter. Bei der geringen Dichte und Geschwindigkeit der Protonen kann keine Vereinigung zu einem Deuterium oder zu noch schwereren Atomkernen erfolgen: es bleibt ein absolut reines Proton-Elektron-Plasma. Jedes Proton wird nur etwa alle Weltalter einmal von einem Elektron mechanisch angestoßen. Die elektrostatischen Wechselwirkungen übertragen zwar mehr Energie der hochtemperierten Elektronen auf die Protonen; aber auch nur so wenig, daß sich bei weitem kein Energie-Gleichgewicht einstellen kann. Bei den wenigen Brems-Photonen war der Homogenkosmos der Entstehungsphase völlig dunkel.

Einerseits erhöhen die wechselwirkenden Elektronen die Protonengeschwindigkeit; andererseits fällt diese gegen die Raumexpansion proportional mit dem Weltalter ab. Beide Effekte sind jedoch nicht beherrschend: beide werden bei weitem überboten durch die Neutronen-Neuentstehung, mit welcher bei jeder Verdoppelung des Weltalters die 3 fache Zahl neuer Protonen mit wieder der ursprünglichen Geschwindigkeit aus dem Neutron-Zerfall neu hinzukommt.

Somit hat das Wasserstoff-Plasma in der gesamten Homogenphase immer gleiche Protonen-Temperatur mit einer mittleren Protonen-Geschwindigkeit v_p von rund $1/3000$ der Invarianzgeschwindigkeit c; also $v_p = c/3000$.

Die Homogenität **

Homogenität bedeutet gleichmäßige Verteilung der Materie im Weltraum. Eine Nukleonenentstehung, ohne den Energiesatz in Bezug auf jede beliebige Stelle zu verletzen, setzt extrem hohe Homogenität voraus. In der anfänglichen Entstehungsphase war die Homogenität stabil:

Infolge der Geschwindigkeit v_p (rund $c/3000$) der Protonen würden sich statistisch Gebiete mit mehr bzw weniger Protonen ausbilden, als dem homogenen Mittelwert entspricht. Infolge der weit ausgedehnten Auftrittswahrscheinlichkeit der absolut ruhenden Entstehungs-Neutronen, konnten diese die Verdünnungsgebiete laufend gleichmäßig auf die Werte der Verdichtungsgebiete auffüllen. Dieser stabilisierende Ausgleich zur vollkommenen Homogenität ist allerdings nur solange möglich, als die Zahl der Neutronen dafür groß genug ist.

Die Zahl der Protonen ist praktisch gleich der Gesamtzahl N der Nukleonen; $N = Z^2$. Die Zahl der Neutronen N_n ist als jeweils noch nicht zerfallene Entstehungs-Neutronen gleich $2Z$ mal der mittleren Neutron-Lebensdauer τ_n (rund 932 Sekunden) pro Elementardauer τ; also $N_n = 2Z \cdot \tau_n/\tau$ (wobei $\tau_n/\tau = 212 \cdot 10^{24}$). Maßgeblich als Gebietsgröße ist jene Kugel, deren Radius r_n innerhalb der Lebensdauer τ_n der Neutronen von den Protonen mit v_p durchlaufen wird; $r_n = \tau_n \cdot v_p$. Der Weltraum mit seiner Tiefe $R = Z \cdot \tau \cdot c$ hat A_n solcher Gebiete;

$$A_n = (R/r_n)^3 = [Z(c/v_p)(\tau/\tau_n)]^3$$

Das sind $3 \cdot 10^{-69} \cdot Z^3$ Gebiete; mit $Z = 0,7 \cdot 10^{40}$ rund: $A_n = 10^{51}$.

Die Protonenzahl in einem solchen Gebiet ist somit Z^2/A_n. Die statistisch wahrscheinlichste Schwankung S dieser Protonenzahl in einem solchen Gebiet ist die Wurzel daraus: $S = Z/A_n^{1/2}$. Die momentane tatsächliche Schwankung eines Gebietes sei $\sigma \cdot S$; für Protonenmangel ist $\sigma < 0$; für Protonenüberschuß ist $\sigma > 0$.

Um diese Schwankungen zur vollkommenen Homogenität auszugleichen, müssen von den N_n Entstehungs-Neutronen laufend alle A_n Gebiete bis auf den maximal vorkommenden Schwankungswert aufgefüllt werden; dh bis auf den höchst-vorkommenden σS-Wert. Um alle A_n Gebiete (gemittelte Schwankung gleich Null) auf einen Schwankungswert σS aufzufüllen, ist die Nukleonenzahl N_a erforderlich:

$$N_a = A_n \cdot \sigma S = A_n \cdot \sigma Z/A_n^{1/2} = \sigma Z \cdot A_n^{1/2} = \sigma Z[Z(c/v_p)(\tau/\tau_n)]^{3/2}$$

Mit $N_a = N_n$ ergibt sich eine Beziehung zwischen σ und jener Zeitzahl Z, bei welcher N_n alle Gebiete bis auf σS auffüllt:

Weil $N_n = 2Z(\tau_n/\tau)$ gilt: $\sigma Z[Z(c/v_p)(\tau/\tau_n)]^{3/2} = 2Z(\tau_n/\tau)$

Nach Z aufgelöst (konkret $\tau_n/\tau = 212 \cdot 10^{24}$ und $v_p/c = 1/3000$) ergibt:

$$Z = (v_p/c)(\tau_n/\tau)^{5/3} \cdot (2/\sigma)^{2/3} = 4,0 \cdot 10^{40} \cdot \sigma^{-2/3}$$

Tritt in einem Gebiet zur Zeit Z ein statistischer Protonen-Überschuß mit mehr als diesem σ-Wert auf, so taucht die Überschuß-Spitze über den homogenisierenden Neutronenspiegel auf: die Inhomogenisierung beginnt. Ein solcher Überschuß bleibt im Mittel nur für die Dauer τ_n erhalten, so daß die aufgetauchte Spitze bald wieder versinkt. Die Wahrscheinlichkeit, daß innerhalb einer Dauer t in einem Gebiet ein Überschuß von mehr als $\sigma \cdot S$ auftritt, ist angenähert durch $(t/\tau_n) \cdot exp - \sigma^2$ gegeben. Demnach ist in der ganzen Zeit bis $Z = 7,5 \cdot 10^{39}$ kein einziges der A_n Gebiete (10^{51}) aufgetaucht. Bis $Z = 8,0 \cdot 10^{39}$ sind mehr als 10^9, bis $Z = 8{,}5 \cdot 10^{39}$ schon mehr als 10^{18} Gebiete aufgetaucht und wieder versunken. Damit ergibt sich die

Inhomogenisierung: Z_i knapp 10^{40} ; T_i rund 1 Jahrmilliarde .

Gleichsam: Die Protonen bilden einen Erdkörper mit hügeliger Oberfläche. Erdverschiebungen verändern die oberflächlichen Erhebungen fortwährend. Diese veränderliche Berglandschaft ist von der Sintflut der Neutronen bedeckt; anfänglich bis über die höchsten Bergspitzen, so daß alle Erhebungen vollkommen ausgeglichen wurden. Fortwährend verwandelt sich diese Flut in Erdsubstanz, wobei fortwährend die Flut durch Regenfälle erneuert wird. Weil aber die Regenfälle langsam nachlassen, tauchen ab einer bestimmten Zeit die ersten Bergspitzen über der absolut ebenen Flut auf: erstmals treten Höhenunterschiede in Erscheinung, womit eine neue Phase beginnt:

Die Entstehungssteuerung **

Bald nach Auftauchen der ersten Spitzen wird der Homogenisierungs-Effekt der Neutronen-Entstehung überholt von einem Steuer-Effekt, mit welchem sich die Dichte- und Potential-Unterschiede selbsterregt weiter vergrößern: Die einzelnen Gebiete sind zwar zu klein und tauchen zu wenig und zu kurz auf, um für sich schon eine wirksame Potential-vertiefung zu ergeben. Weil aber — aufgrund der großräumigen, statistischen Schwankung der Protonen-Zahl — in manchen Großgebieten mehr von den 10^{51} Kleingebieten auftauchen, ergeben sich bald summarisch großräumige Potentialunterschiede. Diese verändern die Materiewellenlänge der Entstehungs-Neutronen — und verlagern dadurch deren Auftritt von den Verdünnungs- in die Verdichtungsbereiche.

Die Protonen haben bei ihrer Geschwindigkeit von 10^7 *cm/sec* eine Materiewellenlänge von $4 \cdot 10^{-10}$ *cm* . Bei dieser mikrophysikalisch-scharfen Lokalisierung bestimmen sich die Protonengeschehnisse nach den klassischen Gesetzen extrem dünner Gase: klassische Protonenbewegungen streben größere Dichteschwankungen auszugleichen; bis herab zu den kleinen, ständig wechselnden Dichteschwankungen des statistisch wahrscheinlichsten Zustandes.

Die Neutronen entstehen jedoch absolut ruhend; dh mit der Geschwindigkeit Null gegenüber dem Weltraum im Ganzen. In einem vollkommen homogenen Weltraum ist damit ihre Wellenlänge unbegrenzt groß, so daß ein Entstehungsneutron im ganzen Weltraum gleicherweise potentiell gegenwärtig ist.

Sind jedoch im Weltraum Potentialschwankungen vorhanden, so bedeutet dieser Ruhestand gegenüber dem Potentialmittelwert, eine positive Energie (reelle Geschwindigkeit) in den Verdichtungsbereichen mit tieferem Potential; aber eine negative Energie (imaginäre Geschwindigkeit) in Verdünnungsbereichen mit erhöhtem Potential. Klassisch würde damit ein Neutron in Verdünnungsbereichen überhaupt nicht entstehen können. Quantenphysikalisch ergibt sich damit eine exponentiell vom Rand gegen die Mitte des Verdünnungsbereiches abnehmende Auftrittswahrscheinlichkeit. Diese ist zwar nicht Null, nimmt aber so stark ab, daß schon bei extremst kleinen Dichteschwankungen (viele Zehnerpotenzen unter den statistischen) im Inneren von Verdünnungsgebieten keine Neutronen mehr entstehen können.

Je größer das Gebiet, um so eher werden die Bedingungen für diese Steuerung erreicht. Ist zB in einem Gebiet des Radius $(v_p/c) \cdot R$ innerhalb dessen halbem Radius ein summarischer Überschuß von nur $2 \cdot c/v_p$ ($= 6000$) Nukleonen aufgetreten (nur 10^{-72} relative Potentialschwankung), so ist im inneren Verdichtungsbereich die Materiewellenlänge bereits kleiner als der halbe Radius; im äußeren Verdünnungsbereich schon imaginär, womit dort die Neutronen-Entstehung nachläßt. Dieser unglaublich klein erscheinende Überschuß ($6000 \cdot m$) wird aber immerhin erst bei $Z = 8,3 \cdot 10^{39}$ erreicht.

Damit entfällt in den Verdünnungsgebieten weiterhin nicht nur die Homogenisierungswirkung der Neutronenentstehung, sondern die Neutronenentstehung selbst. Damit vergrößern sich nun mit der Expansion selbständig die Dichteunterschiede immer weiter: während in den Gebieten mit fortlaufender Neutronenentstehung die Dichte zunimmt oder nur wenig mit dem Weltalter abfällt, fällt sie nun in den Verdünnungsgebieten kubisch ($1/Z^3$) mit dem Weltalter ab.

Mit immer weiterer Ausdehnung der Verdünnungsgebiete geht überhaupt die Neutronenentstehung zurück; als Grund, warum mit der eigentlichen Inhomogenisierung und Massenballung die Nukleonenentstehung schließlich ganz endete.

Gleichsam: In manchen Großgebieten tauchen statistisch mehr Spitzen der Protonen-Landschaft über die Neutronen-Flut. Damit treten Unterschiede in der mittleren Erhebung der verschiedenen Großgebiete auf. Dies bewirkt, daß in den Großgebieten mit relativ verringerter mittlerer Erhebung die Niederschläge nachlassen, so daß sich die relativen Höhenunterschiede immer weiter vergrößern. Schließlich entsteht eine bergige Landschaft, in der die Niederschläge enden und die Flut verschwindet.

Sobald sich die statistischen Protonengas-Dichteschwankungen der Homogenisierung zu entwinden beginnen, entstehen im Weltraum schwache Potentialunterschiede. Diese sind abhängig von der Gebietsgröße.

Weil die statistische Potential-Schwankung gleich der Wurzel aus der Teilchenzahl pro Gebietsradius ist, können sich in kleinen Gebieten keine ausreichend großen Potentialunterschiede ausbilden. In großen Gebieten reicht dagegen die Zeit nicht aus, als daß sich aus der vollständigen Homogenität ausreichend große Potentialunterschiede herausheben könnten.

Weil die in den Verdichtungsgebieten noch anhaltende Neutronenentstehung eine Vervierfachung der Protonenzahl pro Verdoppelung des Weltalters bedeutet, liegen auch die entscheidenden Zeiten in der Größe des Weltalters T. Weil die statistischen Dichteschwankungen durch die Protonen-Bewegung zustande kommen, ist ferner die Protonen-Geschwindigkeit v_p (rund 10^7 *cm/sec* $= c/3000$) entscheidend. Die maßgebliche Gebietsgröße ergibt sich damit als Kugel, deren Radius innerhalb des Weltalters T von den Protonen mit v_p durchlaufen wird. Dies ist aber gleich dem Weltradius R mal v_p/c; konkret $T \cdot v_p = R/3000$.

In wesentlich kleineren Gebieten als $R/3000$ werden somit die ohnehin kleinen Potentialunterschiede zu schnell wieder von den vergleichsweise zu raschen Protonen ausgeglichen, als daß fortschreitende Dichte-Verschiebungen auftreten könnten: zu kleine Verdünnungsgebiete werden vom Protonenwind zu schnell zugeweht. In wesentlich größeren Gebieten als $R/3000$, die zwar von den Protonen nicht mehr ausgeglichen werden könnten, entstehen dagegen Potential-Unterschiede schon gar nicht: die Weltzeit reicht eben nicht aus, als daß die vergleichsweise zu langsamen Protonen bis in Nachbargebiete laufen könnten, um so großräumige Dichte-Schwankungen zu verursachen. Ein statistisches Gleichgewicht bildet sich gar nicht.

Daraus folgt, daß es in Teilgebieten mit einem Radius von rund $R/3000$ am ehesten zu einer fortschreitenden Vertiefung der Dichteschwankungen durch die einsetzende Entstehungssteuerung kommt. Damit zerfällt die Weltmasse bei der Inhomogenisierung in Teilgebiete von zumeist dieser Größe; dh in insgesamt $3000^3 = 27 \cdot 10^9$ Teilgebiete. Die Protonengeschwindigkeit ergibt damit knapp hundert milliarden Teilgebiete. Tatsächlich ist aber die Anzahl der Galaxien des Weltalls erstaunlich genau von dieser Größe.

Die aus dem Neutronenzerfall gegebene Protonengeschwindigkeit v_p legt also die Anzahl A der Galaxien im Weltall fest; zugleich auch die durchschnittliche Nukleonenzahl einer Galaxie als Anteil $1/A$ an der Weltmasse.

Galaxienzahl im Weltall $A = (c/v_p)^3$; das ist $27 \cdot 10^9$

Der Rückgang der Neutronen-Entstehung setzt in verschiedenen Teilen des Weltraumes mit statistischen Unterschieden ein. Das Wasserstoff-Plasma ballt sich daher aus unterschiedlich großen Gebieten zusammen. Damit entwickeln sich die Galaxien unterschiedlich schnell und groß — und die Galaxien treten sowohl einzeln wie in unterschiedlich großen Gruppen auf. Aus mikrokosmischen Unbestimmtheiten erwachsen die makrokosmischen Gestaltungen.

Die Inhomogenisierung ∗

Der Beginn der statistischen Dichteschwankungen legt die Inhomogenisierungs-Zeitzahl Z_i zu knapp 10^{40} fest; die Inhomogenisierungszeit T_i zu rund 1 Jahrmilliarde nach dem Ursprung. Dies ist der effektive Zeitpunkt der Inhomogenisierung; so als wäre die Nukleonenentstehung bis dahin quadratisch mit der Zeit gelaufen, um dann plötzlich zu enden.

Setzt man $7 \cdot 10^{39}$ als Richtwert für Z_i an, so hatten sich in rund $4 \cdot 10^{119}$ Elementarvolumina $5 \cdot 10^{79}$ Nukleonen gebildet; als reines homogenes Gas mit 15 Wasserstoff-Atomkernen im Liter Weltraum. Nur dieses quadratische Entstehungsgeschehen gemäß $N = Z^2$ bringt die tatsächliche Weltmasse hervor; damals rund $4 \cdot 10^{22}$ Sonnenmassen. Mit der Inhomogenisierung bei Z_i war der Übergang in die Gestaltungsphase II des Kosmos vollzogen.

Mit der Inhomogenisierung endete die Nukleonenentstehung. Schon ab 2 milliarden Jahren nach dem Ursprung entstand keine Materie mehr; bis zum Weltende entsteht nun keine Materie mehr, sondern vergeht fortschreitend. Der Übergang von der ununterscheidbaren Homogenität in die Gestaltung ist bereits vom Tod gezeichnet; der Übergang zur Individualisierung ist auch schon der Weg zum Untergang.

Die Entstehungssteuerung endete naturgemäß mit der Neutronen-entstehung, welche bis rund $Z = 10^{40}$ abgeklungen war. Bis dahin waren aber die Dichteerhöhungen in den knapp hundertmilliarden Teilgebieten $(R/3000)$ des Weltraumes so weit angestiegen, daß sie sich nun mit der Gravitation weiter steigern konnten.

Bei einer Größe von $R/3000$ und einer Protonentemperatur von
500 000 °K erfüllt die Protonenzahl $10^{80}/(3000)^3$ eines Gebietes gerade
die kritische Bedingung (Ebert) für den «instabilen Zusammenfall von
Gaswolken». Die fortschreitende Verdichtung erfolgt unter den gegebenen Bedingungen jedoch schon bei vergleichsweise kleinen Dichteerhöhungen im Inneren dieser Gebiete gegenüber den Zwischenräumen:

Die Gebietsgröße ergibt sich ja gerade so, daß die Protonengeschwindigkeit ($c/3000$) nicht mehr ausreicht, um innerhalb des Weltalters wirksam zu werden; weder aufbauend noch ausgleichend. Die langsameren
Protonen bleiben daher im Gebiet zurück. Nur die schnelleren Protonen
können abwandern. Dabei verlieren sie aber gegen die Expansion des
Weltraumes so sehr an Geschwindigkeit, daß sie — bei der eben so eingestellten Gebietsgröße — im Nachbargebiet fast ohne Geschwindigkeit
einlaufen. Weil zudem ebensoviele langsame Protonen von Nachbargebieten einlaufen als schnelle Protonen dorthin auslaufen, tritt auch
kein Massenverlust auf, welcher die «Auflösung» fortschreiten lassen
könnte. Dazu kommt, daß die abwandernden Protonen nach außen gerichtete Geschwindigkeitskomponenten besitzen; die zuwandernden nach
innen gerichtete. Dabei sind die Abstände anfangs noch so groß, daß die
Stoßhäufigkeit geringer als das ganze Weltalter ist, so daß kaum thermische Gegenkräfte auftreten. Schließlich sind auch keine Drehmomente
vorhanden, welche dem Zusammenfall entgegenwirken.

Deshalb schreitet die Verdichtung des Plasmas innerhalb der Gebiete
auch dann fort, wenn die Neutronenentstehung schon bei sehr geringen
Dichteunterschieden endet. Die einzige Gegenwirkung kommt von den
schnelleren Elektronen, die weiter im Raum auslaufen und die Protonen
elektrostatisch auseinanderziehen. Beginnt der Zusammenfall mit geringen Dichteunterschieden, so erfordert dieser bis $3 \cdot 10^9$ Jahre. Mit
maximalem Sternalter von $12 \cdot 10^9$ Jahren ergäbe dies ein, auch sonst gut
passendes Weltalter gegen $17 \cdot 10^9$ Jahre. Vermutlich wird die Hubble-
Konstante mit $(14 \cdot 10^9 \, a)^{-1}$ immer noch etwas zu groß gemessen.

Zwischen dem Homogenkosmos, der in Gebiete von 400 000 Lichtjahren Radius zerfallen war, und den eigentlichen Wasserstoffballungen,
in welchen die Gravitationsenergie vorherrschte und sich in häufigen
Stößen ein thermisches Gleichgewicht zwischen Elektronen, Protonen
und Photonen einstellte, lag eine Zwischenphase. Diese währte etwa
1 Jahrmilliarde, mit noch dunklem Kosmos: In dieser Phase erfolgte
die unsichtbar-langwellige Verstrahlung der Elektronenenergie. Mit Zu-
sammenziehung des Plasmas begann diese im Zentrum und verschob
sich dann immer weiter zum Wolkenrand.

Diese Verstrahlung wurde durch den Abstand s_p der Protonen voneinander und durch die Geschwindigkeit v_e der Elektronen bestimmt.

Die schnellen Elektronen (v_e anfangs fast c) bewegten sich zwischen den langsamen Protonen (v_p rund $c/3000$) wie in einem Raumgitter mit ruhenden positiven Ladungsträgern. Die elektrischen Kräfte ergaben als wahrscheinlichste Bahn eine Schlangenlinie mit einer Wellenlänge gleich dem Gitterabstand s_p; bei sehr langen Bahnlinien. Damit führten die elektrischen Ladungen der Elektronen eine transversale Oszillation mit der Frequenz v_e/s_p aus; bei sehr langer Oszillationsdauer. Bei der sehr großen Zahl von Elektronen in diesen gewaltigen Gebieten fanden die ausgedehnten Wellen der Photonen immer Elektronen, mit deren Oszillation sie in Resonanz waren; bei gleichgerichtet schnellbewegten Elektronen mit überhöhter Frequenz. Damit konnte auf diesen Wellenlängen selektiv Bewegungsenergie der Elektronen in Strahlungsenergie von Photonen umgesetzt werden. In den Frühstadien wurde fast nur derartige Photonenenergie abgestrahlt.

Klassisch gerechnet ist die Strahlungsleistung (Energieabstrahlung pro Zeit) proportional s_p^{-4}. Bei Abständen $s_p = 10^{-2}\,cm$ (entsprechend etwa 1000 Lichtjahren Wolkenradius) würde damit die gesamte Elektronen-Energie in wenigen hundertmillionen Jahren abstrahlen. Vermutlich erfolgte jedoch die Abstrahlung — wegen der Resonanz-Anhebung des Energieumsatzes und gleichzeitiger Frequenz-Anhebung der Resonanzphotonen — schon bei etwas größeren Abständen. Jedenfalls ergab sich ein charakteristischer Ablauf:

Solange die Abstände noch groß waren, wurde nur äußerst wenig Energie abgestrahlt. Während sich jedoch das Plasma immer schneller zusammenzog und damit die Strahlungsleistung mit s_p^{-4} anstieg, verkürzten sich die Zeiten, in denen die Energie mit der jeweiligen Wellenlänge — etwas weniger als s_p — abgestrahlt wurde. Die insgesamt ausgestrahlte Energie ist damit eine reduzierte Funktion von der Wellenlänge; etwa mit s_p^{-3} bis s_p^{-1} ansteigend. Diese Abstrahlung endete jedoch naturgemäß, als alle Elektronen-Energie eben verstrahlt war. In den Verdichtungszeiten von einigen hundertmillionen Jahren erschöpfte sich die Energie also bei Wellenlängen von $10^{-2}\,cm$; als kurzwelliges Ende des Spektrums.

Die damals so abzustrahlende Elektronen-Bewegungsenergie war etwa $2 \cdot 10^{79}\,MeV$; die Energie aus dem Zerfall der rund $5 \cdot 10^{79}$ Entstehungs-Neutronen. Dazu kam noch einige Kontraktionsenergie. Dies mit einem

Spektrum, in welchem die Energie mit abfallender Wellenlänge etwa quadratisch anstieg, um sich dann unterhalb einer Wellenlänge von etwa 0,1 *mm* zu erschöpfen. Weil sich dies schon bei $^1/_{10}$ bis $^1/_5$ des heutigen Weltalters zugetragen hatte, sind diese Photonen heute mit diesen Faktoren verrotet.

Tatsächlich wurde eine solche, von allen Seiten gleichmäßig einfallende «Hintergrundstrahlung» 1965 entdeckt (Penzias, Wilson). Die gemessene Energieverteilung steigt mit abfallenden Wellenlängen bis 3 *mm* fast quadratisch an, um unterhalb von $\frac{1}{2}mm$ wieder steil abzufallen. Ihre Energiedichte ist knapp $10^{-33}\,g/cm^3$, was bei $10^{85}\,cm^3$ parametrischem Weltvolumen eine Totalenergie von etwa $3 \cdot 10^{78}\,MeV$ darstellt. Sowohl deren Spektrum als auch deren Energie entspricht somit gut einer solchen langwelligen und verroteten Verstrahlung der thermischen Energie des Plasmas.

Diese Hintergrundstrahlung kommt nicht aus einem «heißen, dichten Ursprung» (Friedmann). Der Bezeichnung «Ursprungstrahlung» oder «3 K-Strahlung» liegt die Vorstellung einer Schwarzstrahlung des Weltraumes mit $3\,°K$ zugrunde; als Relikt aus einer frühen «Photonen-Ära»: In keiner Epoche war aber der Weltraum ein «schwarzer Strahler»; immer liefen die früheren Emissionen — ohne Energiegleichgewicht — in den zukünftigen Kosmos aus; uns hier und jetzt von allen Seiten gleicherweise erreichend.

Nach dieser Energie-Abstrahlung und Auskühlung konnte das Plasma rascher zusammenfallen. Die dabei freiwerdende Graviationsenergie heizte die sich mehr und mehr verdichteten Plasma-Massen stark auf, wobei sich die kurzwellige Bremsstrahlung bis in die Randzonen vorschob. Nun wurden gewaltige Energien mit sichtbarem Licht abgestrahlt. Die Ballungen begannen intensiv zu leuchten. Es ward Licht in der Finsternis.

Mit diesen Wasserstoff-Ballungen begann die Gestaltung des Kosmos.

Die Wasserstoffballung

Es bildeten sich zehn- bis hundertmilliarden Wasserstoffwolken, mit je etwa hundertmilliardenfacher Masse der Sonne, aus reinem Wasserstoff. Dieser reine Wasserstoff der Urzeit verhielt sich in seinen Kernreaktionen gänzlich anders als die spätere Sternmaterie, die wenigstens Spuren von Kohlenstoff und mittelschweren Kernen enthielt: Im reinen Wasserstoff, ebenso im sich bildenden Wasserstoff-Helium-Gemisch gibt es keine der Zyclen — wie den *CN*-Zyclus —, mit welchem die Wasserstoffverbrennung zu Helium extrem mit der Temperatur ansteigt; außerdem keine Urka-Prozesse, mit denen, gegen $10^{10}\,°K$, Energie aus dem Sterninneren durch Neutrinos direkt in den Weltraum abgestrahlt werden kann (Pinajew).

Im *CN*-Zyclus lagern sich nacheinander (mit zwei Positronenaussendungen dazwischen) 4 Protonen an C^{12}, C^{13}, N^{14}, N^{15} an, um dann mit dem letzten Schritt wieder C^{12} und Helium He^4 zu bilden; der Kohlenstoff kommt also wieder heraus, er war nur eine Art Katalysator (Bethe, Weizsäcker).

Beim Urka-Prozeß (russisch «Dieb»; witzige Bezeichnung für diesen energiestehlenden Prozeß) schlägt etwa ein Photon der Raumstrahlung aus einem mittelschweren Kern etwa ein Positron zusammen mit einem energischen Neutrino heraus; der dadurch beta-aktiv gewordene Kern gibt nun bald wieder ein Elektron zusammen mit einem weiteren, energischen Neutrino ab, wodurch wieder der ursprüngliche Kern erhalten wird; dieser Kern wirkt also auch nur als eine Art Katalysator für eine Elektron-Positron-Paarerzeugung und -verstrahlung, bei welcher aber rund die Hälfte der Photonenenergie in Neutrinostrahlung umgesetzt wird. Bei ihrem geringen Wirkungsquerschnitt durchdringt die Neutrinostrahlung die größten Massen.

Im reinen Wasserstoff und Wasserstoff-Helium-Gemisch hängen die Kernreaktionen ausschließlich an der *pp*-Reaktion (Proton-Proton-Reaktion), welche zwar schon bei wenigen millionen $°K$ einsetzt, aber sehr langsam und fast temperaturunabhängig abläuft ($°K$ ist wie Grad Celsius; nur beginnt Grad Kelvin beim absoluten Nullpunkt von $-273{,}15\,°C = 0\,°K$. Bei den hohen astrophysikalischen Temperaturen ist $°K$ mit $°C$ gleichbedeutend). Im Maximum der *pp*-Reaktionsgeschwindigkeit bei etwa $10^9\,°K$, ereignet sich nur 1 Reaktion pro 10^{30} Stöße. Es vereinigen sich zwei Protonen H^1 (Wasserstoff) unter Aussendung eines Positrons und Neutrinos zum Deuteron H^2 (Schwerwasserstoff), welches dann schnell über leichtes Helium He^3 zum normalen Helium He^4 weiter aufgebaut wird (Critchfield, Salpeter).

Im reinen Wasserstoff und Wasserstoff-Helium-Gemisch ist die Umsetzung der Photonenenergie in Neutrinostrahlung nur unmittelbar über Elektron-Positron-Paarerzeugungen und -vernichtungen möglich, bei welchen sich aber nur selten und auch dann nur sehr geringe Energieanteile in Neutrinostrahlung umsetzen; etwa $1:1000$ im Vergleich zum mittelbaren Urka-Prozeß an mittelschweren Kernen.

Deshalb konnten sich in der Urzeit übergigantische Wasserstoffmassen mit bis zu 10^{69} Nukleonen (bis billionenfach der Sonnenmasse) in Kugelblasen mit etwa nur Lichtjahren und weniger Radius ballen und sich hierbei im Zentralgebiet auf zehnmilliarden $°K$ und mehr überhitzen. Diese Überhitzungen wurden bereits allein schon aus der Gravitationsenergie gedeckt, so daß dazu noch gar keine Atomkernenergie erforderlich war. Es bildeten sich in dieser Weise einige zehnmilliarden übergigantische Massen, aus welchen sich später je eine der heutigen Galaxien entwickelte.

Bei den sich damit ergebenden Dichten von nur 10^{-10} bis 10^{-7} g/cm^3 erfolgten die Stöße zwischen Protonen, Elektronen und Photonen in Sekunden bis Millisekunden, so daß die Wasserstoffverbrennung wie auch die Neutrinoerzeugung nur sehr langsam abliefen. Bei der Langsamkeit der normalen (dh über die «schwache Wechselwirkung» ablaufenden) *pp*-Reaktion würde bei so seltenen Stößen noch praktisch keine Wasserstoffverbrennung erfolgen; zumal die zunehmende Bremsverstrahlung keine Maxwell-Geschwindigkeitsverteilung mehr ergibt. Oberhalb etwa 20 milliarden $°K$ treten jedoch zunehmend unelastische Proton-Proton-Stöße auf, bei denen Positron-Elektron-Paare erzeugt werden. Indem hierbei gelegentlich nur das Positron (zusammen mit einem Neutrino) abgeht und die Überschußenergie mit abführt, können sich die beiden Stoß-Protonen zum Deuteron vereinigen. In diesem Temperaturbereich erhöht sich somit die *pp*-Reaktionsgeschwindigkeit und die Neutrinoabstrahlung beträchtlich. Zugleich steigt auch Anzahl und Druck der Raumstrahl-Photonen wie auch der paarerzeugten Elektronen und Positronen extrem mit der Temperatur an. Dazu kommen elektrische Kräfte. Damit kann sogar eine derart übergigantische Massenballung im Gleichgewicht verbleiben.

In derart großer Masse ist auch Plasma undurchsichtig, so daß aus dem Zentralgebiet, wo bei den gewaltigen Überhitzungen die thermische Energie überwiegend als Photonen-Raumstrahlung vorhanden war, Energie nicht unmittelbar als Lichtstrahlung in den Weltraum abgegeben werden konnte. Nur aus den schon kühleren Randzonen konnte Energie über Lichtstrahlen in den Weltraum abgegeben werden, womit eine dieser übergigantischen Massen aber auch schon mit 100facher Stärke wie ganze Galaxien leuchtete.

Aus diesen Gründen konnten sich derart übergigantische Wasserstoffmassen unter so extremer Überhitzung überhaupt ballen (was mit normaler Sternmaterie gänzlich unmöglich wäre) — und konnten sogar in derart geballtem Zustand mehr als hundertmillionen Jahre stabil existieren. Die Existenz dieser in über 10^{10} Lichtjahren Entfernung beobachteten Objekte ist zugleich ein Beweis dafür, daß die Urmaterie tatsächlich nur aus reinem Wasserstoff bestand; dies wiederum ist ein Hinweis auf die Nukleonenentstehung in einzelnen Nukleonen.

Langsam verbrannte über den *pp*-Prozeß der Wasserstoff in Helium, das sich — vornehmlich im Zentralgebiet — immer mehr anreicherte; bis über 10%. Trotz der überhohen Temperaturen konnten sich anfangs aus dem gebildeten He^4 noch keine Kerne des *CN*-Zyclus bilden, über welchen bei diesen Temperaturen die Wasserstoffverbrennung zu Helium bereits milliardenfach schneller als über die *pp*-Reaktion hätte verlaufen können. Die (α, γ),Reaktion über Be^8 ist bei den hohen Temperaturen zwar an sich schon längst möglich, aber bei den geringen Dichten und Stoßhäufigkeiten doch praktisch unmöglich, weil das extrem kurzlebige Be^8 ($10^{-15}\,sec$) längst wieder in zwei Helium zerfallen ist, bis ein drittes Helium He^4 das leichte Beryllium Be^8 weiter zum stabilen Kohlenstoff C^{12} aufbaut (3-Helium-Prozeß, 3-α-Prozeß). Die Brenngeschwindigkeit wurde daher fast nur durch die Dichte, nicht durch die Temperatur bestimmt; im Gegensatz zu den Verhältnissen auf Sternen.

Ebenfalls nur aus dem langsamen *pp*-Prozeß, nämlich durch Anlagerung von He^4 an dessen Zwischenkerne H^2 und He^3, konnten sich über Li^6 bzw Be^7 und Bor^{10} vereinzelt doch Kerne des *CN*-Zyclus bilden. Im überheißen Wasserstoffplasma ging jedoch dieser Aufbau — etwa kubisch mit dem Heliumgehalt ansteigend — anfangs überhaupt nicht und später auch nur langsam vonstatten, weil alle diese Zwischenkerne leicht durch die heißen Protonen unter zwischenzeitlicher Anlagerung wieder zu He^4 gespalten werden. Erst bei höherem Heliumgehalt stieg die Wahrscheinlichkeit des Überlebens des Protonenbombardements über alle drei Etappen der Helium-Anlagerung soweit, daß wenigstens einige Kerne des *CN*-Zyclus gebildet wurden. Diese wurden jedoch größtenteils von den überheißen Heliumkernen bald zu schwereren Kernen mit trägeren Zyclen weiter aufgebaut, so daß sich die Wasserstoffverbrennung nur langsam beschleunigte. Dennoch war dies ein sich selbst beschleunigender Vorgang, indem die durch die schwereren Kerne geförderte Wasserstoffverbrennung über Helium auch wieder verstärkt diese schwereren Kerne bildete. Diese Selbstbeschleunigung wurde durch die immer mehr einsetzenden Urka-Prozesse erhöht, womit durch direkte Energieabführung aus dem Zentralgebiet eine zunehmende Verdichtung mit Erhöhung der Brenngeschwindigkeit einsetzte.

Bei lawinenartig sich steigernden Energieumsätzen zog sich die übergigantische Masse immer weiter zusammen. Schließlich setzte sogar der 3-Helium-Prozeß beherrschend ein, womit sich die Entwicklung gänzlich von der langsamen *pp*-Reaktion ablöste. Die Brennvorgänge waren damit extrem dichteabhängig geworden. Die übergigantische Masse war damit in das eigentliche Quasar-Stadium eingetreten; in einen ganz anderen, äußerst unruhigen Zustand:

Die Quasare

Die quasi-stellare (= Quasar, dh sternartige), übergigantische Masse wurde instabil. Zunehmende Turbulenz ihrer Gasströme mit unvorstellbar tobenden Feuerstürmen setzte ein, bei denen extrem starke Radiostrahlung (21,1 *cm*) ausgesendet wurde. Die übergigantische Masse begann — wie ein übergroßer Delta-Cephei-Stern — zu pulsieren; sich periodisch unter dem Strahlungsdruck aus dem Zentralgebiet aufzublähen und abzukühlen, um dann wieder unter jähen Verdichtungen und Überhitzungen zusammenzufallen. Dies ging rund 1 million Jahre — bis diese Pulsationen in riesenhafte Explosionskatastrophen übergingen. Eine derartige Riesenexplosion setzt eine Energie von etwa 10^{58} *erg* — wie milliarden Supernovae — frei.

Die Riesenexplosion wird durch eine Pulsationskontraktion gezündet; aufgrund der extremen Dichteabhängigkeit der 3-Helium-Reaktion. Bei der extrem geringen Lebensdauer des Zwischenkernes Be^8 von 10^{-15} *sec* bedeuten bereits Verkürzungen der Stoßzeit um diese kurze Dauer etwa eine Verdoppelung der Brenngeschwindigkeit. Die jähe Verdichtung der bei einem zentrumnahen Gravitationskollaps nachstürzenden, an Helium reichen Nachbarzonen ergab eine schlagartige Stoßzeitverkürzung, welche die Explosion einleitete. Die explosionsbedingte, jähe Temperaturerhöhung steigerte die Brenngeschwindigkeit selbsterregt weiter. Der fortschreitende Explosionsimpuls verdichtete anschließende Nachbarzonen, so daß die Explosion auf größere Bereiche der übergigantischen Masse übergriff. Nach außen trieb der Explosionsimpuls Gasstrahlen mit der Masse von Zwerggalaxien — hundert millionen Sonnenmassen — mit Geschwindigkeiten von hunderten bis tausenden *km/sec* in den Umraum; nach innen verdichtete er Teile des ausgebrannten Zentralbereichs bis zu den existentiellen Grenzgrößen, bis zum Verschwinden aus dem Dasein.

Bei diesen Riesenexplosionen — wie auch bei den späteren Stern-explosionen — reagierten alle Atomkerne in allen möglichen Verschmel-zungen und Spaltungen miteinander. Bei diesen jäh einsetzenden und endenden Überhitzungen entstanden die meisten Atomkerne schwerer als Helium, welche im Interstellarraum und auf unserer Erde zu finden sind. Mit den normalen Stern-Brennprozessen, über schrittweise An-lagerung von Wasserstoff- und Heliumkernen, wäre die gegebene Häufig-keitsverteilung nicht erreicht worden: dafür brennen Lithium und Beryl-lium viel zu rasch weiter, während sich Thorium und Uran viel zu lang-sam bilden; zudem gibt es unter diesen keine hinreichend langlebigen Kerne.

Alle diese Vorgänge waren von starken elektrischen und magnetischen Erscheinungen begleitet. Die schnelleren Elektronen können sich weiter gegen das Schwerefeld entfernen als die Protonen; zudem erhalten die leichteren Elektronen in Compton-Stößen größere Abstoß-Impulse. In einem dynamischen Gleichgewicht mit der rücktreibenden Ladungskraft bildet sich damit eine außen negative Aufladung der Ballung. Diese wirkt dem Zustrom der positiven Atomkerne zum Zentrum entgegen, so daß das Gleichgewicht mit der Schwerkraft schon bei niedereren Tem-peraturen erreicht wird.

Damit erhielten diese Wolken innen einen positiven Ladungsüber-schuß, dem außen ein negativer Ladungsüberschuß gegenüberstand; ein hochgeladener Riesen-Kugelkondensator. Von der zunehmenden Tur-bulenz der Gasmassen ergriffen, ergaben sich mit diesen elektrischen Ladungen veränderliche Magnetfelder und dadurch induzierte Elektro-felder gigantischen Ausmaßes.

In den Riesenexplosionen wurde dieser Elektronen-Überschuß der äußeren Schichten in riesenhafte Entfernungen geblasen. Dies läßt ein radiales elektrisches Feld von gewaltiger Länge und Stärke entstehen. Freilich werden in diesem Feld sämtliche positiven Atomkerne nach außen und sämtliche negativen Elektronen nach innen beschleunigt. Aber die fortgesetzten Zusammenstöße von Atomkernen und Elektronen und vor allem die Gamma-Compton-Stöße auf die Elektronen ergeben eben jenen plasmadynamischen Explosionsvorgang, bei dem ein außen negativer und innen positiver Ladungsüberschuß verbleibt. Nur jene extrem wenigen Atomkerne, die — statistisch — auf langen Strecken zum Weltraum keine Stöße erleiden, erreichen die extremen Energien der Ultrastrahlung; bis über 10^{20} eV. Gemäß der exponentiell mit der freien Beschleunigungsstrecke abnehmenden Stoßfreiheits-Wahrschein-lichkeit nimmt die Zahl der Ultrateilchen streng exponentiell mit ihrer

Energie ab. Weil bei diesem Geschehen nur die positiven Atomkerne in Richtung vom Zentrum zum Weltraum beschleunigt werden, besteht die Ultrastrahlung primär nur aus Atomkernen. Größe und Verteilung der Energien, ebenso das Fehlen der Elektronen in der Ultrastrahlung wird damit verständlich; vor allem aber die Anreicherung der Atomkerne Lithium und Beryllium in den Ultrastrahlpartikeln: durch Herausreißen, ohne zeitliches Gleichgewicht, aus dem Entstehungszustand.

Jene heißen Zustände der übergigantischen Massen und jene daraus sich entwickelnden Riesenexplosionen waren gleichsam die Geburtswehen der Galaxien.

Der Halo

Noch während der Zeit der Ballung der übergigantischen Massen — noch vor den Riesenexplosionen, also etwa vor 12 milliarden Jahren — hatte parallel dazu die Entwicklung der Halo begonnen.

Damals war der Abstand einer übergigantischen Masse von der jeweils nächsten noch durchschnittlich achthunderttausend Lichtjahre; ca 1/5 des heutigen Abstandes der Galaxien. Der freie Weltraum dazwischen war noch nicht leer, sondern ein Teil der Weltmasse war darin noch als Wasserstoff verteilt. In und bei den übergigantischen Massen traten der nach außen treibende Lichtdruck und die nach innen ziehende Schwerkraft als Gegenspieler voneinander auf, die sich einander das Gleichgewicht hielten. Der Lichtdruck der wie tausend Galaxien strahlenden Ballung bremste den weiteren Zustrom von Wasserstoff zu sich aus dem Weltraum.

Der Lichtdruck der übergigantischen Massen schob hierbei im Weltraum kalten Wasserstoff zusammen. Aus diesen Wasserstoffmassen ergaben sich örtliche Verdichtungen, welche in sich instabil zu großen, erst unregelmäßigen Sternwolken zusammenfielen. Diese gestalteten sich zu den kugelförmigen Sternhaufen, in welchen rund 1 million Sterne in wundervoll harmonischer Verteilung durcheinander pendeln. (Die geordnetere Kugelgestalt ist hier zugleich der statistisch wahrscheinlichste Zustand; ebenso wie bei allen Arten von schwerebedingten Energie- und Massenballungen. Wegen der Negativität der Potentialenergie verbindet sich mit Schwerkraftwirkungen eine Art negativer Entropie.) Durch den Impulsaustausch der Haufensterne konnten hierbei viele Einzelsterne den Kugelhaufen verlassen; seinem Feld entweichen. Diese Sterne — in den Kugelhaufen wie als Einzelne — wurden von den jeweils nächststehenden, großen Galaxien bei ihrem Auseinanderweichen als ihr Halo mitgenommen.

Der Halo einer Galaxie hat damit ganz andere Herkunft als die Galaxie, der er heute zugehört. Da er aus dem fast rotationsfreien Weltraum-Wasserstoff unmittelbar entstanden ist, nimmt der Halo einer Galaxie auch nicht an der Rotation der Galaxie teil. Der Halo ist nur schwach besiedelt: er besteht aus einigen hundert Kugelhaufen und einer vergleichsweise kleinen Zahl von Einzelsternen. Diese Kugelhaufen und Einzelsterne des Halo ordnen sich selbst wieder in Gestalt einer fast runden Kugel mit hunderttausend Lichtjahren Radius (doppelt so viel wie der Radius der Galaxenscheibe) um den Schwerpunkt der Galaxie. Die Kugelhaufensterne wie Einzelsterne des Halo sind die ältesten Sterne überhaupt; 12 milliarden Jahre. Die Sterne des Halo — die Kugelhaufen dabei als Ganze — durchpendeln die Galaxie mit Perioden von einigen hundertmillionen Jahren. Sie erscheinen innerhalb der Galaxenscheibe mit ihren größeren und an der galaktischen Rotation nicht teilnehmenden Pendelgeschwindigkeiten als «Schnelläufer».

Der Abstand eines Sternes vom nächsten in einer Galaxie ist durchschnittlich einige Lichtjahre; 10^8 fach eines Sterndurchmessers (einige Lichtsekunden); im Zentrum einer Galaxie und in Kugelhaufen immer noch 10^6 fach. Deshalb können Kugelhaufen oder Einzelsterne eine Galaxie durchpendeln, oder gar zwei ganze Galaxien einander durchlaufen, ohne daß sich hierbei ein Sternzusammenstoß ereignet. Jedoch die Atome des Interstellargases zweier einander durchlaufender Sternwolken mitteln in Zusammenstößen ihre Geschwindigkeiten miteinander aus, so daß das Gas der kleineren Sternwolke herausgefegt wird und in der größeren Wolke zurückbleibt. Damit haben die Kugelhaufen all ihr Gas verloren.

In der Regel durchpendelt ein Kugelhaufen seine Galaxie rosettenförmig: mit elliptischer Umkehr in der Ferne und hyperbolischem Vorbeigang am Zentrum.

Der Galaxenkern

Mit Beginn der Riesenexplosionen wurde aus jeder übergigantischen Masse, dh aus jedem Quasar, der Kern einer sich nun strukturierenden Galaxie; mit Zwischenstadium als Nucleus- und Seyfert-Galaxie.

Der Galaxenkern ist eine Masse wie zehnmilliarden Sonnen. Der Galaxenkern ist keine «superdichte» Materie; bei derart großen Massen würde damit die existentielle Grenzgröße überschritten. Er ist eine pulsierende Gasmasse; Gas, Plasma, das sich in den riesigen Eruptionsexplosionen ausdehnt, um sich dann wieder unter extremer Erhitzung zu verdichten und damit eine neue Riesenexplosion einzuleiten.

In Abständen von zehn- bis hundertmillionen Jahren wurden durch immer neue Riesenexplosionen Gasstrahlen mit der Masse von Zwerggalaxien mit Geschwindigkeiten von hunderten *km/sec* ausgestoßen. Diese Aktivität des Galaxenkerns beherrscht die weitere Entwicklung einer Galaxie (Ambarzumjan, Markarjan).

Die anfangs aus dem homogenen Plasma zusammengezogenen Wolken hatten noch keine Peculiarbewegung und keinen Drehimpuls. Diese erhielten sie mit den Riesenexplosionen, bei denen immer wieder massereiche Teilwolken so rasch ausgestoßen wurden, daß diese in Nachbarwolken eindrangen oder diese tangierten. Damit wurden diesen Impulse und Drehimpulse erteilt. Weil die ausgestoßenen Teilwolken aus turbulenten Gebieten des explodierenden Quasars oder Galaxenkerns bestehen, führten diese auch selbst schon Drehimpulse ab. Insbesondere dann, wenn sich aus großen Ballungen mit derartigen Explosionen eine Galaxiengruppe bildet, ergeben sich für deren Mitglieder verschiedene Drehimpulse.

Der merkwürdige Umstand, daß die allergrößten Galaxien elliptisch, fast rund sind (in der Regel sind die elliptischen Galaxien kleiner und seltener), bestätigt dies: Riesengalaxien haben in sich die Materie aus einem größeren Umraum zusammengezogen, so daß sie stärker isoliert stehen. Von anderen Galaxien abgestoßene Teilwolken treffen damit seltener auf diese; wenn doch, dann übertragen sie auch weniger Drehimpulse auf die Riesenmasse.

Die galaktische Gaswolke einer rotierenden Galaxie erfährt eine zunehmende Abplattung: mit ihrer zur Rotationsachse parallelen (dh zur Rotations- und Scheibenebene senkrechten) Geschwindigkeitskomponente kommen die Gase — durch atomare Stöße ihre Geschwindigkeit ausmittelnd und ihre axiale Bewegungsenergie in Wärme umsetzend — in der Rotationsebene zur Ruhe. Diese in der Galaxenebene zur flachen Scheibe verdichteten Gasmassen ballen sich mehr und mehr zu Sternen zusammen.

Die Rotation zog die Strahlmaterie auseinander. Dadurch entstanden laufend aus den Gasstrahlen und den darin gebildeten Sternen die Spiralarme der großen Galaxien; Spiralarme, die sich innerhalb einiger hundertmillionen Jahre in der Galaxenscheibe immer wieder verteilen, sich «auflösen». Gelegentlich werden Gasstrahlen derart heftig und scharf gebündelt ausgestoßen, daß sich daraus eigene Zwerggalaxien als Begleitsysteme der Muttergalaxie bilden. Ihre Entwicklung wird durch die Muttergalaxie bestimmt, welche sie durchpendeln.

Galaxien haben ein bewegtes Leben mit Veränderlichkeit und Vergänglichkeit, mit Anfang und Ende. Auch bei ihnen, diesen Gewaltigen, ist Wandel und Unbestand das Wesen.

Der Galaxenkern erfährt jedoch nicht nur Massenverlust durch diese fortgesetzte Ausstoßung von Gas. Er erhält auch Massenzufluß; nicht nur aus den teilweise wieder zurückfallenden Gasmassen aus früherem Ausstoß; vor allem auch, anfänglich sogar überwiegend, aus dem Weltraum: Mit dem Auseinanderweichen der Massen nach einer Riesenexplosion ergab sich eine so starke Abkühlung und Senkung des Strahlungsdruckes, daß nun unter der Schwerkraft des Galaxenkernes weitere Wasserstoffmassen aus dem Weltraum in die entstehende Galaxie einströmten und sich an der Sternbildung beteiligten. Deshalb finden sich auch in der galaktischen Scheibe — je nach den zufälligen Durchmischungen — Sterne mit wechselnder Gaszusammensetzung; vereinzelt sogar reine Wasserstoffsterne. Dieser aus dem Weltraum einströmende Wasserstoff verdichtete sich weiterhin im Kernbereich der Galaxie; als Massenzufluß zum Kern aus noch unverbrauchtem Kernbrennstoff. Der Galaxenkern ist somit eine Art Massenumschlagspunkt; ein Verteilerzentrum mit einem fortgesetzten, dynamischen Stoffwechsel.

Der Gasgehalt einer Galaxie ist somit nicht nur Folge, sondern zugleich auch Ursache für die Aktivität des Galaxenkerns. Durch den ständigen Gasverbrauch zur Sternbildung mußte die Kernaktivität letztlich durch den Wasserstoffzustrom aus dem Weltraum gespeist werden. Nach wenigen milliarden Jahren hatte sich jedoch der Weltraum durch eben diesen Abfluß seines Wasserstoffs in die Galaxien entleert; der Wasserstoffzufluß zu den Galaxenkernen war damit versiegt. Die Kernaktivität und der Massenausstoß bei den schwächer werdenden Riesenexplosionen verringerte sich. Entweder mit Auflösung des Kerns selbst, oder mit Kondensation des Kernplasmas zu etwa hundertmillionen Einzelsternen gleichen Typs, welche auf einem Durchmesser von einigen Lichtjahrzehnten in einigen Jahrzehntausenden fast wie ein starrer Körper rotieren, oder ohne merkliche Rotation durcheinander pendeln, ist das Ende der Aktivität des Kerns einer Galaxie erreicht.

Dieses natürliche Ende der Kernaktivität kann gelegentlich beschleunigt herbeigeführt worden sein, wenn in gegenseitiger Durchdringung von Galaxien — etwa in Haufen von einander durchpendelnden Galaxien — das Gas der kleineren Galaxie herausgefegt worden ist; oder wenn einer kleineren Galaxie von einer nahestehenden größeren Galaxie — etwa bei Nachbargalaxien in Galaxien-Gruppen — der Gaszustrom aus dem Weltraum weggefangen worden ist. Allgemein haben kleinere Galaxien mit ihrer geringeren Schwerkraft ein weniger tiefes Einzugsgebiet im Weltraum und damit einen nicht so lange anhaltenden Wasserstoffzustrom, so daß ihre Kernaktivität früher erlischt. Mit Erlöschen ihrer Kernaktivität kommt die Galaxie zur Ruhe: Die Sterne — ungehindert ihre Galaxie durchlaufend — vermögen ihre achsparallelen Geschwindigkeitskomponenten gegeneinander nicht mehr auszumitteln, sondern verunterschiedlichen diese sogar noch mehr und mehr durch gegenseitigen Impulsaustausch. Mit den rosettenförmigen Pendelbewegungen ihrer Sterne lösen sich die Spiralarme und die ganze galaktische Scheibe nach und nach auf: zu einer elliptischen Sternwolke mit zunehmend verschwindender Abplattung; zu einer elliptischen Galaxie, in welcher die Sterne ruhig um den Galaxenschwerpunkt laufen oder diesen durchpendeln.

Mit Erschöpfung des Gasgehaltes einer Galaxie verschwindet somit zwangsläufig auch die spiralige Gestalt und Abplattung wieder. Bei den auf die Kante gesehenen Galaxien kann man an den verschiedenen Typen unmittelbar erkennen, wie die anfangs runde (als Wasserstoffballung entstandene) galaktische Gaswolke sich fortschreitend abplattet — und wie die sodann platte (in der Gasscheibe entstandene) galaktische Sternwolke sich später fortschreitend wieder abrundet.

Die Galaxien

Die «ältesten» und kleinsten Galaxien mit dem schon geringsten Gehalt an interstellarem Gas (0 bis 2 % ihrer Masse) sind deshalb die elliptischen Galaxien (Typ E). Knapp 15 % aller Galaxien sind elliptisch. Der Kern der elliptischen Galaxien hat sich eben wegen der geringen Größe und dem eher versiegten Wasserstoffzustrom früher beruhigt. Die fast runden und die weniger abgeplatteten, elliptischen Galaxien besitzen nur $1/100$ bis $1/10$ der Masse einer spiraligen Galaxie; wogegen die stärkst abgeplatteten elliptischen Galaxien an Masse fast die spiraligen erreichen: weil sie eben größenmäßig fast gleich sind, sind sie entwicklungsmäßig den spiraligen Galaxien auch am nächsten. Den Übergang bilden Galaxien mit noch spiraliger Gestalt (Typ SO), welche aber ihr Gas schon fast verbraucht oder verloren haben; vornehmlich in Galaxen-Gruppen zu finden. Unter den elliptischen Galaxien gibt es allerdings auch einige Riesen mit über billion Sonnenmassen.

Die meisten — über 80% — und größten Galaxien — mit durchschnittlich gegen hundertmilliarden Sonnenmassen —, sind die spiraligen Galaxien (Typ S). Über 95% der Weltmaterie ist in spiraligen Galaxien gesammelt. Mit einem mittleren Gasgehalt (5 bis 10% ihrer Masse) stehen diese jetzt im Höhepunkt der Gestaltung des Kosmos. Mit fortschreitendem Verschwinden von Massen im Galaxenkern konnte bei abnehmender Kernaktivität weitgehend ein dynamisches Gleichgewicht zwischen zentripetalen und zentrifugalen Komponenten eintreten; mit meist auf Kreisbahnen den Galaxenkern umlaufenden Sternen.

Die «jüngsten» Galaxien mit dem noch höchsten Gasgehalt (20% ihrer Masse) sind die selteneren und höchst turbulenten unregelmäßigen, dh irregulären Galaxien (Typ Ir) mit durchschnittlich 1/10 der Masse der spiraligen Galaxien. Knapp 3% der Galaxien sind unregelmäßig. Sie haben sich langsam entwickelt, weil große aber seltenere Riesenexplosionen im Galaxenkern diesen immer für lange Zwischenzeiten weitgehend auflösten; bis erneut — vielfach in verschiedenen Zentren — zusammenstürzendes Interstellargas mit erneuter Verdichtung und Überhitzung eine erneute Riesenexplosion einleitete. Weil der Weltraum inzwischen schon leer geworden war, können die aus den unregelmäßigen Galaxien mit Fluchtgeschwindigkeit ausgestoßenen Gasströme (etwa zur Zeit 1000 *km/sec* in Randgebieten des M 82) aus der Galaxie wieder in den Weltraum entweichen, so daß sich keine Spiralarme bilden. Nach Endigung der Aktivität verbleiben viele milliarden Sterne in bizarr geformten Sternwolken, die sich nach und nach ebenfalls elliptisch gestalten.

Nicht eigens gezählt sind die Begleitsysteme der großen spiraligen Galaxien, die aus Gasstrahlen ihrer Muttergalaxie entstanden sind und somit keine eigenständige Entwicklung durchmachen. Alsbald nach dem Ausstoß des Gasstrahls bildet sich eine erst noch gasreiche, unregelmäßige Sternwolke, die dann auch in eine gasarme, elliptische Sternwolke übergeht. Viele der großen Spiralgalaxien haben ein oder zwei Zwerggalaxien als Begleiter, die heute — je nach der Zeit des Ausstoßes — teils noch unregelmäßig, teils schon elliptisch sind. Nach einer ersten Durchpendelung der Muttergalaxie haben solche begleitende Zwerggalaxien schon kein Gas mehr, aber noch ihre unregelmäßige Gestalt und junge Sterne.

Die Bezeichnung «älteste» bzw «jüngste» Galaxien — kenntlich am Fehlen bzw am Vorhandensein junger, neugebildeter Sterne — ist somit weniger rein zeitlich, als vielmehr entwicklungsmäßig zu verstehen: bei etwa gleichem Ballungsbeginn schneller (elliptische) bzw langsamer (unregelmäßige) gealterte Galaxien.

Diese Entwicklung wird entscheidend vom Drehimpuls mitbestimmt (Unsöld). Den kleinsten Drehimpuls haben die kleinen, fast runden elliptischen Galaxien. Kleiner Drehimpuls hat offenbar eine raschere Sternbildung zur Folge. Die geringere Größe der elliptischen Galaxien ist damit nicht nur eine Ursache, sondern auch eine Folge der rascheren Entwicklung: in ihnen sind schon mehr Sterne ausgebrannt und verschwunden; sterbende Galaxien.

Schon rund 1 milliarde Jahre nach Beginn der Strukturierung der Galaxien, also vor rund 10 milliarden Jahren, hatte sich über die Hälfte aller Sterne gebildet. Die Sternbildung erfolgte also innerhalb einer vergleichsweise kurzen Zeitspanne. Auch heute entstehen zwar noch Sterne aus dem Interstellargas, aber nur noch selten und wenig.

Heute sind bereits 90% der Weltmaterie in Sternen zusammengeballt. Nur 10% der Weltmaterie ist heute noch als interstellare Materie vorhanden; im wesentlichen als jene 10% Interstellargas zwischen den Sternen der vielen und großen spiraligen Galaxien; der Galaxien der Art unserer Milchstraße, der «Galaxis».

Die in den Sternen des Weltalls geballte Materie — also $9/10$ der gesamten Weltmaterie — besteht zu 80% aus Wasserstoff, zu 19% aus Helium und nur zu 1% aus allen schwereren Elementen, wovon alle noch schwereren Elemente als Eisen zusammen wieder nur den millionsten Teil ausmachen. Dagegen die interstellare Materie — also $1/10$ der Weltmaterie — besteht nur noch zu 60% aus Wasserstoff, schon zu 38% aus Helium und 2% aus allen schwereren Elementen; letztere hälftig als Gas und hälftig als Staub, in welchem sich die nichtflüchtigen schwereren Elemente kondensiert haben. Die Interstellarmaterie ist also «älter» als die Sternmaterie; weil sie eben — wenigstens zum Teil — von Explosionen aus schon fortgeschritteneren Verbrennungsprozessen ausgestoßen wurde.

Kosmische Räume

Entfernungen im makrokosmischen Raum, im «intergalaktischen Raum», zählen nach Mega-Lichtjahren. Die Entfernung von 1 *MLj*, einem «Mega-Lichtjahr» legt das Licht in 1 million Jahren zurück; eine gänzlich

unanschauliche Größe. Um wenigstens die Unanschaulichkeit zu veranschaulichen, sei ein Beispiel gegeben: Stapelt man hauchdünnes Papier
von $1/_{65}$ *mm* Dicke (ein 1 *cm* dickes Buch hat damit 650 Blätter) Blatt
auf Blatt von der Erde bis zum Mond, und nimmt man nun für jedes Blatt
einmal die Erde-Mond-Entfernung (380 000 *km*; fast 10-mal um die
Erde), so ergeben sich 25 billionen Erde-Mond-Entfernungen: dies ist
1 Mega-Lichtjahr.

Zu Beginn der Sternballungen — vor rund 11 milliarden Jahren —
war der Abstand einer Galaxie von der jeweils nächsten durchschnittlich 1 Mega-Lichtjahr. Heute ist dieser mittlere Galaxienabstand auf
rund 4 Mega-Lichtjahre, vier millionen Lichtjahre, angestiegen. Nur in
dichten Galaxien-Gruppen ist der Galaxienabstand noch rund 1 Mega-
Lichtjahr.

Innerhalb einer Galaxie, im «interstellaren Raum», ist der Abstand
eines Sterns vom jeweils nächsten rund 4 Lichtjahre. In dichten Sternhaufen ist der mittlere Sternabstand rund 1 Lichtjahr: das sind rund
10 billionen Kilometer.

Die Tiefe R des Weltraumes ist heute rund 14 000 Mega-Lichtjahre.
Der Durchmesser einer Galaxie ist durchschnittlich 0,1 Mega-Lichtjahre;
also 100 000 Lichtjahre. Der Durchmesser eines Planetensystems ist
rund 4 Lichtstunden. Der Durchmesser eines normalen Zwergsternes
— wie unsere Sonne — ist durchschnittlich 4 Lichtsekunden; 1 bis 2
millionen Kilometer.

Die Sterne

Nach Abschluß der Gestaltung der Galaxien wird die Entwicklungsgeschichte des Kosmos mehr und mehr zur Geschichte der Einzelsterne
in den Galaxien. Die Sterngeschichte ist in einigem sehr ähnlich der
Geschichte der übergigantischen Massen und Quasare; alles freilich
mit je dem milliardstel an Mächtigkeit, aber dafür milliardenfach an
Zahl. Diese Ähnlichkeiten erscheinen in den Turbulenzen, Pulsationen
und Explosionen; samt den hierbei auftretenden elektromagnetischen
Phänomenen; einschließlich der Aussendung aller Arten von Wellen-
und Korpuskularstrahlung und mit ähnlicher Bildung der schwereren
Elemente aus Wasserstoff und Helium.

In anderer Hinsicht ist jedoch die Sternentwicklung ganz anders als
die der übergigantischen Urzeitmassen; vor allem im Ablauf der Kern-
reaktion im Sternkörper: Die Dichten im Sternkörper, vor allem im
Zentrum sind so hoch (etwa 1 g/cm^3 im Durchschnitt; etwa 100 g/cm^3

im Zentrum), daß die Brenngeschwindigkeiten nicht durch die Dichte begrenzt werden und damit fast allein durch die Temperatur bestimmt werden. Nur die reinen Wasserstoffsterne beliebiger Größe, weil sie keinen Kohlenstoff besitzen, und die Zwergsterne kleiner als die Sonne, weil deren Zentraltemperatur unter 10 millionen $°K$ bleibt, brennen langsam nur mit der pp-Reaktion. Bei unserer Sonne mit ca 14 million $°K$ Zentraltemperatur ist die Wasserstoffverbrennung zu Helium über die pp-Reaktion und über den CN-Zyclus etwa gleich ergiebig. Größere Sterne, die Kohlenstoff C (1:5500) und Stickstoff N (1:2600) enthalten, brennen fast allein durch den CN-Zyclus.

Bei allen Sternen, bei denen die Wasserstoffverbrennung auch nur teilweise über den CN-Zyclus erfolgt, wird das Sternverhalten durch diesen bestimmt; wegen der hohen Temperaturabhängigkeit der Brenngeschwindigkeit des CN-Zyclus: Bei einer Temperaturerhöhung von 14 million auf 18 million $°K$ wird die Brenngeschwindigkeit bereits 10fach; bei Erhöhung auf 30 million $°K$ sogar bereits 10000fach. Noch viel schneller steigt der nach der Wasserstoffverbrennung einsetzende 3-Helium-Prozeß mit der Temperatur an; bei Anstieg von 100 million auf 120 million $°K$ bereits auf 1000fache Brenngeschwindigkeit. Dies hat zur Folge, daß sich Sterne nicht überhitzen, sondern auf eine definierte Gleichgewichtstemperatur einstellen. Die genaue Höhe dieser Gleichgewichtstemperatur hängt von der Sterngröße und dem Entwicklungsstand ab.

Die Sterne bilden sich aus stark abgekühlten Gasnebeln innerhalb der Galaxien; vornehmlich in den Spiralarmen. Sie entstehen durch instabilen Zusammenfall von Gaswolken, wofür diese eine kritische Mindestgröße haben müssen, so daß in der Regel nur mehr oder minder große Sternhaufen entstehen können; kaum Einzelsterne. Beim Zusammenfall derartiger Nebel erhöht sich deren Dichte bei fast gleichbleibender Temperatur, so daß immer kleinere und kleinere Teile der Wolken instabil werden und in sich zusammenfallen. Das Ende der Auflösung in Teilwolken ist erreicht, wenn diese durch die Dichteerhöhung an Durchsichtigkeit verlieren, so daß die Kontraktionserwärmung nicht mehr genügend abgestrahlt wird. Dies ist bei Teilwolkenmassen von halber bis doppelter Sonnenmasse der Fall. Die meisten leuchtenden Sterne haben diese Masse. Massereichere Sterne sind um so seltener, je größer ihre Masse: die früh gebildeten sind schon ausgebrannt und später sind immer weniger gebildet worden. Sterne mit mehr als 50 Sonnenmassen sind extrem selten.

Hat sich der undurchsichtige Sternkörper gebildet, so steigt die Zentraltemperatur rasch auf 10 bis 15 million $°K$, so daß die kernatomare Verbrennung des Wasserstoffs zu Helium unter extrem hoher Energiefreisetzung (25,5 MeV) einsetzt. Die Temperatur stellt sich nun so ein, daß der Gas- und Strahlungsdruck der Schwerkraft das Gleichgewicht hält: verstärkte Kontraktion der Sternmasse durch die nach innen ziehende Schwerkraft führt zu Steigerung der Zentraltemperatur und damit zu rasch erhöhter Wasserstoffverbrennung mit wieder verstärkt nach außen gerichtetem Gas- und Strahlungsdruck.

Bei massereichen Sternen mit ihrer größeren Schwerkraft stellt sich dieses Gleichgewicht bei viel schnellerem Abbrand ein als bei kleineren Sternen. Wenn der Wasserstoff im Zentrum verbrannt ist und damit die Lebenszeit des Sternes dem Ende entgegengeht, ist vom Gesamtwasserstoff des Sternes etwa 12 %/ aufgebraucht. Die Sonne, die seit ihrer Entstehung vor 6 milliarden Jahren bis jetzt, im Zentrum 30 %/, im ganzen 3 %/ ihres Wasserstoffs verbraucht hat, besitzt eine Lebensdauer von insgesamt 20 milliarden Jahren; ein Stern mit 20 facher Sonnenmasse eine Lebensdauer von nur noch 5 million Jahren (4000 : 1); ein Stern mit 40 facher Sonnenmasse gar nur noch 0,5 million Jahre. Sterne mit über 50 facher Sonnenmasse entstehen nicht nur selten, sondern brennen auch derart vehement, daß ihre Stabilität gefährdet ist. Die Stern-Reaktionen sind heute gut erfaßbar (Kippenhahn).

Ist der Wasserstoff im Zentralgebiet zu Helium verbrannt, so hat der Stern nur noch einige Prozent seiner Lebenszeit vor sich: Der Stern kontrahiert rasch unter Erhöhung seiner Zentraltemperatur auf 100 bzw 120 million $°K$, wobei nun das Helium mit dem 3-Alpha-Prozeß zu Kohlenstoff zu verbrennen beginnt; durch weitere Helium-Anlagerungen an Kohlenstoff auch zu Sauerstoff, Neon usw. Dieses Helium-Brennen erschöpft sich jedoch viel rascher als das vorhergegangene Wasserstoff-Brennen.

In der Epoche des Helium-Brennens durchläuft der Stern instabile Phasen. Infolge der Kurzlebigkeit des Zwischenkernes Be^8 steigt die 3-Alpha-Reaktionsgeschwindigkeit extrem mit der Temperatur und der Dichte an. Eine Kontraktionserwärmung des Sternzentrums oder einer zentrumnahen Schicht führt dort zu gesteigerten Reaktionen mit weiterer Überhitzung. Aufgrund dessen läuft nun eine Stoßverdichtung nach außen, was in großen Bereichen die Kernreaktionen anfacht. In einer Selbstaufschaukelung folgen sich periodische Pulsationen mit abwechselnd Aufblähung und Verdichtung des Sternkörpers; etwa als «Delta-Cephei-Stern».

Gegen Ende der Brennprozesse treten explosive Eruptionen auf; mit Aufblähung des Sterns bis über 100fach seines normalen Durchmessers. Hierbei leuchtet der Stern innerhalb einiger Tage mit bis zu 100 000-facher Helligkeit auf; wobei er bis zu 10^{45} *erg* Photonen-Energie abstrahlt; als «Nova-Explosion».

Unter Bedingungen, wie sie nur rund 3mal pro Jahrhundert in einer Galaxie auftreten, ereignet sich eine super-starke Nova-Explosion. Bei einer solchen, sehr seltenen «Supernova-Explosion» werden in wenigen Tagen rund 10^{48} *erg* Photonen-Energie abgestrahlt; ähnliche Energien werden durch Neutrinostrahlung und durch die Bewegung der abgestoßenen Gasmassen abgeführt. Offenbar ereignet sich eine Supernova-Explosion nur bei Sternen mit mehrfacher Sonnenmasse, bei denen die Wasserstoff-Atmosphäre besonders stark mit Kohlenstoff durchmischt worden war; etwa in engen Doppelsternen. Die Zündung erfolgt vermutlich durch die kollapsartige Bildung eines nukleonendichten Stern-Kerns.

Mit ganz ähnlichen Prozessen wie bei den Riesenexplosionen in Galaxenkernen, ergeben sich in dem jäh überhitzten Plasma explodierender Sterne alle Arten von Kernverschmelzungen und -spaltungen mit Bildung schwerer Kerne; außerdem mit gigantischen elektrischen Feldern durch abgeblasene Ladungen, eine intensive Ultrastrahlung.

Bei der Supernova-Explosion wird bis zur Hälfte der Sternmasse abgestoßen; Randzonen mit rund 1000 *km/sec*, so daß diese in den Interstellarraum entweichen. Es verbleibt ein überdichter, extrem heißer Stern — zB ein Pulsar —, welcher oft die abgestoßene Gasmasse zu intensivem Leuchten anregt; sichtbar als «planetarischer Nebel».

Die Extremverdichtung

Ist das Helium im Sterninneren verbrannt, so sind die kernatomaren Energiequellen des Sterns praktisch erschöpft. Der Stern verdichtet sich weiter und erhöht seine Zentraltemperatur. Wegen des Überhandnehmens der Photonen-Raumstrahlung im Inneren und der Neutrino-Abstrahlung nach außen, kann diese jedoch nicht viel über 1 milliarde °*K* ansteigen.

In diesem Temperaturbereich werden die Stöße zunehmend unelastisch, wodurch stärker überhöhte Atomkern-Geschwindigkeiten noch viel seltener als nach der Maxwell-Verteilung auftreten. Die Verschmelzung von zwei Atomkernen mit einem Kernladungsprodukt von 36 oder mehr (etwa von zwei Kohlenstoff mit je 6 Ladungen) erfordert bereits eine vielfach größere Stoßenergie als zu einer Elektron-Positron-Paarerzeugung aufzubringen ist. Ein «Kohlenstoff- oder Sauerstoff-Brennen» kann damit nur sehr gebremst ablaufen. Würde in schweren Sternen normalerweise ein «Kohlenstoff-Blitz» mit supernovaartiger Explosion auftreten, so müßte in unserer Galaxis rund alle Monate ein so auffälliges Ereignis zu sehen sein.

Nach dem Aufbrauch des Heliums sind überhaupt die Kernverschmelzungs-Reaktionen nicht mehr entscheidend für das weitere Geschehen. Mit ganz anderen Prozessen sinkt die Sternmaterie extrem in sich zusammen. Bei dieser letztlichen Extremverdichtung wird weit mehr Energie durch das Absinken der Sternmassen im eigenen Stern-Gravitationspotential freigesetzt als durch alle Kernreaktionen.

Indem der Stern Gas und Staub aus dem Interstellarraum einfängt, erhöht er fortlaufend seine Nukleonenzahl und Masse. Je größer die Masse des Sterns wird, um so kleiner wird in der Endphase sein Radius, wobei seine Dichte um so mehr ansteigt. Hierbei gibt es zwei ausgezeichnete Dichtewerte:

Steigt die Nukleonenzahl gegen $1{,}7 \cdot 10^{57}$ (1,4-fach der Sonne), so ergibt sich ein weißer Zwerg mit «relativistisch entarteten Elektronen» im Zentrum (Chandrasekhar). Die Sternmaterie setzt sich bis auf den großen Radius ihrer Elektronen (Mac Gregor) zusammen. Bei einem großen Elektronradius $\lambda \cdot 2/\varphi\alpha$ und mit ein bis zwei Nukleonen je Elektron, ergibt dies eine Dichte von rund $10^7 \, g/cm^3$; zehn Tonnen pro Kubikzentimeter.

Steigt die Nukleonenzahl weiter an, so erhöht sich die Dichte; bis sich schließlich die Sternmaterie auf die Nukleonen selbst zusammensetzt. Die Sternmaterie erreicht damit fast die Nukleonendichte von rund $1{,}7 \cdot 10^{14} \, g/cm^3$; hundertmillionen Tonnen pro Kubikzentimeter. Die Bildung eines nukleonendichten Sterns erfolgt nur in seltenen Fällen mit jenem schlagartigen Kollaps, der eine Supernova-Explosion auslöst. In der Regel bildet sich ein nukleonendichter Stern-Kern in kleinen Schritten oder durch stetige Materieaufnahme aus äußeren Schalen des Sternkörpers.

In dieser Phase erscheint ein massereicher Stern mit heftig brennender, sehr heißer Atmosphäre; grell leuchtend, begleitet von intensiver Röntgen- und Gammastrahlung und extrem starker Neutrino-Strahlung. Schnelle Protonen bauen sogar schwere Atomkerne weiter auf, so daß sich in solchen Sternatmosphären das nichtstabile und deshalb sonst in der Natur nicht vorkommende Technetium nachweisen läßt.

Die ganzen Atomkernreaktionen der Verbrennung von Wasserstoff zu mittelschweren Atomkernen setzen Energien mit insgesamt nur knapp 1 % Massendefekt frei. Demgegenüber ergeben die im Sternpotential freigesetzten Gravitations-Energien Massendefekte bis über 30 %.

Die ganzen kernatomaren Reaktionen, welche das Sternleben so lange gestaltet haben, sind somit sehr energiearm gegenüber den gravitationsbestimmten Endprozessen. Entstehung wie Vergehung wird durch die existenzbestimmenden Gravitations-Vorgänge beherrscht. In der Gestaltungsphase II halten die Atomkern-Verschmelzungen die viel energischeren Gravitationsgeschehnisse nur noch ab, wirksam zu werden.

Im nukleonendichten Stern rücken die Nukleonen auf das kleinstmögliche Volumen zusammen. Weil das Elektron ebenso das Elementarvolumen V_1 wie das Proton und Neutron besitzt, wäre ein Sternkörper nur mit Protonen und Elektronen doppelt so voluminös wie ein nur aus Neutronen bestehender Sternkörper. Die bei der Kompression freiwerdende Energie ist aber vielfach größer als die bei der Vereinigung der Elektronen mit den Protonen zu Neutronen verbrauchte Energie. Deshalb entsteht ein Neutronen-Sternkörper. Der nukleonendichte Stern ist somit ein «Neutronen-Stern».

Die Energie des Sterninneren ist durch Neutrinos abgeführt; die eigenen Energiereserven sind vollkommen erschöpft. Dennoch sind immer noch gewaltige Energieumsetzungen; aber ganz anders als bei allen anderen Sternen. Es sind Oberflächenprozesse:

Die Neutronensterne ziehen fortgesetzt Materie aus dem Interstellarraum an sich. Bei dem kleinen Durchmesser ist die primäre Auftreffwahrscheinlichkeit für Meteore und Atome extrem klein. Protonen und Elektronen aus dem Interstellarraum umlaufen jedoch den Neutronenstern in allen Richtungen und Entfernungen; vor allem im Banne eines Stern-Magnetfeldes. Weil sie hierbei elektrisch miteinander wechselwirken und vom Magnetfeld fortgesetzt abgelenkt werden, verlieren sie dabei Bewegungsenergie durch Bremsverstrahlung, die etwa als Röntgen-Strahlung abgeht. Dadurch schlagen sie doch früher oder später auf die Sternoberfläche.

Bei der gewaltigen Anziehung des Neutronensternes fallen ungebremste Partikel mit rund halber Lichtgeschwindigkeit auf die Oberfläche. Die übergewaltige Aufprallenergie — bis 300 *MeV* pro Nukleon — wird sofort an der Oberfläche freigesetzt und abgestrahlt; fast ausschließlich als Neutrinos. Die Oberflächentemperatur stellt sich auf rund jene 1 milliarde $°K$ ein, oberhalb welcher thermische Energie durch extrem gesteigerte Neutrino-Erzeugung rasch abgestrahlt wird.

Mit den verbleibenden, nukleonendichten Sternen ergeben sich extreme Verhältnisse: Die Gamma-Comptonstöße auf die Elektronen der einfallenden Atome lädt den Sternkörper stark positiv gegen die Elektronenwolke seiner Atomsphäre auf. Der Drehimpuls des Sterns ergibt mit dem kleinen Sternradius von knapp 40 km eine sehr schnelle Rotation; etwa 3 bis $1/30$ Sekunden Umdrehungsdauer. Ladung und Rotation ergeben extrem starke Magnetfelder; bis zu billion Gauß; billion-fach des Erd-Magnetfeldes. Damit werden periodisch mit der Umdrehung intensive Strahlungen ausgesandt; daher der an sich irreführende Name «Pulsare» für solche Neutronensterne.

Die Massenkonzentration in diesen nukleonendichten Sternen und die Schwerkraft an deren Oberfläche sind unvorstellbar: Die Masse einer Lokomotive (90 Tonnen) ist zusammengepreßt auf das Volumen eines gerade noch sichtbaren Kügelchens (0,1 mm Durchmesser), das in dem überdies hundertmilliarden-fach stärkeren Oberflächen-Schwerefeld mit einer Kraft gleich dem 100 fachen Gewicht des Montblanc angezogen wird. Damit werden die existentiellen Grenzgrößen schon fast erreicht.

Diese Neutronensterne ziehen fortgesetzt aus dem Interstellar-Raum Gas und Staub an sich, wobei sie ihre Nukleonenzahl und Masse immer weiter erhöhen. Es sind die «Staubsauger des Kosmos». Damit erreichen sie immer früher oder später die existentiellen Grenzgrößen; zumal der Anstieg des Gravitationsfaktors G diesem Massenzuwachs entgegenkommt. Ein Großteil der Galaxenmassen — vor allem im Kerngebiet der Galaxien — bestehen aus solchen Neutronensternen, die jetzt nacheinander in einem Existenzkollaps aus dem Dasein scheiden. Nimmt die innere galaktische Masse stärker ab als der Gravitationsfaktor G zu, so treten die anfangs stärkeren Stern-Pendelkomponenten immer mehr zurück. Die Sternbahnen werden immer kreisähnlicher, wobei sie sich langsam spiralig weiten.

Aspekt und Existenz **

Das Verschwinden der Materie aus der Existenz ist im Grunde ein existenzphysikalisches Problem. Der existentielle Aspekt, der konsequent mit den «existentiellen Größen» operiert, würde diese Vorgänge unmittelbar erfassen. Deshalb sollen wenigstens einige Bemerkungen zu den «existentiellen Größen» und zu einer «Aspektkomplementarität» gebracht werden:

Die Grundgrößen der Physik, die Lichtgeschwindigkeit c, das Wirkungsquantum h, die Elementarmasse m, die Elementardauer τ, die Elementarlänge λ, usw sind nicht notwendig in allen Aspekten von gleichem Wert. Sie sind zwar in allen Aspekten dann gleich, wenn der Standpunkt immer im gleichen Potential Φ des flachen Weltraumes eingenommen wird. Unter starken Potentialunterschieden, wie sie nahe von Grenzsternen auftreten, verändern sich aber die physikalischen Grundgrößen im existentiellen, essentiellen und aktuellen Aspekt in verschiedener Weise.

Während sich die Lichtgeschwindigkeit c relativistisch verkleinert, vergrößert sie sich existentiell gemäß $c^2 = -\Phi$ mit einer Vertiefung des Potentials Φ. Damit verändern sich die anderen Größen h, m, τ, λ existentiell anders als essentiell und aktuell, Dies bedeutet jedoch keinen «Widerspruch» der Physik in sich, sondern eben eine konsequente Auswirkung der Aspektverschiedenheit. Es ist sogar beinahe selbstverständlich, daß Größeneinheiten eines schweren, überdichten Sternes in sich selbst (existentiell) nicht gleich sein können jenen Einheiten, in denen diese Größen im flachen Weltraum erscheinen (essentiell, relativistisch) und wirken (aktuell, quantenphysikalisch). In dieser Weise kommt ja eben das Schwerefeld, das diese Aspekte und Standpunkte unterschiedlich macht, zur Geltung. Selbst in diesen drei Aspekten ausgedrückt: eben dies ist Existenz, Erscheinung und Wirkung des Schwerefeldes.

An Beispielen wird dies beinahe zu einer Selbstverständlichkeit: Wenn zB ein Land seine Geldmittel zurückhält und damit in sich seinen Reichtum erhöht (existentiell), wird es eben dadurch im Ausland weniger aktiv (aktuell) und erscheint eben damit im Ausland ärmer (essentiell).

Diese verschiedenen Größenwerte in den verschiedenen Aspekten gehören komplementär zusammen — und gehen bei Aspektwechsel konsequent ineinander über. Eine wichtige Verbindungsgröße ist dabei die Verstreichung (analog Bewegung), die sich im Maße des Zeitgradienten (analog Geschwindigkeit) darstellt. Damit verschieben sich die Momente der Zeit unten im tiefem Potential in die Zukunft relativ zu den Momenten oben in unserer Zeit. Dies überkompensiert eine Zeitkontraktion zu einer Einsteindilatation; analog wie in der speziellen Relativitätsphysik. Wellen mit unten verkürzter Schwingungsdauer kommen damit oben mit verlängerter Schwingungsdauer an. Dies erklärt ua, warum bei kontinuierlichen Wellenzügen oben nicht fortgesetzt weniger Wellenberge ankommen als unten abgehen. Dies löst manches relativistische Paradoxon.

Im vertieften Potential ist existentiell die Invarianzgeschwindigkeit vergrößert. Damit sind die Dauern verkürzt (Zeitkontraktion), Massen, Wirkungen und Energien vergrößert. Dies ist der Grund, warum überhaupt Massen, Wirkungen und Energien existieren und daß überhaupt Bewegungen, Reaktionen und Ereignisse ablaufen: Der ganze Kosmos ist ja ein Bereich tieferen Potentials Φ gegenüber jener zeitlosen, raumlosen, massenlosen Nichtexistenz des höchstmöglichen Potentials Null. Existenz ist also gleichsam Vergrößerung von Masse, Wirkung, Energie gegenüber dem 0 des Nichts mit Rascherablauf aller Reaktionen und Ereignisse gegenüber dem Nichtablauf.

Wenn auch das existentielle Vergehen der Materie primär ein existenzphysikalisches Problem ist, sind doch diese Vorgänge weitgehend auch mit relativitäts- und quantenphysikalischen Betrachtungen erfaßbar.

Um die wichtige Frage der Materievergehung nicht noch mit grundsätzlichen Problemen und ungewohnten Größen zu belasten, seien diese Vorgänge in Anlehnung an die dem Physiker bislang allein gewohnte Relativitäts- und Quantenphysik behandelt. Damit erfährt die Relativitäts- und Quantenphysik zugleich eine Vertiefung und Bereicherung. Hierbei ist aber konsequent zu beachten, daß die Relativitätsphysik eine Physik der Erscheinungen (Größenverhältnisse, Erstreckungen), die Quantenphysik eine Physik der Wirkungen (Geschehnisse, Reaktionen) ist; nicht aber eine Physik der Existenz als solcher.

Aber auch schon die relativitäts- und quantenphysikalischen Formulierungen sind im Bereich der Materievergehung stark existenzphysikalisch geprägt. Die «allgemeine Relativitätsphysik» hat schon beinahe ihren «relativistischen» Charakter — im eigentlichen Sinn des Wortes — verloren. Ihrer Herkunft und Ableitung nach relativistisch, ist sie zu einer eben nicht mehr relativistischen Theorie existentieller Vorgänge geworden; wenn auch nicht in voller Konsequenz.

Dennoch ist aber die allgemeine Relativitätsphysik ein gutes Instrument, Vorgänge aus existentiell anderen Bereichen in der Metrik unseres allgemeinen kosmischen Potentials abzubilden; dh in den Werten unserer hiesigen und jetzigen Elementareinheiten ausdrückbar zu machen. Wiederum — wie das schon im Zusammenhang mit der «kosmischen Transformation» erschienen war — führen die relativistischen Transformationen die existentiellen Verhältnisse auf einfache quasi-klassische Formulierungen zurück. Die Ergebnisse erscheinen damit erstaunlich und erfreulich einfach.

Die relativistische Transformation projiziert die Sterngrößen in eben die Metrik unseres kosmischen Zustandes hier und jetzt; eine bedeutende Leistung der allgemeinen Relativitätsphysik. Die Rechnungen operieren daher mit den unverändert unsrigen Werten von c, h, m usw. Es sei also:

c	Invarianzgeschwindigkeit	;	$2,997\,925 \cdot 10^{10}\ cm/sec$
h	Wirkungsquantum	;	$6,626\,196 \cdot 10^{-27}\ erg \cdot sec$
m	Nukleon-Ruhemasse	;	$1,672 \cdot 10^{-24}\ g$
m'	Nukleon-Defektmasse	;	im Grenzfall $m/2$
M	Stern-Eigenmasse (undefektiert gerechnet)		
M'	Stern-Defektmasse	;	im Grenzfall $M/2$
n	Stern-Nukleonenzahl (Neutronenzahl)		
G	Gravitationsfaktor	;	heute $6,6732 \cdot 10^{-8}\ cm^3/g \cdot sec^2$
s	Stern-Radius (klassisch gerechnet)		
Φ	Allgemein kosmisches Potential;	$\Phi = -c^2$	
Φ_z	vertiefendes Potential;	Φ_s Sternpotential:	$\Phi_s = \Phi + \Phi_z$
k	Kopplung;	$k = 1 - MG/sc^2 = 1 - \Phi_z/\Phi$	

Die Stern-Eigenmasse M ist jene undefekte Masse, welche die Summe aller Sternteilchenmassen aufgelöst im flachen Weltraum ergäbe. Sie enthält auch die relativistische Massenvergrößerung der thermisch raschbewegten Teilchen; außerdem die Masse der Photonen, Neutrinos der Stern-Raumstrahlung usw. Nur im Sonderfall fehlender thermischer Energie und fehlender Neutrinos wird $M = n \cdot m$. Mit dieser Stern-Eigenmasse M existiert der Stern in sich selbst.

Die Stern-Defektmasse M' ist dagegen jene Masse, mit welcher der Stern im flachen Weltraum mit seinem Schwerefeld erscheint und wirkt. Sie ist die etwa an der Bahn von Planeten astronomisch bestimmbare Sternmasse.

Der Sternradius s sei als Radius einer Hohlkugel behandelt; so als sei alle Masse auf der Sternoberfläche verteilt. Die realen Vollkugeln sind sehr viel schwieriger zu behandeln, wobei sich aber nur unwesentliche Wertverschiebungen ergeben.

Der Gravitationsfaktor G ist bis zur Stabilitätsgrenze gleich unserem Wert $6,6732 \cdot 10^{-8}\ cm^3/g \cdot sec^2$. Der Gravitationsfaktor tritt in der Regel nur zusammen mit dem Sternradius s auf, so daß es gleichgültig ist, ob etwa s kleiner oder G größer wird.

Um das vertiefende (zusätzliche) Potential $\Phi_z = -MG/s$ ist das Sternpotential Φ_s tiefer als das allgemein kosmische Potential $\Phi = -c^2$; gemäß $\Phi_s = \Phi + \Phi_z$. Weil $k = 1 - MG/sc^2$ wird damit $k = 1 - \Phi_z/\Phi$. An der Stabilitätsgrenze wird $\Phi_z = \Phi = -c^2$, also $\Phi_s = -2c^2$, so daß $k = 0$ wird. Diese Größe k ist unmittelbar das Maß der existentiellen Kopplung eines Sterns mit dem Kosmos.

Die Beziehung für die Sternenergie E, mit der der Stern im flachen Weltraum erscheint und wirkt, ergibt sich somit zu:

$$E = M'c^2 = Mc^2 + M \cdot \Phi_z/2 = Mc^2(1 - MG/2sc^2) = Mc^2(1+k)/2$$
$$\text{daraus:} \qquad M'/M = (1 - MG/2sc^2) = (1+k)/2$$

Der Faktor $1/2$ ist der kollektive Mittelwert-Faktor bei der Sternzusammenfügung.

Differenziert ergibt sich daraus eine Beziehung zwischen E, M und G/s in ihren differentiellen Veränderungen dE, dM und d(G/s) gemäß:

$$dE = (1 - MG/sc^2)c^2\,dM - (M^2/2)d(G/s) = kc^2\,dM - (M^2/2)d(G/s)$$

Für den Fall, daß G unveränderlich bleibt, aber s sich verändert:

$$dM' = k \cdot dM + (1-k)(M/2s)\,ds$$

Wenn sich aber weder der Gravitationsfaktor G noch der Sternradius s ändert (oder G/s konstant bleibt), wenn also $d(G/s) = 0$, ergibt sich speziell: $dE = kc^2\,dM$; das heißt $dM' = k \cdot dM$.

Dieser wichtige Fall bedeutet: Verringert sich die sterninnere Massenenergie um dMc^2, so entspricht das von außen einer Verringerung der Sternenergie um dE. Wegen der Erhaltung der Totalenergie muß eine außen erscheinende Abstrahlungsenergie diesen Betrag dE ausgleichen. Damit ist das Verhältnis dE/dMc^2 der außen ankommenden Energie dE zur innen abgegangenen Massenenergie dMc^2 gleich k .

Dies ist ebenso als ein Massenverhältnis $dM' = k \cdot dM$ interpretierbar. Im Grenzfall, dh mit $k = 0$, kommt somit ein Photon oder Neutrino, das den Stern innen mit beliebig großer Energie (und Masse) verläßt, außen ohne Energie (ohne Masse) an. Dies bedeutet, daß keine Energie mehr abgestrahlt werden kann; wenigstens nicht in so kleinen Quantitäten, daß der Grenzzustand erhalten bleibt.

Dieses einfache, aber nicht selbstverständliche Ergebnis der existenzphysikalischen Betrachtung ist quantitativ gleich den bekannten Ergebnissen, die sich aus der komplizierten allgemein-relativistischen Raum-Zeit-Metrik nahe großer Massen ableiten. Der Faktor k ergibt sich hierbei als dem erhaltenen Energie- bzw Massenverhältnis proportionales Schwingungsdauer-Verhältnis. So ist die allgemein-relativistische Einsteindilatation der Schwingungsdauern gleich $(1-2a_z/r)^{1/2}$ bzw $(1+2\Phi'/c^2)^{1/2}$. Nachdem hierbei der Faktor a_z (Sommerfeld) gleich GM'/c^2 und $r = s$ ist, bzw der Faktor Φ' (Landau, Lifschitz) gleich $-M'G/s$ ist, ergibt sich mit $M' = M(1+k)/2$ ebenfalls:

$$(1-2a_z/r)^{1/2} \;=\; (1+2\Phi'/c^2)^{1/2} \;=\; [1-2(1-k)(1+k)/2]^{1/2} \;=\; k$$

Ebenso kommt man zu diesem Ergebnis über die allgemein-relativistische Verstreichung und deren Zeitgradient $w = v/c^2$: Ist L die Strecke längs eines Potentials, ist b die Beschleunigung im Schwerefeld, ist t die Beschleunigungsdauer und ist $v = b \cdot t$ die erreichte Geschwindigkeit, so ergibt sich die Zeitverschiebung Δt längs L gemäß:

$$\Delta t \;=\; L \cdot w \;=\; L \cdot v/c^2 \;=\; L \cdot b\,t/c^2 \;=\; -\Phi_z \cdot t/c^2 \;; \quad \text{also}$$
$$1 - \Delta t/t \;=\; 1 + \Phi_z/c^2 \;=\; 1 - MG/sc^2 \;=\; k$$

Wie die Invarianzgeschwindigkeit c einen quasi-unendlichen Wert besitzt, so die Grenze einen raumzeitlich quasi-verschwindenden Wert. Relativistisch raumzeitlich ist die Grenze von außen ein verschwindender Punkt. Von innen ist sie aber der unerreichbare Rand; aber nicht in einer Expansion, sondern in einer relativistischen Raumzeit-Entartung.

Die individuell gegen das Ballungsfeld aufsteigenden Neutrinos verenden gegen diese Entartung. Die kollektiv, unter Auflösung der Ballung, aufsteigenden Neutrinos laufen jedoch noch mit halber Energie in den Weltraum aus; nichts, auch keinen «geschlossenen Raum» mehr zurücklassend.

Zu den analogen Ergebnissen kommt eine dazu komplementäre Quantenphysik des Makrokosmos:

Existenz und allgemeine Quantenphysik **

Der Gravitationsfaktor G ist gemäß $G = (2/Y) \cdot hc/m^2$ eine Funktion der Welt-Wirkungsintensitätszahl Y. In der Nähe von Neutronensternen ist die lokale Wirkungsdichtezahl über 10^{20}-fach der Wirkungsdichtezahl η des Kosmos. Welchen Einfluß hat dies auf die lokale Wirkungsintensitätszahl Y_l in der Nähe von Massen?

Die lokale Wirkungsintensitätszahl Y_l setzt sich aus einer kosmischen Komponente Y_k und einer stellaren Komponente Y_s zusammen; gemäß $Y_l = Y_k + Y_s$.

Nahe einer Masse ist die Welt-Wirkungsintensitätszahl nicht mehr mit dem vollen Wert Y, sondern mit dem «verdünnten» Wert der kosmischen Komponente Y_k gegeben. Die Welt-Wirkungsintensität ist bei großen Massen insoferne vermindert, als die Stern-Raumzeit relativistisch verengt ist. An der Grenze mit $k = 0$, wo die Stern-Raumzeit punktförmig entartet ist, verschwindet damit die kosmische Komponente Y_k gänzlich.

Der Verdünnungsfaktor für Y_k ist gleich k, mit welchem eben die Raumzeit verkürzt ist; etwa eine auf dem Stern stehende Uhr verlangsamt erscheint. Dies ist etwa auch so ausdrückbar, daß die Wirkung mit der Einsteindilatation vermindert ist; also:

$$Y_k = k \cdot Y$$

Andererseits kommt aber auch eine Erhöhung der lokalen Wirkungsintensitätszahl Y_l dadurch zustande, daß die erhöhte Wirkungsdichte im Sternbereich eine zusätzliche, stellare Wirkungsintensitäts-Komponente Y_s zur Folge hat. Wie groß ist diese stellare Wirkungsintensitätszahl Y_s?

Für ein einzelnes Nukleon — etwa ein Neutron — ist die «stellare» Wirkungsintensitätszahl gleich der Feldkonstanten φ. Diese ist im wesentlichen gleich 1; als Integral über $(\lambda/r)^2$ von 1 bis ∞ (dh vom λ-Radius des Nukleons bis in den flachen Weltraum). Eine Masse mit n Neutronen, die auf einer Hohlkugel des Radius s sitzen, ergibt in der analogen Rechnung eine Wirkungsintensitätszahl von $n\lambda/s$.

Im wesentlichen ist die Sternmasse M doch die Masse der n Nukleonen. Damit ist $MG/sc^2 = n \cdot m \cdot G/sc^2 = 1-k$. Weil $G = (2/Y) \cdot hc/m^2$ und $mc\lambda = h$, so folgt daraus: $1-k = (2/Y) \cdot n\lambda/s$. Die erhaltene Wirkungsintensitätszahl $n\lambda/s$ ist somit gleich $(1-k) \cdot Y/2$.

Dies berücksichtigt jedoch nur die Wirkungen aus dem Stern-Außenraum; als Integration über alle Wirkungen für $r > s$. Das Einzelnukleon — als der primäre Wirkungserschließer — besitzt zwar keinen wirkungserfüllten Innenraum. Eine Hohlkugel (auch eine Vollkugel) besitzt aber einen Innenraum, welcher von den auf der Oberfläche gelagerten Nukleonen mit Wirkungsquanten beschickt wird. Dieser Innenraum erstellt einen gleichgroßen Anteil zur stellaren Wirkungsintensitätszahl Y_s wie der Außenraum: je $n\lambda/s = (1-k) \cdot Y/2$. Damit ergibt sich die stellare Wirkungsintensitätszahl zu:

$$Y_s = (1-k) \cdot Y$$

Die lokale Wirkungsintensitätszahl Y_l ergibt sich damit als gleich der kosmischen Wirkungsintensitätszahl Y selbst:

$$Y_l \;=\; Y_k + Y_s \;=\; k \cdot Y + (1-k) \cdot Y \;=\; Y$$

Dieses Ergebnis $Y_l = Y$ ist bei beliebiger räumlicher Lage zu beliebig großen Massen uneingeschränkt gültig: bis zur Stabilitätsgrenze eines Neutronensternes mit $k = 0$. Dies bedeutet:

Die den Gravitationsfaktor G bestimmende Wirkungsintensitätszahl Y ist eine vollkommen homogene Größe im ganzen Weltraum; auch bei und in extremsten Massenballungen. Der Gravitationsfaktor G ist damit nur zeitlich mit Z variabel; ist aber von Stelle zu Stelle im Weltraum völlig konstant.

Zugleich verändert aber Y seinen Charakter in der Nähe großer Massen; dh mit gegen 0 fallender Kopplung k: der Anteil k der Welt-Wirkungsintensität geht im gleichen Maße zurück, wie der Anteil der Stellar-Wirkungsintensität zunimmt. Der Stern erfährt somit — trotz der Konstanz von Y und G — eine zunehmende Entkopplung und Isolierung mit abnehmendem Kopplungsmaß k; bis mit $k = 0$ eine vollkommene Entkopplung eintritt.

Diese Verschiebung der Wirkungsintensität, mit abnehmender Kopplung k bis auf den Wert 0, ist überhaupt die Primärursache für den Existenzkollaps und den konkreten Wert der Grenzgrößen, bei denen dieser eintritt. Dies ist ein objektiver, bezugsunabhängiger Vorgang. Er besteht nur im Verhältnis zur Welt-Wirkungsintensität Y, welche eine vom ganzen Weltraum integral ausgehende Größe darstellt.

Die Schwerkraft hatte sich als Wirkungsintensitätsverhältnis dargestellt: der Wirkungsintensität der jeweiligen Berührungsschale zur gesamten Welt-Wirkungsintensität (die Ladungskraft analog zur Partikel-Wirkungsintensität). Die Entkopplung bedeutet somit, daß bei $k < 1$ im Intensitätsverhältnis die gesamte Welt-Wirkungsintensität nur noch k-fach eingeht, dafür aber die Stern-Wirkungsintensität ausgleichend hinzutritt. Im Grenzfall $k = 0$ bestimmt sich somit die Schwerkraft nur noch im Verhältnis zur Stern-Wirkungsintensität.

Anders ausgedrückt: An der Grenze hat der Stern ein völlig entkoppeltes, isoliertes Eigenleben erlangt.

An dieser sowohl relativitätsphysikalisch wie quantenphysikalisch aufgezeigten Grenze ereignet sich der ungeheure Existenzkollaps. Die Grenze und diesen Existenzkollaps beschreibt die Existenzphysik in einfacher Weise.

Individuelle und kollektive Energie *

Ein einzelnes Neutron (Nukleon) besitzt für sich allein noch kaum ein Schwerepotential. Kommen jedoch schrittweise mehr und mehr Neutronen in einer kugelförmigen Ballung zusammen, so wird das Potential an der Kugeloberfläche immer tiefer und tiefer. Jedes aus dem flachen Weltraum neu hinzukommende Neutron fällt auf immer tieferes Energie-Niveau. Der damit verbundene Energieverlust setzt sich in Wärme um.

Diese Energieumsetzung hat eine individuelle und eine kollektive Komponente: Durch das neu zufallende n. Neutron kommt dieses selbst (individuell) auf niedereres Potential. Zugleich kommen aber auch alle n-Neutronen der Ballung (kollektiv) in ein etwas verringertes Potential. Dieser kollektive Potentialabfall ist für jedes der n Neutronen im Mittel nur $(1/n)$-fach des individuellen Potentialabfalls für das zufallende Neutron. Dafür sind es aber auch n geballte Neutronen. Insgesamt ist also die kollektive Energieumsetzung gleich der individuellen; wenigstens gilt dies exakt bei einer Hohlkugel mit unverändertem Radius.

Die gesamte Umsetzung von Potentialenergie in Wärme ist somit doppelt so groß wie die auf den Potentialverlust des Neutrons für sich allein entfallende Energieumsetzung. Diese Verdoppelung der Energie entspricht genau dem Wechselwirkungsfaktor 2, indem nicht nur das letztzufallende Einzelneutron gegenüber der geballten Nukleonenmenge, sondern auch die geballte Nukleonenmenge gegenüber dem zufallenden Einzelnukleon anziehend wirkt. Der Gravitationsfaktor G enthält diesen Wechselwirkungsfaktor 2. Der Gravitationsfaktor G berücksichtigt also bereits beide Anteile.

Die — individuell wie kollektiv — freigesetzte Wärme kann vom Stern nur teilweise und vorübergehend mit Temperaturerhöhung gespeichert werden. Sie muß schließlich in den Weltraum abgestrahlt werden: bei niederen Temperaturen und durchsichtigem Sternkörper vorwiegend als Photonen; bei hohen Temperaturen (über $10^9\,°K$) und undurchsichtigem Sternkörper (Neutronensterne) fast nur als Neutrinos.

Massendefekt und Defektmasse *

Die bei der Neutronenballung in den Weltraum abgestrahlte Energie stellt eine Massenabführung in den Weltraum dar, die der Ballung selbst als «Massendefekt» verloren geht. Gegenüber dem flachen Weltraum (dh relativ dazu, relativistisch-essentiell) verbleibt somit die Ballung mit verkleinerter Masse; dh als «Defektmasse». Im Sinne der klassischen Energiekonstanz ausgedrückt: was an Masse herausgegangen ist, fehlt drinnen. Masse wurde verstrahlt; wie bei der Bildung von Atomkernen.

Im flachen Weltraum erscheint und wirkt ein Stern mit der Stern-Defektmasse M' bzw mit deren Energie $E = M'c^2$. Mit dieser Energie genügt der Stern der Energieerhaltung bzw der Massenerhaltung: Saugt zB ein Stern Materie an, welche im flachen Weltraum die Masse m_a hatte, so erhöht sich damit die Stern-Defektmasse M' um genau m_a. Strahlt zB ein Stern Energie ab, welche im flachen Weltraum mit der Masse m_c ankommt, so vermindert sich damit die Stern-Defektmasse M' um genau m_c. Wird vom Stern keine Masse angenommen oder abgegeben, so bleibt die Stern-Defektmasse M' unverändert; welche Veränderungen auch sonst vor sich gehen mögen: verkleinert sich zB der Sternradius s, so vertieft sich damit das Sternpotential und verkleinert sich die Defektmasse m' der einzelnen Neutronen; zugleich erhöht sich aber die thermische Energie und innere Strahlungsmasse derart, daß die gesamte Stern-Defektmasse M' eben konstant bleibt. Die Stern-Defektmasse M' ist somit die eigentlich bestimmende Sternmasse.

Bei einer Ballung von Neutronen zu einem Stern, wobei deren Ballungsenergie abgestrahlt worden ist, verbleibt eine kleinere Sternmasse M' (Stern-Defektmasse), als die Masse M aller noch im Raum verteilten Neutronen, Neutrinos und Photonen war (Stern-Eigenmasse). Die Zahl der Neutronen wurde jedoch bei der Ballung nicht vermindert. Es ist nicht ein Teil der Neutronen verstrahlt worden. Sondern jedes an der Ballung beteiligte Neutron hat eine gegenüber seiner normalen Masse m verkleinerte Defektmasse m'; es hat also den Massendefekt $m - m'$ erlitten. Je größer die Zahl n der Neutronen eines Neutronensternes ist und je kleiner dessen Sternradius s ist, um so tiefer ist das Stern-Potential — und um so größer ist der Massendefekt bzw um so kleiner die Defektmasse m' des einzelnen Stern-Neutrons.

Die Funktion der Stern-Eigenmasse M, ebenso die Funktion des Sternpotentials $\Phi_s = \Phi - MG/s$ von der Stern-Defektmasse M' zeigt jedoch eine Grenze: Weil $M' = M(1 - MG/2sc^2)$ ergibt sich:

$$M = (sc^2/G)[1 - (1 - 2M'G/sc^2)^{1/2}] \quad \text{bzw} \quad \Phi_s = \Phi[2 - (1 - 2M'G/sc^2)^{1/2}]$$

Für kleine M' ergibt sich $M = M'$ bzw $\Phi_s = \Phi$. Jedoch für so große M', daß $2M'G/sc^2 = 1$ ergibt sich $M' = sc^2/2G$; damit folgt $M = sc^2/G = 2M'$ bzw $\Phi_s = 2\Phi$. Dies ist aber genau jener Wert mit $k = 0$, bei welchem allgemein-relativistisch $2\Phi/c^2 = -1$ (Landau) bzw $2a_z/r = 1$ (Sommerfeld) wird.

Das kosmische Potential $\Phi = -c^2$ liegt somit genau in der Mitte zwischen zwei Grenzen: oben das Nullpotential 0 ; unten das Entkopplungspotential $-2c^2$. Auf diese beiden Grenzen hin ist alles kosmische Sein orientiert.

Mit $2M'G/sc^2 = 1$ gehört umgekehrt einer beliebig gegebenen Masse M bzw $2M'$ ein Grenzradius zu; der

«Schwarzschild-Radius» $s_s = 2M'G/c^2 = MG/c^2$.

Die Potentialgleichung $-\Phi = MG/2R = c^2$ ergibt auch den Weltradius R als Quasi-Schwarzschildradius $MG/2c^2$ für die effektive Weltmasse M: Im Innenaspekt erscheint die Welt-Eigenmasse M; statt der Defektmasse M'. Und diese entkoppelt gegen das Nullpotential mit $-2c^2$ bei totalem Massendefekt; statt nur gegen das innerkosmische Potential $-c^2$ mit halbem Defekt. Gesamtkosmisch doppeltes Potential erscheint auch nach der allgemeinen Feldgleichung: die c-Expansion trägt zum Potential so viel bei $(-c^2)$ wie die Statik $(-c^2)$.

«Von außen» ist also gleichsam das Weltall eine Grenzgröße mit punktförmig verschwindenden Abmessungen. «Von innen» ergibt sich dagegen schon mit beliebigen Teilmassen am zugehörigen Schwarzschild-Radius s_s eine untere Existenzgrenze.

Diese Grenze für Massenballungen bei $2M'G/s = c^2$ ist wesensverwandt der Grenze für Geschwindigkeiten bei $v^2 = c^2$. Gegen diese Grenzen steigt ein Massenzuwachs dM bei kleinsten Steigerungen dM' ins unbegrenzte: ebenso wie die Masse bewegter Materie bei kleinstem Geschwindigkeitszuwachs: Diese Grenzen sind in gleicher Weise unüberschreitbar. Mit Formalwerten $2M'G/s > c^2$ wird die Potential-Wurzel $(1 - 2M'G/sc^2)^{1/2}$ imaginär; ebenso wie mit $v^2 > c^2$ die relativistische Wurzel $(1 - v^2/c^2)^{1/2}$:

Es gibt keine reellen Werte mehr für das Potential jenseits der Grenze $2M'G/sc^2 = 1$; es existiert dort überhaupt kein Potential mehr. Es existiert kein «jenseits» dieser Grenze. Die «Schwarzen Löcher» sind Gogols «Tote Seelen» in der Astrophysik. Ebenso wie oben das Nullpotential, ist unten das Entkopplungspotential eine nicht überschreitbare Seinsgrenze.

Der Schwarze Moloch *

Wäre dies keine prinzipielle Existenzgrenze, so müßten sich paradoxe Zustände einstellen: es müßte sich ein «Schwarzes Loch» bilden. Darunter denkt man sich eine derart große und dichte Masse, daß von deren

Oberfläche sogar Neutrinos und Photonen deren Schwerefeld nicht mehr entweichen könnten und auf mirakulösen Ellipsen laufen müßten. Die Defektmasse der einzelnen Sternnukleonen wäre bereits weniger als die Hälfte ihrer Normalmasse.

Weil hierbei das Schwerefeld noch nicht erloschen ist, müßte diese Masse weiterhin Materie aus dem Interstellarraum an sich ziehen. Sogar wenn diese dazukommenden Massen nicht mehr in den «geschlossenen Raum» eintreten könnten, müßten sie sich irgendwo nahebei ansammeln. In jedem Fall — wenn mit Neutrinos und Photonen Energie abgestrahlt wird oder nicht — würde damit die Defektmasse der Neutronen immer weiter abfallen: bis auf Null (schließlich — sofern dann immer noch keine Grenze abzusehen wäre — sogar auf negative Werte).

Bei einem schwarzen Loch, bei dem keine Energie mehr abgestrahlt werden könnte, müßte sich die Stern-Defektmasse M' fortlaufend um eben die laufend angezogenen Massen vergrößern. Bei dem Verschwinden der Defektmasse der Nukleonen, wäre die Sternmasse schließlich nur noch Strahlungsmasse von Neutrinos und Photonen. Eine reine Strahlungsmasse könnte aber nicht geballt bleiben, sondern müßte immer irgendwie in den flachen Weltraum auslaufen.

Also auch rein mit den Defektmassen durchgedacht, müßte sich schließlich eine Totalverstrahlung der Materie ereignen, bei welcher die Nukleonen quasi-konservativ durch vollkommenen Massendefekt verschwinden müßten. Dies würde aber dann zu ganz paradoxen Überlegungen hinführen, wenn es keine existentielle Grenz-Nukleonenzahl gäbe. Daß es so eine Grenze gibt, wird auch so deutlich:

Die Beziehung $E = M'c^2 = Mc^2(1 - MG/2sc^2)$ ist quadratisch in der Stern-Eigenmasse M gemäß: $E = Mc^2 - M^2G/2s$. Nur für kleine Massen steigt daher E mit M an: $dE/dM = c^2 - MG/s$. Erreicht jedoch MG/s den Wert c^2, so ist E mit dem Wert $Mc^2/2$ unabhängig von Veränderungen der Masse M geworden: mit $MG/sc^2 = 1$ wird $dE/dM = 0$.

Würde sich an dieser Grenze die Stern-Eigenmasse M weiter vergrößern, müßte sich die Energie E sogar verringern. Dies wäre eine «fallende Charakteristik», die wesenhaft instabil ist. Könnte sich die Energie $E = M'c^2$ des Sterns gegenüber dem flachen Weltraum durch Abstrahlung vermindern, so müßte sich selbsterregt die Stern-Eigenmasse M immer weiter steigern; etwa durch immer weitere Überhöhung seiner Neutrino-Raumstrahlung.

Mit diesem Punkt, wo $MG/sc^2 = 1$, dh wo $k = 0$ wird, ist eben eine Grenzballung erreicht. An dieser ereignet sich die Totalverstrahlung der Materie, so daß diese Grenze nicht überschreitbar ist.

Bei immer weiterer Vergrößerung der Stern-Nukleonenzahl n wird diese Grenze erreicht, wenn der Massendefekt des einzelnen Stern-Neutrons gerade halb ist; dh wenn $m-m' = m/2$; also wenn die Defektmasse m' halb der Normalmasse m ist; $m' = m/2$.

Die Grenzballung *

Kommt zu einem Neutronenstern mit der Grenznukleonenzahl n_0 ein weiteres Neutron vom Weltraum hinzu, so erfährt dies im Sternpotential halben Massendefekt; dh $m/2$, wie die schon geballten n_0 Neutronen. Alle n_0 Neutronen erfahren zusammen im Potential des neu dazugekommenen Neutrons nochmals $m/2$ Massendefekt. Insgesamt ergibt sich damit gerade der volle Massendefekt m der ganzen Neutronenmasse m . Mit Abstrahlung dieser Defektenergie mc^2 als Photonen und bzw oder Neutrinos hat sich somit durch Hinzukommen eines weiteren Neutrons zum Stern zwar die Neutronenzahl des Sterns um 1 erhöht, es hat sich aber die Masse des Sterns dadurch nicht verändert; insbesondere nicht vergrößert. Statt dessen ist eine volle Neutronmasse verstrahlt.

Der «isotherme» Stern verändert an der Grenze bei Hinzukommen eines weiteren Neutrons seine Masse nicht mehr. Strahlt der Stern jedoch keine Energie ab, so vergrößert sich zwar seine Gesamtmasse um die zugefallene Neutronenmasse; trotz des Massendefektes seiner Neutronen. Aber die zugeführte Masse ist in ihm als thermische Energie gespeichert: vorwiegend als Photonen- und Neutrinomassen einer internen Raumstrahlung.

Ganz analoges gilt für eine Energieabstrahlung: etwa mit Photonen oder Neutrinos: Steht ein Stern nahe der Grenze, so erreichen vom Stern abgehende, hochenergische Neutrinos den flachen Weltraum nur noch mit stark verminderter Energie: eine große, noch undefektierte Masse geht innen ab, eine kleine, defektierte Masse kommt außen an (Rotverschiebung). Obwohl also den Stern innen schwere Neutrinos verlassen, vermindert sich die Sternmasse nach außen doch nur um die in den Weltraum gelangenden leichten Neutrinos: Die Energieerhöhung über das Potential ist aber dabei genau gleich der Energieverminderung der Neutrinos auf dem Weg zum Weltraum. An der Grenze selbst ($k = 0$) kommt gar keine Neutrino-Energie mehr nach außen. Der Stern verliert damit — auch wenn innen beliebig viele und beliebig energische Neutrinos abgehen — nach außen keine Energie und Masse mehr.

Diese Aussage erfordert aber eine prinzipielle Unterscheidung: Individuell — dh das einzelne Neutron, Proton, Elektron bzw Photon, Neutrino betreffend — hängt dem Teilchen voller Massendefekt an. Kollektiv — dh alles zusammen — ist aber der Massendefekt erst halb; etwa jedes Neutron erscheint noch mit $m/2$, dh mit halber Normal-Neutronenmasse m im flachen Weltraum. Der Stern erscheint und wirkt kollektiv noch mit halber Masse und damit auch halbem Schwerefeld im Weltall. In größerer Entfernung ist das Schwerefeld eines Grenzsternes mit n_0 Neutronen und halbem Defekt nicht zu unterscheiden vom Schwerefeld eines Sternes mit halber Neutronenzahl $n_0/2$ aber ohne Defekt (etwa mit noch großem Radius).

Diese merkwürdige Unterschiedlichkeit zwischen dem individuellen und kollektiven Energieniveau läßt sich auch so verstehen: Werden die einzelnen Neutronen schrittweise zusammengeführt, so gelangt das Potential von 0 ab bis zum Endwert, so daß der kollektiv maßgebliche Mittelwert eben die Hälfte des mit dem letzten Neutron erreichten End- und Grenzwertes ist.

Dies hat eine sehr wichtige Bedeutung: Während an dieser Grenze kein einzelnes Energiequant — gegen das zurückbleibende Ganze — den Stern verlassen kann, könnte alle Energie und Masse zugleich und gemeinsam — den Stern auflösend — sehr wohl in den Weltraum gelangen. Die Neutronen könnten als solche zwar auch nicht gemeinsam in den Weltraum austreten, weil damit jedes einzelne Neutron im Weltraum mit halber Masse fortbestehen müßte. Aber wenn in einem Grenzstern etwa alle Neutronen verschwänden und dafür Neutrinos entstünden, könnten diese zugleich und gemeinsam in den Weltraum ausstrahlen. Die zuvor als Sternmasse kompaktierte Neutronenmasse würde sich damit als Neutrinomasse invarianzbewegt im Weltraum verteilen.

Diese theoretische Möglichkeit realisiert sich auch tatsächlich in einer geradezu aufregenden Weise.

Entkopplung und Verstrahlung

Immer und überall im Kosmos ist für eine jede Masse m die Potentialenergie $m\Phi$ negativ gleich der Massenenergie mc^2: die Gesamtenergie also gleich Null. Trotzdem kann unter Normalbedingungen — wegen der energetischen, raumzeitlichen und individuellen Verflechtung mit dem Gesamtkosmos — nicht ohne weiteres ein Teilchen entstehen oder vergehen. Erreicht jedoch ein Neutronenstern die Grenzgrößen, so entfallen diese Verflechtungen, die einem Entstehen und Vergehen von Teilchen entgegenstehen.

Ein in einem Grenzstern verschwindendes Neutron entzieht diesem die Masse $m/2$; dh die dem Neutron eigen gewesene Defektmasse. Dies hat eine Potentialerhöhung zur Folge, aufgrund derer die n_0 anderen Sternneutronen weniger defektieren; dh ihre Massen vergrößern. Unter Grenzbedingungen vergrößern aber die verbliebenen Neutronen zusammen ihre Masse gerade um den gleichen Wert $m/2$, der mit dem Verschwinden des Neutrons verschwunden ist. Die Sterndefektmasse verändert sich somit an der Grenze nicht, wenn in ihr Neutronen vergehen; auch umgekehrt nicht, wenn welche entstehen.

Weil die Defektmasse nach außen unverändert bleibt, bleibt auch die Sternpotentialenergie und das Sternschwerefeld unverändert: wie die Massenenergie des Grenzsternes. Die klassische Energie- bzw Massenerhaltung wird somit in Bezug auf keinen Punkt des Weltalls verletzt, wenn in einem Grenzstern Neutronen vergehen (oder entstehen). Mit der allgemein-relativistischen Raumzeit-Entartung zu Null («Raumschließung») geht zudem noch die Raum-Zeit-Verflechtung mit dem Weltraum verloren. Schließlich verschwindet auch intern jegliche Individualität:

Wie Neutronen unter Grenzbedingungen entstehen und vergehen können, so auch jede andere Art von Massen; etwa auch Protonen, Elektronen, Mesonen, Photonen usw; insbesondere aber Neutrinos. Desgleichen könnte ein Grenzstern seine Temperatur, dh seine thermische Energie erhöhen oder senken. Damit verliert die «Sternmaterie» ihre Arteigenheit; ihre spezifische Materialität. Sie ist wesenhaft undefiniert. Alle Arten von Energie sind potentiell gegenwärtig.

Massenballungen stellen im Weltraum normalerweise Inhomogenitäten dar. In der punktförmigen relativistischen Entartung der Abmessungen des Grenzsternes schaltet sich jedoch gleichsam diese überextreme Inhomogenität selbst aus. Vor allem ist der Grenzstern intern ein System mit vollkommener Homogenität geworden; nicht nur mit Ununterscheidbarkeit zwischen «seinen verschiedenen Neutronen», sondern mit wesenhafter Ununterscheidbarkeit zwischen den Teilchenarten; überhaupt zwischen den verschiedenen Energiearten und deren Materialisationsweisen.

Die Entkopplung des Grenzsternes ist somit in allen Hinsichten — energetisch, raumzeitlich und individuell — vollkommen.

Im entkoppelten Grenzstern sind alle Energieformen potentiell gegeben; unter allem anderen auch Neutronen wie Neutrinos. Nur an eine Bedingung ist dieses Möglichkeitsfeld des Entstehens und Vergehens doch noch gebunden: gegenüber dem Weltall bleibt die Masse (die Defektmasse) erhalten. Neutronen und Neutrinos (und alles sonstige) entstehen und vergehen in ihrer unbegrenzten Potentialität so, daß eben nach außen die Masse unverändert erscheint und wirkt.

Als Kollektivität ist der Grenzstern eben immer noch in Masse und Feld mit der Weltraumzeit verflochten; in der Individualität seiner Teilchen ist er aber schon entartet, entkoppelt; jede interne Individualisation seiner Masse ist wesenhaft verloren und nichtig. Alles weitere ist nun ebenso erschreckend ungeheuerlich wie verblüffend einfach:

Alle Arten von Teilchen entstehen und vergehen in einem extrem kurzzeitigen Gleichgewicht. Weil aber von allen Teilchen die Neutrinos die weitaus höchste Durchdringungsfähigkeit und damit Entweichungsmöglichkeit besitzen, verschiebt sich dieses Gleichgewicht extrem rasch und vollkommen auf Seite der Neutrinos, die kollektiv sofort mit Invarianzgeschwindigkeit in den Weltraum entweichen, ausstrahlen.

Die Existenzinstabilität *

Neutronensterne sind Vollkugeln, die im Mittelpunkt tieferes Potential (gegenüber dem flachen Weltraum) aufweisen als an der Oberfläche: bei überall gleicher Dichte ist das klassische Oberflächenpotential nur $2/3$ des Mittelpunktpotentials. Damit erreicht zuerst nur der Mittelpunkt die Grenze; er entkoppelt ($k = 0$), wenn praktisch die gesamte Sternmasse noch fest mit dem Kosmos gekoppelt ($k > 0$) ist. Wenn im Mittelpunkt Nukleonen entkoppeln, so verstrahlen sie. Je nach dem Verbleib der Strahlungsmasse, reagiert darauf der Sternkörper verschieden.

Verstrahlen im Zentrum eines Sternes laufend Neutronen in Neutrinos — Masse dM_{rc} pro Zeit dt —, so werden aus der angrenzenden Zone laufend gleichviele Neutronen in die entleerte Verstrahlungszone nachgeschoben; praktisch mit Lichtgeschwindigkeit. Hierbei:

(1)   Wenn Strahlungsmasse in den Weltraum derart ausläuft, daß die Masse des Sterns sich vermindert, aber seine Dichte unverändert bleibt, dann nimmt die Verstrahlung immer weiter ab: dM_{rc}/dt klingt ab. Dies ist Stabilität, mit Verstrahlung nur bis zu einem Grenzwert.

Jedoch haben sogar Neutrinos in nukleonendichter Materie nur noch freie Weglängen unter 1 *mm* . Damit geht die Strahlung schon nahe der

Entkopplungszone in Wärme über, wodurch wiederum thermische Neutrinos erzeugt werden. Durch fortgesetzte Neutrino-Emission-Absorption und durch eine supra-hohe Wärmeleitung gelangt Energie vom Zentrum zum Rand, von wo sie in den Weltraum abstrahlt. Dieser Energie- und damit Massenverlust wirkt zwar stabilisierend, ist aber doch langsamer als die fortschreitende Verstrahlung im Zentrum.

(1–2) Wenn sich die Strahlungsmasse im Sternkörper derart verteilt, daß sowohl die Masse des Sterns als auch seine Dichte unverändert bleibt, dann läuft die Verstrahlung konstant weiter: $dM_{rc}/dt = $ const. Dies ist der Grenzfall zwischen Stabilität und Instabilität, mit gleichmäßig fortschreitender Verstrahlung.

(2) Wenn die Strahlungsmasse nahe des Zentrums des Sterns derart verbleibt, daß die Masse des Sterns sich nicht verändert, aber seine Dichte sich erhöht, dann nimmt die Verstrahlung selbsterregt zu: dM_{rc}/dt klingt an. Dies ist Instabilität, mit immer schnellerer Verstrahlung von Nukleonen-Massen in Neutrino-Massen.

Bei erhöhter Dichte ziehen sich zudem die einander näherkommenden Massen stärker an. Ist der Sternkörper kompressibel, so erhöht dies seine Dichte weiter. In einem Neutronenstern ist der Platz für ein Neutron zwar ohnehin schon fast auf das Eigenvolumen seiner weichen Kugel (λ-Radius) verengt: der Neutronen-Sternkörper ist kaum kompressibel. Unmittelbar vor der Entkopplung des Mittelpunktes stellt sich jedoch dort der Grenzdruck p_0 ein: das Neutron bricht auf seine harte Kugel ($\lambda/2\pi$-Radius) zusammen, so daß die Dichte schlagartig ansteigt. Jede Verdichtung treibt zur Instabilität.

Der Existenzkollaps *

Sowohl Mittelpunkts-Entkopplung als auch Kompression verbindet sich mit einem Schwund $-ds$ des Sternradius s. Damit ergibt sich zusätzlich eine sehr wirksame Verstärkung dieser Effekte: Ohne Berücksichtigung der Abstrahlung wird $dM' = 0$. Damit geht die Gleichung

$$dM' = k\,dM + (1-k)(M/2s)\,ds \quad \text{über in} \quad dM/M = (-ds/s)(1-k)/2k$$

Dies besagt, daß ein Schwund $-ds$ des Sternradius s einen mit $(1-k)/2k$ verstärkten Zuwachs dM der Stern-Eigenmasse M zur Folge hat. Diese für eine Hohlkugel exakte Beziehung ist im Prinzip auch auf die Schichten einer realen Vollkugel übertragbar: Es tritt ein Verstärkungsfaktor auf, welcher k im Nenner enthält und damit nahe an einem entkoppelnden Mittelpunkt ($k \to 0$) über alle Maßen groß wird.

Ohne Schwund $-\mathrm{d}s$ des Sternradius s — dh ohne Entkopplung und ohne Kompressibilität — ist dieser Verstärkungsfaktor zwar wirkungslos. Mit Entkopplung oder mit Kompressibilität wird dieser aber nahe der Grenze außerordentlich wirksam: Nicht nur wird mit dem Massenzuwachs der Radiusschwund $-\mathrm{d}s$ weiter vorangetrieben (entweder über Entkopplung von noch mehr Neutronen, oder über Erhöhung der Dichte des Sternkörpers), sondern es wird auch noch der Verstärkungsfaktor selbst hochgetrieben (indem $k = 1 - MG/sc^2$ mit $\mathrm{d}M$ weiter gegen 0 geht; nahe der Grenze extrem schnell).

Vereinfacht ausgedrückt:

(1) Herrscht der Effekt der Abstrahlung ($-\mathrm{d}M' > 0$) vor, so bleibt der Stern immer stabil: Ab Entkopplung seines Mittelpunktes verstrahlt er laufend gerade jene Zahl von Neutronen, welche durch Ansaugung von Materie aus dem Interstellarraum und durch G-Anstieg jeweils überzählig wird. Vermutlich werden die kleinen Grenzmassen der kosmischen Endzeit stabil sein.

(2) Herrscht der Effekt der Kompressibilität vor, so kann der Stern sogar schon weit vor Entkopplung seines Mittelpunktes instabil werden. Die Instabilitäts-Dynamik treibt dann den Stern in einer schlagartigen Selbsterregung zur Entkopplung und Verstrahlung.

(3) Herrscht der Effekt des Verstärkungsfaktors vor, so wird der Stern mit Entkopplung seines Mittelpunktes instabil. Vermutlich wird unter den heutigen Gegebenheiten (geringe Kompressibilität eines Neutronen-Sternkörpers) die Instabilität unmittelbar vor Entkopplung des Sternmittelpunktes einsetzen.

Der Strahlungsdruck der Neutrinos ist nahe des Mittelpunktes größer als der Schweredruck des Sternkörpers, fällt aber mit der Ausbreitung der Strahlung im Sternkörper bis unter den Schweredruck ab. Damit stellt sich ein dynamisches Gleichgewicht ein, mit welchem das Zentrum ständig an der Entkopplungsgrenze anliegt. Die Geschwindigkeit $\mathrm{d}M_{rc}/\mathrm{d}t$ der laufenden Verstrahlung wird bestimmt durch die Ausbreitung der Verstrahlungsenergie im Sternkörper.

Ist ein wesentlicher Teil der Stern-Neutronenmasse verstrahlt, so wird der Strahlungsdruck der Neutrinos auf die äußeren Zonen des Neutronen-Sternkörpers größer als deren Schweredruck: er bläht den Sternkörper auf. Die Neutrinos laufen verstärkt in den flachen Weltraum aus, die Verstrahlung im Zentrum endet. Die auseinandergetriebene, unverstrahlte Nukleonenmasse fällt nun wieder zu einem kleineren Neutronenstern zusammen; unter raschen und heftigen Schwingungen. All dies läuft sehr schnell — etwa in Millisekunden — ab. Der zurückgebliebene, kleinere Neutronenstern saugt wieder Materie aus dem Interstellarraum an; um so etwa alle 10^8 bis 10^9 Jahre — je nach dem Gasangebot — erneut zu kollapieren.

Es wäre allerdings auch ein totaler Existenzkollaps denkbar, bei dem alle Stern-Neutronen verstrahlen.

Der Feldzusammenbruch

Das mit dem Umraum verbundene, elektrische Feld des Sterns hält seine positiven Quelladungen auch über einen Existenzkollaps im Dasein. Mit Verstrahlung des Sternkörpers verlieren diese Ladungen ihren Rückhalt, so daß das elektrische Feld zusammenbricht.

Mit der schlagartigen Verstrahlung der Sternmasse erlischt aber vor allem das gigantische Stern-Schwerefeld. Dies erscheint und wirkt in den großen Entfernungen des Weltraumes jedoch erst mit Invarianzgeschwindigkeit retardiert. Das Sternschwerefeld erlischt dann, wenn der sich kugelschalenförmig ausbreitende Schauer der Verstrahlungs-Neutrinos über den Beobachtungspunkt hinweggeht. Das schlagartige Erlöschen des Schwerefeldes der Sternmasse bzw Stern-Neutrinomasse erscheint wie eine Gravitations-Schockwelle. Aufsehenerregenderweise wurden Gravitations-Wellen in den letzten Jahren tatsächlich gemessen (Weber). Der jähe Zusammenbruch des Stern-Schwerefeldes im Existenzkollaps kann indirekt merkwürdige Phänomene bewirken:

Auch Neutronensterne haben um sich Planeten, Kometen und Meteore; wohl gegen billion Kometen, wie unsere Sonne. Einzelne davon laufen dicht am Stern vorbei und erreichen dabei gewaltige Geschwindigkeiten. Die von einer Masse erreichbare Geschwindigkeit ist nur begrenzt durch die mechanische Reißfestigkeit des Meteors gegen die inhomogenen Beschleunigungskräfte. Der Existenzkollaps verdampft mit seiner Neutrinostrahlung solche Satelliten nicht, sondern gibt sie mit deren Momentangeschwindigkeit in den Interstellarraum frei. Dringt ein Meteor mit extrem hoher Bewegungsenergie — bis *MeV* pro Nukleon — in die Erdatmosphäre ein, so setzt er da H-bombenartig Energie frei. Der Feuerball ist von Kernreaktionen aller Art begleitet, die örtliche Radioaktivität hinterläßt; wie der geheimnisvolle sibirische Meteor von 1908.

Besitzt ein Stern mehr Nukleonen als die Grenz-Nukleonenzahl n_0, so erreicht ein nukleonendichtes Sternzentrum die Grenzgrößen bereits zu einer Zeit, da sich ein Teil der Sternmaterie noch als extrem hochtemperierte Atmosphäre um das nukleonendichte Zentrum befindet. Bricht im Existenzkollaps des Neutronen-Kernes das elektrische und schwerwirkende Feld schlagartig zusammen, so weicht die extrem überhitzte Sternatmosphäre hochexplosiv auseinander. In wenigen Tagen wird der eine Teil der thermischen Energie in Expansions-Bewegung von über 1000 km/sec umgesetzt, mit welcher sich die Atmosphäre völlig im Weltraum auflöst. Ein anderer Teil wird mit etwa 10^{50} erg Photonen-Energie abgestrahlt, womit der Stern kurzzeitig mehr Licht als eine ganze Galaxie entwickelt. Diese besonders heftige Art von Supernova-Explosionen ist sehr selten.

Die Grenzgrößen *

Mit Erreichen des Instabilitätspunktes erfolgt der Existenzkollaps praktisch ohne Verzug. An diesem entscheidenden Punkt besitzt der Stern die «Grenzgrößen». Zur Vereinfachung sei angenommen, daß die Sternmasse M nur aus der Masse seiner n Neutronen (Nukleonen) bestehe; kein nennenswerter Beitrag durch thermische Energie, Neutrinos, Photonen usw: $M = n \cdot m$.

Weil $h = mc\lambda$ ergibt sich: $MG/sc^2 = (n\lambda/s) \cdot G \cdot m^2/hc$.

Eine mathematische Hohlkugel, deren Masse M ausschließlich auf der Kugeloberfläche des Radius s lagert, entkoppelt bei $MG/sc^2 = 1$. Mit $G = (2/Y) \cdot hc/m^2$ folgt daraus die Grenzbedingung $n\lambda/s = Y/2$.

Dies würde freilich nur für den irrealen Fall einer Hohlkugel großer Masse gelten. Tatsächlich wie eine Hohlkugel verhält sich aber das einzelne Nukleon ($n = 1$). Diesem ist jedoch kein «Innenraum» (die von ihm erschlossenen Wirkungsquanten sind nur im Außenraum) zuordenbar, dessen Wirkung hälftig zur stellaren Wirkungsintensität beitragen könnte. Damit ergibt sich die

Grenzbedingung für das Einzelnukleon: $n\lambda/s = Y$.

Große Nukleonenzahlen ($n \gg 1$) formen sich real in einer Vollkugel: einen Neutronenstern mit praktisch überall Elementardichte ϱ_1 (Nukleondichte). Wird hierbei der Stern schon vor Entkopplung seines Mittelpunktes instabil, so ergibt sich die Grenzbedingung: $n\lambda/s < Y/3$.

Wird eine solche Ballung aber instabil, wenn deren Mittelpunkt entkoppelt, so liegt hierbei das Oberflächenpotential erst $(2/3)c^2$ unter dem Potential des flachen Weltraumes; also $MG/sc^2 = 2/3$. Mit $G = (2/Y) \cdot hc/m^2$ folgt die Grenzbedingung: $n\lambda/s = Y/3$.

Diese Bedingung ist für einen Stern immer bei Entkopplung seines Mittelpunktes erfüllt; sowohl, wenn er dabei stabil bleibt und fortlaufend verstrahlt, als auch wenn er dabei instabil wird und kollapiert. Dies entspricht der Realität großer Ballungen.

Diese Grenzbedingung $n\lambda/s = Y/3$ gilt für Mittelpunktsentkopplung jeder Vollkugel, die überall gleiche Dichte aufweist. Hierbei kann aber die Dichte beliebig groß sein. Die konkreten Grenzgrößen verändern sich jedoch mit der Dichte: Die Grenz-Nukleonenzahl, der Grenzradius und die Grenzdauer reziprok mit der Wurzel aus der Dichte; die Grenzkraft proportional mit der Wurzel aus der Dichte; der Grenzdruck proportional der Dichte selbst. Speziell mit der Elementardichte ϱ_1, was für Neutronensterne annähernd zutrifft, ergeben sich sehr einfache

Grenz-Größen:

$n\lambda/s$ Allgemeine Grenzbedingung $n\lambda/s = n_0\lambda/s_0 = Y/3$
      (heute ist $Y/3 = 7,0953 \cdot 10^{38}$)
      Für Dichte $\varrho_1 = m/V_1$ gilt: $n_0 = (s/\lambda)^3$; damit:

n_0 Grenz-Nukleonenzahl $n_0 = (Y/3)^{3/2}$
      (heute ist $n_0 = 19 \cdot 10^{57}$; 16 fach der Sonne)

s_0 Grenz-Radius $s_0 = \lambda \cdot (Y/3)^{1/2}$
      (heute ist $s_0 = 35\ km$; $1/_{20000}$ der Sonne)

t_0 Grenz-Dauer $t_0 = \tau \cdot (Y/3)^{1/2}$
      (heute ist $t_0 = 120\ \mu sec$; wie Blitzlicht)

K_0 Grenz-Schwerkraft auf m $K_0 = (2/3)(h/\lambda\tau)/(Y/3)^{1/2}$
      (Kraft/Masse an der Oberfläche heute $173 \cdot 10^6\ kp/g$)

p_0 Grenz-Druck $p_0 = (h/\lambda\tau)/(4\pi\lambda^2)$
      (statischer Druck im Mittelpunkt; stets $52 \cdot 10^{27}\ kp/cm^2$)

Mit K_0 wird ein Nukleon an der Oberfläche vom Grenzstern angezogen; $2,8464 \cdot 10^{-10}\ dyn$; stärkstes Schwerefeld im Kosmos.

Mit p_0 werden die Nukleonen im Mittelpunkt des Sterns gepreßt; $5,1817 \cdot 10^{34}\ dyn/cm^2$; stärkster statischer Druck im Kosmos.

Die Grenzgrößen werden von der Existenzvariablen Y, dh von der Welt-Wirkungsintensitätszahl festgelegt. Sie bestimmt die Materialität des Kosmos und sie bestimmt die Seinstiefe, das Niveau des Seins unter dem Nichts. Sie legt nicht nur die Mächtigkeit der Massenballungen innerhalb des Kosmos fest, sondern den Materiegehalt des Kosmos selbst:

Der ganze Kosmos ist eine Ansammlung von Nukleonen, von Materie; eine «Grenzmasse» mit von außen verschwindenden Größenwerten (wie ein Punkt), aber mit von innen gewaltigen Abmessungen. Die innere Masse des Kosmos wird von der Existenzvariablen Y festgelegt. Zur Zeit Z_i der Inhomogenisierung und die folgenden 3 Jahrmilliarden (also vor 10 bis 13 milliarden Jahren) ergab sich mit dem maximalen Y von rund $5 \cdot 10^{39}$ der maximale Nukleonengehalt des Kosmos von rund $\frac{1}{2} \cdot 10^{80}$. Dies war zugleich die Zeit der größten Ballungen und Grenzgrößen; die Zeit der Bildung fast aller Sterne.

Diese Phase mit dem Höchstwert der Existenzvariablen Y ist gleichsam in jeder Weise am weitesten vom Nichts entfernt; die mächtigste Seinsentfaltung in einem existentiellen Maximum; die Vollkraft des Kosmos zwischen einem jugendlichen Aufstieg des noch Unstrukturierten und einem greisenhaften Abstieg des schon Überstrukturierten.

Seither ist die Existenzvariable Y, die Welt-Wirkungsintensitätszahl, und damit der Materieinhalt des Kosmos stetig abgefallen. Zur Zeit ist $Y = 2{,}1286 \cdot 10^{39}$. Damit ist G schon wieder auf das 2,4-fache des Minimalwertes angestiegen. Der Gravitationsfaktor G steigt heute mit rund $\frac{1}{2} \cdot 10^{-10}/a$ an. Damit fällt die Grenz-Nukleonenzahl n_0 ab; heute etwas überproportional mit $1/T$.

In den vorangegangenen Jahrmilliarden — mit ihren noch niedereren G-Werten — bildeten sich viele große Sterne, die inzwischen ausgebrannt und zu Neutronensternen entartet sind. Möglicherweise ist zur Zeit in den Galaxien — vornehmlich im Zentralgebiet — schon mehr Masse in unsichtbaren Neutronensternen als in noch nicht entarteten, leuchtenden Sternen geballt. Durch Ansaugen von Materie aus dem Interstellarraum und durch Anstieg des Gravitationsfaktors G kommen viele dieser alten Neutronensterne erst jetzt und zunehmend schneller an ihren Instabilitätspunkt. Damit steigt die Häufigkeit von Existenzkollapsen an.

Die Möglichkeit, Materie anzusaugen, hängt vom Angebot an Interstellargas ab. Im Zentralgebiet der Galaxien, wo die meisten Neutronensterne lagern, wird dieses Angebot wesentlich durch die Aktivität des galaktischen Kernes bestimmt, welcher immer wieder in eruptiven Schüben gewaltige Gasmassen ausstößt. Zwischen langen Pausen können deshalb immer wieder vergleichsweise kurze Epochen auftreten, in welchen sich die Existenzkollapse besonders häufen; zur Zeit scheint eine Epoche großer Häufigkeit gegeben zu sein.

Mit dem Verschwinden immer kleinerer Massen geht die kosmische Geschichte unaufhaltsam einem absoluten Weltende entgegen. Am Ende des Kosmos wird sogar das Einzelnukleon zur Grenzgröße. Ein einzelnes Nukleon, das keinen wirkungserfüllten Innenraum besitzt, entkoppelt mit seiner Oberfläche ($s = \lambda$). Damit geht für das Einzelnukleon ($n = 1$) die allgemeine Grenzbedingung $n\lambda/s = Y/3$ in $n\lambda/s = Y$ über. Weil für das Einzelnukleon $n\lambda s = 1$ ist, verschwinden die letzten Nukleonen, wenn Y wieder bis auf 1 abgefallen ist. Dies ist das absolute Weltende: bei Z_e für $Y = Y_e = 1$.

Mit $Y = 1$ ist das erste Nukleon entstanden und mit $Y = 1$ verschwindet das letzte Nukleon wieder aus dem Dasein: eine eindrucksvolle Konsequenz des kosmischen Geschehens.

Die Grenzgrößen bestimmen somit die Materie-Entstehung und vor allem die Materie-Vergehung: die Entwicklung des Kosmos.

Ballungsdynamik und Weltende

Die Grenzgrößen-Werte und der G-Anstieg bestimmen die Materievergehung im Weltall. Die totale Vergehung mit Verschwinden der letzten Nukleonen ist bei Z_e von rund Z_i^2; das ist in etwa $\frac{1}{2} \cdot 10^{50}$ Jahren. Die konkrete Geschichte des Kosmos wird hierbei noch entscheidend davon bestimmt, welche und wie große Kräfte die Ballung der Materie verursachen bzw dem raschen Zusammenfall entgegenwirken.

Die Ballungsdynamik ist nur schwer erfaßbar. Die Uranfänge der Wasserstoffballungen knüpfen sich vermutlich sogar an mikrophysikalische Keimbildungen, aus denen heraus sich der Kosmos in prinzipiell freien Spielräumen gestaltete. Gleichsam würde jeder neue Kosmos, trotz völlig gleichen Anfangs, immer wieder anders aussehen. Die späteren Ballungsvorgänge sind zwar determiniert, aber wegen ihrer unübersehbaren Vielseitigkeit theoretisch kaum erfaßbar.

Der Umstand, daß vor 12 milliarden Jahren die vielfache Nukleonenzahl wie heute vorhanden war, deutet auf eine sehr starke Ballungsneigung der Nukleonen. Nur die einsetzenden kernatomaren Reaktionen, deren

Energien vom Zentrum her die Sterne aufblasen, haben bisher die Materievergehung wenigstens soweit bremsen können, daß heute überhaupt noch strahlende Sterne vorhanden sind. Nach Erschöpfung des kernatomaren Brennstoffes steht der Ballung und Vergehung nichts mehr entgegen.

In 30 milliarden Jahren werden keine neuen Sterne mehr gebildet werden; in 100 milliarden Jahren keine Sterne mehr brennen: Der Tod des Weltalls ist damit eingetreten; als Vergehung des lebendigen, leuchtenden, gestalteten Kosmos.

Bei einem Weltalter von 140 milliarden Jahren — das 10-fache vom heutigen Alter — sind alle Weltkörper mit mehr als $\frac{1}{2}$ Sonnenmasse bereits verschwunden. Als gähnend leerer, grauenhaft dunkler, absolut kalter, unrettbar toter Staub- und Gaskosmos wird er während einer unvorstellbar langen Zeit langsam seinem absoluten Ende entgegen gehen: dem Verschwinden jeglicher Materie, ja von Raum und Zeit selbst.

Unmittelbar vor der vollständigen Vergehung aller Materie sind in dieser sich selbst entfremdenden Raumzeit schon keine Sterne, keine Steine, keine Staubkörner mehr existenzfähig; nur noch vereinzelte Atome, Nukleonen. Mit schließlicher Totalentleerung ist kein Raum und keine Zeit, der ein Nebeneinander und die ein Nacheinander begründen könnte: Brächte gleichsam ein Dämon ein Nukleon, ein Atom oder was immer hinein, würde dies sofort verschwinden; er könnte es gar nicht hineinbringen; es gäbe gar kein «Hinein» mehr. Raum und Zeit könnten auch nicht die kleinste Masse im Dasein halten; sie haben ihr Wesen und Dasein verloren; Raum und Zeit selbst sind nicht mehr; nichts.

Das ondulierte Nichts

Ist mit dem Verschwinden jeglicher Materie wirklich alles verschwunden? Existieren die Neutrinos und Photonen, deren Massen sich unbegrenzt verkleinern können, dann auch nicht mehr; gleichsam in einer quasi-Raum-Zeit?

Ein Neutrino, ebenso ein Photon, ist überhaupt kein objektivierbares «Teilchen»: Es ist das Energiequantum, das der Potentialität (Möglichkeit) einer Reaktion eines ausgedehnten Wellenfeldes zugeordnet ist. Immer und überall im Bereich der unbegrenzt ausdehnungsfähigen Welle ist diese Potenz als «Reaktionswahrscheinlichkeit» gegeben. Eine Reaktionspotentialität, eine Reaktionswahrscheinlichkeit gibt es aber prinzipiell nur, sofern ein Reaktionsobjekt existiert. Ist nach Vergehen aller Materie die Potentialität prinzipiell erloschen, so ist eine Neutrino- und Photonenexistenz wesenhaft leer und nichtig.

Dieses aktuelle und essentielle Verschwinden ist zugleich ein energetisch-existentielles Verschwinden: Wie jeder Masse, so ist auch der Strahlungsmasse m'' eines Neutrinos oder Photons die Massenenergie $E = m''c^2$ und die Potentialenergie $P = m''\Phi = -m''c^2$ eigen. Wie groß auch immer m'' und wie groß auch immer ein c-Wert nach Verschwinden der Nukleonen sein möge, gilt: $E + P = m''c^2 - m''c^2 = 0$.

Somit war und ist auch die Gesamtenergie eines Neutrinos oder Photons immer Null. Dieser immer gültige Umstand bedeutet aber in der quasi-Homogenität mit ihrer prinzipiellen Nichtindividualisierbarkeit die absolute Existenz-Nichtigung.

Die Welt-Expansion und Welt-Alterung ist der Existenz dieses Kosmos wesenhaft eigen; Raum *ist* Expansion, Zeit *ist* Alterung. Immer weiter fortschreitende Expansion und immer weiter fortschreitende Alterung ist der Geschichte dieses Kosmos wesenhaft eigen; es gibt keine Kontraktion, es gibt keine Verjüngung. Welttiefe R und Weltalter T sind miteinander in der universellen Naturkonstanten $c = R/T$ verbunden; eben diese Expansion und Alterung macht diese Größe c zur universellen Invarianten mit quasi-unendlicher Größe.

Expansion und Alterung ist identisch dem Raum und Zeit erschließenden Versinken jeden Nukleons; dies eben macht die Existenz des Nukleons und aller Materie. Mit Auftreten des ersten Nukleons taucht Raum und Zeit — ungewesen — aus dem Nichts auf. Mit Verschwinden des letzten Nukleons geht Raum und Zeit — gewesen — wieder unter. Aus dem Nichts mit einem punktförmigen Raum-Zeit-Anfang hervorbrechend, kommt das Weltall; in gigantischen Abmessungen seine mächtige Materialität entfaltend, existiert das Weltall; immer weiter expandierend und alternd vergeht das Weltall in einem entleerten Raum-Zeit-Ende wieder in das Nichts.

6. Allmacht und Ewigkeit

Die Schöpfung

Vor der Schöpfung war nur Gott. Gott selbst aber ist jenseits von Raum, Zeit und Materie. Außer Gott war nur das absolute Nichts; kein Raum, keine Zeit, keine Materie.

Die Materie des Weltalls ist heute in Sternen — wie unsere Sonne — geballt. Hundertmilliarden Sonnen gehören einer Galaxie an, wie unsere Milchstraße; einem «Himmel» der Sterne, wie die Genesis dies bezeichnet. Und wiederum hundertmilliarden solcher Galaxien bilden das Weltall; den «Himmel der Himmel». Wie die Heilige Schrift sagt, hat Gott noch über diesem Himmel der Himmel Seinen Thron. Gott ist noch über dem Universum.

Doch als die Materie dieses Himmels der Himmel und darunter auch der künftigen Erde geschaffen wurde, war noch nichts gestaltet. Und Dunkelheit verhüllte die gewaltigen Tiefen des Raumes. Die Materie entstand als Neutronen, die sich in Wasserstoff-Plasma verwandelten. Aus diesem sollten sich die künftigen Galaxien mit ihren Sternen und deren Planeten gestalten.

Damit war die eigentliche Schöpfungsphase, die Entstehung der Materie aus dem Nichts abgeschlossen. Eine milliarde Lichtjahre Tiefe des Raumes war in einem Alter von einer milliarde Jahre erfüllt mit Wasserstoff von hunderttrilliarden Sonnenmassen. Es begann das Werk der Scheidung.

Der schöpfungsmächtige Geist zwang die Materie zur Gestaltung. Die Materiewellen der Entstehungs-Neutronen leiteten die Inhomogenisierung ein. Hundertmillion Jahre vor den ersten Atomkernreaktionen begannen sich in der Dunkelheit Ballungen abzuzeichnen. Die Protonen und die Elektronen des Wasserstoff-Plasmas kamen einander näher und in gegenseitigen Stößen entstanden Photonen einer intensiven Licht-Strahlung. Die Ballungen begannen zu leuchten; eine jede 1000fach wie heute eine ganze Galaxie. Aus der Gravitationsenergie gespeist, kam eine Überfülle von Licht in den Kosmos; geschieden von der Dunkelheit des Raumes zwischen den Ballungen.

Das Wasserstoff-Plasma begann sich nun in jene Wasserstoff-Massen zu teilen, welche an den Ballungen noch nicht teilnahmen, und jene, welche die Ballungen bildeten. So grenzte sich jede einzelne Ballung im Raume ab. Die einsetzenden Atomkern-Reaktionen bewirkten gigantische Turbulenzen und Explosionen in einer jeden Ballung, mit welchen sich diese zur Galaxie entwickelte:

Milliarden Jahre nach der Scheidung von Licht und Finsternis, nochmals hundertmillionen von Jahren nach Scheidung des kosmischen Wasserstoffs, entstanden die ersten Sterne. Sechs milliarden Jahre danach entstanden erst unsere Sonne, unser Mond und unsere Erde. Damit erst ergab sich nun auf der Erde die Abscheidung der Wasser von den Kontinenten in den Ozeanen — und die Besiedelung von Meer und Land mit allen Arten von Lebewesen; unter dem Licht von Sonne, Mond und Sternen.

In der Entstehungsphase des Homogenkosmos waren die Nukleonen voneinander wesenhaft ununterschieden; jedes dem Ursprung zugeordnet. Sie waren nicht lokalisiert und nicht individualisiert; in einer All-Einheit des Weltalls: die notwendige Voraussetzung für die Entstehung von Nukleonen, von Materie.

Mit der Inhomogenisierung begann die Lokalisierung und Individualisierung der Materie, mit welcher zwangsläufig die Nukleonen-Entstehung endete. Es begann die Strukturierung des Weltalls: die Gestaltungsphase. Es bildeten sich eben hundertmilliarden Galaxien. In jeder Galaxie ballten sich hundertmilliarden Sterne. Und viele Sterne bekamen Planeten. In einer gigantischen Evolution bildeten sich immer mehr unterschiedene und immer höher organisierte Gestalten: bis zu den höchsten Lebewesen auf unserer Erde.

Mit der Inhomogenisierung wird aber zugleich auch das Vergehen der Materie eingeleitet. Der Brennstoff der leuchtenden Sterne erschöpft sich. Die Sterne entarten mit Nukleonendichte und schwinden an ihren Grenzgrößen aus dem Dasein. Immer kleinere Massen verschwinden. Heute — 14 milliarden Jahre nach dem Ursprung — existieren nur noch kleine Anteile der ehemaligen Materie als leuchtende Sterne. In hundertmilliarden Jahren gibt es keine leuchtenden Sterne mehr im Weltall. Damit ist das Weltall in die Vergehungsphase getreten: trillion mal trillion mal billiard Jahre bis zur Vergehung der letzten Reste der Materie in Kälte, Nacht und Grauen; als Totalvergehung von Masse, Raum und Zeit ins Nichts.

Eine unheimliche Ureigenart allen Seins wird offenkundig: Das Heraustreten aus der All-Einheit ist Individualisation und Isolation, ist Gestaltung und Zerstörung, ist Entfaltung und Vergehung, ist Leben und Tod zugleich.

So hat das Weltall Anfang und Ende in der Zeit. Und ebenso ist es auch endlich im Raum. Seine Struktur ist überhaupt völlig symmetrisch in Raum und Zeit; nur unsymmetrisch in der Richtung eines dynamischen Ablaufs: Expansion im Raum, und Alterung in der Zeit; ohne Möglichkeit einer Kontraktion oder Verjüngung.

Ist der Weltraum endlich, aber unbegrenzt: eine unanschaulich, gekrümmt in sich zurücklaufende Hyperfläche? Dieses Modell, von den bedeutendsten Mathematikern der Erde begründet und ein gewaltiger Fortschritt gegenüber dem unbegrenzt-eben gedachten Raum der Klassik, ist überaus geistreich und erstaunlich primitiv zugleich; ein abstraktes Raumbild unter Ignorierung der Zeit: Es müßte eine absolute Zeit geben, auf daß man — für einen bestimmten Moment von dieser — eine rein räumliche Struktur fassen könne. Es gibt aber keine derart raumunabhängige Zeit.

Das Weltall ist in einer untrennbaren Raum-Zeit-Union strukturiert. Und in dieser Union ist es von einer wunderbaren Anschaulichkeit und Einfachheit. Das Weltall ist endlich und begrenzt; aber in offener Endlichkeit begrenzt: in Unerreichbarkeit seiner Grenzen.

Der Weltraum ist nicht geschlossen; nicht umlaufbar. Sein Fernstpunkt ist der in allen Richtungen räumlich weitest entfernte und zeitlich weitest zurückliegende Punkt. Vom Ursprung des Weltalls, vom Ursprung von Raum und Zeit selbst, sind wir am weitesten zeitlich entfernt (am meisten gealtert), der Fernstpunkt aber am weitesten räumlich entfernt (am meisten expandiert). Der Fernstpunkt ist räumlich am «Rand», zeitlich am «Ursprung» des Alls.

Von wo ist dieser Rand räumlich am weitesten entfernt; von wann ist der Ursprung zeitlich am weitesten zurückliegend? Von unserem Hier und Jetzt, in der Mitte des Weltalls. Wie für uns, so gilt dies aber für jeden Bezug, mit seinem anderen Hier und Jetzt. Jede Galaxie, jedes Existierende ist für sich im Mittelpunkt des Kosmos: eine Ur-Eigenheit allen Seins; Jeder ist in seinem Ich Mitte.

Was ist jenseits von Rand und Ursprung; jenseits des Anfangspunktes des Weltalls? Außerhalb der Schaffung des Raumes war eben kein Raum; vor der Schaffung der Zeit war eben keine Zeit. Jenseits von Rand und Ursprung ist das raumlose und zeitlose Nichts; nicht nur Leerheit: das absolute Nichts. An dieser Grenze ist das Weltall geschlossen; aber nicht geschlossen als ein Endpunkt, sondern als Anfangspunkt.

Ist diese Grenze erreichbar? Man müßte in die Vergangenheit zurücklaufen, um Rand und Ursprung zu erreichen. Umgibt uns aber nicht dieser Rand — wie die Oberfläche einer Kugel den Kugelmittelpunkt — von allen Seiten in 14 milliarden Lichtjahren Entfernung, so daß man mit genügend großen Geschwindigkeiten doch dorthin gelangen müßte?

Nähmen wir auch die quasi-unendliche Invarianzgeschwindigkeit c, so könnten wir zwar das Altern zum Stillstand bringen und wir könnten der Vertiefung im Raum entkommen. Wir würden damit gegenüber dem Rand und Ursprung räumlich und zeitlich verharren; im konstanten Abstand verbleibend. Wir würden uns aber dem Rand und Ursprung, dieser Grenze des Weltalls, auch nicht nähern. Ja, in Raum und Zeit unseres Ausgangspunktes könnten wir höchstens den Raum-Zeit-Abstand bewahren und weitere Vertiefung vermeiden. Aber die Galaxien, die wir auf dieser Reise erreichen, würden wir in ihrem Raum und in ihrer Zeit sogar in noch weiter vertieftem Raum und in noch weiter vorangeschrittener Zeit antreffen; noch tiefer und noch älter. Nie läuft man gegen den Anfang; mit jedwelcher Geschwindigkeit läuft man immer nur gegen das Ende.

Diese Grenze des Weltalls in Rand und Ursprung ist wesenhaft für kein Existierendes erreichbar.

Was ist aber, wenn wir einfach verharren; im Hier und Jetzt verbleiben? In unserem Hier und Jetzt ist das Weltall offen; offen in fortlaufender Vertiefung des expandierenden Raumes; offen im fortlaufenden Gleiten unserer Gegenwart in die Zukunft der alternden Zeit. Gibt es in dieser Richtung eine Grenze; einen das Weltall schließenden Punkt? Diesen Punkt gibt es: eben als Ende, welches das Weltall abschließt. Aber auch diese Grenze ist wesenhaft für kein Existierendes erreichbar:

Diese Grenze wäre dann erst erreicht, wenn im Verschwinden des letzten Nukleons keine neuen Raumelemente und keine neuen Zeitelemente mehr erschlossen werden. An dieser Grenze ist nicht nur jede Materialität verschwunden; auch Raum und Zeit werden selbst leer und nichtig. Und was ist jenseits dieser Grenze? Wo der Raum selbst nicht mehr ist, gibt es auch kein tiefer; wo die Zeit selbst nicht mehr ist, gibt es auch kein später; da ist nur noch das raum- und zeitlose Nichts; nicht nur Leerheit: das absolute Nichts.

Das Weltall ist endlich und begrenzt; aber begrenzt in Unerreichbarkeit seiner Grenzen. Das Sein ist ein Loch im Nichts; aber ein Loch, in welchem das Sein dem Nichts nirgends begegnet. Es ist eine Ureigentümlichkeit alles Seienden: Keinem Geschaffenen ist die Grenze seines Seins erreichbar; kein Seiendes kann sich selbst einholen.

Das Weltall ist endlich und begrenzt auch noch in einer dritten Dimension: In der Masse; in der Materie und Energie, im materiellen Sein.

Mit Entstehung des ersten Nukleons wurde das Weltall eröffnet; in einem Anfang des Daseins von Raum und Zeit — und des Daseins von Materie in Raum und Zeit. Mit Vergehung des letzten Nukleons wird das Weltall wieder geschlossen; in einem Ende des Daseins der Materie — und des Daseins von Raum und Zeit selbst. Dazwischen traten gewaltige Weltmassen in das Dasein und aus dem Dasein. So gibt es eine kleinste Masse als Einheit der eigentlichen Materie: die Elementarmasse m, welche sich im Proton verkörpert, zusammen mit der Masse seiner Ladungsergänzung, welche sich im Elektron verkörpert. So gibt es eine größte Masse als Weltmasse: im Maximum $\frac{1}{2} \cdot 10^{80}$ Nukleonen.

Innerhalb dieses Kosmos gibt es noch eine andere Grenze: in den existentiellen Grenzgrößen.

Der Homogenkosmos war noch kein gestaltetes Sein; unfaßbare Schattenhaftigkeit in homogenem Potential. Schon die winzigen Potentialschwankungen der statistischen Verteilung leiteten die Inhomogenisierung, die Ballung der Massen ein. Damit wurde der Kosmos zu strukturiertem, gestaltetem Dasein; zugleich einem Dasein in Unterschieden des Potentials, des energetischen Status, des Ranges des Daseins. Ein Oben und Unten begann das Sein zu bestimmen. Gewaltige Aspekte öffneten sich.

Urgewaltig ist der Blick nach oben; der Anblick der Sternheere der Galaxis — und der Heere der Galaxien im Weltall. Und unheimlich ist der Blick nach unten; der Anblick der Grenzsterne im tiefstmöglichen Potential. Zutiefst furchterregend — wie der Tod — ist ihr Verschwinden: die schlagartige Totalverstrahlung in Neutrinos, welche dann selbst unaufhaltsam mit der Zeit dahinschwinden: eine existenzbedrohende Nichtigung kosmischen Daseins inmitten des feurigen Lebens der Sternenwelt.

In wahrhaft grauenvollem Kontrast zur Großartigkeit des Kosmos wird die Nichtigkeit allen Seins in sich offenkundig: Die Gesamtenergie eines jeden Seienden — jeder Masse — gegenüber allem anderen Sein im Weltall ist Null. Vollzieht aber ein Seiendes — ein Grenzstern — die Gesamtenergie-Bilanz Null in völligem Selbstgenügen schon in sich, so hat er die Existenzmöglichkeit verloren: in der Instabilität seiner Existenz in sich, schwindet er in einem ungeheuerlichen Existenzkollaps aus dem Dasein.

Hat auch der gesamte Kosmos in sich diese unheimliche Gesamt-energie-Null? Tatsächlich ist der Kosmos im Ganzen auch eine Grenz-masse.

Der Grenzstern ist existentiell instabil; ist der Kosmos existentiell stabil? Auch der Kosmos hat keine existentielle Stabilität im Sinne eines Verharrens. Auch der Kosmos ist unentwegter Fluß. Seine Existenz ist Fließen; unentwegte Ausweitung in Raum und Zeit, mit anfänglicher Vermehrung seiner Masse und endlich wieder Verminderung. Der Kosmos ist Entstehung, Gestaltung und Vergehung; Vergehung in Grenz-sternen, die das seinsauflösende Ende des Kosmos im Einzelnen vor-wegnehmen und im Ganzen einleiten und vollenden. Die Existenz, das Sein des Kosmos, ist Durchgang vom Nichts in das Nichts.

Das Weltall ist begrenzt. Am Anfang und Ende, außen und innen, oben und unten grenzt es an das Nichts; ist es vom Nichts begrenzt. Doch diese Grenze, dessen Erreichen die Vernichtung der Existenz bedeuten würde, ist von keinem Existierenden erreichbar. Unerreichbar ist jedem geschaffenen Sein jener Aspekt der Allmacht und Ewigkeit, welcher nur Gott selbst eigen ist: jenem über allen Räumen und Zeiten thronenden Gott, dem Herrn über das Sein und das Nichts.

Die in den Massen verkörperten positiven Energien des Weltalls exi-stieren, weil ihnen in ihrer Raum-Zeit-Versunkenheit gleichgroße nega-tive Potentialenergien die Waage halten; gleichsam das Sein im Nichts ausbalancieren. So sind in der Tiefe des Potentials des Weltalls endliche Massen da, größer als nichts; sind endliche Räume da, größer als nichts; sind endliche Zeiten da, größer als nichts.

In der Tiefe des Potentials ist die Zeit kontrahiert, jede Ereignisdauer verkürzt; als Grund dafür, warum im Sein überhaupt Zeit in endlicher Ereignisnacheinanderfolge abläuft und Energie *ist*; abläuft gegenüber dem Nichtablauf in der Zeitlosigkeit; *ist* gegenüber dem *nicht ist*. Be-gleitet ist die Zeitkontraktion von einer Verstreichung der Zeit und Geschichte alles Seienden in die Zukunft, in welcher jeder Moment immerfort gegenwärtig ist.

Diese Allgegenwart aller Zeiten und Ereignisse in der Zeitlosigkeit des geheimnisvollen Nullpotentials, des unerreichbaren Nichts, ist eine Allgegenwärtigkeit in der Personalität Gottes. Dies ist die absolute, all-einfache Bewußtheit; bewußte Gegenwart alles Seienden: die All-wissenheit des souveränen Herrn aller Welten. Allmächtigkeit und All-wissenheit in Allgegenwart ist die Dreiheit der absoluten, ewigen Majestät Gottes. Eine Ahnung dämmert auf von jenem uneinnehmbaren, undenkbaren Jenseits allen Seins; eine Ahnung von der Ewigkeit, die nicht als unbegrenzt weiterlaufende Zeit ist, sondern als zeitlose Überzeitlichkeit; als Immer-Gegenwart aller Zeiten und Ereignisse:

Sein von Massen als Galaxien und Sternheere in fortgesetztem raum- und zeiterschließendem Versinken; gegenüber einem existentiell nicht-vollziehbaren «Oben»; einem Oben, das Gegenüber allem Seienden Unendlichkeit und Ewigkeit in Allgegenwart bedeutet. All und Nichts zugleich, in welchem das Weltall — mit allen Energien, Massen, Ereignissen — als immer und überall gegenwärtiges, übermaterielles Sein existiert; mit allen Ausdehnungen wie als verschwindender Punkt und mit seiner gesamten Geschichte als blitzartige und doch immer gegenwärtige Vergänglichkeit. «Vor Gott sind tausend Jahre wie ein Tag»; vor Gott, dem Ganz-Anderen, der uns kundtut: «Meine Räume sind nicht eure Räume — und Meine Zeiten sind nicht eure Zeiten». Vor der schöpfungsgewaltigen Allmacht wird Sein und Nichts, wird Anfang und Ende eins: «Ich bin der Erste und der Letzte, der Anfang und das Ende».

Die Nichtigkeit aller Grenzen

Weltentstehung und Weltvergehung! Ungewesen entsteht das Weltall aus dem Nichts — und gewesen vergeht es wieder in das Nichts. Über-gigantische Räume, Zeiten und Massen kommen und gehen wie ein Hauch.

Gewaltig berichtet das letzte Buch der Bibel, die Apokalypse, vom Weltende; *Apk 20, 11:* «Vor dem auf dem Throne flohen Himmel und Erde, wie eine Buchrolle, die man schließt, und es fand sich keine Stätte mehr für sie.» *Apk 21, 5:* «Der auf dem Throne saß, sprach: Was war, ist vergangen. Siehe, Ich mache alles neu. Ich bin das Alpha und das Omega; der Anfang und des Ende.»

Unfaßbar gewaltig sind Raum, Zeit und Masse dieses Weltalls. Aber sie sind endlich: ein irgendwie beruhigender Gedanke.

Eine unheimliche Frage taucht auf: Hat dieser Gott etwas Endliches geschaffen; ist dieser Gott selbst endlich? Ist aber dieses «Weltall» wirklich das All, das erschöpfende Alles?

Siehe, Ich mache alles neu! Gibt es nach diesem Weltall, nach dessen Vergehen in Raumlosigkeit und Zeitlosigkeit, ins Nichts, nochmals ein neues Weltall? Gibt es vielleicht überhaupt andere «Alls», andere Kosmen?

Wann waren diese anderen Kosmen, wann werden sie sein; früher, gleichzeitig oder später als unser Kosmos? Wo sind diese anderen Kosmen; wie weit entfernt in welcher Richtung, hier oder dort?

In der Torheit und Leerheit dieser Fragen wird die Allmacht erahnbar: «Früher und später» sind Ordnungen in der Zeit; in der Zeit dieses unseres Kosmos. Es gibt kein früher und später außerhalb dieser Zeit. «Hier und dort» sind Ordnungen im Raum; im Raum dieses unseres Kosmos. Es gibt kein hier und dort außerhalb dieses Raumes. Andere Kosmen, mit ihren eigenen Zeiten und Räumen, sind außerhalb jeglicher zeitlichen und räumlichen Relation. Sie sind nicht «früher», nicht «jetzt» und nicht «später»; sie sind nicht «hier» und nicht irgendwo «dort». Ob sie überhaupt «sind» oder «nicht-sind», ist unserem Sein unerreichbar entzogen. Ihr Sein und ihr Nichts ist nur im Wort der unbegrenzten Allmacht; jenseits aller Zeiten und Räume in der Ewigkeit.

In jenem Nichts, jenseits aller Räume und Zeiten, ist alles nichtig. Da sind auch alle Begrenzungen nichtig — und das Unbegrenzte, das Unendliche wird zu einer unheimlichen Möglichkeit und Tatsächlichkeit:

Nichtig ist die Grenze der Zahl der Kosmen. Jede noch so große Zahl erschöpft nicht die Zahl der Kosmen; nicht abzählbar. Darin gründet die Unendlichkeit. Zahllose Kosmen; jeder — nach außen gegen das Nichts — in Nichtigkeit verschwindend; jeder — nach innen in sich selbst — in fragloser Daseinhaftigkeit, von gewaltigem Sein.

Nichtig ist die Grenze der Absonderlichkeit. Jede Gott-Nähe ist vollziehbar; unbegrenzt bis zur Vereinigung: «er ist in Mir und Ich bin in ihm». Darin gründet das herrschaftliche Geheimnis der Eucharistie. Jede Gott-Ferne ist vollziehbar; unbegrenzt, bis zur Abschließung: «wahrlich, wahrlich, Ich kenne euch nicht». Darin gründet das furchtbare Geheimnis des Bösen. Ich-hafte Bewußtseins-Elemente sind, mit jedem Grad von Weite und Macht und in jedem Maß der Entfernung vom unbegrenzten Bewußtsein Gottes, möglich und tatsächlich.

Nichtig ist damit jede Grenze der Eigenart der Kosmen. Zu jeder Art von Wesen, zu jedem Maße der von ihnen gewollten und vollzogenen Absonderung, schafft das gesetzgebende Wort des absoluten Souveräns die ihnen arteigene Welt. Darin gründet die göttliche Gerechtigkeit. So gibt es alle Arten von Gesellschaften und Lebensräumen; die verschiedenartigsten Welten und Kosmen: unermeßlich herrliche, aber auch unausdenklich grauenvolle. Damit wird der Himmel, aber auch die Hölle zum Schöpfungsakt göttlicher Liebe, der jedem das seinige zuwendet.

Kosmen, unbegrenzt an Zahl; größer als jede noch so hoch angebbare Zahl. Kosmen, unbegrenzt an Eigenart; von wundervoller Herrlichkeit, aber auch von abgrundloser Entsetzlichkeit.

Zugleich ist dies die absolute Voll-Kommenheit; eine unheimliche Voll-Ständigkeit, in welcher nichts, auch nichts Unvollkommenes fehlt. Welten allen Grades von Vollkommenheit wie Unvollkommenheit sind vor Gott existent. Keine Phantasie kann diese grundlosen Tiefen ausloten. Nichts kann vor dieser erschreckenden Vollkommenheit, über diesem gähnenden Abgrund der Grenzenlosigkeit, Geborgenheit geben.

Diese Unbegrenztheit ist von einer geradezu unerträglichen Gewalt: sie raubt dem Schauenden den Atem, sie droht das Leben zu erdrücken, das Denken dem Wahnsinn preiszugeben. Urangst und Urgrauen überfällt den Geschaffenen vor der Allmacht und Ewigkeit: Erlöscht das Feuer meiner Personalität einmal für immer; für alle Zeiten aller Welten, in ein nicht endendes Nichts? Ist mein Ich verurteilt, alle Herrlichkeit und alle Qual zahlloser Kosmen zu durchleben; ohne Ende? Solch ewiger Tod und solch ewiges Leben ist gleichwohl schonungsloses Preisgegebensein an die Unermeßlichkeit; beides ist die Hölle.

Gleichsam: Das Nichts ohne das Sein, ebenso das Sein ohne das Nichts sind gleichwohl Grauenhaftigkeit und Verlorenheit; sind Verlust Gottes. Allein in Gott — in Seiner Allmacht und Herrlichkeit — ist Sein und Nichts in unerschöpflichem Spiel vereinigt. Allein in Gott, dem Unwandelbaren, ist die «ewige Ruhe»: ewig lebend angesichts Gottes in all Seiner Schöpfung, doch dem Wandel alles Geschaffenen nicht preisgegeben; himmlische Ruhe in feurigem Leben.

Nur ein einziger vermag vor der Unermeßlichkeit den Frieden zu geben, Frieden aus der Allgewalt in Ewigkeit: Jener auf dem Throne, der diese Allgewalt und Ewigkeit inne hat; vor dem Dreieinen und Seiner Verheißung: «Meinen Frieden gebe Ich euch.»

Kommt und geht unser Kosmos nach einem «ewigen Naturgesetz»? Existiert ein solches Gesetz fraglos jenseits aller Räume und Zeiten; als Sein neben Gott; wie Gott selbst? Müssen andere Kosmen nach eben diesem gleichen Gesetz entstehen und vergehen?

Von diesem Gesetz — dem Götzen der Gottlosen — gilt wahrhaftig: «Das Gesetz aber führt zur Verurteilung.»

Ist die Nichtigung aller Räume, Zeiten und Massen eines Kosmos vor Gott, ist die Nichtigung jeder Begrenzung der Zahl der Kosmen vor Gott, ist diese die Allmacht und Ewigkeit gleichsam begründende Nichtigung, ein absolutes Gesetz neben Gott? Solche Gedanken wären wahnsinniger, schrecklicher Irrtum: Das Wort des souveränen Gesetzgebers ist eine Drei-Einheit mit dem Sein und dem Nichts. Dies sind die drei Wesen Gottes; drei in einem. Diese Dreieinheit ist bei Gott; sie IST Gott. Und dieses *Ist* Gottes ist jenseits allen Seins, ist Gott selbst: ein *Ist* völlig anderen Wesens und unermeßlich höheren Ranges als alles sonstige Sein, als alles geschaffene Sein. Kein geschaffenes Sein kann sich selbst einholen. Gott ist der Alleine und Einzige, der sich selbst einholt.

Im Nichts sind auch alle Gesetze nichtig. Nichts beschränkt die Allmacht, jedem Kosmos sein eigenes Gesetz zu geben. Gott selbst ist das Gesetz. Gott in Seiner unbegrenzten Freiheit. So schuf Gott diesen Kosmos im Wort des souveränen und personalen Gesetzgebers:

Joh 1, 1-3: «Im Anfang war das Wort, Und das Wort war bei Gott, Und das Wort war Gott. Dies war im Anfang bei Gott. Durch dies ist alles geworden. Und ohne es ward nichts von allem, was geworden ist.»

Dann folgt etwas Wunderbares, das allein Frieden und Erlösung bringt: Joh 1, 14: «Und dieses Wort ist Mensch geworden und hat unter uns gewohnt. Und wir haben geschaut Seine Herrlichkeit: die Herrlichkeit des Eingeborenen vom Vater, voll der Gnade und Weisheit.»

So konnte Jesus Christus tatsächlich sagen: «Himmel und Erde werden vergehen, Meine Worte aber werden nicht vergehen.»

Warum muß dieser Erlöser Gott Selbst sein, aber zugleich als Mensch kommen, «in allem uns gleich, außer der Sünde» (dh ohne «Getrenntsein» von Gott)? Niemand und nichts vermag sich selbst aus der Tiefe des Potentials seines Daseins herauszuheben; aus jener Tiefe, die seine Existenz selbst *ist*? Nur jener Souverän selbst kann diese überexistentielle «Heimführung aus der Gefangenschaft» vollbringen: in der Vereinigung des Menschen mit Sich Selbst, indem Er uns in unserer eigenen Natur begegnet und «in die Höhe des Himmels» heimholt; in jene überkosmische Höhe, in der alle Grenzen nichtig sind: jenseits aller Räume und Zeiten der unendlich vielen Kosmen; in ewigem Frieden.

Und durch alle Räume und Zeiten hallt die Frohbotschaft der Erlösung durch den Gott-Sohn in der Allmacht des Geistes und der Ewigkeit des Vaters. Unfaßbar, nur in der göttlichen Gnade des Glaubens, der Hoffnung und der Liebe offenbar: In Gott selbst — unserem ewigen Vater, im allmächtigen Geist, durch den Sohn — ist unsere wahre Heimat.

In der Allmacht des Herrn über das Sein und das Nichts, des Herrn des Gerichtes, wird Null und Unendlich eines. Nichtigkeit und Unendlichkeit begegnen sich jenseits aller Räume und Zeiten aller Welten; in der Ewigkeit des «Ich Bin, der Ich bin»: JAHWE.

7. Bauplan und Freiheit

Raum, Zeit und System

Zeit und Raum sind die Grundstrukturen allen Daseins; damit auch der Physik. Von schwerwiegender, geradezu entscheidender Bedeutung ist jedoch der Umstand, daß in den verschiedenen Bereichen des Seins Zeit und Raum sehr verschieden in Erscheinung treten. Was konkret als Zeit und als Raum erscheint, sind verschiedene Aspekte einer gleichsam dahinterstehenden Zeit-Räumlichkeit. So ist die Zeit oder der Raum in den verschiedenen Wissenschaften etwas sehr verschiedenes; anders ist etwa die Zeit der Physik, anders die Zeit der Historik, anders die der Theologie usw. Es ist deshalb auch nicht ohne weiteres möglich, die aufgrund der verschiedenen Aspekte erhaltenen Ergebnisse aufeinander zu übertragen.

Andererseits steht aber hinter allem doch — wenngleich nur in Aspekten faßbar — «die» Zeit und «der» Raum, so daß es engstirnig wäre, die Ergebnisse mit den anderen Aspekten einfach zu ignorieren. Zwischen Identifizierung einerseits und Ignorierung andererseits spannt sich ein weites Feld von Möglichkeiten, die in geheimnisvoller und erstaunlicher Weise freie Spielräume öffnen. In einer großartigen Komplementarität von Freiheit und Ordnung, von Lebendigkeit und Gesetzmäßigkeit gestaltet sich alles Sein.

Aber auch schon innerhalb der Physik, in ihren drei komplementären Bereichen — der Existenzphysik, Essentialphysik (Relativitätsphysik) und Aktualphysik (Quantenphysik) — tritt Zeit und Raum in sehr verschiedenen Aspekten in Erscheinung; gleichsam beispielgebend für die noch vielseitigeren Komplementaritäten im Bereich des gesamten Seins.

Die Existenzphysik operiert mit einem Zeitaspekt, der unserem natürlichen Zeitempfinden weitgehend entspricht: Die Vergangenheit hat eine unveränderliche, feste Ordnung mit ganz bestimmten Zeitabständen (Dauer) zwischen den verschiedensten, vormals einmal geschehenen Begebenheiten. Aber die Gegenwart ist die immerfort Laufende, die immer Fortlaufende. Immer neue Zeitspannen werden im Dasein erschlossen; immer neue Zeitelemente setzen sich an die zum unausweichlich Festgefügten gewordene Vergangenheit an — und jeder Moment der Gegenwart ist damit auch schon ein Versinken in das sich immer weiter vergrößernde Archiv der Vergangenheit. Aber mit eben diesem Ansetzen immer neuer Zeitelemente auf den sich immer weiter vertiefenden, im Ursprung gegründeten Sockel des Vergangenen, erscheint vor uns die offene, ungewisse, freie Zukunft; die Zukunft, der die Zeit in der laufenden Gegenwart immerfort entgegeneilt.

Die Existenzphysik operiert ebenso mit einem Raumaspekt, der diesem Zeitaspekt erstaunlich ähnlich, ja wesensgleich ist: In einem fortgesetzten Versinken mit Invarianzgeschwindigkeit erschließt jedes materiell Daseiende — jede Masse, jeder Körper, jeder Stern — in jedem seiner Nukleonen immer neue Raumelemente, die den im Rand fest gegründeten Raum immer weiter vertiefen; eine fortlaufende Raumerschließung, die im Umkehraspekt als kosmische Raumexpansion erscheint.

Wie die Zeit gerichtet ist — unumkehrbar von gestern nach morgen, vom Anfang zum Ende —, so ist in jedem einzelnen Existierenden auch der Raum gerichtet: vom Rand auf sich hin, wo sich dieser Raum fortlaufend vertieft. Genau wie also die Zeit immer fortlaufend neue Elemente ansetzt, so auch der Raum. Raum und Zeit sind in der Existenzphysik ein in sich wesenseinheitlicher Prozeß eines immerwährend fortlaufenden Daseins einer jeden Materie, eines jeden Existierenden überhaupt.

Während jedoch in der Existenzphysik Raum und Zeit wesensgleich sind und eine wundervolle Einheit bilden, ist unser natürliches Zeiterleben zwar dem existenzphysikalischen Zeitaspekt unmittelbar entsprechend; aber ganz und gar nicht unser natürliches Raumempfinden dem existenzphysikalischen Raumaspekt.

Freilich empfindet — fraglos selbstverständlich — ein jeder den gesamten Raum als von sich aus und auf sich hin (wie sollte er auch anders, jeder kann ja nur aus seinen Augen gucken). Dieser wahrhaft fundamentale Aspekt ist jedoch von solcher Selbstverständlichkeit, daß er im Bewußtsein verschwindet. Damit betrachtet man zugleich den Raum doch als etwas nichtgerichtet Ruhendes; als etwas nicht Fortlaufendes: Ich stehe in einem Haus mit unveränderlicher Länge, Breite und Höhe. Ich kann darin nach hinten ebenso gehen wie nach vorne, nach rechts wie nach links; beinahe ebenso nach oben wie nach unten. Nach oben kostet es zwar Mühe, so daß man freilich einen Unterschied empfindet. Aber das ist ja nur ein Effekt aufgrund der im Raumerlebnis fast nebensächlich empfundenen Erdschwere. Im freien Weltraum sind alle drei Raumrichtungen gleich — und die «Raumexpansion» ist ein zwar überaus interessantes, aber nicht wesenhaft empfundenes Phänomen. So empfindet man «natürlich»; dh wenn man von sich abstrahiert, also doch eigentlich nicht natürlich!

Und mit diesem Raumaspekt, der diesem «natürlichen» Raumerlebnis entspricht, operiert auch die Relativitätsphysik; die Relativitätsphysik eben als Essentialphysik. Dies ist der Aspekt der gleichsam mitgleitenden Räumlichkeit, in welcher die in ähnlicher, fast gleicher Weise versinkenden Massen relativ zueinander stehen oder sich «bewegen» (vergleichbar dem Anblick der Reisenden aufeinander innerhalb eines Zugabteils; im Gegensatz zum Raumerlebnis des Reisenden beim Hinausblicken zum Abteilfenster).

Der Zeitaspekt der Relativitätsphysik ist diesem Raumaspekt, nicht aber dem natürlichen Zeiterlebnis wesensähnlich. Die unumkehrbare Ausrichtung im existentiellen Unterschied zwischen Anfang und Ende mit Herkunft und Hingang und das unaufhaltsame Fortlaufen der Zeit im aktuellen Geschehen des Gegenwärtigen — also gerade das, was ihr Wesen als Träger der Ereignisse ausmacht — tritt in der Relativitätsphysik völlig in den Hintergrund. In der reinrassigen Relativitätsphysik verschwindet diese Ausrichtung und dieses Fortlaufen überhaupt. Die Zeit wird zur Koordinate, die den Raumkoordinaten imaginär zugeordnet wird. Die Zeit verbindet sich mit dem Raum zur Einheit des relativistischen Raum-Zeit-Kontinuums. Auch wenn man auf den mathematischen Kniff des Imaginärsetzens des Zeitanteils verzichtet und damit nicht den Anschein einer Euklidizität des Raum-Zeit-Kontinuums erweckt, sondern in der pythagoräischen Addition das Minuszeichen der Zeitquadrate beibehält, wird zwar die Pseudo-Euklidizität des Raum-Zeit-Kontinuums nicht verschleiert. Aber es bleibt eben dennoch ein ungerichtetes Kontinuum, in welchem diese wesentliche Zeiteigenschaft (als gerichteter Geschichtsträger) verlorengegangen ist.

Also: In der Existenzphysik entspricht die Zeit, nicht aber der Raum dem natürlichen Erleben; in der Relativitätsphysik der Raum, nicht aber die Zeit. Die im Naturempfinden verschiedene Aspektierung ergibt sich aus der verschiedenen Ausrichtung der Raum- und Zeitanschauung; Raum als äußere Anschauung im Wirklichkeitsaspekt; Zeit als innere Anschauung im Erkenntnisaspekt. Jedoch innerhalb der Existenzphysik ebenso wie innerhalb der Relativitätsphysik — dh im gleichen Aspekt — sind Raum und Zeit je miteinander gleichartig. Aber eben in der Relativitätsphysik anders als in der Existenzphysik.

Während die Existenzphysik die Existenz behandelt — warum etwas ist und nicht nicht ist — erfaßt die Relativitätsphysik die räumlichen und zeitlichen Zueinanderordnungen und Größenverhältnisse des in Verschiedenheit Existierenden untereinander.

Damit ist auch der Begriff des «Systems» ein anderer. Existenzphysikalisch ist naturgemäß jede Existenzeinheit ein System; primär als jedes Elementarteilchen in der Dreiheit seiner Masse, seines Raumes und seiner Zeit; sekundär im weiteren Sinne auch existentiell zusammengehörige Einheiten wie Sterne oder Galaxien mit ihren daseingestaltenden Feldern.

Relativitätsphysikalisch ist ebenso naturgemäß jede raum-zeitliche Gleichartigkeit ein «System»; alles was sich gegeneinander nicht raumzeitlich, insbesondere räumlich nicht mit der Zeit verändert. Die Mannigfaltigkeit aller Punkte, die relativ zueinander ruhen, gehört einem relativistischen System an. Etwa alle Schwellen eines Bahnkörpers gehören einem System an; alle Wagen eines darüberfahrenden Zuges einem anderen System, das relativ zu ersterem System bewegt ist. Primär ist Raum und Zeit. Die Masse und Energie der einem relativistischen System zugehörigen Punkte tritt hierbei merkwürdig in den Hintergrund; sie kommt erst sekundär über Raum und Zeit zur Geltung.

Die Relativitätsphysik und die Existenzphysik können somit einander nicht voll ersetzen; sie müssen vielmehr einander ergänzen.

Die Relativitätsphysik, welche die räumlichen und zeitlichen Größenverhältnisse alles Existierenden in den Punkten und Abmessungen, in den von uns erlebten Raumordnungen und in den diesen zugehörigen Zeitordnungen erfaßt, hat somit ihre eigene Berechtigung. Von der natürlich erlebten Raumordnung ausgehend, führt sie in strenger Konsequenz mit großartiger Eleganz, jedoch rasch zu erstaunlichen, kaum mehr anschaulichen Ergebnissen, die in hervorragender Übereinstimmung mit der Erfahrung nicht nur die essentielle Seite physikalischen Seins erschließen und von da her die gesamte Physik beherrschen, sondern auch tiefgreifende Umwälzungen der gesamten Welterkenntnis in die Wege leiten. Ihr besonderer und spezieller Raum- und Zeitaspekt und ihr eigener Systembegriff sind aber zugleich auch der Grund für die eigenartigen Grenzen der Relativitätsphysik. Wie stellt sich die Relativitätsphysik dar?

Die Grundphänomene der Relativitätsphysik ergeben sich bereits mit kräftefreien Systemen; insbesondere ohne Schwerkräfte und -felder und ohne Beschleunigungen.

Die «speziell-relativistische» Physik behandelt Systeme ohne bzw. mit nur vernachlässigbar kleinen Massen; Verhältnisse, wie sie im flachen Weltraum (weit entfernt von großen Massen) streng gegeben sind. Aber auch bereits hier auf unserer Erde sind speziell-relativistische Verhältnisse fast vollkommen gegeben, indem sogar die Erdmasse und -schwere relativistisch noch nahezu als vernachlässigbar klein gelten darf.

Zur Vereinfachung sei neben der Zeiterstreckung t nur eine der drei Raumerstreckungen x, y, z, nämlich die Raumerstreckung x betrachtet. Diese Raumerstreckung x geht von links nach rechts; die Zeiterstreckung t geht von früher nach später. Ein System S hat somit eine Raumkoordinate x und eine Zeitkoordinate t, in welchen Raum und Zeit dieses Systems ermessen wird; Koordinaten, welche die Metrik des Systems darstellen; S mit x und t, dh $S(x, t)$. Ebenso gibt es auch beliebig viele andere Systeme $S'(x', t')$ bzw $S''(x'', t'')$ usw.

Ein System ist — definitionsgemäß — die Mannigfaltigkeit aller relativ zueinander ruhenden Punkte; innerhalb eines Systems gibt es somit wesenhaft keine Bewegung. Nur ein Punkt eines anderen Systems kann sich gegenüber einem System bewegen, kann in den Koordinaten eines Systems als bewegt erscheinen, kann sich «in einem System bewegen». «Anderes System» bedeutet überhaupt «bewegt-sein»; dh einem anderen Bewegungszustand zugehörig zu sein. Aber jedes System ruht in sich.

Dasjenige System, in dessen Koordinaten eine Bewegung bestimmt, ermessen wird, auf dessen Raum- und Zeitgrößen ein Vorgang also bezogen wird, ist das jeweilige «Bezugssystem». Das Bezugssystem wird damit eo ipso zum «Ruhesystem». Auf jedes System kann willkürlich bezogen werden; jedes System kann zum «ruhenden» Bezugssystem erwählt, frei erwählt werden.

Der Raum eines Systems S hat beliebig viele Stellen (= Raumpunkte) ... x_0, x_1, x_2, x_3 .. (allgemein x) ..., deren stetige Reihe die x-Achse (Raumachse) des Systems S bilden. Jede beliebige Stelle x_n hat einen Streckenwert, welcher den räumlichen Abstand (= Strecke) dieser Stelle von der «Nullstelle» x_0 dieses Systems S in Längeneinheiten angibt (etwa in Einheiten des Urmeters von Paris oder in Elementarlängen). Der Nullstelle x_0 selbst kommt damit der Wert 0 zu. Dieser Streckenwert ist somit eine Zahl mit der Dimension der gewählten Raumeinheit (etwa in Metern m oder in Elementarlängen oder in sonstigen Längeneinheiten). Kleinerer Zahlenwert einer Stelle soll hierbei immer eine Stelle weiter links; größerer Zahlenwert weiter rechts bedeuten; negative Stellenzahlenwerte bedeuten also in S links von der Nullstelle x_0, positive Zahlenwerte rechts von x_0.

Entsprechend hat auch die Zeit eines Systems S beliebig viele Momente ($=$ Zeitpunkte) ... t_0, t_1, t_2, t_3 .. (allgemein t) ..., deren stetige Reihe die t-Achse (Zeitachse) des Systems S bilden. Jeder beliebige Moment t_m hat einen Dauerwert, welcher den zeitlichen Abstand ($=$ Dauer) dieses Moments vom «Nullmoment» t_0 dieses Systems angibt. Dem Nullmoment kommt damit selbst der Wert 0 zu. Dieser Dauerwert ist somit eine Zahl mit der gewählten Zeiteinheit (etwa in Sekunden s oder in Elementardauern). Kleinerer Zahlenwert eines Moments soll hierbei jeweils früher, größerer Zahlenwert später bedeuten; negative Moment-Zahlenwerte bedeuten also in S früher als der Nullmoment t_0, positive Zahlenwerte später als t_0.

Im Rahmen dieser unserer Betrachtung besitzt somit jedes System eine zweidimensionale Mannigfaltigkeit (graphisch in einer Fläche darstellbar), indem ein Ereignis in diesem System S an jeder beliebigen Stelle x_n (allgemein x) zu jedem beliebigen Moment t_m (allgemein t) möglich ist; also zB an einer konkreten Stelle x_n zu irgend einem beliebigen Moment t der gesamten Zeit des Systems, aber auch zB zu einem konkreten Moment t_m an irgend einer beliebigen Stelle x des gesamten Raumes des Systems. (Hätten wir statt nur einer Raumdimension x alle drei Raumdimensionen x, y, z betrachtet, so hätten wir statt dieser zweidimensionalen Mannigfaltigkeit entsprechend eine vierdimensionale Mannigfaltigkeit erhalten.)

Ebenso wie für $S(x, t)$, so ist dies analog auch für $S'(x', t')$ bzw $S''(x'', t'')$ gewählt. Zur Vereinfachung der Betrachtung (es soll ja hier keine Rechengymnastik vorgeführt, sondern eine Grundsatzbetrachtung angestellt werden) seien jedoch als S, S', S'' nur speziell solche Systeme betrachtet, deren x-Achsen gerade sind und miteinander zusammenfallen. Es werden also nur Bewegungen von S, S', S'' gegeneinander betrachtet, die in den Richtungen der x- bzw x'-, bzw x''-Achsen erfolgen. Anders ausgedrückt: Jede beliebige Stelle x_n von S bewegt sich in der x'-Achse von S' und in der x''-Achse von S''; jede beliebige Stelle x_n' von S' in der x-Achse und x''- Achse; jede Stelle x_n'' von S'' in der x-Achse und x'-Achse.

Außerdem seien die Nullstellen x_0, x_0', x_0'' und die Nullmomente t_0, t_0', t_0'' alle willkürlich so festgelegt (das kann man, denn Koordinaten sind ja festlegbare Schemen, um darin Vorgänge zu ermessen; Festlegungen, die also ebenso praktisch wie unpraktisch getroffen werden können), daß in allen drei Nullmomenten die Nullstellen x_0, x_0', x_0''

der drei Systeme durcheinander hindurchgehen; anders ausgedrückt, daß mit dem Durcheinander-Hindurchgang aller drei Nullstellen die Nullmomente t_0, t_0', t_0'' der drei Systeme definiert seien.

Außerdem seien in allen drei Systemen S, S', S'' gleiche Raumeinheiten (durch Anlegen des selben Einheitsstabes) und gleiche Zeiteinheiten (durch Gleichlauf mit der selben Einheitsuhr) zu Grunde gelegt.

Noch eine weitere Bedingung muß die Raum- und Zeitdefinition in sich schließen; eine Bedingung, die uns unmittelbar das Wesen von Raum und Zeit zu kennzeichnen scheint: Innerhalb eines Systems (eines jeden Systems für sich) muß dessen Raum eine zeitunabhängige Größe und muß dessen Zeit eine raumunabhängige Größe sein. Es muß also wenigstens innerhalb eines Systems in dessen ganzem Raum an jeder Stelle eine eindeutige Zeit mit jeweils einem ganz bestimmten Moment gegeben sein: eigentlich selbstverständlich.

Hinter diesem einfach scheinenden Programm verbirgt sich freilich eine sehr tiefgehende Problematik; schon innerhalb eines Systems: Was bedeutet überhaupt «gerade»? Wie will man den selben Stab an verschiedenen Stellen des Systems anlegen; wie überall die selbe Uhr zum Vergleich heranziehen? Man muß Stab und Uhr dazu beschleunigen und wieder abbremsen, so daß sie «zwischendurch» (selbst eine räumliche und zeitliche Aussage!) einem anderen System angehören. Noch problematischer wird die Eichung eines anderen Systems mit diesem selben Stab und dieser selben Uhr; ist diese dort und dann noch diese «selbige»?

Man käme zu keinem Ende, wenn man diese Festlegungen zu völliger Fraglosigkeit führen wollte. Man kann aber Vorrichtungen treffen, die mit extrem hoher Glaubwürdigkeit wirklich den Raum und die Zeit eines Systems repräsentieren:

Man nehme ein unbegrenzt langes, hartes, unelastisches Rohr; im Inneren davon eine ebenso lange, harte, unelastische Achse mit etwas kleinerem Außendurchmesser als der Innendurchmesser des Rohrs. Rotiert diese Achse relativ zum Rohr, ohne daß sie bei voller Umdrehung das Rohr irgendwo berührt, dann seien Rohr und Achse als «gerade» betrachtet (im Sinne einer Definition, was «gerade» sei).

Dieses Rohr erhalte nun durch nacheinanderfolgendes Anlegen eines Einheitsstabes viele Querstriche; also Markierungen senkrecht zur Achse. Nachdem immer gleiche Markierungen erhalten werden — unabhängig davon, wie rasch man den Stab von einer Stelle zur nächsten Stelle des Rohres anlegt (sehr rasches Vorschieben vermeidet man auf alle Fälle vorsichtigerweise) und unabhängig davon, wann man diese Markierungen vornimmt (etwa beliebig später wiederholt) — ist es damit als erwiesen zu betrachten, daß diese Querstrich-Markierungen wirklich die Stellen des Systems S darstellen: also n Einheitslängen von x_0 entfernt die Stelle x_n. Jede Zwischenlage zwischen zwei Querstrichen markiert beliebig fein unterteilbare Zwischenstellen. Das Rohr selbst repräsentiert die x-Achse des Systems S, dh verkörpert den Raum x von S als solchen.

Nun erhalte das Rohr und ebenso die (noch nicht relativ zum Rohr rotierende) Achse je eine gerade (nicht gewendelte) Längskerbe (parallel zur Achse). Sodann wird die Achse, an allen Stellen zugleich, gegen das nichtrotierend verbleibende Rohr in eine gleichmäßig langsame Rotation versetzt; derart, daß nirgends innerhalb der Achse Torsionskräfte verbleiben und derart, daß an jeder Stelle immer gerade einmal pro Zeiteinheit eine Umdrehung erfolgt; dh einmal pro Zeiteinheit die Achsenkerbe mit der Rohrkerbe zur Deckung kommt.

Bei der völligen Kräftefreiheit des Systems (keine Beschleunigungen, keine Reibungen usw) verbleibt die Achsenrotation nach Ende des Antriebs in dauernd unverändert gleichmäßig stetiger Rotation.

Nachdem man durch Vergleich mit einer Einheitsuhr feststellen kann, daß an jeder Stelle diese Kerbendeckung synchron dem Zeigernulldurchgang der Einheitsuhr erfolgt — unabhängig davon, wie rasch die Einheitsuhr von einer zur nächsten Stelle gebracht wird (sehr rasches Versetzen der Einheitsuhr vermeidet man auf alle Fälle vorsichtigerweise) —, ist damit als erwiesen zu betrachten, daß die Kerbendeckungen an jeder Stelle des Systems S daselbst die betreffenden Momente dieses Systems S darstellen; m-te Kerbendeckung später als t_0 den Moment t_m. Jeder Drehwinkel zwischen zwei Kerbendeckungen markiert beliebig fein unterteilbare Zwischenmomente. Die Achsendrehung selbst (genauer der zyclisch sich aufwickelnde Achskerbenweg der Nullstelle) repräsentiert die t-Achse des Systems; dh verkörpert die Zeit t von S als solche.

Wie für System S, so wird ebenso eine Rohr-Achsen-Anordnung für System S' und eine ebensolche für S'' vorgesehen. Die beiden Rohre für S' und S'' liegen parallel zum Rohr von S unmittelbar neben diesem. Der Bewegungszustand von S' bzw S'' gegen S äußert sich darin, daß sich die Rohre parallel gegeneinander stetig verschieben; dh daß sich die die Stellen x' bzw x'' kennzeichnenden Querstriche des S'-Rohres bzw S''-Rohres gegen die die Stellen x kennzeichnenden Querstriche des S-Rohres mit Ablauf der Zeit t von S stetig weiter verlagern.

Hierbei ergibt sich nun ein interessanter Nachweis dafür, daß die Längskerbe sowohl des S'- bzw S''-Rohres als auch des S-Rohres tatsächlich gerade (nicht gewendet) ist und daß weder das S'-Rohr bzw S''-Rohr relativ gegen das S-Rohr noch eines dieser Rohre absolut (!) rotiert: dann und nur dann, wenn — unabhängig von der Geschwindigkeit von S' bzw S'' gegen S — die S'-Rohrkerbe bzw S''-Rohrkerbe immer und überall mit der S-Rohrkerbe in Deckung bleibt, sind die Längskerben gerade und keine Rotationen der Rohre gegeben. Unter anderem gibt dies einen geradezu aufregenden Hinweis darauf, daß Rotationen überhaupt absoluter Charakter zukommt.

Wissen wir also nun, was ein System und dessen Raum und Zeit eigentlich ist? Im Grunde wissen wir dies nicht. Raum und Zeit sind so grundlegende Daseinsträger, daß sie sich wesenhaft der Beschreibbarkeit entziehen, indem diese vielmehr ihrerseits erst die Basis für jegliche Beschreibung abgeben. Wir haben jedoch Vorrichtungen dargestellt und definitiv erklärt: Diese repräsentieren in dieser Weise Raum und repräsentieren in jener Weise Zeit. So wollen und müssen wir eben künftig unseren relativistischen Raum und unsere relativistische Zeit verstehen. Dies machen wir einfach so, weil wir — leider — nichts Besseres fassen können.

Die relativistische Transformation

Betrachten wir nun die beiden Systeme S' (x', t') und S'' (x'', t'') mit den Raumgrößen x' und Zeitgrößen t' in System S' bzw mit den Raumgrößen x'' und Zeitgrößen t'' in System S''. Wie verhalten sich die Raum- und Zeitgrößen dieser verschiedenen Systeme S' und S'' zueinander? Sind diese Größen in verschiedenen Systemen überhaupt verschieden? Daß jedem System S' wie S'' ein eigener Raum mit besonderen Stellen zukommt, ist schon aufgrund der relativistischen Systemdefinition beinahe selbstverständlich; sonst könnten sich nicht die Stellen eines Systems gegen die Stellen eines anderen Systems verschieben; sonst gäbe es ja überhaupt keine Bewegung!

Wie ist es aber mit der Zeit? Die klassische Physik (welche die Verschiedenheit der Systemräume ebenfalls fraglos annahm; Galilei-Transformation) setzte die Identität der Zeiten verschiedener Systeme als selbstverständlich voraus: $t' = t'' = t$. Ist dies tatsächlich so selbstverständlich, daß sich alles weitere erübrigt? Wir wollen diese Frage offen lassen; wir wollen weder voraussetzen, daß t und t' und t'' einander gleich, noch nicht gleich sind. Wir setzen jedenfalls formal t' und t'' gesondert an; als eben verschieden bezeichnete Größen. Ob $t' = t''$ oder $t' \neq t''$ ist, soll sich erst als Ergebnis herausstellen.

Die allgemeinste Linearbeziehung zwischen x', t' einerseits und x'', t'' andererseits bedeutet, daß jede Größe jedmögliche Funktion von beiden Größen des anderen Systems ist; also gemäß der Transformation ($=$ Überführungsfunktion):

$$x'' = Ax' + Bt' \qquad \qquad x' = Ex'' + Ft''$$
$$t'' = Cx' + Dt' \quad \text{und umgekehrt} \quad t' = Gx'' + Ht''$$

Wie groß sind diese 8 Transformationskoeffizienten A, B, C, D und E, F, G, H? Diese Koeffizienten lassen sich durch die gegebenen Geschwindigkeiten ausdrücken. Diese Geschwindigkeiten sind die in allen Systemen gleich große (gegen alle Systeme invariante, dh unveränderliche) Invarianzgeschwindigkeit c und die beiden Relativgeschwindigkeiten v' von S'' gegen S' bzw v'' von S' gegen S''.

Die Invarianzgeschwindigkeit c ist eine Beobachtungstatsache; sie wird als eine endliche Größe c gleich der Vacuum-Lichtgeschwindigkeit mit 300 000 000 m/s (genau mit 299 792 500 Meter/Sekunden) festgestellt. Invarianzgeschwindigkeit bedeutet, daß ein im System S' während der Dauer t' (also etwa zwischen dem Nullmoment t_0' und dem Moment t') längs der Strecke x' (also etwa von der Nullstelle x_0' bis zur Stelle x') invarianzbewegter Punkt sich auch im System S'' während der Dauer t'' längs der Strecke x'' mit gleicher Geschwindigkeit c invarianzbewegt; dies gemäß den beiden Bedingungen für Invarianzbewegung mit $+c$ nach rechts bzw mit $-c$ nach links:

$$\text{mit} \quad x' = +c\,t' \quad \text{gilt} \quad x'' = +c\,t''$$
$$\text{mit} \quad x' = -c\,t' \quad \text{gilt} \quad x'' = -c\,t''$$

Die Relativgeschwindigkeiten v' und v'' sind identisch der Tatsache, daß es überhaupt Bewegungen gibt. Jede Bewegung bedeutet Geschwindigkeit eines Gegenstandes gegenüber ($=$ relativ zu) anderen Gegenständen; also eben Relativgeschwindigkeiten von Systemen gegeneinander. Die Relativgeschwindigkeit v' von S'' gegen S' (mit S' als Bezugssystem) bedeutet, daß eine Stelle des bewegten Systems S'' (etwa die Nullstelle $x_0'' = 0$ von S'') im System S' während der Dauer t' (etwa zwischen dem Nullmoment t_0' und dem Moment t') die Strecke x' (etwa von der Nullstelle x_0' bis zur Stelle x') läuft. Die umgekehrte Relativgeschwindigkeit v'' (mit S'' als Bezugssystem) bedeutet, daß eine Stelle des bewegten Systems (etwa x_0') in S'' während der Dauer t'' die

Strecke x'' läuft. Daraus folgen die beiden weiteren Bedingungen:

mit $x'' = 0$ gilt $x' = v't'$; mit $x' = 0$ gilt $x'' = v''t''$

Mit diesen insgesamt 4 Bedingungen ergeben sich die Koeffizienten B, C, D und F, G, H — nur mit Additionen, Subtraktionen, Multiplikationen und Divisionen (also nur mit einfachster Algebra) — derart, daß sich die allgemeine Linearbeziehung wie folgt darstellt:

$$x'' = Ax' - vAt' \qquad x' = Ex'' + vEt''$$
$$t'' = -(v/c^2)Ax' + At' \qquad \text{und} \qquad t' = +(v/c^2)Ex'' + Et''$$

Zugleich ergaben sich hierbei die beiden Relativgeschwindigkeiten v' und v'' als einander negativ-gleich, so daß also S'' gegen S' gleich rasch wie S' gegen S'' bewegt ist (eigentlich eine Selbstverständlichkeit; aber es ist besser, daß diese Gleichheit nicht schon vorausgesetzt werden mußte; zumal durch dieses Gleichheitsergebnis sich die wirklich gleichen Einheiten in beiden Systemen bestätigen).

Wenn wir S'' gegen S' als positiv (von links nach rechts) bewegt und entsprechend S' gegen S'' negativ bewegt betrachten, können wir gemäß $-v'' = v' = v$ künftig — wie oben bereits eingesetzt — mit einer einzigen Relativgeschwindigkeitsgröße v rechnen, die einfach als «Geschwindigkeit» bezeichnet sei. Im Verhältnis zweier Systeme S' und S'' zueinander gibt es somit nur die Invarianzgeschwindigkeit c und die Geschwindigkeit v.

Für die beiden Koeffizienten A und E ergibt sich — indem man die Funktionen als Umkehrfunktionen auseinander errechnet — schließlich die Beziehung $A \cdot E = 1/(1 - v^2/c^2)$. Dieser Funktionalzusammenhang von A und E ergibt noch keine endgültige Entscheidung über die vollständige Relativität des physikalischen Geschehens; nicht einmal über die Gleichartigkeit der Transformationsschemen, erst recht nicht über eine «Gleichberechtigung der Systeme». Damit könnte es immer noch sein, daß für ein ausgezeichnetes (absolut ruhendes!) System etwa der Koeffizient $A \equiv 1$ (identisch 1) wäre, womit dann E den für verschiedene v jeweils verschiedenen Wert $1/(1 - v^2/c^2)$ annähme. Tatsächlich ist $1/A = 1$ bei der kosmischen Transformation mit v als den rein systematischen Nebelfluchtgeschwindigkeiten; damit $1/E = 1 - v^2/c^2$ bei deren Umkehrfunktion.

Die Relativitätsphysik ist jedoch eine Physik für kleine kosmische Entfernungen, bei denen die kosmischen Potentiale bedeutungslos werden. Nur unter dieser Grenzbedingung können A und E einander generell gleich werden. Erst damit wäre aber die Gleichartigkeit der Transformations-Schemen gegeben; als notwendige Vorbedingung für eine relativistische Gleichberechtigung der Systeme.

Mit zwei speziellen Systemen S' und S'', die symmetrisch zu einem absolut ruhenden System (falls es ein solches gäbe) bewegt wären, würde sich zwar in jedem Fall die spezielle Gleichheit von A und E ergeben, woraus sich auch schon die entscheidenden relativistischen Phänomene (Kontraktionen, Verstreichungen, Folgenumkehren usw) ergeben würden. Man wäre somit hinsichtlich der wichtigsten erkenntnistheoretischen Konsequenzen gar nicht auf die generelle Gleichheit von A und E angewiesen. Aber dennoch ist die Frage der Gleichheit von A und E — dh eben die Gleichheit der Transformationen — von grundsätzlichem Interesse.

Tatsächlich ergeben auch sämtliche Beobachtungen diese grundsätzliche Gleichheit der Koeffizienten A und E. So werden zB. in einem beliebigen Laboratorium auf der Erde, welche täglich um sich rotiert und wiederum im Ganzen jährlich um die Sonne läuft, die sich ihrerseits durch die Sternenwelt bewegt, immer und überall genau die gleichen Naturgesetzlichkeiten festgestellt, obgleich sich der Bewegungszustand dieses irdischen Laboratoriums — etwa gegen die Sternenwelt — fortgesetzt wandelt. Es ist damit als generell gegeben anzusehen, daß $A = E$; also $1/A = 1/E = (1 - v^2/c^2)^{1/2} = \varkappa$; eine Größe, die als relativistische «Kontraktion» $\varkappa$ bezeichnet sei.

Führen wir für die wichtige Größe v/c^2 die andere Bezeichnung w ein, welche den «Zeitgradient» einer als «Verstreichung» bezeichneten Eigenschaft bedeutet, so ergibt sich damit die Transformation der Raum- und Zeitgrößen verschiedener Systeme S' und S'' ineinander (Lorentztransformation) in einer besonders interessanten Schreibweise:

$$
\begin{array}{lll}
(1)\quad \varkappa \cdot x'' = x' - v \cdot t' & & (3)\quad \varkappa \cdot x' = x'' + v \cdot t'' \\
(2)\quad \varkappa \cdot t'' = t' - w \cdot x' & \text{umgekehrt:} & (4)\quad \varkappa \cdot t' = t'' + w \cdot x''
\end{array}
$$

wobei: $\quad v =$ Geschwindigkeit $\quad$ (Raum pro Zeit; Strecke pro Dauer)
$\qquad\quad w =$ Zeitgradient $\qquad$ (Zeit pro Raum; Dauer pro Strecke)
$\qquad\quad \varkappa =$ Kontraktion $\qquad\; \varkappa = (1 - v\,w)^{1/2}$

Man könnte freilich auch in (1) bzw (3) $\varkappa = (1 - v^2/c^2)^{1/2}$ bzw in (2) bzw (4) $\varkappa = (1 - w^2 \cdot c^2)^{1/2}$ setzen, womit die beiden Raumtransformationsgleichungen (1) und (3) nur noch die Geschwindigkeit v zusammen mit der Invarianzgeschwindigkeit c enthalten; bzw die beiden Zeittransformationsgleichungen (2) und (4) nur noch den Zeitgradienten w zusammen mit dem Invarianzgradienten $1/c$ enthalten.

In dieser Transformations-Gleichungsgruppe ist Gleichung (3) und (4) nur die Umkehrtransformation von Gleichung (1) und (2), die daraus errechenbar ist; ebenso (1) und (2) die umgekehrt aus (3) und (4) errechenbare Umkehrtransformation. Man könnte also auf zwei der vier Gleichungen verzichten. Die Einfachheit und Übersichtlichkeit macht es aber zweckmäßig, dennoch alle 4 Gleichungen beizubehalten und wahlweise zu benutzen.

Diese Transformation (1), (2), (3), (4) ist von vollkommener Gleichartigkeit in S' und S''; das einmal negative, ein andermal positive Vorzeichen von v bzw w ist nicht nur nicht dieser Gleichartigkeit entgegen, sondern vervollkommnet diese vielmehr, indem ja $-v$ bzw $-w$ von S'' in Bezug auf S' das gleiche bedeutet wie $+v$ bzw $+w$ von S' in Bezug auf S'' (eine Bewegung von S'' gegen S' von links nach rechts ist selbstredend eine Bewegung von S' gegen S'' von rechts nach links). Daß hierbei gerade oben das negative und unten das positive Vorzeichen steht, ergibt sich nur aus der willkürlichen Bezeichnung jenes Systems als S'', das sich nach rechts gegenüber jenem als S' bezeichneten System bewegt, zusammen mit der willkürlichen Festsetzung nach rechts größer werdender Stellenwerte. Irgendwie muß man ja bezeichnen — und wir haben es eben so gemacht; sonst wäre es entsprechend anders im Vorzeichen.

Außerdem ist die Transformation in dieser Schreibweise von vollkommener Symmetrie in Raum und Zeit; x, v, t ist spiegelbildlich entsprechend t, w, x. Hierbei tritt erstaunlicherweise die wichtige Invarianzgeschwindigkeit c überhaupt nicht mehr in Erscheinung. Sie ist nur noch implizit im Verhältnis der Größen v und w zueinander gegeben; gemäß $v/c = w \cdot c$; außerdem noch eben in der Kontraktion implizit gemäß $\varkappa = (1 - v w)^{1/2}$ mit v und w.

Die Invarianzgeschwindigkeit c ist die natürliche Einheit der Geschwindigkeit v; die reziproke Invarianzgeschwindigkeit $1/c$ ($=$ Invarianzzeitgradient) ist die natürliche Einheit des Zeitgradienten. Angegeben in diesen Einheiten erhalten v und w miteinander den gleichen Zahlenwert, dessen Betrag zwischen 0 bei Ruhe bis maximal 1 bei Geschwindigkeit = Invarianzgeschwindigkeit bzw bei Zeitgradient = Invarianzzeitgradient liegt. Alle relativistischen Operationen werden mit diesen natürlichen Einheiten ganz besonders einfach. Mit der Elementarlänge als Längeneinheit (Raumeinheit) und der Elementardauer als Dauereinheit (Zeiteinheit) ergeben sich die 1-Orientierungen von selbst.

Das Produkt $v \cdot w$ ist in jedem Fall eine dimensionslose Zahl zwischen 0 bei Ruhe und 1 bei Invarianzwerten. Die Kontraktion $\varkappa$, dh $(1 - v\,w)^{1/2}$ ist damit eine dimensionslose Zahl, die bei Ruhe den Wert 1 besitzt, die um so kleiner wird, je größer Geschwindigkeit und Zeitgradient werden, und die sich bei Invarianzwerten schließlich bis auf den Wert 0 verkürzt.

Diese einfach-vollkommene Symmetrie der Transformation ist jedoch nur in der zweidimensionalen Betrachtung gegeben, bei welcher nur eine (x) von den drei Raumdimensionen (x, y, z) betrachtet wurde. Aber — dies sei hier nur als Randbemerkung gestattet — trotz mancher tiefgreifender Unterschiede zwischen Raum und Zeit ergibt sich auch im vierdimensionalen Kontinuum (mit den drei Raumdimensionen neben der Zeitdimension) und mit beliebig allgemeinen (auch gekrümmten) Koordinaten eine besondere Art von Raum-Zeit-Symmetrie: eine dreidimensionale Verstreichung $\vec{w}$ entsprechend der dreidimensionalen Bewegung $\vec{v}$. Als zueinander co- und contravariante Vektoren miteinander gefaltet, ergibt sich das Produkt $\vec{v} \cdot \vec{w} = v \cdot w$. Dies bildet die dreidimensionale relativistische Kontraktion $\varkappa$ gemäß: $\varkappa = (1 - \vec{v}\,\vec{w})^{1/2}$. Schließlich gibt es noch einen der Vierergeschwindigkeit $\vec{N}$ entsprechenden Viererzeitgradienten $\vec{\Omega}$, deren Produkt in beliebigen Koordinaten immer gleich 1 ist gemäß $\vec{N} \cdot \vec{\Omega} = 1$; eine überaus interessante Invarianzeigenschaft (Philberth).

Nach diesem flüchtigen Ausblick in das vierdimensionale Kontinuum wieder zur einfachen, zweidimensionalen Transformation zurückkehrend, sei die Frage gestellt, was diese Transformation eigentlich bedeutet und enthält.

Die Zuverlässigkeit und Zuständigkeit einer Wissenschaft hängt vor allem von ihren Voraussetzungen ab, auf denen sie aufbaut. Diese Transformation ist die Grundformel der gesamten Relativitätsphysik. Welche Voraussetzungen haben zu ihr geführt?

Die grundlegende Voraussetzung ist der besondere Raum- und Zeitaspekt, der sich in der Definition der relativistischen Systeme S, S', S'' und der diesen definitiv zugehörig erklärten «Räume» x, x', x'' und «Zeiten» t, t', t'' darstellt.

Die ganze Relativitätsphysik reicht nur soweit und ist nur soweit sinnvoll anwendbar, als dieser Raum- und Zeitaspekt zuständig ist. Wo dieser Aspekt nicht mehr zuständig ist, ist die Relativitätsphysik zwar als solche nicht falsch, aber eben nicht zuständig; damit ihre Anwendung sinnlos, gegebenenfalls zu falschen Ergebnissen führend. Dazu ein

I 7

Beispiel: Wenn ein Bankdirektor in einen Operationssaal tritt und feststellt, daß 5 % Jahreszinsen von 100 DM im Sparbuch einen Betrag von 5 DM ergeben, so ist das als solches nicht falsch, aber es ist für die notwendige Krebsoperation unzuständig; das Sparbuch aufzulegen, statt das Messer anzusetzen, ist damit sinnlos und als Handlungsweise falsch mit dem entsprechend üblen Ergebnis.

Ganz anderer Art ist die weitere Voraussetzung der Relativitätsphysik, daß in diesem Rahmen wenigstens die einfache Algebra brauchbar ist. Es genügt hierbei die Anwendbarkeit einfacher Additionen, Subtraktionen, Multiplikationen, Divisionen und einer Wurzelziehung, deren beide Vorzeichen jedoch zu wesenhaft gleichen Ergebnissen führen. Es ist überhaupt die Brauchbarkeit der einfachen Logik vorausgesetzt; insbesondere die Anwendbarkeit des Identitätsund Widerspruchssatzes. Nur die einfachsten Schlüsse und Operationen sind als möglich vorausgesetzt, indem die Benutzung komplizierterer und höherer Kalküle immer größere Fragwürdigkeit einführt. Es ist deshalb auch gut, wenn man es fertigbringt, auf kompliziertere Operationen auch tatsächlich zu verzichten.

Anders ausgedrückt: es ist ein Konformgehen der Wirklichkeit wenigstens mit den Grundoperationen unseres Denkens vorausgesetzt; also eine buchstäblich «selbstverständliche» Voraussetzung, indem der Verzicht auf diese zwangsläufig eine totale wissenschaftliche Resignation bedeuten würde. Bei den erstaunlichen Folgerungen, die sich aus der Relativitätsphysik ergeben, könnte man allerdings an allen Voraussetzungen zu zweifeln anfangen.

Im Vergleich zu diesen Voraussetzungen geradezu harmlos ist die Voraussetzung der Brauchbarkeit der Transformation gemäß den in x', t', x'', t'' linearen Gleichungen mit den 8 Koeffizienten A, B, C, D, E, F, G, H. Daß hierin x'' nicht als Funktion von t'' und umgekehrt, bzw x' nicht als Funktion von t' und umgekehrt angesetzt wurde, war dadurch berechtigt, daß innerhalb eines Systems der Raum eine zeitunabhängige bzw die Zeit eine raumunabhängige Größe darstellt. Die Wahl der Nullstellen und Nullmomente bedeutet, daß keine konstanten Glieder auftreten können.

Es wäre jedoch daran zu denken, ob nicht auch noch Glieder mit anderen als den linearen Funktionen anzusetzen gewesen wären. Dies wird jedoch dadurch hinfällig, daß überall und immer in einem System gleiche Invarianzgeschwindigkeit c gegeben ist und überall und immer in einem System ein anderes System mit gleicher Geschwindigkeit v bewegt ist. Die linearen Funktionen mit den entsprechenden 8 Koeffizienten, an welche ihrerseits jedoch keinerlei Voraussetzungen geknüpft waren, sind somit tatsächlich notwendig und hinreichend. Diese Voraussetzung ist somit sicher einwandfrei.

Auf Grund dieser Voraussetzungen ergab sich die Transformation (1), (2), (3), (4) mit der Existenz einer Invarianzgeschwindigkeit c und einer Geschwindigkeit v von S'' gegen S' unter den vier an den Nullstellen und -momenten orientierten Bedingungen als unausweichliche, logische Zwangsläufigkeit. Die Tatsächlichkeit einer Invarianzgeschwindigkeit c und von Geschwindigkeiten v ist aber Sache unabweisbarer Beobachtungen; ebenso die Tatsächlichkeit der Gleichheit der Naturgesetze unabhängig vom Bewegungszustand (etwa gegen die Sternenwelt) desjenigen Systems, in welchem sie festgestellt werden.

Die relativistischen Grundgleichungen (1), (2), (3), (4) sind somit außerordentlich gut fundiert; jedenfalls besser als nahezu alle philosophischen Systeme. Eine unüberschaubare Fülle von Beobachtungen bestätigen täglich aufs neue die Richtigkeit und Nützlichkeit dieser relativistischen Transformation, welche die gesamte Physik entscheidend beherrscht und gestaltet.

Zugleich spürt man den gänzlich anderen Charakter der Relativitätsphysik als den der Existenzphysik oder der Quantenphysik, mit denen sie sich verdrängt, aber zugleich auch ergänzt; mit denen sie komplementär zusammengehört. Die Relativitätsphysik ist primär eine theoretische Physik, die erst sekundär erfahren wird; im Gegensatz zur Quantenphysik, die primär eine experimentelle Physik darstellt, die erst sekundär gedanklich bewältigt und mathematisch erfaßt wird.

Invarianzgeschwindigkeit und Zeitgradient

Was sind die wichtigsten Konsequenzen der Relativitätsphysik?

Vor allem zeigen die Transformationsgleichungen (2) gemäß $\varkappa\,t'' = t' - w\,x'$ wie auch (4) gemäß $\varkappa\,t' = t'' + w\,x''$, daß t' und t'' keine einander identischen Größen darstellen; daß sie sich vielmehr voneinander durch die Größen $\varkappa$ und w unterscheiden.

Erstaunlicherweise ergibt sich also die Zeit als keine absolute, sondern — wie der Raum — als eine systemeigene Mächtigkeit; als eine systembezogene, systemabhängige, also relationale Mächtigkeit. Es war somit keine übertriebene Skrupulanz, daß wir die Zeit nicht — wie die klassische Physik mit der Galilei-Transformation — als absolute, unabhängig von der Systemwahl gegebene Mächtigkeit vorausgesetzt, sondern vorsichtig bereits verschiedene Zeitbezeichnungen t, t', t'' angesetzt hatten. Bei immer unverändert gleicher Zeit hätte sich $t'' \equiv t'$ (identisch) ergeben; tatsächlich ergab sich aber $t'' \neq t'$; eben mit $\varkappa$ und w unterschiedlich.

Wodurch ergab sich die Unterschiedlichkeit der Systemzeiten t' und t''? Sie ergab sich durch den endlichen Wert der Invarianzgeschwindigkeit c. Die Existenz einer Invarianzgeschwindigkeit führte zur relativistischen Transformation (1), (2), (3), (4), wobei aber keinerlei Voraussetzung an die Größe dieser Invarianzgeschwindigkeit gestellt wurde; sie hätte auch Null oder Unendlich sein können.

Mit $c = 0$ wäre freilich v und w und damit auch $\varkappa$ identisch 0 gewesen, so daß überhaupt keine Systeme mit Ereignissen möglich gewesen wären; eine Welt mit $c = 0$ wäre ohne Existenz.

Jedoch mit $c = \infty$ wären beliebige Geschwindigkeiten v möglich; es wären lediglich $w \equiv 0$ und damit $\varkappa \equiv 1$ gewesen, so daß tatsächlich $t'' \equiv t' \equiv t$ wäre, wie dies mit der «klassischen» Physik angenommen wurde. Die klassische Physik beschreibt somit nur den Grenzfall einer Welt mit unendlich großer Invarianzgeschwindigkeit $c = \infty$ unter der Mannigfaltigkeit möglicher «Relativitäts-Physiken» von Welten mit beliebigen endlichen Invarianzgeschwindigkeiten c gemäß $0 < c < \infty$. Warum unsere reale Welt gerade — wie mit Messung feststellbar — eine Invarianzgeschwindigkeit c von 300 000 km/sec aufweist (und nicht irgend einen anderen Wert), ist nicht aus der Relativitätsphysik beantwortbar. Vielmehr ist c eben eine existentielle Naturkonstante.

Jedenfalls ist uns eine Welt mit endlicher Invarianzgeschwindigkeit «näher» als die «klassische Welt» mit unendlicher Invarianzgeschwindigkeit gewesen wäre. Wie die Existenzphysik zeigt, wäre eine Welt mit unendlicher Invarianzgeschwindigkeit gar nicht existenzfähig. Nur eine Invarianzgeschwindigkeit größer als Null und kleiner als Unendlich ist existenzmöglich.

Kann es eine endliche Invarianzgeschwindigkeit überhaupt geben? Der klassische Physiker wie auch der klassisch denkende Philosoph würde diese Frage glatt verneinen:

Wie man unmittelbar aus den Transformationsgleichungen sieht, ist die Invarianzgeschwindigkeit c die quasi-unendliche Grenzgeschwindigkeit, die zwar beliebig angenähert, aber von keinem System tatsächlich erreicht werden kann, indem an dieser Grenze die Zeiten und Räume verschwinden; von keinem System in Bezug auf jedes beliebige System. Ein spezieller Fall macht nun die Problematik deutlich: Es bewegt sich S'' gegen S mit einer Geschwindigkeit $v_2 = 0,9\,c$ nach rechts, aber S' gegen S mit $v_1 = 0,9\,c$ nach links; bewegt sich nun nicht S'' gegen S' mit einer Geschwindigkeit $v_1 + v_2 = 1,8\,c$ nach rechts bzw S' gegen S'' mit $1,8\,c$ nach links; also rascher als mit Invarianzgeschwindigkeit? Der klassische Physiker und Philosoph hätte dies als «selbstverständlich» gefordert und gefolgert.

Die relativistische Transformation führt jedoch zu einem anderen Ergebnis. Die Transformation von S' nach S mit nochmaliger Transformation des Zwischenergebnisses von S nach S'' führt für die Endgeschwindigkeit v von S'' gegen S' zum Additionstheorem der Geschwindigkeiten gemäß $v = (v_1 + v_2)/(1 + v_1 v_2/c^2)$. Konkret mit $v_1 = 0,9\,c$ und $v_2 = 0,9\,c$ ergibt sich also $v/c = 1,80/1,81 < 1$.

Der Grund dafür liegt in dem Wirken der Größe w und in der sich damit ergebenden Kontraktion $\varkappa = (1 - v\,w)^{1/2}$. Für den Zeitgradienten gibt es selbst das analoge Additionstheorem der Zeitgradienten gemäß $w = (w_1 + w_2)/(1 + w_1 w_2 \cdot c^2)$.

Die reale Welt hat somit keine klassischen Additionen, sondern sich verkürzende; ihre Raum-Zeit-Geometrie hat hyperbolischen, pseudo-euklidischen Charakter. Ganz allgemein treten auf gekrümmten Flächen keine algebraischen Additionen von Längen bzw entsprechenden Größen auf. So ist zB die Entfernung Nordpol-Äquator längs der Erdoberfläche 10 000 km (Erdquadrant), dagegen direkt durch den Erdkörper nur 9 000 km; desgleichen die Entfernung Äquator-Südpol direkt 9 000 km; aber die ganze Entfernung Nordpol-Südpol ist direkt nicht 18 000 km, sondern nur 12 700 km (Erddurchmesser), was die auf der Erdkugel überhaupt größtmögliche Entfernung darstellt.

Was bedeutet die Verstreichung und ihr Zeitgradient w? Der Zeitgradient w wird aus dem Vergleich von Gleichung (2) mit (1) unmittelbar als raum-zeit-vertauschtes Analogon zur Geschwindigkeit v deutlich. Wie S'' gegen S' eine Bewegung besitzt, deren Maß die Geschwindigkeit v darstellt (S'' hat gegen S' eine Bewegung von soundsoviel Metern pro Sekunde), so besitzt S'' gegen S' auch noch eine andere Eigenschaft: eben die Verstreichung, deren Maß der Zeitgradient w ist (S'' hat gegen S' eine Verstreichung von soundsoviel Sekunden pro Meter). Während jedoch die Bewegung und ihre Geschwindigkeit wohl das meistgewohnte Phänomen darstellt, ist uns die Verstreichung und ihr Zeitgradient ein völlig ungewohntes und kaum faßliches Phänomen. Es gibt sogar relativistische Physiker, denen diese geheimnisvolle Größe zeitlebens unbegreiflich geblieben ist. Es soll deshalb — nochmals von der Bewegung ausgehend — eine ganz exakte Darstellung der Verstreichung gegeben sein:

Bewegung ist die Verschiebung der Stelle (einer jeden beliebigen Stelle; etwa der Nullstelle $x_0'' = 0$) des anderen Systems (etwa S'') im Raume des Bezugssystems (etwa S') mit der Zeit des Bezugssystems (etwa während t' von S'). Die Geschwindigkeit v dieser Bewegung ist hierbei die Strecke x' pro Dauer t', während welcher sich diese räumliche Verschiebung der Stelle x_0'' des anderen Systems S'' mit Bezugssystem S' ereignet. Gleichung (1) stellt dies unmittelbar dar: mit $x'' = 0$ ergibt sich $x' = v t'$; dh $v = x'/t'$ entsprechend in Metern/Sekunden.

Verstreichung ist streng analog die Verschiebung des Momentes (eines jeden beliebigen Momentes; etwa des Nullmomentes $t_0'' = 0$) des anderen Systems (etwa S'') in der Zeit des Bezugssystems (etwa S') mit dem Raume des Bezugssystems (etwa längs x' von S'). Der Zeitgradient w dieser Verstreichung ist hierbei die Dauer t' pro Strecke x', längs welcher sich diese zeitliche Verschiebung des Moments t_0'' des anderen Systems S'' im Bezugssystem S' ereignet. Gleichung (2) stellt dies unmittelbar dar: mit $t'' = 0$ ergibt sich $t' = w x'$; dh $w = t'/x'$ entsprechend in Sekunden pro Meter. Die Verstreichung ist also eine Moment- und Epochenverschiebung der Zeit des anderen Systems gegenüber den Momenten und Epochen des Bezugssystems bei Versetzung im Raume des Bezugssystems.

Geschwindigkeit v und Zeitgradient w sind die entscheidenden Größen der relativistischen Transformation; etwa gemäß (1), (2), (3), (4). Die Kontraktion $\varkappa$ ist demgegenüber nur noch eine Art Korrekturgröße, welche ebenfalls durch v und w bestimmt ist.

Gemäß $w = v/c^2$ ist der Zeitgradient bei kleinen Geschwindigkeiten sehr klein; bei außerdem noch kleinen Strecken x' bzw x'' ist die Moment- und Epochenverschiebung $w x'$ bzw $w x''$ von Systemen gegeneinander zumeist extrem klein. Jedoch makrophysikalisch ergeben sich für Systeme, die durch hoch fluchtbewegte, ferne Galaxien repräsentiert werden, Zeitverschiebungen in Größenordnung des Weltalters. Ein invarianzbewegtes System in voller Raumtiefe ist hier bei uns mit seinem Ursprungsmoment gegenwärtig: ein interessanter relativistischer Aspekt in Ergänzung zu dem existenzphysikalischen Aspekt.

Obgleich anfänglich nur als formale Schreibweise für v/c^2 eingeführt, ist w die schlechthin die gesamte relativistische Physik und all ihre Phänomene beherrschende Größe. Man sieht dies sofort daran, daß sich allein durch w die relativistische von der klassischen Physik unterscheidet: Mit ihrem Verschwinden gemäß $w = 0$ wird $\varkappa = 1$, sodaß die

Lorentztransformation in die klassische Galileitransformation übergeht; etwa unsere Gleichungen (1) mit (2) in:

$$x'' = x' - v\,t \quad \text{mit} \quad t'' = t' = t.$$

Mit dieser eigentlichen Grundgröße der relativistischen Physik ist es
möglich, die wichtigsten relativistischen Phänomene — wie zB das
Uhrenparadoxon, die Längenkontraktion, wichtige Eigenschaften der
Materiewellen und anderes — abzuleiten und in erstaunlich einfacher
Weise zu erklären. Nur unter der Annahme des Bestehens dieser Eigenschaft der Verstreichung und deren Zeitgradienten w sind diese Ableitungen bereits schon möglich, wobei weder das Bestehen einer Invarianzgeschwindigkeit c, noch die Gültigkeit der Lorentztransformation oder sonst einer relativistischen Transformation, nichteinmal das
Relativitätsprinzip selbst, erst recht nicht das Bestehen irgend welcher
Kontraktionen oder Dilatationen von Raum- und Zeitgrößen anzunehmen ist. All das leistet allein schon die Verstreichung, sodaß alle die
in deren Voraussetzung liegende erkenntnistheoretisch schwerwiegende
Problematik entfällt.

Nachdem jedoch hier umgekehrt die Verstreichung und ihr Zeitgradient w im Zusammenhang mit den Transformationsgleichungen
erhalten wurde (nicht etwa als eigenständige Erfahrung, was auch möglich wäre!), seien die Lorentztransformation bzw diese nur anders ge-
schriebenen Gleichungen (1), (2), (3), (4), welche die Grundbeziehungen der Relativitätsphysik darstellen, der künftige Ausgangspunkt. Was
sagen diese Transformationsgleichungen aus?
Gleichung (1) und (2) drückt den im System S'' gegebenen räumlichen Abstand x'' (Strecke) bzw zeitlichen Abstand t'' (Dauer) durch
die in System S' gegebene Strecke x' bzw Dauer t' aus; umgekehrt
Gleichung (3) und (4) die in S' gegebene Strecke x' bzw Dauer t' durch
die Strecke x'' und Dauer t'' von S''. Die zwischen was gegebenen
Strecken und Dauern? Die im einen (S') bzw anderen (S'') System zwischen zwei Ereignissen gegebene Strecke und Dauer.
Allgemein setzt man als Strecke und Dauer zwischen zwei Ereignissen
E_1 und E_2, die an den Stellen x_1 und x_2 (also x_1', x_1'' bzw x_2', x_2'') zu
den Momenten t_1 und t_2 (also t_1', t_1'' bzw t_2', t_2'') geschehen, die Differenz der Stellenwerte $x_2 - x_1$ bzw der Momentwerte $t_2 - t_1$ ein. Zur Vereinfachung wollen wir aber unsere Koordinatensysteme immer so legen,
daß die Nullstelle und der Nullmoment in jedem betrachteten System
eben die Stelle und der Moment des Geschehens des einen Ereignisses,

des Nullereignisses E_0 sei. (Dies können wir, weil wir ja in der Festlegung der Koordinaten frei sind.)

Die Strecken der räumlichen Abstände und die Dauern der zeitlichen Abstände eines beliebigen, allgemeinen Ereignisses E sind damit die Werte x, t in S; bzw x', t' in S' und x'', t'' in S''; Strecken und Dauern zwischen dem Ereignispaar E_0 und E, wie sie in unseren Transformationsgleichungen (1), (2), (3), (4) erscheinen.

In dieser Welt geschehen millionen, billionen, trillionen und noch viel mehr Ereignisse. Diese Welt ist eine Ereigniswelt, eine Ereignismannigfaltigkeit. Der Zusammenstoß zweier Teilchen, die Lichtaussendung eines Atoms, eine Kernspaltung oder -verschmelzung, aber auch die Explosion einer Sprengladung, der Pinselstrich eines Malers, die Tonaussendung eines Orchesters, die Unterzeichnung einer diplomatischen Note usw sind alles, alles Ereignisse oder Ketten vieler Ereignisse. Vor allem ist auch die Vornahme einer Markierung ein Ereignis; ein besonders wichtiges Ereignis für die Physik.

Die an einem Ereignis beteiligten Teilchen gehören zwar jeweils nur einem System an, wobei sie zumeist im Geschehen des Ereignisses das System wechseln. Aber das Ereignis als Geschehnis erscheint auch in jedem beliebigen anderen System an einer bestimmten Stelle zu einem bestimmten Moment dieses Systems.

ZB besteht ein Ereignis darin, daß eine kleinere Kugel eine größere anstößt, wobei sie selbst zurückprallt: die kleinere Kugel gehört vorher dem System der Vorwärts-, nachher dem System der Rückprallbewegung zu, die größere Kugel gehört vorher dem System der noch nicht angestoßenen, danach dem System der angestoßenen Bewegung zu, sodaß die das Ereignis ergebenden beiden Teilchen vorher wie nachher je zwei, also insgesamt vier verschiedenen Systemen zugehören. Aber das Stoßereignis als solches erscheint nicht nur in den Räumen und Zeiten dieser vier Systeme, sondern jeglicher Systeme; also auch in Raum und Zeit eines beliebig anderen Systems, in welchem beide Teilchen sowohl vor wie nach dem Ereignis entsprechend bewegt sind.

Somit bedeuten x' und t' die zwischen den beiden Ereignissen E_0 und E innerhalb S' gegebene Strecke und Dauer; bzw x'' und t'' die zwischen eben diesen E_0 und E innerhalb S'' gegebene Strecke und Dauer.

Interessant und deshalb kurz erwähnt ist es, daß die pythagoräische Subtraktion der Strecke x und der mit c multiplizierten Dauer t zwischen zwei Ereignissen eine relativistische Invariante ist; dh in allen Systemen für die selben beiden Ereignisse gleiche Größe hat gemäß

$x^2 - (ct)^2 = x'^2 - (ct')^2 = x''^2 - (ct'')^2$; eine Größe, welche für mit Invarianzgeschwindigkeit c selbst verknüpfte Ereignispaare (zB Licht-übertragung mit Emissions- und Absorptionsereignis) naturgemäß zu 0 wird. Der raum-zeitliche Abstand zwischen zwei Ereignissen erscheint somit in jedem System in einer Koordinatenebene mit einer Koordinate x und senkrecht daraufstehender Koordinate ict, wobei $i = (-1)^{1/2}$, sodaß die Zeit wie eine imaginäre Raumdimension auftritt.

Mit der analogen Invarianz $t^2 - (x/c)^2 = t'^2 - (x'/c)^2 = t''^2 - (x''/c)^2$ tritt umgekehrt der Raum als imaginäre Zeit auf. (Mit den drei Raum-dimensionen wäre das Ganze dann vierdimensional.) Die Quadratwurzel daraus — eine Größe mit Zeitdimension, die gleich der Zeit eines für sich betrachteten Punktes ist — bezeichnet man als «Eigenzeit»; eine nicht sehr charakteristische Bezeichung, die wir vermeiden wollen.

Die drei Raumkoordinaten x, y, z addieren sich pythagoräisch positiv zum Abstandsquadrat gemäß $x^2 + y^2 + z^2$. Die Erfassung der Zeit t in einer imaginären Quasi-Raumkoordinate ict (bzw des Raumes in imaginärer Quasi-Zeitkoordinate) ist ein rein formaler Rechenkniff, mit welchem sich in der pythagoräischen Addition das Minus- in ein Plus-Zeichen verwandelt — und damit eine äußerlich wie euklidisch erscheinende Raum-Zeit-Struktur aufgezeigt wird: Dies ist jedoch nur im äußeren Erscheinungsbild, indem die pseudo-euklidische Raum-Zeit-Struktur eben dann durch den Imaginärfaktor i ausgedrückt wird. Um die tatsächliche Pseudo-Euklidizität immer auch anschaulich und greif-bar zu haben, wollen wir schlicht bei der Minusform (ohne Imaginär-faktor i) verbleiben.

Raum- und Zeitrelativität

In der Relativitätsphysik ist es wichtig, grundsätzlich zwischen Ori-ginalgrößen und Bildgrößen zu unterscheiden.

Als unmittelbar und ursprünglich zwischen einem Ereignispaar innerhalb eines Systems gegebene Strecke oder Dauer sind x', t' bzw x'', t'' originale Größen; Originalstrecke bzw Originaldauer in S' bzw S''. Diese Originalgrößen können jeden beliebigen negativen Wert, Null oder positiven Wert annehmen; Streckenwert $= 0$, wenn die beiden Ereignisse (zu beliebigen Momenten) an der selben Stelle des betreffen-den Systems stattfinden; Dauerwert $= 0$, wenn sie (an beliebigen Stel-len) im selben Moment des betreffenden Systems stattfinden. Die Ver-hältnisse von Originalstrecken x'/x'' bzw x''/x' oder von Originaldauern t'/t'' bzw t''/t' können damit alle endlichen oder unendlichen Werte erhalten; zB wenn $x''/x' = 0$, dann $x'/x'' = \infty$; wenn $t''/t' = 0$, dann $t'/t'' = \infty$.

Verhältnisse von Originalgrößen als solche können prinzipiell keine Aussagen über die Existenz etwaiger Raum- oder Zeit-Kontraktionen (oder gegebenenfalls -dilatationen) machen. Schon das Relativitätsprinzip, das jedes System zum Bezugssystem zu erwählen zuläßt, schließt dies aus: Ist nämlich ein Originalverhältnis bezogen auf den Wert von S' kleiner als eins, etwa $x''/x' < 1$ oder $t''/t' < 1$, so ist das Originalverhältnis bezogen auf den Wert von S'' zwangsläufig (als Reziprokwert) größer als eins, etwa $x'/x'' > 1$ oder $t'/t'' > 1$.

Echte Raum- oder Zeit-Relativierungen — dh der Metrik als solcher — können aber, bei konsequenter Anwendung des Relativitätsprinzips, nur wechselseitig sein. Derartige Relativierungen von Raum und Zeit sind dennoch real gegeben. Sie treten jedoch nur im Zusammenhang mit wesenhaft anderen als den Originalgrößen in Erscheinung; nämlich den Bildgrößen, etwa einer Bildstrecke oder Bilddauer.

Eine Bildstrecke ist jene Strecke, mit der sich eine innerhalb eines anderen Systems original gegebene Strecke im Raum des Bezugssystems abbildet; eine Bilddauer jene Dauer, mit der sich eine im anderen System original gegebene Dauer in der Zeit des Bezugssystems abbildet.

Zu jeder Originalgröße gibt es beliebig viele Bildgrößen, indem man jedes beliebige System zum Bezugssystem wählen und damit eine Originalgröße auf beliebig viele Systeme abbilden kann. Sowohl im Wesen als auch im Verhalten, als auch in der Realbedeutung sind diese Bildgrößen etwas ganz anderes als die Originalgrößen; es ist ein Unterschied wie zwischen einem der vielen Paßbilder von einem Menschen und dem betreffenden Menschen selber. Nur die exakte Unterscheidung bewahrt vor folgenschweren Fehlinterpretationen und leeren Scheinproblemen, vor falschen Ausdeutungen und Anwendungen der relativistischen Physik; Fehlinterpretationen und Scheinproblematik, wie sie in der relativistischen Physik und in deren philosophischer Verarbeitung gang und gäbe sind.

Zur äußerlichen Unterscheidung seien Bildgrößen mit einem Dach gekennzeichnet. Die Index-Striche bezeichnen das Bezugssystem. Also speziell im Verhältnis von S' zu S'' ergeben sich:

x' als Originalstrecke in S';	$\hat{x}'$ als Abbildung von x'' in S'
t' als Originaldauer in S';	$\hat{t}'$ als Abbildung von t'' in S'
x'' als Originalstrecke in S'';	$\hat{x}''$ als Abbildung von x' in S''
t'' als Originaldauer in S'';	$\hat{t}''$ als Abbildung von t' in S''

Bildgrößen sind trotz ihres anderen Charakters dennoch reale Größen (insofern ist das Gleichnis mit dem Paßbild doch nicht so ganz treffend), denn viele Wirkungen geschehen durch diese Bildgrößen. So ist zB die Länge, mit der unser in S'' ruhender Stab in S' über das dort liegende Neutron real hinweggeht, eben dessen Bildgröße in S'; die Dauer seines Hinweganges die der in S'' gegebenen Dauer zwischen Emission und Absorption zugehörige Bilddauer in S'. Diese Bildgrößen sind somit die eben in S' wirksamen Größen dieses Vorganges (vgl unten). Hiermit ergibt sich eine eigenartige Verbindung mit der Aktualitätsphysik.

Raum- oder Zeitrelativierungen ergeben sich als Verhältnis der Bildgröße (mit welcher eine in einem anderen System original gegebene Größe sich im Bezugssystem bestimmt) zur Originalgröße (mit welcher eben diese Größe im anderen System original gegeben ist); kurz: als Bildgröße/Originalgröße. Also eine echte Raumrelativierung ergibt sich aus dem Verhältnis der im Raum eines beliebig wählbaren Bezugssystems rein räumlich (ohne Zeitfaktoren mit hereinzubringen) bestimmten Bildstrecke zu deren in einem bestimmten anderen System gegebenen Originalstrecke. Entsprechend ergibt sich eine echte Zeitrelativierung aus dem Verhältnis der in der Zeit eines beliebig wählbaren Bezugssystems rein zeitlich (ohne Raumfaktoren mit hereinzubringen) bestimmten Bilddauer zu deren in einem bestimmten anderen System gegebenen Originaldauer.

Die Abbildung wird durch Markierungen des Anfangs und Endes der im anderen System original gegebenen Strecke oder Dauer im Raum bzw in der Zeit des Bezugssystems erhalten. Diese Markierungen sind aber selbst auch Ereignisse — wenngleich besonderer Art —, in Hinsicht auf welche die abgebildeten Größen als spezielle Originalgrößen in Erscheinung treten. Deshalb sind die Bildgrößen — wie sonst die Originalgrößen — auch mit den Transformationsgleichungen (1), (2), (3), (4) erhaltbar.

Ob mit diesen Markierungen tatsächlich einwandfreie Bildgrößen erhalten werden, hängt von der richtigen Vornahme der Markierungen, dh der sinngemäßen Wahl der speziellen Markierungsereignisse ab; es sei folgender Fall betrachtet:

In System S'' ruht ein Stab der Länge x''. Auf dem Stabanfang bei x_0'' befindet sich ein Jodatom J, das im Nullmoment t_0'' ein Neutron N emittiert. Dieses Neutron N wird von einem auf dem Stabende bei x'' liegenden Uranatom U im Moment t'' absorbiert. Dieses in S'' von J nach U mit $-v$ bewegte Neutron N ruht in System S' an dessen Nullstelle x_0'. Umgekehrt ist S'' gegen S', also der Stab mit J und U gegen N, mit der Geschwindigkeit v bewegt. In der Zeit des Systems S' wird N im Nullmoment t_0' von J emittiert (so waren die Koordinaten gewählt worden) und im Moment t' von U absorbiert.

Somit sind zwei Ereignisse gegeben: E_0 als N-Emission von J; und E als N-Absorption von U. Zwischen E_0 und E ist damit in S'' die Strecke x'' als Originalstrecke und die Dauer t'' als Originaldauer gegeben; in S' die Strecke x' als Originalstrecke und die Dauer t' als Originaldauer. Die Originalstrecke x' in S' ist jedoch 0, denn in S' ereignet sich sowohl E_0 (Emission von N durch J) als auch E (Absorption von N durch U) immer an der selben Stelle des eben in S' ruhenden Neutrons N. Damit: $x' = 0$; also $x''/x' = \infty$ und $x'/x'' = 0$.

Man sieht sofort, daß weder x''/x' eine unendliche «Raumdilatation» noch x'/x'' eine verschwindende «Raumkontraktion» darstellt, denn weder ist x' eine Abbildung von x'' in S' noch x'' eine Abbildung von x' in S''. Vielmehr sind beides Originalstrecken; dh je für sich innerhalb des jeweils eigenen Systems gegebene Strecken. Anders ausgedrückt: Dieses Ereignispaar E_0 mit E ergibt keine Markierungen, die eine Abbildung der in S'' gegebenen Originalstrecke x'' in S' oder eine Abbildung der in S' gegebenen Originalstrecke x' in S'' bewerkstelligt.

Wie muß ein Ereignispaar beschaffen sein, um eine reine Streckenabbildung zu erzielen? Es müßten die Markierungen im Bezugssystem so vorgenommen werden, daß sich keine zeitlichen Größen mit einschleichen. Nehmen wir S' als Bezugssystem, so ergibt sich infolge der Bewegung von S'' gegen S' immer ein Zeiteinfluß t', wenn die Markierung von Streckenanfang J und -ende U im Bezugssystem S' nicht gleichzeitig erfolgt; sodaß zu der eigentlichen Bildstrecke $\hat{x}'$ noch eine Fortbewegungsstrecke vt' hinzukommt. Die reine Bildstrecke $\hat{x}'$ wird also dann und nur dann erhalten, wenn die Markierungsereignisse im Bezugssystem gleichzeitig sind; wenn also (konkret mit S' als Bezugssystem) $t' = 0$ ist; so daß also die hinzukommende Fortbewegungsstrecke vt' verschwindet (indem mit $t' = 0$ auch $vt' = 0$ ist).

Dies ist konkret dann erfüllt, wenn neben E_0 ein anderes Markierungsereignis E_m tritt, für das eben $t' = 0$ gegeben ist. Damit ergibt sich aus (1) unmittelbar $\hat{x}' = x' = \varkappa \cdot x''$; also $\hat{x}'/x'' = \varkappa$. Weil $\varkappa < 1$ ist, ist dies eine Kontraktion, die sogenannte «Lorentzkontraktion».

Die Lorentzkontraktion ist die Kontraktion der in einem anderen System gegebenen Strecken — und damit des gesamten Raumes des anderen Systems — im Raume des Bezugssystems. Die Lorentzkontraktion ist also eine echte Raumkontraktion.

Das analog gleiche Ergebnis einer Raumkontraktion ergibt sich umgekehrt mit S'' als Bezugssystem gemäß $\hat{x}''/x' = \varkappa$; freilich mit einem anderen Ereignispaar, welches eine in S' original gegebene Strecke x' im Bezugssystem S'' gemäß $t'' = 0$ gleichzeitig markiert. Wenn allerdings — wie in unserem konkreten Fall mit nur dem Neutron N in S' — schon die Originalstrecke gemäß $x' = 0$ verschwindet, dann verschwindet auch deren Kontraktion $\hat{x}'' = \varkappa \cdot x'$ zu Null.

Mit beliebigen Originalstrecken x' ergibt sich die Raumkontraktion in gleicher Weise. Die Raumkontraktion bedeutet die Kontraktion des Raumes eines jeden anderen Systems bei zeitunabhängiger Bestimmung in jedem beliebigen Bezugssystem. Diese Kontraktion ist immer $\varkappa = (1 - v\,w)^{1/2}$.

Wiederum mit S' als Bezugssystem ist unser Markierungs-Ereignispaar E_0 mit E_m gemäß $t' = 0$ aber in S'' selbst nicht gleichzeitig; vielmehr ergibt sich dort dazwischen nach (4) die Dauer $t'' = -w\,x''$ (also E_m in S'' später als E_0, weil x'' eine negative Streckengröße und damit $-w\,x''$ eine positive Dauergröße). Dies betrifft aber die Echtheit der Abbildung gar nicht, weil innerhalb eines Systems der Raum eine definitionsgemäß zeitunabhängige Größe darstellt, sodaß es in demjenigen System — konkret S'' —, in welchem der Stab ruht, völlig gleichgültig ist, wann man die Stelle seines Anfanges und seines Endes bestimmt (selbst eine Zwischendauer von Jahren ändert dort, wo der Stab ruht, am Ergebnis gar nichts).

Was wäre jedoch, wenn wir bei unserer in S'' gegebenen Strecke x'' (Stab mit J und U), im Bezugssystem S' mit einem noch anderen Ereignispaar E_0 mit E_n so markieren würden, daß E_n mit E_0 in S'' gleichzeitig wäre; also mit $t'' = 0$ (statt mit $t' = 0$)? Dies ergibt sich unmittelbar aus (3) gemäß $\varkappa \cdot x' = \mathrm{x}''$ oder $x' = x''/\varkappa$. Damit erscheint x' im Bezugssystem S' mit dem Faktor $1/\varkappa > 1$ größer als x''. Auch bei dieser Dehnung (Dilatation) handelt es sich um einen durchaus realen Effekt, aber eben bei diesem konkreten Ereignispaar E_0 mit E_n, das wir zwar ebenso gut unserer Betrachtung unterziehen können wie jedes andere, das jedoch keine rein räumliche Abbildung der Originalstrecke x'' im Raume des Bezugssystems S' darstellt. Vielmehr erscheint zwischen E_0 und E_n im Bezugssystem S' nach (2) die Dauer $t' = w\,x'$, welche zusammen mit der Bewegung v von S'' gegen S' die Markierungsstelle x' verschoben hat (während t' ist ja der Stab weitergelaufen!).

Die Größe x' enthält somit außer der Bildstrecke $\hat{x}'$ noch eben diese Fortbewegungsstrecke $v\,t' = v\,w\,x'$. Erst wenn man diese von x' gemäß $x' - v\,w\,x' = x'(1 - v\,w) = x' \cdot \varkappa^2$ abzieht, so verbleibt die reine Bildstrecke $\dot{x}' = x' \cdot \varkappa^2 = x'' \cdot \varkappa$ entsprechend der echten Raumkontraktion gemäß $\dot{x}'/x'' = \varkappa$. Die als solche reale Streckendilatation $x' = x''/\varkappa$ bei E_0 mit E_n ist somit keine Raumdilatation, sondern stellt einen zusammengesetzten Wert dar; einerseits aus einem Raumkontraktionsanteil $\varkappa \cdot x''$ und andererseits aus einem Bewegungsanteil $v t'$; wobei der Bewegungsanteil $v t'$ die Raumkontraktion $\varkappa$ zu einer Dilatation $1/\varkappa$ überkompensiert.

Es ist somit bei relativistischen Raumphänomenen sorgfältig zwischen denjenigen Anteilen zu unterscheiden, welche durch die Kontraktion $\varkappa$ und welche durch die Bewegung v bedingt sind. Kontraktion $\varkappa$ und Bewegung v sind aber — wie sofort fraglos verständlich ist — völlig verschiedene Eigenschaften, so daß die dadurch sich ergebenden Anteile sich physikalisch gänzlich anders verhalten.

Einsteindilatation und Zeitkontraktion

Wie stellen sich bei unserem Ereignispaar E_0 (Emission von N durch J) mit E (Absorption von N durch U) des in S'' ruhenden Stabes (J und U) und des in S' ruhenden Neutrons (N) die Zeitverhältnisse dar?

Die zwischen E_0 und E in S'' gegebene Originaldauer ist t''; die in S' gegebene Originaldauer ist t'. Die Dauer t'' ist die Vorbeigangsdauer des Neutrons am Stab in S''; die Dauer t' ist die Vorbeigangsdauer des Stabes über das Neutron in S'. Zugleich ist t'' bzw. t' die «Lebensdauer» des Neutrons N in S'' bzw. S', indem N an J ausgestoßen und an U wieder verschluckt wird; desgleichen ist t'' bzw. t' die «Überlebensdauer» von U über J in S'' bzw. S', indem sich mit E_0 das Jodatom J und mit E das Uranatom U verändert und somit sein bisheriges «Leben» beendet (das Neutron spaltet etwa das U-Atom).

Mit $x' = 0$ ergibt sich aus (3) unmittelbar $t'' = -x''/v$; desgleichen mit $x' = 0$ aus (1) die Beziehung $t' = -\varkappa \cdot x''/v$. (Anmerkung: x'' ist eine negative Größe, weil bei unserer willkürlichen Anordnung das Atom U links von Atom J liegt und weil dabei dem Atom J die Nullstelle gegeben wurde; also $-x''$ ist positiv, damit ist auch t'' wie auch t' positiv, sodaß in beiden Systemen E später als E_0 geschieht). Damit ergibt sich $t' = \varkappa \cdot t''$ im Sinne einer Kontraktion; umgekehrt $t'' = t'/\varkappa$ im Sinne einer Dilatation. Sagt dies etwas aus über das Bestehen einer Zeitkontraktion oder Zeitdilatation?

Die aufgrund dieser beiden Ereignisse gegebenen Originalgrößenverhältnisse sagen als solche noch gar nichts über eine Zeitrelativierung aus; es ist ja kein wesenhafter Unterschied aufzufinden: Nach dem Relativitätsprinzip ist ebensogut S' wie S'' als Bezugssystem erwählbar; daran ändert auch nichts, daß wir in unserem Beispiel in S' nur ein Teilchen — das Neutron —, in S'' aber zwei Teilchen — die beiden Atome J und U — betrachten. Und als Dauer sind wir ebenso berechtigt, die Vorbeigangsdauer des Stabes über das Neutron, wie des Neutrons am Stab unserer Betrachtung zugrunde zu legen; die Lebensdauer des Neutrons ebenso wie die Überlebensdauer zwischen den beiden Atomen. Soweit bedeutet $t'/t'' = \varkappa < 1$ grundsätzlich keine Zeitkontraktion, wie $t''/t' = 1/\varkappa > 1$ auch keine Zeitdilatation bedeutet; es sind lediglich Originaldauerverhältnisse, die bei diesen Ereignissen gerade diese Werte $\varkappa$ bzw $1/\varkappa$ ergeben. Mit entsprechend anderen Ereignispaaren würden t'/t'' oder t''/t' beliebig andere Werte annehmen können; auch Null und Unendlich.

Eine ganz andere Frage ist es aber, ob dieses Ereignispaar E_0 und E nicht zugleich Markierungen darstellt, aufgrund welcher sich einer der beiden Dauerwerte vielleicht zugleich auch als Bilddauer der im anderen System original gegebenen Dauer darstellt. Wenn ja, dann ist die weitere Frage, welcher dies ist und welches Verhältnis (t'/t'' oder t''/t') damit die echte Zeitrelativität ausdrückt; die Zeit kann ja nicht zugleich kontrahieren und dilatieren (sich verkürzen und zugleich verlängern).

Wählen wir erst S'' zum Bezugssystem: Damit ist t'' eine durch das im anderen System S' ruhende Neutron N im Bezugssystem S'' gegebene Originaldauer (als die Neutronen-Lebensdauer in System S''), die durch Markierung mit E_0 und E in S'' bestimmt wird. Das Verhältnis $t''/t' = 1/\varkappa > 1$ ist eine Dilatation, die sogenannte «Einsteindilatation». Diese Einsteindilatation ist ein reales, schon vielfach gemessenes Phänomen; etwa als Lebensdauerverlängerung der schnellbewegten Mesonen aus der Ultrastrahlung oder von sonstigen schnellbewegten Atomkernen aus Kanalstrahlen usw (populärwissenschaftlich als das zurückbleibende Altern von schnellen Raumfahrern interpretiert).

Diese wichtige und als solche reale Einsteindilatation ist jedoch keine «Zeitdilatation»; im Gegensatz zu dieser Bezeichnung in fast allen Fach- und Lehrbüchern und Vorlesungen des deutschsprachigen Raumes. Als Argument für die Anerkennung der Einsteindilatation als echter Zeitdilatation wird angeführt, daß das in S' ruhende Neutron N eine die Zeit t' von S' berechtigt repräsentierende Uhr verkörpere (was stimmt), deren Gang man durch Markierungen bei J und U mit der Zeit des Bezugssystems S'' vergleiche, wobei sowohl das in S'' ruhende J als auch das in S'' ruhende U je eine die Zeit des Systems S'' repräsen-

tierende Uhr darstelle (was auch stimmt), daß ferner nach der Zeitdefinition die Zeit eines Systems eine raumunabhängige Größe darstelle
(was wiederum stimmt) — und daß deshalb die in U gegen J sich ergebende Differenz der Ereignismomentwerte die relativistische Abbildung t'' der in S' mit t' gegebenen Dauer darstelle, obgleich in S'' das
Uranatom U um die Strecke x'' vom Jodatom J entfernt stehe. Diese
letzte Folgerung stimmt jedoch nicht:

Innerhalb eines Systems ist die Zeit definitionsgemäß eine raumunabhängige Größe. Es ist aber gerade das wesentliche Ergebnis der
Relativitätsphysik — im Gegensatz zur klassischen Physik —, daß bei
der Bestimmung einer in einem anderen System (S') gegebenen Originaldauer t' in einem davon verschiedenen Bezugssystem (S'') Raumeinflüsse auf die Zeitbestimmung hereinkommen. Diese Raumeinflüsse
kommen durch die Verstreichung und deren Zeitgradient w herein
(analog wie die Zeiteinflüsse bei der Bestimmung einer im anderen
System gegebenen Strecke im Raume des Bezugssystems durch die Bewegung mit deren Geschwindigkeit v).

Da jede an jeder Stelle des anderen Systems S' befindliche Uhr die
Zeit von S' repräsentiert, müßte — nach der falschen Konsequenz aus
der Zeitdefinition — immer das gleiche Ergebnis erzielt werden, an
welchen Stellen des Bezugssystems auch jeweils der Anfang und das
Ende der im anderen System S' gegebenen Dauer markiert wird; also
wie groß x'' auch immer sei. Wie aus (4) unmittelbar hervorgeht, ergeben sich jedoch infolge w mit verschiedenen Strecken x'' zwischen
den beiden Markierungsstellen auch verschiedene Dauerwerte und
Dauerverhältnisse (beliebig größer, gleich oder kleiner als 1); also zueinander widersprüchliche Ergebnisse. Bei aller Relativität gibt es aber
auch in der Relativitätsphysik keine echten Widersprüche.

Die übliche Argumentation zur «Zeitdilatation» ist analog ebenso
falsch, wie es falsch gewesen wäre, mit Hinweis auf die Definition des
Raumes (als innerhalb eines Systems zeitunabhängige Größe) eine
Streckenmarkierung im Bezugssystem vorne und hinten zu beliebigen
Momenten zuzulassen. Wir erhielten jedoch — eben infolge v — bei
nicht gleichzeitiger Markierung Überlagerungen von Bewegungsstrecken;
insbesondere mit Gleichzeitigkeit im anderen System eine der Einsteindilatation analoge Streckendilatation, die zwar einen realen Effekt,
aber deshalb noch keine Raumdilatation darstellte.

Aufgrund der Definition der Zeit als innersystemlich raumunabhän-
giger Größe, wäre es zwar innerhalb S' (wo t' als Originaldauer gegeben

ist) möglich gewesen, den Anfang und das Ende der Neutronenlebens-
dauer an beliebigen Stellen von S' als geschichtliches Faktum festzustellen; nicht aber eine echte Abbildung dieser Dauer t' von S' im Bezugssystem S'' an verschiedenen Stellen (längs x'') zu markieren.

Diese Markierung im Bezugssystem S'' an den Enden einer Strecke x''
ergibt deshalb keine raumunabhängige Dauerabbildung, weil durch die
Verstreichung mit dem Zeitgradienten $-w$ von S' gegen S'' ein Raum-
einfluß längs x'' wirksam wird. Die Dauer t'' enthält somit neben der
echten Bilddauer $\hat{t}''$ noch einen Verstreichungsanteil $-w \cdot x''$. Um die
Bilddauer $\hat{t}''$ zu erhalten, ist somit $-w \cdot x''$ von t'' abzuziehen; gemäß
$\hat{t}'' = t'' + w x''$. Nach (4) ist dies aber gleich $\varkappa \cdot t'$; also: $\hat{t}'' = \varkappa \cdot t'$.
Die Verstreichungsdauer $-w x''$ bewirkt somit die Überkompensation
einer echten Zeitkontraktion $\hat{t}''/t' = \varkappa$ zur Einsteindilatation (genau
analog der Streckenbestimmung mit Gleichzeitigkeit im anderen
System).

Dieser die Zeitkontraktion überkompensierende Verstreichungsanteil
$-w x''$ (ein Dauerwert; Sekunden) kommt dadurch zustande, daß alle
Momente und Epochen, dh die ganze Zeit und Geschichte des anderen
Systems S' längs der Strecke x'' des Bezugssystems S'' mit dem Zeitgradienten $-w$ in die Zukunft verschoben ist.

Die Einsteindilatation ist somit wesenhaft keine «Zeitdilatation»;
vielmehr eine aus einem Kontraktionsanteil und einem Verstreichungsanteil zusammengesetzte Größe. Gerade die Einsteindilatation führt damit — nach Abzug ihres Verstreichungsanteils — zu einer Zeitkontraktion.

Mit S' (statt S'') als Bezugssystem wird in diesem Beispiel die Zeitkontraktion unmittelbar ableitbar; nehmen wir nun S' als Bezugssystem:
Die im anderen System S'' gegebene Originaldauer wird damit durch
E_0 mit E in S' tatsächlich an der selben Stelle x'_0 (Stelle des Neutrons)
markiert, so daß mit $x' = 0$ im Bezugssystem keine Strecke auftritt,
längs derer die Verstreichung $+w$ von S'' gegen S' wirksam werden
könnte; mit $x' = 0$ ist auch $w x' = 0$. Die somit im Bezugssystem S'
markierte Dauer ist nicht nur Originaldauer t' innerhalb S', sondern
auch raumunabhängig bestimmte Bilddauer $\hat{t}'$ von t'' im Bezugssystem
S'. Das Verhältnis $t'/t'' = \varkappa < 1$ ist somit Ausdruck einer echten Zeitrelativierung im Sinne einer Zeitkontraktion gemäß $\hat{t}'/t'' = \varkappa$.

Gemäß $\hat{t}''/t' = \varkappa$ und $\hat{t}'/t'' = \varkappa$ ergibt sich somit sowohl mit S'' als
auch mit S' als Bezugssystem immer eine echte Zeitkontraktion; eine
Verkürzung aller im anderen System gegebenen Originaldauern, dh der

ganzen Zeit und Geschichte des jeweils anderen Systems bei raumeinflußfreier Abbildung im Bezugssystem.

Die Physik enthält viele geschichtlich bedingte Begriffe und Bezeichnungen, die überholt und unexakt geworden sind, die man aber beibehält, weil man die damit eigentlich gemeinten Sachverhalte kennt. Verhält sich dies mit der «Zeitdilatation» ebenso? Dies kann man nicht guten Gewissens vorbringen; denn: Es wird nicht auf die Unrichtigkeit dieses Ausdrucks hingewiesen (was wenigstens gelegentlich notwendig wäre), sondern im Gegenteil die genannte, sich auf die Zeitdefinition berufende falsche Argumentation dafür angeboten; was ein Verhaftetgebliebensein in den klassischen Zeitvorstellungen zum Ausdruck bringt; ein Mißverständnis des Wesens der Relativitätsphysik, eine Nichtbewältigung der grundlegenden Größe w.

Vor allem bedeutet aber die «Zeitdilatation» den direkten Gegensatz zu den realen Gegebenheiten einer Zeitkontraktion; einen Widerspruch mit der relativistischen Zeitstruktur. Die Redeweise, daß «Zeitkontraktion» und «Zeitdilatation» eine nebeneinander mögliche Betrachtungsweise darstelle und nur eine «Umformulierung» bedeute, erinnert mehr an den denkwürdigen Dialog zwischen meiner Großmutter und ihrem schwerhörigen Schneider als an das Vokabular einer exakten Wissenschaft; Großmutter: der Anzug ist zu weit; Schneider: der weitet sich noch; Großmutter, lauter: der ist ja so schon zu weit; Schneider, umformulierend: der geht Ihnen auch noch ein.

Die «Zeitdilatation» ist nicht nur eine falsche Aussage über die relativistische Zeit, sondern macht außerdem deutlich, daß der Physiker doch nur als Bedienungspersonal einer mit geistigem Experimentieren erstellten, mathematischen Apparatur fungiert, wobei die elementaren Grundgrößen geistig nicht durchdrungen und bewältigt sind. Somit kann man freilich nicht erwarten, daß der Philosoph physikalische Aussagen wie eine Heilsbotschaft aufnimmt und weiterverarbeitet. Umgekehrt ergeben sich deprimierende Aussichten für die Lösung analoger Probleme in der Philosophie oder Theologie, wenn die Spitzenkräfte menschlicher Intelligenz schon in dem immer noch einfachsten physikalischen Bereich die elementaren Phänomene nicht geistig durchschauend zu bewältigen vermögen.

Der Grund für diese Fehlauffassung des relativistischen Zeitverhaltens liegt wohl doch in der unbewältigten Eigenschaft der Verstreichung und ihres Zeitgradienten w, die auch tatsächlich der menschlichen Anschauung unheimlich fremd ist und die deshalb als explizite, selbständige Größe kaum benutzt wird. Die «Zeitdilatation» ist der Ausdruck dafür, daß der Verstreichungsanteil im relativistischen Zeitverhalten eines bewegten Teilchens (Neutron, Meson, einer Uhr usw) nicht als solcher explizit erkannt wird, sodaß der gesamte Zeiteffekt der Einsteindilatation als relativistischer Abbildungseffekt (als Dilatation) interpretiert wird. Das Schlimmste an dieser falschen Interpretation ist die implizite Unterschiebung einer widersprüchlichen Zeitmächtigkeit.

Um die wirklichen Verhältnisse richtig zu erfassen und folgenschwere Fehlurteile zu vermeiden, ist bei allen Zeitphänomenen eine strenge Unterscheidung zwischen den durch die Zeitkontraktion (die wirkliche Zeitrelativierung) und die durch die Verstreichung bedingten Anteile unerläßlich. Die Kontraktion $\varkappa$, mit der die Zeit in sich relativistisch verkürzt wird ($\varkappa$ ein Zeit-Zeit-Verhältnis), und die Verstreichung w, die eine zeit-raum-verknüpfende Eigenschaft der Systeme gegeneinander (w ein Zeit-Raum-Verhältnis) darstellt, sind im Wesen, in der Wirkung und im Verhalten ebenso grundlegend voneinander verschieden wie — genau im räumlichen Analogon — die Kontraktion $\varkappa$ (als Raum-Raum-Verhältnis) und die Bewegung v (als Raum-Zeit-Verhältnis).

Nur sind diese entscheidenden Unterschiede im Räumlichen unmittelbar anschaulich und in alltäglicher Erfahrung zu geradezu selbstverständlicher Fraglosigkeit geworden, während sich diese ganz analogen Unterschiede im Zeitlichen der gewohnten Anschauung fast unerreichbar entziehen. Die Bewegung ist als Stellenverschiebung v im Raum pro Zeit, die wohl anschaulichste Verhaltensweise von Gegenständen überhaupt; die Verstreichung als Momentverschiebung w in der Zeit pro Raum, aber etwas fast Unbegreifbares. Dazu ein Beispiel:

Ein D-Zug in S'' rast mit $v = 42\ m/s$ Geschwindigkeit über die Schienen in S' vom Stadtrand Augsburgs x'_0 zum Stadtrand Münchens x'. Der Fahrgast bleibt hierbei immer an der selben Stelle des Zuges in S'' sitzen (dafür zahlt er ja, daß er durch Anteilnahme am Zugsystem die ganze Strecke Augsburg—München ruhend verbleiben kann). Wir rechnen von Stadtrand zu Stadtrand, um die Anfahrt und Bremsung in den Bahnhöfen außer acht lassen zu können.

In sich — vom Zugschaffner gemessen — hat der Zug eine Länge x'' von ganz genau 100 Metern zwischen Scheinwerfer x''_0 und Schlußlicht x'' gemäß $x'' = 100\ m$. Wenn sich nun dieser Zug über den Augsburger Stadtrand x'_0 (oder sonst eine Stelle von S') — vom Streckenwärter bestimmt — mit 99,999 999 999 999 Metern (statt 100 m)

Länge hinwegbewegt, so ist dies allein Wirkung der Raumkontraktion $\varkappa$ gemäß $\hat{x}' = \varkappa \cdot x''$. Wenn sich dagegen etwa der Scheinwerfer x_0'' jetzt am Augsburger Stadtrand x_0', aber 2000 Sekunden gemäß $t' = 2000\ s$ später am Münchner Stadtrand x' befindet, so ist dies keineswegs Folge einer «Raumdilatation», sondern — wie jeder Bauer weiß — Wirkung der Bewegung v während der Fahrtdauer t', welche eben die Fahrtstrecke $v\,t'$ mit $42\ m/s \cdot 2000\ s = 84\,000\ m$ ergibt; die Fahrtstrecke, welche zugleich die Strecke x' zwischen den beiden Stadträndern darstellt.

Hinsichtlich der Zeitverhältnisse ist nun eine — analog $\varkappa$ und v — entsprechende Unterscheidung zwischen einer Wirkung von $\varkappa$ und einer anderen von w erforderlich:

Die Münchner Stadtuhr in S' an x' läuft gleich (synchron) der Augsburger Stadtuhr in S' an x_0'. In Augsburg hatte die Fahrgastuhr in S'' noch gleichen Stand wie die Stadtuhr in S'; er hatte seine Uhr gleich eingestellt. Angekommen in München stellt der Fahrgast aber einen im Vergleich mit seiner Fahrgastuhr fortgeschritteneren (späteren) Stand der Münchner Stadtuhr fest. Da der Fahrgast aber immer an der selben Stelle seines Zugsystems S'' (Bezugssystem S'') sitzen geblieben war, so daß in S'' keine Strecke gegeben ist, längs der eine Verstreichung wirksam geworden sein könnte, bedeutet dieses Vorgeeiltsein (Raschergelaufensein) der Stadtuhren einen Rascherablauf der Zeit des Gleissystems S' gegenüber der Zeit des Zugsystems S'' im Sinne einer reinen Wirkung der Kontraktion $\varkappa$; im Sinne einer echten Zeitkontraktion.

Umgekehrt sieht freilich ebenso der Münchner Bürger die Fahrgastuhr gegenüber seiner Stadtuhr auf zurückgebliebenem (früherem) Stand. Zugleich stellt er aber fest, daß dieses Zeitphänomen längs der Strecke x' Augsburg—München aufgetreten ist, längs welcher sich die ganze Zeit und Geschichte des Zugsystems S'' mit allen ihren Momenten t_0'', t'' gegen die Zeit seines Gleissystems S' (Bezugssystem S') mit dem Zeitgradienten w der Verstreichung verschoben hat. Hierbei stellt er ferner fest, daß ihm aufgrund dieser Zeitverschiebung längs der Strecke x' seines Systems ein — verglichen zu seiner Geschichte — verkürztes Stück der Geschichte des anderen Systems S'' (Zugsystem) gegenübersteht; und zwar mit $w\,x'$ nach (2) derart stark verkürzt, daß trotz des Raschergelaufenseins der Fahrgastuhr in S'' — durch Wirkung der Kontraktion im Sinne echter Zeitkontraktion —, die Geschichte des bewegten Zugsystems S'' gegenüber dem ruhenden Gleissystem S' längs x' sogar noch zurückgeblieben ist.

Man sieht also: den äußerst leichtfaßlichen Raumverhältnissen stehen äußerst schwerfaßliche Zeitverhältnisse gegenüber; trotz der genauen Analogie kaum bewältigbar. Dies hat letztlich darin seinen Grund, daß der relativistische Raumaspekt genau dem natürlichen Raumerlebnis entspricht, während der relativistische Zeitaspekt — in Anpassung an den relativistischen Raumaspekt (deshalb auch die strengen Analogien) — weder dem natürlichen Zeiterlebnis noch dem existentiellen Zeitaspekt entspricht. Aber da gibt es nur eine Wahl: Entweder man benutzt diesen Zeitaspekt; dann aber konsequent mit Kontraktion und Verstreichung. Oder man verzichtet auf diesen Zeitaspekt, dann muß man auf die Relativitätsphysik verzichten. Ein derartiger Verzicht wäre aber bei den imponierenden Erfolgen der Relativitätsphysik eine törichte Selbstverstümmelung des forschenden Geistes. Die physikalische Welt zeigt — neben den existenz- und quantenphysikalischen Aspekten — eben auch den relativitätsphysikalischen Aspekt.

Tatsächlich zeigen sämtliche physikalischen (genauer: relativitätsphysikalischen) Gegebenheiten ein wesensgleiches Verhalten der Zeit wie des Raumes; eine Zeitkontraktion und eine Verstreichung, wie eine Raumkontraktion und eine Bewegung: Schon die Transformationsgleichungen (1), (2), (3), (4) zeigen vollkommene Symmetrie in allen Raum- und Zeitgrößen; auch in v und w und in $\varkappa$ in sich, ist diese vollkommene Symmetrie in Raum und Zeit gegeben.

Ferner zeigt der Umstand, daß S'' gegen S' ebenso schnell wie S' gegen S'' bewegt ist, daß das Verhältnis $\dot{x}'/\dot{t}' = v$ von Bildstrecke $\dot{x}'$ zur Bilddauer $\dot{t}'$ gleich sein muß dem Verhältnis $x''/t'' = v$ der Originalstrecke x'' eines Stabes in S'' zur Originaldauer t'', während der ein in S' ruhends Neutron am Stab vorbeiläuft; also die Bilddauer ebenso wie die Bildstrecke kontrahiert sein muß.

Desgleichen bedeutet eine vollkommene Invarianzgeschwindigkeit c, daß bei Lichtemissions-Absorptions-Ereignispaaren sowohl für Original- als auch Bildgrößen gleiche Verhältnisse, entsprechend gleicher Kontraktion der Raum- wie der Zeitgrößen, gegeben sein müssen; gemäß $x''/t'' = x'/t' = \dot{x}'/\dot{t}' = c$.

Die Invarianzbedingung $x'^2 - c^2 t'^2 = x'' - c^2 t''^2 = $ constant zeigt ebenso, daß eine Streckenverkleinerung immer nur mit einer Dauerverkleinerung verbunden sein kann; also auch das allgemeine «Linienelement» zeigt dies; insbesondere für Lichtereignisse.

Vor allem beim Verhalten der Materiewellen wird die Zeitkontraktion unmittelbar als Verkürzung von deren Schwingungsdauer, dh als die bekannte Frequenzerhöhung der Welle des bewegten Teilchens wirksam. Überhaupt ergeben sich damit außergewöhnlich interessante und fruchtbare Aufschlüsse über die Wellen:

Zeitkontraktion und Materiewelle

Es gibt drei grundverschiedene Arten von Wellen; zwei davon sind zueinander raum-zeit-symmetrisch: die Raumwellen und die Zeitwellen. Wellen sind allgemein Oszillationen, Schwingungen; periodisch wiederkehrende Merkmale. Die Raumwellen und die Zeitwellen und ihre Raum-Zeit-Analogie zueinander sind vor allem deshalb interessant, weil die Raumwelle der Definition des Raumes, die Zeitwelle der Definition der Zeit adäquat ist.

«Oszillation» im Sinne einer Raumwelle ist zB die Zentimeter-Strichteilung eines Meterstabes. Dieser Strichteilung kommt eine spezifisch räumliche Qualität zu; als einer im Abstand der Striche gegebenen Wellenlänge. Dieser Strichteilung kommt aber als solcher keine zeitliche Qualität zu. Trotzdem erscheint bei Vorbeibewegung eines Meterstabes (in einem anderen System ruhend) eine «Schwingungsdauer» als Dauer des Vorbeiganges der räumlich einander folgenden Striche an einer Beobachtungsstelle des Bezugssystems.

Für jede Raumwelle gibt es jeweils ein ausgezeichnetes System, das «Ruhesystem». Im Ruhesystem hat ihre Wellenlänge (Strichabstand) den maximalen Wert Λ_0. Aber im Ruhesystem selbst gibt es keine Schwingungsdauer (die Zentimeter-Striche schwingen überhaupt nicht). Jedoch in einem Bezugssystem, gegenüber dem das Ruhesystem bewegt ist, tritt die Wellenlänge der Raumwelle mit dem kontrahierten Wert $\Lambda = \varkappa \cdot \Lambda_0$ (Raumkontraktion) in Erscheinung; außerdem noch eine Schwingungsdauer $T = \Lambda/v$ auf Grund der Bewegung v des Ruhesystems gegen das Bezugssystem.

Wasserwellen oder — noch anschaulicher — wellige Landschaften sind ihrer Art nach Raumwellen.

«Oszillation» im Sinne einer Zeitwelle ist zB der Sekundenschlag einer Uhr. Der Schlagfolge kommt eine spezifisch zeitliche Qualität zu; als einer im Abstand der Schläge gegebenen Schwingungsdauer. Dieser Schlagfolge kommt als solcher aber keine räumliche Qualität zu. Trotzdem erscheint auf Grund der Verstreichung auch eine «Wellenlänge» als Strecke, längs welcher sich — immer für den selben Beobachtungsmoment des Bezugssystems — die Sekundenschläge um eine ganze Periode zeitlich verschieben.

Für eine Zeitwelle gibt es ebenfalls jeweils ein ausgezeichnetes System, das «Ruhesystem». Im Ruhesystem hat ihre Schwingungsdauer den maximalen Wert T_0. Im Ruhesystem selbst gibt es keine Wellenlänge (die Sekundenschläge sind ja überall im System zugleich zuständig). Aber in einem vom Ruhesystem unterschiedlichen Bezugssystem tritt die Schwingungsdauer einer Zeitwelle mit dem kontrahierten Wert $T = \varkappa \cdot T_0$ (Zeitkontraktion) in Erscheinung; außerdem noch eine Wellenlänge $\varLambda = T/w$ auf Grund einer Verstreichung w des Ruhesystems gegen das Bezugssystem.

Ein langer, rotierender Rundstab ist mit seiner Rotation seiner Art nach eine Zeitwelle; desgleichen zB räumlich ausgedehnte, zeitliche (überall synchron schwingende) Temperaturschwankungen. Vor allem sind aber die Materiewellen solche Zeitwellen: Die Materiewelle eines bewegten Teilchens hat eine gemäß $T = \varkappa \cdot T_0$ kontrahierte Schwingungsdauer T und eine Wellenlänge gemäß $\varLambda = T/w$ (die sogenannte «Phasengeschwindigkeit» ergibt sich gemäß $1/w = c^2/v$ als eine bewegungslose Größe).

Mit $f = 1/T = 1/(\varkappa T_0)$ ergibt sich die mit der Zeitkontraktion erhöhte Frequenz f entsprechend der erhöhten Energie des bewegten Teilchens $f = E/h$ ($h =$ Wirkungsquantum).

In der Raum- und in der Zeitwelle treten die Raum- und Zeitgrößen in so wesenhaft verschiedener Weise auf, daß es kein Bezugssystem gibt, welches eine Raumwelle in eine Zeitwelle oder umgekehrt eine Zeitwelle in eine Raumwelle überführen könnte. Sie sind nicht einmal als Grenzfälle voneinander relativistisch verwandt. Es liegt zwischen ihnen eine Kluft, welche von einer dritten Wellenart ausgefüllt wird: den Wellen der mit Invarianzgeschwindigkeit übertragenen Energien.

Bei Wellenvorgängen ist somit zu unterscheiden, um welche Art von Wellen es sich handelt; andernfalls drohen falsche Ergebnisse oder irreale Interpretationen und leere Scheinprobleme führen auf falsche Fährten.

So ist zB das Problem des «Auseinanderlaufens des Wellenpaketes der Materiewelle» eines Teilchens existentiell ein Scheinproblem; darauf fußend, daß die Materiewelle in den Größen von Raumwellen (statt Zeitwellen) aufgefaßt wird. Bei der Materiewelle «läuft» überhaupt nichts (der Sekundenschlag einer Uhr oder gar die Umdrehung der Rohruhr läuft ja auch nicht irgendwohin im Raum davon). Deshalb ist auch die «Bewegung der Materiewelle» mit der Überlichtgeschwindigkeit c^2/v (mit v als der Geschwindigkeit des zugehörigen Teilchens) auch in der salonfähigen Interpretation als «Phasengeschwindigkeit» ein wesenhaftes Mißverständnis der Materiewelle, welche überhaupt keine Bewegungseigenschaft besitzt, sondern allein durch die Eigenschaft der Verstreichung gekennzeichnet ist. Die «Phasengeschwindigkeit» ist nur ein gleichnishaftes Bild, das allerdings oft recht brauchbare Ergebnisse erhalten läßt. So ergibt sich andererseits das «Auseinanderlaufen des Wellenpakets der Materiewelle» aktuell als adäquater Ausdruck für die quantenphysikalische Impuls-Orts-Unbestimmtheit.

Es ist ein Mißverständnis des Wesens der Relativitätsphysik, wenn der Zeitgradient w der Verstreichung, der freilich gemäß $w = v/c^2$ formal-größenmäßig mit $1/c^2$ proportional zu v ist, als nur ein anderer Ausdruck für v/c^2 verstanden wird. Der Zeitgradient w ist vielmehr eine eigenständige Größe, welche alle Zeitphänomene der Relativitätsphysik (gegenüber der klassischen Physik) entscheidend beherrscht. Erst damit wird ein exakter Übergang zur allgemeinen Relativitätsphysik möglich. Vor allem die Zeitwellen, die Materiewellen werden durch den Zeitgradienten w in einer Weise bestimmt, daß hierbei Geschwindigkeiten v gar nicht mehr in Erscheinung treten. Umgekehrt bestimmen sich die Körper durch deren Bewegungen mit ihren Geschwindigkeiten v, ohne daß hierbei Zeitgradienten w in Erscheinung treten.

An diesem Punkt ergibt sich eine hochinteressante Verbindung zur Quantenphysik mit deren Welle-Körper-Dualismus: Jeder Materiewelle gehört ein Materiekörper (etwa Elementarteilchen) zu; umgekehrt jedem Körper eine Welle. Relativitätsphysikalisch bedeutet dies, daß dieses quantenphysikalisch dualistisch Wirkende sowohl im Raum mit Bewegungen (eben als «Körper»), als auch in der Zeit mit Verstreichungen (eben als «Welle») in Erscheinung tritt. Der Körper ist somit relativistisch das selbe Ding wie die Welle; der Körper jedoch durch sein räumliches Auftreten, wobei die Geschwindigkeit v die Verbindung von dessen Räumlichkeit zur Zeit darstellt; die Welle aber sein zeitliches Auftreten, wobei der Zeitgradient w die Verbindung von deren Zeitlichkeit zum Raum darstellt. Relativitätsphysikalisch ist somit der quantenphysikalische Dualismus eine Notwendigkeit für ein vollständiges Wirken in voller Raumzeitlichkeit.

Die relativistische Vollständigkeit des Geschehens in Raum und Zeit erfordert den quantenphysikalischen Dualismus von Welle und

Körper. Der Körper ist aber vor allem durch seine Masse m gekennzeichnet (angegeben in Gramm). Auch die Masse ist relativiert.

Masse und Energie

Die Massenrelativierung ergibt sich unmittelbar aus dem Raum-Zeit-Verhalten der relativistischen Systeme. Diese Raum-Zeit-Verhältnisse sind in der Relativitätsphysik grundlegend, so daß zu deren Ableitung die Massen überhaupt nicht zu erscheinen brauchten. Aus diesen Raum-Zeit-Verhältnissen ergibt sich jedoch die überaus wichtige Massenrelativierung und «Äquivalenz von Masse und Energie».

Etwa über den Stoß zweier gleicher Massenpunkte in drei Systemen S', S, S'' unter Benutzung des Additionstheorems der Geschwindigkeiten ergeben der Energie- und Impulserhaltungssatz mit der Lorentztransformation — in Schreibweise der Gleichungen (1), (2), (3), (4) — für die Masse m', mit der eine im anderen System S'' ruhende Masse m'' im Bezugssystem S' bestimmt wird (abgebildet wird, wirksam wird) die Beziehung $m' = m''/\varkappa$; umgekehrt für die Masse m'', mit der sich eine im anderen System S' ruhende Masse m' mit Bezugssystem S'' bestimmt, die Beziehung $m'' = m'/\varkappa$ (Tolman).

Allgemein — in bezug auf jedes beliebige System — bedeutet dies, daß eine Masse, die im ruhenden Zustand die «Ruhemasse» m_0 besitzt, in einem mit der Geschwindigkeit v bewegten Zustand die «Bewegtmasse» m besitzt gemäß der fundamentalen Beziehung $m = m_0/\varkappa$.

Mit diesem Reziprokwert $1/\varkappa$ der relativistischen Kontraktion $\varkappa = (1 - vw)^{1/2} = (1 - v^2/c^2)^{1/2} < 1$ multipliziert, ergibt sich somit durch die Bewegung mit v eine Massenvergrößerung.

Multipliziert man die Massengleichung beidseitig mit c^2 gemäß $m c^2 = m_0 c^2/\varkappa$ und entwickelt die rechte Seite als Reihe, so ergibt sich: $m c^2 = m_0 c^2 + m_0 v^2/2 + $ Korrekturglieder mit höheren Potenzen von v/c. Dies bedeutet, daß $m c^2$ einen Energiewert E darstellt, welcher (ungeachtet der sehr kleinen Korrekturglieder, die damit zusammenhängen, daß die kinetische Energie auch mit der Masse ansteigt) neben der klassischen kinetischen Energie $m_0 v^2/2$ der bewegten Masse noch einen gewaltigen Ruheenergiewert $E_0 = m_0 c^2$ enthält.

Es ist also die totale Energie E mit c^2 proportional der Masse m; gemäß dem Prinzip der «Äquivalenz von Energie und Masse»
$$E = m c^2.$$
Diese wichtige Beziehung der Relativitätsphysik, welche die direkte Verbindung zur Existenzphysik herstellt, zeigt Masse und Energie

als einander allgemein und ein-eindeutig zugehörige Größen: jede Masse ist Energie und jede Energie ist Masse.

Wenngleich obige speziell-relativistische Ableitung in dieser Weise noch nicht vollkommen zwingend ist, ergibt sich diese Energie-Massen-Äquivalenz doch aus den verschiedensten Zusammenhängen als allgemeingültiges Prinzip. Tatsächlich ist diese Energie-Massen-Äquivalenz auch experimentell und durch mannigfaltige Naturbeobachtung ausgezeichnet und ausnahmslos bestätigt worden: bei der Zerstrahlung von Teilchen mit Antiteilchen geht diese Massenenergie mc^2 total in freie Energie über; ebenso umgekehrt bei der Paarbildung. Bei den Atomkernreaktionen ist der sehr genau meßbare Massendefekt exakt der freigewordenen Energie äquivalent; umgekehrt dient dieser Massendefekt heute zur genauesten Bestimmung der Energietönungen von Kernreaktionen. An den schnellbewegten Teilchen der großen Beschleuniger wurde schon tausendfach diese relativistische Massenvergrößung auch direkt quantitativ gemessen und umgekehrt beim Bau der Anlagen genauestens berücksichtigt.

Während sich relativistisch Raum und Zeit mit $\varkappa$ verkleinern (kontrahieren), vergrößert sich die Masse und damit auch die Energie mit $1/\varkappa$. Bei Bewegung mit der Invarianzgeschwindigkeit c selbst, für welche $\varkappa = 0$, müßte somit eine endliche Ruhemasse unendlich groß werden; desgleichen deren Energie. Dies bedeutet, daß ein Teilchen mit endlicher Ruhemasse und endlicher Energie niemals auf ganz Invarianzgeschwindigkeit gebracht zu werden vermag; wie man ja auch nicht durch Additionen beliebiger Unterinvarianzgeschwindigkeiten die Invarianzgeschwindigkeit c selbst zu erreichen vermag. Tatsächlich konnten schon Teilchen bis auf 999 ‰ der Invarianzgeschwindigkeit, aber noch nicht auf diese selbst gebracht werden.

Umgekehrt kommt entsprechend den invarianzbewegten Energien und Massen (Photonen; Quanten elektromagnetischer Felder) eine verschwindende Ruhemasse und Ruheenergie zu; dh sie sind überhaupt nicht als unterinvarianzbewegt existenzfähig. Diese wesenhaft verschiedenen Massen trennt somit gleichsam eine unendliche Kluft.

Mit der relativistischen Massenvergrößung $m = m_0/\varkappa$ ergibt sich in der Beziehung der Relativitäts- zur Quantenphysik folgender wichtiger Zusammenhang: Aufgrund der Zeitkontraktion ist relativistisch die Schwingungsdauer T eines bewegten Körpers gemäß $T = \varkappa \cdot T_0$ verkleinert; also die Frequenz $f = 1/T$ gemäß $f = f_0/\varkappa$ vergrößert. Diese Frequenzerhöhung ergibt sich somit mit dem gleichen Faktor

1/$\varkappa$, mit dem sich auch die Masse und damit die Energie des bewegten Teilchens vergrößert. Genau dies ist aber der relativistische Aspekt der quantenphysikalischen Grundbeziehung $E = f \cdot h$; nach welcher die Energie E eines Körpers das Produkt aus dem Wirkungsquantum h (eine universelle Naturkonstante $h = 6,626\,196 \cdot 10^{-27}$ $erg \cdot sec$) und der Frequenz f der dem Körper dualistisch zugehörigen Welle darstellt.

Diese Beziehung ist Teil einer allgemein gültigen Gegebenheit: Die Wirkung, die entscheidende Größe der Existenz- und Quantenphysik, ist eine relativistische Invariante. Mit der Invarianz der Wirkung verbindet sich umgekehrt, daß nur eine relativistische Zeitkontraktion real sein kann: Wirkung ist Energie mal Zeit. Damit muß zwangsläufig die Zeit im gleichen Maße relativistisch verkürzt ($\varkappa$), wie die Masse und Energie vergrößert (1/$\varkappa$) werden.

Weiterhin führt dies zu einer grundlegenden Regel im Zusammenhang mit dem wesenhaften Unterschied von $\varkappa$ und w:

Gehört jeder Frequenz f — gleich wie diese Frequenz zustandekommt — eine Energie E gemäß $E = f \cdot h$ und damit eine Masse m gemäß $m = E/c^2 = f \cdot h/c^2$ zu?

Offensichtlich ist dies nicht der Fall: Die relativistische Massenvergrößerung des bewegten Körpers bedeutet eindeutig nur eine Frequenzerhöhung (je mit $1/\varkappa > 1$) entsprechend der Zeitkontraktion. Diese Massen- bzw Frequenzerhöhung tritt auch immer in Stoß- bzw Resonanzeffekten an bestimmten Stellen (nicht längs Strecken) des Bezugsystems in Erscheinung; also unter den Bedingungen für eine echte Zeitkontraktion.

Die Einsteindilatation dagegen, die längs Strecken im Bezugsystem erscheint, bedeutet eine Dauerverlängerung und somit Frequenzerniedrigung. Diese Frequenzerniedrigung wird unter den Bedingungen der Einsteindilatation, dh längs Strecken auch tatsächlich real gemessen (etwa der sogenannte «quadratische Dopplereffekt» an Kanalstrahlen). Diese Frequenzerniedrigung ist aber quantenphysikalisch nicht als Energie- und Massenerniedrigung wirksam, wie es die quantenphysikalische Grundbeziehung verlangt. Im Gegenteil ist trotz dieser so gegebenen Frequenzerniedrigung eben die Energie- und Massenvergrößerung entsprechend einer Frequenzerhöhung gegeben.

Dies zeigt, daß der in der Einsteindilatation enthaltene Daueranteil $w\,x'$ bzw $w\,x''$ eine Frequenzveränderung zur Folge hat, die quantenphysikalisch keine Energie- und Massenveränderung bedeutet. Die Verstreichung mit ihrem Zeitgradienten w bewirkt somit einen energetisch unwirksamen Zeiteffekt; nur die Kontraktion, nur die Zeitkontraktion bewirkt energetisch wirksame Zeiteffekte. Dies ist aber auch ohne weiteres aus dem Wesen der Kontraktion und Verstreichung verständlich:

Die relativistische Kontraktion bedeutet als Relativierung des aktiven Verhaltens der Zeit selbst — eben im Sinne der Zeitkontraktion — ein dynamisches Zeitgeschehen. Dagegen ist die Verstreichung eine rein passive, statische Verschiebung der Momente der Zeit eines anderen Systems längs Strecken des Bezugssystems. Dies ist in dem Theorem zu formulieren:

Zeitkontraktionsbedingte Zeitanteile sind gemäß $E = f \cdot h$ energie- und massenwirksam; verstreichungsbedingte Zeitanteile nicht.

Dies macht erneut klar, wie entscheidend wichtig es in jedem Falle ist, kontraktions- und verstreichungsbedingte Zeitanteile auseinander zu halten.

Wie kann man allgemein Kontraktions-, Bewegungs- und Verstreichungsanteile voneinander unterscheiden? Etwa einfach dadurch, welche der Buchstaben $\varkappa$, v, w auftreten? Sicher sind diese Buchstaben die mathematischen Symbole für Kontraktion ($\varkappa$), Geschwindigkeit (v) einer Bewegung, Zeitgradient (w) einer Verstreichung. Aber es läßt sich formal jede dieser Größen auch durch die anderen ausdrücken; ohne daß sie deshalb aber ihre eigentümliche Wirkung verlöre. Das Erscheinen des einen oder anderen Buchstabens in einer Formel sagt somit noch nichts Entscheidendes.

Kann man sich vielleicht daran halten, daß etwa der Zeitgradient w ein Zeit-Raum-Verhältnis darstelle? Das Beispiel der Einsteindilatation zeigt jedoch, daß auch hierin der verstreichungsbedingte Zeitanteil $d = w x$ in ein durch $\varkappa$ ausgedrücktes Zeitverhältnis umformulierbar ist: da $x = v t$ gilt $d = w x = v w t$; weil $v w = 1 - 1 + v w = 1 - \varkappa^2$, also $d/t = 1 - \varkappa^2$ oder $(t - d)/t = \varkappa^2$.

Der verstreichungsbedingte Zeitanteil d ist somit im Verhältnis zur Zeit t des Bezugssystems durch die Kontraktion $\varkappa$ (als $\varkappa^2$) angegeben, ohne daß damit eine Energie- und Massenwirksamkeit dieses Zeiteffektes ausgesagt würde. In diesem Fall handelt es sich tatsächlich nur um eine Umformulierung, die den Sachverhalt verschleiert.

Mit einiger Übung sieht man zwar schon, daß hier keine Zeitkontraktion gegeben sein kann, denn der Effekt tritt gemäß $\varkappa^2$ doppelt so stark wie der nur mit $\varkappa$ gegebene Zeitkontraktionseffekt auf; auch aus dem Vorzeichen (überkompensierende Wirkung) könnte man

Rückschlüsse ziehen. Aber der Formalismus als solcher bringt die wesentliche Unterscheidung noch nicht; sowenig als das Gleichungssystem (1), (2), (3), (4) als solches die Entscheidung bringen konnte, ob Original- oder Bildgrößen erhalten würden.

Daß derartige Wesensunterscheidungen jemals von einem verbesserten Formalismus selbst getroffen werden könnten, ist indes eine trügerische Hoffnung: Mit dem Fortschritt gelangt man vielmehr in immer lebendigere und freiere Bereiche, in denen der Formalismus immer einschneidendere Aspektverengungen bedeutet.

Der Formalismus selbst kann auch nicht die entscheidende Frage beantworten, was eine Grundformulierung ist und was Umformulierungen davon sind. Dies vermag der Formalismus nicht, weil dies eine Wesensfrage ist; weil es eine Frage ist, welche auch sein eigenes Wesen angeht. Diese Frage ist nur vom Wesen selbst her zu beantworten: Eine Grundformulierung ist eine Formulierung, die das Wesen ausdrückt; eine Umformulierung (dem Umkehraspekt verwandt) ist eine Formulierung in Größen einer anderen Wesenheit. Die Grundformulierung stellt damit ein Wesen klar, die Umformulierung verschleiert es. Während vom Formalismus her die Grund- und die Umformulierung nicht als richtig und falsch voneinander unterscheidbar sind (höchstens als praktisch und unpraktisch), ist vom Wesen her nur die Grundformulierung richtig; die Umformulierung falsch. Man muß also das Wesen kennen, um ein Urteil zu haben.

Der relativistische Aspekt des quantenphysikalischen Dualismus wäre die Brücke von der Relativitäts- zur Quantenphysik. Daß diese noch nicht zur breiten, unfallfreien Fahrstraße ausgebaut werden konnte, hängt jedoch allein damit zusammen, daß die Verstreichung und deren Zeitgradient w zwar formal im mathematischen Apparat enthalten ist, aber geistig immer noch nicht bewältigt ist; daß vielmehr durch die falsche Interpretation der Einsteindilatation als «Zeitdilatation» die Wesenserfassung fehlgeleitet, sogar verhindert wird.

Auch die Physik honoriert es nicht, wenn man glaubt, mit Rechnen das Denken ersetzen zu können und sich mit Formeln die geistige Besitzergreifung, welche erst mit der Wesensschau erlangbar ist, ersparen zu können; gar wenn die Unfähigkeit und die fehlende Bereitschaft dazu zum Mythos erhoben wird. Das höchste Dasein ist «in der Anschauung Gottes» und Seiner Schöpfung. Die ganze Schöpfung ist ein lebendiger Organismus; kein Formalismus. Auch die Physik verlangt — je weiter sie fortschreitet — über dem Computerprogrammierer immer mehr den lebendigen Wissenschaftler.

Die Relativierungen von Raum und Zeit (Kontraktionen) und der Masse bzw Energie lassen als solche noch nicht viel philosophisches Kapital schlagen; warum sollten Abbildungen — auch wechselseitig — nicht kleiner als ihre jeweiligen Originale sein können? Die relativistische Raum-Zeit-Geometrie wirkt vergleichbar einer optischen Linse zwischen zwei Menschen: Jeder sieht den anderen kleiner als er tatsächlich ist.

Dennoch ergeben sich daraus überaus interessante Phänomene, die philosophisch von größtem Interesse sind. Ein solches ist die «Folgenumkehr», die vom Physiker gern mit der dramatisierenden Bezeichnung «Zeitumkehr» beehrt wird.

Die Folgenumkehr hat in der Lagenumkehr — einem Phänomen, das bei jeder Bahnfahrt dutzendmal erlebt wird — ein äußerst triviales, räumliches Analogon: In unserem D-Zug S'' Augsburg—München sitzt vorne und hinten je ein Fahrgast. Der Zugschaffner kontrolliert zuerst den vorderen (lokomotivnahen) Fahrgast als Ereignis E_1; später den hinteren Fahrgast als Ereignis E_2. Zwischen den beiden Ereignissen vergeht soviel Zeit, daß während dieser Zeit (t'' in S'' bzw t' in S') der Zug eine viel größere Fahrtstrecke $v\,t'$ zurückgelegt hat, als die beiden Fahrgäste innerhalb des Zuges auseinandersitzen x''. Wenn wir nun nach Norden schauen, bewegt sich der Zug von links nach rechts, so daß also das im Zug (S'') links von E_1 geschehende Ereignis E_2 (im Zug weiter hinten), auf dem Gleissystem (S') weiter rechts (weiter gegen München) geschieht. Die räumliche Lage der beiden Ereignisse zueinander ist somit in den beiden Systemen vertauscht; negative Strecke x'' in S'', positive Strecke x' in S'.

Eine derartige Lagenumkehr tritt immer dort ein, wo eine der Bewegung entgegengerichtete Strecke des anderen Systems von der Fortbewegungsstrecke überwogen wird. Dies tritt jedoch nur ein, wenn die in beiden Systemen gegebenen Dauern (t' und t'') einander gleich oder fast gleich sind, was bei kleinen Geschwindigkeiten fast immer der Fall ist, und im Vergleich zur gegebenen und umzukehrenden Strecke groß genug sind. Notwendig ist die Bedingung $(c\,t')^2 - x'^2 = (c\,t'')^2 - x''^2 > 0$.

Genau analog ist die Folgenumkehr. Die Folgenumkehr bedeutet, daß wenn im einem System ein Ereignis E_2 später als ein anderes Ereignis E_1 geschieht, in einem anderen System dieses Ereignis E_2 früher als Ereignis E_1 geschieht. Diese Folgenumkehr tritt dann auf, wenn eine der Verstreichung entgegengerichtete Dauer zwischen zwei Ereignissen

I 7

von der Verstreichungsdauer überwogen wird. Dies tritt analog nur ein, wenn die in beiden Systemen S' und S'' gegebenen Strecken x' und x'' einander gleich oder fast gleich sind und im Vergleich zur gegebenen und umzukehrenden Dauer groß genug sind. Notwendige Bedingung dafür ist $x'^2 - (ct')^2 = x''^2 - (ct'')^2 > 0$.

Die Folgenumkehr ergibt sich also nur mit Strecken-Dauer-Verhältnissen zwischen den umgekehrten Ereignissen, die Überinvarianzgeschwindigkeiten entsprechen; bei denen man also Überinvarianzgeschwindigkeit benötigen würde, um innerhalb des einen wie auch innerhalb des anderen Systems vom einen Ereignis zum späteren Ereignis zu gelangen.

Folgenumkehr tritt in jedem Falle ein, wenn in S' eine positive Strecke x' und in S'' eine positive Strecke x'', die einander je in ihrem System gleich lang sind (ein zwischen x_0' und x' und ein gleichlanger, zwischen x_0'' und x'' liegender Stab) gegeben ist und wenn als ein Ereignis E_0 die Begegnung der beiden Stabanfänge x_0'' mit x_0' und als anderes Ereignis E_u die Begegnung der beiden Stabenden x'' mit x' betrachtet werden. Gemäß $x'' = x' = x$ ergibt sich aus (1) bzw aus (3) für die Dauer t' in S' bzw die Dauer t'' in S'' zwischen den beiden Ereignissen:

$$t' = x(1 - \varkappa)/v \quad ; \qquad t'' = -x(1 - \varkappa)/v \, .$$

Mit $\quad (1 - \varkappa)/v = w(1 - \varkappa)/(1 - \varkappa^2) = w/(1 + \varkappa) \qquad$ gilt:

$$-t'' = t' = wx/(1 + \varkappa) \, .$$

Also in S' ist E_u später als E_0 (positive Dauer t')
aber in S'' ist E_u früher als E_0 (negative Dauer t'')

Der Faktor $w/(1 + \varkappa)$, welcher das Umkehrintervall angibt, ist für kleine Geschwindigkeiten v sehr klein. Jedoch mit großen Geschwindigkeiten und großen Zeitgradienten w ergeben sich längs großer Strecken x doch beträchtliche Umkehrintervalle. In kosmischen Größenordnungen können die Dauern t' und t'', mit denen die Nacheinanderfolge der Ereignisse E_0 und E_u umgekehrt wird, die Größe der Menschheitsgeschichte annehmen; auch die Abweichungen der Längen x' und x'' voneinander dürfen dann bereits viele Kilometer betragen, ohne daß die Folgenumkehr verloren ginge.

Wie es bei der unmittelbar anschaulichen Lagenumkehr (etwa im Zug) niemandem einfallen würde, diese Lagenumkehr als «Raumumkehr» zu bezeichnen (weder der Zug noch das Gleis dreht sich herum, in welcher Reihenfolge auch der Schaffner kontrolliert; die Räume selbst drehen sich nicht, nur die Lage der Ereignisse in den Räumen des Zug- bzw Gleissystems wechseln mit der Bewegungs-

strecke ihre gegenseitige Lage zueinander), so ist auch die Folgenumkehr keine «Zeitumkehr». Die Zeiten und der Zeitablauf von
gestern auf morgen kehren sich ja nicht um; weder im einen System
S' noch im anderen System S''. Es kehrt sich nur die Nacheinanderfolge mancher Ereignisse in diesen Zeiten aufgrund der Verstreichungsdauer um; aufgrund der Moment- und Epochenverschiebungen der
Zeit und Geschichte der Systeme relativ zueinander längs der im jeweiligen Bezugssystem bestimmten Strecken. Auch diese ganz irreführende Bezeichnung «Zeitumkehr» macht nur zu deutlich, daß der
Zeitgradient w noch keineswegs bewältigt ist. Entsprechend erwachsen
daraus auch mannigfaltige Scheinprobleme.

Aber auch aus der schlichten Folgenumkehr erwächst schon eine
unheimliche Problematik:

Wenngleich im relativistischen Zeitaspekt, so stellt doch unser
menschlicher Lebensraum und dessen geschichtliche Zeit ein physikalisches System dar; auch im relativistischen Sinn. Zwar haben durch
freies menschliches Handeln herbeigeführte Ereignisse — ein Mord,
Schaffung eines Kunstwerks, Zeichnung eines Vertrages — eine andere
Seinsmächtigkeit als die rein physikalischen Ereignisse der Begegnung
der Stabanfänge E_o oder Stabenden E_u. Aber sie sind trotzdem in
diese physikalische Zeitordnung eingegliedert; sie brauchen ja nur
zufällig in der räumlichen und zeitlichen Nähe dieser Ereignisse E_o
und E_u zu geschehen (die Intervallspielräume sind dafür groß genug)
um ebenso umgekehrt zu werden; gänzlich unabhängig davon, welcher
Art diese Ereignisse sind und welcher Seinsmächtigkeit sie angehören.

Bei aller Argumentation, daß die historische Zeit andersartig sei,
einem anderen Aspekt zugehöre, — was sicher richtig ist —, kommt
man doch nicht um die konkrete Eingliederung herum. Wenn man sich
dieser Frage nicht stellt, bleiben derartige Argumentationen leere, allgemeine Sprüche. Die Welt ist eine Ereignisordnung; in welchem
Aspekt man dies auch betrachten mag. Und damit sind auch die geschichtlichen Ereignisse freien menschlichen Handelns in der physikalisch-astronomischen Zeit orientiert, darin eingeordnet — und können
und müssen auch darin orientiert und eingeordnet sein.

Unseren Lebensraum und dessen Geschichte bezeichnen wir als
System S'. Wenn wir nun das Relativitätsprinzip als richtig unterstellen,
also konkret auch das System S'' als berechtigt ansehen, so ergibt sich
mit Folgenumkehr etwas Sonderbares; zumal wenn man — wenigstens
innerhalb eines Systems, wo die Zeit eine raumunabhängige Größe

darstellt — ein geschichtliches Ereignis als ein von Informationsmöglichkeiten unabhängiges Faktum ansieht:

In S' ist E_u später als E_o. Innerhalb S' ist damit überall, insbesondere auch an der Stelle x' des späteren Ereignisses E_u das bereits geschehene Ereignis E_o ein Faktum; also mit Geschehen von E_u bereits unveränderlich gegebene Geschichtlichkeit. Das gilt nicht nur für unser konkretes E_o, sondern für jegliches, diesem räumlich und zeitlich nahestehendes Ereignis (zB eine Vertragsunterzeichnung).

Wenn E_o aber bei x' mit E_u schon Faktum ist, ist mit E_u bei x' die Nachricht des Geschehenseins von E_o in das System S'' an Stelle x'' hinübergebbar. Dies kann auch durch eine Handlung in der räumlichen und zeitlichen Nähe von E_u an eine Stelle nahe bei x'' hinübergegeben werden. Und dies ist weder grundsätzlich noch technisch schwierig: ein beschriebener Zettel, eine Photographie oder sonst was kann in das andere System übergeführt werden (die meisten Ereignisse — etwa alle Stöße — sind überhaupt mit Systemübergängen verbunden). Die Nachricht von diesem Faktum ist damit — ebenfalls geschichtliches Faktum — nun bei E_u (oder in dessen Nähe) in System S'' gegenwärtig; in S'' geschieht aber E_o später als E_u; liegt also hier noch in der Zukunft bevor.

Wenn — im Sinne des Relativitätsprinzips — dieses Ereignis E_u (mit der Information des konkreten Geschehenseins von E_o) ein auch überall innerhalb S'' informationsunabhängiges Faktum darstellt, so ist dies ein Faktum bezogen auf Stelle x_0'' (von E_o in S'') ebenso wie bezogen auf Stelle x'' (von E_u in S''). Also ist in S'' noch vor Geschehensein von E_o das Geschehensein von E_u ein Faktum; auch an Stelle x_0'' von E_o. Dieses informationsunabhängige Faktum könnte aber nun von dieser Stelle x_0'' wieder in unser erstes System S' mitgeteilt werden. Es wäre somit also bereits vor dem Geschehen von E_o dieses selbe Ereignis E_o als bereits geschehenes, nicht mehr veränderliches Faktum festliegend; es wäre konkret festliegend, ob Ereignis E_o (oder sonst ein beliebiges Ereignis, etwa eine vom Menschenwillen abhängige Vertragsunterzeichnung) stattfindet und wie es konkret abgelaufen ist.

Nachdem sich für jedes Ereignis, auch jedes beliebig geartete Ereignis derartige relativistische Wege finden lassen, ergibt sich eine aufregende Problematik: Wäre dann nicht zu folgern, daß es eben keine Freiheit gäbe, anders zu entscheiden, als es sich über derartige relativistische Wege schon als vollzogenes Faktum darstellt, bevor es überhaupt getan ist?

I 7

Für den Physiker ist diese Problematik kurz erledigt: Folgenumkehr kann prinzipiell nur bei Ereignisabständen $x^2 - (ct)^2 > 0$ stattfinden, dh bei größeren Strecken x, als sie von der Invarianzgeschwindigkeit c während der Dauer t zwischen den Ereignissen E_o und E_u durchlaufbar sind. Mit der Invarianzgeschwindigkeit als quasi-unendlicher, nicht überschreitbarer Wirkungs- und Informationsgeschwindigkeit, ist damit auf dem genannten relativistischen Weg grundsätzlich weder ein Ursache-Wirkungs-Zusammenhang noch eine rein informative Verbindung mit dem geschichtlichen Faktum möglich.

Für den Philosophen geht damit jedoch das Problem erst an. Man erkennt sofort die Gleichartigkeit dieses relativistischen Problems mit dem Prädestinations-Problem, das als eines der tragenden Elemente des Mohammedanismus oder Calvinismus geradezu Menschheitsgeschichte gemacht hat; primitiv ausgedrückt: Gott ist allwissend; Er weiß deshalb heute schon, was ich übermorgen getan haben werde; also bin ich nicht frei, morgen anderes zu tun, als Gott weiß. Es gibt Stellen der Heiligen Schrift — «Bücher des Lebens, in denen seit Anfang der Welt verzeichnet war» das «Auserwähltsein» usw —, die eine Prädestination in diesem Sinne nahelegen.

In dieser Formulierung handelt es sich somit um eine rein informatorisch begründete Prädestination (Vorherbestimmtheit) allen Geschehens; auch des menschlichen Handelns; also genau parallel dem relativistischen Problem. Man stößt somit — erstaunlicherweise — nicht erst in der Theologie unter Strapazierung von Gott selbst, sondern auch schon mit der relativistischen Zeit, mit der Frage nach Geschichte und Information auf dieses merkwürdige Problem:

Ist ein geschichtliches Faktum informationsabhängig; an die prinzipiell nicht überschreitbare Informationsgeschwindigkeit gebunden? Diese seinsgestaltende Informationsgrenze wäre dann eine rein physikalische Größe, die in endlichen Zahlenwerten mit rein physikalischer Dimensionierung — genau 299 792 500 Metern pro Sekunde — angebbar ist.

Wenn es «höhere Ebenen des Daseins» gibt, wenn es geistige Mächtigkeiten oder personale Geister gibt; sind diese dann auch an diese physikalische Größe gebunden? Oder kann auf diesen Ebenen Information über Künftiges erlangt werden; generell oder in besonderen Ausnahmefällen? Falls dies nicht sein sollte; sind dann diese Ebenen wirklich noch als «höher» ansprechbar? Falls dies aber sein sollte; ist dann nicht die Annahme einer relativistischen Prädestination unabweisbar?

Zweifellos ist in dieser theologisch-philosophischen wie auch relativistisch-physikalischen Problematik irgend etwas überzogen; über seine Tragfähigkeit belastet. Sicher gilt jedenfalls das: Wenn schon auf relativistisch-physikalischer Ebene, also auf der niedersten Ebene des Daseins, auf der Ebene des meßbar und berechenbar Materiellen, Aspektüberziehungen auftreten; wieviel eher droht dann solche Aspektüberschreitung auf der Ebene der theologisch-philosophischen Problematik; zumal bei Einbeziehung Gottes, welcher als Schöpfer von Raum und Zeit, selbst Raum und Zeit nicht unterworfen ist wie alles Geschaffene.

Es wäre unsinnig anzunehmen, daß Gott, der in Seiner Schöpfung die Invarianzgeschwindigkeit festgelegt hat, selbst nun dieser für das Geschaffene bindenden Informationsgrenze bindend unterworfen sei. Aber warum sollte dieser Gott nicht dennoch freie Wesen schaffen können, die aus eigener Entscheidung — so oder anders — zu denken und zu handeln vermögen? Dann weiß eben Gott heute voraus, was ich übermorgen *frei* getan haben werde — und alle Anwendungen von logischen Schlußbildungen sind damit Überziehungen. Wir begegnen somit im relativistischen Folgenumkehr-Problem den zentralen Fragen unserer Geistesgeschichte.

Sicher ist irgend etwas überzogen; aber was? Ist vielleicht Geschichte und Geschehensein doch etwas Relatives oder Relationales? Aber was bleibt dann noch von Geschichte; zumal Heilsgeschichte! Sogar die Existenzphysik hat das Geschehensein als unveränderliches Faktum.

Ist vielleicht die Anwendbarkeit des logischen Kalküls, des logischen Apparates überzogen? Diese Frage kann man nicht verneinen; man scheut sich aber auch, sie zu bejahen. Hatten wir nicht — unter sorgfältiger Vermeidung jeglicher höherer Kalküle — nur mit allereinfachsten Schlüssen und Operationen die Relativitätsphysik und all diese Ergebnisse hergeleitet? Setzten wir diese Ergebnisse in Zweifel, könnten wir kaum einen philosophischen oder gar·theologischen Schluß unbedenklich wagen. Und haben nicht die Messungen, Beobachtungen und Erfolge die Relativitätsphysik und die dazu führende Methodik immer wieder glänzend bestätigt?

Wird hiermit vielleicht der relativistische Zeitaspekt überfordert? Wenn ja, dann aber erst recht freilich der historische Zeitbegriff im theologischen Prädestinationsproblem. Diese Möglichkeit der Überforderung besteht allerdings. Aber hat sich nicht auch dieser Zeitaspekt in verschiedensten Hinsichten hervorragend bewährt? Man denkt hierbei als Physiker sofort an das Minkowskische Raum-Zeit-Kontinuum, in welchem jedes Teilchen in der «Weltlinie» seines raumzeitlichen Daseins regungslos festliegt; eine relativistische Darstellung von mathematisch-physikalisch imponierender Eleganz und erfolgreicher Anwendbarkeit; aber zugleich der natürlichen wie der historischen Zeitlichkeit völlig entfremdet. Nicht einmal die in ihrer quantenphysikalischen Unbestimmtheit ablaufenden Reaktionen finden in diesem sterilen Formalismus Unterkunft; geschweige denn freies Handeln geschichtemachender Wesen. Ist vielleicht die Schöpfung so konstruiert, daß gerade jene Aspekte, die in speziellen Hinsichten besonders erfolgreich sind, dafür um so enger in ihrem Anwendungsbereich beschränkt sind!?

Eine erstaunliche Komplementarität von Bauplan und Freiheit öffnet sich vor unseren Augen. Und diese geheimnisvolle, urprinzipielle, nicht mehr zurückführbare, vielmehr alles Sein selbst beherrschende Komplementarität wird noch klarer in der Frage nach dem Relativitätsprinzip. Die Frage, ob vielleicht das Relativitätsprinzip überstrapaziert sei, tritt zurück vor der grundlegenden Frage, in der sie enthalten ist: was das Relativitätsprinzip überhaupt ist.

Das Relativitätsprinzip

Das «Relativitätsprinzip» wird in der Regel als «Gleichberechtigung aller Systeme» formuliert. Tatsächlich ergab aber die Ableitung der Relativitätsphysik nur die Gleichartigkeit des Transformationsschemas; und auch dies nur im Falle einer Gleichheit der beiden Koeffizienten A und E. mit zwei speziellen Systemen hätte man zwar die relativistischen Ergebnisse und Folgerungen — einschließlich der Folgenumkehr — auch ohne die allgemeine Gleichheit von A und E erhalten. Aber da die Beobachtungen die generelle Gleichheit von A und E zeigen, kann man sogar die Gleichartigkeit des Transformationsschemas (1), (2) von jedem System in bezug auf jedes System als gesichert betrachten. Sie bedeutet, daß das Schema (1), (2) — wenn mit v und w die Geschwindigkeit bzw der Zeitgradient des anderen Systems gegenüber dem Bezugssystem konkret eingesetzt wird — mit jedem beliebig wählbaren System gleicherweise Gültigkeit besitzt; auch zB Schema (3), (4) bezeichnet (mit den entsprechend umgekehrten Werten -v und -w) ganz genau diese Gleichartigkeit mit (1), (2).

Diese Gleichartigkeit des Transformationsschemas, mit welchem Raumgrößen eines anderen Systems in Raum- und Zeitgrößen, und mit welchem Zeitgrößen in Zeit- und Raumgrößen des Bezugssystems übergeführt werden, geht erstaunlich weit:

Betrachtet man etwa zwischen zwei beliebigen Ereignissen den raumzeitlichen Abstand, konkret das Abstandsquadrat s^2, so ergibt sich dieses als eine raum-zeitlich invariante Größe :

$$s^2 \;=\; x^2 - (c\,t)^2 \;=\; x'^2 - (c\,t')^2 \;=\; x''^2 - (c\,t'')^2 \,.$$

Dies bedeutet, daß sich Raum und Zeit negativ-pythagoräisch addieren; im Gegensatz zu nur Raumgrößen, die sich im reinen Raumvektor positiv-pythagoräisch addieren; gemäß $r^2 = x^2 + y^2 + z^2$.

Statt $-(c\,t)^2$ kann man formal auch $(i\,c\,t)^2$ setzen, wobei $i = (-1)^{1/2}$ ist. Damit erscheint die Zeit wie ein imaginärer Raum. Ebenso könnte man auch umgekehrt den Raum formal als imaginäre Zeit behandeln. In jedem Falle bedeutet die Invarianz dieses Raum-Zeit-Abstandes s, daß in Hinsicht auf ein beliebiges Ereignispaar Raum und Zeit gleichwie einander entgegengerichtet erscheinen, sodaß bei Wechsel des Bezugssystems eine vergrößerte Strecke durch eine entsprechend vergrößerte Dauer wieder genau ausgeglichen wird; eine verkleinerte (kontrahierte) Strecke durch eine verkleinerte (kontrahierte) Dauer.

Speziell bei Ereignispaaren, bei welchen die Strecken x, x', x'' gleich jenen Strecken sind, die innerhalb der zugehörigen Dauern t, t', t'' von der Invarianzgeschwindigkeit c überbrückt werden — also etwa bei allen Ereignispaaren, die eine Lichtemission-Absorption selbst darstellen — ist dieser invariante Raum-Zeit-Abstand s immer identisch gleich 0 (bei größeren Strecken ist er raumartig, dh eine reell-invariante Größe; bei größeren Dauern zeitartig, dh eine imaginär-invariante Größe).

Bei Ereignispaaren, die der Invarianzgeschwindigkeit c gemäß zueinander stehen (Lichtübertragung), ergänzen sich somit in jedem beliebigen Bezugssystem Strecke und Dauer zwischen beiden Ereignissen miteinander zu Null. Je mehr sich hierbei der Bewegungszustand des gewählten Bezugssystems jener Invarianzbewegung vom einen zum anderen Ereignis annähert, um so kürzer wird hierbei sowohl die Strecke als auch die Dauer, die im Bezugssystem zwischen beiden Ereignissen in Erscheinung tritt. Im Bezugssystem der Lichtübertragung selbst (im Photonensystem) würde — im Sinne eines nichtrealisierbaren Grenzfalls — sogar die Strecke und Dauer je für sich zu Null verschwinden.

Anders ausgedrückt: Auch und gerade im relativistischen Aspekt stehen die invarianzbewegten Energien der elektromagnetischen Strahlung (zB Licht) am Rande der Existenz, wo Raum und Zeit ihr Dasein verloren haben und auch der Photonenmasse selbst (dh als Ruhemasse), ebenso wie der Photonenenergie der Wert Null zukommt.

Mit Wechsel des Bezugssystems transformieren sich Strecken und Dauern, Raum und Zeit miteinander und ineinander. Mit Raum und Zeit transformieren sich zugleich auch das elektrische und magnetische Feld; anscheinend als raumartige bzw zeitartige Erscheinungsformen der Energie.

Liegt etwa in S'' eine elektrische Ladung und in S' ein magnetischer Pol, so üben diese eine Kraftwirkung aufeinander aus, aber in verschiedenen Systemen in ganz verschiedener Weise. Der Grund dafür besteht darin, daß elektrisches und magnetisches Feld in jedem System voneinander unabhängige Größen darstellen — wie Raum und Zeit —, aber sich ein elektrisches Feld in ein elektrisches und ein magnetisches Feld transformiert («eine bewegte bzw verstreichende elektrische Ladung induziert ein magnetisches Feld») bzw sich ein magnetisches Feld in ein magnetisches und ein elektrisches Feld transformiert («ein bewegter bzw verstreichender Pol induziert ein elektrisches Feld»); ebenfalls genau wie Raum und Zeit.

Damit ergibt sich mit S' als Bezugssystem, wo nur das magnetische Feld des dort ruhenden Poles existiert, eine rein magnetische Kraftwirkung des Poles mit dem magnetischen Induktionsfeld der bewegten bzw verstreichenden Ladung. Dagegen ergibt sich mit S'' als Bezugssystem, wo nur das elektrische Feld der dort ruhenden Ladung existiert, eine rein elektrische Kraftwirkung der Ladung mit dem elektrischen Induktionsfeld des bewegten bzw verstreichenden Poles. In jedem beliebigen anderen System S (anders als S' oder S'') ergibt sich jedoch diese Kraftwirkung als gemischte elektromagnetische Kraft von Pol mit elektrischem Induktionsfeld plus Ladung mit magnetischem Induktionsfeld.

Dies bedeutet eine überaus interessante So-seinsrelativierung, die sich sogar auf die Erscheinungsformen der Energie selbst auswirkt. Es wäre nun eine ganz wichtige Frage, ob das elektrische Feld die räumliche und das magnetische Feld die zeitliche Erscheinungsform der Energie darstellt oder umgekehrt; also welche dieser Energieformen die

Eigenschaft der Bewegung und welche die der Verstreichung aufweist — und welche Bedeutung hierbei der Invarianz des Produktes $\vec{N} \cdot \vec{\Omega} = 1$ der Vierergeschwindigkeit $\vec{N}$ mit dem Viererzeitgradienten $\vec{\Omega}$ in beliebigen Koordinaten zukommt.

Wenn man diese Zuordnung überhaupt treffen kann, würde man eher elektrisch und räumlich bzw magnetisch und zeitlich einander zuordnen. Vermutlich stehen aber räumlich und zeitlich einerseits, elektrisch und magnetisch andererseits auch wieder senkrecht aufeinander; gleichsam zueinander in höherer Dimension imaginär zugeordnet. Die Lösung dieses Problems wäre der Schlüssel zu einer allgemeinen Feldphysik.

Die Gleichartigkeit des Transformationsschemas (1), (2) ist somit universell gültig. Es ergeben sich daraus die durchgreifenden Relativierungen, die bis in die Grundformen des Daseins reichen. Die Frage der «Gleichberechtigung der Systeme» ist damit aber noch keineswegs beantwortet; das Relativitätsprinzip noch immer ungeklärt.

Nachdem alle Vorgänge in Raum und Zeit ablaufen, sich alle Naturgesetze in Raum und Zeit darstellen, bedeutet die Gleichartigkeit des Transformationsschemas die prinzipielle Darstellbarkeit der Vorgänge und Naturgesetze in jedem beliebigen System; immer sind es mögliche Vorgänge, bei denen alle Naturgesetze erfüllt sind. Aber die prinzipiell gleichartige Transformierbarkeit ist noch kein Sein, sondern erst eben Schema für das Sein. Erst das Erscheinen der Ereignisse in einem konkreten System als wirklicher Geschehensablauf ist Sein; erst in der konkreten Wahl des Bezugssystems, in welchem Vorgänge und Gesetze als solche erscheinen, macht sie in derjenigen Weise da-seiend, wie sie sich eben in Raum und Zeit dieses Bezugssystems konkret strukturieren.

Ein Beispiel mag dies erläutern: Eine Währungsumrechnungstabelle zu besitzen, ist nützlich für den Besitzer von Geld zum Abschluß eines Geschäftes; ist aber als solche noch kein Geld und kein Geschäft. Auch der ärmste Landstreicher kann die gleiche («gleichberechtigte») Umrechnungstabelle besitzen und benutzen wie der reichste Industrielle. Um ein Geschäft abschließen zu können, braucht man Geld in konkreter Währung; Mark, Franken oder Kronen, die man wahlweise — nach eben dem Umrechnungsschema — auf den Tisch legen kann. Solange man aber noch nicht in beliebiger, konkreter Entscheidung Mark oder Franken oder Kronen vorlegt, ist ein Geschäft noch nicht vollzogen.

Schon die Formulierung «Gleichberechtigung aller Systeme» ist unsachlich. Der Bauplan der Schöpfung ist derart, daß vor allen anderen

Systemen immer nur einem die Vorberechtigung zukommt: dem jeweiligen Bezugssystem. Aber die Freiheit in der Schöpfung besteht darin, daß man jeweils ein beliebiges System zum Bezugssystem erwählen kann.

Tatsächlich ist vielmehr eine «Selbstberechtigung jeden Systems» gegeben; dh die Berechtigung jeden Systems im Bezug auf sich selbst die Vorgänge in konkreter Gestalt ablaufen, ja überhaupt in einem konkreten So-sein auftreten zu lassen. Die Relativitätsphysik ist eben ihrem Wesen nach Essentialphysik.

Die Relativitätsphysik ist aber kein physikalischer «Subjektivismus», wie es die Formulierung «für jeden Beobachter mit anderen Werten» erscheinen lassen könnte. Was ist denn überhaupt der «relativistische Beobachter»?

In unseren ganzen Ableitungen und Ergebnissen ist ja nirgends ein Beobachter im üblichen Sinne aufgetreten. Dieser «Beobachter» (wenn man diese Formulierung überhaupt gebrauchen möchte) ist nichts anderes als eben die Konkretheit der Bezugssystemwahl; ausgedrückt im Bilde eines eben im damit gewählten Bezugssystem sitzenden und die relativistischen Phänomene daselbst bestimmenden, dh «beobachtenden» Meßtechnikers oder Meßapparates. Aber auch ohne daß dort jemand mit Instrumenten sitzt und mißt und auch überhaupt ohne Messung laufen die Vorgänge in Bezug auf dieses System ebenso ab, wie sie sich eben in Raum und Zeit dieses Systems gestalten. Die Geschehensabläufe selbst sind in diesem Sinne die «Beobachter». Alles relativitätsphysikalische Geschehen ist im eigentlichen Sinne des Wortes «beobachtungsunabhängig»; ist rein objektives Geschehen.

Sind wenigstens in der «Selbstberechtigung jeden Systems» alle Systeme einander gleichberechtigt? Dies zu bejahen oder zu verneinen, ist reine Willkür; richtiger: ist eine Angelegenheit frei wählbarer Aspekte; dazu unser Beispiel:

Als mögliches System, naturgesetzliche Vorgänge und deren Ereignisse auf sich zu beziehen, ist der D-Zug gleichberechtigt mit der Erde samt ihren Gleisanlagen; aber sicher nicht auch in allerhand anderen Aspekten: als dadurch in Bewegung gekommen, daß der Lokomotivführer erst die Energiezufuhr einschalten mußte, sind Zug- und Gleissystem einander nicht gleichberechtigt; auch nicht in den Massen, die diesen beiden verschiedenen Systemen angehören, indem dem Zugsystem nur eben die Zugmasse, dem Gleissystem aber die ganze Erdkugel zugehört; und auch nicht in vielen, vielen anderen Aspekten.

Etwa der menschheitsgeschichtlich-historische Aspekt ist ganz auf die Räumlichkeit und Zeitlichkeit dieser Erde abgestellt und der darauf gewirkten Geschehnisse, so daß hierin die Vorberechtigung des terrestrischen Systems (wie immer auch die Erde durch die Sternenwelt wirbelt) so fraglos-selbstverständlich ist, wie sie relativistisch problematisch ist.

Ist aber vielleicht kosmisch die Selbstberechtigung jeden Systems eine Gleichberechtigung aller Systeme? Sogar dies ist noch eine Aspektangelegenheit:

Wir betrachten in den Nullmomenten t_0', t_0'' die beiden soeben durcheinander hindurchgehenden Nullstellen x_0', x_0'' unseres Systems S' und S''. In x_0' falle die kosmische Umweltstrahlung von allen Seiten mit gleicher Intensität ein; insbesondere haben die fernen Galaxien in allen Richtungen gleiche Rotverschiebung. Dann ist zwangsläufig damit in x_0'' die von rechts (Hinbewegung) einfallende kosmische Umweltstrahlung intensiver und die Galaxenrotverschiebung schwächer als von links (Herbewegung). Mögen S' und S'' sonst unter tausend Gesichtspunkten gleichberechtigt sein, so sind sie es jedenfalls unter diesem Gesichtspunkt nicht.

Man ist frei, diesen Aspekt einfach zu ignorieren, indem man sagt, es käme einem darauf nicht an: dann ist S'' und S' zwar gleichberechtigt; auch in diesem Punkt gleichberechtigt; sonst aber nicht. Sonst ist vielmehr S' an dieser Stelle x_0' vor allen anderen Systemen vorberechtigt; auch mit beliebig anderen Systemen als Bezugssystem. Man kann freilich argumentieren, daß auch S'' irgendwo — weit entfernt — eine Stelle besitze, wo der Intensitätseinfall symmetrisch sei (dh wo auch das System S'' eine gesamtkosmisch mittelpunktartige Lage habe) — und damit im höheren Sinne doch auch gleichberechtigt sei; man kann dazu auch noch die Bedingung der Zugehörigkeit zum Bewegungszustand einer schweren Galaxie stellen usw. Aber das sind immer wieder neue Aspekte, die man ignorieren oder zum Wesen machen kann. Und immer wieder begegnet man der eigenartigen Komplementarität von Bauplan und Freiheit.

Das Relativitätsprinzip ist somit wesenhaft beschränkt auf verhältnismäßig enge Aspektierungen. Und diese Aspektierung wird um so enger, je allgemeinere physikalische Systeme man betrachtet.

Bisher haben wir nur gleichförmige, kräftefreie Bewegungszustände als «Systeme» betrachtet; also nur «speziell-relativistische Systeme».

Diese sind — trotz aller Argumente — noch unter erstaunlich allgemeinen Aspekten einander gleichberechtigt. Dies verschiebt sich jedoch geradezu dramatisch beim Übergang zu «allgemein-relativistischen Systemen»; dh Systemen mit Beschleunigungen und Kräften.

Trägheit und Schwere

Neben die «Äquivalenz von Masse und Energie» tritt in der allgemeinen Relativitätsphysik noch die «Äquivalenz von Trägheit und Schwere». Diese beiden Äquivalenzprinzipien haben jedoch — wenigstens in ihrem heute in Erscheinung tretenden, geschichtlichen Dasein und wenn man davon absieht, daß die Äquivalenz von Trägheit und Schwere existenzphysikalisch begründbar ist — einen verschiedenen Rang:

Die Äquivalenz (Gleichheit) von Masse und Energie ist ein zwangsläufiges Ergebnis aus der speziellen Relativitätsphysik, welche sich ihrerseits als zwangsläufige, logische Konsequenz aus wesentlichen Grundtatsachen ergab und überwältigende experimentelle Bestätigung sowohl ihrer Voraussetzungen als auch Ergebnisse erfahren hat. Dagegen ist die Äquivalenz von Trägheit und Schwere ein Postulat, eine Annahme, eine Unterstellung, die zwar vermutlich richtig ist, die sich aber erst implizit aus der Fruchtbarkeit der damit entwickelten physikalischen Theorie als tatsächlich berechtigt erweisen muß. Die allgemeine Relativitätsphysik, welche sich als jene physikalische Theorie entwickelt hat, besitzt somit — wenigstens jetzt noch — einen anderen Status als die spezielle Relativitätsphysik.

Was ist Trägheit und Schwere? Ein Beispiel dazu: Als der Tante Berta bei Betreten eines Zugabteils ihr Schirm fürquer kam und sich ihrer Bewegung entgegenstellte, brach dieser Schirm aufgrund der trägen Masse der Tante Berta; als sich jedoch selbige Tante Berta vor einem Schaufenster auf ihren Schirm stützte, brach dieser aufgrund der schweren Masse der Tante Berta.

Die Erfahrung zeigt nun, daß sowohl die Trägheits- als auch Schwerewirkung einer Masse der Massengröße proportional ist; also Trägheit und Schwere einander proportional sind — und es läßt sich dahinter eine allgemeine Naturgesetzlichkeit vermuten.

Die allgemeine Relativitätsphysik geht von dem in der Erfahrung verankerten Postulat der Äquivalenz von Trägheit und Schwere aus;

als beides gleiches Verhalten der Masse in Bezug auf verschiedene allgemeinrelativistische Systeme.

Wenn tatsächlich Trägheit und Schwere nur gleiches Verhalten in verschiedenen Systemen sein sollten, ergibt sich eine schwerwiegende Konsequenz: Nachdem die Trägheitskraft eine Raumzeiteigenschaft darstellt, wäre auch die Schwerkraft (Gravitation) eine Raumzeiteigenschaft; eine durch die Struktur des Raumzeitkontinuums bedingte Wirkung. Damit ergäbe sich relativistisch kein Potential im existentiellen Sinn. Konsequent erscheinen die Felder relativistisch als Raum-Zeit-Struktur; als «Krümmungen des Raum-Zeit-Kontinuums». Der im quantenphysikalischen Aspekt als «Steigen bzw Fallen der Masse eines Teilchens (etwa Photons)» gegebene Effekt erscheint im allgemeinrelativistischen Aspekt als Verstreichung.

Schon in der speziellen Relativitätsphysik ergaben sich Raum und Zeit als keine Leerheiten, die erst durch die Ereignisse als Raum und Zeit in Erscheinung treten würden, als keine reine Neben- und Nacheinanderordnung von Ereignissen. Vielmehr zeigten sich Raum und Zeit als die die Vorgänge strukturierenden Mächtigkeiten. Raum und Zeit haben selbst Struktur und prägen damit das konkrete Dasein, das Sosein der Vorgänge. Jedes System hat seinen eigenen Raum und seine eigene Zeit und damit seine eigene Strukturgebung.

Es wäre jedoch verfehlt, diese Konsequenz dahingehend zu verstehen, als wenn damit die Schwerkraft nur in Raum-Zeit-Krümmungen gegeben sei, oder als wenn diese Krümmungen gar «die Ursache» davon seien. Diese Konsequenz kann als Konsequenz eines relativistischen Aspektes, dh eines essentiellen Aspektes nicht mehr bedeuten als «so erscheinend», als «so darstellbar». Dies kann nicht ausschließen, daß Ursache und Existenz der Gravitation in einem anderen Aspekt — eben im aktuellen oder existentiellen Aspekt — zu suchen und zu finden sind.

Im relativistischen Aspekt hat jedenfalls Raum und Zeit Struktur; und zwar jedes System seine eigene. Mit dem Postulat der Äquivalenz von Trägheit und Schwere wird ein Zugang zur Erfassung der Raum-Zeit-Strukturierung allgemeinerer Systeme in Aussicht gestellt. Aber wie kann man diesen Zugang konkret finden?

Der bis heute anerkannte Weg (Einstein), um mit Postulierung der Trägheit-Schwere-Äquivalenz von der speziellen zu einer allgemeinen Relativitätsphysik zu gelangen, geht im Prinzip folgendermaßen:

Fern von schwereren Massen und stärkeren realen Gravitationsfeldern, betrachten wir drei Systeme S', S, S''. Es bewegt sich S'' gegen S mit gleicher Geschwindigkeit ($+v$) nach rechts, wie sich S' gegen S nach links ($-v$) bewegt. An der Nullstelle von S'' ruht in S'' eine Punktmasse m. Bis unmittelbar an die Stelle x im Raum von S bewegt sich m gleichförmig mit $+v$, wobei sie in der Zeit von S entsprechend nahezu die Dauer t benötigt.

Jedoch während einer relativ sehr kurzen Dauer $\varDelta$ von S vor dem Moment t (also zwischen Moment $t-\varDelta$ und t) wirkt auf m eine Beschleunigung $-b$ entgegen der $+v$-Richtung. Dadurch wird m in System S an der Stelle x zum Stillstand abgebremst. Unmittelbar anschließend wird während gleichkurzer Dauer $\varDelta$ (also zwischen Moment t und $t+\varDelta$) nochmals die gleiche Beschleunigung $-b$ auf m wirksam. Aufgrund dieser erhält m die Geschwindigkeit $-v$, mit welcher sich nun m von Stelle x wieder gleichförmig zur Nullstelle von S zurückbewegt. Nach Abschluß der Beschleunigung, dh ab dem Moment $t+\varDelta$ ruht somit m im System S'; und zwar an dessen Stelle x'.

Nachdem es im freien Ermessen steht, einen solchen Vorgang mit beliebig großer Beschleunigung b bei beliebig kurzer Beschleunigungsdauer $\varDelta$ zu betrachten, wählt man zur Vereinfachung der Betrachtung einen Vorgang mit verschwindend kurzen Beschleunigungsdauern $\varDelta$; also $\varDelta$ vernachlässigbar klein gegen t. Damit also:

Während der Dauer t (zwischen 0 bis $t-\varDelta$), dh vom Abgang bei der Nullstelle von S, ist die Punktmasse m mit der Geschwindigkeit $+v$ rein speziell-relativistisch bewegt; m in S'' ruhend. Während der verschwindend kurzen ersten Dauer $\varDelta$ bewirkt die Beschleunigung $-b$, daß die Punktmasse m das speziell-relativistische System S'' verläßt und in das speziell-relativistische System S an dessen Stelle x übergeht. Für einen Moment ruht nun m in S. Während der anschließend wiederum verschwindend kurzen, zweiten Dauer $\varDelta$ bewirkt die Beschleunigung $-b$, daß die Punktmasse m das speziell-relativistische System S wieder verläßt und in das speziell-relativistische System S' übergeht. Während der restlichen Dauer t (zwischen $t+\varDelta$ bis $2\,t$), dh bis zur Rückkehr zur Nullstelle von S, ist die Punktmasse wieder gleichförmig mit diesmal $-v$ rein speziell-relativistisch bewegt; m in S' ruhend.

Sowohl am Hin- als auch Rückflug gilt somit $t = x/v$. Der ganze Flugvorgang zwischen Abgang bis zur Rückkehr an der selben Nullstelle von S dauert somit in der Zeit von S die Dauer $2 \cdot t$.

Derartige Vorgänge — auch mit Geschwindigkeiten v von nahezu Invarianzgeschwindigkeit und auch mit Beschleunigungsdauern $\varDelta$ von fast Null — sind in der Natur millionenfältig vorkommend: etwa mit einem Atom, das an einer Mauer in x von S vollständig reflektiert wird; nachdem es, über die Nullstelle von S hinweggehend, zur Mauer hingeflogen war — und danach von der Mauer, über die Nullstelle von S hinweggehend, zurückfliegen wird.

Der gleiche Vorgang — vielleicht etwas anschaulicher und deshalb gelegentlich der Betrachtung dienlich — wäre aber auch etwa mit der Punktmasse m als einem Raumschiff, mit der Nullstelle von S als der Erde und mit der Stelle x von S als einem fernen Planeten — damit Erde-Planet als System S gegeben — denkbar. Hierbei schaltet der Raumfahrer ganz kurz ($\varDelta$) vor Aufprall auf dem Planeten sein extrem starkes Triebwerk ein und bremst damit die Geschwindigkeit $+v$ seines Raumschiffes bis zum Stillstand auf dem Planeten ab. Damit steht das Raumschiff nun für einen Moment auf dem fernen Planeten. Sodann schaltet der Raumfahrer nochmals kurz ($\varDelta$) das Triebwerk ein, womit sein Raumschiff wieder auf die Geschwindigkeit $-v$ beschleunigt wird, mit welcher er wieder zur Erde zurückkehrt.

Für alle nachfolgenden Betrachtungen ist es hierbei gleichgültig, ob der Raumfahrer von ferne kommend über die Erde im Nullmoment mit gleichförmiger Geschwindigkeit $+v$ hinweggeflogen war, oder ob er vom Stand auf der Erde während einer extrem kurzen Beschleunigungsdauer gestartet war; desgleichen, ob er nach dem Rückflug über die Erde mit gleichförmiger Geschwindigkeit $-v$ hinwegfliegt oder, kurz und scharf bremsend, auf der Erde wieder zum Stillstand kommt. In jedem Falle ergeben sich folgende Zeitphänomene:

Nach Rückkehr der Punktmasse m zur Nullstelle von S ist der Massenpunkt m weniger gealtert als die Nullstelle von S. Also konkret wäre etwa der bei seinem Abflug mit seinem auf der Erde zurückbleibenden Zwillingsbruder gleichaltrige Raumfahrer bei seiner Rückkehr zur Erde noch ein junger Mann, während der zurückgebliebene Zwillingsbruder schon ein alter Mann geworden wäre. Auch der Vergleich der Raumfahreruhr U_m, welche die Zeit des Raumschiffs repräsentiert, mit der Erdenuhr U_0, welche die Zeit von S repräsentiert, ergäbe gleiches, eindeutiges Ergebnis: U_m gegen U_0 zurückgeblieben (kleinerer Zeitstand, noch früher) bzw U_0 gegen U_m vorangegangen (größerer Zeitstand, schon älter). Dies ist das «allgemein-relativistische Uhrenparadoxon». Was bedeutet dieses Uhrenparadoxon?

Seit Stellung dieses Problems (Einstein) kommentiert die Fachmeinung die Gegebenheiten folgendermaßen:

Bezogen auf System S (Erde-Planet) erscheinen nicht nur in den Phasen gleichförmiger, unbeschleunigter Bewegung von m (dh vor $t-\Delta$ und nach $t+\Delta$), sondern auch in Phasen beschleunigter Bewegung von m, im Raume von S während der Dauer von zweimal Δ keine Kraftwirkungen. Sowohl Massen an der Nullstelle von S (Erde) als auch an der Stelle x von S (Planet) bleiben in Ruhe. Die Beschleunigung des Atoms erfolgt durch den Mauerstoß bzw des Raumschiffes durch dessen Triebwerk.

Deshalb ergeben sich mit S als Bezugssystem durchweg nur die speziell-relativistischen Verhältnisse im Sinne der Einsteindilatation der Originaldauer t' in S' zur Originaldauer t in S zwischen Abgangsereignis (auf der Erde) und Ankunftsereignis (auf dem Planeten) beim Hinflug gemäß $t'/t = \varkappa$; bzw der Originaldauer t'' in S'' zur Originaldauer t in S zwischen Abgangsereignis (auf dem Planeten) und Rückkehrereignis (auf der Erde) beim Rückflug gemäß $t''/t = \varkappa$. Die gesamte originale Flugzeit t_m des Raumschiffes, welche vom Stand der Raumschiffuhr U_m angegeben wird, ist somit gemäß $t_m = t'' + t'$ mit dem Faktor $\varkappa < 1$ gegenüber der vom Stand der Erdenuhr U_0 gemäß $t_e = t + t = 2 \cdot t$ für das Flugereignis angegebenen Dauer t_e verändert; also $t_m/t_e = \varkappa$, im Sinne kürzerer Raumschiffdauer t_m gegenüber t_e bzw längerer Erdzeitdauer t_e gegenüber t_m.

Soweit ist der Kommentar der Fachmeinung richtig. Der Fehler beginnt jedoch nun damit, daß die Einsteindilatation als «Zeitdilatation» interpretiert wird. Nur mit dieser Fehlinterpretation erscheint das berühmte und umstrittene «Gravitationsfeld mit S_m als Bezugssystem». Diese Fehlinterpretation täuscht damit eine Übergangsmöglichkeit zu einer allgemeinrelativistischen Physik vor, die jedoch tatsächlich nicht gegeben ist; wenigstens nicht in dieser Weise. Wegen der höchst interessanten Zusammenhänge, die dadurch indirekt sichtbar werden, sollen diese falschen Überlegungen und Ergebnisse der Fachmeinung eingehend betrachtet werden:

Nachdem der Fall mit S (Erde-Planet) als Bezugssystem mit der Einsteindilatation (falls man die Unterschiebung «Zeitdilatation» hierbei vermeidet) richtig behandelt ist, wird nun von der Fachmeinung die Punktmasse m (Raumschiff) als «Bezugssystem gewählt» (wobei einfach vorausgesetzt wird, daß man dies überhaupt könne). Dieses hypothetische System der Punktmasse m (des Atoms bzw des Raumschiffes) bezeichnen wir eben als S_m. Es wird mit S_m als Bezugssystem die Punktmasse m als immerfort ruhend angesehen; auch während der beiden Beschleunigungsdauern Δ. Diese Annahme des immer Ruhend-Verbleibens von m bedeutet zwangsläufig, daß während der beiden Beschleunigungsdauern $\varDelta$ nun die Reflexionsmauer (an welcher das Atom reflektiert) bzw der Planet (bei welchem das Raumschiff umkehrt) dieser Beschleunigung unterliege.

Dies kommentiert die Fachmeinung nun in der Weise, daß sie während der Beschleunigungsdauer $\varDelta$ ein «Gravitationsfeld» im Weltall als gegeben ansieht, in welchem nicht nur die Reflexionsmauer bzw der Planet, sondern auch die Erde und sämtliche Massen des Weltalls (ausgenommen eben das reflektierte Atom, welches durch den Mauerstoß, bzw das getriebene Raumschiff, welches durch das Triebwerk am freien Fall in diesem Feld verhindert wird) frei fallen. Hierbei wird die Anpreßkraft, mit welcher etwa der Raumfahrer während der Beschleunigungsdauern $\varDelta$ in seinen Sessel gedrückt wird, ebenfalls der Wirkung dieses Gravitationsfeldes (im Sinne eines «Beweises» dafür) zugeschrieben, indem der Sessel den freien Fall des Raumfahrers behindere.

Diesem gigantischen Schwerefeld wird längs der Flugstrecke Erde-Planet ein Gravitationspotential-Gefälle zugeschrieben. Und dieses Potentialgefälle soll aus folgenden Gründen eine ganz bestimmte Zeitwirkung ergeben:

Wegen des speziellen Relativitätsprinzips der «Gleichberechtigung» der Systeme S', S, S'' wird (indem man übersieht, daß im einen System S eine Strecke x mit einer verstreichungsbedingten Zeitverschiebung wirksam wird, im anderen System S' bzw S'' nicht!) eine gleichartige «Zeitdilatation» bei Wahl von S_m wie bei Wahl von S als Bezugssystem angenommen, die nur mit einem zusätzlichen Zeiteffekt bei der Rückkehr zu einem eindeutigen Dauerverhältnis gemäß $t_m/t_c = \varkappa$ führen könne. Und dieser zusätzliche Zeiteffekt soll eben durch dieses Potentialgefälle längs der Strecke Erde-Planet in dem postulierten Schwerefeld gegeben sein.

Da der Erde in diesem Schwerefeld höheres Potential als dem Planet und dem dort umkehrenden Raumschiff zukommt, müsse also «höher im Potential die Zeit rascher ablaufen»; soviel rascher, daß eben die Einsteindilatation mit S_m als Bezugssystem zu ihrem reziproken Verhältnis überkompensiert würde. Umgekehrt müßte die Zeit tiefer im Potential langsamer ablaufen.

Erstaunlicherweise ergibt hierbei die quantitative Durchrechnung dieser Fiktion, daß dieses angenommene Zeitlangsamerlaufen tiefer im Potential (wenn der Aspekt nur auf die Betrachtung zweier Punkte beschränkt wird!) gerade der meßtechnisch bestätigten Rotverschiebung des von der Oberfläche schwerer Sterne (aus tieferem Potentialniveau) kommenden Lichtes gleichkommt; ein Phänomen, dessen Realität mit dem Mößbauereffekt sogar schon terrestrisch nachgewiesen werden konnte. Diese scheinbare Bestätigung dieser Überlegungen und Ergebnisse durch die Rotverschiebung erfordert eine genauere Untersuchung dieser Argumentation:

Es ist jedem guten Physiker bewußt und es wurde ja auch immer wieder darauf hingewiesen, daß dieses «Gravitationsfeld», das bei einer zufälligen Atomreflexion oder einer launenhaften Triebwerkeinschaltung im ganzen Weltall entsteht und vergeht, kein «reales» Gravitationsfeld darstellen könne; daß dies vielmehr ein dem Umkehraspekt fiktiv zugeschriebenes Feld darstellt; ein quasi-Gravitationsfeld, für dessen Entstehen und Vergehen kein sinnvoller Grund gegeben ist und das schon auf kurze Entfernungen Potentialgefälle erreichen kann, mit denen relativ kleine Massen absolut größere Potentialenergien ergeben als die gesamte Massenenergie des Weltalls darstellt: Energie- und Impulserhaltungssätze wären grundlegend verletzt und wesentliche Naturgesetzlichkeiten aufgehoben; also ein unmögliches Ding.

Sicher war sich dessen Einstein selbst auch bewußt. Es kam aber Einstein gar nicht so sehr auf die «Realität» dieses Schwerefeldes an, als vielmehr auf die prinzipiell-logische Durchführbarkeit der Trägheits-Schwere-Äquivalenz zur Erzielung quantitativer Ergebnisse für eine allgemein-relativistische Physik.

Wenn man diese Einstellung selbst billigt und — wie nachfolgend — einmal arbeitshypothetisch einnimmt, ergibt sich aber die Frage, ob einem derartigen Schwerefeld wenigstens als solch fiktivem Feld quasi-reale Raum-Zeit-Struktur zukommt; dh ob ein derartiges Schwerefeld prinzipiell existenzfähig wäre. Diese Frage ist aber mit Sicherheit zu verneinen. Einem derartigen «Schwerefeld» ist auch keine fiktive Existenz zuschreibbar. Dies läßt sich von verschiedenen Seiten aufzeigen:

Was müßte ein derartiges Schwerefeld für Eigenschaften besitzen — und wären solche Eigenschaften in sich möglich?

Bis zum Moment $t - \Delta$ und wieder ab dem Moment $t + \Delta$ wäre die Erde-Planet-Entfernung im System S_m mit $\varkappa$ speziell-relativistisch kontrahiert; dh verkürzt. Im Moment t, in welchem das Raumschiff gerade beim Planeten steht und hierbei momentan (durch vorübergehendes Ausschalten des Triebwerks auf beliebige Dauer verlängerbar) dem System S (Planet-Erde) selbst zugehört, ist die Entfernung Erde-Planet in Bezug auf S_m unverkürzt. Auch wenn somit die beiden Beschleunigungsdauern Δ (vor und nach dem Stillstand auf dem Planeten) beliebig kurz gehalten sind, müßte das Schwerefeld bei der Erde während einer längeren Dauer mit entsprechend geringerer Stärke (gleiches Produkt) wirksam sein, damit die Erde noch von der verkürzten bis zur unverkürzten Entfernung gebremst weiterlaufen bzw dann wieder sich bis zur verkürzten Entfernung annähern könnte.

Weil aber beim Stillstand des Raumschiffes auf dem Planeten der Abstand Planet-Erde gemäß x bereits für das «System» des Raumschiffes S_m unverkürzt ist, hätte dann an der Erde das fiktive Schwerefeld bereits mit endlicher Dauer angegriffen haben müssen: mit einem Sprung der Zeit des Systems S_m in Erdentfernung in die Vergangenheit und folgendem Zeitablauf in die Zukunft. Gar in umgekehrter Entfernung vom Planeten (entgegengesetzt wie die Erde) hätte dieses fiktive Schwerefeld — mit in die Zukunft springender und dann rückwärts laufender Zeit — gemäß negativer Dauer angreifen müssen. Das fiktive Schwerefeld hätte also auch in sich keine reale Gestalt und Wirkung. Diese Fiktion ist somit schon in sich unhaltbar.

Üblicherweise betrachtet man nur die Verhältnisse in den beiden Momenten $t - \Delta$ und $t + \Delta$ und ermittelt aus den speziell-relativistisch gegebenen Unterschieden «den Einfluß des Potentialgefälles», so daß diese Schwierigkeiten gar nicht sichtbar werden. Nur bei Betrachtung von Zwischenmomenten und in auch in umgekehrter Richtung ausgedehnten Systemen ergibt sich die Unmöglichkeit dieses Schwerefeldes. Also schon in nur etwas weiter gefaßter Betrachtung ergibt sich sofort die Unhaltbarkeit dieser Fiktion in sich.

Damit ist deutlich, daß die ganze Grundkonzeption der Fachmeinung, insoferne sie dieses Gravitationsfeld dem Umkehraspekt zuordnet, falsch ist. Offensichtlich liegt dieser Fehler bereits in ihrer als selbstverständlich unterstellten, ungeprüften Voraussetzung, daß die Punktmasse m (speziell das reflektierte Atom bzw das angetriebene Raumschiff) überhaupt als einem raum-zeitlich-ausgedehnten «System» zugehörig betrachtet werden kann; einem System anlog einem speziell-relativistischen System.

Ein speziell-relativistisches System ist die Mannigfaltigkeit aller relativ zueinander ruhenden Punkte. Ein speziell-relativistisches System ist damit eine räumlich und zeitlich unbegrenzt (den ganzen Kosmos umfassend) ausgedehnte Mächtigkeit; mit immer (dh in jedem Moment seiner Zeit) gleicherweise einheitlichem Raum und mit überall (dh an jeder Stelle seines Raumes) gleicherweise einheitlicher Zeit.

Dagegen ist offenbar ein «allgemeinrelativistisches System» von der Art des reflektierten Atoms oder getriebenen Raumschiffs gar nicht über größere Bereiche mit einer eindeutigen Räumlichkeit oder Zeitlichkeit existent. Offenbar sind derartige «Systeme» nur in punktförmiger Verengung faßbar; so daß es nur eine Frage der Begriffsbildung ist, ob man derartiges überhaupt noch als «System» bezeichnen möchte. Ganz klar wird dies aus folgendem neuen Beispiel der «Punktmassenreihe»:

Bezugssystemfähigkeit

Es sei das speziell-relativistische System S mit seinen Stellen x betrachtet. Als konkrete Stellen von S seien außer der Nullstelle x_0 noch die Stelle x_- und die Stelle x_+ betrachtet; wobei x_- in der Einheitsstrecke links von x_0 entfernt, bzw x_+ in einer Entfernung gleich der Einheitsstrecke rechts von x_0 liegt. Jede Stelle x besitzt ihre Uhr U, welche alle überall in gleicherweise die Zeit von S angeben; konkret in x_- die Uhr U_-, in x_0 die Uhr U_0, in x_+ die Uhr U_+.

Von früher her bis zum Nullmoment t_0 der Zeit von S ruht außerdem an jeder Stelle x von S eine Punktmasse m, wobei jeder Punktmasse immerfort eine eigene Uhr u beigestellt ist; konkret bis t_0 also m_- mit u_- bei x_-; bzw m_0 mit u_0 bei x_0; bzw m_+ mit u_+ bei x_+. Bis zum Nullmoment t_0, da alle Punktmassen m samt ihrer Uhren u im System S ruhen, geben somit alle Uhren u die gleiche Zeit wie die Uhren U an; dh alle 6 Uhren geben die Zeit des Systems S gleicherweise an. Konkret im Nullmoment steht der Zeiger aller Uhren (U_-, U_0, U_+ aber auch u_-, u_0, u_+) auf dem Wert 0.

Nun wird im Nullmoment gleichzeitig jeder Punktmasse m samt ihrer jeweiligen Uhr u (also m_- mit u_- ebenso wie m_0 mit u_0 ebenso wie m_+ mit u_+) innerhalb einer vernachlässigbar kurzen Dauer Δ die Geschwindigkeit $+v$ erteilt (etwa durch einen Hammerschlag); so daß ab dem Nullmoment (streng genommen ab dem Moment Δ, der jedoch beliebig nahe zum Nullmoment $t_0 = 0$ gerückt werden kann) alle Punktmassen in Bezug auf S mit der gleichen Geschwindigkeit v (von links nach rechts) bewegt sind und insoferne damit alle dem gleichen anderen speziell-relativistischen System S'' zugehören. Welche Stellen und Momente werden aber nun durch diese Punktmassen m und deren Uhren u im System S'' markiert?

Wenn die Beschleunigungsdauer Δ entsprechend kurz eingerichtet worden war ($\Delta \to 0$), dann sind alle Punktmassen m und Uhren u unmittelbar nach Erhalt ihrer Geschwindigkeit v (dh im Moment $\Delta \to 0$) beliebig genau immer noch an derselben Stelle vorzufinden; konkret m_- mit u_- bei x_- mit U_-; bzw m_0 mit u_0 bei x_0 mit U_0; bzw m_+ mit u_+ bei x_+ mit U_+.

Mit verschwindend kurzer Dauer Δ ist dann auch der Uhrenstand sämtlicher Uhren U wie u — konkret U_- wie U_0 wie U_+, aber auch wie u_- wie u_0 wie u_+ — beliebig genau auf Zeitstand 0 geblieben. (Also auch wenn der Beschleunigungsvorgang einen Rascher- oder Langsamerlauf der Uhren u als U ergeben hätte, würde der damit verbundene Zeiteffekt mit verschwindender Dauer Δ auch verschwinden).

Diese einfache und übersichtliche Sachlage zeigt aber, daß die nun von den Punktmassen m in S'' eingenommenen Stellen x'' dort nicht mehr die Einheitsabstände markieren und damit nicht den Raum von S'' repräsentieren; und daß die Uhren u auch nicht die Zeit t'' von S'' repräsentieren:

Die wahren Einheitsstrecken von S'' würden in Bezug auf S mit $\varkappa$ kontrahiert erscheinen, während die Abstände zwischen m_- und m_0 bzw zwischen m_0 und m_+ in S mit voller Länge der Einheitsstrecke x_- bis x_0 bzw x_0 bis x_+ erscheinen. Die Punktmassen haben somit original innerhalb S'' mit dem Faktor $1/\varkappa$ größere Abstände. Noch interessanter sind die Zeitverhältnisse:

Die Uhren u_-, u_0, u_+ können nicht alle die wahre Systemzeit t'' von S'' angeben; gemäß Definition der Nullmomente gibt nach Anstoß der Punktmassenreihe im Nullmoment $t_0 = 0$ von S nur die Uhr u_0 die Zeit t'' von S'' richtig an; konkret beim Stoß eben den Nullmoment $t'' = 0$. Aber auch die Uhr u_- und die Uhr u_+ zeigt unmittelbar nach dem kurzen Stoß immer noch den Stand 0, wogegen nach Transformationsgleichung (2) diese beiden Uhren in Bezug auf S einen anderen Stand als 0 zeigen müßten, wenn sie die tatsächliche Systemzeit von S'' angeben wollten.

Nach (2) ergibt sich $\varkappa\, t'' = t - w\, x$; also speziell am Nullmoment t_0 von S gemäß $t = t_0 = 0$ somit $t'' = -w\, x/\varkappa$. Die Uhr u_-, die beim Stoß an der Stelle x_- von S erscheint, müßte (statt den gezeigten Stand 0 in Bezug auf S den Stand $t''_- = -w\, x_-/\varkappa = +w\, x/\varkappa$ zeigen; die an x_+ von S erscheinende Uhr u_+ (statt 0) den Stand $t''_+ = -w\, x_+/\varkappa = -w\, x/\varkappa$. Unmittelbar nach dem kurzen Stoß geht also die Uhr u_- gegenüber der Zeit t'' vom System S'' (dem sie angehört) um die Dauer $w\, x/\varkappa$ nach; die Uhr u_+ um $w\, x/\varkappa$ vor. Diese Uhren müßten somit sofort korrigiert werden, wenn sie die Systemzeit t'' richtig zeigen sollen.

Anders ausgedrückt: Betrachtet man die Systemzeit t'' an der Stelle von m_0 als während der schlagartig kurzen Beschleunigungsdauer Δ unverändert (in der Gegenwart) geblieben (am Nullmoment geblieben), so wäre die wirkliche Systemzeit t'' bei m_- (dh mit u_-) in die Zukunft vorgesprungen; bei m_+ (dh mit u_+) aber in die Vergangenheit zurückgesprungen. Dieser ganze Vorgang wäre aber nichteinmal objektivierbar, indem man willkürlich statt m_0 (mit u_0) als gegenwärtig geblieben, ebenso auch m_- (mit u_-) oder m_+ (mit u_+) als gegenwärtig geblieben ansetzen könnte.

Dies bedeutet, daß man tatsächlich überhaupt kein raumzeitlich ausgedehntes System mit in sich einheitlicher Zeit voraussetzen kann, dem eine beschleunigte Punktmasse m als zugehörig zugesprochen werden kann. Bei derartig beschleunigten Punktmassen sind grundsätzlich nur noch punktförmige Bezugnahmen — etwa auf m_0, oder auf m_- oder auf m_+ — möglich; nicht aber auch eine Bezugnahme auf ein die ganze Punktmassenreihe m_-, m_0, m_+ enthaltendes «System». Ein derartiges «allgemein-relativistisches System» (wenn man dafür überhaupt noch «System» sagen wollte) ist prinzipiell nur noch als punktförmig verengtes System, eben als «Standpunkt» möglich.

Dies wird an den Absurditäten noch deutlicher, die sich ergeben, wenn man doch versucht, ein derartiges Punktmassenreihensystem S'' zum Bezugssystem zu wählen und diesem nach Einstein ein «Schwerefeld» zuzusprechen: Wann sollte dieses Feld in diesem Scheinsystem S'' auftreten? Nur im ersten Moment der Beschleunigungsdauer wäre dieses Feld überall in der Zeit von S'' gleichzeitig gegeben; im letzten Moment der Beschleunigungsdauer wäre es bei m_- später als bei m_0 bzw bei m_+ früher als bei m_0; in Zwischenmomenten entsprechend weniger später bzw früher.

Anders ausgedrückt: Für jeden einzelnen Moment der Beschleunigungsdauer Δ wäre dieses fiktive Feld nur als ein punktförmig verengtes, teilchenartig weiterlaufendes «Feld» gegeben, dessen Geschwindigkeit (in Richtung der «freien Fallbewegung» des anderen Systems S) im ersten Moment unendlich groß wäre und für spätere Momente der Beschleunigungsdauer immer weiter gegen Invarianzgeschwindigkeit abnähme. (Diese teilchenartige Punktfeldbewegung erinnert an die hypothetischen «Tachyonen», welche vielleicht auch nichts anderes sind als Erscheinungsbilder dieser Fehlinterpretation.)

Über alle Momente der Beschleunigungsdauer gerechnet, ergäbe das Feld eine Dispersion: um so schwächer und dafür länger wirkend, je

I 7

weiter vom Standpunkt entfernt. Bei m_- wäre dies eine zeitliche Ausdehnung in die Zukunft; bei m_+ aber eine rückwirkende zeitliche Ausdehnung in die Vergangenheit.

Dieses Feld wäre somit von irrealer Raum-Zeit-Gestalt; außerdem
aber auch von nicht objektivierbarer Gestalt: mit jedem Bezugspunkt
— mit m_- oder m_0 oder m_+ — wäre dies Feld anders gestaltet; mit
anderer Dispersion. Damit kann auch nicht mit Potentialgefällen eines
solchen irrealen, unobjektivierbaren Feldes gerechnet werden und erst
recht nicht die «Zeitdifferenz» des Uhrenparadoxons als «Schneller-
laufen der Uhren oben im Potential bzw Langsamerlaufen unten im
Potential» interpretiert werden.

Die Fachmeinung ist schon in ihren beiden Voraussetzungen falsch:

Das «beschleunigte System» besitzt überhaupt keine einheitliche Zeit
über einen ausgedehnten Raum; ein beschleunigter Massenpunkt kann
somit überhaupt keinem «System» in diesem Sinne zugehören (also in
einem Systemverständnis, wie es aus der speziell-relativistischen Physik übernommen ist). Ergebnisse aufgrund der Unterstellung derartiger
«Systeme» sind nur noch gleichnishafte Extrapolationen, die nur noch
unter eng begrenzten Aspekten fruchtbar werden können. Das Operieren mit solchen Systemen sind die «Toten Seelen» der Relativitätsphysik.

Es ist aber auch schon falsch, daß im Uhrenparadoxon überhaupt
eine «Zeitdifferenz» gesehen wird, welche durch Gravitationspotentiale
«erklärt» werden könne und müsse. Diese Voraussetzung ergab sich
aufgrund des Nichterkennens der Verstreichung. Mit der Verstreichung
läßt sich aber das Uhrenparadoxon einfach und lückenlos (dh ohne
jegliche Zeitdifferenz, die einer noch anderweitigen Erklärung bedürfte)
erklären.

Schon im Beispiel der Punktmassenreihe zeigt der gleichgebliebene
Stand aller 6 Uhren (u_-, u_0, u_+ wie auch U_-, U_0, U_+) im Gegensatz
zu der wirklichen Zeit im speziell-relativistischen System S'' gemäß
$t'' = +wx/\varkappa$ bzw $t''_+ = -wx/\varkappa$, daß die bei diesen Beschleunigungen
auftretenden Zeiteffekte im wesentlichen verstreichungsbedingt sind;
dh passive Zeitverschiebungen mit dem Zeitgradienten w längs Strecke
x, wobei die Kontraktion $\varkappa$ nur als eine Korrekturgröße wirksam wird.

Damit kommen wir wieder auf das Beispiel des reflektierten Atoms bzw
getriebenen Raumschiffes zurück, welches die Einsteinsche Problematik
des Überganges zur allgemeinen Relativitätsphysik darstellt. Tatsäch-

lich sind deren Zeitphänomene ohne jede allgemeinrelativistische Problematik (vor allem ohne fiktive Schwerefelder, für welche gar kein Platz mehr bleibt) allein mit der Verstreichung erklärbar:

Mit S (Erde-Planet) als Bezugssystem ergibt sich die gleiche Überlegung wie nach der Fachmeinung: Gemäß der Einsteindilatation ist zwischen Abflug von der Erde und Rückkehr zur Erde die Dauer t_e auf der Erde gemäß $t_e = t_m/\varkappa$ größer als die Dauer t_m im Raumschiff; also $t_m/t_e = \varkappa$. Nur sind die beiden (im Hin- wie Rückflug gegebenen) Einsteindilatationen eben keine «Zeitdilatationen», sondern jeweils zusammengesetzte Größen: aus einer echten Zeitkontraktion (gemäß welcher sich die Raumschiffdauer t'' bzw t' im Bezugssystem S verkürzt abbildet) und einer Verstreichung w längs der hierbei — hin wie zurück — im Bezugssystem S wirksam werdenden Flugstrecke x (Erde-Planet).

Umgekehrt, mit dem Raumschiff m als Bezugspunkt (also auf dem Hinflug mit S'' als Bezugssystem; auf dem Rückflug mit S' als Bezugssystem) erfolgt die Dauerbestimmung immer nur an derselben Stelle des Raumschiffes; also punktförmig begrenzt. Damit ist aber keine Strecke gegeben, längs welcher sich in Bezug auf das Raumschiff eine Verstreichung auswirken könnte. Damit ist das Dauerverhältnis $t''/t = \varkappa$ und $t'/t = \varkappa$ als die reine Zeitkontraktion gegeben; im ganzen also auch wieder $t_m/t_e = \varkappa$.

Damit ergibt sich das mit jedem Bezug immer eindeutige Flugdauerverhältnis in einfachster Weise, ohne daß fiktive Schwerefelder oder Potentialdifferenzen einzuführen gewesen wären. Es besteht sogar gar keine Möglichkeit mehr, sie einzuführen, indem keine allgemeinrelativistischen Zeitdifferenzen mehr offen sind.

Es wird damit überhaupt alles äußerst einfach: Die Kraft, mit welcher der Raumfahrer während der beiden Einschaltdauern $\varDelta$ in seinen Sessel gepreßt wird, bleibt, was sie ist: eben die Beschleunigungs-Gegenkraft, die somit nur noch in einem geradezu irreal-formalen Sinn als «Schwerkraft» angesprochen werden könnte. Außerdem tritt das Problem der Ausdehnung einer raumeinheitlichen und zeiteinheitlichen Struktur des «Systems» des reflektierten Atoms bzw des getriebenen Raumschiffes überhaupt nicht mehr auf; Scheinprobleme sind damit von vorneherein ausgeschlossen. Der ganze Ablauf — Hinflug, Umkehr, Rückflug — ist und bleibt damit eine speziell-relativistische Abwicklung; auch die Beschleunigungen während der Umkehrphase wirken nur als speziell-relativistische Geschwindigkeitsänderungen (nicht durch irgend welche Potentiale).

Die Problematik, die sich nach der Fachmeinung zu ergeben scheint, ist damit eine Scheinproblematik; in der Methodik unnötig und im Ergebnis falsch. Daß diese Scheinproblematik mathematisch exzellent formuliert werden kann und wird (bis zu Tensoren höheren Grades), beleuchtet nur einen besonderen Wesenszug der Mathematik: Die Genialität der Schöpfung und die Leistungsfähigkeit des mathematischen Apparates ist bewunderungswürdig. Dennoch bewahrt weder das Funktionieren des mathematischen Formalismus noch dessen Fruchtbarkeit vor unrichtigen und irrealen Gedanken. Mit der Mathematik ist es wie mit der Sprache; sie ist selbst eine Sprache: Mit einer glänzenden Sprache kann man auch Unrichtiges und Irreales großartig und in sich konsequent formulieren, sodaß sich oft erst in ganz anderen Zusammenhängen die Unrichtigkeit oder Irrealität bemerkbar macht.

Die einfache Erklärung des «Uhrenparadoxons» des heimkehrenden Raumfahrers mit der Verstreichung verbleibt somit rein im speziellrelativistischen Rahmen. Damit geht aber zugleich die Möglichkeit verloren, auf der Ebene derartiger Vorgänge einen Übergang von der speziell- zur allgemein-relativistischen Physik zu finden.

Keineswegs bedeutet dies jedoch, daß es etwa die Trägheit-Schwere-Äquivalenz nicht gäbe. Dies besagt nur den beinahe selbstverständlichen Sachverhalt, daß diese Äquivalenz dort nicht zur Anwendung kommt, wo keine realen Schwerefelder gegeben sind. Dies bedeutet in eigentlich fragloser Einfachheit, daß ohne reale Schwerefelder bei Beschleunigungen auftretende Kräfte schlicht das bleiben, was sie sind: eben Beschleunigungs-Gegenkräfte. Wenn ein beschleunigter Massenpunkt — wie das reflektierte Atom oder das getriebene Raumschiff — überhaupt keinem bezugsfähigen System zugehört, kann eine relativistische Äquivalenz naturgemäß gar nicht in Erscheinung treten; auch nicht eine Äquivalenz mit allgemeiner Gültigkeit in der Relativitätsphysik (man kann gleichsam ein Examen nur bestehen, wenn überhaupt ein solches abgehalten wird).

An der Gültigkeit des Prinzips der Trägheit-Schwere-Äquivalenz wird damit nicht gezweifelt; im Gegenteil: Sogar noch die in der Fehlinterpretation der Beschleunigungsgegenkraft des umkehrenden Raumfahrers als Wirkung eines ausgedehnten Schwerefeldes erscheinenden Zeiteffekte sind von realer Größe (Rotverschiebung des Lichtes von schweren Sternen); freilich sich tatsächlich als wesenhafter Verstreichungseffekt erweisend. Also sogar noch in der irreal-gleichnishaften

Extrapolation bewahrt die Trägheit-Schwere-Äquivalenz ihre Gültigkeit.

Verlieren sich schon bei translatorischen Beschleunigungen jene Eigenschaften, die einem ausgedehnten System Bezugsfähigkeit verleihen, so erst recht bei rotierenden Vorgängen.

Es ist keine vernünftige Ursache und Naturgesetzlichkeit unterstellbar, wenn von einem Punkt am Rande einer rotierenden Scheibe aus, das ganze Weltall schlingernde Kreisbewegungen mit unbegründbaren Energieveränderungen ausführen soll und gänzlich zeituneinheitliche «Schwerefelder» das Weltall erfüllen sollen; schon gar nicht, daß die mächtigen Galaxien sich, gegen dieses «Bezugssystem» mit vielfacher Invarianzgeschwindigkeit umlaufend, bewegen sollen bzw die kosmischen Tangentialentfernungen zu nahezu nichts verschwinden sollten.

Vielmehr ergeben sich einfach unter dem Zwang mechanischer Zusammenheftung der verschiedenen Massenteile eines rotierenden Gegenstandes jene Beschleunigungen der einzelnen Massenteile ohne reales Feld gegen einen am Weltall orientierten Raum, deren Effekte sich lückenlos mit der Verstreichung erklären lassen; also quasi-speziellrelativistisch.

Es ist ja auch ganz und gar nicht einzusehen, daß die mechanische Verbindung von Massenteilen eine derart wesenhafte Einheit schaffen sollte, daß diese — entgegen der Wirkung aller kosmischen Massen — einen mitrotierenden Raum begründet, in welchem Vorgänge entgegen der sonst festgestellten Naturgesetzlichkeit ablaufen sollten. Kurz ausgedrückt: Es gibt rotierende Gegenstände («Systeme», wenn man dies Wort so strapazieren will), aber kein «allgemein-relativistischrotierendes Bezugssystem».

Rotationen sind wesenhaft absolute Vorgänge gegen die Sternenwelt des Kosmos; schon etwa die Quantelung von Molekül-Rotationen wäre sonst existentiell unmöglich.

Damit ergibt sich die grundlegende Frage, was überhaupt eine «Systemfähigkeit» begründet; dh die Wahl als Bezugssystem möglich macht. Diese Frage so unter der Hand beantworten zu wollen wäre vermessen; die ganze Problematik der Möglichkeiten und Grenzen der Relativitätsphysik ist darin enthalten. Damit kommt man auf die grundlegende Frage nach dem Relativitätsprinzip zurück.

Die Verallgemeinerung des Relativitätsprinzips auf «Systeme» etwa der Art des reflektierten Atoms oder des getriebenen Raumschiffes bedeutet, daß auch diesen die Berechtigung zuerkannt wird, als Bezugssystem genommen zu werden; dh als ruhend betrachtet zu werden. Jeder Gegenstand ruht zwar in sich. Bedeutet aber dieses beinahe selbstverständliche In-sich-Ruhen auch die Bezugssystemfähigkeit?

Offensichtlich ist das Relativitätsprinzip nur soweit sinnvoll, als es die Wahl eines Bezugssystems ermöglicht, welches alle Phänomene mit voller Gültigkeit der Naturgesetze in Bezug auf eben das gewählte System darzustellen vermag. Dies ist geradezu das Kriterium für die Anwendbarkeit und Gültigkeit bzw die Grenzen des Relativitätsprinzips.

Bei den speziell-relativistischen Systemen ist dies offenbar so weitgehend der Fall (nur ganz extreme Aspekte ausgeschlossen), daß man ein spezielles Relativitätsprinzip als gegeben betrachten kann. Ist das aber auch etwa bei unserem reflektierten Atom oder getriebenen Raumschiff der Fall? Man kann das ja nicht einfach ungeprüft unterstellen und dann unbedenklich zu rechnen anfangen; dh man kann dies freilich (nirgends ist ein Verbot!), sollte sich dann aber nicht über die Ergebnisse wundern.

Damit ist die entscheidende Problematik der gesamten Essentialphysik angesprochen; ja des gesamten essentiellen Aspektes des Seins überhaupt. Dies und nur dies gibt die Berechtigung und sogar Notwendigkeit, in diesem Buch über das Sein die Relativitätsphysik so ausführlich zu behandeln. Tatsächlich wird — wie nirgends sonst — in der Relativitäts- und Quantenphysik ein überaus erstaunlicher, unfaßbar geheimnisvoller Wesenszug des Seins offenkundig: eine Komplementarität zwischen Bauplan und Spielraum, zwischen Ordnung und Freiheit.

Was «kann» man und was nicht? Man kann Kalbshaxen verspeisen, aber auch Putzlumpen. Wer ohne äußersten Hunger Putzlumpen verspeist, wird zwar im Irrenhaus auf Staatskosten unterhalten; aber «man kann» es. Man kann auch Abwegiges, Sinnloses, Törichtes denken, sagen oder tun. Was steht dem «Können» überhaupt entgegen? Eine höhere Ordnung, ein Bauplan, ein Gebot des Schöpfers selbst — und sogar dagegen kann man verstoßen; allerdings mit Unheil, Unsinn, Unvernunft. Höchst erstaunlich; unfaßbar geheimnisvoll!

Kann man also auch das reflektierte Atom oder das getriebene Raumschiff als ruhend betrachten? Aber damit erscheinen die stoßende Wand, die bereisten Himmelskörper Erde und Planet, ja das gesamte Weltall als extrem beschleunigt bewegt, indem der Stoßprozeß einsetzt oder der Raumfahrer launenhaft sein Triebwerk einschaltet. Es geht gar nicht um die Frage, was man kann, sondern wieweit die Sinnhaftigkeit reicht. Denn die Physik erhebt es zu ihrem Prinzip, sinnvoll zu sein; wenigstens noch in bestimmten Aspekten sinnvoll zu sein. Aber sogar dies könnte man als Prinzip entthronen; etwa wie manche Kunstrichtungen, die bewußt auf Sinnhaftigkeit verzichten.

So gehört es zum Wesen der Physik, nach den Ursachen und Wirkungen zu fragen. Ist aber die Erfüllung des ganzen Raumes längs der Strecke Erde-Planet (konsequenterweise sogar beidseits beliebig weit darüber hinaus in alle Räume des Weltalls) als Folge einer zufällig vorhandenen Reflexionswand im Weg eines schnellen Atoms oder als Folge des freien Schaltens des Raumschifftriebwerks, mit einem Schwerefeld sinnvoll unterstellbar; überdies noch die Erfüllung des Weltraumes mit einem Gravitationsfeld, das keine in sich begründbare, überhaupt keine objektivierbare Raum-Zeit-Struktur besitzen kann und somit auch als Fiktion keine Existenz haben kann, noch sinnvoll; zumal wenn bei angemessener Bewertung der Größen (etwa w) gar keine Notwendigkeit für eine derartige Fiktion gegeben ist? Irgendwo wird mitsamt der Freiheit des «Könnens» einmal eine Grenze überschritten, wo man einfach nur noch von «falsch» sprechen kann.

Der mechanische Zwang der Schrauben und Nägel des Karussellgestells verhindert das zentrifugale Auseinanderfliegen der Holzpferde, auf denen die Kinder die Welt um sich drehen sehen. Der Zwang seines Knieschlotterns zwingt den Kopf des Betrunkenen in jene ungleichförmige Bewegung, in welcher Sonne, Mond und Sterne von Wirtshaus zu Wirtshaus schwanken. Sind das Karussellholzpferd und der Betrunkenenschädel sinnvoll wählbare Bezugssysteme; prinzipiell wählbar; physikalisch wählbar?

Wie bereits das Beispiel des reflektierten Atoms bzw rückkehrenden Raumfahrers und wie das Beispiel der Punktmassenreihe gezeigt hat, gibt es überhaupt keine ausgedehnten Raum-Zeit-Kontinua mit im ganzen Raum einheitlicher Zeit, denen ein derartiger Gegenstand systemhaft zugehörig sein könnte. Offensichtlich raubt der physikalische Zwang einem «System» die physikalische «Bezugssystemfähigkeit». Wenn überhaupt, dann sind nur zwangsfrei bewegte Gegenstände bezugsfähige Systeme; höchstens nur Inertialsysteme sind bezugssystemfähig; also mit unbeeinflußter, kräftefreier Bewegung (speziell-relativistisch) oder mit wirklich freiem Fall in realen Schwerefeldern (allgemein-relativistisch). Aber auch diese allgemeinen «Systeme» sind nur unter entsprechend verengten Aspekten bezugsfähig:

Nun sei ein zwangfreier, allgemeinrelativistischer Vorgang betrachtet:
Im Weltall gibt es mehrere billionen Kugelhaufen. Ein Kugelhaufen
ist eine kugelförmige Sternansammlung, bei der etwa million Sterne
sehr dicht und fast ohne interstellares Gas beieinanderstehen. Wir betrachten nun einen Kugelhaufen mit besonders dichtstehenden Sternen, so, daß er aber noch in gerader Bahn durch seinen Schwerpunkt
kollisionsfrei durchlaufen werden kann (was bei praktisch allen der
Fall wäre).

Dieser Kugelhaufen, dieser Haufen hat eine sehr große Masse M mit
einem sehr starken Schwerefeld; in seinem Schwerpunkt hat er ein
sehr tiefes Potential gegenüber dem flachen Weltraum (gegenüber den
Raumpunkten in großer Entfernung zwischen den Galaxien). Dazu
betrachten wir einen kleinen Meteor (einen Stein) von vernachlässigbar kleiner Masse m und verschwindend kleinem Eigen-Schwerefeld
und Eigenpotential. Dieser Meteor durchpendelt den Schwerpunkt des
Haufens mit großer Amplitude in gerader Bahn periodisch; dh er
läuft — verglichen zum Radius des Haufens — sehr weit in den leeren
Umraum aus und kehrt damit fast erst außerhalb des Potentialtopfes
des Haufens um; der Umkehrpunkt liegt praktisch im flachen Weltraum.

Die allgemein-relativistischen Verhältnisse sind äußerst schwierig;
nicht nur in der mathematischen Erfassung, mehr noch in den Grund-
satzfragen. Die geistige Bewältigung ist fast menschenunmöglich. Vielleicht erlaubt es dieser einfache, auf einer geraden Linie verlaufende
Pendelvorgang, wenigstens zu einigen grundsätzlichen Betrachtungen
zu kommen.

Im Gegensatz zu den fiktiven Schwerefeldern, welche den durch
Zwangseinwirkungen in Erscheinung tretenden Kräften zu unrecht zugeschrieben werden, liegt bei dem Kugelhaufen (wie bei jeder Masse)
ein zwangfrei, naturgegebenes Schwerefeld vor. Während das fiktive
Feld mit der Zwangswirkung entstand und verschwand, ist dieses reale
Feld immerfort beständig; sowohl mit dem Haufenschwerpunkt als
auch mit dem Meteorschwerpunkt als Bezugs-Standpunkt. Während
allem Anschein nach das fiktive Feld überhaupt keine objektivierbare Raum-Zeit-Gestalt zu eigen hatte, ist das reale Schwerefeld
naturgemäß von objektiver Raum-Zeit-Gestalt.

Es ist aber die Frage, wie diese Gestalt ist; oder umgekehrt ausgedrückt, wie sich Raum und Zeit im Bereich eines derartigen Schwerefeldes wie dem des Haufens (also im Bereich großer Massen) strukturiert. Damit zusammenhängend ist die Frage, ob eine derartige Struktur etwa dem System des Haufens die Fähigkeit erteilt, als Bezugssystem frei wählbar zu sein. Von Bezugssystemfähigkeit — also Wählbarkeit — zu sprechen, hat aber nur Sinn, wenn auch andere Systeme in diesem Bereich als Bezugssystem wählbar sind.

Sicher ist ein Haufen oder ein Stern samt seiner ganzen Umgebung und Geschichte ein reales physikalisches System; sicher ist es deshalb auch nur eine Frage der Schwierigkeit und Fähigkeit, ob man dieses System anschaulich oder mathematisch erfassen und geistig bewältigen kann. Die Frage ist aber, ob und in welchem Sinn es auch ein relativitätsphysikalisches System darstellt, dessen Naturbeschreibung generell in andere Systeme unter Aufrechterhaltung der Naturgesetzlichkeit transformierbar ist.

Offensichtlich handelt es sich bei dem realen Schwerefeld einer schweren Masse (Haufen, Stern, Meteor usw) um ein System mit räumlich und zeitlich uneinheitlicher Ausdehnung; ein System, bei welchem an verschiedenen Stellen (in verschiedener Entfernung vom Schwerpunkt) verschiedener Zeitablauf gegeben ist; wohl auch zu verschiedenen Momenten verschiedene Raumgestalt. Dieses System hat somit keinen überall in seinem Raum gleicherweise gegebenen Moment und keine immer in seiner Zeit gleicherweise gegebene Stelle. Somit kann die Angabe eines Momentes oder einer Stelle nirgends und nie dem gesamten System zugehören. Auf was bezieht sich also die Beschreibung irgend eines Vorganges?

Offensichtlich hat somit ein derartiges System als ganzes keine Bezugsfähigkeit; es ist nicht bezugssystemfähig. Aber vielleicht ist die relativistische Bezugsfähigkeit den einzelnen Punkten des Systems eigen; vor allem bestimmten ausgezeichneten Punkten, wie etwa dem Schwerpunkt?

Statt Bezugssysteme hätte man damit nur noch Bezugspunkte; im Sinne einer Aspekt-Einengung. Der Bezugspunkt wäre ein Raum-Zeit-Punkt; also eine bestimmte Stelle zu einem bestimmten Moment. Ein derartiger Punkt als solcher hat freilich nicht die Mächtigkeit der ausgedehnten Räumlichkeit und Zeitlichkeit der Naturvorgänge. Deshalb bedeutet der «Bezug auf einen Punkt» die Angabe in den Momenten jenes Zeitablaufes, welcher an der Stelle des Bezugspunktes gegeben ist; entsprechend die Angabe in den Stellen jenes Umraumes, welcher im Moment des Bezugspunktes gegeben ist. Eine derartige Punktbeziehung bedeutet somit die Projektion der Vorgänge eines raumzeitlich variablen Kontinuums auf eine durch einen konkreten Punkt starr festgegebene Raum-Zeit-Ordnung, konkret mit im Schwerpunkt synchronisierten Rohruhren.

Streng genommen dürfte man nun erst mit den Betrachtungen weiterfahren, wenn sichergestellt wäre, daß man dies überhaupt kann — und mit welchen Fehlerhaftigkeiten in diesem Falle zu rechnen ist. Aber um nicht der Maßlosigkeit zu verfallen, sei einfach unterstellt, man könne das und erhalte hierbei keine allzu großen Fehler. Es seien deshalb zwei in unserem Pendelvorgang besonders ausgezeichnete Punkte gewählt, welche offenbar noch am ehesten als Bezugspunkte möglich sein dürften: Der Schwerpunkt M des Kugelhaufens (M zugleich Haufenmasse) und der Schwerpunkt m des Meteors (m zugleich Meteormasse); beide zu geeigneten Momenten ihrer Geschichte. Wir betrachten also gleichsam zwei «Massenpunkte» M und m; mit M als sehr großer, m als verschwindend kleiner Masse (besitzt der Meteor eine Masse von 1000 Tonnen, so ist das Verhältnis M/m etwa 10^{30}).

Damit lassen sich einige grundsätzliche Erwägungen mit konkreten Konsequenzen anstellen:

In Bezug auf den Haufenschwerpunkt M ist der Pendelvorgang verhältnismäßig unproblematisch: Es ruht der Haufen mit seiner Masse M und seinem gewaltigen, nach außen abnehmenden Schwerefeld, dessen Gravitationspotential im Haufenschwerpunkt willkürlich gleich 0 angesetzt sei und am Umkehrpunkt des Meteors schon nahezu seinen Maximalwert erreicht hat.

Die Ursache des Pendelvorganges ist mit Bezugspunkt M zwanglos erklärbar: Der am Umkehrpunkt zum Stillstand gekommene Meteor wird in dem dort noch mit sehr geringer Stärke existierenden Schwerefeld aufgrund der Schwere seiner Masse m erst ganz langsam, dann immer rascher und rascher beschleunigt, bis er sich schließlich mit maximaler, extrem hoher Geschwindigkeit v durch den Bezugspunkt M (Haufenschwerpunkt) durchbewegt. Aufgrund der Trägheit seiner Masse m läuft nun der Meteor auf der entgegengesetzten Seite gegen das Schwerefeld des Haufens an, wobei er erst stark und dann immer schwächer und schwächer bis zum Stillstand am entgegengesetzten Umkehrpunkt abgebremst (negativ zu seiner Geschwindigkeit, auch zum Haufen hin beschleunigt) wird. Mit dem Stillstand beginnt der gleiche Vorgang von neuem von der anderen Seite — und so periodisch immer weiter.

In diesem Wechselspiel von Schwere und Trägheit bleibt die Gesamtenergie konstant erhalten: Am Umkehrpunkt besitzt der Meteor rein potentielle Energie, die sich mit der Beschleunigung zum Bezugspunkt zunehmend in kinetische Energie umsetzt, bis er in der Durchbewegung durch den Bezugspunkt, diesem gegenüber nur noch kinetische Energie besitzt, die sich mit der nun einsetzenden Abbremsung auf der anderen Seite wieder zunehmend in potentielle Energie verwandelt. Und so abwechselnd immer weiter.

Es ist somit offensichtlich der Haufenschwerpunkt als Bezugspunkt wählbar und die Übertragung der gesicherten speziell-relativistischen Ergebnisse auf dieses konkrete allgemeinrelativistische Problem möglich.

Von einem neutralen Standpunkt im flachen Weltraum aus — weit entfernt, nicht an der Wechselwirkung zwischen Haufen und Meteor teilnehmend — ergibt sich der Vorgang ebenfalls unproblematisch: Dieser Standpunkt stellt die große Masse M mit dem starken Schwerefeld des Haufens und die kleine Masse m mit dem kleinen Feld des Meteors fest. Aufgrund dessen ergibt sich das Pendeln des Haufens und Meteors relativ zueinander um den gemeinsamen Schwerpunkt; praktisch pendelt allein der Meteor durch den 10^{30}-fach schwereren Haufen. Periodisch wandeln sich hierbei potentielle und kinetische Energie (von Meteor und Haufen gegeneinander) ineinander um; Impuls- und Energieerhaltungssatz sind erfüllt.

Wie ist dies nun mit dem Meteor als Bezugspunkt? Unterstellt, daß man diesen überhaupt wählen könne, ergeben sich hiermit problematischere Betrachtungen und Konsequenzen:

Mit dem Meteor m als Bezugssystem, als Bezugspunkt, ist und bleibt der Meteor immer ruhend; das bedeutet ja «Bezug» zu sein. Damit ergibt sich ein verwunderliches Bild: In großer Entfernung steht ein mächtiger Kugelhaufen; erst ganz langsam, dann rascher und immer rascher sich beschleunigend, kommt dieser in Bewegung auf den Meteor zu — und rast schließlich mit seinem Schwerpunkt über ihn hinweg. Sodann erfährt der Haufen eine erst starke, dann immer schwächere Bremsbeschleunigung, bis er schließlich, ebensoweit entgegengesetzt, wieder zum Stillstand kommt. Und dies nun umgekehrt und sich weiterhin immerzu periodisch wiederholend. Sogar alle die gewaltigen Galaxien des ganzen Weltalls haben diese Pendelbewegung ihrem sonstigen Bewegungszustand überlagert.

Welche Ursache versetzt — bezogen auf den Meteor — den Haufen in diese periodische Pendelbewegung um den Meteor; noch dazu so, daß der Haufen gerade mit seinem Schwerpunkt über den Meteor hinwegläuft? Welche Ursache zwingt alle Massen der Welt, sich mit dieser Pendelbewegung überlagert zu bewegen?

Keinesfalls können diese Bewegungen von «Kräften» im üblichen Sinne herbeigeführt sein. Wo sollten diese übergigantischen Kräfte, welche den Kugelhaufen und die ganze Weltmasse beschleunigen, herkommen — und wo sollten diese Kräfte aufsitzen? Es gibt einfach keine Ursache dafür, die den sonst bekannten und gewohnten Naturgesetzlichkeiten genügen könnte. Man müßte in einer maßlosen Überspannung der Schwere-Trägheits-Äquivalenz ein neues Naturgesetz postulieren, nach welchem das Vorhandensein von Feldern als solches — ohne zwischen Massen angreifende Kraftwirkungen — diese Bewegungen zur Folge hat; ohne Gründe außer in dieser fiktiven Gesetzlichkeit.

Hierbei ist die «Impulserhaltung» grundlegend verletzt, indem den periodischen Impulsänderungen aller Massen der Welt keine Gegenimpulse gegenüber stehen. Alle Massen der Welt zeigen zugleich diese periodischen Pendelbewegungen; ausgenommen den Meteor, welcher ruht, und den Kugelhaufen, welcher seiner größeren Masse entsprechend weniger und in entgegengesetzter Richtung von der allgemeinen Pendelbewegung abweicht, so daß die Gesamtpendelbewegung von Meteor und Haufen (dh deren gemeinsamer Schwerpunkt) ebenfalls genau an der Pendelbewegung aller Massen der Welt teilhat.

Freilich macht gerade der Umstand, daß die Weltmasse im ganzen diese Pendelbewegungen aufweist, den Widerspruch gegen das Gesetz der Impulserhaltung merkwürdig leer, indem Impulse des Gesamtweltalls Impulse gegen das Nichts wären — und damit selbst nichtig wären — keiner Ursache bedürftig. Sogar diese Argumentation mit dem nichtfaßbaren Nichts als Gegenüber zum Weltall, ist selbst unheimlich leer und nichtig; nicht widerlegbar; aber für das greifbar Seiende auch nicht befriedigend; eigentlich gar nicht annehmbar.

Ist damit der Meteor überhaupt noch ein möglicher Bezugspunkt; ist der Aspekt des Meteorbezugs damit noch ein möglicher, sinnvoller Aspekt? Letztlich ist dies eine freie Ermessensfrage an den Grenzen der Physik. Wenn man aber nicht allzu weit in den Bereich des Sinnlos-Möglichen abirren möchte, ist der Meteorbezug nur noch als «Umkehraspekt» sinnvoll; dh zwar im Bezug auf den Meteor, aber doch im Bewußtsein von der im anderen Aspekt (in gleichsam wieder Rückumkehrung des Umkehraspektes) befriedigend und beinahe selbstverständlich gegebenen Ursache.

Kann man sich der Notwendigkeit des Umkehraspektes verschließen; einer Notwendigkeit, welche einfach schon durch die Mächtigkeit diktiert wird? Wäre es nicht unsinnig, etwa die Tatsache prinzipiell ignorieren zu wollen, daß bei diesem Pendelvorgang der Meteor sich in Wechselwirkung mit der etwa 10^{30}-fachen Masse des Haufens befindet? Wäre es nicht unsinnig, dies zu ignorieren, selbst wenn der Meteorbezug im Eigenaspekt keine Verstöße gegen die elementarsten Gesetzlichkeiten ergäbe?

Ist aber dieser Umkehraspekt, der bei Bezug auf den Meteor notwendig ist, um nicht von vorneherein die Bezugnahme auf den Meteor leer werden zu lassen, nicht letztlich nur eine schönklingende Bankrotterklärung des Relativitätsprinzips? Oder entspricht ein derartiger Umkehraspekt gerade dem Wesen der Relativitätsphysik? Schon diese Frage ist verkehrt herum gestellt, gleichsam selbst ein Umkehraspekt. Man sollte eigentlich fragen: Welchen Wesens ist die Relativitätsphysik und die physikalische Relativität selbst, daß sie in derartigen allgemeinrelativistischen Bezügen keinen selbstgenügenden Aspekt aufzubringen vermag, sondern den Umkehraspekt nötig hat?

Ist mit der Notwendigkeit des Umkehraspektes vielleicht überhaupt ein Bruch der allgemein-relativistischen Vorgänge mit den speziell-relativistischen vor sich gegangen?

In der speziell-relativistischen Physik war jeder Aspekt zu jedem anderen der Umkehraspekt. Die Gleichartigkeit der Transformationsschemen, in welcher jedes Schema das dazugehörige andere jeweils umkehrte, machte dies unmittelbar deutlich. Mit der Notwendigkeit des Umkehraspektes im Allgemein-relativistischen ergibt sich somit kein Bruch innerhalb der relativistischen Physik; wohl aber wird im Allgemein-relativistischen zur Notwendigkeit, was im Speziell-relativistischen zwar vorhanden, aber nur noch nicht als Notwendigkeit in Erscheinung getreten war; vielleicht von extremen Gesichtspunkten abgesehen.

Aber mit dem Auftreten der Notwendigkeit des Umkehraspektes ist nun in der allgemein-relativistischen Physik etwas unabweisbar geworden, was in der speziell-relativistischen Physik nur noch nicht als Zwang erschienen war: eine prinzipielle Verschiedenrangigkeit der Bezugspunkte; ein Rangunterschied, der letztlich im Unterschied der Mächtigkeiten unabweisbar begründet liegt.

Wenn in der Frage nach der Ursache und nach dem Impuls der Meteorbezug einen schattenhaft leerwerdenden Aspekt zeigt (in welchem aber auch die Widersprüche gegen die Impulserhaltung leer werden), wenn der Meteorbezug erst als Umkehraspekt greifbare Realität erhält, so könnte vielleicht mit anderen Fragen eine Entscheidung gegen ihn gefunden werden: etwa in der Frage nach den Energien, nach der Energieerhaltung während der Pendelperiode. Die Frage nach der Energie ist sicher wichtig, indem Raum, Zeit, Energie die grundlegende Dreiheit des physikalischen Seins darstellt.

Um diese Frage nach den Energien klären zu können, ist jedoch erst die Frage nach den im Meteorbezug auftretenden Schwerefeldern und Potentialen zu beantworten.

Bezug- und Aspektvertauschung

Vielfach wird behauptet, im «Meteorsystem» gäbe es keine Schwerefelder. Bei all dieser Problematik geht es nicht so sehr um das eigene Schwerefeld der Meteormasse m, die bei tonnenschwerem (oder gar noch kleinerem) Meteor gänzlich bedeutungslos bleibt. Es geht vor allem um das Feld des Haufens in Bezug auf den Meteor. Wie der Umkehraspekt zeigt, ist die Beschleunigung des Meteors genau derart, daß wirklich am Meteorschwerpunkt keinerlei Kräfte verbleiben (Aufhebung der einander äquivalenten Trägheits- und Schwerewirkung im freien Fall). Dies gilt aber nur unmittelbar für den Meteorschwerpunkt; also den Bezugspunkt selbst. Dies gilt aber nicht (auch nicht annähernd) für das räumlich und zeitlich weit ausgedehnte «Meteorsystem»; dh für denjenigen Raum und diejenige Zeit, in denen die Vorgänge ermessen werden, wenn eben der Meteor als Bezugspunkt gewählt wird.

In diesem Meteorsystem besteht ein Schwerefeld, das daher rührt, daß sich in einem zum Meteor ruhenden Umraum die Trägheits- und Schwerkräfte nicht mehr voll gegeneinander aufheben, sondern um so stärkere Differenzkräfte verbleiben, je größer die Entfernung vom Meteorschwerpunkt ist. Somit tritt im Meteorsystem ein vom Meteorschwerpunkt (Bezugspunkt) nach vorne (gegen den Haufen) wie auch nach hinten weggerichtetes (negatives) Schwerefeld in Erscheinung, dessen Stärke mit wachsender Entfernung vom Bezugspunkt (Meteor-

Schwerpunkt) zunimmt und in entsprechender Richtung und Entfernung bis zur Mächtigkeit des Haufenfeldes anwächst. Dieses Feld ist zB auch die Ursache der Gezeiten auf der Erde, die dementsprechend doppel-periodisch (12 stündig) mit der Erdrotation (24 stündig) wirksam ist.

Daß dieses Feld im Meteorsystem tatsächlich besteht und welcher Gestalt dieses ist, wird aus der Betrachtung zweier besonderer Punkte anschaulich: Im Umkehrpunkt (wo der Haufen umkehrt) unterscheidet sich das Meteorsystem nur noch beliebig wenig von einem System im flachen Weltraum, gegenüber welchem der Haufen immerfort in Ruhe verbleibt; in diesem ist aber das den Haufen radial umgebende Haufenfeld real gegeben. Damit ist auch dieses Haufenfeld im Meteorsystem als gegeben zu betrachten. Im Durchgangspunkt (wenn der Haufenschwerpunkt über den Meteor hinweggeht) fallen Haufen- und Meteormittelpunkt derart zusammen, daß — von der Bewegung abgesehen — das Meteorsystemfeld dem Haufenfeld überhaupt gleich wird.

Keine «allgemeinrelativistische Geometrisierung der Gravitation» (die ebenfalls nur eine Beschreibung von Realgegebenheiten sein will und kann) und keine sonstige physikalische Überlegung kann dieses Schwerefeld verschwinden lassen. Diesem Schwerefeld im Meteorsystem (eine besondere Erscheinungsform des Haufenfeldes) besitzt im Meteorbezug ein entsprechend großes Gravitationspotential mit mächtigen Potentialenergien. Diese sind für die Frage nach den Energien des Pendelvorganges, im Falle des Meteors als Bezugspunkt, entscheidend mitbestimmend.

Zuerst seien die Energieverhältnisse für einen (verglichen zur Pendelamplitude) sehr weit entfernten Stern betrachtet, welcher relativ zum Haufen ruht. Der Einfachheit wegen habe dieser Stern keine Masse von merklichem Eigenfeld und Eigenpotential und nehme nicht an den Wechselwirkungen von Meteor und Haufen teil; wegen der großen Entfernung keine Kraftwirkungen mehr. (Gleiches würde aber an sich auch für ganze Galaxien mit beliebig starken Feldern und für alle übrigen Massen des Weltalls gelten): Dieser Stern macht in Bezug auf den Meteor gleiche Pendelbewegungen wie der Haufen; allerdings um einen weit entfernten Mittelpunkt der Pendelschwingung.

An jedem der beiden Umkehrpunkte ruht dieser Stern relativ zum Meteor auf gleichem Potential wie der Meteor, so daß dem Stern naturgemäß Ruhemasse zukommt. Dagegen im Mittelpunkt der Pendelschwingung (dann, wenn der Haufenschwerpunkt über den Meteor hinweggeht), besitzt der Stern maximale Geschwindigkeit und befindet sich hierbei auf höherem Potential relativ zum Meteor, indem der Stern sich nun außerhalb des als Meteorsystemfeld in Erscheinung tretenden Haufenfeldes befindet.

Masse und Energie des Sternes ist damit in Bezug auf den Meteor, solange der Haufen weit vom Meteor entfernt ist, nicht vergrößert. Im relativistischen Aspekt ändert sich dies aber, sobald der Haufen mit großer Geschwindigkeit in die Nähe des (ruhenden) Meteors gelangt und sich schließlich mit seinem Schwerpunkt über den Meteor hinwegbewegt:

Relativistisch-essentiell tritt damit in Bezug auf den Meteor im Durchgangsmoment eine quadratische Vergrößerung ($1/\varkappa^2$) der Sternmasse und damit der Sternenergie in Erscheinung; zum ersten ($1/\varkappa$) infolge der speziell-relativistischen Geschwindigkeit des Sternes gegen den (ruhenden) Meteor; zum zweiten ($1/\varkappa$) infolge dessen, daß der Stern nun außerhalb des Haufenfeldes höher im Potential als der Meteor steht, was ebenfalls eine relativistische Massenvergrößerung zur Folge hat. Diese relativistische Massen- und Energievergrößerung des Sterns gegenüber dem Meteor bei Haufennähe gegenüber Haufenferne bedeutet, daß der Stern (und mit ihm alle weiteren Massen des Weltalls) entgegen dem Energiegesetz periodisch (mit der Pendelbewegung) seine Energie erhöht und erniedrigt; ohne daß der positive bzw negative Energiezuwachs irgendwo herkäme oder hinginge.

Im ursprünglichen Aspekt (den Haufen und Stern als an sich ruhend betrachtet; dh bezogen auf den Haufen) würde freilich diese Problematik wieder verschwinden; es ist aber gerade für das Wesen der Relativitätsphysik von Bedeutung, ob nicht auch mit dem unumgekehrten Bezug auf den Meteor das Energiegesetz erfüllt sein würde. Sonst wäre überhaupt der Meteorschwerpunkt als Bezugssystem irreal und das allgemeine Relativitätsprinzip unsinnig.

Interessanterweise ist der Energiesatz aber tatsächlich erfüllt, wenn man bei Meteorbezugnahme den essentiellen mit dem existentiellen Aspekt vertauscht. Denn existentiell ist im Schwingungsmittelpunkt die Sternmasse durch ihr Höherstehen im Potential im gleichen Maß verkleinert ($\varkappa$), wie sie durch ihre Bewegung vergrößert ($1/\varkappa$) ist. Existentiell bleibt somit die Sternmasse und damit die totale Sternenergie in allen Phasen der Pendelbewegung in Bezug auf den Meteor konstant. So betrachtet wäre also der Meteorschwerpunkt tatsächlich bezugsfähiger Standpunkt gegenüber dem fernen Stern und allen Massen; jedoch unter Vertauschung des essentiellen mit dem existentiellen Aspekt.

Wie sind die Energieverhältnisse mit dem Haufen selbst in Bezug auf den Meteor? Sie unterscheiden sich gegenüber den Verhältnissen beim fernen Stern durch Hinzukommen jenes Schwerefeldes und jenes Gravitationspotentials, aufgrund dessen eben die Pendelbewegung erfolgt:
Bei der Hinwegbewegung des Haufenschwerpunktes (und dessen näherer Umgebung) über den Meteor, besitzt der Haufen gleiches Potential wie der Meteor und es liegen zwischen ihnen keine Schwerefelder. Der Haufen ist damit rein speziell-relativistisch bewegt; die Haufenmasse M dementsprechend mit $1/\varkappa$ gegenüber der Ruhemasse M_0 (die der Haufen hätte, wenn er beim Meteor ruhen würde) vergrößert; gemäß $M = M_0/\varkappa$.
Dagegen am Umkehrpunkt ist der Haufen relativ zum Meteor in Ruhe, so daß sich keine speziell-relativistische Massenvergrößerung ergibt. Jedoch liegt nun der Haufen relativ zum Meteor tiefer im Potential; am Boden einer Potentialmulde, die sich aufgrund eines Schwerefeldes im Meteorsystem vom Meteor einseitig (auf den Haufen hin) ausdehnt.
Diese Tieferstellung des Haufens im Potential des Meteorsystems (im Umkehraspekt freilich seines eigenen!) bewirkt zwar im relativistisch-essentiellen Aspekt eine Massen- und Energieverkleinerung (damit eine Verletzung der Energieerhaltung während der Pendelperioden); im existentiellen Aspekt aber ebenfalls eine Massen- und Energievergrößerung $(1/\varkappa)$. Mit den existentiellen Größen ist somit auch die Haufenenergie und -masse in Bezug auf den Meteor während der gesamten Periode unverändert gleich; dh das Energiegesetz immer erfüllt.

Während also mit dem Haufenschwerpunkt als Bezugspunkt alle Ursachen des Vorganges sich schwierigkeitslos in Übereinstimmung mit allen Naturgesetzlichkeiten darstellen, ist der umgekehrte Bezug auf den Meteor nur mit Vertauschung des essentiellen Aspektes durch den existentiellen in Einklang mit dem Energiegesetz möglich.
Es ist zwar damit noch nicht bewiesen, daß generell der Meteor ebenso als Bezugssystem wählbar ist wie der Haufen (andere, nur noch nicht angestellte Gesichtspunkte könnten dies eventuell doch noch ausschließen!). Aber all dies deutet doch auf die generelle Vertauschbarkeit des allgemein-relativistischen Bezugspunktes hin, wenn eben zu-

gleich auch der essentielle mit dem existentiellen Aspekt vertauscht wird (sonst sicher nicht). Wäre allerdings diese Bezugspunkt-Vertauschbarkeit nicht gegeben, so könnte es überhaupt keine allgemeine Relativitätsphysik geben; wenigstens nicht ohne sinnlos verengte Aspekte und Ignorierung der Grundgesetzlichkeiten der Physik.

Bemerkenswert ist hierzu noch, daß sich diese Vertauschung des essentiellen und existentiellen Aspektes damit verbindet, daß Massen- und Potentialenergie einmal in der Differenz, andermal in der Summe erscheinen. Tatsächlich betrachtet der essentielle Aspekt gleichsam die Masse in ihrem Erscheinen nach außen, also in Verminderung um die negative Potentialenergie ihres Feldes (Haben minus Soll); der existentielle Aspekt aber das Sein in sich als Gegenüber der Existenz zur negativen Potentialenergie (Haben plus Soll). In analoger Weise kennt der mathematische Apparat der Physik auch Operationen, in denen die potentielle und kinetische Energie in der Differenz (Lagrange-Funktion) bzw in der Summe (Hamilton-Funktion) auftreten.

Bemerkenswert ist auch die Verwandtschaft des allgemein-relativistischen zum speziell-relativistischen Bezug und die Art, wie sich die spezielle in die allgemeine Relativitätsphysik fortsetzt:

Speziell-relativistisch ist jeder Bezug der Umkehraspekt vom anderen, wobei wegen des noch Fehlens der realen Schwerefelder noch kein Unterschied zwischen essentiellem und existentiellem Aspekt auftritt (gleiche Größen). Nachdem auch noch keine Mächtigkeiten erscheinen, gibt es auch noch keine Rangunterschiede; was freilich nicht ausschließt, daß solche latent (verborgen) doch gegeben sind und unter besonderen Gesichtspunkten hervortreten. Somit erscheint kein Gegensatz des speziellen zum allgemeinen Bereich.

Speziell-relativistisch ist die Masse und Frequenz des Körpers eines Systems in Bezug auf ein anderes System ebenso vergrößert, wie umgekehrt die Masse und Frequenz eines Körpers des anderen Systems in Bezug auf das eine System. Das Wirksamwerden einer Verstreichung längs einer Strecke mit Bezug im einen System bringt dennoch die Eindeutigkeit der Zeitverhältnisse im «Uhrenparadoxon» (welches damit sozusagen entparadoxiert wird): Die Einsteindilatation bedeutet eben keine Frequenz- und Massenverkleinerung; vielmehr wird die Einsteindilatation durch die Verstreichung auf die eigentliche Zeitkontraktion mit ihrer Frequenz- und Massenvergrößerung zurückgeführt. Und auch dies ergibt sich ganz analog im allgemein-relativistischen Bezug:

Die Meteormasse und -frequenz ist in Bezug auf den Haufen ebenso vergrößert, wie die Haufenmasse und -frequenz in Bezug auf den Meteor; und zwar speziell-relativistisch im Zusammenfallen der beiden Schwerpunkte im Durchlaufen, wo kein Potential dazwischen liegt; als auch allgemein-relativistisch im Abstand der beiden Schwerpunkte in der Kulmination, wo ein Potential dazwischen liegt. Jedoch ist dieses Potential bei verschiedenem Bezug verschieden geartet: Im Bezug auf den Haufen als Eigenfeld (Haufenfeld im Haufensystem selbst); im Bezug auf den Meteor als Fremdfeld (Haufenfeld im Meteorsystem auftretend). Die in der Eigenfeldkomponente essentiell verkleinert erscheinende Frequenz und Masse wird, durch die Verstreichung längs des Potentials, in der Fremdfeldkomponente auf die existentiell vergrößerte Frequenz und Masse zurückgeführt.

In erfreulicher Klarheit entspricht somit der allgemein-relativistische Bezug dem speziell-relativistischen: An Stelle der Einsteindilatation tritt das essentielle Erscheinen der verkleinerten Frequenz und Masse; an Stelle der Geschwindigkeit tritt das Potentialgefälle, mit jeweils der Verstreichung längs der gegebenen Strecken. Der Übergang von der speziellen zur allgemeinen Relativitätsphysik ergibt sich damit in wundervoller Konsequenz, wobei in natürlicher Zwanglosigkeit der Aspekt der Mächtigkeit zur Geltung kommt. Das Wesen des Relativitätsprinzips und des Seins im relativistischen Aspekt wird durch die Grenzen des Relativitätsprinzips noch klarer:

System-Theorem und Gravitation

Die allgemein-relativistische Wählbarkeit der Bezugspunkte ist bisher nur für den jeweiligen Schwerpunkt, einerseits des Haufens, andererseits des Meteors, aufgezeigt worden. Könnte man vielleicht auch irgend einen anderen Punkt dieses Haufensystems (etwa irgendwo am Haufenrand festgehalten) oder dieses Meteorsystems (etwa irgendwo auf der Oberfläche eines großvolumigen Meteors festsitzend) als Bezugspunkt wählen?

Offenbar ist dies nicht der Fall, denn alle anderen Punkte außer dem Schwerpunkt sind mehr oder minder zwangsgeführt. Es ist deshalb die Frage zu stellen, ob und durch was sich der Schwerpunkt des Haufens bzw des Meteors vor der allgemeinen Punktmannigfaltigkeit auszeichnet.

Der Schwerpunkt jeder freien Masse (etwa des Meteors oder des Haufens; aber auch weitgehend gemeinsame Schwerpunkte verschiedener Massen) ist dadurch ausgezeichnet, daß er während aller Momente eine Nullstelle des Schwerefeldes besitzt; sowohl eine Nullstelle seines Eigenfeldes, das durch seine eigene Masse hervorgerufen ist und das er mit sich führt; als auch eine Nullstelle seines Fremdfeldes, das von der Summe aller übrigen Massen des Weltalls hervorgerufen ist und in welchem er frei fällt.

Bei freien Massen ist ein Verschwinden des Eigenfeldes zugleich ein Verschwinden des Fremdfeldes — und umgekehrt; eine Null-Identität letztlich aufgrund eben der Trägheit-Schwere-Äquivalenz, welche in dieser Weise implizit das allgemein-relativistische Geschehen bestimmt, ohne explizit noch hervorzutreten.

Die Energieumsätze aufgrund des Eigenfeldanteils gehorchen hierbei im essentiellen Aspekt, die Energieumsätze aufgrund des Fremdfeldanteils im existentiellen Aspekt dem Energiegesetz. Offenbar begründet diese Nullstellenhaftigkeit die allgemeine Standpunktfähigkeit, dh die allgemein-relativistische Bezugsfähigkeit. Dies drückt sich in einem Theorem aus:

Notwendig und hinreichend für die Wählbarkeit als Bezugspunkt ist das dauernde Verschwinden des Eigen- wie des Fremdschwerefeldes.

Nach diesem Theorem ist jeder Punkt des gesamten Raum-Zeitkontinuums eines jeden speziell-relativistischen Systems als Bezugspunkt wählbar; dh standpunktfähig. Speziell-relativistisch sind damit unbegrenzt ausgedehnte «Bezugssysteme» gegeben; als Besonderheit eben des speziell-relativistischen Bereichs.

Nach diesem Theorem ist jedoch bei Vorhandensein schwerer Massen in einem allgemein-relativistischen System nur noch der Schwerpunkt einer freien Masse als Bezugspunkt wählbar. Allgemein-relativistisch verengt sich damit die Bezugsfähigkeit auf jeweils einzelne «Bezugspunkte»; dh auf «Standpunkte». Jeder Bezugspunkt hat damit — je nach seiner Mächtigkeit — seine besondere Eigen- und Fremdfeldkomponente.

Nach diesem Theorem könnten — vielleicht mit Einschränkungen — auch gemeinsame Schwerpunkte beliebig betrachtbarer, freier Massen derart bezugsfähige Standpunkte darstellen, womit sich freilich eine übersehbar große Punktmannigfaltigkeit ergibt. Unser Haufenschwerpunkt war ja selbst schon so ein gemeinsamer Schwerpunkt aller seiner sich frei bewegenden Sterne; von denen jeder sich — wie der Meteor — gegenüber jedem anderen Stern und allen Sternen des Haufens gemeinsam bewegt. Es ergeben sich damit — je nach der freien

Auswahl der gemeinsam betrachteten Massen — verschiedene Bezugspunkte mit jeweils anderen Eigen- und Fremdfeldkomponenten in ihrem «System».

Nach diesem Theorem sind aber zwangsgeführte Punkte überhaupt nicht einem ausgedehnten raum-zeit-einheitlichen Bezugssystem zugehörig oder zuordenbar; sie sind überhaupt nicht bezugsfähig. Die Zwangsführung wird grundsätzlich nur als Geschwindigkeitsänderung speziell-relativistisch wirksam. Zwangsgeführte Punkte sind damit nur noch unter unsinnig verengten Aspekten standpunktfähig; vor allem unter Ignorierung der Energie- und Impulserhaltungssätze. Kurz ausgedrückt: sie sind eben nicht mehr als reale «Bezugspunkte» wählbar. Das reflektierte Atom oder getriebene Raumschiff, erst recht das Holzpferd eines Karussells oder der Kopf eines Betrunkenen sind damit keine wählbaren Bezugspunkte.

Bei frei rotierenden Massen wäre freilich der Drehpunkt insofern und nur insofern als Bezugspunkt wählbar, als er zugleich den Schwerpunkt des Gegenstandes darstellt; während die übrigen Punkte des rotierenden Gegenstandes nach diesem Theorem ohnehin nicht als Bezugspunkt wählbar wären. Diese Wählbarkeit des Drehpunktes (der auch nur als Schwer-, nicht als Drehpunkt wählbar ist) bedeutet jedoch nicht, daß er als Punkt eines Systems mit mitrotierender Raumstruktur wählbar wäre; also mit einem Raum, der gleichsam an den Gegenstandsteilen festhängt (statt am Gesamtkosmos orientiert zu sein) und in welchem somit die Massen des ganzen Kosmos umlaufen würden.

Die inneren Gründe für dieses Theorem — insbesondere, warum zwangsbewegte Punkte nicht bezugsfähig sein können —, werden im existentiellen Aspekt der Gravitation unmittelbar einsichtig: In den Wirkungsquanten aller Massen des Weltalls, in den Raumelementen aller Nukleonen des Kosmos strukturiert sich Raum und Zeit. Demgegenüber bleiben vereinzelt beschleunigte oder rotierende Gegenstände bedeutungslos.

Im Rahmen einer relativistischen Kompensation der realen Schwerkräfte durch die Trägheitskräfte der im allgemeinen Feld freifallenden Massen (Trägheits-Schwere-Äquivalenz), werden zwar freie Massenschwerpunkte als Feldnullstellen doch noch bezugsfähig; aber damit nicht auch zwangsgeführte Punkte mit unkompensierten Kräften. Es ist eben ein unüberbrückbarer Unterschied zwischen jenen fiktiven «Schwerefeldern», welche in einer überspannten Strapazierung des

Relativitätsgedankens den erzwungenen Geschwindigkeitsänderungen — etwa beim umkehrenden Raumschiff oder beim rotierenden Karussell — zugeschrieben werden, und realen Schwerefeldern.

Den fiktiven Feldern kommen überhaupt keine Wirkungsquanten zu und die Vorgänge bleiben, was sie sind: Geschwindigkeitsänderungen. Aber den realen Schwerefeldern kommen eben Wirkungsquantenverteilungen in Raum und Zeit zu, welche eben diese Felder da-sein lassen. Hierbei ist nochmals ein Unterschied zwischen einem Eigenfeld und einem Fremdfeld; eine Unterscheidung, die sich in der allgemein-relativistischen Bezugnahme ergibt:

Das Eigenfeld (etwa das Haufenfeld im Haufensystem selbst) ist die Wirkungsquantendichte selbst. Das Fremdfeld (etwa das Haufenfeld im Meteorsystem, dh jenes in das System des Bezugspunktes indirekt durch die anderen Massen eingebrachte Feld) wirkt aber durch den Wirkungsquantenzuwachs, welchen die Nukleonen (des Meteors) aus eben jener von allen anderen Massen des Weltalls bereitgestellten Wirkungsquantendichte erfahren. Schwerkraft ergibt sich immer durch Masse im Feld. Im Eigenfeldanteil wirkt die andere Masse in jenem, dem Bezugssystem selbst eigenen Feld; im Fremdfeldanteil wirkt aber die dem Bezugssystem selbst eigene Masse im Feld aller anderen Massen. Naturgemäß ist es nicht belanglos, durch wessen Massen und wessen Feld die wirksam werdende Schwerkraft zustande kommt. Und in dem Unterschied der Massen- und Feldzugehörigkeit gründet die erforderliche Aspektvertauschung hinsichtlich der Energietönungen in den beiden Schwerkraftanteilen:

Die Unterschiede mit den verschiedenen Bezugspunkten (Haufen bzw Meteor) ergeben sich aus dem raum-zeitlich verschiedenartigen Erscheinen dieser realen Wirkungsquantenvorgänge. Warum die Energietönungen im Eigenfeld essentiell bestimmt sind, hat seinen Grund darin, daß im Eigenfeld eines Bezugssystems jede andere Masse nach ihrem individuellen So-sein relativ zum Bezugspunkt anders in Erscheinung tritt. Dagegen das Fremdfeld des Bezugspunktes ist durch das kollektive Da-sein aller Massen des Weltalls gegeben. Das Gegenüber von Eigen- und Fremdfeld ist gleichsam die Komplementarität von Individuum und Kollektiv in der Physik.

Die Wirkungen treten damit grundsätzlich immer zugleich in den beiden Komponenten des Eigen- und Fremdfeldes auf; gleich welcher mögliche Bezugspunkt gewählt ist. Nur tritt — beinahe selbstverständlich — die Eigenfeldkomponente in dem Maße zurück, als sich die Mächtigkeit des Bezugssystems vermindert. Etwa im Bezug des Meteors auf den Haufen ist die vom Haufen selbst gegebene Eigenfeldkomponente rund 10^{30}-fach mächtiger als die vom Meteor beigetragene Haufen-Fremdfeldkomponente; umgekehrt im Bezug des Haufens auf den Meteor ist die vom Haufen gegebene Meteor-Fremdfeldkomponente 10^{30}-fach mächtiger als die vom Meteor selbst gestellte Eigenfeldkomponente. Mit dem Kugelhaufen ergibt sich wiederum das analog ähnliche Verhältnis zu der 10^5-fach mächtigeren Galaxie, welche der Haufen (zusammen mit dem Meteor) durchpendelt. Über diese Komponentenaufspaltung erlangt somit die Mächtigkeit ihren naturgemäßen Einfluß in der Relativitätsphysik.

Die allgemein-relativistische Physik ist somit kein Bruch mit der speziell-relativistischen, sondern deren konsequente Erweiterung; deren Ausdehnung auf allgemeinere Arten von Systemen. Die Strukturierung von Raum und Zeit, welche bereits ein wesentliches Ergebnis der speziell-relativistischen Physik war, wird in der allgemein-relativistischen Physik zu gleichsam greifbarer Realität: in einer Relativierung der Zeit-, Raum- und Energiegrößen längs der Schwerefelder, in den verschiedenen Gravitationspotentialen relativ zueinander.

Die in der Nähe schwerer Massen sich verändernde Raum-Zeit-Metrik bedeutet, daß die euklidische Geometrie nicht mehr gültig ist, sondern Geometrien gegeben sind, wie sie ähnlich sonst auf krummen Linien, Ebenen und Räumen in Erscheinung treten. Man spricht deshalb von Raum-Zeit-Krümmungen im Bereich schwerer Massen.

Alle freien Fallbewegungen — etwa die Pendelschwingung des Meteors im Haufen, aber auch alle Kometen- und Planetenbewegungen im Bereich von Sternen, ebenso die Sternbewegungen in Sternhaufen — verlaufen auf Extremalbahnen in diesem gekrümmten Raum-Zeit-Kontinuum (rein räumlich sind etwa Planetenbahnen, wie die der Erde um die Sonne, keine Minimalwege; nur zusammen mit der Zeit erscheinen in derartigen freien Fallbewegungen Minimalbeträge; gleichsam in einem Verhalten mit kleinstmöglichem Aufwand durch die Natur). Naturgemäß können nur zwangsfreie Vorgänge, die eben laufen können, wie es ihnen «am nächsten» liegt, diese Minimalwege einschlagen. Zwangsfreiheit und Minimalbewegung sind geradezu identisch.

In einem allgemein-relativistischen Überschwang spricht man deshalb oft von einer «Geometrisierung der Gravitation» und von einer «Erklärung der Gravitation durch Raum-Zeit-Krümmung»; man spricht sogar davon, daß die Massen selbst als Raum-Zeit-Krümmungen existieren und Singularitäten im gekrümmten Raum-Zeit-Kontinuum darstellten. Zwar sind diese Formulierungen nicht falsch, aber doch einem sehr vereinseitigten und verengten Aspekt zugehörig. Die Erwartung, daß jeder Art von Beschleunigungskräften — auch den durch Stoß oder Rotation erzwungenen — ein den realen Schwerefeldern von Massen gleichzusetzendes Schwerefeld (Gravitationsfeld) zugeordnet werden könne, war der Vater dieser Formulierungen.

Wenn Beschleunigungen (ungeachtet ihrer Art) als Raum-Zeit-Erscheinungen tatsächlich ein-eindeutig — nur mit Wechsel des Bezugssystems — Schwerefelder bedeutet hätten, könnte man auch wirklich von einer Geometrisierung der Gravitation sprechen; dh umgekehrt die Gravitation als durch derartige Geometrisierung erklärt betrachten. Aber rein raum-zeitlichen Charakter (ohne Dasein realer Massen) haben wesensgemäß nur jene erzwungenen Beschleunigungen, deren Effekte nicht nur ohne Postulierung von Schwerefeldern schon rein mit speziell-relativistischen Verstreichungen erklärbar sind, sondern einer derartigen Postulierung nicht einmal mehr Platz gaben.

Andererseits ergab sich mit dem Auftreten von realen Schwerefeldern großer Massen (Kugelhaufen) nicht nur die Einengung von Bezugssystemen auf nur noch Bezugsstandpunkte, sondern auch da noch ein wesenhafter Rangunterschied in der Wahl verschiedener Bezugsstandpunkte (etwa des Haufens oder Meteors). Die Wahl des Haufens als Bezugspunkt ergab unmittelbar ein diesem zugehöriges, reales Schwerefeld als Eigenfeld. Aber auch die Wahl des Meteors als Bezugspunkt vermochte nicht, das reale Schwerefeld in rein raumzeitlichen Beschleunigungsvorgängen erscheinen zu lassen. Vielmehr ließ auch dieser Meteorbezug wiederum ein reales Schwerefeld, nur in anderer raumzeitlicher Gestalt, als Fremdfeld auftreten; ein reales Schwerefeld, das lediglich am Bezugspunkt (Meteorschwerpunkt) eine Nullstelle aufzeigte.

All dies bedeutet damit nicht nur keine Erklärung der Gravitation durch Geometrisierung, sondern zeigt gerade im Gegenteil, daß das Schwerefeld und Gravitationspotential mehr ist als eine Geometrisierung.

Das Durchschauen des Wesens und der Grenzen der Relativitätsphysik und der Relativität selbst führt damit wieder auf eine sehr viel konservativere Sicht und wieder auf eine beinahe trivial erscheinende Natürlichkeit zurück: In der Erfassung der Geometrie des gekrümmten Raum-Zeit-Kontinuums im Bereich einer schweren Masse erfaßt die

Relativitätsphysik — ohne deren Wesen und Dasein erklären zu können und zu wollen — die Größenverhältnisse und Erscheinungen in einem der Masse als wesenhaft verbleibenden eigenen Gravitationsfeld.

Die Relativitätsphysik vervollkommnet somit bis zu ihrer größten Entfaltung das, was sie von Anfang an grundlegend war: eine Physik der Größenverhältnisse und Erscheinungen, eine Physik des Soseins, eben eine Essentialphysik; als solche von Großartigkeit mit unerschöpflicher Fruchtbarkeit für alle Wissenschaften; aber mit all dem doch nicht mehr als eben Essentialphysik.

Und was will man auch mehr erwarten als eine Vollendung eines jeden in seiner Art: das weibliche Kind ist während seiner Entwicklung bis zur vollen Reife eben weiblich geblieben, aber nun eine vollendete Frau geworden.

Aus dieser in ihrer Art vollkommen gewordenen Relativitätsphysik ergeben sich tiefgehende Konsequenzen und weitreichende Ausblicke in das gesamte Sein. Der ganze lange und beschwerliche Weg durch die Niederungen der Physik ist nur der notwendige, aber lohnende Anmarsch an erhabene Höhen von ungeahnter Großartigkeit.

Beobachter und Seinsgestalt

Relativitätsphysik ist Physik der Aspekte; in verschiedenen Dimensionen sich erstreckender Aspekte.

Eine dieser Aspektdimensionen ist die Wahl des Bezugssystems. «Man» ist frei, das «Bezugssystem», den Bezugspunkt, den «Standpunkt» zu wählen. Und mit Änderung des Standpunktes ändert sich die Erscheinungswelt. Also ein Relativismus, ein Subjektivismus, ein auf den «Beobachter» hinorientiertes Sein!

In solcher Formulierung wird jedoch leicht ein Mißverständnis wachgerufen. Die Relativitätsphysik selbst zeigt ja ganz klar, was sie ist und bedeutet; wenn sie nur auch ganz konsequent zu Ende geführt wird: Auf den Beobachter hinorientiertes Sein; richtiger «So-sein»; Sein nicht im existentiellen, sondern im essentiellen Aspekt.

Also doch «nur Erscheinung», nicht wirkliches Dasein! Auch diese Formulierung wird der Mächtigkeit des Essentiellen nicht gerecht: Das Dasein ist da im Sosein; das Erscheinen ist wesenhafter Bestandteil des Seins überhaupt. Die Komplementarität von Existenz und Essenz wird überwältigend sichtbar.

Was ist denn der relativistische Beobachter überhaupt? Ein Mensch, der sieht und hört und denkt und subjektiv empfindet; sich selbst verhaftet; «nur» subjektiv sehend, nicht das wahrhaft objektiv-Seiende? Als relativistischer Beobachter kann freilich ein Mensch auftreten; aber auch etwas ganz anderes: der objektiven Welt selbst zugehörende Meßgeräte, Meterstäbe, Uhren, Waagen; aber auch unmittelbar die Atome, Gegenstände, Massen, Längen, Dauern der Welt; der Welt, die in eben diesen Dingen da-ist. Der relativistische Beobachter ist überhaupt nur ein Bild zur Beschreibung dessen, was die «Wahl des Bezugssystems, des Standpunktes» bedeutet. Diese Wahl ist aber auch nicht abhängig von subjektiver Entscheidung entscheidungsfreier Wesen, sondern besteht eben im So-dasein eines Gegenstandes, wie er eben da-ist.

Bei dieser Relationalität, dh Sein in Bezogenheit, bleibt nicht viel von einem Relativismus, der eine objektive Wirklichkeit bezweifelt, oder gar von einem Subjektivismus. Vielmehr wird eben eine objektive Wirklichkeit in der Relationalität und als Relationalität offenkundig. Und nirgends vermag sich dies so klar darzustellen als eben in den Fakten der Physik, der Relativitätsphysik.

Gerade die Relativitätsphysik zeigt darüber hinaus gleichsam auch die Relativität des Relationalen und läßt eine merkwürdige Komplementarität von Relativ und Absolut offenkundig werden; so, daß man ihr auch schon den Namen «Invariantenphysik», dh. Physik des Unveränderlichen gegeben hat.

Die Freiheit der Wahl des Standpunktes, oder (physikalischer ausgedrückt:) die Mannigfaltigkeit verschiedenartig möglichen Soseins eines Jeden in Hinsicht von sich auf die Welt, wie auch der Welt in Hinsicht auf sich, steht in einem Wechselspiel mit einem Bauplan mit unveränderlichen Größen und Beziehungen. Diese Unveränderlichkeiten treten in den relativistischen Transformationsschemen und in den diese beherrschenden Invarianten in Erscheinung.

Raum, Zeit und Energie, diese Grundgrößen der alles Sein tragenden Dreiheit des physikalischen Bereichs, sind relative Größen; sogar die Energie, wenngleich für die Bezugsfähigkeit eines Standpunktes die Erhaltung der Energie zu verlangen ist. Jedoch ist das Produkt aus Energie mal Zeit, dh die Wirkung eine relativistische Invariante. Dies unterstreicht die Bedeutung des Wirkungsquantums h als Grundgröße des Seins; bzw des wichtigen Produktes $c \cdot h$, das ein ebenfalls invariantes Produkt Energie mal Raumtiefe ist. Vor allem war die Inva-

rianzgeschwindigkeit c als eine die Transformationsschemen beherrschende Invariante erschienen; wenigstens speziell-relativistisch. Und
die Transformationsschemen ergaben unveränderlich gültige Beziehungen für Überführung der Raum-, Zeit- und Energiegrößen von
einem in ein anderes System.

Aber schon die «Invarianzgeschwindigkeit» war nur invariant in
Bezug auf die speziell-relativistische Physik. Allgemein-relativistisch,
ebenso wie existenzphysikalisch, ist auch diese Invarianzgeschwindigkeit eine systemabhängige Variable. Aber immer wieder tauchen
gleichsam dahinter stärkere Invarianten auf. Schon in der speziell-relativistischen Physik konnte die Invarianzgeschwindigkeit durch das
Produkt $v \cdot w$ von Bewegung und Verstreichung, dh durch eine übergeordnete Invariante ersetzt werden, welche — zumal als Viererpro-
dukt mit dem Invarianzwert 1 — ihre Invarianz auch für allgemeine
Systeme und mit beliebig gekrümmten Koordinaten beibehält.

Sind also die letzten Invarianten und die davon bestimmten allge-
meinsten Transformationen das Eigentliche, Wahre, Wirkliche? Dies
ist auch wieder eine Sache, wie man sich zu ihr stellt: Die Invarianten
und Transformationen sind allgemeine Bauplangrößen, Konstruktions-
pläne, Überführungsschemen — und betrachtet man die Welt eben
unter diesem Aspekt, so sind sie das Wesentliche, Eigentliche, Wirkliche.

Aber sie sind keine Räume, keine Zeiten, keine Energien, keine
Massen, keine Gegenstände, keine Ereignisse, kein Leben, kein
Fleisch und Blut — und betrachtet man die Welt unter diesem Aspekt,
so sind die Invarianten und Transformationen nur noch schemenhafte
Ordnungszeichen eines mythischen Konstruktionsbüros. Damit wird
die Relationalität mit ihrer Freiheit, Mannigfaltigkeit, Beweglichkeit,
Lebendigkeit wieder zum Wesentlichen, Eigentlichen, Wirklichen.
Sogar diese Aspektwahl selbst ist somit wieder von dieser Komplemen-
tarität von Bauplan und Freiheit gezeichnet.

Ist vielleicht das Spezielle relativ, das Allgemeine aber absolut? Damit
öffnet sich in der Relativitätsphysik noch eine andere, gleichsam senkrecht dazu stehende Aspektdimension: speziell und allgemein. Was ist
speziell und was ist allgemein? Ist die speziell-relativistische Physik
wirklich eine spezielle Relativitätsphysik und die allgemein-relativistische eine allgemeine? Wie berechtigt diese Frage ist, wurde bereits
allzu deutlich:

Die speziell-relativistische Physik betrachtete nur spezielle Systeme mit nur gleichförmiger, unbeschleunigter Bewegung ohne Beschleunigungskräfte und Schwerefelder. In dieser Hinsicht sind sie also sehr speziell. Dadurch ergeben sich aber Systeme mit unbegrenzt weitreichender Einheitlichkeit ihres Raumes und ihrer Zeit mit somit allgemeinstmöglicher Bezugsfähigkeit; in dieser Hinsicht sind sie also von unübertrefflich allgemeiner Natur.

Die allgemein-relativistische Physik verallgemeinert die Systeme, indem sie auch beschleunigte Bewegungen mit Kräften und Feldern zuläßt und erreicht so vollständige Allgemeinheit. Aber eben dadurch verlieren die Systeme ihre Einheitlichkeit in Raum und Zeit und verlieren sogar ihre allgemeine Bezugssystemfähigkeit, so daß nur noch, auf besondere Punkte spezialisiert, die Bezugsfähigkeit gegeben ist.

Die Spezialisierung in einer Hinsicht verbindet sich mit der Verallgemeinerung in der dazu komplementären Hinsicht; die Verallgemeinerung im einen Aspekt mit der Spezialisierung im anderen Aspekt. Und dies kennzeichnet einen Wesenszug allen Seins, jeden Wesens, jeder Erkenntnis, der ganzen Schöpfung, indem jedem Sein ein bestimmtes Maß von Absonderheit (gleichsam Entrücktheit von der Homogenität) eigen ist, welche die Beweglichkeit der Strukturen und die Mannigfaltigkeit der Formen begründet.

Das Eine und Einzelne wird damit gegenüber dem Anderen und Vielen überhaupt existenzfähig und das Spezielle bekommt eigenständiges Dasein gegenüber dem Allgemeinen. Denn das Sein entfaltet sich in einer machtvollen Komplementarität zwischen dem Speziellen, Konkreten, Gestalteten, Engen, Faßbaren und dem Allgemeinen, Strukturlosen, Weiten, Ununterscheidbaren, Nichtgegensätzlichen: Eine ganz erstaunliche Komplementarität, die selbst ebenso nahe-greifbar wie gestaltlos-ferne scheint; ebenso eigenartig wie allumfassend.

Was ist das Eine gegenüber dem Allen; nur ein Teil des Allen? Mehr als ein Teil: spezielles, dh geartetes, strukturiertes Dasein als es selbst. Was ist das Alle gegenüber dem Einen; die Summe der vielen Einzelnen? Mehr als die Summe: die alles Sein tragende Mächtigkeit, die Ganzheit, ohne die es kein Einzelnes gäbe. Erstaunlich vertauschen sich die Aspekte des Essentiellen und Existentiellen mit dem Aspekt des Einen und dem des Allen; mit dem Aspekt des Individuellen oder Kollektiven; mit dem Aspekt der Teilhaftigkeit oder Ganzheitlichkeit.

Damit erscheint die Frage, was die Relativität und Relationalität in der Schöpfung bedeutet, von einer ganz anderen Seite: Ist nur ein einziges System als Bezugssystem möglich, ist nur ein Punkt als Bezugspunkt möglich; oder alle? In wundervoller Klarheit wird in der Relativitätsphysik eine übergeordnete Komplementarität zwischen den Komponenten relativ-absolut einerseits und speziell-allgemein andererseits offenkundig:

Nach einer Ordnung, nach einem Bauplan bestimmt sich die Bezugssystem- oder Bezugspunktfähigkeit, so daß nicht alle Standpunkte möglich sind: Der Bauplan begrenzt die Freiheit zu einer Freiheit in Ordnung. Aber die Zahl der Wahlmöglichkeiten ist unbegrenzt — und so ist die Freiheit doch unbegrenzt. Und aus dieser unbegrenzten Freiheit entsteht in der Wahl des Aspektes wiederum jene die Bezugsfähigkeit bestimmende Ordnung; zu einer Ordnung in Freiheit. Ohne diese Ordnung wird die Freiheit zu einer chaotisch-allgemeinen, ohne die Freiheit aber die Ordnung zu einer tyrannisch spezialisierenden Betrachtung und Gestaltung des Seins.

Aber wo sind die Grenzen; die Grenzen der Begrenzungsfähigkeit der Ordnung durch die Freiheit und der Freiheit durch die Ordnung? Wie könnte diese unheimliche Komplementarität von Bauplan und Wählbarkeit, von Ordnung und Freiheit, von Begrenzung und Unbegrenzbarkeit eben diese Frage nach den Grenzen beantworten lassen?

Möglichkeit und Mächtigkeit

Das Relativitätsprinzip ist keine «Gleichberechtigung aller Systeme». Es enthält noch in sich zwei Dinge: die Wahl und die Möglichkeit. Das Relativitätsprinzip lautet: «Jedes mögliche System ist — wie jedes andere mögliche System — berechtigt, als das vorberechtigte System des Bezugspunktes, des Standpunktes erwählt zu werden.»

Jedes Seiende, jedes Geschaffen-Seiende ist immer nur als eben dieses Eine, das es ist — und so gibt es für ein Jedes nur immer die eine, in seinem Sosein selbst begründete Wahl. Zwar können freie Wesen, sich zwischen verschiedenen Möglichkeiten entscheidend, eine freie Wahl treffen. Aber auch sie vermögen immer nur eine einzige Wahl konkret zu vollziehen. Und auch diese Wahl ist nur eine Wahl innerhalb des Möglichen. Was begrenzt die Möglichkeit? Was hat diese Macht?

Damit tritt eine gewaltige Komplementarität auf den Plan; die Komplementarität von Möglichkeit und Mächtigkeit. Und tatsächlich: beinahe fraglos-selbstverständlich gehören diese beiden Komponenten zusammen; gerade auch in der Relativitätsphysik.

«Mutti, der Bahnhof bewegt sich»; «Kind, wir bewegen uns». Der berühmte Physiker, jenseits der Reden von Mutter und Kind, fragt hochgeschult: «Wieviel Stationen haben sich bereits vorbeibewegt?» Aber am Ende behält die Frau Mama — nicht mehr so naiv, um dem bloßen Anschein zu erliegen, aber auch noch nicht so überintellektualisiert, um verstehen zu können, daß das Einschalten des Zugmotors den Bahnhof samt Erde und der ganzen Welt in Bewegung setzt — doch recht; nicht nur bei den Mitreisenden, welche den Jüngsten noch für kindlich und den Ältesten schon für kindisch halten. Sie behält recht auch vor einer konsequent zu Ende geführten Relativitätsphysik:

Soll der winzig kleine, aus dem Linearbeschleuniger ausgestoßene Atomkern tatsächlich «ebenso Bezugssystem» sein können wie die mächtige Erde samt allen Instituten einschließlich eben der gewaltigen Beschleunigungsapparatur; sollte gar dieser Atomkern während seines schlagartig erfolgenden Rückpralls an einer Wand oder schließlich sogar ein rasch rotierendes Molekül ein «ebenso wählbares Bezugssystem» wie die Erde darstellen? Warum verfolgen diese Fragen die Relativitätsphysik seit ihrer Entstehung so hartnäckig, daß der Physiker sie resignierend zu ignorieren begonnen hat? Deshalb, weil sie wirklich mit dem Wesen und den Grenzen der Relativität zutiefst zusammenhängen. Ist die Mächtigkeit eines Systems tatsächlich für die Möglichkeit der Bezugnahme von Bedeutung?

Existentiell ist ein wesenhafter Zusammenhang zwischen Möglichkeit und Mächtigkeit, denn existentiell gestaltet sich Raum und Zeit als Wirkung der Massen; individuell für jedes Elementarteilchen, wie kollektiv für die Gesamtmasse des Weltalls. Besteht damit auch ein relativistischer Zusammenhang zwischen Möglichkeit und Mächtigkeit? Tatsächlich besteht eindeutige Deckung zwischen der Möglichkeit, relativistisch bezugsfähig zu sein, und der Mächtigkeit, die einem System zukommt:

Was alles gehört einem speziell-relativistischen System zu? Es ist in räumlicher und zeitlicher Eindeutigkeit über kosmische Weiten ausgedehnt — und jedem von hundertmilliarden speziell-relativistischen Systemen gehört eine der gewaltigen Galaxien zu, welche die Weltmasse bilden.

Wenn man nicht allzu fein unterscheiden und auch noch beliebige Zwischenwerte zwischen den hundertmilliarden verschiedenen Galaxien-Bewegungszuständen eigens rechnen möchte, gehört somit praktisch jedem speziell-relativistischen System eine ähnlich große, kosmische Masse zu. Zusammen mit dem Umstand, daß auch innerhalb der einzelnen Galaxien die Geschwindigkeitswerte über größere Bereiche streuen, als sich die Mittelwerte benachbarter Galaxien unterscheiden, ist überhaupt jedes speziell-relativistische System von vergleichbarer, kosmisch ausgedehnter Mächtigkeit: Die Welt-Raum-Zeit im ganzen ist die Mannigfaltigkeit aller speziell-relativistischen Komponenten. Und genau dem entspricht eben auch die kosmisch weite Raum-Zeit-Einheitlichkeit eines jeden speziell-relativistischen Systems, in welchem jeder beliebige Raumzeitpunkt zum Bezugssystem gewählt zu werden vermag.

Eben diese kosmisch weite Raum-Zeit-Einheitlichkeit entfällt bei den allgemein-relativistischen Systemen mit ihren individuellen Gravitationsfeldern; den Gravitationsfeldern der Einzelmassen innerhalb des Weltalls; der einzelnen Galaxien, der einzelnen Kugelhaufen, der einzelnen Sterne, der einzelnen Planeten, der einzelnen Trabanten und Meteore. Ihre Mächtigkeit ist um eben diese Dimension enger. Und genau dem entspricht auch die nur noch bestimmten, einzelnen Punkten zukommende Bezugsfähigkeit in den allgemein-relativistischen Systemen.

Warum aber kommt schließlich dem reflektierten Atom oder triebwerkbeschleunigten Raumschiff, dem herumwirbelnden Karussellholzpferd oder dem torkelnden Betrunkenenschädel überhaupt keine Bezugsfähigkeit mehr zu? Weil sie wesenhaft nur sich selbst und keiner Mächtigkeit außer sich mehr zugehören: Der ganz allein auf den Punkt wirkende Stoß bzw die nur diesem Punkt eigene mechanische Zwangsführung, bzw der nur einem einzigen Drehpunkt zugehörige Punkt eines rotierenden Gegenstandes findet wesenhaft nie und nirgends eine Zugehörigkeit. Es ist eine punktartig verschwindende Mächtigkeit; eine Nullmächtigkeit, die als solche überhaupt keine Bezugsfähigkeit mehr zu begründen vermag; auch nicht als Bezugspunkt im Sinne des allgemein-relativistischen Bezugssystems.

Diese zwangsbewegten Punkte sind in jedem Moment speziell-relativistisch bewegt und damit einem speziell-relativistischen System zugehörig; zugleich aber durch die äußere Führung gezwungen, das jeweilige System zu verlassen und ihre speziell-relativistische Systemzugehörigkeit zu wechseln; das reflektierte Atom einmal beim Stoß, das Atom im rotierenden Gegenstand aber unentwegt und immer wieder. Ganz konsequent sind damit diese und nur diese speziel-relativistischen Geschwindigkeiten und Geschwindigkeitsänderungen (Systemwechsel) wirksam; keine Potentiale. Tatsächlich erschöpfen sich auch alle Effekte der zwangsgeführten Punkte lückenlos in diesen speziell-relativistischen Phänomenen (vor allem der Verstreichung); keinem allgemein-relativistischen Phänomen mehr Platz lassend. In Ermangelung realer Gravitationsfelder wird die Trägheit-Schwere-Äquivalenz einfach gegenstandslos — und die Kräfte bleiben als Trägheitskräfte, was sie von Natur her waren und sind.

Die gesamte Relativität und Relationalität ist Bezugnahme. Aber beinahe selbstverständlich ist bei einer Bezugnahme die Mächtigkeit, auf die Bezug genommen wird, von Bedeutung. Mit der Wahl eines Bezugspunktes wird buchstäblich einem «Verein» beigetreten; einer Mächtigkeit beigestellt, deren Art und Umfang damit nicht gleichgültig ist und sein kann.

Wo in der ganzen Welt sind Möglichkeit und Mächtigkeit keine zusammenspielenden Größen? Und gerade in dem das Sosein gestaltenden Bezug, in der Wahl des Standpunktes und des Weltaspektes sollte dies anders sein? Man muß fast staunen, wie alle Problematik wieder zu einer so natürlichen Einfachheit zurückfindet.

Hinter dieser soeben gepriesenen Natürlichkeit und Einfachheit verbirgt sich jedoch eine bedrohliche Problematik, die die «Mächtigkeit» in Ungreifbarkeit entschwinden läßt: Die Frage, wieviele Elementarteilchen einem speziell-relativistischen System zugehören, enthält die Frage, wie genau man sich auf den Geschwindigkeitswert des Systems festlegen will. Die Galaxien haben immer noch mittlere Geschwindigkeitsdifferenzen gegeneinander von rund 30 Kilometern pro Sekunde; außerdem streuen die Geschwindigkeitswerte ihrer Sterne; schließlich sind sie mit ihrem gewaltigen Eigenfeld auch im Gesamtkosmos nur noch angenähert speziell-relativistische Massen.

Klarer wird die Problematik, wenn man den homogenen Kosmos betrachtet; dh vor Ballung der Massen, als es überhaupt nur speziell-relativistische Systeme gab: Wenn man für Zusammengehörigkeit von Elementarteilchen in einem System die absolute Ruhe gegeneinander fordern wollte, fände man im ganzen homogenen Kosmos keine zwei Elementarteilchen mit solcher Zusammengehörigkeit mehr. Allem Anschein nach galt im homogenen Kosmos streng — im inhomogenen wenigstens modifiziert — das Pauliverbot, welches völlig gleichartige Zustandgrößen überhaupt ausschließt.

Damit wird aber nicht nur der Mächtigkeitsbegriff, sondern auch der ganze relativistische Systembegriff schattenhaft leer. Damit wäre eine «Mächtigkeit» nur noch als Dichte von Geschwindigkeitswerten faßbar und ein «relativistisches System» wäre nur noch eine fiktive Abstraktion in einem besonderen Raum-Zeit-Aspekt mit nirgends und nie mehr markierbaren Stellen und Momenten; der ganze relativistische Systembegriff und Raum-Zeit-Aspekt damit zutiefst fragwürdig.

Auch mit einer derartigen «Mächtigkeit» wäre zwar ein «Rang der Systeme» festlegbar, indem die speziell-relativistischen Systeme gleichsam lückenlos-dicht einander folgen, während die allgemein-relativistischen voneinander punktförmig isoliert stehen und die rotierenden überhaupt kein Gegenüber mehr finden. Aber dennoch wird nicht nur die Grenze jeglicher Relativitätsphysik spürbar, sondern noch viel schlimmer: jäh wird eine ganz unheimliche Leerheit der Welt erschreckend deutlich; die Mächtigkeit selbst vermählt sich mit der Wesenlosigkeit.

Doch jenseits der Grenzen, im Banne der Schatten, ist kein Sein. Es gibt aber Massen, mächtige Massen; greifbar realisiert in den Galaxien. Und jede Galaxie verkörpert «in der Mitte» des Kosmos die Ruhe und markiert die Stellen eines Raumes und die Momente einer Zeit; jede Galaxie in ihrer eigenen Art. Die Leerheit zu schauen, ist es noch zu früh am Tage der Welt. Wir reißen uns zurück — und gewinnen wieder Boden unter den Füßen; physikalischen Boden. Die Physik ist wieder aus dem Dunkel der Leerheit hervorgetreten, in welcher Physik und Metaphysik in Nichtigkeit eins werden; die Physik, an die wir uns halten können. Und mit der Physik sind wieder die Mächtigkeiten da; gigantische Mächtigkeiten, Weltraum und Weltzeit gestaltende, die Massen des Weltalls verkörpernde Mächtigkeiten.

Die Mächtigkeiten sind die Ordnungsfaktoren innerhalb der Relativität des Seins, denn die Mächtigkeiten bestimmen den Aspekt und seinen Rang.

So war der mächtige Kugelhaufen selbst als Bezugspunkt in Hinsicht auf das Verhalten des Meteors gleichsam eine unmittelbar natürliche Ordnung der Geschehnisse; damit von fraglos hohem Range. Wogegen der vergleichsweise winzige Meteor als Bezugspunkt in Hinsicht auf das Verhalten des Kugelhaufens und aller Massen der Welt essentiell nur mehr als Umkehraspekt (gleichsam doch abgestützt auf die große Mächtigkeit des Haufens) nur noch einen geringeren Rang einzunehmen vermochte.

Erstaunlicherweise konnte aber trotzdem der unbedeutende Meteor

auch als eigener Aspekt (nicht nur als Umkehraspekt) ins Dasein treten; aber dafür erzwang die größere Mächtigkeit (des Haufens relativ
zum Meteor) die Vertauschung des essentiellen mit dem existentiellen
Aspekt; eine Vertauschung des Aspektes mit Vertauschung der Mächtigkeiten, in welcher nun eine eigenartige Schwindsüchtigkeit diesem
gewandelten Aspekt ebenfalls unverkennbar den verringerten Rang
zudiktierte.

Kommt dem existentiellen Aspekt «verringerter Rang» zu? In dieser
relativitätsphysikalischen Problematik, dh auf der essentiellen Ebene
kommt dem existentiellen Aspekt verringerter Rang zu. Andererseits
ist gerade dies (mit dem Meteor als Bezugspunkt) jener Aspekt, in welchem dem von allen Massen des Kosmos getragenen Feld die entscheidende Bedeutung zufällt; nicht nur dem Feld der vergleichsweise zur
Weltmasse kümmerlichen Kugelhaufenmasse. So betrachtet, kommt
gerade dem existentiellen Aspekt des Meteorbezugs der entschieden
höhere Rang zu. Und immer wieder das bewegliche Verschieben der
Wertungen bei Veränderung der Aspekte.

In einer Betrachtung ist der Kugelhaufen mit seiner 10^{30}-fachen
Masse der natürliche Bezugspunkt: in der essentiellen Beziehung zwischen Haufen und Meteor. In anderer Betrachtung ist — gerade wegen
seiner kleineren Mächtigkeit — der Meteor der natürliche Bezugspunkt, indem überhaupt jedem Standpunkt immer nur eine armselig
kleine Mächtigkeit gegenüber der Weltmasse zukommt: in der existentiellen Beziehung des Meteors zum Haufen und Weltall. Tatsächlich
ist auch der Kugelhaufen keine bedeutende Mächtigkeit im Weltall —
und eine zwingende Relationalität der Mächtigkeiten bietet sich dem
Standpunkt auf jeder Ebene der Macht dar:

Wie der Meteor den Kugelhaufen durchpendelt, so durchpendelt
wiederum der Kugelhaufen die nochmals millionenfach mächtigere
Galaxie, deren Halo er zugehört. So ergibt sich für den Kugelhaufen in
Hinsicht auf die mächtigere Galaxie die analog gleiche Rangunterord-
nung wie für den Meteor in Hinsicht auf den Kugelhaufen. Mit den
verschiedensten Mächtigkeiten ergeben sich die verschiedensten Rang-
ordnungen, denn das Weltall ist eine Hierarchie von Mächtigkeiten:

Trabanten bewegen sich in Kreisen und Ellipsen im Banne der Pla-
neten und die Planeten samt ihrem Anhang wieder im Banne der
Sterne; Meteore und Kometen bewegen sich in Ellipsen, Parabeln und
Hyperbeln im Banne der Sterne; die Sterne bewegen sich samt ihrem
Anhang wiederum im Banne der Sternhaufen und Galaxien. Die Gala-
xien aber bevölkern — den Weltraum und die Weltzeit gestaltend —

das Weltall; sie bilden das Weltall; sie tragen das Weltall, den Weltraum und die Weltzeit. Souverän repräsentieren die Galaxien — mit ihrem Dasein; jede in ihrer eigenen Art — eine quasi-absolute Ruhe; jede in ihrer Art eines jener Raum-Zeit-Systeme von kosmischer Weite begründend; je ein Raum-Zeit-System, das an all seinen Raumzeitpunkten frei als Standpunkt wählbar ist; eine unübersehbare Mannigfaltigkeit des Möglichen begründend.

So sind die Mächtigkeiten die Spender der Ordnung; die Möglichkeiten die Spender der Freiheit. Aber nicht so sehr das versetzt in Erstaunen, daß die Mächtigkeiten die Möglichkeiten bestimmen; als vielmehr, daß sie die Mannigfaltigkeit des Möglichen nicht erdrücken; daß sie nicht nur nicht zur Unbeweglichkeit in erstarrter Einheit zwingen, sondern vielmehr eine Ordnung tragen, aus welcher eben das mannigfaltig Mögliche hervorgeht und eine so unfaßbare Freiheit begründet.

So macht die Relativitätsphysik — weit über sich selbst hinausweisend — ein wahrhaft bewunderungswürdiges Wechselspiel von Mächtigkeit und Möglichkeit in Ordnung und Freiheit offenkundig.

Die Relationalität der Aspekte

Was durch relativitätsphysikalische Fakten für den Bereich der Physik nur besonders deutlich und mit fast zwingender Überzeugungskraft gezeigt wird, ist aber in allen Bereichen der Schöpfung gegeben; in allen Bereichen, bis zu den höchsten. Relativität ist Aspektbezogenheit.

Das Sein — genauer, das Sosein, doch auch das Dasein ist als Soseiendes — hat keine vom Aspekt lösbare Gestalt. Im Wechselspiel von Wirklichkeit und Erkenntnis gestaltet sich Sein in mannigfaltigen Formen. Im Aspekt gestaltet sich die Welt zu ihrem konkreten Sosein; zu ihrem Sein, wie sie eben ist. Dies ist bereits ganz unten (wenn man so sagen möchte) in der Physik grundgelegt; alle Naturwissenschaften, aber auch alle Gesellschaftswissenschaften bestimmend, denn es ist ein Grundwesenszug der Welt: die Komplementarität von Bauplan und Freiheit. Alle soziologischen, wirtschaftlichen und politischen Bereiche werden davon ebenso geprägt wie alle historischen, philosophischen und theologischen Systeme, Betrachtungen und Gegebenheiten.

Physikalische Aspekte und Mächtigkeiten beherrschen die Physik; vor allem eben die Relativitätsphysik als Physik des So-seins, des Essentiellen. Biologische, medizinische, psychologische Aspekte und Mächtigkeiten beherrschen den naturwissenschaftlichen Bereich (Medizin und Psychologie kann man ruhig mit unter Naturwissenschaft aufzählen, denn wahre Geistigkeit liegt auf anderer Ebene); soziologische, wirtschaftliche, politische und juristische den gesellschaftswissenschaftlichen Bereich (Jurisprudenz, wenngleich entscheidend von Philosophie und Ideologie geprägt, ist wesenhaft dem Gesellschaftswissenschaftlichen zugehörig); historische, philosophische, theologische den geisteswissenschaftlichen Bereich. In unübersehbar mannigfaltigen Komplementaritäten verdrängen und ergänzen sich all diese Aspekte, Mächtigkeiten und Bereiche.

So ist etwa die Erdkugel ein im solaren Gravitationsfeld frei rotierendes System; zwar in ihrem Schwerpunkt ein allgemein-relativistischer Bezugspunkt, nicht aber in ihrer Rotation ein physikalisches Bezugssystem.

Dennoch vermag in ganz anderen, nicht physikalischen Aspekten die Erde, die physikalisch rotierende Erdoberfläche als Bezugssystem in Erscheinung zu treten; ja sogar als erstrangiges Bezugssystem: Unter physikalischen Aspekten zwar nicht zwangsfrei bewegt, ist aber zwanglos die Erdoberfläche der Lebensraum des Menschengeschlechtes und damit der Erdball natürlicherweise das entwicklungs-, kultur- und geistesgeschichtliche Bezugssystem der Menschheit; in diesem Aspekt ein Bezugssystem von unvergleichlich hohem Rang.

Seit Urzeiten bis heute sahen alle Rassen und Geschlechter, alle Stämme, Völker und Nationen, die Sonne auf- und untergehen und die Sternenwelt nach überirdischen Gesetzen am Firmament wandeln. Ein Oben und Unten mit Licht und Dunkel bestimmte Sagen, Mythen und Religionen und entfaltete den Menschen — die Gemeinschaft von Urzeit her ebenso wie den Einzelnen von Kindheit an — zu höchster Blüte in dem, was er ist: ein Kultur- und Geisteswesen; unvergleichlich mehr als alle Physik, als alle Natur und alles sonst im Fleische Lebende.

Was bedeutet diesem menschheitsgeschichtlichen Aspekt gegenüber der physikalisch-astronomische Aspekt mit den in diesem Aspekt höherrangigen Bezugssystemen der Sonne und der Milchstraße (unsere Galaxie)?

Diese bedeuten eine unfaßbare Bereicherung in eben diesem physikalischen Aspekt mit tiefgreifenden Rückwirkungen auf das gesamte Geistesleben; aber zugleich auch eine kaum bewältigbare Verarmung und Verengung in eben jenem unmittelbar menschlichen Aspekt, in welchem der Mensch das ist, was er als er selbst auf dieser Erde ist; eine

Verarmung, die uns heute in einer grenzenlosen, götzendienerischen Verehrung und Anbetung der Wissenschaft einer vernichtenden geistigen Leere entgegenführt. Dem geistigen Auge überdeutlich sichtbar, begleitet die Mondfahrt der Kater.

Es wird damit der Aspekt zu einer auf allen Ebenen seingestaltenden Mächtigkeit. Eine übergeordnete Relativität und Relationalität des Seins wird offenkundig.

Unmittelbar in der Mannigfaltigkeit des Seins selbst, in der Vielheit des Verschiedenen nebeneinander, in der Existenzfähigkeit des ganz Anderen neben dem Einen, ist es begründet, daß kein Aspekt allumfassend sein kann. Je spezieller und präziser ein Aspekt einen Bereich erfaßt und beherrscht, um so mehr verliert er an Allgemeinheit und um so unfruchtbarer, steriler wird er in erweiterten Bereichen. Um so wichtiger wird aber eben deshalb die komplementäre Ergänzung der verschiedenen Aspekte. Schon in der Physik treten der existentielle, essentielle und aktuelle Aspekt — einander unersetzbar ergänzend — nebeneinander.

Besonders deutlich wird dies etwa im physikalischen und historischen Zeitaspekt. Ist schon innerhalb der Physik die Zeit im essentiellen Aspekt anders als die Zeit im existentiellen Aspekt, so ist die Zeit erst recht wieder ganz anders im historischen Aspekt. Kurz ausgedrückt: Die relativitätsphysikalische Zeit ist etwas ganz anderes als die historische Zeit.

Zugleich empfindet man aber diese Unterscheidung doch als etwas Unnatürliches, Gezwungenes, denn die relativitätsphysikalische Zeit ist ja weitgehend gleichbedeutend der astronomischen Zeit; jenem Zeitgefüge also, welches die kalendermäßige Nacheinanderordnung festlegt, welche gerade der historischen Zeitordnung ihre äußere Gestalt verleiht; jene Zeitgestalt, in der die Menschen frei entscheidend und frei handelnd Geschichte machen. Zudem läßt sich in nahezu beliebig vielen Momenten diese physikalische Zeitordnung mit dem Geschehen geschichtlicher Vorgänge jeweils in kontinuierlicher Sukzession in ununterbrochener Nacheinanderfolge identifizieren; dh gleichsetzend zur Deckung bringen.

So betrachtet erscheint nun wieder die Betonung der Verschiedenheit der physikalischen und historischen Zeit als eine irreale Feingeistelei von Philosophen, die sich nur die eigenartige Problematik der relativitätsphysikalischen Zeit vom Halse halten wollen. Und wieder tritt in der physikalischen und historischen Zeit eine ganz erstaunliche, überaus tiefgehende Komplementarität vor unsere Augen, welche die Weltgeschichte entscheidend gestaltet hat.

So erscheint in der relativistischen Zeit eine erstaunliche Geschichtsfremdheit, ja Geschichtsfeindlichkeit. Schon in den konservativsten relativitätsphysikalischen Formulierungen erscheint die Zeit als eine «quasi-räumliche» Koordinate (eine zu den drei räumlichen Kordinaten «nur» imaginär-senkrecht stehende Koordinate), in welcher der historisch gerade so entscheidende, unumkehrbare Richtungssinn völlig in den Hintergrund getreten, ja sogar verschwunden ist. Statt dessen erscheinen sogar jene erstaunlichen, sich an die «Folgenumkehr» knüpfenden Zeitphänomene, in denen derartige Umkehrungen von zeitlichen Ereignisnacheinanderfolgen real gegeben werden; so daß es nur noch die Invarianzgeschwindigkeit c (als unüberschreitbare, endliche Wirkungs- und Informationsgeschwindigkeit) praktisch verhindert, daß Ereignisse rückwirkend in die Vergangenheit ungeschehen gemacht werden können oder daß wenigstens die dokumentarische Mitteilung vom schon festgelegten So-geschehen-sein in die Zeit vor dem tatsächlichen Vollzug des Ereignisses verbracht zu werden vermag.

Da diese Dinge aber der relativistischen Zeitstruktur als solcher anhaften, würde dies ausnahmslos alle Ereignisse betreffen; auch die durch frei-willentliche Entscheidungen von Menschen hervorgerufenen bzw noch zu vollbringenden. Damit ist aber durch den relativistischen Aspekt zumindest die Absolutheit des geschichtlichen Faktums aufgehoben; ein Umstand von nicht übersehbar weittragender Bedeutung für alle Geisteswissenschaften; ein Umstand, der die Geistesstruktur der künftigen Gesellschaft sogar entscheidend zu beeinflussen und umzugestalten fähig sein könnte.

Aber offenbar sind eben der Anwendung dieses Aspektes Grenzen gesetzt; erstaunlicherweise — das ist ja das Wesen wahrer Komplementarität — ohne daß dieser Aspekt damit physikalisch falsch würde. Und diese Grenzen sind dadurch gegeben, daß dieser Aspekt, der in besonders weitgehender Spezialisierung und Präzisierung im relativistisch-physikalischen Bereich so erstaunliche Erfolge in der wirklichen Erfassung physikalischer Fakten zu erzielen vermochte, hinsichtlich eines erweiterten Bereiches einfach zu eng wird.

Ganz besonders wird diese Verengung deutlich in der vierdimensionalen Raum-Zeit-Welt (Minkowski), in welcher alle Bewegungen verschwinden und alle Geschehnisse wie festgefroren in einem quasistatischen Raum-Zeit-Kontinuum festliegen; jeder Gegenstand mit seiner «Weltlinie», welche das Kontinuum wie die Fasern eines Teppichs unveränderlich durchziehen. Aber gerade bei dieser besonders eleganten Erfassung relativitätsphysikalischer Fakten wird die Aspektverengung direkt anschaulich offenkundig: Nicht einmal mehr den unbestimmt, undeterminiert ablaufenden quantenphysikalischen Geschehnissen vermag dieser Aspekt noch Genüge zu leisten oder solche gar zu erfassen; wieviel weniger also gar dem historischen Bereich noch gerecht zu werden. Der historische, ja sogar schon der quantenphysikalische Aspekt setzt somit dem relativitätsphysikalischen Aspekt eine Grenze.

Das analog Umgekehrte gilt aber auch entsprechend für den historischen Zeitaspekt: Die philosophisch-theologische Argumentation aus dem historischen Zeitaspekt, welcher das unumgängliche Geschehensein des Vergangenen und die Offenheit der Geschehnisse in der Zukunft (dh den aktuellen Richtungssinn der Zeit) beinhaltet, führte über die «Allwissenheit Gottes» anscheinend zwangsläufig zur Prädestination; zum Vorherbestimmtsein der menschlichen Handlung, welche ein freies Handeln des Menschen ausschließe. Über Augustinus, ähnlich wie über Mohammed oder über Calvin, hat dieser historisierende theologische Aspekt die Geistesstruktur der westlichen und nahöstlichen Welt in nicht übersehbar weitreichender Weise beeinflußt; die Geschichte gestaltend.

Aber gerade an Hand der relativistischen Physik wird die Verengung dieses historisch so speziell und präzis anwendbaren Zeitaspektes offenkundig; eine Verengung, die eine derartige Anwendung auf theologischem und philosophischem Gebiet einfach nicht mehr zuläßt und derartige Argumentationen zu reinen Scheinproblemen entarten läßt. Man kann eben nicht erwarten, daß bei Begrenzung des analogen Problems in der Physik, schon durch einen so einfachen Umstand wie die Endlichkeit der Invarianzgeschwindigkeit, auf der höheren Ebene nicht erst recht ähnliche Begrenzungen gegeben seien; Begrenzungen, die eben derartige Argumentationen (die sogar Gott selbst mit einzubeziehen wagen) einfach leer werden lassen. So setzt der physikalische Zeitaspekt auch umgekehrt dem historischen Zeitaspekt eine Grenze.

Es besteht zwischen dem relativitätsphysikalischen und dem historischen Zeitaspekt eine außerordentlich wichtige, weitreichende und folgenschwere Komplementarität: indem sie sich gegenseitig verdrängen, ja sogar ausschließen, müssen sie einander zugleich ergänzen.

Alles Sein gestaltet sich in Aspekten. Aber es gibt richtige und falsche, praktische und ungeschickliche, vernünftige und törichte, kluge und dumme, zielstrebige und abwegige, heilige und verderbliche Aspekte. Es gibt schöne und scheußliche, wahre und irrende, gute und böse Aspekte. Und alles Sein ist durchflutet von dieser unheimlichen Komplementarität von Möglichkeit und Mächtigkeit, in Ordnung und Freiheit; begründet in einem unergründlichen Bauplan des Dreieinen, der in freier Souveränität alles Sein geschaffen hat.

Bis in den Bereich des Allerheiligsten und Höchsten reicht diese Aspektbezogenheit, diese freie Betrachtungsmöglichkeit dieser gewaltigen Relationalität:

Gott ist der Mächtigste; die absolute Mächtigkeit; der souveräne Gesetzgeber. Besteht die Möglichkeit, gegen Ihn zu sein; kann man Ihm widerstehen? Selbst die höchste Macht zwingt nicht; man «kann» gegen Ihn sein — und viele tun und sind es. Aber es ist eben falsch, töricht, dumm, abwegig, verderblich; es ist die Scheußlichkeit, der Irrtum, die Boshaftigkeit der Hölle. Es ist alles erstaunlich einfach, unfaßbar einfach, schrecklich einfach:

Als im Gerichte der schlechte Mensch zu Gott sprach: «Ich weiß, Du bist ein gestrenger Herr, der erntet, wo er nicht gesäet hat», hörte er von Gott, dem Unheimlichen, Lebendigen: «Du wußtest doch, daß Ich ernte, wo Ich nicht gesäet habe.» Auch dieser Aspekt ist also möglich. Die Hölle ist eben jene furchtbare Anschauung des Bösen Aug' in Aug'; mit Entsetzen, Verblendung, Haß. Der Himmel aber ist die «Anschauung Gottes», des Vaters, des Geistes und des Sohnes von Ewigkeit zu Ewigkeit; Anschauung Gottes, der ewigen Liebe.

I 7

QUANTENPHYSIK
Komplementarität und Diskontinuität

Die im Anschluß an die Relativitätsphysik erschienene Komplementarität der Aspekte ist selbst nicht mehr relativistischer Natur. Sie ist vielmehr dem Wesen der Quantenphysik zugehörig. Die Quantenphysik ist die Physik des Komplementären.

Wenn in Hinsicht auf die Quantenphysik von einer «Revolution» gesprochen wird, so ist das in verschiedenen Hinsichten richtig: sowohl hinsichtlich der großartigen, der klassischen Wissenschaft unerreichbaren Erfolge in der Physik selbst, indem damit die Wirkungen und der Aufbau der Elementarteilchen, Atome, Moleküle und der gesamten Materie in einer fast vollkommen anmutenden Weise erfaßt werden konnte; vor allem aber auch hinsichtlich der Geistesgeschichte, indem hiermit in der Philosophie — und ausstrahlend auf die Theologie und alle Geisteswissenschaften überhaupt — eine neue Epoche eingeleitet wurde. Diese Umwälzung ist tatsächlich derart durchgreifend, daß — freilich von dem Erscheinen Christi in der Welt oder auch von der Gründung der Weltreligionen abgesehen — kaum sonstige Wendepunkte der Geistesgeschichte von derartiger Bedeutung aufzeigbar sind.

Die allgemeine Philosophie wollte und konnte diese Ergebnisse bislang noch sehr wenig für sich nutzen. Sie war sogar vielfach ängstlich bemüht, diese Ergebnisse mit Pauschalurteilen als rein physikalische Problematik «auf der niedereren Ebene der experimentellen Methodik» abzuschieben. Dies hängt zusammen sowohl mit der ungeheuerlichen Bedrohung, die davon für die gewohnten Geistesstrukturen ausgeht, als auch mit der Ungewöhnlichkeit und Vielseitigkeit der Phänomene und der Unanschaulichkeit des quantenphysikalischen Apparates.

Ähnlich wie die Relativitätsphysik ist auch die Quantenphysik für die meisten Philosophen eine unheimliche Geheimwissenschaft, die man am liebsten — ohne Beziehung zu sich — hinter den dicken Mauern einer abseitigen Spezialwissenschaft ungefährlich festgehalten wissen möchte. Tatsächlich werden aber in der Physik, welche den untersten und damit noch einfachsten Bereich des Seins betrachtet, Strukturen offenkundig, die allem Sein wesenseigen sind; ja sogar den höheren Seinsmächtigkeiten des biologischen, psychologischen, gesellschaftlichen, philosophischen und theologischen Bereiches noch viel durchgreifender eigen sind, aber dort wegen eben deren höherer Mannigfaltigkeit, Beweglichkeit und Freiheit nur nicht in dieser zwingenden Weise offenbar werden.

Der Physik ist damit die Aufgabe zugefallen, ein Wegbereiter zu sein; ein Wegweiser zu einem Weg, auf dem die anderen Wissenschaften letztlich aber doch selbst gehen müssen. Andererseits ist es aber für die gesamte Philosophie und auch Theologie zu einer unumgänglichen Aufgabe geworden, sich mit diesen Gebieten der Physik eingehendst zu befassen; auch wenn man sich klar sein muß, daß die dabei für den Nichtphysiker auftretenden Schwierigkeiten die Grenze des Menschenmöglichen erreichen.

Umgekehrt ergeben sich ähnliche Schwierigkeiten für den Fachphysiker, zu einer auch nur einigermaßen befriedigenden philosophischen oder überhaupt geistigen Bewältigung der physikalischen Fakten zu gelangen. Deshalb ist es begreiflich, daß das große Heer der Physiker, vor dieser Aufgabe resignierend, der Magie des erstaunlich leistungsfähigen logischen Formalismus — von der geisteswissenschaftlichen Mathematikforschung bis zur geistestechnischen Computerprogrammierung — verfällt, so daß sich die Physik in bestürzender Weise fortschreitend entgeistigt.

Andererseits haben gerade die führenden Physiker und überhaupt die bedeutendsten Geister unserer Zeit immer wieder in mannigfaltigsten Betrachtungen und ausdauernder Bemühung eben diese geistige Bewältigung mit bewunderungswürdigem Erfolg angestrebt; Erfolg oder Mißerfolg, wie man es nennen möchte. Deshalb müßte man — von dieser Seite gesehen — von einer Vergeistigung der Naturwissenschaft sprechen; einer neuen Geistigkeit, welche eben diese Wende der Geistesgeschichte einleiten wird.

Allerdings ist es bis heute nicht gelungen, einen eindeutigen, einheitlichen Standpunkt zu finden, der die Mannigfaltigkeit, Beweglichkeit und Freiheit der Phänomene in ein auch nur einigermaßen befriedigendes philosophisches System fassen ließe. Der klassische Philosoph würde damit die Versuche um eine philosophische Bewältigung der Quantenphysik als gescheitert betrachten. Wird auch der unter dem Eindruck der Quantenphysik stehende und die Welt betrachtende Philosoph zu einer derartigen Beurteilung kommen?

Gerade der überwältigend große geistige Aufwand zur Erlangung eines eindeutigen philosophischen Systems macht in seiner Ergebnislosigkeit — gleichsam durch die Vielfalt der in verschiedener Hinsicht verschieden zutreffenden philosophischen Systeme hindurch blikkend — dahinter einen Wesenszug des geistigen Seinsbereichs offenbar: die Mannigfaltigkeit, Beweglichkeit und Freiheit.

Das Einpressen dieser mannigfaltigen, beweglichen und freien Mächtigkeit des Seins in das Korsett eines in sich einheitlichen, festen, zwingenden Systems ist eben damit wesenhaft unmöglich. Aber nicht nur das Scheitern der Bemühungen der bedeutendsten Geister unserer Zeit (das als solches auch keinen Beweis darstellt, denn es könnte ja ein noch Größerer doch wieder die Einheit herstellen!), sondern die Physik selbst trägt schon diesen Wesenszug: Die Relativitätsphysik in der prinzipiellen Wählbarkeit der verschiedensten Standpunkte als jeweiligen Bezugspunkt; die Quantenphysik eben in der Komplementarität verschiedener Komponenten, die sich gegenseitig verdrängen und zugleich ergänzen.

Schon zwischen Relativitäts- und Quantenphysik ergibt sich — im Sinne einer übergeordneten Komplementarität — eine merkwürdige Umkehrung: Die Relativitätsphysik, mit ihrer Wählbarkeit mannigfaltiger materieller (wirklichkeitsartiger) Bezugsstandpunkte, führte zu einer Komplementarität der geistigen (erkenntnisartigen) Aspekte (relativ-absolut; speziell-allgemein, mächtig-möglich). Und die Quantenphysik mit ihrer materiellen (wirklichkeitsartigen) Komplementarität von Welle und Körper führt zu einer Wählbarkeit mannigfaltiger geistiger (erkenntnisartiger) Bezugsstandpunkte. In dieser merkwürdigen Umkehrung von Relativitäts- und Quantenphysik geschieht zugleich auch eine erstaunliche gegenseitige Vertauschung von Wählbarkeit und Komplementarität materiellen und geistigen Bereichs; genauer: von Wirklichkeit und Erkenntnis. All das zeigt diese geheimnisvolle Komplementarität von Bauplan und Freiheit in der Schöpfung.

Die Quantenphysik ist überhaupt eine Umkehrung der Relativitätsphysik in vielfältiger Hinsicht:

Die Relativitätsphysik ist eine Kontinuitätsphysik; eine Physik der zusammenhängend, stetig ausgedehnten Bereiche, Felder. Die Quantenphysik ist dagegen eine Diskontinuitätsphysik; eine Physik der plötzlichen, unvermittelten Reaktionen. Extrem und übertrieben formuliert: In der Relativitätsphysik ist primär der Raum und die Zeit mit ihren ausgedehnten Strukturen und «Krümmungen», wogegen die Energien und deren Wirkungen gleichsam erst sekundär aus diesen Raum-Zeit-Strukturen hervorgehen. In der Quantenphysik ist primär das energetische Geschehen und dessen Wirkungen, wogegen Raum und Zeit gleichsam erst sekundär als Zuordnungsschemen für dieses Geschehen in Erscheinung treten.

Die Quantenphysik hat somit einen anderen Raum- und Zeitaspekt als die Relativitätsphysik; auch anders als die Existenzphysik. Diese drei Aspekte gehören jedoch — trotz ihrer Verschiedenheit — komplementär zusammen; vermutlich in ähnlich zyclischer Vertauschung ihrer Größen wie die überaus interessante Zusammengehörigkeit der elektrischen und magnetischen Größen E, D, H, B im existentiellen, essentiellen und aktuellen Aspekt.

Desgleichen ist der Energie-Aspekt gänzlich verschieden. Während in der Relativitätsphysik die Energien als Raum-Zeit-Strukturen erscheinen, haben sie in der Existenz- und Quantenphysik primäre Mächtigkeit; in der Existenzphysik jedoch primär im Zusammenhang mit dem Gravitationsfeld, in welchem die Energie als sie selbst ist; in der Quantenphysik primär im Zusammenhang mit den Wellen des elektromagnetischen Feldes, in welchem die Energien raum-zeitlich miteinander reagieren.

Wegen dieser wesenhaften Komplementarität von Existenz-, Relativitäts- und Quantenphysik sind diese drei «Physiken» nicht zu vereinigen und zu vereinheitlichen. Sie schließen einander aus und ergänzen und begründen einander zugleich.

Die Relativitätsphysik ist eine Physik der Wesenheiten, eine Essentialphysik; Physik der Erscheinungen und Größenverhältnisse in Abhängigkeit vom gewählten Bezugspunkt, vom gewählten Aspekt. Sie ist — in diesem physikalischen Sinne zu verstehen — Erkenntnisphysik. Die Quantenphysik ist eine Aktualphysik; Physik der Ereignisse, der Reaktionen, der energischen Prozesse, der Wirkungen. Die Quantenphysik ist somit im ureigentlichen Sinn des Wortes: Wirklichkeitsphysik. Das «Wirkungsquantum» h ist ja auch die Grundgröße der Quantenphysik.

Paradox anmutenderweise ist es aber gerade die Quantenphysik, in welcher sich die «Wirklichkeit» der Makrowelt (richtiger: der «Mesowelt» und «Mesophysik», dh der mittleren Größenordnungen, wie sie unserer Umwelt eigen sind; die eigentliche Makrowelt der Größenordnungen des Gesamtkosmos ist ja wieder ganz anderer Art) in Strukturen und Formen — nur noch in mathematischen Funktionen ausdrückbar — gleichsam «auflöst».

Aber da muß man schon einmal naiv fragen: Wo oder wann löst sich was auf? Das Haus und der Stuhl, in bzw auf dem ich sitze, löst sich nicht auf; auch nicht, wenn ich Quantenphysik treibe. Die Atome und deren Protonen, Neutronen und Elektronen samt deren Wechselwirkungen, lösen sich auch nicht auf; dh auch die «Wirklichkeit» (im direktest-möglichen Sinne!) eben dieser Mikrowelt, deren Wirkungen unsere gegenständliche Mesowelt hervorbringen, löst sich offenbar auch nicht auf.

Letztlich hat die Mesowelt zwar eine greifbare Gegenständlichkeit, aber keine eigenständigen Wirkungen; keine Wirkungen, die nicht mikrophysikalisch bedingt wären. Dies gilt etwa für jeden chemischen, mechanischen, elektrodynamischen Vorgang; auch wenn dieser als Massenwirkung (exakter: Mengenwirkung) großer Zahlen mikrophysikalischer Wirkungen ihren typisch mesophysikalischen Charakter erhält. Letztendlich gehen wohl alle Wirkungen auf das elektromagnetische Feld als mikrokosmischer Endursache und auf das Gravitationsfeld als makrokosmischer Endursache zurück; aus der Mikrowelt einerseits und aus der Makrowelt andererseits in die Mesowelt hineinwirkend und diese gestaltend; dem Mesokosmos seine eigenartige, uns greifbare, aber sekundäre «Wirklichkeit» verleihend.

Es löst sich also keineswegs in der Mikrowelt und Mikrophysik die Wirklichkeit auf; es löst sich höchstens eine Vorstellung von etwas auf, was man buchstäblich oberflächlich für «Wirklichkeit» gehalten hatte. Die eigentliche Wirklichkeit liegt gerade in der Mikrophysik; dh — materiell oder quasi-materiell gesehen — im quantenphysikalischen Bereich.

Diese Mikrowelt ist jedoch gekennzeichnet durch eine prinzipielle Unfaßbarkeit (genauer: Unbestimmbarkeit bzw sogar Unbestimmtheit, Offenheit). Ihr Sein ist Wechselwirkung; ihr Sein ist als Wechselwirkung; Wechselwirkung ua mit dem Beobachtungsprozeß, so daß für den experimentierenden Beobachter immer nur eine «subjektivistische Wirklichkeit» in Erscheinung tritt. Aber eben diese prinzipielle Unfaßbarkeit ist selbst eine Wirklichkeit; richtiger: ist selbst die eigentliche Wirklichkeit.

Damit deutet sich bereits im Bereich der Physik, also dem immer noch realsten Bereich des Seins, jene erstaunliche Komplementarität, eine Verdrängung und zugleich Ergänzung der ureigentlichen Wirklichkeit mit der Erkenntnis an; eine Komplementarität, die in der Quantenphysik gleichsam nur schattenhaft angedeutet ist, aber in den höchsten Bereichen des Seins mächtiger Geister von weltgestaltender Gewalt ist.

Die Wirklichkeit unserer greifbaren Umwelt ist auf einmal nicht mehr das Wirkliche, ist auf einmal unwirklich — und das Unfaßbare ist die eigentliche Wirklichkeit!? Ganz jäh sind wir auf einmal wieder an eine unheimliche Grenze gestoßen; ganz ähnlich, ja überhaupt das komplementäre Gegenstück zu jener Grenze, der wir uns plötzlich bei Betrachtung der Mächtigkeit gegenüber sahen. Jene Grenze der Mächtigkeit ergab sich von der quantenphysikalischen Wirklichkeit der relativistischen Systemausdehnungen her. Diese Grenze der quantenphysikalischen Wirklichkeit ergibt sich — genau umgekehrt — von einer relativistischen Aspektierung der quantenphysikalischen Ereignisse her. Während jene die Wirklichkeit der Mächtigkeiten in unheimlicher Leerheit erscheinen ließ, so läßt nun diese die Mächtigkeit der Wirklichkeiten leer erscheinen. Während jene das reale Sein in letzten Tiefen in Frage stellt, so diese die Möglichkeit jeglichen letzten Wissenschaft-Treibens überhaupt.

Erschreckend jäh begegnet man der Leerheit, Wesenlosigkeit, Nichtigkeit. Und drohend steht hinter allem jene furchtbare Komplementarität von Sein und Nichts.

Die Physik — und letztlich alle Wissenschaft — ist Betrachtung des Greifbaren, Sehbaren, Hörbaren, Denkbaren. Die eigentliche Wirklichkeit und die eigentliche Macht der Erkenntnis steht hinter jener vordergründigen Realität unserer so festgefügt erscheinenden «Wirklichkeit» und jener diese nur schemenhaft abbildenden «Erkenntnis».

Aber eben diese «oberflächliche» Wirklichkeit und Erkenntnis muß uns — in handfestem Ergreifen und Betrachten dieser unserer gegenständlichen Umwelt — Weg sein, um gleichsam durch sie hindurch das Wesen der Schöpfung erspähen zu können.

Diese einführenden Grundbetrachtungen, die eigentlich an den Schluß gehörten, mögen dazu dienen, schon mit einer der Quantenphysik entsprechenden Einstellung an die konkreten Betrachtungen quantenphysikalischer Phänomene und Einsichten heranzugehen. Für den klassisch geschulten und denkenden Philosophen, Wissenschaftler oder Künstler ist es ohnehin kaum möglich, ein richtiges Verhältnis zu diesem Seinsbereich zu gewinnen, oder auch nur zu empfinden, welch ungeheuerliche Veränderungen mit diesem fast gewaltsamen Einbruch des Komplementären in unser Denken geschehen sind.

Die Quantenphysik gründet in der Erkenntnis und auf der Wirklichkeit des «Dualismus von Welle und Körper».

Anstelle des Wortes «Körper» wird vielfach der Ausdruck «Teilchen» gebraucht; dieser sei jedoch vermieden, weil darin das Wort «Teil» enthalten ist, während jedoch das damit Gemeinte nicht der Teil von etwas anderem ist, sondern gerade wesenhaft eine Einheit in sich darstellt. Auch die Bezeichnung «Quant» statt Körper ist nicht ganz glücklich, weil dies insbesondere eine spezielle Eigenschaft dessen darstellt, was mit «Körper» gemeint ist; nämlich «Mengeneinheit», insbesondere die Energiemengeneinheit, die sich eben im Bilde des Körpers darstellt.

Man muß sich bei all dem überhaupt klar sein, daß allen diesen Worten Vorstellungen und Bilder zugrunde liegen, die den mesokosmischen Größenordnungen unserer Umwelt entnommen sind und deren Anwendbarkeit in den wesenhaft andersartigen Bereichen der Mikrophysik grundsätzlich fragwürdig sind. Physik — und jede Wissenschaft, vor allem gilt dies auch für die Theologie — bedeutet an den Grenzen des Seins immer eine Extrapolation von Vorstellungen und Bildern, die sich in der faßbaren Umwelt geformt haben, auf jene Bereiche, die dieser unmittelbar faßbaren Umwelt nicht mehr zugehören.

Dies ist eine prinzipielle Schwierigkeit jeglicher Wissenschaft, denn der Verbleib im unmittelbar Faßbaren ist ja noch keine Wissenschaft, sondern alltägliches Leben. Aber Wissenschaft soll ja gerade darüber hinausführen und Hintergründe offenlegen — und damit bedeutet Wissenschaft wesenhaft: eine derartige Extrapolation, der diese grundsätzliche Fragwürdigkeit unvermeidbar anhaftet. Dies bedeutet zugleich eine wesenhafte Begrenztheit jeglicher Wissenschaft; eine Begrenztheit, die in der kritiklosen Anbetung der Wissenschaft immer mehr übersehen wird, so daß die Wissenschaft nicht nur zu einem großen Segen, sondern auch zu einer furchtbaren Gefahr geworden ist; eine Gefahr, die unsere Struktur und Existenz vernichtend bedroht.

Konkret besteht die Gefahr, daß Eigenschaften und Vorgänge in umweltgewohnten Vorstellungen und Bildern ausgedrückt werden («das Licht verhält sich in dieser oder jener Hinsicht wie eine Welle; bzw wie ein Körper»), dann aber das Ding selbst mit diesen Bildern identifiziert wird («das Licht ist eine Welle bzw ist ein Körper») —

I 7

und nun umgekehrt andere Eigenschaften und Vorgänge, welche der Vorstellung und dem Bild ansonsten zugehören, auch dem Dinge selbst zugeschrieben, zugedichtet werden.

Diese Gefahr ist naturgemäß um so größer und die sich damit einstellenden Mißlichkeiten sind um so einschneidender, je weiter eine Wissenschaft fortschreitet und je tiefer sie in die Hintergründe eindringt. Die Quantenphysik dringt bis fast an die letzten Grenzen des physikalischen Seins vor; also verglichen mit anderen Wissenschaften unvergleichlich weit, so daß wir in ihr dieser Gefahren und damit aber auch dieser Struktur der Schöpfung besonders deutlich, geradezu aufdringlich gewahr werden.

Der quantenphysikalische Dualismus von Welle und Körper — etwa des Lichtes — bedeutet somit noch nicht, daß das Licht schlechthin eine Welle wie eine Wasserwelle oder ein Körper wie eine Kartoffel sei. Sondern er bedeutet nur, daß sich das Licht in manchen Hinsichten wie eine sichtbare Welle, in anderen Hinsichten wie ein greifbarer Körper verhält.

Man tut somit gut daran, sich möglichst lange nur konsequent auf die Phänomene unmittelbar zu stützen. Lassen sich dann diese verschiedenen Phänomene im Rahmen unserer Vorstellungen und Bilder mit der Struktur unseres Denkens nicht vereinen, so bedeutet dies im Grunde nur, daß die ursprüngliche Wirklichkeit eben unseren Vorstellungen und Bildern und eben dieser Struktur unseres Denkens (Identitätssatz, Widerspruchssatz, überhaupt der klassischen Logik) nicht adäquat (nicht gleichlaufend, nicht entsprechend) ist. Schließen verschiedene Gruppen von diesen Phänomenen — was wirklich der Fall ist — in diesen Vorstellungen, Bildern, Denkschemen einander unvereinbar aus, so bedeutet dies, daß diese Phänomen-Gruppen (etwa die Phänomene der Wellennatur bzw der Körpernatur) eben komplementär sind; dh zusammengehörig, obgleich einander ausschließend.

Nur eine dieser Komplementarität selbst Rechnung tragende Logik, eine Komplementaritätslogik (Weizsäcker), könnte diesem Sein besser genügen; so wie der mathematische Apparat der Quantenphysik — sei es als mit konkreten Kennzahlen operierende Matrizenmechanik (Heisenberg) oder als die dazu äquivalente, mit stetigen Koordinaten operierende Wellenmechanik (Schrödinger) —, in welcher in erstaunlich vollkommener Weise eindeutige Aussagen über beinahe jedes der mannigfaltigen Geschehnisse der Mikrophysik (Lichtübertragung; Elektronen-, Protonen-, Neutronen-, Deuteronen-, Alphareaktionen und -übergänge; Atom- und Molekülbau und -verhalten, chemische Bindungen usw) möglich werden.

Der «Welle-Körper-Dualismus», auf dem sich die Quantenmechanik (ebenso wie die Quantenelektrodynamik) gründet, hatte sich hinsichtlich des Lichtes schon seit drei Jahrhunderten im Bestehen zweier grundverschiedener, nicht vereinbarer Auffassungen des Lichtes angekündigt.

Schon Newton (1678) betrachtete das Licht als eine Korpuskularstrahlung (granatsplitterartig von der Lichtquelle wegfliegender Licht-Körper). Demgegenüber behauptete Huygens (1690) das Licht als einen Wellenvorgang (wasserschwingungsartig sich von der Lichtquelle ausbreitende Licht-Welle). Die immer gründlichere Erfassung der Welleneigenschaften des Lichtes, die logisch (genauer: klassisch-logisch) eine Körpernatur des Lichtes als unmöglich erscheinen ließen, brachte die Wellentheorie des Lichtes bis Anfang diesen Jahrhunderts zur unumschränkten Anerkennung.

Die Wellennatur des Lichtes wird mit einer fast unübersehbar großen Zahl von Beobachtungen aufzeigbar; etwa mit dem berühmten Fresnel-Spiegelexperiment:

Die Lichtwelle

In einer prinzipiell beliebig großen Entfernung — praktisch etwa ein Meter — von einer möglichst punktförmigen und einfarbigen Lichtquelle (etwa durch ein feines Loch oder durch einen sehr schmalen Spalt hindurchtretendes Natrium-Licht) werden zwei gleichartige, ebene Spiegel aufgestellt, welche das Licht in Richtung zur Lichtquelle zurückreflektieren (etwas geneigt, damit die Lichtquelle der Beobachtung nicht im Wege ist). Die beiden Spiegel stehen nebeneinander und umfassen einen beträchtlichen Raumwinkel; praktisch ist jeder etwa 0,1 bis 0,3 Meter breit. Diese beiden Spiegel sind nun sehr wenig gegeneinander geneigt, so daß die von ihnen reflektierten beiden Lichtkegel einander durchdringen und ihr Licht an die selben Stellen eines in beliebigem Abstand — praktisch ein oder mehrere Meter — stehenden Beobachtungsschirmes werfen.

Nun wird zuerst der zweite Spiegel (etwa der linke) mit einer schwarzen Scheibe bedeckt, so daß nur noch einer der beiden Spiegel (etwa der rechte) sein Licht zum Beobachtungsschirm wirft. Dann wird auch der zweite Spiegel freigegeben (die schwarze Scheibe weggenommen), so daß nun beide Spiegel ihr Licht zusammen auf den Beobachtungsschirm werfen. Statt Abdeckung des einen Spiegels mit der schwarzen Scheibe, könnte man diesen Spiegel auch ganz wegnehmen; bzw dann später wieder zu dem anderen Spiegel dazustellen. In jedem Falle stellt man einmal mit dem Licht über nur einen Spiegel, dann über beide Spiegel folgendes fest:

Bei Bedeckung (oder auch Wegnahme) des zweiten Spiegels erscheint an allen Stellen des Beobachtungsschirmes eine einheitlich gleichmäßig-starke Beleuchtung. Wird der zweite Spiegel jedoch freigegeben (oder hinzugestellt), so verdoppelt sich insgesamt die Stärke der Beleuchtung, indem ja jetzt Licht über die doppelt so große Spiegelfläche auf den Beobachtungsschirm einfällt. Jedoch ist jetzt mit den beiden Spiegeln die Beleuchtung nicht mehr an allen Stellen des Beobachtungsschirmes gleich stark, sondern zeigt, periodisch-abwechselnd einander folgend und stetig-wellenförmig ineinander übergehend, Minima- und Maxima-Stellen:

In einer Symmetrielinie sind hierbei die Minima völlig dunkel, während dafür die Maxima doppelte Helligkeit wie der Mittelwert mit beiden Spiegeln zeigen; dh vierfache Helligkeit wie die Beleuchtung vorher mit nur einem Spiegel. Mit Freigabe des zweiten Spiegels wird also die vorher gleichmäßige Beleuchtung an manchen Stellen (Minima) bis zum völligen Verschwinden herabgesetzt; an anderen Stellen (Maxima) bis zum Vierfachen (also Doppelten der mittleren Helligkeit) erhöht.

Das Licht muß also einen räumlich ausgedehnten Vorgang darstellen; derart, daß der über den zweiten Spiegel verlaufende Lichtvorgang in eben dieser charakteristischen Weise den über den ersten Spiegel verlaufenden Lichtvorgang zu beeinflussen vermag; dh diesen «Interferenzeffekt» hervorzurufen.

Die quantitative Auswertung dieses Experimentes (auch in verschiedensten Anordnungen und Dimensionierungen; etwa auch mit mehreren Spiegeln oder zwei oder mehreren Spalten usw) ergibt immer in gleicher Weise, daß tatsächlich das Licht einen Wellenvorgang darstellt, dessen — jeweils von Wellenberg zu Wellenberg gerechnete — Wellenlänge Λ und Schwingungsdauer T bzw Frequenz $f = 1/T$ sich sehr genau bestimmen läßt. Je nach der Lichtfarbe ergibt sich Λ, T, f und die Quantenenergie $E = h \cdot f$ nach folgender Tabelle.

Zur Vollständigkeit ist in dieser Tabelle außer dem eigentlichen, sichtbaren Licht noch das ganze Spektrum elektromagnetischer (licht-artiger) Strahlung aufgeführt; und zwar sind immer die Übergangs-werte von der einen zur nächsten, willkürlich durch die Konvention eingeteilten Klasse angegeben:

	Λ [cm]	T [sec]	f [1/sec]	E [erg]	E [eV]
	(unbegrenzt klein)		(unbegrenzt groß)		
Überfrequenz					
	$13\cdot10^{-14}$	$44\cdot10^{-25}$	$23\cdot10^{22}$	$15\cdot10^{-4}$	10^9
Gamma					
	$12\cdot10^{-11}$	$41\cdot10^{-22}$	$24\cdot10^{19}$	$16\cdot10^{-7}$	10^6
Röntgen					
	$12\cdot10^{-7}$	$41\cdot10^{-18}$	$24\cdot10^{15}$	$16\cdot10^{-11}$	10^2
Ultraviolett					
violett	$40\cdot10^{-6}$	$13\cdot10^{-16}$	$75\cdot10^{13}$	$50\cdot10^{-13}$	3,1
blau	$45\cdot10^{-6}$	$15\cdot10^{-16}$	$67\cdot10^{13}$	$45\cdot10^{-13}$	2,8
Licht: grün	$50\cdot10^{-6}$	$17\cdot10^{-16}$	$60\cdot10^{13}$	$40\cdot10^{-13}$	2,5
gelb	$55\cdot10^{-6}$	$18\cdot10^{-16}$	$55\cdot10^{13}$	$36\cdot10^{-13}$	2,2
rot	$60\cdot10^{-6}$	$20\cdot10^{-16}$	$50\cdot10^{13}$	$33\cdot10^{-13}$	2,0
	$75\cdot10^{-6}$	$25\cdot10^{-16}$	$40\cdot10^{13}$	$27\cdot10^{-13}$	1,6
Infrarot					
	$12\cdot10^{-3}$	$41\cdot10^{-14}$	$24\cdot10^{11}$	$16\cdot10^{-15}$	10^{-2}
Wärme					
	$12\cdot10^{-1}$	$41\cdot10^{-12}$	$24\cdot10^9$	$16\cdot10^{-17}$	10^{-4}
Rundfunk					
	$12\cdot10^5$	$41\cdot10^{-6}$	$24\cdot10^3$	$16\cdot10^{-23}$	10^{-10}
Niederfrequenz					
	∞	∞	0	0	0

Elektromagnetische Strahlung mit Überfrequenz (überenergische Gamma-Strahlung) gehört dem Bereich mit Wellenlängen und Schwin-gungsdauern bis unbegrenzt kürzer als die Elementarlänge λ und Ele-mentardauer τ zu. In diesem Bereich sind die Quanten bereits schwerer als die Nukleonen, so daß sich in diesem Bereich die elektromagneti-sche Wellenstrahlung in Elementarteilchen-Paarbildungen materialisiert. Entgegengesetzt von diesem Grenzbereich der elektromagnetischen Strahlung befindet sich die Niederfrequenz mit den elektrischen Schwin-gungen im Hörbereich einschließlich der 50 Hz-Stromversorgungs-frequenz. Dieser Bereich wird nach unten durch die Gleichströme bzw Gleichspannungen begrenzt — etwa aus Batterien oder elektrostati-schen Ladungen — mit dem Energiequantum Null gemäß $h\cdot f = 0$; dh eben ohne Photonen.

Wie mit verschiedensten anderen Vorrichtungen meßbar, geschieht die Energieübertragung der elektromagnetischen Strahlung — insbesondere die Lichtübertragung von der Lichtquelle zum Beobachtungsschirm — mit der Lichtgeschwindigkeit c, welche sehr genau zu $c = 299792500$ Metern pro Sekunde bestimmt werden konnte. Diese Lichtgeschwindigkeit ist überhaupt die Geschwindigkeit der Invarianzbewegung, die «Invarianzgeschwindigkeit» der Relativitätsphysik. Damit ergibt sich zwischen Wellenlänge und Schwingungsdauer T bzw Frequenz f für alle elektromagnetischen Wellen die Beziehung:

$$\varLambda = T \cdot c \quad \text{oder} \quad \varLambda = c/f \quad \text{bzw} \quad \varLambda \cdot f = c \, .$$

Wie weit ist dieser Wellenvorgang im Raume ausgedehnt?

Durch seitliches Auseinandernehmen der beiden Fresnel-Spiegel (im gleichen Abstand von der Lichtquelle verbleibend, aber so, daß verschieden große Zwischenräume zwischen den Spiegeln frei bleiben) läßt sich zeigen, daß der Raumwinkel der Wellenfront davon abhängt, ob und wie stark das Licht der Lichtquelle durch deren Konstruktion oder durch besondere optische Maßnahmen gebündelt ist; daß aber auch Lichtquellen möglich sind (Gasentladungen in allseits durchsichtigen Gaswolken), bei denen sich die Lichtwelle über den gesamten Raum ringsum gleichmäßig ausbreitet; als Kugelwelle.

Durch gestuftes Auseinandernehmen der beiden Spiegel in verschiedene Abstände von der Lichtquelle (so, daß das Licht über den einen Spiegel einen verschieden langen Weg bis zum Beobachtungsschirm zurücklegen muß als über den anderen Spiegel) läßt sich zeigen, daß es sich bei den Lichtwellen um Wellenzüge mit vielen nacheinanderfolgenden Bergen und Tälern handelt. Bei diesen Anordnungen folgen sich rund immer million Berge und Täler, so daß also die Wellenzuglänge — vom Beginn am ersten Wellenberg bis zum Ende am letzten Wellenberg — rund millionenfach größer (etwa ein Meter) als ihre Wellenlänge $\varLambda$ (von einem Wellenberg bis zum nächsten) ist.

Die ungestörte Lichtwelle ist somit ein sich in Gestalt einer Kugelschale, mit etwa meterdicker Wandstärke mit millionen Auf- und Abschwingungen innerhalb dieser Wandstärke, über kosmische Größen mit Invarianzgeschwindigkeit c ausbreitender Wellenvorgang. Damit ergibt sich das Licht als eine Welle.

Reduziert man im Fresnel-Experiment jedoch die Stärke der Lichtquelle immer weiter (zB durch Wegrücken hinter dem Loch oder Spalt), so tritt ein wichtiger Effekt auf, welcher mit einer Wellenübertragung nicht vereinbar ist:

I 7

Die gleichmäßige Beleuchtung des Beobachtungsschirmes mit einem einzigen Spiegel (bzw der stetige Beleuchtungsstärkenübergang von den Minima zu den Maxima mit zwei Spiegeln) wird nicht einfach immer schwächer, sondern löst sich schließlich in lauter einzelne, immer und überall gleichstarke Lichtblitze auf. Die größere Beleuchtungsstärke an den Maxima entpuppt sich hierbei nur als entsprechend häufigeres Auftreten dieser Lichtblitze. Vorläufig noch ungeachtet der Frage, wie man einen solchen «Blitz» konkret beobachtet, sei ein solcher Lichtblitz einstweilen schon als «Lichtquant» (Quantum heißt Menge; gemeint ist Einheitsmenge) bezeichnet.

Aber obgleich dieser Umstand der Unterscheidung von Lichtblitzen auf eine Korpuskularnatur (Körperhaftigkeit) des Lichtes hinweist, schließt doch die besondere Art jener der Wellennatur des Lichtes zugehörigen Phänomene (Interferenzeffekte und viele andere mehr) einen Korpuskularcharakter des Lichtes aus: diese Phänomene sind mit einem als Körper von der Lichtquelle zum Beobachtungsschirm bewegten Licht unvereinbar: Es wäre dem Lichtkörperchen (Photon) in seiner punktartigen Räumlichkeit ein Übergang zugleich über beide Spiegel, deren Abstand überdies in weiten Grenzen verschiebbar ist, unmöglich.

Wollte man dennoch an einer Übertragung der Lichtenergie in Gestalt eines auf bestimmten Bahnen bewegten Körpers (Photons) festhalten, käme man in keinem Fall umhin, dieses Lichtkörperchen, das sogenannte «Photon», wenigstens von einem Wellenvorgang begleitet anzunehmen, der etwa den Interferenzeffekt (mit anderen Experimenten auch andere Effekte) herbeiführt. Anders ausgedrückt: mit einem, gewaltige Räume erfassenden Wellenvorgang einhergehend, welcher das Photon führt; es abhält, an den Minima einzuschlagen und bevorzugt an die Maxima hindrängt. Alle die Führungsfeldtheorien sind jedoch bei genauerer Überprüfung unhaltbar:

Das Photon müßte beim Fresnel-Experiment oder bei entsprechenden anderen Experimenten auf irreal stufenförmig gekrümmten, teilweise sogar umkehrenden Bahnen geführt werden, auf denen es sich mit Überinvarianzgeschwindigkeit bewegen müßte. An den Minima könnten sich diese Photonen nur mit verschwindender Dichte senkrecht zum Beobachtungsschirm bewegen, wobei aber bei verschiedenen Neigungen des Schirmes sich Aufhellungen der Minima ergeben müßten, wie sie tatsächlich nicht gegeben sind. Gar etwa in den stehenden Wellen reflektierter Lichtstrahlen (wie sie etwa ein besonderes Farbfotographieverfahren anwendet) müßten diese Photonen sogar existentielle Sprünge ausführen; so daß es streckenweise auf «seiner Bahn» einfach nie vorhanden wäre. Dies anzunehmen, wäre nicht nur im höchsten Maße gezwungen und unglaubwürdig, sondern würde in sich bedeuten, daß man eben nicht mehr an einer Lichtübertragung durch auf «Bahnen» bewegte Körper festhielte.

Es würde zu weit gehen, all diese bis zum Exzess verfolgten Überlegungen im einzelnen zu betrachten. Es ist jedoch bezeichnend, daß die Hoffnung auf eine Möglichkeit, doch noch diese Phänomene mit Lichtkörpern in Einklang bringen zu können, um so mehr schwindet, je länger und eingehender man sich damit befaßt und je mehr Phänomene man zuzieht.

Es ist deshalb — vor allem wieder in jüngerer Zeit sich zu einer Art Fachmeinung gestaltend — die Auffassung vorzufinden, daß zwar der Welle-Körper-Dualismus unbeseitigbar gegeben sei, daß aber in den Einzelprozessen doch immer nur ein Lichtkörper, ein sogenanntes Photon auftreten würde, während die Wellenphänomene eine statistische Wirkung großer Mengen von Photonen darstellen würden. Diese Formulierung ist allerdings nur in einem sehr beschränkten Rahmen richtig:

Zwar ist im Einzelprozeß (Lichtemission an der Lichtquelle — und Lichtabsorption auf dem Beobachtungsschirm) immer nur das Auftreten eines einzigen Lichtenergie-Quants auf dem Schirm gegeben, wobei in jedem Einzelfall nie festgestellt werden kann, ob das Lichtquant bei zwei Spiegeln nur zufällig nicht an einer Minimastelle eingeschlagen ist. Dies ist prinzipiell, weil jedes Quant ja nur einmal auftreten kann; eben in seiner Absorption. Dieser Umstand hätte aber nur dann Bedeutung, wenn man entweder annehmen wollte, daß sich bei der allein statistisch auswertbaren Mengenerscheinung die vielen Photonen einander gegenseitig beeinflussen (gleichsam einander von den Minima wegstoßen) würden; oder daß die Frage der Zufälligkeit im Einzelprozeß prinzipiell nicht beurteilbar sei. Beides ist aber nicht der Fall:

Man kann ohne Schwierigkeit die Stärke der Lichtquelle so schwach einstellen, daß das eine Lichtquant schon längst absorbiert ist, bis das nächste überhaupt erst abgeht. Man muß dann zwar sehr lange warten, bis genügend Absorptionen auf dem Beobachtungsschirm stattgefunden haben, daß man typische Verteilungsfunktionen erkennen kann. Dann stellt man aber ebenfalls genau jene Minima-Maxima-Verteilung fest, wie beim gleichzeitigen Übergang beliebig großer Quantenmengen; ohne Abhängigkeit von der Beleuchtungsstärke. Daraus ist aber unumgänglich zu schließen, daß schon in jedem Einzelprozeß für sich das Wellenverhalten des Lichtes im vollen Umfang wirksam geworden ist.

Die nur mengenstatistische Wellenauffassung ist zwar nicht identisch, aber doch sehr verwandt mit einem anderen, in der physikalischen Fachwelt sehr weit verbreiteten Irrtum: mit der Annahme, daß zwei Lichtquellen (zB Doppelstern), deren Abstand geringer als der Minima-Maxima-Abstand der bei der betreffenden Optik gegebenen Beugungsscheibchen ist, prinzipiell nicht «auflösbar» seien; dh ihr Abstand nicht genauer als eben bis zu dieser Größe bestimmbar sei. Diese Annahme ist falsch, denn dieser Abstand ist beliebig genau bestimmbar.

Es ist zwar richtig, daß praktisch das Auflösungsvermögen optischer Systeme dadurch festgelegt ist. Aber die Abstandsbestimmung ist trotzdem dann beliebig genau möglich, wenn man nur genügend viele von jedem der beiden Doppelsterne kommende Lichtquanten auswertet; dh den von vielen Lichtquanten gegebenen, höheren Informationsgehalt passend nutzt. Daß dies prinzipiell möglich ist, zeigt schon ein Blick durch ein weit über das Auflösungsvermögen vergrößerndes Fernrohr auf einen Doppelstern: Man sieht dann zwei große, durcheinander hindurchgehende Beugungsscheiben, je mit einer der Optik eigenen Minima-Maxima-Funktion, bei der man schon visuell und erst recht mit exakter statistischer Auswertung die Sternmitten beliebig genau bestimmen kann.

Unter Ausnutzung dieser Möglichkeit läßt sich zB bei einer Photographie, welche die einzelnen Punkte des Objektes mit voll ausgeprägtem Beugungsscheibchen (je durch hinreichend viele Lichtquanten voll dargestellte Minima-Maxima-Funktionen; bei nahezu jeder Photographie erfüllt) abbildet, jederzeit später eine Verschärfung weit über jenen Schärfegrad hinaus erreichen, der durch das Auflösungsvermögen des aufnehmenden Objektivs gegeben wurde. Man muß hierzu nur (möglichst in so großen Abmessungen, daß nicht die erneut auftretenden Beugungsscheibchen merklich Unschärfen ergeben) dieses Bild mit einer inversen Optik reproduzieren, welche die Helligkeitsverteilungen mit der reziproken Minima-Maxima-Funktion (Bessel-Funktionen) überträgt. Zu diesem im Prinzip möglichen, technisch schwierigen Verfahren wurden bereits konkrete Apparate (Karl Philberth) zur praktischen Realisierung entworfen.

Auch dem einzelnen Elementarprozeß gehört somit das Wellenverhalten zu; wenngleich sich freilich dieses prinzipielle Wellenverhalten erst aus den mit großen Quantenzahlen sich ergebenden Phänomenen ermitteln läßt. Nachdem jedoch das grundsätzliche (wenn auch nicht das konkrete) Wellenverhalten typisch ist, ist fraglos auch für den Einzelfall das grundsätzliche Wellenverhalten erkennbar (wenn auch nicht konkret als solches beobachtbar); andernfalls wäre überhaupt keine Quantenmechanik möglich, die eben mit diesem grundsätzlichen Verhalten operiert.

Mit größeren Quantenmengen ist nicht nur das grundsätzliche Wellenverhalten erkennbar, sondern es sind darüber hinaus (entsprechend dem höheren Informationsgehalt) auch noch Bestimmungen von Zustandsgrößen möglich, welche das grundsätzliche Wellenverhalten für den Einzelprozeß noch nicht durchführen läßt. Das Wellenverhalten ist somit nicht nur nicht erst dem Mengenprozeß zugehörig, sondern wesenhaft eben dem Einzelprozeß zugehörig. Und dieses wesenhafte Wellenverhalten schließt eben die Annahme der Körpernatur des Lichtes aus.

Der klassische Philosoph hätte es damit für überflüssig, ja sogar sinnwidrig gehalten, weitere Experimente anzustellen; in der Hoffnung, vielleicht doch noch ein Körperverhalten des Lichtes festzustellen. Tatsächlich wurden vom klassischen Physiker auch nicht Experimente mit dieser Zielsetzung angestellt. Vielmehr ergab sich — zur Bestürzung der Physiker selbst — das Körperverhalten zwangsläufig im Zusammenhang mit dem Fortschreiten physikalischer Experimente.

Die Bestürzung der Physiker war begründet, denn es leitete sich damit wirklich nicht nur ein «Umsturz im Weltbild der Physik», sondern im gesamten Verhältnis des Menschen zur Welt ein.

Der Lichtkörper

Die erste Auswirkung der Körpernatur des Lichtes wurde im «lichtelektrischen Effekt» beobachtet: Auf eine Metallschicht auffallendes Licht schlägt aus dieser Elektronen heraus, die mit einer mehr oder minder großen Geschwindigkeit — dh Bewegungsenergie — wegfliegen. Aufgrund dieser Bewegungsenergie können sie gegen ein elektrisches Feld, dessen Potential in Volt V angegeben wird, anlaufen, so daß sich ihre kinetische Energie in elektrisch-potentielle Energie umsetzt. Bei der elektrischen Elektronenladung e ergibt jedes in Feldrichtung durchlaufene Volt die Energie von einem eV:

$$1 \ll \text{Elektronenvolt} \gg \ = \ 1\,eV \ = \ 1{,}602\,1917 \cdot 10^{-12}\,erg\,.$$

Bei der Untersuchung, gegen eine wie hohe Spannung die schnellsten Elektronen gerade noch anlaufen können (die langsameren Elektronen, welche schon durch Zusammenstöße mit anderen Elektronen in der Metallschicht Energie verloren haben, oder die schräg zum Feld auslaufen, sind ohne Betracht), ergab sich, daß diese Spannung überhaupt nicht von der Beleuchtungsstärke abhängig war, sondern nur von der Lichtfarbe. Bei größerer Beleuchtungsstärke (helleres Licht) wurden zwar proportional mehr Elektronen ausgestoßen (also der Elektronenstrom, dh der elektrische Strom war proportional der Lichtstärke, dh dem Lichtstrom), aber die einzelnen Elektronen hatten vom einfallenden Licht immer die gleiche Energie mitbekommen. Von der sogenannten Austrittsarbeit abgesehen (die bei manchen Metallen, wie dünnsten Cäsiumschichten, sehr klein wird), ergab sich: Die Energie E, welche das Licht an ein Elektron abgibt, ist genau proportional der Lichtfrequenz, wobei der Proportionalitätsfaktor das Wirkungsquantum h ist; gemäß $E = h \cdot f$.

Das Wirkungsquantum h ist eine universelle Naturkonstante von der Größe $h = 6{,}626\,196 \cdot 10^{-27}\,erg \cdot sec$, welches in der gesamten Physik von grundlegender Bedeutung ist. Dieses «Plancksche» Wirkungsquantum h wurde bereits (1900) im Zusammenhang mit dem Strahlungsdruck des Lichtes im Problem der «schwarzen Strahler» entdeckt (Planck) und hat sich nicht nur beim lichtelektrischen Effekt, sondern in einer Vielzahl von analogen Beobachtungen glänzend bestätigt. Die Beziehung $E = h \cdot f$ oder $T \cdot E = h$ wurde zur Grundbeziehung der gesamten Quantenphysik und überhaupt zu jeglicher Physik mit Wirkungen.

Vorgänge wie der lichtelektrische Effekt weisen nach, daß das Licht nicht in beliebig fein unterteilbarer bzw sich verteilender Energie übertragen wird, sondern immer nur in ganzen, unteilbaren Energiequanten, deren Energiequantum $E = h \cdot f$ eben der Frequenz f proportional ist.

Damit hat violettes oder auch blaues Licht größere Energiequanten als etwa gelbes oder gar rotes Licht; vgl Tabelle. Manche chemischen Prozesse werden deshalb von violettem Licht noch ausgelöst, die von rotem Licht nicht mehr ausgelöst werden können (etwa die Belichtung mancher Photoplatte; oder die Zündung der Explosion von Halogen-Wasserstoff-Gasgemischen usw). Die noch höherfrequenten Ultraviolett-, Röntgen- oder gar Gamma-Strahlen haben entsprechend noch viel größere Energiequanten; umgekehrt die niederfrequenten Infrarot-, Wärme- oder gar Rundfunk-Strahlen entsprechend kleinere Energiequanten.

Also auch die Lichtabsorption — dh Lichtenergieaufnahme — durch Atome und Moleküle, die sich dadurch energetisch anregen und damit reaktionsfähig werden, kann nur in diesen ganzheitlichen, unteilbaren Energiequanten $h \cdot f$ erfolgen.

Da nach der relativistischen Energie-Massenbeziehung $E = m\,c^2$ dem Energiequantum $E = f h$ eine Masse $m = f h / c^2$ zukommt, welcher gemäß der Lichtübertragung mit Lichtgeschwindigkeit c ein Impuls $p = m c = f h / c$ zukommt, ergeben sich somit für das Licht tatsächlich in verschiedenen Zusammenhängen die typischen Eigenschaften des an einer Stelle zu einem Moment mit Masse und Impuls auftretenden Körpers (Lichtkorpuskel).

Dieses Körperchen des Lichtes — und analog aller invarianzbewegten elektromagnetischen Wellenstrahlung — bezeichnet man konkret als «Photon». Die den Materiewellen zugehörigen Körper laufen dagegen unter den konkret üblichen Bezeichnungen «Elektron» bzw «Proton» bzw «Neutron» bzw sonst einer Bezeichnung.

Besonders deutlich werden diese Korpuskulareigenschaften des Lichtes beim Compton-Effekt, welcher im Grunde auch die Ursache des lichtelektrischen Effektes ist.

Beim Compton-Effekt wird ein freies Elektron von einem Photon angestoßen, wobei das Photon einen Teil seiner Energie und seines Impulses auf das Elektron im Sinne eines ideal-elastischen Stoßes überträgt.

Während somit vor dem Compton-Stoß ein etwa ruhendes Elektron gegeben war, das von einem Photon der Masse $m = f h / c^2$ und der Geschwindigkeit c getroffen wurde, verbleibt danach gemäß den Erhaltungssätzen von Energie und Impuls ein bewegtes Elektron und ein zwar auch noch mit c (Invarianzgeschwindigkeit) bewegtes Photon; aber mit einer um die an das Elektron abgestoßenen Energie verringerten Quantenenergie, dh mit verringerter Frequenz f, aber vergrößerter Wellenlänge $\varLambda$ und Schwingungsdauer T. Desgleichen sind auch umgekehrte Compton-Effekte möglich und etwa für den Energiehaushalt entarteter Sterne bedeutungsvoll, bei denen rasche Elektronen durch Anstoß von Photonen, diesen eine höhere Quantenenergie und Frequenz erteilen.

Diese und eine große Vielzahl ähnlicher Gegebenheiten — ua schon der in der klassischen Physik bekannte Lichtdruck (der Lichtauffall ergibt einen meßbaren Druck) — macht in geradezu überwältigender Weise dieses Korpuskularverhalten des Lichtes offenkundig. Das Licht ist also ein Körper.

Aber dieses Körperverhalten des Lichtes ist derart, daß es auch umgekehrt mit der Auffassung des Lichtes als Wellenstrahlung unvereinbar ist:

Wäre das Licht ein Wellenvorgang, würde sich die Lichtenergie als Welle oder in der Welle von der Emissionsstelle (Lichtquelle) zur Absorptionsstelle (Beobachtungsschirm, Compton-Elektron usw) immer weiter mit der Wellenausbreitung verteilen, sodaß an der Stelle und zum Moment der Absorption nicht mehr das volle Energiequantum zur Verfügung stünde. Da der kugelschalenförmige Wellenzug schon nach einer einzigen Sekunde Laufzeit bereits ein Volumen von trillionen Kubikmetern innehat, wären die lokal zur Verfügung stehenden Energiemengen um weit über 20 Zehnerpotenzen zu klein.

Aus gleichem Grunde wäre auch ein örtliches Zusammenziehen der gesamten im Wellenfeld verteilten Energie unmöglich. Ein derartiges Zusammenziehen müßte innerhalb weniger als Mikrosekunden aus Räumen erfolgen, die bei Licht von den fernsten Galaxien Weltraumabmessungen haben müßten; außerdem bei jeder erdenklichen Abschirmung völlig unbehindert und entgegen allem sonstigen Energieverhalten erfolgen müßte. Vor allem würde ein derartiges Zusammenziehen eine Energie- und damit Massenverschiebung mit weit über Invarianzgeschwindigkeit bedeuten, was dem Wesen der physikalischen Existenz und allen Ergebnissen der Relativitätsphysik völlig entgegen wäre.

Die Lichtwelle erfaßt eben Räume und Zeiten, welche die größtmöglichen Abmessungen im Weltall erreichen können und erreichen, wogegen die energetische Lichtwirkung bei Emission wie auch Absorption in den kleinstmöglichen Abmessungen ungeteilt und unteilbar auftritt.

Verdrängung und Ergänzung

Das wellenhafte Verhalten schließt somit das körperhafte Verhalten vollständig aus; umgekehrt schließt aber auch das körperhafte Verhalten das wellenhafte Verhalten vollständig aus. Und diese Ausschließung ist nicht etwa die Ausschließung in Eigenschaften, die in unterschobenen Bildvorstellungen mit in die Vorgänge gleichsam hineinprojiziert werden, sondern ist eine Ausschließung gerade in den unmittelbar erfaßten, spezifisch wesenseigenen Phänomenen.

Zugleich steht aber neben dieser kaum radikaler denkbaren Ausschließung eine gegenseitige Ergänzung, die in den eindeutigen Beziehungen der Größen des verschiedenen Verhaltens zueinander ihren Ausdruck findet und auf welchen sich die Quantenphysik gründet. Über das Wirkungsquantum h und die Invarianzgeschwindigkeit c stehen eben die Frequenz f, Schwingungsdauer T und Wellenlänge Λ des Wellenverhaltens einerseits, mit Masse m, Energie E und Impuls p des Körperverhaltens andererseits im Zusammenhang; etwa:

$$m = f h/c^2 \; ; \qquad E = f \cdot h \; ; \qquad p = f h/c \; = h/\Lambda$$
$$f = E/h \qquad ; \qquad T = h/E \; ; \qquad \Lambda = h/m\,c = h/p$$

Es liegt somit zwischen Welle und Körper beim Licht eine vollkommene Komplementarität vor; eine ebenso unüberbrückbare gegenseitige Ausschließung einerseits wie auch ebenso untrennbare Zusammengehörigkeit andererseits; eine vollkommene Verdrängung und zugleich Ergänzung der beiden Komponenten «Welle» und «Körper».

Das Licht ist jedoch in dieser Komplementarität nicht etwa ein eigenartiger Fremdling in dieser Welt, sondern diese Komplementarität des «Welle-Körper-Dualismus» konnte auch bei Elektronen, Protonen, Neutronen, ja sogar Atomkernen, ganzen Atomen und Molekülen exakt nachgewiesen und als entscheidend für ihr gesamtes quantenphysikalisches Verhalten erkannt und zu dessen Erfassung benutzt werden.

Jedem Massekörper der Materie ist ganz allgemein eine charakteristische «Materiewelle» eigen, deren Bestimmungsgrößen in ganz entsprechenden Beziehungen zu den Bestimmungsgrößen des Materiekörpers stehen; Beziehungen, in denen die Verhältnisse beim Licht nur als ein Spezialfall mit einer Geschwindigkeit v gleich der Invarianzgeschwindigkeit c erscheinen (De Broglie).

Allgemein ergibt sich mit der Relativgeschwindigkeit v eines Körpers, mit der Invarianzgeschwindigkeit c und mit dem Wirkungsquantum h für die Beziehung von Frequenz f, Schwingungsdauer T, Wellenlänge Λ und Masse m, Energie E, Impuls p:

$$m = f h/c^2 \; ; \qquad E = f \cdot h \; ; \qquad p = f h \cdot v/c^2 = h/\Lambda$$
$$f = E/h \qquad ; \qquad T = h/E \; ; \qquad \Lambda = h/m\,v \quad = h/p$$

Also nur die Beziehungen für den Impuls p bzw die Wellenlänge Λ ergeben eine allgemeinere Form als die analogen Beziehungen speziell für das Licht; Beziehungen, die jedoch im Spezialfall $v \rightarrow c$ ineinander übergehen.

Damit ergibt sich eine merkwürdige Beziehung für die Wellenausbreitungsgeschwindigkeit u. Ganz allgemein für jede Wellenart gilt: $u = \Lambda/T$. Mit $\Lambda = h/mv$, mit $T = h/E = h/mc^2$ ergibt sich damit: $u = c^2/v$; also eine Überinvarianzgeschwindigkeit, die speziell für Licht mit $v = c$ in die Invarianzgeschwindigkeit c des Lichtes übergeht.

Der Umstand, daß diese Wellengeschwindigkeit u jedoch nicht mit der Körpergeschwindigkeit v übereinstimmt und überdies größer als Invarianzgeschwindigkeit c ist, hat Anlaß zu vielen Erörterungen gegeben. Es wird hierzu vor allem angeführt, daß die einem Körper der Geschwindigkeit v zugehörige Wellengeschwindigkeit u eine reine «Phasengeschwindigkeit» (also Geschwindigkeit, mit der sich etwa ein Wellenberg im Raume mit der Zeit verschiebt) darstelle, mit welcher weder Energien noch Informationen bewegt werden könnten, so daß dies keinen Widerspruch zur Relativitätsphysik darstelle. Diese Argumentation ist richtig, wenn man überhaupt die Materiewellen in den ihr ungemäßen Vorstellungen und Begriffen der Raumwellen auszudrücken versucht.

Relativitätsphysikalisch sind jedoch die Materiewellen wesenhaft Zeitwellen; dh Oszillationen in der Zeit, ausgebreitet über den Raum. Diese Zeitwellen sollen etwas genauer beschrieben werden; zur besseren Veranschaulichung in Analogie zu den Raumwellen [Analogie immer in eckigen Klammern], welche deren raum-zeit-vertauschtes Analogon darstellen. Die Raumwellen stellen etwa in Gestalt einer welligen Landschaft oder einer von einem Schiff erzeugten Bugwelle altbekannte Erscheinungen dar:

Die der Zeitwelle — etwa Materiewelle — primär wesenseigene Größe ist die Schwingungsdauer T_0, welche der Materiewelle im System des ihr zugehörigen Materiekörpers selbst, also im «Ruhesystem» zugehört. Die Zeitwelle ist eine im ganzen Raum ihres Ruhesystems synchrone Oszillation; dh längs des gesamten Raumes unverändert gleich; ohne längs des Raumes mit Bergen und Tälern abzuwechseln. Die Zeitwelle ist unmittelbar der Zeitdefinition adäquat: die im ganzen Raum überall gleichartige Umdrehung der Rohruhr ist unmittelbar eine Zeitwelle. [Die der Raumwelle primär wesenseigene Größe ist die Wellenlänge Λ_0 im System der Raumwelle selbst; also im Ruhesystem, dh für den in der Landschaft verweilenden oder auf dem Schiff stehenden Beobachter. Die Raumwelle ist in ihrem Ruhesystem während der ganzen Zeit unverändert gleich; dh die Berge und Täler bleiben stehen, wie sie sind; bzw vom Schiff aus gesehen sind die Wasserwellen wie festgefroren feststehend. Die Raumwelle ist unmittelbar der Raumdefinition adäquat: die während der ganzen Zeit immer gleichbleibende Strichteilung des Meterstabes ist unmittelbar eine Raumwelle.]

Diese Schwingungsdauer T_0 der Zeitwelle ist in einem Bezugssystem, gegen welches das Ruhesystem sich mit der Geschwindigkeit v bewegt und mit dem Zeitgradienten w verstreicht, relativistisch mit der Kontraktion $\varkappa = (1 - vw)^{1/2}$ verkürzt gemäß $T = T_0 \cdot \varkappa$; genau entsprechend der Frequenzerhöhung der Welle bzw der Massen- und Energievergrößerung des bewegten Körpers im Sinne der Wirkungsinvarianz $T \cdot E = h$. [Diese Wellenlänge Λ_0 der Raumwelle ist gemäß $\Lambda = \Lambda_0 \cdot \varkappa$ verkürzt; dh für einen durch die Landschaft fahrenden Beobachter, gegen den sich also die Landschaft bewegt, ist der Abstand zwischen den Berggipfeln verkürzt; bzw für einen Beobachter, gegenüber welchem das Schiff bewegt ist, ist der Abstand zwischen den Wasserwellenbergen verkürzt.] Die Schwingungsdauer der Zeit- dh Materiewelle T_0 und T [die Wellenlänge der Raumwelle Λ_0 und Λ] ist somit eine relativistisch reale Größe.

Demgegenüber ergibt sich jedoch die Wellenlänge Λ der Zeitwelle nur als sekundäre Größe; nämlich als jene Strecke im Bezugssystem, längs welcher Zeit und Geschichte des Welle-Körper-Systems gerade um eine Schwingungsdauer $T = T_0 \cdot \varkappa$ verstreicht; gemäß $\Lambda \cdot w = T$ oder $\Lambda = T/w$. [Die Schwingungsdauer T der Raumwelle ergibt sich erst sekundär als jene Dauer, während welcher sich gerade ein Berg- und-Tal-Zug vorbeibewegt hat; gemäß $T \cdot v = \Lambda$ oder $T = \Lambda/v$.] Nun kommt etwas physikalisch wie erkenntnistheoretisch höchst Interessantes:

Bei der Zeitwelle kann man diese «Wellenlänge» Λ in der Beziehung $\Lambda = T/w$ gemäß $T = T_0 \cdot \varkappa$ auch in der primären Grundgröße T_0 ausdrücken: $\Lambda = T_0 \cdot \varkappa/w$; [bei der Raumwelle die «Schwingungsdauer» $T = \Lambda/v$ mit $\Lambda = \Lambda_0 \cdot \varkappa$ als $T = \Lambda_0 \cdot \varkappa/v$]. Damit könnte man aber meinen, daß bei der Zeitwelle dieser Wellenlänge Λ — entsprechend der relativistischen Längenkontraktion mit $\varkappa$ — im Ruhesystem selbst eine primäre Wellenlänge $\Lambda_0 = \Lambda/\varkappa$ zugrunde liege; [bei der Raumwelle, daß der Schwingungsdauer T eine Schwingungsdauer $T_0 = T/\varkappa$ im Ruhesystem zugehöre]. Obwohl also der Formalismus eine derartige Wellenlänge Λ_0 der Zeitwelle [Schwingungsdauer T_0 der

Raumwelle] fordert und als relativistisch reale Größe erscheinen läßt, existiert eine solche überhaupt nicht:

In der über den gesamten Raum synchronen Schwingung der Zeitwelle gibt es überhaupt keine Berge und Täler; erst recht keine Länge von Berg zu Berg. Rein formal — aber damit reitet man den Formalismus zu Tode — müßte man im Ruhesystem selbst von einer unendlich großen Wellenlänge sprechen; keinesfalls aber von einer Wellenlänge der Größe $\Lambda_0 = \Lambda/\varkappa$. [Bei der Raumwelle gibt es im Ruhesystem selbst überhaupt keine Schwingungsdauer; Berge und Täler bleiben vielmehr immer unverändert im Raum stehen. Es ist deshalb gänzlich irreal, eine endliche Schwingungsdauer $T_0 = T/\varkappa$ anzugeben, die bedeuten müßte, daß sich innerhalb dieser Dauer ein Berg einmal zu einem Tal vertieft und wieder zum Berg erhöht hätte. Auch die Ausdrucksweise, daß die Schwingungsdauer unendlich lang sei, ist leer: Nur in der negativen Bedeutung, daß sich in noch so langer Zeit eben nichts verändere, ist diese Ausdrucksweise richtig; aber keineswegs in der Weise, daß sich in unbegrenzter Zeit doch die Berge in Täler umstülpen würden.]

Anders ausgedrückt: Die Wellenlänge der Zeitwelle, der Materiewelle ist überhaupt keine reale Länge im Sinne einer echten relativistischen Raumgröße. Sie ist vielmehr eine durch die Schwingungsdauer T begründete Verstreichungsgröße $T/w = \Lambda$; mit ganz anderen Eigenschaften als eine richtige Länge. Ebenso ergaben sich ja auch die verstreichungsbedingten Zeiteffekte von anderer Art als die eigentlichen Zeiteffekte: wie bei der Einsteindilatation deutlich wurde, ergeben die verstreichungsbedingten Zeiteffekte und die dadurch sich ergebenden Frequenzveränderungen keine der quantenphysikalischen Grundbeziehung $E = h \cdot f$ genügenden Energieänderungen; im Gegensatz zu den eigentlichen, in der Zeitkontraktion erscheinenden Zeiteffekten. [So ist analog die «Schwingungsdauer» der Raumwelle keine eigentliche, relativistisch-reale Zeitgröße, sondern eine streckenbegründete Bewegungsgröße $\Lambda/v = T$.]

Man spricht von einer «Wellengeschwindigkeit» u und einer «Wellenlänge» Λ auch bei den Zeitwellen; so als wenn es sich um echte Geschwindigkeiten und Längen handeln würde, die sich etwa auch relativistisch wie solche verhalten. Man tut dies in Analogie zu den Raumwellen (oder überhaupt in Verwechslung damit), bei denen Wellengeschwindigkeit und Wellenlänge tatsächlich die realen Größen darstellen.

Freilich «kann» man (und man tut es ja mit Erfolg) auch bei Zeitwellen die Größen u und Λ als Geschwindigkeiten und Längen interpretieren und behandeln. Diese Unterstellung des Raumwellenbildes ist zwar weitgehend möglich. Es ist aber damit nicht nur die Gefahr gegeben, daß man Scheinproblemen zum Opfer fällt, sondern daß man überhaupt zu falschen Ergebnissen kommt, sobald die Tragfähigkeit der Analogie überspannt wird. Dies wäre eben der Fall, wenn man etwa die «Materiewellenlänge» wie eine echte Raumgröße relativistisch transformieren wollte. Der Formalismus ist eben auch nur von begrenzter Leistungsfähigkeit; man muß staunen, daß er überhaupt so gut funktioniert. Wenn man mit nicht durchweg adäquaten Analogievorstellungen arbeitet, ist es eine Glück- und Instinktsache, ob man noch zu richtigen Ergebnissen gelangt oder nicht. Auf keinen Fall findet man jedoch damit zu einer richtigen Gesamtschau der Phänomene.

Die mangelnde Erkenntnis des Wesens der verschiedenen Größen der Quantenphysik ist letztlich der Grund, warum die Quanten- und Relativitätsphysik immer noch einander wie Fremdkörper gegenüberstehen, obgleich sie zusammengehören und einander bedürfen. Eine perfekte Physik kann diese verschiedenen Aspekte eben nur vereinen, wenn deren Größen nicht nur in mathematischen Formalismen «verarbeitet», sondern in ihrer wesenhaften Verschiedenheit begriffen werden. Dies erfordert freilich einen sehr viel höheren Rang wissenschaftlicher Leistung, welcher von den meisten Physikern einfach nicht mehr erreicht zu werden vermag. Es entspricht bereits Hochschulniveau, innerhalb eines Aspektes Klarheit zu erlangen. Aber die verschiedenen Aspekte nebeneinander je für sich zu bewältigen und noch dazu deren Wechselbeziehungen zu durchschauen (was sich grundsätzlich der Reichweite des Formaldenkens entzieht!), würde einem geistigen Niveau zugehören, das bereits jenseits der Grenzen einer von Menschen betriebenen Wissenschaft liegt. Die Mächtigkeit der Schöpfung ist zu groß, als daß sie vom Menschen geistig bewältigbar wäre.

Man braucht also nicht allzu tiefsinnig zu werden, wenn man mit bedenkenloser Benutzung des Formalismus unechte Größen wie echte behandelt und damit zu irrealen (und «unanschaulichen») Ergebnissen gelangt oder überhaupt das Verhältnis zur Realität verliert. Diesen unechten Größen liegen jedoch in der Regel reale Größen mit anderem Charakter zugrunde, als es das falsche Bild erscheinen läßt.

So ist die Wellengeschwindigkeit $u = c^2/v$ der Materiewelle eigentlich nur der Reziprokwert des Zeitgradienten w als realer Größe; $u = 1/w$. Ebenso ist eigentlich gar nicht die Wellenlänge Λ der Materiewelle, sondern deren Reziprokwerk $s = w/T = wf = 1/\varLambda$ wirksam, der am besten «Schwingungsgradient» genannt wird.

Wie die Frequenz f die Dimension $1/sec$ ($1/s$; reziproke Sekunden; reziproke Zeitdimension) besitzt, so der Schwingungsgradient s die Dimension $1/cm$ ($1/m$; reziproke Meter; reziproke Raumdimension). Als der hinter der Wellenlänge $\varLambda$ stehenden Realgröße w/T bzw. $w \cdot f$ ist der Schwingungsgradient s weder formal (Reziprokwert) noch wesenhaft eine Raumgröße: Er ist vielmehr der Zeitgradient pro Schwingungsdauereinheit. Deshalb wäre auch der übliche Ausdruck «Wellenzahl», der eine reale Wellenlänge voraussetzt, für den Schwingungsgradienten s irreführend.

Es fällt auf, daß dieser Schwingungsgradient $s = wf$ formal der Energie $E = hf$ verwandt ist. Tatsächlich verbirgt sich dahinter ein fundamentaler Zusammenhang zwischen Zeitgradient w und Wirkungsquantum h; dh zwischen Relativitäts- und Quantenphysik.

Diese Irrealität von u und $\varLambda$ der Materiewelle ergibt sich im relativistischen Raum- und Zeitaspekt. Aber dieser ist anders als etwa schon der existentielle Raum- und Zeitaspekt. Es ist deshalb die Frage berechtigt, ob vielleicht die Quantenphysik wieder einen anderen Raum- und Zeitaspekt zugrundeliegen hat; einen Aspekt, in welchem vielleicht diese Größen u und $\varLambda$ wieder ein höheres Maß an Realität gewinnen.

Auch die Quantenphysik und gerade diese hat bisher nicht nur nicht einen Realcharakter der Wellengrößen u und $\varLambda$ greifbar werden lassen, sondern vielmehr eine Auflösung von deren Realcharakter kundgetan. Der Grund dafür ist prinzipieller Natur, indem auch in dieser Hinsicht die Quantenphysik eine Umkehrung der Relativitätsphysik darstellt:

Wie die Relativitätsphysik keinen primären Energieaspekt aufzubringen vermochte, sodaß die Energien gleichsam erst sekundär als formale Geometrisierungen der Raum-Zeit-Strukturen ein wie unwirkliches Sosein erlangten, so hier umgekehrt: Die Quantenphysik bringt hinter ihrem primären Energie- und Wirkungsaspekt nur noch einen sehr formalen Raum- und Zeitaspekt hervor, sodaß die Energien wie in schattenhafter Unräumlichkeit und Unzeitlichkeit reagieren. Wiederum wird die Leerheit der Welt offenkundig; das Sein gegenüber dem Nichts.

Und hierin begründet sich auch jene Komplementarität der Quantenphysik mit der Relativitätsphysik, deren verschiedenartige Aspekte sich gegenseitig ausschließen, die aber zugleich einander ergänzen und bedingen müssen. Gleichsam bedarf die Relativitätsphysik noch des quantenphysikalischen Energie- und Wirkungsaspektes; die Quantenphysik aber umgekehrt auch des relativistischen Raum- und Zeitaspektes:

Tatsächlich werden alle Materiewellenphänomene von der Verstreichung und deren Zeitgradient w beherrscht; nur bei den Körperphänomenen erscheint noch unmittelbar die Bewegung und deren Geschwindigkeit v. Der Umstand, daß das Produkt der Vierergeschwindigkeit $\vec{N}$ mit dem Viererzeitgradienten $\vec{\Omega}$ in allen Systemen, auch mit krummlinigen Koordinaten, immer invariant gleich 1 ist, gibt einen Schlüssel für den Welle-Körper-Dualismus und dessen Realbedeutung. Welle und Körper haben gleichsam zueinander eine raum-zeit-vertauschte Realität; allerdings nicht in einer völlig analogen Vertauschung, sondern eben im Energie- und Wirkungsaspekt der Quantenphysik:

Der Körper ruht gleichsam fest im Raum (im eigenen System als wirkliches Ruhesystem) und gleitet hierbei durch die Zeit (dh obgleich an der selben Stelle liegend, altert er trotzdem fortwährend). Die Welle besitzt dagegen mit ihrer Schwingungsdauer eine gleichsam feste Struktur in der Zeit, aber ohne räumliche Lokalisation, sodaß sogar ihre Raumgrößen nur als verstreichungsmodifizierte Zeitgrößen real sind.

Dies ist für ein richtiges Verhältnis zum Welle-Körper-Dualismus ganz entscheidend. Viele Schwierigkeiten hängen letztlich nur damit zusammen, daß die Verstreichung und ihr Zeitgradient eine noch sehr ungewohnte und sehr schwer anschauliche Größe ist. Dabei sind nicht nur die Materiewelle, sondern auch die Lichtwelle von der Verstreichung beherrscht, indem die Lichtwelle nicht nur einen Grenzwert der allgemeinen Materiewelle darstellt, sondern auch in interessanten Übergängen aufzutreten vermag: Wird zB Licht im schrägen Einfall zwischen zwei planparallelen Spiegeln fortgeleitet, so bewegt sich das Photon mit einer Geschwindigkeit v kleiner als c und deren Welle besitzt eine Verstreichung gemäß $w = v/c^2$ kleiner als der Invarianzzeitgradient $1/c$; also genau wie bei einer allgemeinen Materiewelle.

Die Quadrupel

Die fundamentalen Größen des Körperverhaltens sind die Energie E und der Impuls p; die des Wellenverhaltens die Frequenz f (Reziprokwert der Schwingungsdauer T) und der Schwingungsgradient s (Reziprokwert der Wellenlänge λ). Diese vier Größen bilden miteinander ein sehr interessantes Quadrupel:

$$\begin{array}{cc} E & p \\ f & s \end{array} \quad \text{wobei:} \quad \begin{array}{l} E = hf \quad ; \quad p = hwf \\ f = f \quad ; \quad s = wf \end{array}$$

Man hätte willkürlich diese vier Beziehungen auch alle in E, p oder s (statt in f) ausdrücken können. In jedem Falle gilt hierbei:
Untere Zeile mit h multipliziert ergibt obere Zeile;
linke Spalte mit w multipliziert ergibt rechte Spalte;
die diagonalen Produkte ergeben jeweils $hw \cdot f^2$; $Es = fp$.
Es ist also f mit E wie auch s mit p quantenphysikalisch verknüpft gemäß $E = hf$ und $p = hs$, indem das Wirkungsquantum h diejenige Größe ist, welche die Quantenphysik entscheidend prägt und von der klassischen Physik unterscheidet. Es ist jedoch E mit p ebenso wie f mit s relativistisch verknüpft gemäß $p = wE$ und $s = wf$; indem der Zeitgradient w diejenige Größe ist, welche die Relativitätsphysik entscheidend prägt und von der klassischen Physik unterscheidet.

Im Welle-Körper-Dualismus vereinigen sich der relativistische und quantenphysikalische Aspekt, als gleichsam zwei aufeinander senkrecht stehende Aspekte; nicht nur der einzigartigen Bedeutung von h und w Ausdruck verleihend, sondern auch die Komplementarität zwischen Relativitäts- und Quantenphysik deutlich unterstreichend.

In diesem Welle-Körper-Quadrupel stehen oben die Körpergrößen E und p; unten die Wellengrößen f und s. Die beiden linken Größen sind Skalare E und f; die beiden rechten Größen Vektoren p und s. Horizontal sind diese Größen einander wesensmäßig, relativistisch zugeordnet, indem sowohl E mit p als auch f mit s je einen relativistischen Vierervektor (Tensor 1. Ordnung) bilden; und dies unabhängig von quantenphysikalischen Wirkungen. Vertikal sind sie einander verhaltensmäßig, quantenphysikalisch zugeordnet, indem sich E im Körperaspekt wie f im Wellenaspekt, bzw p im Körperaspekt wie s im Wellenaspekt verhält; und dies unabhängig von relativistischen Systembezügen. Diagonal sind diese Größen E mit s bzw f mit p einander existentiell zugeordnet: tatsächlich war auch in der Existenzphysik das Dasein der Masse (als Nukleonenmasse) zwangsläufig verknüpft mit der pro erschlossener Strecke (als Elementarlänge) ins Dasein tretenden Dauereinheit (als Elementardauer, als existentielle Materiewellen-Schwingungsdauer); ebenso war existentiell die Materiewellenfrequenz unmittelbar mit dem Impuls verknüpft (als «Impulsfrequenz»).

Auffällig an dieser, in der Form einfachen, wie in der Tiefe erstaunlichen Quadrupel-Beziehung zwischen E, p und f, s ist, daß in keiner

I 7

dieser Beziehungen irgend eine Geschwindigkeit — weder v noch c noch u — mehr vorkommt. Erst in Beziehung zur Masse m, welche die fundamentale Größe der Existenzphysik darstellt, erscheint die Invarianzgeschwindigkeit c; aber auch nur im Quadrat c^2, welches existential-physikalisch gleich dem negativen Gravitationspotential $-\Phi$ ist.

Die Größe $c^2 = -\Phi$ stellt offenbar den positiven Wert (Absolutbetrag) des Gravitationspotentials Φ dar, das die Existenzphysik ebenso beherrscht wie w die Relativitäts- und h die Quantenphysik. Es sind gleichsam Φ, w und h die drei Achsen des physikalischen Seins; drei komplementäre Koordinaten, nach denen sich alles physikalische Geschehen dreidimensional ausrichtet; wie in einem Überraum.

Damit ergibt sich $f = m c^2 / h$ oder $f = -m\Phi/h$. Weil formal $-\Phi w = v$ ist und weil zumindest für den Impuls p die Geschwindigkeit v sinnvoll ist, ergibt sich mit der Masse m das Körper-Welle-Quadrupel in anderer Schreibweise zu:

$$
\begin{array}{ll}
E \quad p \\
f \quad s
\end{array}
\quad \text{wobei:} \quad
\begin{array}{lll}
E = -m\Phi & ; & p = -m w\Phi \\
f = -m\Phi/h & ; & s = -m w\Phi/h
\end{array}
$$

Die Beziehung, daß die untere Zeile f und s mit h multipliziert die obere Zeile E bzw p ergibt und daß die linke Spalte E und f mit w multipliziert die rechte Spalte p bzw s ergibt, bleibt damit erhalten; es sind ja auch die gleichen Größen, nur anders geschrieben. Jedoch erscheint nun h in der unteren Zeile im Nenner (statt in der oberen Zeile im Zähler); ferner erscheint $-\Phi$ (zur Körpergröße p) bzw w (zur Wellengröße s) in der rechten Spalte im Zähler. Der somit in f und s auftretende Faktor $-\Phi/h$ ist insoferne sehr bemerkenswert, weil existentiell bei Vertiefung des Potentials das Wirkungsquantum h proportional mit $-\Phi$ ansteigt, so daß $-\Phi/h$ eine existentielle Invariante darstellt.

Also nicht nur die Quanten- und Relativitätsphysik, sondern auch die Existenzphysik prägt dem Welle-Körper-Dualismus ihren Aspekt auf. Der Körper-Welle-Dualismus ist somit offenbar ein ganz tiefgehendes Phänomen; nicht etwa nur ein billiger Ausdruck für eine prinzipielle Nichtbeobachtbarkeit, sondern ein alle Aspekte verbindender Wesenszug des gesamten physikalischen Seins. Es tritt damit in der Physik ein Wesenszug in Erscheinung, der überhaupt allem Sein eigen ist: die Komplementarität.

Und dieser Wesenszug tritt eben vor allem in der Quantenphysik in Erscheinung; in der Quantenphysik, mit welcher als Fundament sich dieses Quadrupel E, p, f, s eben vertikal als aktuell, horizontal als essentiell und diagonal als existentiell darstellt. Aber sogar dies ist wiederum aspektabhängig: mit der Relativitätsphysik als Fundament stellt sich die aktuelle, essentielle und existentielle Zueinanderordnung anders dar; und mit der Existenzphysik als Fundament wiederum anders. Jeder der Aspekte ist als Fundament möglich — und mit jedem der drei Fundamente ergeben sich in den drei Aspekten wiederum andere Zuordnungstripel. So ergeben sich neun Zuordnungen.

Ein alltägliches Beispiel mag diesen merkwürdigen Umstand näherbringen: In der Sicht des Deutschen ist ein Deutscher etwas anderes als ein Franzose; auch in der Sicht des Franzosen ist ein Franzose etwas anderes als ein Deutscher; aber der Deutsche ist auch in der Sicht des Deutschen anders als in der Sicht des Franzosen; wiederum der Franzose anders in der Sicht des Franzosen als in der Sicht des Deutschen; so ergeben sich vier Sichten; vier Aspekte. Mit einem Deutschen, Franzosen und Engländer ergeben sich schon neun mögliche Aspekte.

Ein endgültiges Erfassen des physikalischen Seins kann deshalb gar nicht allein in einer Perfektionierung der Quantenphysik in sich, oder der Relativitätsphysik in sich, oder der Existenzphysik in sich geschehen; sondern muß notwendig auch die Erfassung dieser aspektbedingten Zueinanderordnungen einschließen, wie es sich etwa in diesem Quadrupel darstellt. Dabei ist dieser genannte Quadrupel des Körper-Welle-Dualismus zwar ein sehr wichtiger, aber keineswegs der einzige Quadrupel. Vielmehr gehört jede Zustandsgröße einem derartigen Quadrupel mit all diesen Aspektmöglichkeiten an.

Die Quadrupelhaftigkeit der Zustandsgrößen zu erfassen, bedeutet die Erfassung des Verhältnisses der Quanten-, Relativitäts- und Existenzphysik zueinander; dies und nur dies bedeutet aber erst die wirkliche Beherrschung der Physik. Vor dieser gewaltigen Aufgabe können diese nur andeutungshaften Betrachtungen der Quadrupel nur als Wegweiser für kommende Jahrzehnte betrachtet werden: Als Kennzeichnung des Problems und als Richtungsweiser für deren Lösung. Eins dürfte dabei sicher sein: Ohne eine wirkliche Bereinigung der Begriffe und Benennungen und ohne eine Schau der Wesenheiten ist diese Aufgabe nicht bewältigbar. Mit dem Ballast der «Zeitdilatation» und «Materiewellenlänge» und mit einer quasi-experimentellen Benutzung des mathematischen Formalismus kommt man nie und nimmer über diese Runden, welche gerade in einer klaren Kritik des Formalismus und seiner Möglichkeiten und Grenzen über den Formalismus hinausführen.

I 7

Doch auch schon jetzt ist mit diesen Betrachtungen eine merkwürdige Erkenntnis erschlossen worden; gleichsam ist der Kunstgriff der Vervielfältigung in der Schöpfung sichtbar geworden: Durch die freie Fundamentabilisierbarkeit dreier Aspekte vermögen die Zustandsgrößen mit den drei verschiedenen Aspekten zu immer wieder andersartigen, neuen Ordnungen zusammenzutreten — und so eben die Mannigfaltigkeit, Beweglichkeit und Freiheit der Schöpfung hervorzubringen: Aus der Dreiheitlichkeit allen Seins erwachsend, ergibt sich damit eine Vielfalt in Großartigkeit und Einfachheit, vor der jeder Vereinheitlichungsversuch naturgemäß an einer Verkomplizierung in sich selbst scheitern muß. Seinen letzten Grund hat dies aber in Gott, dem Dreieinen selbst. Mit Recht stehen damit diese Betrachtungen unter diesem Namen — und unumgänglich gehören damit diese physikalischen Betrachtungen in dies Buch mit diesem Namen: in das Buch des Seins und der Schöpfung einfachhin.

Der Welle-Körper-Dualismus tritt mit zwei verschiedenen Arten von Wellen auf: den Materiewellen und den elektromagnetischen Wellen.

Die Materiewellen sind die in der Raum- und Zeiterschließung von der Oberfläche eines Elementarteilchens endlicher Ruhemasse (vom Radius λ des Elementarteilchens) ausgehenden Wellen; richtiger: sind die im existentiellen Versinken vom Nukleon bzw Elektron mit der Zeit hinter sich im Raum gelassenen Wellen. Sie haben damit den Charakter von Zeitwellen; Wellen in der Zeit längs dem Raume. Die Materiewelle eines Elementarteilchens, speziell eines Nukleons, erfüllt den gesamten Weltraum. Sie ist meso- bis makrokosmisch orientiert und ist Träger der Gravitation (Schwerkraft); überhaupt der existentiellen Außenstruktur der Elementarteilchen.

Die elektromagnetischen Wellen sind hingegen die Wellen der freien Energie, deren zugehöriger Körper (Photon) keine Örtlichkeit besitzt, sondern nur als energetische Reaktion auftritt. Die elektromagnetischen Wellen haben damit den Charakter von Invarianzwellen. Die einem Photon zugehörige elektromagnetische Welle existiert nur jeweils an jenen, sich mit der Zeit ändernden (sich mit Invarianzgeschwindigkeit im Raum verschiebenden) Stellen des Weltraumes, die gerade vom Wellenzug des Photons überstrichen werden. Sie ist meso- bis mikrophysikalisch orientiert und ist Träger der mikrophysikalischen Wechselwirkung; vor allem der Innenstruktur der Elementarteilchen.

Die makrophysikalische Orientierung der Materiewelle und die mikrophysikalische Orientierung der elektromagnetischen Welle ist zwar dem

Anschein entgegen. Aber gerade das Ausgehen der Materiewelle von der Oberfläche über den ganzen Kosmos, was sich mit einem starken Intensitätsabfall mit wachsendem Abstand verbindet, läßt die starke Lokalisierung der Materiewelle erscheinen; und umgekehrt läßt gerade das nichtraumgebundene Fortschreiten des elektromagnetischen Wellenzuges die Ausstrahlung in kosmische Weiten in Erscheinung treten. In dieser·Hinsicht sind also tatsächlich die Materiewelle mikrophysikalischer und die elektromagnetische Welle makrophysikalischer Art. Es vertauschen sich somit in dieser Hinsicht die mikro- und makrophysikalische Orientierung der Materiewelle und der elektromagnetischen Welle in ganz charakteristischer Weise. Mikro- und Makrobezug sind bei diesen beiden Wellenarten eigentümlich vertauscht; in jeder Wellenart sind beide Bezüge, aber in umgekehrter Zuordnung.

Welcher Art ist überhaupt der Elektromagnetismus? Wie ist sein Verhältnis zum aktuellen, essentiellen und existentiellen Aspekt? Entsprechend dieser drei Seinsaspekte ordnen sich alle elektrischen und magnetischen Größen ebenfalls in Quadrupeln.

Zu jedem Quadrupel gibt es schon als logische Notwendigkeit immer drei mögliche Zueinanderordnungen von Größenpaaren. Das Besondere an diesen Quadrupeln ist jedoch, daß eben jede dieser drei möglichen Zuordnungen einen im Sein verankerten Sinn hat; und zwar einen jeweils anderen Sinn: Denn jede dieser drei Zuordnungen gehört einem anderen der drei Seinsaspekte zu; dem aktuellen, essentiellen und existentiellen (Philberth).

Ein Beispiel mag dieses Hinausgehen des Sinnzusammenhanges in echten Quadrupeln über die rein kombinatorische Zusammengehörigkeit näher beleuchten: Zwei Brüder sind mit zwei Schwestern verheiratet. Damit hat man vier Personen und zwei verschiedene Arten von Zusammengehörigkeiten, senkrecht aufeinander: die eine Zusammengehörigkeit ist die Geschwisterschaft, die andere ist die Ehegemeinschaft. Als logische Folge beider Zusammengehörigkeiten ist jeder der beiden Männer mit der Frau seines Bruders verschwägert; desgleichen jede der beiden Frauen mit dem Mann ihrer Schwester. Aber diese Verschwägerung ist nur eben eine logische Konsequenz; noch keine eigenständig sinnvolle Zusammengehörigkeit in dritter Hinsicht, wie diese bei echten Quadrupeln gegeben ist. Eine derartige dritte Zusammengehörigkeit ergäbe sich aber, wenn etwa die Verschwägerten Arbeitskollegen miteinander sind. Die dritte Zusammengehörigkeit ist dann die von Geschwisterschaft und Ehegemeinschaft unabhängige Arbeitsgemeinschaft.

Sämtliche elektromagnetischen Größen ordnen sich in echten Quadrupeln. Unter den vielen Quadrupeln der Elektrophysik seien jene drei konkret beispielhaft betrachtet, welche folgende wichtige Größen der Elektrophysik enthalten:

ψ skalares Potential (elektrisch bzw magnetisch);
A vektorielles Potential (elektrisch bzw magnetisch);
E elektrische Feldstärke;
H magnetische Erregungsstärke;
D elektrische Erregungsdichte;
B magnetische Felddichte;
J Stromdichte (elektrisch bzw magnetisch);
ϱ Ladungsdichte (elektrisch bzw magnetisch).

Damit ergeben sich die drei Quadrupel:

ψ_e	A_e	E	D	J_m	ϱ_e
ψ_m	A_m	H	B	J_e	ϱ_m

mit entsprechenden Dimensionen:

V	As/m	V/m	As/m^2	V/m^2	As/m^3
A	Vs/m	A/m	Vs/m^2	A/m^2	Vs/m^3

Für jedes dieser drei Quadrupel ergibt sich folgende Zueinanderordnung der Größen:

Vertikal: aktueller Aspekt mit gleichem Verhalten; es vertauschen sich Volt (V) und Ampere (A) miteinander.

Diagonal: essentieller Aspekt mit gleichem Wesen; es vertauschen sich Meter (m) und Sekunden (s) miteinander.

Horizontal: existentieller Aspekt mit gleicher Phänomenzusammengehörigkeit; es vertauschen sich sowohl Volt (V) und Ampere (A) als auch Meter (m) und Sekunden (s) miteinander. Die Raum-Zeit-Dimensionsvertauschung (m-s) erfolgt im Sinne der Multiplikation der linken Spalte mit dem Invarianz-Zeitgradienten $1/c$ (s/m).

Die drei Aspekte bilden — in jedem der Quadrupel — zusammen eine logische Vollständigkeit. Wie die Betrachtung der Dimensionen bestätigt, wird die Zusammengehörigkeit unter jeweils einem Aspekt auch auf dem Weg über die beiden Zusammengehörigkeiten der beiden anderen Aspekte erreicht.

Dies klärt einen nun seit Jahrzehnten währenden Streit zwischen verschiedenen Lagern und Gruppen von Physikern und Technikern über das «richtige Verhältnis» der elektromagnetischen Größen zueinander — und über die dementsprechend «richtige Benennung» in der Normung. Eine allein richtige Zusammengehörigkeit gibt es jedoch gar nicht, sondern es ist eben in verschiedenen Aspekten eine jeweils andere Zusammengehörigkeit die richtige. Die Benennung muß somit derart sein, daß sie allen Aspekten zugleich genügt. Für die elektrotechnisch besonders wichtigen, dem zweiten elektromagnetischen Quadrupel zugehörigen Größen *E, D, H, B* wurde deshalb in der Elektronorm die obengenannte Benennung (Karl Philberth) vorgetragen, welche alle drei Aspekte zugleich sinngemäß ausdrückt:

Der erste Aspekt (gleiches Verhalten) kommt durch die Begriffe «. . . stärke» bzw «. . . dichte» zum Ausdruck; das ist insofern berechtigt, als *E* und *H* Vektoren des Typs «pro Länge» (Gradienten), *D* und *B* Vektoren des Typs «pro Querschnitt» sind.

Der zweite Aspekt (gleiches Wesen) kommt als «Feld . . .» bzw «Erregungs . . .» zum Ausdruck; das paßt insofern, als nach international üblicher Benennung *E* und *B* den Feldtensor, *H* und *D* den Erregungstensor bilden.

Der dritte Aspekt (gleiches Phänomen) kommt durch die Begriffe «elektrisch» bzw «magnetisch» zum Ausdruck.

Am Beispiel dieser vier vertrautesten Größen des Elektromagnetismus seien die drei Aspekte und die jeweilige Zusammengehörigkeit nochmals genauer dargestellt:

1) Gleiches Verhalten (aktueller Aspekt); vertikal:

H verhält sich im magnetischen Bereich wie *E* im elektrischen; *B* im magnetischen Bereich wie *D* im elektrischen. Entsprechend gibt es zu jeder magnetischen Größe eine eindeutig zugeordnete elektrische Größe gleichen Verhaltens und umgekehrt. Das geht sogar noch weiter: Jedem elektromagnetischen Vorgang ist ein dazu (raumzeitlich) spiegelbildlicher magneto-elektrischer Vorgang zugeordnet. Diesen erhält man, wenn man in den Gleichungen, die den einen Vorgang beschreiben, jede Größe mit der ihr verhaltens-zugeordneten Größe vertauscht (unter Vorzeichen-Umkehr bei axialen Vektoren). Die einander verhaltenszugeordneten Größen unterscheiden sich in ihrer Dimension durch das gegenseitige Vertauschen der Einheiten Volt *V* mit Ampere *A*.

2) Gleiches Wesen (essentieller Aspekt); diagonal:

Wenn beispielsweise irgendein Beobachter ein rein magnetisches Feld vorfindet, dann findet ein dazu bewegter Beobachter außer dem magnetischen Feld auch ein elektrisches Feld. Dieses «subjektive» elektrische Feld erklärt bekanntlich die Kraft, die ein quer zu einem Magnetfeld bewegtes Elektron erfährt. Quantitativ kommt dieser relativistische Zusammenhang dadurch zum Ausdruck, daß E und B miteinander den sogenannten Feldtensor bilden; entsprechend bilden D und H den Erregungstensor. Demnach sind E und B bzw D und H nur raumzeitlich verschiedene Ausdrucksformen einer einzigen Wesenheit. Derart zusammengehörige Größen unterscheiden sich in Vertauschung der Einheiten Sekunden s mit Metern m.

3) Gleiches Phänomen (existentieller Aspekt); horizontal:

Das Phänomen «elektrisches Feld» kann nur durch zwei Größen gemeinsam charakterisiert werden: durch E und D zusammen. Diese Zusammengehörigkeit von E und D tritt uns bereits bei den einfachsten elektrostatischen Beispielen entgegen; also auf einer Stufe, wo — pädagogisch gesprochen — von Magnetismus oder gar von Tensoren noch keine Rede ist. H und B charakterisieren gemeinsam das magnetische Feld. Es handelt sich hier um denjenigen Aspekt, der fundamental ist und der gerade deshalb so selbstverständlich erscheint. Die Dimensionen solcher zwei Größen unterscheiden sich durch die gegenseitige Vertauschung der Einheiten sowohl Volt mit Ampere als auch Sekunden mit Metern.

Das elektromagnetische Urmaß

Es ergibt sich somit innerhalb des Elektromagnetismus — dh schon innerhalb des Wellenaspektes — wiederum eine dreifaltige Komplementarität, wie sie sich ganz ähnlich auf der nächsthöheren Etage des Welle-Körper-Dualismus ergeben hatte. Vertauscht man in der jeweils linken Spalte der drei elektromagnetischen Quadrupel die obere mit der unteren Größe, so ist damit die Analogie zum Welle-Körper-Dualismus hergestellt. Damit ordnen sich überall die horizontalen Größen essentiell (relativistisch), die diagonalen Größen existentiell und die vertikalen Größen aktuell (quantenphysikalisch) zueinander. Die Wirkungsverknüpfung ist hierbei in den drei elektromagnetischen Quadrupeln allerdings noch nicht unmittelbar zu sehen.

Es fällt jedoch auf, daß die wichtigsten Größen des Elektromagnetismus noch in keinem dieser drei Quadrupel enthalten sind: die elektrische Feldgröße φ_e mit den Einheiten $(erg \cdot cm)^{1/2}$ oder $A \cdot s$ (Ampere·Sekunden), welche die Grundgröße des elektrischen Feldes selbst darstellt, und die magnetische Feldgröße φ_m in den Einheiten $(erg \cdot sec^2/cm)^{1/2}$ oder $V \cdot s$ (Volt·Sekunden), welche die Grundgröße des magnetischen Feldes selbst darstellt (sogenannter «Kraftfluß» oder «Feldfluß»; eigentlich aber «Feld» einfachhin).

Mit As bzw Vs als den Einheiten (statt A und V als Einheiten) wird sofort der Zusammenhang zwischen Elektrofeld und Magnetfeld einerseits mit Raum und Zeit andererseits klar: Etwa im ersten elektromagnetischen Quadrupel verbleiben damit neben den Einheiten As und Vs noch die Einheiten $1/s$ (reziproke Sekunden) und $1/m$ (reziproke Meter); also neben der elektrischen und der magnetischen Feldeinheit As und Vs noch die reziproke Zeit- und Raumeinheit. Daß Zeit- und Raumdimensionen reziprok auftreten, ist das Analogon zum Auftreten von f (statt T) und s (statt Λ) im Körper-Welle-Quadrupel; dh eben jener Größen «Frequenz» und «Schwingungsgradient» mit reziproker Zeit- bzw Raumdimension.

Die elektromagnetischen Dimensionen erscheinen hierbei zueinander immer in der anderen Zuordnung als die raumzeitlichen Dimensionen (Einheiten); in diesem Fall die elektromagnetischen Dimensionen in der essentiellen Zuordnung; die raumzeitlichen Dimensionen in der aktuellen Zuordnung. Im anderen Aspekt gehört also das elektrische Feld anders mit Raum und Zeit zusammen als im einen Aspekt; umgekehrt das magnetische Feld im einen Aspekt anders als im anderen. Indem diese Zuordnungen alle — jede in ihrer Art und Beziehung — real sind, bringt dies die große Fülle von Erscheinungen hervor.

Zugleich sieht man noch etwas anderes: Die in den drei elektromagnetischen Quadrupeln vermißte Wirkungsverknüpfung ist bei den Feldgrößen φ_e und φ_m gegeben: Das Dimensionenprodukt der beiden Feldgrößen gemäß $As \cdot Vs$ ergibt eine Wirkung. Also mit passend gewählten Einheiten von φ_e und φ_m ergibt das Produkt das Wirkungsquantum h.

In jedem Falle hat es mit dieser elektrischen Feldgröße φ_e bzw magnetischen Feldgröße φ_m eine ganz besondere Bewandtnis; es ergeben sich damit grundlegende Zusammenhänge:

Bei jedem beliebigen Photon — ob hoch- oder niederfrequent, ob mit hoher oder niederer Energie, ob bei Wellenzügen mit vielen oder wenigen Perioden, ob noch in kleinen oder schon über großen Raum ausgebreitet — ist das Produkt aus elektrischer Feldgröße φ_e und magnetischer Feldgröße φ_m immer gleich dem Wirkungsquantum h; gemäß: $\varphi_e \cdot \varphi_m = h$.

Je nachdem, wie die Welle im Raum verläuft — als Kugelwelle oder verformt —, wird die elektrische Feldgröße auf Kosten der magnetischen verändert und umgekehrt. In jeder elektro-magnetischen Welle ist überall die elektrische und magnetische Energie gleich groß; desgleichen die elektrische und magnetische Energiedichte. Für die Zahlenwerte gilt zudem im «Urmaßsystem», in dem die Invarianzgeschwindigkeit den Wert 1 hat: In einer unbeeinflußten Kugelwelle oder sonst in Wellengestalten mit gleichen «Feldlinienlängen» (dh im Regelfall; nur nicht bei strichartig verformten und zugleich polarisierten Wellenbündelungen) sind auch die Feldgrößen φ_e und φ_m einander gleich. Falls aber eine Welle — etwa durch Optik oder Richtstrahlung — in besonderer Weise gebündelt wird, dh die elektrischen Feldlinien kürzer als die magnetischen und dafür in der Anzahl mehr werden, so wird die elektrische Feldgröße φ_e (der elektrische Fluß) größer als die magnetische Feldgröße φ_m; bzw umgekehrt: es ergibt sich diese Disproportionierung; aber immer so, daß das Feldgrößen-Produkt gleich dem Wirkungsquantum h ist. Sogar in elektrischen Leitersystemen mit Gleichströmen und Gleichspannungen gilt dies noch: Wird der Leiterabstand verkleinert, so vergrößert sich der elektrische Fluß und verkleinert sich der magnetische Fluß; mit konstantem Produkt.

Anders ausgedrückt: Wenn man im Raum anders mit der Welle umgeht, wenn man sie anders «beobachtet», verändert sich das Verhältnis von elektrischem zu magnetischem Feld. Dieses quantenphysikalische, aktuelle Wechselspiel zwischen elektrisch und magnetisch bei Veränderung der Apparaturen ist somit ein eigentümlich komplementäres Gegenstück zum relativistischen, essentiellen Wechselspiel zwischen elektrisch und magnetisch bei Veränderung der Bezugssysteme.

Im Grunde gibt es drei Größenpaare, die sich miteinander wahlweise verbinden: elektrische und magnetische Größen; Quantitäts- und Intensitätsgrößen; Bezugs- und Objektsystemgrößen.

Innerhalb des quantenphysikalischen Aspektes unterscheiden sich wiederum die beiden Wirkungsprodukte $ET = h$ und $\varphi_e \varphi_m = h$ dadurch, daß ersteres Produkt sich mit einer Veränderung der Wellengestalt in der Zeit (in ihrer Frequenz), aber letzteres durch eine Veränderung der Wellengestalt im Raum (Bündelung) verschiebt; also innerhalb des quantenphysikalischen Bereichs gleichsam senkrecht aufeinanderstehende Veränderungen.

In den Einheiten des Urmaßsystems der Elementargrößen m, λ, τ besitzt h den Zahlenwert 1. Offenbar besitzt damit je eine spezielle Feldgröße $\varphi_e = h_e$ und $\varphi_m = h_m$ eine ausgezeichnete Stellung; jene nämlich, welche im Urmaßsystem ebenfalls den Zahlenwert 1 besitzt.

Die elektrische Feldeinheit h_e und die magnetische Feldeinheit h_m :

$$h_e = (h \cdot c)^{1/2} = 1{,}409\,427 \cdot 10^{-8}\ (erg \cdot cm)^{1/2} = 4{,}701\,342 \cdot 10^{-18}\,A\,s$$
$$h_m = (h/c)^{1/2} = 4{,}701\,342 \cdot 10^{-19}\ (erg \cdot sec^2/cm)^{1/2} = 1{,}409\,427 \cdot 10^{-16}\,Vs$$

Also $h_e \cdot h_m = h$ oder $h_e^2 = h \cdot c$.

Diese Größen $h_e = (h \cdot c)^{1/2}$ und $h_m = (h/c)^{1/2}$ bilden merkwürdigerweise mit ihren eigenen Reziprokwerten einen Quadrupel, welcher besonders interessant ist:

$$
\begin{array}{ccccc}
h_e \quad h_m & & (h \cdot c)^{1/2} \quad (h/c)^{1/2} & & i \cdot t \quad u \cdot t \\[2mm]
\dfrac{1}{h_m} \quad \dfrac{1}{h_e} & \text{also :} & (h/c)^{-1/2} \quad (h \cdot c)^{-1/2} & \text{gemäß :} & \dfrac{1}{i\,\mu\,a} \quad \dfrac{1}{u\,\varepsilon\,a}
\end{array}
$$

Mit diesem elektromagnetischen Quadrupel ist die genaue Analogie zum Körper-Welle-Quadrupel gegeben: Die untere Zeile mit dem Wirkungsquantum h multipliziert ergibt die obere Zeile; die linke Spalte mit dem Invarianzzeitgradienten $1/c$ multipliziert ergibt die rechte Spalte. Somit ist horizontal das relativistische und vertikal das quantenphysikalische Verhältnis gegeben.

Das diagonale Produkt ergibt jeweils den konstanten Wert 1; als Grenzfall des relativistischen Vierervektors bzw -Tensors. Überdies ergibt das linke Spaltenprodukt den Wert c; das rechte Spaltenprodukt $1/c$; das obere Zeilenprodukt h; das untere Zeilenprodukt $1/h$.

Alle Zuordnungen in allen Aspekten sind damit in vollkommener Weise gegeben; speziell auch alle jene, welche die Analogie zum Körper-Welle-Quadrupel herstellen.

Aus den Ureinheiten h_e des elektrischen Feldes (elektrischer Feldfluß; Ladung) und h_m des magnetischen Feldes (magnetischer Feldfluß; Kraftfluß) leiten sich die elektrischen Ströme i und Spannungen u ab, welche mit ihren Ureinheiten den äquivalenten Quadrupel bilden. Darin stehen links die Ströme (i); rechts die Spannungen (u). Darin stehen Spannung und Strom oben als Quantitätsgrößen («wie viel») zusammen mit Zeitgrößen (t); unten als Intensitätsgrößen («wie stark») zusammen mit Raumgrößen (a/l). Darin stehen diagonal linksoben-rechtsunten die elektrischen Größen; linksunten-rechtsoben die magnetischen Größen. In den beiden unteren Größen erscheinen außerdem noch die Dielektrizität ε und die Permeabilität μ.

Die Feldgrößen h_e und h_m sind die primären Ausgangsgrößen des Elektromagnetismus, aus denen sich Strom i und Spannung u erst sekundär ableiten. Zu den zeitlichen, räumlichen und materiellen Ureinheiten τ, λ, m ergeben sich dazugehörige elektrische und magnetische Ureinheiten: eben h_e und h_m. In begrenztem Umfang zutreffend haben die zeitlichen und räumlichen Ureinheiten den Charakter von Minimalgrößen; die elektrischen und magnetischen Ureinheiten den Charakter von Maximalgrößen; gleichsam auf den Makrokosmos bzw Mikrokosmos hinorientiert, was das Verhältnis Raumzeitlichkeit zum Elektromagnetismus eigentümlich beleuchtet.

Weil die Ureinheiten h_e und h_m des Elektromagnetismus die primären Ausgangsgrößen sind, erscheinen naturgemäß ε und μ in diesen Feldgrößen (welche schon in sich die richtige Dimension aufweisen) noch nicht. ε und μ sind Raumgestaltungsgrößen, die wesenhaft erst dann auftreten, wenn der vom Elektrofeld abgeleitete Strom i im Raum wiederum ein magnetisches Feld aufbaut (μ) bzw wenn die vom Magnetfeld abgeleitete Spannung u im Raum wiederum ein elektrisches Feld (ε) aufbaut. In diesen Größen ε bzw μ wird sowohl die reine Raumgeometrie (a/l) als Querschnitt (a) zu Länge (l) erfaßt, als auch eine etwaige Raumerfüllung mit irgend welchen dielektrischen oder permeablen Medien.

Der Strom i ergibt sich als Veränderung von elektrischer Feldgröße pro Zeit. Konkret der Urstrom i_o ergibt sich als Verhältnis h_e/τ gemäß:
$$i_o = h_e/\tau = 1\,066\,460 \text{ Ampere}$$
Der Strom i erzeugt seinerseits wieder im Querschnitt a auf der Länge l mit dem Faktor μ einen magnetischen Fluß gemäß $i \cdot \mu \cdot a/l$. Konkret der Urstrom i_o ergibt im Querschnitt λ^2 pro Länge λ des leeren Raumes mit der Permeabilitätskonstanten μ_o einen parallelen magnetischen Feldfluß (technisch mit dünner, langer Spulenwicklung realisierbar) von der Ureinheit h_m des magnetischen Feldes h_m gemäß:
$$h_m = i_o \cdot \mu_o \cdot \lambda^2/\lambda \,.$$

Durch diese magnetische Wirkung ist umgekehrt der Strom i_o aus dem magnetischen Fluß h_m definiert und abgeleitet. Weil dieser Strom identisch dem aus dem elektrischen Fluß h_e definierten und abgeleiteten Strom $i_o = h_e/\tau$ ist, ergibt sich damit:
$$\mu_o = (h_m/h_e) \cdot \lambda\,\tau/\lambda^2 = 1/c^2 \,.$$

Die Spannung u ergibt sich als Veränderung von magnetischer Feldgröße pro Zeit. Konkret die Urspannung u_o ergibt sich als Verhältnis h_m/τ gemäß:
$$u_o = h_m/\tau = 31\,971\,650 \text{ Volt.}$$
Die Spannung u erzeugt ihrerseits wieder im Querschnitt a auf der Länge l mit Faktor ε einen elektrischen Fluß gemäß $u \cdot \varepsilon \cdot a/l$. Konkret die Urspannung u_o ergibt im Querschnitt λ^2 pro Länge λ des

leeren Raumes mit der Dielektrizitätskonstanten ε_0 einen parallelen elektrischen Feldfluß (technisch mit breiten, kurz gegenüberstehenden Kondensatorplatten realisierbar) von der Ureinheit h_e des elektrischen Feldes gemäß: $\qquad h_e = u_0 \cdot \varepsilon_0 \cdot \lambda^2 / \lambda$.

Diese elektrische Wirkung ist umgekehrt eine Definition und Ableitung der Spannung u_0 aus dem elektrischen Fluß h_e. In ihrer Identität mit der aus dem magnetischen Fluß definierten und abgeleiteten Spannung $u_0 = h_m / \tau$ ergibt sich somit:

$$\varepsilon_0 = (h_e / h_m) \cdot \lambda \tau / \lambda^2 = 1.$$

Ferner ergibt sich eine Urkapazität C_0 und Urinduktivität L_0:

$$C_0 = i_0 \tau / u_0 = \lambda \cdot \varepsilon_0 = \lambda = 1{,}470\,47 \cdot 10^{-25}\,As/V$$
$$L_0 = u_0 \tau / i_0 = \lambda \cdot \mu_0 = \lambda / c^2 = 1{,}321\,59 \cdot 10^{-22}\,As/V$$

Die Urkapazität $C_0 = \lambda$ mit der Elementarladung e geladen, ergibt als Ladungsenergie $\varphi e^2 / 2 C_0$ gerade $m_s c^2$. Die Ladungsspannung e/C_0 ist hierbei $u_0 \cdot e / h_e$ gleich 1 089 580 Volt.

Die Urinduktivität $L_0 = \lambda / c^2$ mit dem Strom $e / \tau = i_0 \cdot e / h_e$ durchflossen, ergibt als Magnetfeldenergie $\varphi (e/\tau)^2 \cdot L_0 / 2$ ebenfalls gerade $m_s c^2$. Der Erregerstrom e/τ ist hierbei $i_0 \cdot e / h_e$ gleich 36 344 Ampere.

Immer erscheint der Wirkungsfaktor φ bei e^2. Dies wirkt sich so aus, daß die Ladungsspannung $2/\varphi$-fach dem eV-Wert (511 004 eV) des Elektrons ist; abzüglich 3,4 ‰. Desgleichen ist auch die eine, dem Feld zugehörige Stromkomponente der Magnetfeldenergie mit φ modifiziert.

Im Urmaßsystem ergibt sich zwangsläufig $\varepsilon_0 = 1$ und $\mu_0 = 1/c^2$; außerdem ergibt sich — gleichsam als Bestätigung für die innere Konsequenz des Urmaßsystems — die Beziehung $i_0 / u_0 = c$; ferner $i_0 u_0 \tau = mc^2$ und $i_0 u_0 \tau^2 = h$. Allerdings ergibt sich diese Beziehung auf der frei gewählten Grundlage paralleler Felder.

In jedem Falle — in der Dielektrizitäts- bzw Permeabilitätskonstanten selbst, oder als dazukommender Formfaktor — erscheint der Faktor 4π beim Übergang elektromagnetischer Felder von der kugeligen in die gestreckte Form oder umgekehrt.

Das elektrische und das magnetische Ampere ist von verschiedener Art; desgleichen das elektrische und das magnetische Volt (Fleischmann). Im Urmaßsystem erhalten diese jedoch jeweils gleiche Größenwerte und Dimensionen, so daß eine Unterscheidung entfällt. Das Urmaßsystem entscheidet darüber, inwieweit andere Maßsysteme richtig und brauchbar sind. Mit unpassenden Maßsystemen erscheint etwa im Flußquantum und im Bohr'schen Magneton noch ein Faktor c. Zudem führt die übliche Stromeinheit «Ampere A» einen zusätzlichen Faktor 10 ein, der mit der Stromeinheit «Weber Wb» (1 Wb = 10 A) besser vermieden würde.

Zugleich ist das Urmaßsystem ein «Rückfall in die Barbarei», indem es wieder zu der Beschränkung auf die 3 Grundeinheiten m, τ, λ von Masse, Zeit und Raum zurückführt. Die selbst invarianten Größen h_e und h_m leiten sich von den Größen h der quantenphysikalischen bzw c der relativitätsphysikalischen Invarianz ab, die ihrerseits in den Urgrößen m, τ, λ erschöpfend darstellbar sind. In der eigentümlichen Beziehung $h_m \cdot h_e = h$ und $h_m/h_e = 1/c$ (mit h_e als primärer Bezugsgröße im Nenner ergibt sich $1/c$ als Invarianz-Zeitgradient, der sich damit wiederum als die relativistisch primäre Größe darstellt) steckt das Geheimnis der Verbindung des Elektromagnetismus zu den Grunddimensionen Raum-Zeit-Masse; jene Beziehung, welche das Urmaßsystem so zwanglos und vollendet widerspiegelt.

Dies schließt freilich nicht aus, daß $h_e = (h \cdot c)^{1/2}$ und $h_m = (h/c)^{1/2}$, oder daß etwa die einfachen Beziehungen $\varepsilon_0 = 1$ und $\mu_0 = 1/c^2$ zwar formal richtige aber existentiell verarmte Aussagen sind: etwa λ^2/λ drückt nicht einfach eine Länge λ aus, sondern als Querschnitt pro senkrecht darauf stehender Länge einen kompletten dreidimensionalen Raum mit darin gerichteten Größen; auch h_e/τ bzw h_m/τ ist nicht einfach ein Größenverhältnis, sondern Ausdruck eines besonderen zeitlichen Veränderungsvorganges.

Die Materiewelle

Es sind also weitgehend analoge Verhältnisse bei den elektromagnetischen Wellen, welche den Photonen zugehören, wie bei den eigentlichen Materiewellen, etwa der Protonen, Neutronen (dh Nukleonen), Elektronen usw gegeben. Im Zusammenhang damit ist überhaupt die Frage nach dem Wesen der Wellen noch von etwas anderer Seite beleuchtbar.

Der Welle-Körper-Dualismus ist eigentlich keine Zweiermächtigkeit (Dualismus), sondern ebenfalls eine Dreiermächtigkeit, indem der Wellenaspekt selbst wieder dualistischer Natur ist:

Der Korpuskularaspekt ist der Wirkungsaspekt; ist der in der Quantenphysik fundamentale Aspekt. Deshalb betrachten viele Quantenphysiker den Körper als das «eigentlich Wirkliche». Der Korpuskularaspekt ist jener der Quantenphysik als ihr selbst (als Aktualphysik) eigene Aspekt des Körper-Welle-Dualismus. Auf diesem Fundament breitet sich der Wellenaspekt in der dazu senkrechten Ebene gleichsam zweidimensional aus.

Schon beim Licht zeigt sich diese Zweidimensionalität als elektrisch und magnetisch. Dagegen lassen sich bei der Materiewelle elektrische und magnetische Phänomene nirgends richtig feststellen; ja es ist sogar so, daß die elektrischen Ladungen und Ladungsunterschiede von Elektronen und Protonen (etwa im Vergleich zu den Neutronen) gar nicht in den Welleneigenschaften in Erscheinung treten. Merkwürdigerweise hatte die Wellenlänge $\Lambda = 1/s$ der Materiewelle gar keine relativistisch-räumliche Qualität. Trotzdem tritt eine derartige Materiewellenlänge fortgesetzt in Erscheinung.

Es ist deshalb gar nicht anders möglich, als daß die Materiewelle auch in sich dualistisch ist; aber anders als nach elektrisch und magnetisch ausgerichtet. Und wenn man sich an die Existentialphysik erinnert, ahnt man auch sofort wie: in der kugelschalig-wellenförmigen Wirkungsquantenverteilung um die echten Elementarteilchen, welche die Ursache der Gravitation ist. Diese steht auf den ganz analogen Beziehungen $E = fh$ und $\lambda = h/mc$ (Elementarlänge), ist aber bemerkenswert anderer, dazu komplementärer Art. Die Materiewelle hat im existentiellen Raum-Zeit-Aspekt jene räumliche Qualität, die der Materiewelle im relativistischen Aspekt ermangelt; ja es wird sogar dadurch Raum und Zeit existentiell begründet und strukturiert. Die Materiewelle im existentiellen Aspekt ist raumwellenartig; aber so, daß diese schwingungslos im Raum mit der Elementarlänge $\lambda = h/mc$ als Wellenlänge festliegende Welle, gegenüber dem Materiekörper (zB Nukleon) mit c bewegt ist.

Die relativistische und die existentielle Welle sind hierbei keine verschiedenen Wellen, sondern eben die eine und einzige Materiewelle; aber in einer existentiell-essentiell dualistischen Gestalt (erinnert etwas an die allgemeinrelativistische Aspektvertauschung in Bezug auf Eigen- und Fremdfeld): Die im existentiellen Raum-Zeit-Aspekt in den einander folgenden Elementardauern $\tau = h/mc^2$ mit λ-Perioden festliegenden Raumwellen sind ja nichts anderes als die im relativistischen Zeitaspekt im Raum synchron schwingende Oszillation. Nur räumlich ist offenbar der Dualismus einschneidender; aber auch da ergibt sich ein wunderbarer Einklang: Überlagert sich nämlich eine mit c und eine mit $c + v$ (existentielle Raumwelle eines Nukleons und eines anderen, dazu mit $+ v$ bewegten Nukleons), so ergibt sich eine Differenzschwingung der Schwingungsdauer $\tau_i = \tau \cdot c/v = h/mvc$; also der Frequenz $f_i = f \cdot v/c = mvc/h$, welche somit dem Impuls $p = mv$ proportional ist.

Mit $\lambda_i = \tau_i \cdot c$ ergibt sich — überraschenderweise ohne jede relativistische Operation; nur mit der allgemeinen Wellenbeziehung bei der existentiellen Geschwindigkeit c — aus dieser Impulsschwingungsdauer τ_i die Wellenlänge $\lambda_i = \lambda = h/mv$ der Materiewelle im relativistischen Aspekt.

Dies gilt zwar immer nur mit zwei Wellen von je «Elementarlänge» h/mc als echter räumlicher Wellenlänge. Aber das war ja gerade eine der Eigenheiten der Existentialphysik, daß alle darin vorkommenden Wellenlängen immer gleich dieser selben Elementarlänge waren; sogar der Eigenradius und die umgebenden Wirkungsquantenschalen des viel leichteren Elektrons waren von dieser gleichen Elementarlänge wie die des Nukleons; immer h/mc mit m als der Nukleonenmasse.

Die «Frequenzen» der energetischen Existenz waren Erschließungshäufigkeiten; die des Impulses Erschließungsdifferenzhäufigkeiten von Wirkungsquanten; immer — wie viele Nukleonen auch beieinander sein mochten — pro Elementardauer und von Elementarlänge zu Elementarlänge; bei zwei oder mehreren Nukleonen mit entsprechend doppelter oder mehrfacher Häufigkeit, dh Frequenz $f = n \cdot mc^2/h$ bzw Impulsfrequenz $f_i = n \cdot mvc/h$. Diese Impulsfrequenz ergibt mit der Invarianzgeschwindigkeit c gemäß c/f_i die «Wellenlänge» $\lambda_i = \varLambda = h/p$ der Materiewelle.

In diesem ursprünglichen Sinn verbleibend, ist es auch existenzphysikalisch verständlich, warum diese «Wellenlänge» $\varLambda$ eine unechte, relativistisch sich nicht raumhaft verhaltende Größe, also Größe ohne Längencharakter darstellt; warum vielmehr der sich unmittelbar auf die Erschließungshäufigkeit von Wirkungsquanten pro Elementardauer bei Invarianzgeschwindigkeit c beziehende Reziprokwert $s = p/h = 1/c\tau_i$ die Realgröße darstellt. Also auch die Raumgestalt bzw Quasiraumgestalt der Materiewelle ist im existentiellen und relativistischen Aspekt einander genau entsprechend.

Ähnlich wie dies bei den elektromagnetischen Quadrupeln war, kann man also zu jedem Aspekt (diesmal zum relativistischen) auch auf dem Umweg über nacheinander die beiden anderen Aspekte gelangen (hier über den quantenphysikalischen und existentiellen). Die drei Aspekte bilden miteinander eine logische Einheit. Es zeigt sich wiederum, daß die Quantenphysik nicht nur mit der Relativitäts-, sondern auch mit der Existenzphysik komplementär zusammengehört: Im Körper-Welle-Dualismus ist der wirkungtragende Körper fundamental

— und auf diesem Fundament erscheint im quantenphysikalischen Wellenaspekt ein komplementäres Wechselspiel zwischen dem existentiellen und essentiellen (relativistischen) Aspekt.

In den eigentlichen Materiewellen sind die existentielle und relativistische Komponente in komplementärer Verdrängung und zugleich Ergänzung gegeben, wobei erstaunlicherweise immer im Leerwerden des einen Aspektes der andere spezifisch hervortritt: Im relativistischen Aspekt ist die Materiewelle im Ruhesystem ein überall im Raume synchron schwingender Vorgang; als eine Schwingung mit der Schwingungsdauer $\tau = h/mc^2$, aber mit einem Schwingungsgradienten $s = w/\tau = 0$ («Wellenlänge unendlich groß»). Im existentiellen Aspekt ist dagegen die Materiewelle ohne Schwingung (also mit der Frequenz $f = 0$; dh jedes auf und ab verbleibt demjenigen existentiellen Moment, in welchem es erzeugt wurde; «Schwingungsdauer unendlich groß»); damit wird aber im existentiellen Aspekt eine reale Wellenlänge $\lambda = h/mc$ existent.

Dagegen in den invarianzbewegten Energien der elektromagnetischen Strahlung (wie Licht, Photonen) vereinigen sich diese beiden Aspekte; dh die existentielle und die essentielle Raum-Zeit-Gestalt der Welle werden eins. Dafür spalten sie aber gleichsam senkrecht dazu in elektrisch und magnetisch auf: Das elektrische und das magnetische Feld stehen aufeinander senkrecht — und beide stehen wieder senkrecht auf der raum-zeitlichen Fortpflanzungsrichtung.

Mit diesem analogen Zusammenspiel wird im Verhältnis von Materiewelle und elektromagnetischer Welle auch quantenphysikalisch noch etwas anderes sichtbar (etwas, das auch schon existenzphysikalisch und relativistisch deutlich geworden war): Die Zusammengehörigkeit von Raum und Zeit einerseits mit elektrischem und magnetischem Feld andererseits: Wie alle elektromagnetischen Quadrupel zeigen, sind elektrisch und magnetisch einerseits und räumlich und zeitlich andererseits in verschiedenen Aspekten zueinander vertauscht zugehörig; gleichsam senkrecht zueinander zugeordnet. Am deutlichsten wird dies im ersten elektromagnetischen Quadrupel mit Vs (Voltsekunden) und As (Amperesekunden) als Einheiten, in welchem sich die elektrischen und magnetischen Dimensionen zeilenmäßig, die zeitlichen und räumlichen Dimensionen aber spaltenmäßig vertauschen. Das gleiche erkennt man auch in dem Quadrupel mit den Feldeinheiten h_e und h_m und deren Reziprokwerten.

Läßt sich mit dem Körper-Welle-Dualismus in der Physik arbeiten; gibt das nicht eine chaotische Wirrnis?

Die Befürchtung der Physiker, daß der Körper-Welle-Dualismus die Klarheit und Exaktheit der Physik gefährde und zu uneindeutigen Ergebnissen führe, ist nicht eingetreten. Im Gegenteil konnte sich erst dadurch die Quantenphysik zu einer Wissenschaft entwickeln, welche die vielfältigen Reaktionen der materiellen Welt in vollständiger Exaktheit zu erfassen vermochte, was vorher undenkbar schien.

Dies kommt daher, daß — wie dies bei allen echten Komplementaritäten der Fall ist — das Wellenverhalten ganz bestimmten Hinsichten zugeordnet ist; das Körperverhalten ganz bestimmten anderen Hinsichten. Dieses Wechselspiel zwischen Welle und Körper, dieses «sowohl-als-auch», unterliegt somit besonderen Spielregeln, einer charakteristischen Ordnung. In der Freiheit erscheint ein Bauplan — und der Bauplan begründet eine eigenartige Freiheit.

Das Körperverhalten wird im Ereignis der Reaktion wirksam; als örtliches und momentanes Auftreten von einem jeweils ganzen und unteilbaren Energiequantum mit Energie E und Impuls p, mit Masse m und Geschwindigkeit v; dh eben wie ein Körper, ohne wellenhaftes Verhalten. Dagegen tritt in derjenigen Hinsicht, wo und wann in Raum und Zeit sich die Energie körperhaft aktualisiert, kein Korpuskularverhalten in Erscheinung. Dies wird vielmehr bestimmt durch andere Größen, wie Schwingungsdauer T und Zeitgradient w, durch Frequenz f und Schwingungsgradient s, die zwar in bestimmtem Funktionalzusammenhang $f = E/h$ bzw $s = p/h$ mit den Korpuskulargrößen stehen, aber die dennoch kein Körperverhalten bezeichnen, sondern eben ein Wellenverhalten.

Dieses Wellenverhalten aber bestimmt innerhalb eines ausgedehnten Raumes die Stellen und innerhalb einer ausgedehnten Zeit die Momente für die Möglichkeit der Reaktion. Genauer: das Wellenverhalten ist das Verhalten räumlich und zeitlich zwischen zwei einander ursächlich zugehörenden Reaktionen; etwa zwischen Emission und Absorption. Die Welle ist die Verbindung der zusammengehörigen Reaktionen miteinander über Raum und Zeit. Die Wellenvorgänge sind die Zwischenereignisse zwischen den korpuskularen Reaktionsereignissen. Welle und Körper sind Potenz und Akt (A. Wenzl) im Geschehen.

Um dem Welle-Körper-Dualismus der Quantenphysik näher zu kommen, sollen nun einige speziellere Betrachtungen angestellt werden, die sich speziell an die elektromagnetischen Wellen und deren Körper, das Photon anschließen. Einer der Vertreter dieser Wellen ist das Licht, deren Körperbezeichnung Photon («Lichtkörperchen») analog auf alle elektromagnetischen Energiequanten übertragen wird.

Lichtwellen sind elektromagnetischer Natur; genau wie die Rundfunkwellen, nur kurzwelliger; dh von höherer Frequenz f: Ein sich änderndes elektrisches Feld induziert, dh erzeugt um sich herum ein magnetisches Feld; ein sich änderndes magnetisches Feld induziert um sich herum wieder ein elektrisches Feld in nun entgegengesetzter Richtung; dies sich in umgekehrter Richtung ändernde elektrische Feld erzeugt wiederum um sich herum ein magnetisches Feld auch in entgegengesetzter Richtung; dieses sich in umgekehrter Richtung ändernde magnetische Feld induziert wieder um sich herum ein elektrisches Feld wieder in der ursprünglichen Richtung, so daß damit eine volle Periode mit einer ganzen Wellenlänge entstanden ist. Und nun wiederholt sich der Vorgang immer und immer wieder: Immer die Veränderung der elektrischen Größe in der Zeit schafft im Raum darum herum die magnetische Größe; bzw die Veränderung der magnetischen Größe in der Zeit schafft im Raume darum die umgekehrte elektrische Größe.

Indem diese fortgesetzte Erzeugung der anderen Feldart durch Veränderung der einen Feldart nach rückwärts — gegen den Sender, gegen die Lichtquelle, gegen die Emissionsstelle zu — eine Feldschwächung und Feldaufhebung, aber dafür nach vorwärts einen immer weiteren Feldaufbau bedeutet, breitet sich in dieser Weise mit der Zeit im Raume eine «Welle» aus. Bildhaft ausgedrückt, es «läuft» ein «Wellenzug» mit mehr oder minder vielen Bergen (eine Feldrichtung) und Tälern (umgekehrte Feldrichtung) mit der Zeit durch den Raum. Eine Lichtwelle besitzt etwa — je nach den Apparaten — million Berge und Täler in einem Wellenzug.

Jede derartige elektromagnetische Wellenstrahlung — Rundfunk-, Wärme-, Licht-, Röntgen-, Gammastrahlung — breitet sich in dieser Weise mit Invarianzgeschwindigkeit c im Raume mit der Zeit aus. Je höher die Frequenz f (Frequenz bedeutet «Häufigkeit» der Schwingungen pro Zeit; etwa pro Sekunde), um so kleiner ist dafür die Wellenlänge $\varLambda$; dh je häufiger die Perioden in der Zeit nacheinanderfolgen, um so enger legen sich die Felder im Raum umeinander. Je höher aber die Frequenz f der Welle, um so höher ist die Energie E von dem

Photon, mit welchem diese Strahlung körperhaft zu reagieren vermag; gemäß $E = fh$.

Die Stärke des Feldes («Amplitude» der Welle) ergibt die Neigung zur Reaktion des der Welle zugehörigen Energiequantums; die Neigung, also die «Wahrscheinlichkeit» des Auftretens des Körpers (Photons) ist festgelegt durch das Feldstärkequadrat (Amplitudenquadrat) des — je nach den Gegebenheiten — elektrischen oder magnetischen Feldes: Je größer die Intensität (= Feldstärkenquadrat, Amplitudenquadrat) der Welle zu einem Moment an einer Stelle, um so größer ist die Neigung zum körperhaften Auftreten des Energiequantums in einer Reaktion; dh zu einer Reaktion in eben diesem Moment an dieser Stelle.

An verschiedenen Stellen ist somit — je nach der Intensität der Welle — die Reaktionswahrscheinlichkeit verschieden; auch an einer bestimmten Stelle ist sie in verschiedenen Momenten verschieden: mit dem Wellenzug verschiebt sich der Bereich erhöhter Reaktionswahrscheinlichkeit (Körperauftrittsneigung) mit Invarianzgeschwindigkeit c mit der Zeit durch den Raum.

Sogar innerhalb des Wellenzuges können — je nach der Gestalt des Wellenfeldes — sehr verschiedene Auftrittsneigungen gegeben sein. Kommen zB zwei elektrische (oder magnetische) Feldstärken gleicher Richtung zusammen, so gibt dies eine verstärkte Wellenintensität; bei entgegengesetzter Richtung aber eine gegenseitige Schwächung bis zur völligen Aufhebung. Laufen zB von der selben Welle verschiedene Teile — etwa nach der Fresnel-Spiegelung — durcheinander hindurch, so ergeben sich derartige Überlagerungen periodisch verschieden gerichteter Felder, daß an manchen Stellen (Minima) nie — auch nicht innerhalb des Wellenzuges — Intensität und damit auch nie ein Energiequant aufzutreten vermag; an anderen Stellen (Maxima) dafür um so stärker bzw häufiger. Auf diese Weise können Wellenfelder «gebündelt» werden, so daß ihre Intensität zu jeder Zeit im gesamten Raum außerhalb des Bereiches der Bündelung verschwindet (oder nahezu verschwindet) und sich somit mehr oder minder zeitlich und räumlich begrenzte Wirkungsbereiche ergeben.

Die Intensität des elektrischen (bzw magnetischen) Feldes bestimmt die Auftrittswahrscheinlichkeit, dh die Reaktionsneigung des körperhaften Energiequantums (Photons). Was ist überhaupt das elektrische Feld; was das magnetische Feld?

Vermutlich ist diese Frage letztlich überhaupt nicht beantwortbar.

Jede Frage, «was ist dies oder jenes» (Fragen, mit der jedes geistig bewegliche Kind seine Eltern zur Verzweiflung treibt), erfordert als Antwort eine Zurückführung auf etwas dahinterstehend Grundsätzlicheres. Aber diese Möglichkeit endet bei denjenigen letzten Grundgrößen, die der Befragung nicht mehr fähig sind, indem sie ihrerseits selbst die letzte Grundlage zur Beantwortung darstellen müßten. Solche letzte Grundgrößen sind wohl beim elektrischen oder magnetischen Feld gegeben, von denen jedes — neben dem Schwerefeld — eine der drei Grundformen der energetischen Existenz darstellt; gleichsam je eine von drei Dimensionen der Energie.

«Was ist ein magnetisches Feld?» fragte der Fachprüfer für elektromagnetische Maschinen des schwedischen Patentamtes über den Anwalt zurück. Als die Frage offensichtlich nicht befriedigend beantwortet werden konnte, kam mit Halbjahresfrist die gleiche Rückfrage. Als dann (jedesmal mit 450 *DM* Anwaltskosten) diese Rückfrage gar zum dritten Mal eintraf, klärte eine unmittelbare Rücksprache mit dem Prüfer das teuere Mißverständnis auf: der Dolmetscher hatte magnetisches «Feld» mit dem schwedischen Wort für «Acker» übersetzt — und der Prüfer wollte nur die formale Berichtigung: Denn niemals seit Bestehen des Patentamtes wurde ein Patentanmelder von dessen erstklassigen Fachkräften gefragt, was ein magnetisches Feld sei. Letzte Seinsgrundlagen sind nicht fragbar. Will man dennoch näher wissen, was ein elektrisches oder magnetisches Feld sei, kann man somit nur noch versuchen, diesen Feldern durch Betrachtung von deren verschiedenen Erscheinungen und Eigenschaften näher zu kommen:

So sehen wir das elektrische Feld einer Kapazität; dh das von einer elektrischen Ladung ausgehende Feld. Oder so sehen wir das magnetische Feld einer Induktion; dh das einem magnetischen Fluß zugehörige Feld. Wir sehen die elektrischen und magnetischen Felder des Energieübertragungsnetzes, das mit Spannungen (angegeben in Volt *V*) und Strom (angegeben in Ampere *A*) die Städte erhellt und die Züge von Stadt zu Stadt treibt. So begegnen wir den elektromagnetischen Feldern der Rundfunkwellen, die von Sendern ausgestrahlt werden und auf die sich der Empfänger wahlweise einstellen kann. Und so begegnen wir den Lichtwellen mit ihren elektromagnetischen Feldern.

Was sind diese Felder; was sind deren Eigenschaften? Aus den noch weitgehend dunklen Zusammenhängen treten jedoch schon jetzt verschiedene Feldeigenschaften deutlicher hervor:

Das elektrische Feld ist Energie; ein geladener (*As*) Kondensator stellt zusammen mit seiner elektrischen Feldspannung (*V*) eine gespeicherte elektrische Energie (*VAs*) dar. Das magnetische Feld ist Energie; eine stromdurchflossene (*A*) Spule stellt zusammen mit seinem magnetischen Feldfluß (*Vs*) eine magnetische Energie (*VAs*) dar. Die Energien des elektrischen und des magnetischen Feldes sind die Grundenergien der Elektrotechnik.

Diese Energien ergeben mit Fortschreiten der Zeit fortschreitend zunehmende Wirkung; gleichsam einen Energiefluß in der Zeit; in Energiequanten erscheinend. Hierbei sind diese Energien aber ohne räumliche Qualität; nicht oder nur in weiten Grenzen lokalisiert. Sie sind mit passenden Anlagen (Stromversorgungsnetzen, Sende- und Empfangsstationen usw) an beliebigen Stellen abnehmbar; dh über den Raum übertragbar.

Überall, wo in elektrischem oder magnetischem Feld Energie gespeichert ist, ist diese prinzipiell entnehmbar. Wird etwa in einem Kraftwerk zwischen Fahrdraht und Schiene einer 1000 km langen Bahnlinie eine elektrische Spannung angelegt, so baut sich mit dieser längs der gesamten Strecke ein elektrisches Feld zwischen Fahrdraht und Schiene auf, aufgrund dessen überall — wo immer der Zug auch fährt — Energie entnommen werden kann. Genau wie in der Lichtwelle: Überall, wo elektrisches oder magnetisches Feld einer Lichtwelle vorhanden ist — vorne, mitte, hinten im Wellenzug — kann die Energie des Photons auftreten, dh entnommen werden.

Die im Feld — dh in dem von Fahrdraht und Schiene bzw Lokomotivdach gebildeten und mit der Fahrdrahtspannung (etwa 10 000 *V*) geladenen Kondensator (einige billionstel *As/V*) — gespeicherte Energie ist jedoch derart gering, daß der Zug (etwa eine million *VA*) damit eine kaum meßbar kurze Zeit (millionstel Sekunden) fahren könnte. Das elektrische Feld ist nur — proportional der Spannung — die Bereitstellung der Möglichkeit (Potentialität), daß — mit geeigneten Anlagen (wie Stromabnehmern, Motoren usw) Energie an der betreffenden Stelle auftritt; Energie, die im Kraftwerk dem Feldsystem zugeführt wird. Der Energiefluß vom Erzeuger (Kraftwerk) zum Verbraucher (Zug) geht hierbei — zum Erstaunen aller Nichtphysiker und fast aller Elektrotechniker — aber nicht durch den Fahrdraht, sondern durch das sich zwischen Fahrdraht und Schiene erstreckende elektrische (spannungsbedingte) und magnetische (strombedingte) Feld;

auch bei Gleichstrom. Das Produkt aus elektrischem und magnetischem Feld (Poyntingscher Vektor) ist der jeweilige Energiefluß durch den Raum mit der Zeit.

Die elektrischen Leitungsdrähte haben somit nur die Funktion der Bündelung, der Konzentrierung, dh der Gestaltung der die Energie speichernden und übertragenden Felder. Die Stromleiter (Fahrdraht, Schiene) sind als Träger der elektrischen Elektronen- und Protonenladungen (Elektronenüberschuß im negativen, Protonenüberschuß im positiven Leiter) nur Begrenzungsgeber des Feldes; Begrenzungsgeber, indem die Protonen und damit auch die Elektronen den Leiter nicht ohne weiteres verlassen können. Die elektrischen Ladungen der Elektronen und Protonen sind ihrerseits nur Träger der Felder, nur Feldbildner; existentialphysikalisch ist ja das Elektron selbst nichts anderes als eine Verkörperung elektrischer Feldenergie, gleichsam seiner eigenen Kondensatorladung. Elektronenüberschuß bzw -mangel (− oder + Spannung) sind die Ansatzpunkte (Quellen) des technischen elektrischen Feldes von Leiter zu Leiter; Elektronenbewegungen (Strom) sind die Erreger des magnetischen Feldes um die Leiter.

Die Elektronen- und Protonenladungen sind somit nur Träger, nur Hilfsmittel, auf welche man im Prinzip auch verzichten könnte — und welche in den Feldern der «drahtlosen» Energieübertragung der Rundfunkwellen oder Lichtwellen auch tatsächlich fehlen. Die elektrische Energieübertragung ist zwar in den Einheiten des elektrischen Feldes als Spannung des Fahrdrahtes (etwa 10 000 Volt) und des magnetischen Feldes als Strom (etwa 100 Ampere) angebbar. Aber der Energiefluß ist nicht im Strom der Elektronen im Leiter — die sich auch nur mit etwa Millimetern pro Sekunde bewegen — gegeben, sondern eben im elektromagnetischen Feld außerhalb der Stromleiter; im Feld, in welchem sich die Energie mit Lichtgeschwindigkeit fortpflanzt. Die auch in Leiternetzen übertragene Energie geht ja in Gestalt von «Photonen», dh elektromagnetischen Energiequanten über. Allerdings wird diese Aussage hinsichtlich Gleichstromnetzen oder bei den elektrostatischen Ladungsenergien insofern zu einer grenzwerthaften Extrapolation, als deren Energiequanten bis zu Null verschwindend klein werden; also Energieübertragungen mit unbegrenzt kleinen Photonenenergien, aber unbegrenzt großen Photonenanzahlen.

Überhaupt nur die elektrischen bzw magnetischen Energieübertragungen sind als Emissions-Absorptions-Ereignisse von Photonen zu verstehen; nicht aber die elektrischen und magnetischen Kraftwirkungen. Etwa die elektrostatischen Kräfte zwischen Kondensatorleitern

oder zwischen Proton und Elektron selbst sind nicht durch «Photonen-
austausch» bedingt; zumal ein solcher abstoßende Kraft verursachen
müßte, wie diese etwa beim Emissions-Absorptions-Ereignis des Photons einer jeden Lichtübertragung (Lichtdruck) tatsächlich konsequent
auftritt. Wie die Existenzphysik zeigt, sind die elektrischen Kräfte
der Schwerkraft verwandte Wirkungsquanteneffekte; mit den Wirkungsquanten h selbst, nicht mit den Photonen = Energiequanten
$E = fh$.

Das elektrische Feld des geladenen Kondensators ist gespeicherte
elektrische Energie; vergleichbar der potentiellen Energie (Lagen-
energie) eines Pendels. Das magnetische Feld der stromdurchflossenen
Spule ist gespeicherte magnetische Energie; vergleichbar der kinetischen Energie (Bewegungsenergie) eines Pendels.

Schaltet man einen Kondensator der Kapazität C (As/V) mit einer
Spule der Induktivität L (Vs/A) zu einem verlustfrei geschlossenen
Schwingkreis zusammen, so vermag dies CL-Gesamtsystem mit einer
Schwingungsdauer $T = 2\pi(CL)^{1/2}$ bzw einer Frequenz $f = 1/T$ zu
schwingen: Die zeitliche Änderung des elektrischen Feldes der Kon-
densatorladung bewirkt in der Spule einen Strom, welcher das magne-
tische Feld der Spule bildet; die zeitliche Änderung des magnetischen
Feldes des Spulenstromes (Spuleninduktion) bewirkt am Kondensator
eine Spannung (Induktionsspannung), welche das elektrische Feld des
Kondensators bildet.

Je größer hierbei Kapazität C und Induktivität L, um so länger ist
die Schwingungsdauer T, weil entsprechend die Ent- und Aufladung
bzw das An- und Abfluten langsamer vonstatten geht. Immer in den
Nulldurchgängen des elektrischen Feldes (maximale Spannungsände-
rung bei Kondensatorspannung 0) ist das magnetische Feld am stärksten — und in den Nulldurchgängen des magnetischen Feldes (maximale Stromänderung bei Spulenstrom 0) ist das elektrische Feld am
stärksten, so daß die in ständig wechselnder Richtung zwischen elektrisch und magnetisch pendelnde Gesamtenergie immer gleich groß
bleibt. Dies gilt jedoch — auch bei verlustfreien Systemen — nur im
völlig geschlossenen Zustand; dh bei derartiger Abschließung (Bündelung) des Leitersystems, daß die Energie immer nur zwischen Kondensator und Spule hin- und hergeht.

Sobald jedoch ein verlustfreier CL-Schwingkreis geöffnet wird, indem elektrische oder magnetische Felder oder beide den Umraum
durchsetzen und damit der offene Raum an der Energiespeicherung

teilnimmt, beginnt der Schwingkreis Energie abzustrahlen; er wirkt als Sender, als Emissionsquelle. Die Abstrahlung ergibt sich dadurch, daß bei Änderung des den Raum durchdringenden elektrischen Feldes (bzw magnetischen Feldes) nicht nur in der Spule (bzw Kondensator), sondern auch im weiteren Umkreis ein magnetisches (bzw elektrisches) Feld gegeben ist, dessen Änderung ein noch weiter entferntes, wieder elektrisches (bzw magnetisches) Feld zur Folge hat, usw. Auf diese Weise breitet sich eine Erfüllung des Raumes mit elektrischen und magnetischen Feldern, in denen der Raum Energie speichert, mit Invarianzgeschwindigkeit aus. Wiederum ist der Energiefluß gleich dem Produkt aus elektrischem und magnetischem Feld; gleich dem Poyntingschen Vektor. Und auch damit bleibt die elektromagnetische Gesamtenergie immer gleich; allerdings den gesamten durchstrahlten Umraum inbegriffen, der sich mit Invarianzgeschwindigkeit vergrößert.

Überall und immer, wo im Raume mit der Zeit Felder des Senders auftreten, kann Senderenergie empfangen, dh kann emittierte Energie absorbiert werden. Proportional der Wellenintensität ist auch die auffangbare Energie; je größer die Intensität, um so größer die Energie. Die Intensität ist aber nicht allein entscheidend; auch die Eigenschaften des Empfängers sind mitentscheidend. Ungeeignete Empfänger nehmen auch bei höchsten Wellenintensitäten keine Energie auf. Geeignete Empfänger vermögen jedoch beträchtliche Anteile (viele der ausgesendeten Energiequanten) der Feldenergie aufzunehmen; viel mehr als dem Raumwinkel entspricht, den der Empfänger im Senderumraum einnimmt. Geeignet sind vor allem Empfänger, die selbst elektromagnetisch verlustfrei mit der Schwingungsdauer der Sendewelle zu schwingen vermögen; dh die aus einem im Senderfeld offenen Schwingkreis mit einer Kapazität C und Induktivität L bestehen, die mit der Senderschwingung in «Resonanz» steht.

Man kann somit durch Veränderung von C oder L den Empfänger auf den einen oder anderen Sender «abstimmen»; also wählen, welchen Sender man zu empfangen wünscht. Hierbei kann der Empfänger mit dem elektrischen oder magnetischen Feld oder beidem geöffnet sein. So gibt es elektrische Antennen als längs des elektrischen Senderfeldes ausgespannte Leiterpole, die auf das elektrische Senderfeld ansprechen; aber auch magnetische Antennen als vom magnetischen Senderfeld durchflutete Leiterschleifen, die auf das magnetische Senderfeld ansprechen.

Die Energieaufnahme, dh Energieübertragung hängt somit sowohl von der Intensität der Welle an der Stelle des Empfängers zum Moment des Empfanges ab, als auch von der Aufnahmefähigkeit des Empfängers. Während die Wellenintensität J durch das Feldstärkenquadrat dargestellt wird, ist die Aufnahmefähigkeit des Empfängers durch dessen Impedanz Z gekennzeichnet. Die tatsächliche Energieaufnahme ist das Produkt $J \cdot Z$.

Bei verlustfreien Schwingkreisen mit einer Kapazität C und einer Induktivität L ergibt sich Z gemäß:

$$1/Z = (-1)^{1/2} \cdot [2\pi f C - 1/(2\pi f L)]$$

Bei gegebener Induktivität L und Frequenz f verschwindet mit einer bestimmten Resonanzkapazität $C_o = 1/(4\pi^2 f^2 L)$ die rechte Gleichungsseite, so daß damit der Reziprokwert $1/Z$ verschwindet. Dies bedeutet, daß — wie groß auch immer L und f sei — mit einer genau dazupassenden Resonanzkapazität C_o die Impedanz Z unendlich groß wird; dh die Energieauftrittswahrscheinlichkeit im Empfänger gleich 1 wird; also vollkommene Aufnahme der ausgestrahlten Energie gegeben ist.

Dies gilt für verlustfreie Schwingkreise; dh solche, die keinerlei elektrische oder magnetische Energie durch Umsetzung in Wärme verloren gehen lassen. Derartige verlustfreie Empfänger (auch Sender) sind zB die Elektronenhüllen der Atome; auch die Emissions-Absorptions-Ereignisse von Photonen sind genau derartige Sender-Empfänger-Vorgänge mit Kapazitäten, Induktionen, Frequenzen und Resonanzen, wie sie vorstehend für technische Anlagen beschrieben wurden. Derart verlustfreie Schwingkreise sind auch technisch in Gestalt von Supraleiterdipolen (zB ein dünner, gerader Stab aus Blei, das bis auf wenige $°K$ abgekühlt ist) herstellbar: Die Enden eines derartigen «Dipols» besitzen gegeneinander eine Kapazität C und deren Mittelstück stellt eine Induktivität L dar. Praktisch nicht herstellbar ist dagegen ein solch verlustfreier Dipolschwingkreis mit absolut genauer Resonanzkapazität C_o; dh mit gerade derart großer Kapazität C, daß für die gegebene Induktivität L bei der gegebenen Sendefrequenz f der unendliche Impedanzwert Z (vollkommene Resonanz) wirklich auftritt. Praktisch treten immer mehr oder minder große Abweichungen auf:

Mit einer konkret gegebenen Induktion L erreiche eine Kapazität C_o die genaue Resonanz zu einer Senderfrequenz f. Die tatsächliche (praktisch zufällig erzielbare) Kapazität C weiche demgegenüber um die Kapazitätsgröße a ab; also $C = C_o + a$. Damit ergibt sich eine Impedanz $/Z/ = 1/(2\pi f \cdot a)$. Betrachtet man nun eine große, wahllos fabrizierte Menge von solchen Empfangsdipolen, unter denen alle positiven $(C > C_o)$ wie negativen $(C < C_o)$ Kapazitätsabweichungen a — statistisch wahllos verteilt — vorkommen, so ergibt sich:

Ein Impedanzwert kommt um so seltener vor, je größer er ist. Exakt ausgedrückt: Zwischen $\pm\,na$ liegende Kapazitätsabweichungen (n eine beliebige positive Zahl; Toleranzzahl zB 1 oder 2 oder 10) sind n-mal so häufig als zwischen $\pm\,a$ liegende Kapazitätsabweichungen; dh Impedanzen größer als $1/(2\,\pi f \cdot n a)$ sind n-mal so häufig als Impedanzen größer als der n-mal größere Wert $1/(2\,\pi f \cdot a)$. Die in einem derartigen Empfangsdipol reaktiv pulsierende Energie ist damit gemäß $J \cdot Z = J/(2\,\pi f \cdot a)$ ein Produkt aus der Wellenintensität J und der reziproken Abweichung $1/a$ vom Resonanzwert.

Diese Gegebenheiten sind sehr aufschlußreich für die Erfassung der mikrophysikalischen Geschehnisse; vor allem in der Frage, was die dem einzelnen Photon (Energiequant) zukommende Elementarwelle darstelle. Die einzelnen Atome mit ihren Elektronenhüllen sind Sender und Empfänger ganz analoger Art wie jene durch Kapazitäten und Induktivitäten gegebenen technischen Energieübertragungsanlagen.

Quantelung und Elementarakt

Die mikrophysikalischen Geschehnisse sind durchweg alle «gequantelt». Das Wirkungsquantum h — eine Wirkungseinheit — ist eine weit über die Beziehung $E = fh$, bzw $p = sh$ des Welle-Körper-Dualismus hinaus die gesamte Mikrophysik allgemein beherrschende Größe; anders ausgedrückt: durch den Welle-Körper-Dualismus wird h zu einer allgemein alle Mikrogeschehnisse beherrschenden Größe.

Dieses Wirkungsquantum h ist als Wirkungseinheit (Dimension: Energie mal Zeit) naturgemäß zu unterscheiden von den Energiequanten $E = fh$, welche je die einer Welle (Materiewelle wie elektromagnetische Welle) der Frequenz f zukommenden kleinstmöglichen Energieeinheiten darstellten; Energieeinheiten, die eben als Photon, Elektron, Proton usw existent sind. Während die Wirkungsquanten selbst nur in den existentialphysikalisch das Gravitationsfeld ergebenden, wellenförmigen Kugelschalen um die Elementarteilchen da sind, treten im quantenphysikalischen Geschehen die Energiequanten $E = fh$ als reale Körper auf. Diese Energiequanten sind mit den sehr verschiedenen Frequenzen f der verschiedenen Welle-Körper-Geschehnisse sehr verschieden groß, wobei eben das Wirkungsquantum h als immer einheitlicher Multiplikator auftritt.

Derartige Energieeinheiten sind nicht nur den Energiequanten der Lichtkorpuskel (Photonen) und der Elementarteilchen (wie Elektron, Proton, Neutron usw) als solchen eigen, sondern darüber hinaus auch noch den Geschehnissen zwischen verschiedenen Körpern: etwa der Drehung (Rotation) zweier oder mehrerer Atome in einem Molekül umeinander, oder der Schwingung (Oszillation) zweier oder mehrerer Atome in einem Molekül gegeneinander, (wobei das Wirkungsquantum h vielfach als Faktor h^2 im Quadrat auftritt). Dieser Umstand konnte erstmals einige sonst unverständliche Phänomene — sogar quantitativ genau richtig — erklären.

Diese Quantelung von Rotationen oder Oszillationen bedeutet, daß etwa ein Molekül (H_2, O_2 usw) sich nicht mit jeder beliebigen Energie um sich drehen bzw in sich schwingen kann, sondern nur mit ganz bestimmten Energiewerten. Werden diese Energiewerte bei niederen Temperaturen nicht erreicht, so entfällt diese Möglichkeit thermischer Energie. Dies bedeutet das schon früher empirisch bekannte «Einfrieren von Freiheitsgraden» mit entsprechender Verringerung der spezifischen Wärmen bei niederen Temperaturen. Beim Schwingungsvorgang, bei welchem halbe Quantenwerte in Erscheinung treten, hat dies die ebenfalls schon empirisch bekannte Tatsache zur Folge, daß diese Schwingung auch am absoluten Temperaturnullpunkt bei Null $^\circ K$ (bei $-273,15\,^\circ C$) noch eine «Nullpunktsenergie» gemäß $E = f h/2$ besitzt, was ebenfalls nur quantenmechanisch erklärbar ist und auch exakt erklärt wird. Die Quantenphysik ist eben die eigentliche Wirklichkeitsphysik, Aktualphysik.

Gerade diejenigen Geschehnisse, die sich an die «nicht zwangsfreien» Bewegungen knüpfen und die damit relativistisch nicht bezugsfähig waren — nämlich die Rotation und Oszillation —, bei denen molekulare (mechanische) Kräfte die von der freien gleichförmigen Bewegung abweichenden Bewegungen erzwangen — verhalten sich gequantelt; also spezifisch quantenphysikalisch.

Interessanterweise gilt aber auch das Umgekehrte: frei-gleichmäßig bewegte Körper — Elektronen, Protonen, Neutronen, Atome und Moleküle — haben (außer ihrer eigenen Wellenfunktion) keine Quantelung ihrer Bewegungsenergiezustände; können also mit beliebig verschiedenen Geschwindigkeiten und Energien bewegt sein. Anders ausgedrückt: freien, gleichförmigen Bewegungszuständen kommt der Grenzfall verschwindend kleiner Energiequanten zu. Aber genau diese kräftefrei-gleichförmigen Bewegungszustände, bei denen das quantenphysikalische Verhalten auf Null verschwindet, sind die relativistisch unbegrenzt in Raum und Zeit ausgedehnt bezugsfähigen Systeme.

Auch damit wird wiederum die eigentümliche Komplementarität von Quanten- und Relativitätsphysik deutlich, welche einander erfordern, aber zugleich eine jede dort ihre spezifischen Eigenarten entfaltet, wo die Eigenarten der jeweils anderen leer werden, verschwinden. Dies läßt zugleich eine prinzipielle Unvereinbarkeit und Unersetzbarkeit der Quanten- durch die Relativitätsphysik und umgekehrt erkennen.

Im Welle-Körper-Dualismus selbst gibt es ebenfalls so einen Grenzfall verschwindender Energiequanten: im statischen elektrischen Feld, in welchem die quantenphysikalische Frequenz f verschwindet; etwa im Feld der elektrischen Ladung von Elektron oder Proton. Aber genau dies ist der Punkt, an welchem nun die existenzphysikalischen Aspekte spezifisch zur Geltung kommen: Also auch eine eigenartige Komplementarität der Quanten- und Existenzphysik.

Dieser Grenzfall der statischen Felder ist in der Elektrotechnik etwa bei der Gleichstrom-Energieübertragung gegeben: ein stetiger, ungequantelter Energieübergang über das Verteilungsnetz; anders ausgedrückt: durch eine unbegrenzte Menge je verschwindend kleiner Energiequanten (Photonen) über das Verteilernetz laufend; nur bei Ein- und Ausschaltvorgängen mit endlichen Energiequantengrößen. In Gleichstromnetzen ist also doch eine Energieübertragung durch in Stromleitern bewegte Elektronen unter einer an diesen Leitern anliegenden Spannung gegeben; also doch eine Energieübertragung im Sinne einer quanten- und existenzphysikalischen Komplementarität. Mit den 50 Hz-Schwingungen ($f = 50$ Hz; Hertz Hz = Schwingung pro Sekunde) des technischen Wechselstromes sind die Energiequanten (Photonen) noch so klein ($3 \cdot 10^{-25}$ *erg*), daß die kleinsten Energien schon riesengroße Quantenmengen bedeuten, so daß die praktische Energieübertragung noch gänzlich an Stromleiter geknüpft ist. Erst bei 30 000 Hz (10 km Wellenlängen) beginnt die Möglichkeit (mit riesenhaften Antennen), Energie als Rundfunkwellen frei abzustrahlen; sogenannte Längstwellen. Bei 10^9 Hz (0,3 Meter) lassen sich bereits mit kleinen Antennen hohe Energiedichten abstrahlen, die von handlangen Dipol-Schwingkreisen empfangen werden.

Bei diesen Frequenzen (Radar-Bereich), nimmt die Rundfunkwelle schon lichtwellenähnliche Eigenschaften (Verdeckung durch große Gegenstände; Spiegelung an Metallplatten; Interferenzen von Wellenfronten usw) an. Aber immer noch sind die Energiequanten so klein

($6 \cdot 10^{-18}$ *erg*), daß sie im Einzelauftritt immer noch nicht meßbar sind. An merklichem Energieempfang sind immer noch so große Energiequantenmengen beteiligt, daß quasi-klassische Verhältnisse vorliegen; vergleichbar der flächenhaften Ausleuchtung des Beobachtungsschirms im Fresnel-Experiment bei hohen Beleuchtungsstärken. Aber man erkennt bereits die Analogie: Hohe Neigung zum Auftreten des Energiequants einer Elementarwelle ergibt sich durch hohen Impedanzwert Z und durch hohe Intensität J der einzelnen Elementarwellen, die in großer Menge einander synchron überlagernd die mesophysikalisch meßbare elektromagnetische Welle darstellen. Und bei großen Mengen von Energiequanten (Photonen) erscheint ein dieser Neigung $J \cdot Z$ statistisch streng proportionaler Energieauftritt am Empfänger.

Aber damit ist immer noch nicht die Frage geklärt, welcher Art die einem einzigen Photon zugehörige Welle, die «Elementarwelle» ist. Das Fresnel-Experiment mit sehr selten durchlaufenden Energiequanten hat ergeben, daß auch jedem einzelnen Photon eine Welle (mit Interferenzen usw) zukommt; nicht nur als statistische Erscheinung bei großen Photonenmengen. Aber ist auch das elektrische oder das magnetische Feld der Elementarwelle tatsächlich von der Art des mesophysikalisch beobachtbaren und meßbaren elektrischen bzw magnetischen Feldes?

Es könnte doch sein, daß diese mesophysikalischen Eigenschaften ausschließlich Mengeneigenschaften darstellen. Die elektrischen oder magnetischen Felder einer einzelnen Lichtquantenübertragung sind als solche nicht unmittelbar meßbar; nur über die auftretenden Energiequanten. Aber solange das einzelne Quant noch nicht aufgetreten ist, noch nicht energetisch reagiert hat, (anders ausgedrückt:) noch nicht «beobachtet» ist, ist auch noch keine Welle faßbar geworden. Ist aber das Energiequant in einer konkreten Reaktion aufgetreten, so hat die Welle bereits ihre Funktion erfüllt und damit wohl(?) ihr Dasein beendet.

Alle grundsätzlichen Aussagen über mikrophysikalische Beobachtungs- oder gar Realitätsgrenzen sind mit Vorsicht aufzunehmen: zB das elektrische Feld eines einzelnen Elektrons ist meßbar; etwa durch Ablenkung des bewegten Elektrons in Magnetfeldern oder durch Stöße mit anderen Elektronen oder Protonen; die Messung ist zwar mit besonderen Ungenauigkeiten behaftet, aber nicht grundsätzlich undurchführbar. Dies scheint jedoch bei dem elektrischen oder magnetischen Feld der Elementarwelle des Photons, dessen Auftreten zugleich sein Verschwinden bedeutet, anders zu sein.

Aber so überzeugend auch diese Argumentation gegen die «Objektivierbarkeit» eines realen Daseins einer elektromagnetischen Elementarwelle erscheint, sind doch auch Phänomene bekannt, die reale elektrische und magnetische Felder der Elementarwellen zwar nicht messen, aber erkennen lassen; zwar nicht das raumzeitliche Wirken — das zeigte dafür schon der Fresnel-Versuch mit selten durchlaufenden Photonen —, aber eben das typisch elektrisch-feldartige Wirken. Solche Phänomene sind im Maser oder Laser bekannt:

Der Maser (Mikrowellen-Emissionsverstärker) ist der wesensgleiche Effekt im Bereich der betrachteten kurzen Rundfunkwellen von ca 10^9 Hz (Radar-Bereich), wie der Laser (Lichtwellen-Emissionsverstärker) im Bereich der Lichtwellen von ca 10^{14} Hz. Der Laser bewirkt auch für Licht die genau analoge Aussendung vieler miteinander synchron schwingender Elementarwellen, wie der Maser dies für Mikrowellen und wie dies für alle Rundfunkwellen auch die gebräuchlichen technischen Röhrensender tun.

Im Maser- bzw Lasereffekt werden energetisch angeregte («aufgepumpte») Atome oder Moleküle in Gasräumen oder Kristallen durch die Elementarwelle eines Photons des Mikrowellen- bzw Lichtwellenbereichs zur Energieabgabe mit synchron zur anregenden Welle schwingender eigener Elementarwelle veranlaßt. Bereits durch eine einzige Elementarwelle wird in dieser Weise eine lawinenartig ansteigende Energieabführung in die Wege geleitet.

Dies muß durch die einzelne Elementarwelle als solche angeregt werden (die mit ihrem elektrischen Feld energielos-reaktive Schwingungen in den angeregten Atomelektronenbahnen verursacht), ohne daß hierbei das Photon der anregenden Welle in einer energetischen Reaktion auftritt. Denn würde hierbei das Photon korpuskular örtlich auftreten und damit seine Welle für weitere Reaktionen verlorengehen, so würde kein sich steigernder Lawineneffekt auftreten können. Selbst wenn das Photon in einem auslösenden Stoß auftreten und zusammen mit dem abgestoßenen Photon weiterlaufen würde, könnte dies nicht in der ebenen Wellenfront des typischen Maser- und Lasereffektes geschehen, sondern müßte als eine von der Stoßstelle neu ausgehende Kugelwelle erfolgen.

Der Maser- und der Lasereffekt, aber auch noch andere Erwägungen zeigen, daß hier offenbar ein der mesophysikalischen Feldwirkung sehr ähnliches Feldverhalten der Elementarwelle als solcher wirksam ist. Auch die elektromagnetische Elementarwelle des einzelnen Photons ist in gleicher Weise Realität wie etwa die elektromagnetische Kollektivwelle von Rundfunksendern.

Bei dieser Gelegenheit ist auf zwei überhaupt grundverschiedene Reaktionsarten des mikrophysikalischen Geschehens hinzuweisen; auf die Körperreaktionen und auf die Wellenreaktionen.

Der Körper ist das aktuelle Auftreten der vollen Energieeinheit in den eigentlichen Reaktionen des Emissions-Absorptions-Geschehens. Offenbar kann aber auch die Elementarwelle Reaktionen besonderer Art bewirken. Schon der Laser-Effekt weist darauf unabweisbar hin. Auch die dem Lasereffekt verwandte Intensitätsabnahme der Elementarwellen in Räumen mit absorbierfähigen Atomen läßt auf das Bestehen von Wellenreaktionen schließen.

Aber sogar schon viel simplere Vorgänge können kaum anders gedeutet werden als derartige Wellenreaktionen: etwa die Reflexion einer Wellenfront an einer Spiegelfläche oder die Wellenbrechungen und -beugungen in beliebigen Optiken.

Würde das Photon etwa bei einer Spiegelflächen-Reflexion korpuskular auftreten, müßte von der Stoßstelle der Reflexionsfläche eine Kugelwelle ausgehen, welche die künftige Auftrittswahrscheinlichkeit voll und ausschließlich repräsentiert. Es gäbe aber damit überhaupt keine Spiegelung, insbesondere keine Spiegelung einzelner Photonen, sondern nur diffuse Streuungen; allein schon die Tatsache, daß es optische Spiegel und Linsen gibt, macht das Bestehen realer Wellenreaktionen offenbar.

Mit diesen Wellenreaktionen ergibt sich jedoch eine eigenartige Problematik, die sich an die Frage der energetischen Natur dieser Wellenreaktionen anknüpft: Bei der Reflexion von Wellenfronten an optischen Spiegeln tritt ein Lichtdruck auf, und zwar doppelt so stark wie bei der Absorption. Damit ergeben sich eine Reihe Fragen: Wird ein auftretender Lichtdruck bei der einzelnen Elementarwelle großflächig auf der ganzen Spiegelebene wirksam; wird er während der ganzen Dauer des Hinweggangs eines langen Wellenzuges (zB 1 Meter) wirksam; wenn ja, eines wie langen? Oder tritt er doch — obgleich die Welle breitfrontig weiterläuft — punktförmig und schlagartig im Sinne einer Photonenreflexion auf? Kann mit diesem Lichtdruck — indem er den Spiegel in Bewegung setzt — der Welle und dem ihr zugehörigen Photon Energie entzogen werden; etwa indem sich entsprechend der Spiegelbewegung die Frequenz vermindert, ohne im übrigen die Wellenfront zu stören; also etwa im Sinne eines Compton-Stoßes auf den ganzen Spiegel? Oder gibt es hier Schwellwerte?

In jedem Falle verbleibt ein tiefgehendes Paradoxon: Tritt der Lichtdruck punktförmig-schlagartig am Spiegel auf; warum dann keine «Reduktion des Wellenfeldes»? Tritt er aber großflächig und langsam auf; ist dann die Photonenenergie zwischen Emission und Absorption doch im ganzen von der Wellenintensität erfüllten Raum-Zeit-Bereich verteilt, so daß sie sich bei der Absorption doch punktförmig zusammenziehen müßte; aus gegebenenfalls kosmischen Entfernungen und mit unendlicher Geschwindigkeit? Treten aber Schwellwerte auf: wieso kann dann bei spiegelnden Flächen überhaupt ein Lichtdruck wirksam werden?

Wie ist dies gar, wenn eine Elementarwelle parallel zugleich über zwei in verschiedene Richtungen reflektierende Spiegel verläuft; ähnlich wie im Fresnel-Experiment? Tritt dann nur auf demjenigen Spiegel ein Lichtdruck auf, in dessen weiterem Verlauf später die Absorption erfolgen wird, oder auf beiden Spiegeln je hälftig? Wenn die gesamte Energie (das Photon) nur über einen der beiden Spiegel verläuft, indem nur dort Lichtdruck auftritt, so wäre die mit völlig gleichberechtigten Wellenfronten auftretende Interferenz unverständlich. Tritt jedoch der Lichtdruck auf beiden Spiegeln auf, so ist der Lichtdruck eine typische Wellenreaktion; eine Reaktion (auch energetischer Art!), ohne daß hierbei das Photon aktuell in Erscheinung tritt.

Ganz analoge Wellenreaktionen treten auch bei den eigentlichen Materiewellen der Elektronen, Protonen usw auf, wobei sich ganz charakteristische Unterschiede ergeben. Wie die elektromagnetische Welle in derjenigen Hinsicht mikrophysikalisch orientiert ist, in welcher die Materiewelle makrophysikalisch orientiert ist — und umgekehrt in der dazu komplementären Hinsicht —, so vertauscht sich ganz ähnlich auch die Bedeutung der Körper- und Wellenreaktionen:

Das Photon ist nur die «Verkörperung» der energetischen Vorgänge einer Emissions-Absorptions-Reaktion; darüber hinaus hat es keine körperhafte Existenz. Die Existenz des Photons erschöpft sich im Reagieren. Dagegen haben die Elementarteilchen eigenständige Existenz auch unabhängig von Reaktionen, die sich mit ihnen ereignen.

Während bei den Photonen die Wellenreaktionen in ihrer Bedeutung stark zurücktreten gegenüber den «eigentlichen Reaktionen» in Gestalt der Photonenauftritte, ist dies bei den Elementarteilchen gerade umgekehrt: Der ganze Atombau mit seinen Elektronenhüllen um den Kern, die Stabilität der Materie und ihre Druck- und Zugfestigkeit und beinahe alle molekularen Strukturen mit ihren besonderen Elektronenkonfigurationen, sind in diesem Sinne Wellenreaktionen, bei denen das Elektron nicht mehr körperhaft in Erscheinung tritt, sondern vielmehr nur noch in potentieller Gestalt — eben in seiner Welle — das Atom oder Molekül strukturiert. Dies ist auch der Grund, warum die Quantenmechanik — etwa in Form der Schrödingerschen Wellenmechanik, welche der Heisenbergschen Matrizenmechanik äquivalent ist — alle diese Phänomene des Atombaues so hervorragend darzustellen vermag. Gerade bei diesen Wellenvorgängen handelt es sich um jeweils die Elementarwelle der einzelnen Elektronen; also um Einzelwellen, nicht um statistische Mengenerscheinungen großer Elektronenzahlen.

Das unmittelbar korpuskularhafte Auftreten der Elektronen ergibt sich gegenüber diesen, das kontinuierliche Bestehen der Atome und Moleküle begründenden Wellenreaktionen, nur in besonderen diskontinuierlichen Reaktionsprozessen; etwa in den Ionisationsprozessen, bei denen freie Elektronen abgespalten werden. Alle diese Wellen- und Körperreaktionen gibt es auch in verschiedenen Übergangsformen; etwa in den Vorgängen der elektrischen Stromleitung oder bei Ablauf chemischer Umsetzungsreaktionen.

Alle diese eigenartigen, geradezu paradoxen Fragestellungen, welche sich an die Wellenreaktionen und deren Komplementarität mit den Körperreaktionen knüpfen, sind charakteristisch für die gesamte Quantenphysik; überhaupt für den aktuellen Aspekt der Wirkungen. Wie dem aber auch sei: gerade im Welle-Körper-Dualismus kann man nicht umhin, auch der einzelnen Elementarwelle eine eigene Realität zuzuschreiben; wenn auch im anderen Sinn als bei den in den Abmessungen der groben Umwelt erfahrbaren Realitäten. Dadurch wird jedoch der Welle-Körper-Dualismus und seine Komplementarität nicht aufgehoben, sondern tritt sogar noch um so härter und durchgreifender hervor.

Wirkungsquantum und Geschehen

Die im Welle-Körper-Dualismus gegebene Komplementarität ist nicht eine an sich vermeidbare Nebensächlichkeit (was wäre für den Schöpfer alles vermeidbar gewesen, wenn Er unsere Philosophen rechtzeitig als Sparkommissäre zur Seite gehabt hätte!), die nur Unruhe in unseren logischen Apparat bringt. Sie ist grundlegend für alles Geschehen überhaupt. Sie ist die Grundlage für die unerfaßbare Mächtigkeit alles Geschehens in der gesamten Wirkungsbreite, welche uns die Realität zeigt.

Die überaus erstaunlichen Geschehnisse und Wirklichkeiten, welche die Materie hervorbringt — die mannigfaltigen Strukturen und Formen des Atombaus, der chemischen Reaktionen und Bindungen der Elemente in und zu den millionenfältig verschiedenen Verbindungen und diese wieder je in den unübersehbar vielen Gestaltungen der Riesenmoleküle bis zu den pflanzlichen und tierischen Zellen, die sich mit zunehmendem Leben zu erfüllen vermögen — wären auf einer einheitlichen Seinsstruktur ganz einfach nicht möglich. Die wahrhaft bewunderungswürdige Geschehensbreite, welche die Materie hervorbringt, ist entscheidend begründet in der unumgehbaren Komplementarität des Dualismus von Welle und Körper.

Die Geschehensbreite, «welche die Materie hervorbringt»? Welche die Materie ihrerseits wieder in einer höheren Komplementarität mit einer geheimnisvollen Innerlichkeit, Lebendigkeit, Sinnhaftigkeit hervorbringt; welche eine staunenswerte Komplementarität von Welt und Geist hervorbringt; eine Komplementarität, welche in der Projektion auf den Bereich der Wissenschaften als Komplementarität von Wirklichkeit und Erkenntnis, von Experiment und Theorie erscheint.

Dieser überhaupt alles Geschehen und Wirken bestimmende Welle-Körper-Dualismus wird freilich mit der armseligen Aufzählung einiger Beispiele in seiner Mächtigkeit und Möglichkeit eher verkannt als kundgetan. Man möchte schweigen — wie Güllnare vom Meere in 1001-Nacht —, weil man gar nicht weiß, wo man aus dem Meer der Ereignisse beginnen soll. Aber weil man dem Dualismus mit Einzelheiten doch näher zu kommen vermag, sei auf einige Beispiele doch nicht verzichtet:

Ohne den Welle-Körper-Dualismus könnte man schon gar nichts sehen: Wäre die Übertragung der Lichtenergie von der Sonne zu den von ihr beleuchteten Gegenständen und von diesen wieder in unser Auge ein einheitlicher Korpuskularvorgang, könnte keine Augenlinse auf den Nervenzellen unserer Netzhaut ein Bild entwerfen; wäre es ein einheitlicher Wellenvorgang, könnte niemals auf den Nervenzellen jene Energiezusammenballung auftreten, welche die nervenreizende Photoreaktion erfordert. Ohne den Welle-Körper-Dualismus gäbe es keine chemischen Reaktionen und Bindungen; wir könnten nicht atmen, hätten keinen Stoffwechsel, könnten nicht leben; es gäbe gar kein Leben und uns selbst auch nicht. Es gäbe erst recht keinen Maser und Laser und keinen Rundfunk.

Von ganz besonderer Bedeutung sind hierbei, und überhaupt in allem Geschehen, die «Resonanzeffekte», die wesenhaft dem Welle-Körper-Dualismus zugehören. Ein Resonanzeffekt bedeutet eine Energieübertragung an Stellen und Momente mit besonderer Auswahl aus ausgedehnten Raum-Zeit-Bereichen; bedeutet bevorzugten Energieübergang an Empfänger (Absorptionsgegenstände), die mit dem Sender (Emissionsgegenstände, Quellen) abgestimmt sind; dh auf gleiche oder ähnliche Schwingung eingestellt sind. Nicht nur das Sehen samt allen Licht- und Farbenerscheinungen und nicht nur das technische Rundfunk- und Elektrowesen beruht in den entscheidenden Vorgängen auf diesen Resonanzwirkungen, sondern nahezu alle Reaktionen verlaufen mehr oder minder resonanzgesteuert.

Diese Bedeutung der Resonanzeffekte ist nicht nur bei den elektromagnetischen Wellen gegeben, sondern auch bei den Materiewellen. Von technisch höchstem Interesse — ohne dies wäre der Atomkernreaktor nicht zu betreiben — ist der «Resonanzeinfang» von Neutronen durch die spaltbaren Uranatomkerne. Bei besonderen Geschwindigkeiten der Neutronen, bei denen deren Schwingung mit der Atomkernschwingung übereinstimmt, treffen diese den Urankern, als hätten sie über 10 000-fachen Querschnitt (sogenannten Wirkungsquerschnitt). Überhaupt der ganze Atombau in Kern und Hülle gründet sich in Materiewellenresonanzen. Die Kräfte, welche die Atomkerne oder Moleküle zusammenhalten, sind resonanzbedingte Wechselwirkungskräfte. Der «Einklang», dh eben die Abstimmung, Resonanz, ist ein tragendes Prinzip allen Geschehens.

Durch die Resonanzeffekte ergibt sich in vielen Vorgängen eine «Auswahl». Aber Auswahl bedeutet Wahl zwischen Mehrerem, bedeutet vielerlei Mögliches; bedeutet konkret, daß die wirksamen und wirkenden Energieeinheiten die Möglichkeit haben, in an sich weiteren Bereichen aufzutreten. Und eben das ist ja der Welle-Körper-Dualismus. Diese Effekte sind ohne den Dualismus nicht nur nicht möglich, sondern sie sind selbst dieser Dualismus.

Ein besonders wichtiges und für den Welle-Körper-Dualismus bezeichnendes Phänomen ist die Radioaktivität. Ein radioaktiver Atomkern ist ein Kern, der unter Abstoßung eines Kernpartikels — etwa eines aus zwei Neutronen und zwei Protonen bestehenden Heliumatomkerns; Alpha-Strahl — in einen Zustand geringerer Energie überzugehen vermag.

Jedoch ist der Potentialwall des radioaktiven Atomkerns — innerhalb dessen die anziehenden Kernkräfte die abstoßenden Ladungskräfte überwiegen — zu hoch, als daß ihn der abzustoßende Kernpartikel mit der ihm mit der Abstoßung zur Verfügung stehenden Energie überwinden könnte. Andernfalls würde das Teilchen ja sofort abgestoßen, so daß es gar keine radioaktiven Atomkerne gäbe. Ohne den Welle-Körper-Dualismus würde aber dieser Partikel niemals abgestoßen.

Anders jedoch mit dem Welle-Körper-Dualismus, in welchem dem abzustoßenden Partikel eine Welle zukommt, welche die Auftrittsneigung, die Auftrittswahrscheinlichkeit dieses Teilchens in ausgedehnteren Raumbereichen darstellt. Obschon im engsten Bereich des Atomkerns stark gebündelt, erstreckt sich diese Welle mit entsprechend sehr schwachen Intensitäten auch über den Scheitel des Potentialwalls bis zu einem der Abstoßenergie gleichkommenden Potentialwallniveau. Ist auch — gemäß der dort nur noch geringen Wellenintensität — die Körperauftrittswahrscheinlichkeit sehr gering, so tritt in entsprechend langen Zeiten dennoch einmal der Körper auch eben dort außerhalb des Potentialwallscheitels auf, so daß er als radioaktiver Strahl abgestoßen zu werden vermag.

Der radioaktive Zerfall mit der für jedes radioaktive Isotop (Kernart) typischen Halbwertszeit (nach der jeweils noch die Hälfte der Kerne nicht reagiert hat, also noch aktiv geblieben ist; nach 1 Halbwertszeit noch $^1/_2$; nach 2 Halbwertszeiten also noch $^1/_4$; nach 3 noch $^1/_8$; nach 10 noch $^1/_{1024}$, also rund $^1/_{1000}$; nach 20 Halbwertszeiten noch rund $^1/_{1\,000\,000}$ usw) entspricht genau der Wahrscheinlichkeitsstatistik des Welle-Körper-Dualismus. Auf diese Weise kann nicht nur ein Alphastrahl (He-Kern), sondern auch ein Betastrahl (Elektron) oder ein Gammastrahl (Gammaphoton) radioaktiv abgestoßen werden; schwere Atomkerne, wie Thorium oder Uran, können in dieser Weise sogar in zwei ungefähr gleich große Kernbruchstücke zerfallen. Die Halbwertszeiten für die verschiedenen Isotope variieren zwischen billionstel Sekunden und billionen Jahren; je nachdem, wie groß bei einem Isotop die Wellenintensität für das Abstoßteilchen außerhalb des Potentialwalles noch ist.

Analoge Verhältnisse wie bei der Radioaktivität sind auch bei den elektrotechnisch wichtigen Vorgängen des Elektronenaustrittes aus elektrischen Stromleitern (zB Kupferdrähten, Elektronenröhrenkathoden, Halbleiterübergängen usw) und des Elektronenübertrittes zwischen elektrischen Stromleitern gegeben: auch diese sind durch die Materiewellenintensität der Elektronen außerhalb des durch die «Austrittsarbeit» gegebenen Potentialwalles der elektrischen Leiter bestimmt.

Schließlich ist noch ein typisch quantenphysikalisches, auf dem Welle-Körper-Dualismus begründetes Phänomen zu nennen: das Pauli-Verbot. Dieses ist für die echten Elementarteilchen mit halbem Spin (für die Fermionen), wie Elektronen, Protonen, Neutronen, gültig.

Die wellenmechanische Erfassung von Systemen, in denen etwa mehrere Elektronen (allgemein Fermionen) zusammenwirken, — also etwa Elektronen in der Hülle eines Atoms oder in einem aus der Verbindung mehrerer Atome bestehenden Molekül, oder etwa die Leitungselektronen in einem beliebig großen metallischen Leiter, zB Kupferdraht usw — zeigt, daß in einem derartigen quantenphysikalischen System kein Elektron existenzfähig ist, das mit irgend einem anderen Elektron in allen Quantenzahlen übereinstimmt. Da in einer Atomhülle das in verschiedenen Hinsichten mögliche Verhalten der Elektronen durch vier voneinander unabhängige Quantenzahlen charakterisiert wird, ergeben sich daraus mit dem Pauliverbot die gesamten Strukturen der Elektronen-Atomhüllen aller Elemente; in glänzender Übereinstimmung mit dem chemischen Periodensystem. Ähnliches gilt für den Aufbau des Atomkerns aus Protonen und Neutronen.

Interessant sind die Zustände der Elektronen in metallischen Stromleitern. In dem Metallkristall besitzt aufgrund der Wechselwirkung eines jeden Teilchens mit jedem anderen, jedes so viel mögliche Energiezustände als Teilchen vorhanden sind. Die Leitungselektronen sind jedoch im gesamten Leitersystem mit dem gemeinsamen Wellenfeld ohne individuelle Identität überall immer potentiell gegenwärtig. Nach dem Pauli-Verbot kann jedoch jeder Elektronen-Energiezustand (dh jeder in die Abmessungen des Leiters passende Teilwellenzustand) immer nur von einem einzigen Elektronenpaar (zwei Elektronen mit zueinander entgegengesetztem Spin) besetzt sein; also jeder Zustand nur von einem einzigen Elektron. Andernfalls wären völlig identische Elektronen im Leitersystem vorhanden.

Es ergibt sich daraus — als quantenphysikalische, klassisch unbegreifliche Besonderheit —, daß bis zu den tiefsten Temperaturen $(0\,^\circ K; -273,15\,^\circ C)$ nicht alle Elektronen die Energie Null annehmen können, sondern nur die verschieden-möglichen Energiewerte besetzen können. Diese reichen jedoch bis zu Energiewerten, wie sie unter klassischen Bedingungen erst bei Temperaturen von mindestens etwa 50 000 $°K$ (Fermigrenze; für verschiedene Metalle etwas verschieden) auftreten würden.

Bei normalen Zimmertemperaturen (ca 300 $°K$, dh ca 20 $°C$) sind dementsprechend immer noch fast nur diese unterstmöglichen Energiewerte besetzt, so daß nur wenige Elektronen in den oberen Zuständen auf höhere Energiewerte gehoben werden. Dieser Tatbestand erklärt nicht nur die elektrische Leitfähigkeit der Metalle als solche, sondern auch quantitativ etwa die konkreten Leitungseigenschaften; wie die Größe des elektrischen Widerstandes und dessen Temperaturkoeffizient.

Dieses eigenartige Elektronenverhalten, bei welchem ein mit sich identifizierbares, gleichsam in numerierbaren Individuen gegebenes Elektronendasein, einem Energiezustandssystem mit immer überall potentiell gegenwärtiger Elektronenauftrittswahrscheinlichkeit (Fermi-Statistik) jeden Energiezustandes gewichen ist, ist von kaum zu ermessender Tragweite hinsichtlich der Frage der Anwendbarkeit logischer Grundsätze: Es wird hierdurch der Identitätssatz «jedes Ding ist sich selbst gleich», welcher die Grundlage jeglichen logischen Denkaktes ist, zwar nicht falsch, aber in erstaunlicher Weise unanwendbar, inhaltslos, leer. Es gibt somit schon in der Physik — also gleichsam auf der untersten Etage des Seins, wo immer noch die bestmögliche Anwendbarkeit des logischen Apparates zu erwarten ist — Bereiche, die dem gewohnten, logischen Denken, dem Denken des Philosophen, nicht mehr adäquat und zugänglich sind.

Überaus interessant ist schließlich noch die Anwendung des quantenphysikalischen Pauli-Verbots auf den Grenzfall zweier, nicht mehr aufeinander wirkender, gleichrasch bewegter Körper; etwa zweier Neutronen. Die Gemeinsamkeit besteht somit nur noch in eben der gleichen Geschwindigkeit; also in der speziell-relativistisch gleichen Systemzugehörigkeit: Ein diesen gemeinsam zugeschriebenes Wellenfeld ergibt als Auftrittswahrscheinlichkeit für beide Neutronen an zugleich der selben Stelle, aber auch an allen Stellen im ganzzahligen Abstand der Wellenlänge = Elementarlänge λ (exakt: von 1/s) voneinander den Wert Null. Da aber in Bezug auf verschiedene speziell-relativistische Systeme diese Abstände verschieden wären, ergibt sich, daß zwei gleichrasch bewegte Neutronen überhaupt nicht miteinander existenzfähig sein können.

Dies zeigt wiederum jene eigenartige Komplementarität von Relativitäts- und Quantenphysik: Gerade dort, wo die gegenseitigen Verkopplungen der Elementarteilchen (hier Neutronen) verschwinden — also die Anwendbarkeit der Quantenphysik leer wird —, treten die spezifisch relativistischen Systemeigenschaften in Erscheinung. Und umgekehrt kommen die quantenphysikalischen Wirkungen gerade dort zustande, wo die strenge relativistische Systemzugehörigkeit prinzipiell verloren gegangen ist.

Es wäre jedoch verfehlt, daraus schließen zu wollen, daß der ganze Relativitätsaspekt neben dem quantenphysikalischen Aspekt (speziell hier des Pauli-Verbots) kein Bestandsrecht hätte; im Gegenteil wird die Relativitätsphysik gerade in der Quantenphysik zur unabweisbar-notwendigen Grundlage. Vielmehr macht dies offenkundig, daß die eine Form der Physik in komplementärer Ergänzung gleichsam immer die Leerstellen der anderen Physikform einnimmt. Zusammen mit der Existenzphysik wird dies möglich und deutlich:

Auf dem Fundament der Existenzphysik, in welcher weit auseinanderstehenden Massepunkten (zB Neutronen) in einem speziell-relativistischen System — in Hinsicht auf die Raumexpansion, dh das raum-zeit-erschließende Versinken der Nukleonen — verschiedene Raum-Zeit-Strukturen zugehören, entfalten sich hierbei Relativitäts- und Quantenphysik als zugleich miteinander mögliche Physikformen; trotz ihrer gegenseitigen Verdrängung; gerade in ihrer gegenseitigen Verdrängung sich ergänzend.

In all diesen Phänomenen des quantenphysikalischen Welle-Körper-Dualismus erscheint immer das Wirkungsquantum h als beherrschende Größe. Hinter allen diesen Phänomenen — der Licht- oder Rundfunkwellenübertragung, der Laser- und Masereffekte, der Radioaktivität und des Elektronenüberganges, der Fermistatistik und des Pauliverbots, vor allem aber der Resonanzauswahl und vielem anderem mehr — steht ein all diesem gemeinsames Grundphänomen: Der Spielraum.

Die räumlich-zeitlich-energetischen Spielräume der Quantenphysik sind nicht irgend eine Eigenschaft unter vielen, sondern sind die dem Welle-Körper-Dualismus wesenhaft zugehörige Eigenschaft des Seins; umgekehrt ausgedrückt: Der Welle-Körper-Dualismus ist das Wirksamwerden von prinzipiellen Spielräumen. Und diese Spielräume werden quantitativ in der berühmten «Unbestimmtheitsrelation» erfaßt; sie sind der Unbestimmtheitsrelation identisch.

Die Unbestimmtheitsrelation (Heisenberg) — je nach der weltanschaulichen Einstellung dazu auch Unbestimmbarkeitsrelation, Unschärfebeziehung, Ungenauigkeitsbeziehung genannt — ist von zentraler Bedeutung für das gesamte quantenphysikalische Geschehen. Die wichtigsten philosophischen Fragen zur Quantenphysik und zum Sein überhaupt verbinden sich vor allem mit der Unbestimmtheitsrelation. Was ist diese?

Das Körper-Welle-Quadrupel E, p, f, s ergab in der Zeilenmultiplikation $E = hf$ bzw $p = hs$. Setzt man von den Wellengrößen die Reziprokwerte $T = 1/f$ und $\Lambda = 1/s$, so ergibt sich $E \cdot T = h$ und $p \cdot \Lambda = h$. Also das Produkt von jeweils einer Körpergröße mit der derart dazupassenden Wellengröße, daß sie zusammen die Dimension einer Wirkung besitzen (sogenannte kanonische Größen), ergibt das Wirkungsquantum h (nicht irgend einen Wirkungswert; immer h). Dies gilt nicht nur von Energie E mit Schwingungsdauer T und von Impuls p mit Wellenlänge Λ, sondern in gleicher Weise für alle kanonischen Größenpaare; etwa Drehimpuls und Drehwinkel, oder elektrischen und magnetischen Fluß, oder auch für Stückzahl und Wirkung selbst. Dies alles gilt wiederum für jegliche Art von Körper; für Photon, Elektron, Proton, Neutron usw. Dies gilt jedoch auch noch in einem, in anderer Hinsicht erweiterten Sinn:

Die Beziehung $E \cdot T = h$ bzw $p \cdot \Lambda = h$ bedeutet, daß die Totalenergie E eines Körpers mit der Schwingungsdauer T seiner Welle, bzw daß der Totalimpuls p eines Körpers mit der Wellenlänge Λ das Wirkungsquantum h ergibt. Gilt dies aber auch für Teilbeträge der Körperenergie bzw des Körperimpulses; also etwa für $E/10$ oder $p/27$? Und was bedeuten dann derartige Teilbeträge?

Tatsächlich gilt dies auch für beliebige Teilbeträge $\bar{E}$ und $\bar{p}$ eines Körpers, die mit entsprechenden Zeitgrößen t bzw Raumgrössen x (genauer: Dauern t bzw Strecken x) ebenfalls immer im Produkt das Wirkungsquantum h ergeben. Freilich ist diese Zeitgröße t dann auch nicht mehr die Schwingungsdauer T und diese Raumgröße x nicht mehr die Wellenlänge Λ; vielmehr sind dies dann auch «Teilbeträge».

Diese Teilbeträge, diese Bruchteile bedeuten Abweichungen, Ungenauigkeiten, Unbestimmtheiten. Diese Beziehungen $\bar{E} \cdot t = h$ und $\bar{p} \cdot x = h$ besagen, daß einer Energieabweichung $\bar{E}$ gemäß h eine entsprechende Abweichung t in der Zeit zugehört; bzw daß einer Impulsabweichung $\bar{p}$ gemäß h eine Abweichung im Raum x zukommt. Dies bedeutet, daß das Produkt aus einer Energieunbestimmtheit $\bar{E}$ und einer dazugehörigen Zeitunbestimmtheit t ebenso wie einer Impulsunbestimmtheit $\bar{p}$ und einer dazugehörigen Raum(Orts)unbestimmtheit x immer gleich dem Wirkungsquantum h ist.

Von einem dem Welle-Körper-Dualismus gemäßen Geschehen kann man somit prinzipiell die eine Größe nur um so genauer erhalten, je ungenauer dafür die kanonisch zugehörige ist. Der Grenzfall der vollkommenen Genauigkeit der einen Größe ist damit zwangsläufig mit einer grenzenlosen Unbestimmtheit der kanonisch zugehörigen verbunden. Dies ist die Unbestimmtheitsrelation.

Dies alles ist freilich nicht selbstverständlich; weder in der Aussage, noch in der Bedeutung, noch in den Konsequenzen. Aber dies ergibt sich aus einer unübersehbaren Fülle von Phänomenen eben in dieser Aussage, in dieser Bedeutung und Konsequenz. Die wichtigsten Überlegungen dazu seien kurz angedeutet:

Die Welle besitzt in ihrer Wellenzuglänge x — dh Länge vom ersten bis zum letzten Auftreten der Intensität im Raume — keine eigenständige Qualität; auch schon die Wellenlänge Λ selbst war keine relativistisch reale Größe; erst recht nicht die Wellenzuglänge als Summe der Längen aller Wellenperioden.

Mathematisch (nach Fourier) ist nur eine Welle mit unendlich langem Wellenzug in immer und überall gleicher Intensität von einer einheitlichen Frequenz f (bzw Schwingungsdauer T). Jeder Wellenzug endlicher Länge x — auch wenn innerhalb dieses Wellenzuges von Berg zu Berg überall die gleiche Wellenlänge Λ gegeben ist — ist jedoch eine Überlagerung vieler je unendlicher Wellen mit je einheitlicher Frequenz von derartiger Breite des Frequenzbereiches $\bar{f}$, daß sich alle diese Wellen innerhalb eines endlichen Bereichs derart zueinander addieren, daß damit die endliche Wellenzuglänge erscheint; außerhalb aber sich gegenseitig auslöschen. Konkret ergibt sich dies freilich so, daß die Wellenintensität — je nach der Art — am Anfang oder in der Mitte ein Maximum aufweist, davon entfernt immer geringer und schließlich extrem klein wird, aber auch in sehr großer Entfernung nicht absolut Null wird. Die Wellenzuglänge ist somit ein mathematischer Definitionswert.

Je größer nun die Frequenzbreite $\bar{f}$ ist, um so größer ist damit gemäß $\bar{E} = h \cdot \bar{f}$ die Energiebreite $\bar{E}$; dh der Energiespielraum, die Energieunbestimmtheit $\bar{E}$. Da aber die Wellen mit einer Geschwindigkeit (bei Lichtwellen mit Invarianzgeschwindigkeit c) über die potentiellen Stellen des Körperauftritts hinweggehen, ist somit die Zeit t des Spielraumes für den Körperauftritt durch die Wellenzuglänge x festgelegt, die ja ihrerseits reziprok proportional der Frequenzbreite $\bar{f}$ ist. Insgesamt ergibt sich eben damit die Energie-Zeit-Unbestimmtheit $E \cdot t = h$.

In ganz entsprechender Weise: Auf der ganzen Länge x des Wellenzuges kann überall der Körper auftreten, so daß x unmittelbar die Ortsunbestimmtheit darstellt. Aber je kleiner x ist, um so größer ist die Frequenzbreite $\bar{f}$ und damit der Energie- und Impulsspielraum $\bar{p}$. Insgesamt ergibt sich daraus (auch vektoriell, mit Seitenabweichungen im Raum) die Impuls-Orts-Unbestimmtheit $\bar{p} \cdot x = h$. Im Zusammenhang mit spektralanalytischer Auflösung oder mit Durchgang durch Spalten, Kristalle usw treten immer und immer wieder diese Zusammenhänge der Unbestimmtheitsrelation in Erscheinung. Überhaupt die gesamte Quantenphysik wird hierdurch entscheidend beherrscht und bestimmt; gleichsam durch diese Unbestimmtheit bestimmt.

Diese wichtige und so überaus problematische Unbestimmtheitsrelation ist unmittelbar mit dem Welle-Körper-Dualismus zusammenhängend; die Unbestimmtheitsrelation ist Ausdruck des Welle-Körper-Dualismus — und der Welle-Körper-Dualismus ist das Wirksamwerden der Unbestimmtheitsrelation: Welle-Körper-Dualismus und Unbestimmtheitsrelation sind nur verschiedene Seiten der gleichen Wesenheit.

Die komplementäre Ausschließung von Wellen- und Körperverhalten schließt eine eindeutige Bestimmung in jenen Zusammenhängen, in denen Wellen- und Körpergrößen zusammenkommen — dh eben in den Wirkungen — wesenhaft aus. Zugleich wird jedoch damit nicht eine exakte Benutzung der Unbestimmtheitsrelation ausgeschlossen und es werden keine die Benutzbarkeit behindernden Widersprüchlichkeiten in die quantenphysikalische Methodik eingeführt, indem die beiden Aspekte in der, jeder echten Komplementarität eigenen Art zueinander stehen und in der Unbestimmtheitsrelation erscheinen: Indem in jeder Aspektkomponente (Welle bzw Körper) nur immer jene Größen genau (dh weniger ungenau) dargestellt werden, die in der anderen Komponente nicht (dh entsprechend ungenau) enthalten sind.

Der Grundwesenszug der Komplementarität, daß sich jede Komponente dort mit dem Schwerpunkt ihrer Zuständigkeit entfaltet, wo die andere Komponente gleichsam ihre Nullstelle besitzt und in ihrer Zuständigkeit leer wird, öffnet damit nicht nur eigentümliche Spielräume, sondern schafft damit zugleich auch klare Spielregeln. Und wiederum wird die erstaunliche Zusammengehörigkeit von Freiheit und Bauplan in der Schöpfung schon in der Physik offenkundig.

Diese Unbestimmtheitsrelation bedeutet in weitesten Grenzen eine prinzipielle Beobachtungsungenauigkeit. Dies zeigen besonders deutlich die Betrachtungen zum Compton-Effekt; dh dem Anstoß eines Elektrons durch ein Photon.

Im Gegensatz zu mesophysikalischen Vorgängen, bei denen Körper betrachtet und gemessen werden, die groß im Vergleich der zur Betrachtung und Messung erforderlichen Eingriffe sind (so daß nur das Problem besteht, die Meßeinrichtung möglichst fein und zuverlässig zu erstellen), kommen im mikrophysikalischen Geschehensbereich die materiellen Träger des Beobachtungsgeschehens in die gleiche Größenordnung wie das zu beobachtende Objekt.

«Beobachtet» man in dieser Weise ein Elektron durch Auffallenlassen eines Photons («Beleuchtung» des Elektrons), so ergibt sich: die Zeit- und Ortsmessung wird um so ungenauer, je größer die Wellenlänge des Photons ist; je kürzer dagegen die Wellenlänge des Photons ist, um so größer wird seine Energie und sein Impuls und damit die Rückwirkung auf das zu beobachtende Elektron, so daß es damit nur noch um so stärker verfälschte Ergebnisse vom Elektron als solchem zu vermitteln vermag. Die quantenphysikalische Beobachtungsungenauigkeit ist damit nicht eine mit verbesserten Apparaturen verringerbare, sondern ist von prinzipieller Art; eine prinzipielle Ungenauigkeit, die mit der Unbestimmtheitsrelation vom Wirkungsquantum h festgelegt wird (die Fehler durch vermeidbare Apparaturungenauigkeiten kommen noch dazu).

Nachdem in Hinsicht auf den Experimentalphysiker diese prinzipiellen Beobachtungsgrenzen von grundlegender Wichtigkeit sind, wurde verständlicherweise dieser beobachtungstechnischen Seite der Unbestimmtheitsrelation eine bevorzugte Bedeutung beigemessen. Deshalb entstand vielfach der Eindruck, die Physik wollte und könnte nicht wesenhaft über eine Unbestimmbarkeitsbeziehung zur Frage einer «objektiven» Unbestimmtheit vorstoßen. Dieser Eindruck wurde durch eine «positivistische» Weltanschauung vieler Physiker verstärkt, die grundsätzlich nur das Meßbare (in extremsten Formen sogar nur das Gemessene) als Seiend gelten lassen wollte; also eine Einstellung, die sich nicht nur als ontologisch recht schwachbrüstig darstellt, sondern auch dem Fortschritt der Physik selbst hinderlich in den Weg stellt (soll man etwas suchen, was gar nicht «ist»; dh was nicht ist, weil es noch nicht gemessen ist!) und der deshalb der Name «positivistisch» ziemlich komisch ansteht (Mach).

Ist überhaupt die Beobachtung in der quantenphysikalischen Ontologie (Seinslehre) von so grundsätzlicher Bedeutung?

Es wird vielfach zum entscheidenden Ausgangspunkt der Problematik die Aussage gemacht, daß für uns als Wissenschaftler die Beobachtung immer erst indirekt über mesophysikalische Prozesse zugänglich sei. Stimmt dies wirklich in dem Sinn, in welchem uns diese Frage interessiert?

Abgesehen davon, daß das menschliche Auge fähig ist, schon einzelne Photonen zu registrieren (zwar im Durchschnitt von 50 Photonen eines, aber eben davon eines als einzelnes), sind freilich Verstärkervorgänge erforderlich, um mikrophysikalische Reaktionen sichtbar, greifbar zu machen; etwa mit den vielen Elektronen des Stromes eines Spitzenzählers oder den Silberatomen des Schwärzungspunktes einer Photoplatte usw. Aber man kann gewisse Verstärkerprozesse auch so einrichten, daß sie den mikrophysikalischen Prozeß als solchen erkennen lassen:

ZB im Fresnel-Experiment interessiert allein, wo auf dem Beobachtungsschirm die einzelnen Photonen reagieren. Dies kann man ohne jede Problematik von Mikro-Meso-Prozessen mit dem natürlichen Auge sehen, wenn man als «Beobachtungsschirm» (primärer Beobachtungsschirm) die lichtelektrisch empfindliche Schicht (zB monoatomare Cäsiumschichten) eines mit Hochspannungsfeld arbeitenden elektronenoptischen Bildwandlers wählt, wie er etwa von der Telefunken im Handel angeboten wird. Schon ein einzelnes Photon vermag hierin ein Elektron auszulösen. Ein so ausgelöstes Elektron besitzt nun freilich die Unbestimmtheiten der Unbestimmtheitsrelation. Wird dies einzelne Elektron aber von einem Feld mit einer Spannung von 100 000 Volt ergriffen, so vermag es auf einem Bildschirm (sekundärer Beobachtungsschirm) einen für alle umstehenden Physiker («Beobachter» im volkstümlichen Sinn) zugleich deutlich sichtbaren Lichtblitz (mit tausenden Photonen) auszulösen. Dieses ist zwar nun ein mesophysikalischer Prozeß, welcher aber die Photonenreaktionsstelle auf dem primären Beobachtungsschirm (die allein interessiert) mit weitaus genügender Genauigkeit festzustellen gestattet; zumal die dem vermittelnden Elektron anhaftenden Unbestimmtheiten nicht mehr mit den Photonunbestimmtheiten des eigentlichen und allein interessierenden Fresnel-Vorganges wesentlich zusammenhängen. Die Problematik des «immer nur mesophysikalischen» praktischen Beobachtungsprozesses wird damit zu dem viel weniger grundsätzlichen Problem abgeschwächt, Beobachtungsapparaturen so einzurichten, daß sie auch das bringen, was man praktisch erwarten kann.

Sogar die Frage, ob die Unbestimmtheitsrelation in jedem Fall und grundsätzlich die Bestimmung aller Größen zugleich ausschließt, ist nicht so einfach zu beantworten. Folgendes Experiment macht dies deutlich:

Wir nehmen eine Quelle thermischer Neutronen (Bewegungsenergie rund $1/40 \, eV$) und lassen durch ein sehr kleines Loch, das nur extrem kurzzeitig geöffnet wird, ein Neutron austreten. Ort und Zeit des Neutronenabganges ist damit beliebig genau bestimmbar. Vorläufig ist damit Energie (Bewegungsenergie) und Impuls des Neutrons gemäß der Unbestimmtheitsrelation — wegen der Längenbegrenzung des Materiewellenzuges — um so weniger genau bestimmt. In sehr großer Entfernung ist aber ein Kristall mit Uranatomen aufgestellt; verbunden mit einer Elektronenoptik, die den explodierenden Kern und die damit entstandene Kristallfehlstelle sichtbar macht; ferner verbunden mit einer Emissionsstromanzeige, wann eine Kernspaltung erfolgt (die Energie einer Urankernspaltung ist mit ihren $160 \, MeV$ derart groß, daß in dieser Weise jede einzelne Spaltung durch ein Neutron technisch registrierbar ist).

Die Genauigkeit dieser Ortsbestimmung ist technisch bis auf die Mittenbestimmung des Uranatoms im Kristall steigerbar; die Genauigkeit der Zeitbestimmung bis fast beliebig steigerbar. Jedenfalls sind diese Genauigkeiten nicht an den Welle-Körper-Dualismus des Neutrons geknüpft, das nun — von dem kurzzeitig geöffneten Blendenloch kommend — in dem Urankristall eine Kernspaltung auslöst. Wenn aber nun der Abstand zwischen Blende und Urankristall nur entsprechend groß gewählt wird, ergibt sich eine beliebig genaue Geschwindigkeits- und damit Impuls- und Energiebestimmung für das Neutron, indem mit steigendem Abstand die genannten Ungenauigkeiten immer mehr zurücktreten.

Im Endeffekt sind somit in diesem konkreten Falle des von der Blende zur Uranspaltstelle bewegten Neutrons alle vier Zustandsgrößen E, p, t, x beliebig genau bestimmbar; weit genauer, als dies die Unbestimmtheitsrelation darstellt. Wo bleibt da die «prinzipielle Beobachtungsungenauigkeit gemäß der Unbestimmtheitsrelation»?

Dies Beispiel sagt freilich nicht, daß den Vorgängen zwischen Neutronen-Emission (Blende) und Neutronenabsorption (Uranatom) nicht doch die Unbestimmtheiten gemäß der Unbestimmtheitsrelation zukämen; es hätte ja vielleicht auch vom «selben» Neutron, mehr oder minder weit davon entfernt, ein anderer Uranatomkern oder, mehr oder minder früher oder später, dieser oder ein anderer Atomkern gespalten werden können. Es besagt nur, daß bei den konkreten Ereignissen — so wie sie eben geschehen sind — die Produkte von Impuls und Ort, von Energie und Zeit beliebig genau festgestellt werden können; ungeachtet der Unbestimmtheitsrelation.

Mit dieser Messung könnte also wohl der Laplacesche Dämon wenigstens «einmal anfangen»; ob er darüber hinaus noch viel weiterkäme, ist eine andere Frage. Dies erinnert an jene Auffassungen, die sich in der Formulierung ausdrücken, daß das Geschehen in die Zukunft hinein indeterminiert (unbestimmt) sei, aber in die Vergangenheit zurück als determiniert (bestimmt) erscheine; eine Auffassung, die viel für sich hat, aber der zugleich eine verlegene Leerheit anhaftet. Dies sagt ja im Grunde nicht mehr, als daß ein mit unbestimmten Vorgängen abgelaufenes Geschehen nach dem Geschehensein eben so und nicht anders aus den vorhergehenden Gegebenheiten geschehen ist.

Genauso ist dies ja auch in Hinsicht auf geschichtliches Handeln des Menschen: Auch wenn er frei ist zu handeln, wird er doch — so er kein Psychopath ist — nach Gründen handeln und der Geschichtsforscher wird diese Gründe suchen, oft finden und als «Ursache» angeben können. Dies schließt aber die Offenheit und Freiheit nicht aus und beweist keinen Determinismus; nur ein Wechselspiel von Freiheit und Ordnung, von Offenheit und Planung.

Beobachter und Spielraum

So wichtig die Frage der Beobachtungsgrenzen für den Experimentalphysiker auch ist, so hat die Unbestimmtheitsrelation doch andere Wurzeln. Offenbar schließt sie in besonderen Fällen eine genauere Bestimmung doch nicht aus — und ist trotzdem zugleich von sehr viel tiefergehendem Gehalt als eine reine Unbestimmbarkeitsrelation. Eine Fülle von Phänomenen macht diesen wesenhaften, weit hinter die Beobachtungsproblematik reichenden Charakter offenkundig.

Eines dieser erstaunlichen Phänomene ist etwa die «Nullpunktsschwingung» von Molekülen: Nach klassischen Vorstellungen müßte am absoluten Nullpunkt die Schwingungsenergie der Moleküle verschwinden. Es müßte sich aber damit das schwingfähige Teilchen ruhend am Ort niedersten Bindungspotentials aufhalten, wodurch Impuls und Ort bzw Energie und Zeit zugleich bestimmt wären. Nur dann, wenn auch da noch eine «Schwingung» vorhanden ist, ist eine wechselseitige Unbestimmtheit von Impuls und Ort, bzw Energie und Zeit möglich. Die Unbestimmtheitsrelation erfordert («verursacht») somit die Nullpunktsschwingung, dh eine Nullpunktsenergie, deren quantitative Größe auch genau durch die Unbestimmtheitsrelation festgelegt wird. Also auch wieder diese eigenartige, fast paradoxe Gegebenheit: gerade durch die Unbestimmtheitsbeziehung werden die quantenphysikalischen Phänomene bestimmt; ja überhaupt begründet.

Deshalb muß nochmals eine der wichtigsten Fragen der Quantenphysik aufgeworfen werden: Was für eine Bedeutung hat überhaupt die «Beobachtung» in der Quantenphysik? Ist Sein ohne Beobachtung prinzipiell unbegreifbar; ist Sein letztlich vielleicht ein Sein in Wechselwirkung mit dem Beobachter, mit dem Betrachter; gestaltet sich Sein im Wechselspiel mit der Erkenntnis? Ist das Sein von «subjektivistischem» Charakter; erscheinend in einer «subjektivistischen Quantenphysik»?

Tatsächlich gibt es eine große Zahl von Phänomenen, die uns einen derartigen Charakter des mikrophysikalischen Seins, des Seins der eigentlichen Wirklichkeit vorstellen: Die Welle schafft die Auftrittsneigung für den Körper, dh für das Geschehen der energetischen Reaktion; die Auftrittsneigung, die im Elementarvorgang die Auftrittswahrscheinlichkeit bedeutet und die mit großen Mengen in die Gestalt bestimmter Energieverteilungen übergeht. Aber schon «Wahrscheinlichkeit» ist eine auf einen «Beobachter» (besser:), Betrachter, Überdenker hingerichtete Aussage: in welchem Maße einem Betrachter das wahr erscheint, was ihm nicht unmittelbar faßbar ist.

Aber man braucht einen Sinn, den eine Begriffsbildung in das Geschehen hineinprojiziert, nicht bedenkenlos als Gegebenheit hinzunehmen: «Auftrittsneigung» bezeichnet mit gleichsam «objektivistischer» Note, was «Auftrittswahrscheinlichkeit» mit «subjektivistischem» Beigeschmack verbrämt. Die Frage ist immer noch offen: Steht überhaupt etwas «Wirkliches» hinter der Erscheinungswelt — und wenn ja, dann was?

Die Welle schafft die Auftrittsneigung, Auftrittswahrscheinlichkeit für den Körper in Raum und Zeit. Einer ungestörten Photonenemission (aus einer allseits freien, durchsichtigen Gaswolke) gehört eine Kugel-welle zu, deren Radius sich mit Invarianzgeschwindigkeit c vergrößert. In großer Entfernung geht diese — ausschnittsweise betrachtet — immer mehr in eine ebene Wellenfront über; mit geeigneter Optik ist diese schon beliebig früh in eine ebene Wellenfront bündelbar.

Mit welcher Wellenzuglänge läuft diese Welle mit der Zeit durch den Raum? Wendet man etwa einen Spektralanalysator an, der mit optischen Mitteln nur extrem genau bestimmte Frequenzen durchläßt, so erscheint — je nach dem Maß der Differenzierung — eine beliebig genaue Frequenz mit entsprechend-beliebig langem Wellenzug: also ein Auftritt eines Körpers mit scharf bestimmter Energie und scharf bestimmtem Impuls, aber umso unschärfer bestimmter Zeit und umso unschärfer bestimmtem Raum. Wendet man dagegen eine nur beliebig kurz geöffnete, beliebig enge Blende an, so ist eben damit der Photo-nenauftritt in Zeit und Raum beliebig genau festgelegt, bestimmt; aber es ergibt sich damit eine nur kurze Wellenzuglänge mit entsprechend großer Frequenzbreite und damit umso unschärferem Impuls und un-schärferer Energie.

Hat also die Welle eine große oder kleine Wellenzuglänge? Konse-quenterweise müßte die Antwort lauten: sie hat für sich — unabhän-gig vom Beobachtungsakt — überhaupt keine Längenqualität. Und diese Antwort ist in bemerkenswertem Einklang mit dem relativisti-schen Aspekt, in welchem den Wellenlängen überhaupt keine echte Raumqualität zukam. In merkwürdiger Erinnerung an die relativi-stische Wählbarkeit des Bezugssystems (essentiell) erscheint nun eine Wählbarkeit des Experiments (aktuell), in welcher sich erst das ergibt, was man als die Länge eines Wellenzuges bezeichnet. In hervorragen-der Übereinstimmung mit der mathematischen Fourier-Analyse ist ein Wellenzug lang oder kurz; je nachdem, wie man das Experiment, die Beobachtung anstellt.

Noch deutlicher erscheint dieser «subjektivistische Seinscharakter» der Quantenphysik in folgender Weise: Eine ebene (oder fast ebene) Wellenfront eines Photons gelangt an eine Blende mit zwei kleinen Löchern. Hinter jedem der beiden Löcher verläuft die Welle in kugel-förmiger Gestalt weiter; als zwei Kugelwellen, die miteinander inter-ferieren (analog der Fresnel-Interferenz), wenn die Löcher nicht in zwei getrennte Kammern führen; aber als zwei voneinander unabhän-gige Wellen, wenn die Löcher in getrennte Kammern führen. Tritt nun bei getrennten Kammern das Photon in der ersten Kammer auf, so ist damit schlagartig die Existenz der Welle in der zweiten Kammer —

auch rückwirkend — aufgehoben; auch wenn die Kammer eine Länge von Lichtjahren hätte!? Überhaupt: tritt das Photon — etwa in einem Beobachtungsprozeß wirksam werdend — in einer energetischen Reaktion auf, wird dann die bis kosmische Abmessungen innehabende Welle damit überall vom Sein ins Nichtsein gestoßen?!

Oder noch eine Betrachtung aus der unerschöpflichen Mannigfaltigkeit der Phänomene: Ein einer ebenen Welle in breiter Front zugehöriges Infrarot-Photon stößt auf ein Neutron — und wird daran gestreut; dh irgendwie abgelenkt: Mit diesem Stoß ist die ebene Welle verschwunden und eine neue, vom Stoßpunkt ausgehende Kugel- oder Kegelwelle, welche nun die gesamte Wellenintensität (die volle weitere Auftrittsneigung, nun von diesem Stoßpunkt ausgehend, begründend) enthält, wird wirksam; sogenannte «Reduktion des Wellenfeldes». War dieses Neutron ein dem Photon zur Testung in den Weg gestelltes Beobachtungsmittel, so hat sich somit die Welle des in der «Beobachtung» sich manifestierenden Photons entscheidend verwandelt. In Wechselwirkung mit der vollzogenen oder wenigstens damit grundsätzlich möglichen Erkenntnis über den «Verbleib» des Photons ist die Welle existent.

Derartige Phänomene führten vielfach zu der Weltanschauung eines wesenhaft in Wechselwirkung von Objekt und Subjekt gründenden Seins. Extrem, wie das von führenden Physikern und Philosophen getan wurde, formuliert sich das etwa so: «Wie laufen die Geschehnisse ab? Beobachten wir, so läuft ein Wechselwirkungsprozeß ab; beobachten wir nicht, so läuft gar nichts ab». Man kann so sagen; man kann, indem man es tut. Man kann dies vielleicht auch nicht widerlegen — und man kann doch sehr viel gegen diese Auffassung einwenden.

Wo läuft was ab — und wo läuft nichts ab? Ich gehe über eine Anhöhe; unter mir sind Steine, Felsen und Materie bis zum Erdmittelpunkt. Warum bricht die Anhöhe nicht einfach zusammen; warum halten die chemischen Kalk- und Kieselverbindungen dem Druck stand; warum machen die Elektronen um die Atomkerne bei der ganzen Angelegenheit überhaupt mit? Weil eben doch etwas abläuft. Alles Sein ist unentwegter Geschehensablauf; auch ganz ohne das, was man üblicherweise unter «Beobachtung» versteht.

Wer und wo sind denn in den aller-, aller-, allermeisten Fällen die quantenphysikalischen Beobachter? Selbst unser Sehen ist doch nicht «eine feurige Ausdünstung der Augen»; es ist vielmehr ein Photoneneinfall, wie er in einen ähnlich gearteten Gegenstand der toten Umwelt ebenso stattfinden könnte und unentwegt immer wieder stattfindet. Was waren denn die Ursachen der Fresnel-Interferenz; etwa daß wir auf den Beobachtungsschirm blickten und die Photonen deshalb nicht so gelaufen wären, als wenn wir nicht hingeblickt hätten; gar wenn ein elektronenoptischer Bildverstärker dazwischengeschaltet war?

Und doch gab es den «Beobachter»: die Blende, die Spiegel, der Schirm, die Elektronen der Elektronenoptik selbst waren die «Beobachter». Die Elektronen, Atomkerne, Moleküle, Kristalle, Gesteine unter mir bis zum Erdmittelpunkt sind selbst zueinander die Beobachter. Wo bleibt dann noch etwas, was man «subjektivistisch» bezeichnen möchte?

Das Beispiel mit dem Photon und Neutron wurde schon so gewählt, daß der Einwand auf der Zunge liegt: ist denn das Neutron notwendig ein «Beobachtungsmittel» für das Infrarot-Photon?

In dem üblichen Beispiel zur Demonstration des Objekt-Subjekt-Wechselwirkungscharakters wird — viel fragloser — ein energiereiches Photon als Beobachtungsmittel für ein Elektron betrachtet und die «Reduktion des Elektronenwellenfeldes» zum Gegenstand der Erörterung gemacht. Aber gerade im Falle des Infrarotphoton-Neutron wird die Problematik in anderer Art deutlicher: ändert sich wirklich «die Welle existentiell mit der Beobachtung»? Ist das Photon sehr «leicht» gegenüber dem Neutron (ein Infrarot-Photon ist vergleichsweise vernachlässigbar leicht gegen ein Neutron), so wird es praktisch ohne Energieübertragung auf das Neutron gestreut; und selbst da ist dies nicht vollkommen der Fall. Wenn aber gar das Photon dem Neutron vergleichbar «schwer» wird (Gamma-Photon) und nach Abgabe nennenswerter Energie an das Neutron mit stark verringerter Energie weitergeht, dann wird es offenkundig, daß man gar nicht von «dem» Photon vor und nach dem Stoß sprechen kann: Dem mit dem Stoß vergangenen Photon bis vor dem Stoß kam die ebene Welle zu; dem ganz anderen Photon (mit anderer Masse, anderer Energie, anderem Impuls; aber auch anderer Entstehung, nämlich erst mit der Reaktion am Neutron — und anderer Vergehung, nämlich bei seiner später irgendwo anders stattfindenden Reaktion) kommt somit auch eine ganz andere Welle zu. Die «Reduktion» des Wellenfeldes induziert somit nur zu leicht eine falsche Vorstellung mit bedenklichen Konsequenzen.

Freilich kann und soll dies nicht etwa besagen, daß der Welle doch eine «objektive» oder wenigstens «objektivierbare» Raumgestalt zukäme: Der Umstand, daß bei verschiedenem Experiment verschieden lange Wellenzüge auftreten, ist einfach nicht wegdiskutierbar; zumal man die gleiche weit ausgedehnte Elementarwelle zugleich durch einen Spektralanalysator und daneben durch eine Kurzverschlußblende laufen lassen kann; und zumal man auch hierbei mit vielen einzelnen, selten kommenden Photonen diese eigentümliche Leerheit in der Raumgestalt als reale Welleneigenschaft erkennen kann.

Dies soll vielmehr etwas ganz anderes näherbringen: Alle quantenphysikalischen Argumentationen sind wesenhaft selbst dem quantenphysikalischen Aspekt unterlegen. Konsequenterweise sind die Aussagen über wesenhafte Unbestimmtheiten selbst solcher Unbestimmtheit unterworfen. Das Wesen wirklicher Unbestimmtheiten ist auch nicht in einwandfreier und gegensatzloser Weltanschauung festzuhalten. Eigentlich trivial: Das Wesen des Nichtfesthaltbaren, Nichtbestimmbaren ist eben seine Nichtfesthaltbarkeit, seine Nichtbestimmbarkeit.

Die Unbestimmtheiten des mikrophysikalischen Geschehens und die Beziehungen, denen sie — beherrscht vom Wirkungsquantum h — gehorchen, ergeben als eine ihrer Folgen eine Beobachtungsgrenze. Aber sie sind von viel tiefergehender Bedeutung, als alle Beobachtungsproblematik erkennen läßt. Sie sind das Wesen aller mikrophysikalischen Vorgänge; allen aktuellen Geschehens; überhaupt aller Wirklichkeit.

Diese Unbestimmtheiten sind Spielräume, welche die Reaktionen überhaupt ermöglichen, und die Unbestimmtheitsrelationen sind die Spielregeln, und das Wirkungsquantum ist deren Maßgabe. Ohne diese Spielräume, dh mit unabweichlich genauen Anforderungen an das Reaktionsgeschehen, würde die Reaktionswahrscheinlichkeit bis gegen Null verschwinden. Andererseits würden zu große Spielräume, dh zu wenig differenzierte Anforderungen die Reaktionswahrscheinlichkeit bedrohlich anwachsen lassen, so daß chaotische Reaktionen ablaufen würden.

Die Bedeutung der Spielräume und deren Maß mag ein Beispiel veranschaulichen: Eine Frau braucht zum Gemüseschneiden ein Messer; sie bittet ihr Töchterchen, eines zu besorgen. Stellt sie jedoch zu genaue Anforderungen — etwa 87,6481 .. Gramm schwer, 18,26804 .. Zentimeter lang» usw —, so erhält die Familie nie ihr Mittagessen, denn die arme Tochter jagt durch alle Geschäfte der Welt, ohne das Geforderte zu finden. Stellt sie jedoch zu geringe Anforderungen —

etwa «irgend was Scharfes» —, so ist zwar das Geforderte schon im nächsten Geschäft zu erhalten, aber die sofort wieder heimkehrende Tochter kommt vielleicht mit einem türkischen Krummsäbel oder einem Federmesserchen — und die Familie bekommt ein übel zubereitetes Mittagessen. Nicht zu strenge und nicht zu lockere Anforderungen erfüllen jedoch die Bedingungen, die der Familie ein noch rechtzeitiges, aber doch schon zufriedenstellend zubereitetes Mittagessen zukommen lassen. Oder: Zu kleine Toleranzen vereiteln den Bau einer Maschine; zu große ihr exaktes Arbeiten.

Das Maß für diese an die mikrophysikalischen Reaktionen gestellte Anforderungsgenauigkeit ist das Wirkungsquantum h; das Maß der Offenheit, das Maß des Spielraumes. Die klassische Physik und das klassische Denken überhaupt ist jenes mit verschwindend kleinem Wert von h, dh ohne Spielraum. Damit würden alle Reaktionen zum Erliegen kommen; eine tote Welt. Schon wenn das Wirkungsquantum etwa halbe Größe seines wirklichen Wertes ($6,626\,196 \cdot 10^{-27}$ $erg \cdot sec$) besäße, würde die Welt eigentümlich erstarren, die Materie würde sich zunehmend verfestigen und unser Organismus würde seine Stoffwechselprozesse nicht mehr abwickeln können und das Leben müßte erlöschen. Aber schon wenn das Wirkungsquantum etwa die doppelte Größe seines tatsächlichen Wertes hätte, würde sich die Welt in einen brodelnden Gaskessel verwandeln mit chaotisch ablaufenden Reaktionen und in den Organismen würden sich in ungeordneten Stoffwechselprozessen mannigfaltige giftige Verbindungen bilden, die Leben ausschließen würden.

Es ist eine der Erstaunlichkeiten dieser Welt, daß tatsächlich das Wirkungsquantum eben diesen Größenwert besitzt, der Freiheit und Ordnung, Offenheit und Bauplan in so wundervoller Ausgewogenheit ausbalanciert. Das ist überhaupt eine Offenbarung eines ganz tiefen Wesenszuges der ganzen Schöpfung, daß im Wirkungsquantum h ein und dieselbe Größe sowohl die Freiheit öffnet wie auch die Ordnung festlegt; ein und dieselbe Größe, welche allen Quantisierungen ihr Maß zuweist und die Welle- und Körpergrößen zueinander in Beziehung setzt; welche eben alle Wirklichkeit beherrscht.

Bestimmt und unbestimmt

Mit den Unbestimmtheiten der Quantenphysik ist eng die Frage der Kausalität und des Determinismus verbunden. Aus wesenhaften Unbestimmtheiten, Offenheiten, Spielräumen im physikalischen Mikro-

I 7

geschehen folgt noch nicht ohne weiteres eine Akausalität und ein Indeterminismus.

Man muß drei verschiedene Stufen von Kausalität auseinanderhalten: Das metaphysische Kausalprinzip, das jedem kontingenten Sein eine Ursache zuschreibt; kurz ausgedrückt: jedem Geschaffenen einen Schöpfer. Außerdem das Kausalgesetz, das gleichen Ursachen auch eindeutig gleiche Wirkungen zuordnet. Schließlich die Prognostizierbarkeit, welche bei gegebenen Ursachen eindeutige Wirkungen voraussehbar sein läßt.

Nachdem quantenphysikalisch-ontologisch die Problematik der praktischen Beobachtbarkeit und deren grundsätzliche Grenzen ohnehin stark zurücktreten, richtet sich die quantenphysikalische Kausalitätsproblematik vor allem auf das Kausalgesetz; dies allerdings mit starken Konsequenzen für das metaphysische Kausalprinzip (es ist zu primitiv, wenn man glaubt, mit allgemeinen Pauschalurteilen — etwa daß es die niedere Ebene des physikalischen Bereiches im Prinzip nicht erlaube, auf die höhere metaphysische Ebene Rückschlüsse zu ziehen — derartige Problematik beiseite schieben zu können).

Determinismus bedeutet das Vorbestimmtsein späterer Zustände durch vorhergehende Zustände. Das dem strengen Determinismus zugrundeliegende Bild drückt sich im fiktiven «Laplace'schen Dämon» aus, dem alle Elementarzustände des heutigen Kosmos bekannt sind und der damit alle späteren Zustände im Weltall berechnen kann und kennt. Der Determinismus ist somit engstens mit der Kausalität verbunden; weltanschaulich mit der Prädestination.

Die Frage ist nun die: Wenn wesenhafte Unbestimmtheiten gegeben sind, ist dann trotzdem noch Kausalität möglich oder nicht?

Auf den ersten Blick möchte man diese Frage sofort verneinen. Nachdem diese Unbestimmtheiten aber im Welle-Körper-Dualismus bestehen, in welchem die Welle eine Auftrittsneigung für den Körper schafft, könnte das tatsächliche Auftreten des Körpers (dh die energetische Reaktion) dann dort konkret stattfinden, wo die Bedingungen dafür am günstigsten sind. Paradox anmutender Weise sind es gerade die Spielräume, dh die Unbestimmtheiten der Energie und Zeit bzw des Impulses und Ortes, welche der Kausalität diese Möglichkeit öffnen.

In der Betrachtung der Frage, ob trotz Unbestimmtheiten doch ein Kausalzusammenhang möglich ist (oder nicht), ergeben sich überaus aufschlußreiche Folgerungen; weniger, was diese Frage selbst angeht, als vielmehr, was der Welle-Körper-Dualismus ist.

In einer unveröffentlichten Arbeit (Philberth; 1952) wurde untersucht, wie die Vorgänge beschaffen sein müssen, damit auf Grund von Günstigkeiten, einer Emission immer eine bestimmte Absorption zukommt. Was hierbei «Günstigkeit» bedeutet, braucht gar nicht untersucht zu werden; es wird nur arbeitshypothetisch angenommen, daß es eine solche beliebiger Art überhaupt gäbe.

Es wird eine einigermaßen monochromatische (einfarbige), möglichst punktförmige Lichtquelle benutzt und die Absorption von deren Photonen in Gasräumen untersucht. Die Gasräume enthalten Atome oder Moleküle, die eine charakteristische Absorptionsneigung aufweisen; also etwa im Bereich der Lichtquellenfarbe anregungsfähige Atome enthalten. Es kommen auch Lösungen mit Salzen von seltenen Erden in Betracht.

Die jeweils gleiche Welle wird entweder in der normalen, kugelförmigen Ausbreitung der Wellenfront mit entsprechend kegelförmig auf die Lichtquelle gerichteten Gasräumen und bzw oder mit Optik parallelisiert, mit prismatischen Gasräumen untersucht. Der Gasraum beginnt jeweils nicht ganz an der Lichtquelle, sondern in einem kleinen Abstand davon; erstreckt sich aber sehr weit in den Raum (theoretisch bis unendlich). Alle Betrachtungen gelten mit starker Helligkeit der Lichtquelle ebenso wie mit beliebig geringer Helligkeit, so daß immer nur ein Photon unterwegs ist. Damit werden Rückschlüsse auf das Elementarverhalten möglich und es kommen von vornherein keine von der klassischen Statistik abweichenden Statistiken zur Wirksamkeit.

Diese Untersuchung geht in der Weise vor, daß sie alle diesbezüglich gegebenen Denkmöglichkeiten systematisch erfaßt und in verschiedene Fälle einteilt, die sich miteinander zu einer logisch vollständigen Allgemeinheit ergänzen (wie man etwa eine Maueröffnung systematisch von links nach rechts und von oben nach unten zunagelt). Jeder dieser Fälle und die hiermit jeweils zu erwartenden Absorptionshäufigkeiten und -verteilungen werden mit den tatsächlichen Absorptionshäufigkeiten und -verteilungen in passend ausgesuchten Experimenten verglichen.

Hierbei erweist sich ein Fall nach dem anderen als irreal, wobei sich zugleich ganz charakteristische Funktionen und Eigenschaften der Welle und Zusammenhänge von Wellenintensität J und Atomeigenschaften Z als das Absorptionsgeschehen beherrschend herausstellen. Von allen Fällen verbleibt nur noch genau ein Fall, der physikalisch ein bestimmtes (determiniertes und kausales) Geschehen übereinstimmend mit den Fakten (wenigstens soweit dies untersucht) ermöglichen könnte.

Dieser quantenphysikalisch mögliche «Bestimmtheitsfall» wäre auch wirklich befähigt, trotz der Unbestimmtheiten der Energie und Zeit bzw des Impulses und Ortes, zu einer bestimmten Photonenemission eine bestimmte Absorption (zB am Atom Nr 2876378 am Mond — und an keinem anderen sonst) herbeizuführen; also trotzdem — wenigstens in dieser Hinsicht — ein streng determiniertes Geschehen ablaufen zu lassen.

Sehr bezeichnenderweise ergibt sich aber außerdem noch ein anderer «Unbestimmtheitsfall», der mit diesen gleichen realen Wellen- und Günstigkeitseigenschaften, aufgrund von der Natur zuzuschreibenden «Zufälligkeitsgeschehnissen» ebenfalls den tatsächlichen Absorptionshäufigkeiten und -verteilungen genau gerecht wird; also ein wesenhaft indeterministisches, akausales Geschehen möglich macht; innerhalb geordneter Grenzen indeterminiert.

Beide real möglichen Fälle, sowohl dieser Bestimmtheitsfall als auch der Unbestimmtheitsfall beinhalten gleicherweise Wellen- und Günstigkeitseigenschaften, die ganz und gar mit den typischen quantenphysikalischen Erfahrungen übereinstimmen: Die Günstigkeit für eine Absorptionsreaktion ist sowohl proportional der Wellenintensität J als auch proportional einer Impedanz Z des absorptionsbereiten Atoms, wobei sich — ganz genau wie bei den verlustfreien Empfangsdipolen im Rundfunkbereich — die in einem Raum befindliche Zahl von Atomen, welche einen doppelten (n-fachen) Impedanzwert überschreitet, statistisch immer als halbiert (n-telt) darstellt. Also: Halbe (n-tel) Wellenintensität findet statistisch im doppelten (n-fachen) Raumvolumen gleiche Atomzahlen vor, die eine bestimmte Günstigkeit überschreiten.

Die Intensität J der Welle — jeder einzelnen Elementarwelle — nimmt bei kugel- oder kegelförmiger Ausbreitung quadratisch mit der Entfernung von der Lichtquelle ab und außerdem exponentiell mit der im Gasraum durchlaufenen Strecke; derart, daß sich diese beiden Effekte multiplizieren. Parallele Wellenfortpflanzung ergibt keine Intensitätsschwächung durch räumliche Verdünnung, so daß hierbei nur die exponentielle Abnahme im Gasraum verbleibt, so daß bei Intensitätsabfall längs einer bestimmten Gasraumstrecke auf die Hälfte, die Intensität bei 2-facher Strecke auf $1/4$, bei n-facher Strecke auf $(1/2)^n$-fach abfällt.

Insoferne haben der Bestimmtheitsfall und der Unbestimmtheitsfall gleiche Realbedingungen zur Grundlage. Der Unterschied beim Bestimmtheitsfall und Unbestimmtheitsfall ist hierbei folgender; betrachten wir erst den in einer Art ziemlich unproblematischen Unbestimmtheitsfall:

Im Unbestimmtheitsfall sind diese Günstigkeiten wesenhaft nur unverbindliche Absorptionsneigungen, Absorptionswahrscheinlichkeiten. Ist die Günstigkeit eines Atoms zB 100-fach der eines anderen Atoms in Bezug auf ein Photon, so ist die Absorptionsneigung (Reaktionsneigung) dieses Photons bei diesem Atom auch 100-mal größer als beim anderen Atom. Das Photon vermag aber dennoch die Absorptionsreaktion bei einem dieser anderen Atome mit nur 1-facher (statt 100-facher) Günstigkeit zu vollziehen; insgesamt mit etwa gleichem Wahrscheinlichkeitsgrad, nachdem die Atome mit der geringeren Günstigkeit auch um das häufiger im Raume der Welle vorhanden sind.

In diesem Unbestimmtheitsfall sind also die Günstigkeiten der vielen verschiedenen Atome ohne jeden Einfluß aufeinander. Wenn die Reaktion wesenhaft ein echtes Zufallsgeschehen darstellt, kann das Photon die Reaktion an jedem beliebigen Atom nach diesem Wahrscheinlichkeitsgrad vollziehen; völlig unabhängig davon, ob die Welle vorher schon über sehr viel günstigere Atome hinweggegangen ist oder nicht, oder ob sie später noch sehr viel günstigere oder nur noch ungünstigere Atome antreffen würde oder nicht.

Insoferne ist der Unbestimmtheitsfall — ganz im Sinne der Unbestimmtheitsrelation und überhaupt im Sinne des quantenphysikalischen Aspektes — ganz unproblematisch. Seine Problematik — so schwierig, daß sie dem klassischen Denken fast unbewältigbar — liegt in dieser wesenhaften Unbestimmtheit als solcher: Sollte die Welt wirklich als «Würfelspiel» geschaffen sein (ein für Einstein unerträglicher Gedanke)?

Gerade umgekehrt liegt die Problematik beim Bestimmtheitsfall: Dem klassischen Denken sehr gewohnt, ist das Geschehen nach der Auffassung dieses Bestimmtheitsfalls «letztlich doch determiniert»; aber unter welch eigenartigen Bedingungen!

An demjenigen Atom und nur an diesem kann die Reaktion der Absorption vollzogen werden, das im gesamten Weltall die allerhöchste Günstigkeit aufweist. Nicht das Überschreiten einer bestimmten Mindestgünstigkeit bestimmt den Reaktionsvollzug (dies ist nachweislich einer der anderen, nicht der Realität genügenden Fälle!), sondern das Günstigste überhaupt. Trifft also die Welle jetzt und hier auch noch so hohe Günstigkeiten, so verschmäht sie diese, wenn sie — vielleicht million Jahre später am Andromedanebel — noch eine höhere Günstigkeit antreffen wird. Umgekehrt wird sie auch bei einer viel geringeren Günstigkeit die Absorption vollziehen, wenn sie nie mehr später eine höhere Günstigkeit erreichen würde.

Im Bestimmtheitsfall ist also die Welle der absolute, unfehlbare Hellseher über alle Räume und Zeiten des ganzen Kosmos. Dazu kommt, daß sich diese Günstigkeiten eines Atoms unentwegt ändern; zB bei jedem der über milliardenmal pro Sekunde erfolgenden Zusammenstöße mit anderen Gasatomen. Der Laplace'sche Dämon wäre also nicht nur eine didaktische Fiktion des Physikers Laplace, sondern wäre in Gestalt der Welle eines jeden Photons in Perfektion gegenwärtig.

Diese Problematik verschärft sich noch dadurch entscheidend, daß diese Günstigkeiten auch durch Handlungen frei-willentlich entscheidender Menschen beliebig verändert werden; etwa durch Öffnen und Schließen von irgend welchen Klappen, Aufheizen von Gasbehältern usw. Das Photon etwa eines auf dem Mars zu uns zurückreflektierten Radar- oder Laserstrahls müßte also schon jetzt beim Abgang unter Einbeziehung dessen, was wir innerhalb der Minuten bis zur Rückkehr getan haben werden, die höchste Günstigkeit auswählen. Wir können auch tatsächlich die Günstigkeiten bis zum letzten Moment ändern — und das tun wir ja auch, indem wir etwa die Empfangskreise abstimmen.

Es ergibt sich somit in der Quantenphysik das genau entsprechende Analogon wie in der Relativitätsphysik mit der phänomenologischen Prädestination im Zusammenhang mit der Folgenumkehr; ein quantenphysikalischer wie ein relativitätsphysikalischer «Doppelweg», in welchem der Weg eines rein physikalischen Vorganges wieder mit einem anderen Weg freiwillentlichen Handelns zusammenführt. Also sogar in dieser merkwürdigen Hinsicht sind Relativitäts- und Quantenphysik eigenartig miteinander komplementär.

Man ist geneigt, damit den Bestimmtheitsfall als unmöglich anzusehen. Damit würden sich diese Doppelwegüberlegungen als Scheinprobleme auflösen. Jedoch spricht zu Gewichtiges auch für diesen Bestimmtheitsfall, als daß man diesen so rasch abtun dürfte. Außerdem knüpft sich an den Bestimmtheitsfall noch eine andere, eigentümliche Problematik, die man keinesfalls übergehen sollte:

Der Bestimmtheitsfall würde fordern, daß die Welle in unserer Raum-Zeit-Ordnung auch noch nach erfolgter Absorption durch den gesamten Kosmos weiterlaufen müßte; weil ja nur in dieser Weise die Auswahl der höchsten Günstigkeit realisierbar ist (beim Unbestimmtheitsfall wäre es dagegen gleichgültig, ob die Welle nach der Absorption noch weiterläuft oder nicht; da ist diese Problematik gegenstandslos, überhaupt eine Scheinproblematik). Gerade die realen Absorptionshäufigkeiten und -verteilungen legen nahe, daß die Welle eines Photons auch noch nach dessen Absorption weiterläuft (nicht in der «reduzierten» Gestalt, sondern in der dem alten Emissions-Geschehen weiterhin zukommenden Gestalt; so als sei die Absorption eben nicht erfolgt; das reduzierte Wellenfeld ist ein zusätzlicher Vorgang des neuen Ereignisschrittes zur nächsten Absorption).

Zwar kann man diese weiterlaufende Welle als solche nie mehr unmittelbar nachweisen, denn mit der Absorption ist ihre Potentialität erschöpft (ein weiteres Photon kommt ihr ja nicht mehr zu). Aber aus einem anderen Grund (der einen mittelbaren Nachweis möglich macht), würde das Weiterlaufen doch anzunehmen sein: andernfalls würde — zusammen mit einem Elementarintensitätsabfall — die statistische Absorptionshäufigkeit im Gasraum nicht mehr überall (hinten und vorne) dem Produkt der dort vorhandenen Wellenintensitäten und -zahlen proportional sein; nach hinten im Gasraum würden nicht nur die Intensitäten als solche abnehmen, sondern zusätzlich noch die Wellen der schon absorbierten Photonen ganz entfallen. Die tatsächlichen Absorptionen nehmen aber nur mit der Intensität selbst ab.

Der gleiche Intensitätsabfall ergibt sich auch in einem Rundfunkwellenfeld mit wahllos im Raum verteilten Dipolen; nur ist bei diesem Dipolfeld der Intensitätsabfall der Elementarwellen mesophysikalisch-meßtechnisch nicht zu unterscheiden von der Photonenverminderung in der Fortlaufrichtung durch die erfolgenden Absorptionen bzw Rück- und Seitenstreuungen. Es ist aber gerade eine der Sonderheiten dieses Bestimmtheitsfalles, daß verringerte Wellenanzahl und Intensitätsabfall — die mesophysikalisch wie gleichbedeutend in Erscheinung treten — einander nicht gleichwertig ersetzen, sondern Unterschiede ergeben.

Es kommt hiermit eine Frage herein, deren Beantwortung für die Möglichkeit des Bestimmtheitsfalles äußerst wichtig ist: Fällt die Wellenintensität in einem Gasraum nur kollektiv für die ganze Menge aller dem Experiment dienenden Photonen ab, wobei die Intensität der einzelnen Elementarwelle aber nicht abfällt und die Gesamtintensität nur eben mit den durch Absorption weggefallenen und nichtweiterlaufenden

Wellen verringert ist; oder reduziert sich auch die Intensität der Elementarwelle des einzelnen Photons, was eben das Weiterlaufen der Wellen nahelegen würde? Diese wichtige Frage könnte durch ein einfaches Experiment geklärt werden:

Man läßt — mit selten kommenden Photonen — den einen Teil der Welle optisch parallelisiert weiterlaufen, den andern Teil der Welle aber erst weiterhin kegelförmig im leeren Raum ausbreiten, wobei man davon weiter hinten einen zum ersten Parallelkanal gleichen Querschnitt ausblendet und ebenfalls optisch parallelisiert. Bringt man diese beiden nun je in sich parallelen Wellenteile zur Interferenz, so kann man aus der Tiefe der Minima die gestellte Frage qualitativ und quantitativ entscheiden: Wären zB — bei gleichem kollektivem Intensitätsabfall im parallelen Gasraum wie im kegelförmigen Leerraum (durch passende Gasdichte einstellbar) — die Minima völlig dunkel, würde dies auch den gleichen individuellen Intensitätsabfall der Elementarwellen (gleich wie kollektiven Intensitätsabfall) beweisen. Damit wäre mittelbar auch die unmittelbar prinzipiell nicht meßtechnisch faßbare Frage nach dem Weiterlaufen der Welle nach der Absorption ihres Quants im Sinne eines tatsächlichen Weiterlaufens entschieden (oder wenigstens als kaum abweisbar nahegelegt).

Damit wären sowohl der Bestimmtheitsfall als auch der Unbestimmtheitsfall als reale Möglichkeit weiterhin offen. Ergäbe sich jedoch bei einem derartigen Experiment für die Elementarwelle des einzelnen Quants eine durch Gasräume ungeschwächte Intensität, so wäre damit das Weiterlaufen der Wellen nach der Absorption und damit der Bestimmtheitsfall ausgeschlossen. Der Unbestimmtheitsfall bliebe jedoch in jedem Falle als reale Möglichkeit offen; er ist ebenso möglich mit Intensitätsabfall und Weiterlaufen wie mit Nichtintensitätsabfall und Nichtweiterlaufen.

Leider liegt zur Zeit kein solches Experiment und damit kein diesbezüglich konkretes Ergebnis vor. Es soll und muß deshalb arbeitshypothetisch unterstellt werden, daß die individuelle Intensitätsabnahme mit Weiterlaufen der Elementarwelle tatsächlich gegeben ist, was den Bestimmtheitsfall noch neben dem Unbestimmtheitsfall möglich erscheinen läßt.

So paradox auch der Bestimmtheitsfall — mit der vollendeten Hellseherei der Photonen — erscheinen möchte, so einfach löst sich diese Paradoxie im relativistischen Aspekt:

Emissions- und Absorptionsstelle, ferner Emissions- und Absorptionsmoment sind bei Photonen voneinander gemäß der Invarianzgeschwindigkeit c entfernt; das Photon ist mit Invarianzgeschwindigkeit c bewegt. Das relativistische System des Photons selbst besitzt somit eine Verstreichung mit dem Invarianzzeitgradienten $w = 1/c$; dh längs der für uns gegebenen Strecke zwischen Emissions- und Absorptionsstelle ist die Zeit und Geschichte des Photons derart gegen unsere Zeit und Geschichte verschoben, daß am Photon die Dauer zwischen Emission und Absorption zu Null verschwindet. Mit dem Photonensystem als Bezugssystem verschwindet die Dauer zwischen Emission und Absorption infolge der Zeitkontraktion zu Null und verschwindet die Strecke zwischen Emission und Absorption infolge der Raumkontraktion zu Null. Somit sind im relativistischen Aspekt die Emission und Absorption raumzeitlich identische Ereignisse; die Emission ist zugleich die Absorption, ohne Zwischenphase. Im System des Photons selbst ist zudem seine Masse gleich Null; es existiert gleichsam gar nicht.

Im existentiellen Aspekt ergibt sich dies zwar entsprechend anders, aber genau analog: Das Photon verbleibt fest in jener Elementardauer und jener Elementarlänge, die mit seiner Emission erschlossen wurde. Mit diesem unveränderten Moment, mit diesem in sich immer gleichbleibenden Moment (also nicht demgegenüber gealtert) und mit dieser Stelle (also nicht dergegenüber verschoben) ist das emittierende Atom bei dem absorbierenden Atom im Absorptionsereignis gegenwärtig.

Mit diesem relativistisch-existentiellen Aspekt wird somit die gesamte, mit dem Bestimmtheitsfall verknüpfte Problematik des «Vorauswissens aller künftigen Ereignisse durch das Photon» inhaltslos, leer. In diesem Aspekt ist auch der Vollzug der günstigsten Reaktion eine fraglose Selbstverständlichkeit. Zu einer fraglosen Selbstverständlichkeit geworden? — eigentlich nur ungreifbar, leer geworden. Denn wenn Strecke, Dauer und Masse verschwinden, ist es auch sinnlos, nach deren Eigenschaften zu fragen und damit weitere Überlegungen anzustellen.

Der Bestimmtheitsfall ist seinem Wesen nach dem relativistischen und existentiellen Aspekt, vornehmlich dem relativistischen Aspekt zugehörig.

Ganz ähnliche Verhältnisse wie bei den elektromagnetischen Wellen (den Photonen zugehörig) ergeben sich auch bei den eigentlichen Materiewellen (den Elektronen, Protonen usw zugehörig).

Im relativistischen Aspekt erschien die Wellenlänge Λ und die Wellengeschwindigkeit u der Materiewelle eigentümlich ohne räumliche Qualität. Statt dessen sind die Schwingungsdauer T und der Zeitgradient w der Verstreichung die relativistisch realen Größen. Die Wellenlänge ist eigentlich nur als Reziprokwert des Schwingungsgradienten s real; gemäß $s = w/T = 1/\Lambda$.

Vor allem der Atombau, der Aufbau der Elektronenhülle des Atoms bringt näher, daß sich hiermit weitgehend analoge Verhältnisse mit den Reaktionen der Elementarteilchen wie mit denen der Photonen ergeben:

Quantenmechanisch (-wellenmechanisch) sind nur jene Elektronenbahnen möglich, deren Umlauflänge ganzzahlige Vielfache der Elektronen-Materiewellenlänge Λ betragen; im Falle des unangeregten Wasserstoffatoms also: Umlauflänge gleich $1 \cdot \Lambda$. Speziell-relativistisch betrachtet, ergibt sich in der Zeit und Geschichte des Elektronensystems eine Verstreichung gegenüber der Zeit des Atoms (genauer: des Atomkerns) und damit auch gegenüber unserer Zeit unseres Systems, welchem das Atom ruhend angehört. Die durch den Zeitgradienten w der Verstreichung bedingte Zeitverschiebung $w \cdot \Lambda$ längs der Strecke Λ eines ganzen Atomhüllenumfanges ergibt gerade eine Schwingungsdauer T der im Raume des Elektronensystems selbst überall synchronen Schwingung gemäß: $w \cdot \Lambda = h/m_e c^2 = T$. Dies bedeutet, daß überhaupt keine Welle mit der Phasengeschwindigkeit $u = c^2/v$ nacheinander umläuft, sondern daß die Wellenphase um immer einen vollen Umfang herum wieder zum selben, mit sich identischen Moment seiner Materiewellenschwingungszeit zurückkehrt. Dies gilt für alle geschlossenen Materiewellensysteme; etwa auch für die geschlossene Existenz des π-Mesons, dh des Pions.

Anders ausgedrückt: Eine in sich kreisförmig geschlossene Rohruhr (Länge = Kreisumfang; Durchmesser = Spurbreite), welche innerhalb des rotierenden Systems überall synchronen Stand aufweist (dh raumunabhängig die Originalzeit des Systems markiert), ist längs des Umfangs tordiert (gewendelt). Die umlaufartig geschlossene Materiewelle ist hierbei eine Torsion um gerade eine (oder allgemein ganzzahlige) Umdrehung um die Rohrlängsachse, sodaß auf vollem Umfang wieder eine stetige Zusammenfügung gegeben ist; vergleichbar der Datumsgrenze am ± 180. Längengrad.

Somit ist offenbar auch in den Materiewellen — allerdings in einer sehr schwer verstehbaren und all unserer Anschauung ganz ungewohnten Weise — die Zeit- und Ortsidentität von einander ursächlich zugeordneten Reaktionen ähnlich gegeben wie bei den invarianzbewegten Photonen.

Vornehmlich diese Vorgänge, bei denen die Wellenreaktionen in den Vordergrund treten, sind uns im relativistischen Aspekt näher. Es gibt überhaupt eine ganze Reihe von Phänomenen, die sich uns im relativistischen Aspekt sehr zufriedenstellend darstellen; sonst aber unverständlich sind:

Ein besonders interessantes Phänomen dieser Art ergibt sich im Zusammenhang mit der Elektron-Positron-Paarzerstrahlung, bei welcher zwei Gamma-Photonen mit zusammengehörigem Spin in zueinander entgegengesetzter Richtung emittiert werden.

Wie das Bell-Experiment hierbei zeigt, besitzt dieses Photonenpaar mit seinem Wellenfeld (auch für Elementarteilchen und deren Wellenfeld sind analoge Effekte nachgewiesen) die fast unglaubliche Eigenschaft des Einstein-Paradoxons: Das andere Photon muß sich demgemäß verhalten, wie das eine Photon durch geeignete Experiment-Anordnungen zur Reaktion gebracht worden ist (Büchel); also zur Reaktion a_2, wenn man das erstere gemäß a_1 reagieren ließ; bzw. b_2, wenn b_1; bzw. c_2, wenn c_1. Dies tritt auch dann auf, wenn diese Reaktionsstellen so weit beiderseits der Emissionsstelle (Zerstrahlungsstelle) auseinanderliegen, daß während der Flugzeit sogar noch Experimentieranordnungen durch einen freien Willensakt veränderbar sind. Das jeweils andere Photon wäre somit — wie vorstehend im Bestimmtheitsfall — wiederum der vollkommene Hellseher.

Der relativistische Aspekt erklärt dieses Phänomen wiederum aus dem Verschwinden der Raum-Zeit-Abmessungen in derartigen Emissions-Absorptions-Reaktionen ohne Schwierigkeit. Zugleich werden dadurch aber die dazu komplementären Probleme des Determinismus in diesem Aspekt unlösbar, indem dieser relativistischen Erklärung eine so eigentümliche Einfachheit, aber auch Leerheit anhaftet.

Es ist für alle komplementären Aspekte kennzeichnend, daß jeder Aspekt um so leerer und ungenügender in einer Hinsicht wird, je inhaltsvoller und vollkommener er sich in der dazu komplementären Hinsicht darstellt.

Etwa am Lichtdruck wird dies durch jene seltsamen, schon genannten Paradoxien sichtbar: Läuft eine Elementarwelle breitfrontig über zwei in verschiedene Richtungen reflektierende Spiegel; ergibt sich dann auf beiden Spiegeln oder nur auf jenem Spiegel ein Lichtdruck, in dessen Auslauf dieses Photon viel später und weit entfernt absorbiert wird? Oder: Läuft eine Welle auch noch nach der Absorption weiter; bewirkt dann diese Welle bei künftigen Reflexionen keinen Lichtdruck mehr oder ebenfalls noch einen Lichtdruck? Ersterer Verlauf über beide Spiegel, was der sich mit dem Unbestimmtheitsfall verbindende quantenphysikalische Aspekt verlangt, ist in diesem quantenphysikalischen Aspekt selbst paradox, wird aber im relativistischen Aspekt als Scheinproblem erklärt. Letzterer Weiterlauf noch nach der Absorption, was der sich mit dem Bestimmtheitsfall verbindende relativistische Aspekt verlangt, wird in diesem relativistischen Aspekt selbst paradox, aber im quantenphysikalischen Aspekt als Scheinproblem erklärt.

Sonderbare, wesenhaft offenbleibende Paradoxien und Scheinprobleme erstehen in diesem Bereich der Komplementarität. Man gewinnt den Eindruck, daß — falls nicht doch noch genannte Experimente eine eindeutige Entscheidung für den Unbestimmtheitsfall bringen sollten — der Bestimmtheits- und der Unbestimmtheitsfall auch einander komplementär zugehören. Aber vermutlich ist in der Quantenphysik der quantenphysikalische Aspekt (gemäß Unbestimmtheitsfall) vorrangig und fundamental, so daß also der Unbestimmtheitsfall doch die eigentliche Realität, das wahrhaft «Wirkliche» darstellt.

Es ist aber vielleicht kein Zufall, daß diese beiden Fälle, ein Unbestimmtheitsfall und ein Bestimmtheitsfall, nebeneinander als möglich erscheinen, obgleich sie einander logisch ausschließen. Ist nun das konkrete Geschehen wirklich akausal oder kausal, indeterminiert oder determiniert? Was ist überhaupt Wirklichkeit; was ist Realität?

Der Unbestimmtheitsfall ist das Geschehen im aktuellen, quantenphysikalischen Aspekt; also in demjenigen Aspekt selbst, der die Reaktionen behandelt und in welchem der Körperauftritt als Anfang und Ende eines in Raum und Zeit «wirklich» in Erscheinung tretenden Geschehens gegeben ist. Also in «Wirklichkeit» (buchstäblich) ist doch der Körper das «eigentlich reale» und der Unbestimmtheitsfall wirklicher Ausdruck des Geschehens. Und doch wäre dies als alleinige Betrachtung unbefriedigend.

Der Bestimmtheitsfall ist jedoch das Geschehen im relativistischen Aspekt, dem irgendwie das wellenhafte Verhalten zugehört. In einer

merkwürdigen Faszination «lösen» sich Probleme in den sich auflö-
senden Raum-Zeit-Beziehungen der zueinander ursächlichen Reaktionen.

Wenn Raum und Zeit zwischen Emissions- und Absorptions-Ereig-
nis verschwinden, wenn sich im relativistischen Aspekt die Ereignisse
räumlich und zeitlich 'identifizieren, verschwindet auch das Problem
der Nichtobjektivierbarkeit der Wellengestalt zwischen diesen Ereignissen; anders ausgedrückt: es ist dann die Wellengestalt problemlos
und eindeutig so, wie sich Emission und Absorption aufeinander einstellen; alle Zwischenvorgänge, etwaige Beobachtungsmaßnahmen usw
einbezogen. Die «subjektivistische Wirklichkeit» der Mikrophysik, die
«Rückwirkung der Beobachtung auf das Objekt», die «Reduktion des
Wellenfeldes»: alles ist in Bedeutungslosigkeit, in Scheinproblematik,
in Leerheit verschwunden.

Aber gerade mit dieser so überaus eleganten Erklärung verliert dieser relativistische Aspekt zugleich seine Aussagekraft für den Bereich
des eigentlich Aktuellen; des Reagierens in Raum und Zeit, in unserem
Raum und unserer Zeit — und jeglichen wirklichen Handelns in der
Geschichte. Gerade dies ist aber der Aspekt der Quantenphysik; der
Aspekt des Aktuellen, Wirklichen. Und immer und immer wieder wird
die erstaunliche Komplementarität zwischen Quanten- und Relativitätsphysik offenbar, in welcher sich ein jeder Aspekt gleichsam an den
Fehlstellen des anderen Aspektes voll entfaltet.

In komplementärer Ergänzung des quantenphysikalischen Aspektes durch den relativistischen Aspekt, vor allem mit der relativistischen
Verstreichung als beherrschender Wellengröße, wird der Welle-Körper-Dualismus sehr viel einsichtiger. Er bleibt aber, was er ist: eine
echte Komplementarität; gerade in seinem komplementären Wesen
wird er einsichtiger. Die «gegenseitige Ausschließung» von Wellen-
und Körperverhalten wird damit nicht aufgehoben. Und um die Frage,
ob dies eine «wirkliche» Ausschließung sei, kommt man doch nicht
herum. Was ist überhaupt Wirklichkeit?

Diese Ergänzung des quantenphysikalischen Aspektes durch relativistische Betrachtungen verbleibt hinsichtlich der Reaktionen, der
Wirkungen im Rahmen der Quantenphysik; eine Ergänzung und Befruchtung der Quantenphysik als Quantenphysik. Diese Quantenphysik
konsequent als Physik der Reaktionen genommen — als Physik des
Fortschreitens von einem diskontinuierlichen Ereignis zum nächsten
und vom nächsten zum übernächsten; somit allem, was als besonderer
Beobachtungsakt oder nicht als solcher mitwirkt — läßt ebenfalls

nicht mehr viel Platz für «subjektivistische Wirklichkeiten» in der Mikrophysik. Was bedeutet dann etwa die «Reduktion des Wellenfeldes durch die Beobachtung» noch anderes, als daß sich mit der Reaktion (als Teil eines Beobachtungsvorganges oder irgendwie sonst) ein derartiger Schritt beendet und daß damit sich ein neuer Schritt mit entsprechend neuer Wellengestalt anbahnt; mit neuer Wellengestalt, mit welcher die Verknüpfung dieser neuen Reaktion auf die wieder nächste Reaktion stattfindet?

Gerade in ihrer vollen Konsequenz und Ausgestaltung ist die Quantenphysik geblieben, was sie war: eine Physik der Wirkungen, der Reaktionen, eine Aktualitätsphysik; eine Wirklichkeitsphysik im buchstäblichen Sinne des Wortes. Das männliche Kind ist männlich geblieben und ist zum Mann herangereift.

Aber gerade diese Reaktionsphysik ist vom Welle-Körper-Dualismus und den Unbestimmtheiten samt deren Beziehungen beherrscht, welche nicht nur Spielräume aufschließen, sondern auch die Spielregeln dazu anliefern. Die Diskontinuität der Reaktionen im körperhaften Verhalten, der die Kontinuität im wellenhaften Verhalten gegenübertritt, kennzeichnet die Quantenphysik und kennzeichnen die eigentliche Wirklichkeit der Geschehnisse. Weniger die statistische Häufung von Elementarprozessen in Mengenerscheinungen kennzeichnen den Übergang von der Mikro- in die Mesophysik, als vielmehr das Zurücktreten der Diskontinuität der im Grunde allein wirkenden Mikroreaktionen in den mesophysikalischen Gegenständen und Geschehnissen.

Freiheit und Macht

Ist das Mikrogeschehen nun kausal oder akausal, ist es determiniert oder indeterminiert? Diese Fragen entziehen sich letztlich dem Zugriff. Die Komplementarität des Welle-Körper-Dualismus mit seinen Unbestimmtheiten ist wieder in höhere und noch höhere Komplementaritäten eingebettet.

Im einen oder anderen Aspekt ergeben sich regelmäßig Möglichkeiten, kausale Geschehenswege aufzuzeigen bzw dem Geschehen zuzuschreiben, während jeweils der andere Aspekt diese Möglichkeiten ausschließt. Im spezifisch quantenphysikalischen Aspekt sind diese Unbestimmtheiten selbst nicht als Unbestimmtheiten bestimmbar —

und so erscheinen merkwürdigerweise in manchen Phänomenen auch wieder Bestimmtheiten und Bestimmbarkeiten.

Auch den Betrachtungen über die Spielräume sind selbst diese Spielräume eigen. Aber wer in einer vernagelten Welt leben will, wer in einer weltanschaulichen Zwangsjacke stecken will, der kann auch das. Diese geheimnisvolle Welt ist in ihren mannigfaltigen Komplementaritäten offen; überall offen und überall von einer so geheimnisvollen und so erstaunlichen Freiheit, daß man kraft eben dieser Freiheit auch für sich und für andere Zuchthäuser bauen kann; ja, die ganze Welt in ein Zuchthaus verwandeln kann.

Der Quantenphysiker spricht vielfach von einer «Aufhebung der Realität im Mikrogeschehen», von einem «Aufgehen der Wirklichkeit in mathematischen Strukturen und Formen». Diese Formulierungen kann man bejahen und verneinen zugleich. Aber immer und immer wieder stellt sich die Frage: Was ist überhaupt Wirklichkeit?

Nur wenn man die Komplementaritäten der Physik in einer nicht-komplementären Überetage selbst wieder festhalten, feststellen, bestimmen möchte, erscheinen diese «Auflösungen und Aufhebungen der Wirklichkeit». Nur wenn man die Komplementarität «auf der höheren Ebene» doch vermeiden, umgehen, ignorieren möchte, kommt es zu dieser eigentümlichen Verunwirklichung der grundlegenden Wirklichkeiten schlechthin.

Warum schließen sich denn Wellen- und Körperverhalten gegenseitig aus? In der Wirklichkeit selbst schließen sie sich ja gerade nicht aus; vielmehr ist gerade das, was wir als gegenseitige Ausschließung ansehen zu müssen glauben, die Wirklichkeit selbst. In und nur in unserem wahrhaft unwirklichen Denken schließen sie sich gegenseitig aus. Aber je höher die Ebenen, je mächtiger die Bereiche, um so größer werden die Spielräume, umso großartiger die Spielregeln, umso durchgreifender die Freiheiten — und umso einschneidender, quälender und bedrohlicher wird ein unwirkliches Denken.

Schon ganz unten in der Physik erscheint die Komplementarität; wieviel mehr dann erst oben. Die physikalischen Komplementaritäten auf höheren Etagen der Philosophie oder gar Theologie in nichtkomplementärer Einheitlichkeit bewältigen zu wollen, ist Wahn einfachhin; ist Irrealität in höchster Potenz.

Alle physikalischen Wirkungen sind letztlich mikrophysikalischen Ursprungs; mikrophysikalischer Natur. Die gegenseitige Ausschließung von Welle und Körper ergibt sich in unserem gleichsam sekundären, mesophysikalischen Wirklichkeitserleben und dem daran entwickelten und approbierten, «klassischen» Denken; einem Denken, das kaum — ohne schreckliche Krisen — umhin kann, sich über etwa den Identitäts- oder Widerspruchssatz als «unmittelbar einsichtiger Wahrheiten» hinwegzusetzen; das nicht umhin kann, alle diese logischen Grundsätze als das zu erkennen, was sie allein sein sollen und sind: Werkzeuge; wertvolle und unentbehrliche, aber dennoch nur begrenzt anwendbare Werkzeuge.

Aus diesem Verhaftetsein im klassischen Denken kommen letztlich auch jene Kommentare der Quantenphysiker, die der Mikrophysik die eigentliche Realität absprechen und in verschiedenen Variationen von «nur noch» Strukturen und Formen irgend einer mathematischen Art sprechen. Aber wie sollte eben das, was alle Wirkungen allein trägt und darstellt, was die Wirkung selbst ist, unwirklich, irreal sein können? Unser Denken dazu ist vielmehr irreal, letztlich unwirklich. Im realen Komplementaritätsdenken, an das man sich gewöhnen kann wie an die Eisenbahn, schließt sich nichts mehr aus; ausschließen im Sinne von unmöglich, unwirklich erscheinen lassen. Das Ausschließen selbst ist eben das Wirkliche.

Was ist Wirklichkeit? Die Komplementarität selbst ist die Wirklichkeit und umgekehrt: Die Wirklichkeit selbst ist Komplementarität. Und warum? Weil Gott, der Dreieine, der selbst Komplementarität ist, die Welt nach Seiner Art geschaffen hat. Die Komplementarität ist das Wesen der Allmacht: alle Möglichkeit steht der Allmacht offen; alles ist der Allmacht möglich.

Und dieser geheimnisvolle Gott hat nie und nirgends geoffenbart, daß des Menschen Denkprinzipien, daß gar unser Identitäts- und Widerspruchssatz einen absoluten Maßstab darstellten, daß Weisheit und Verstand die Wahrheit zukomme. Er hat im Gegenteil kundgetan, daß Er der Weisen Weisheit zunichte mache und der Verständigen Verstand verwerfe; Er hat Vernichtung den Götzendienern angekündigt, die Schemen und Prinzipien anbeten, statt Ihn selbst.

8. Struktur und Formen

Das Sein ist eine gewaltige Dreiheit aus Wirklich-Sein, Erkannt-Sein und Selbst-Sein. Die Dreiheit des Seins gerade in diesen drei Seinsdimensionen zu ermessen, gleichsam zu koordinieren, mag Willkür sein — und man könnte möglicherweise oder sogar wahrscheinlich auch andere, irgendwie sich anders erstreckende Ordnungsschemen benutzen; gleichsam irgendwie schräg dazu verlaufende. Aber irgendeine Metrik brauchen wir, wenn wir nicht von vorneherein kapitulieren wollen. Weil aber eben das Tripel von Wirklichkeit, Erkenntnis und Selbst am tiefsten im Geistesleben der verschiedenen Kulturen verwurzelt ist, scheint dieses Tripel wohl am brauchbarsten; vielleicht überhaupt dem Wesen des Seins am nächsten. Es sind gleichsam aufeinander senkrecht stehende Koordinaten des «natürlichen» Seins.

Jede Aussage, jedes Urteil, jeder Beweis gründet sich auf ein Sein: «Dieses ist, jenes ist nicht; dieses ist so, jenes ist anders.» Was meinen wir mit einer Aussage: «Die Lampe ist»? Welche Form des Seins liegt einer solchen Aussage zugrunde? Es sind verschiedene Formen des Seins da; etwa — willkürlich herausgegriffen — das Wirklich-Sein und das Erkannt-Sein. Das buchstäblich Eigenartige ist aber, daß jede Seinsform selbst in der eigenen Seinsform da-ist; mit samt allen Aussagen, Urteilen, Beweisen darum herum: «Diese Seinsform ist.» Gleichsam begründet sich jede Seinsform in sich selbst; eigentlich eine buchstäbliche Selbstverständlichkeit: Eine Seinsform ist sie selbst.

Aber ist eine derartige Selbstbegründung einer Seinsform eine Begründung einfachhin; etwa auch im Sinne anderer Seinsformen: «Jene andere Seinsform ist»? Sind überhaupt die verschiedenen Seinsformen voneinander unabhängig?

Betrachten wir hierzu einmal die grundsätzliche Diskussion zweier Philosophen A und F über das Da-Sein etwa einer konkreten Lampe. A vertritt — mehr oder minder bewußt — den Standpunkt, daß nur das An-sich-Sein, nur das Wirklich-Sein als echtes Sein da-sei; hierbei meint er eben auch «wirklich-da-sei». F vertritt — mehr oder minder bewußt — den Standpunkt, daß nur das Für-mich-Sein, nur das Erkannt-Sein als echtes Sein da-sei; hierbei meint er entsprechend «erkannt-da-sei». Es ergeben sich zueinander duale Diskussionsfolgen; dual, so daß sie durch analoge Vertauschung der Seinsformen ineinander übergehen:

Grundaussage:

A: Die Lampe ist (sie ist-an-sich; sie ist wirklich; ist als wirkliche Lampe da).

F: Die Lampe ist (sie ist-für-mich; sie ist erkannt; ist als erkannte Lampe da).

Einwand:

F: *Du* sagst doch, daß es so sei; also doch ein Erkannt-Sein.

A: Du sagst doch, daß *es* so sei; also doch ein Wirklich-Sein.

Erklärung:

A: *Ich* sage zwar, daß *es* so sei. Aber ich sage über An-sich-Seiendes aus, das in seiner Gegebenheit erkannt worden ist. Die Erkenntnis selbst ist etwas An-sich-Seiendes.

F: *Ich* sage zwar, daß *es* so sei. Aber ich sage über Für-mich-Seiendes aus, das im Bewußtwerden wirklich geworden ist. Die Wirklichkeit selbst ist etwas Für-mich-Seiendes.

Einwand:

F: *Du* sagst doch, daß es so sei; du und immer nur du und deinesgleichen. Was du sagst, muß Erkanntes sein; Erkanntes und immer nur Erkanntes, wenn du es nicht selbst als leeres Phantom erklären willst.

A: Du sagst doch, daß *es* so sei; es und immer nur es und seinesgleichen. Was du bezeichnest, muß Wirkliches sein; Wirkliches und immer nur Wirkliches, wenn du es nicht als leere Phantasie erklären willst.

Ein jeder — *A* wie *F* — kann zu seiner Grundaussage immer nur die gleiche Erklärung abgeben, die vom Anderen mit immer dem gleichen Einwand in die Lage einer unbegründeten Behauptung gedrängt wird. Jeder meint, daß sich die Aussage des Anderen in sich selbst entkräfte — und mit dem im «richtigen» Sein begründeten Einwand zu fortwährender Erklärung weitergetrieben werden könne; also ein Sich-nicht-selbst-genügen der anderen Seinsform. Ein jeder meint, dies könne ein Ende haben und hätte ein Ende, wenn der Andere einmal die richtige Seinsform benutze; also ein Selbstgenügen dieser eigenen Seinsform, mit dem sie sich den anderen Seinsformen überordne.

Aber schon die duale Vertauschbarkeit gibt zu denken. Eine gleichsam absolute Begründung einer Seinsform über alle anderen scheint nicht gegeben zu sein. Aber auch die ausschließliche Begründung einer Seinsform in sich scheint wenigstens sehr gezwungen und wenig überzeugend. Es ergibt sich eine wechselseitige Abhängigkeit der

Seinsformen voneinander; ein Wechselspiel: An-sich-richtig ist eben das, was für-mich an-sich-richtig ist, wenn nicht Unerkanntes als erkannt behauptet werden soll. Für-mich-richtig ist eben das, was ansich für-mich-richtig ist, wenn nicht Unwirkliches als wirklich dargestellt werden soll. Auf Grund dieses Wechselspiels läuft man schnell gegen eine Grenze, wenn man die eine oder andere Seinsform verabsolutiert:

Grundlage:

Das Sein ist ein Wirklich-Sein, ist ein An-sich-Sein.	Das Sein ist ein Erkannt-Sein, ist ein Für-mich-Sein.
Das Sein ist in der wirklichen Welt selbst begründet. Alles was ist, ruht unentwegt in der Wirklichkeit; fest gegeben.	Das Sein ist im erkennenden Geist selbst begründet. Alles was ist, wird unentwegt in der Erkenntnis geschaffen; laufend entstehend.

Wechselspiel:

Nur wirkliche Erkenntnis *ist* Erkenntnis. Erkenntnis ist dann wahr, wenn die wahre Wirklichkeit richtig erkannt wird.	Nur erkannte Wirklichkeit *ist* Wirklichkeit. Wirklichkeit ist dann wahr, wenn die wahre Erkenntnis richtig gewirkt wird.

Grenzen:

Etwas Wirklich-Seiendes braucht nicht erkannt sein. Es kann auch als Fremdheit vollwertig da-sein; als Fremdheit, die — mehr oder minder zufällig — nur nicht in einer Erkenntnis erfaßt ist. Eine Illusion ist keine Erkenntnis. Ich bin, unabhängig davon, ob ich erkannt bin; auch von mir selbst.	Etwas Erkannt-Seiendes braucht nicht wirklich sein. Es kann auch als Illusion vollwertig da-sein; als Illusion, die — mehr oder minder zufällig — nur nicht zur Wirklichkeit gebracht wird. Eine Fremdheit ist keine Wirklichkeit. Ich bin, unabhängig davon, ob ich wirklich bin; auch für mich selbst.

Damit werden aber die Formen gezwungen und unverständlich; sie werden gleichsam uferlos. Mangel wird offenkundig. Man kann zwar niemand hindern, bis zum Exzeß weiterzugehen, aber es ist ein Weg ohne Meilensteine. Das ist eben die Grenze.

Man merkt aber sofort, daß in diesem «Für-mich-Sein» und dessen «Erkannt-Sein» nicht die mächtige Seinsdimension der schöpfungsgewaltigen Erkenntnis gegenwärtig ist, sondern nur ein Subjektiv-Sein.

Dieser Dualismus von an-sich und für-mich ist nur ein Wechselspiel von objektiv und subjektiv; aber nicht ein Spiel der gewaltigen Komponenten der Dreiheit des Seins selbst. Das «Erkannt-Sein», das in diesem Wechselspiel von an-sich und für-mich in Erscheinung tritt, umfaßt nur jenes Erkennen, welches Wirkliches eben kennen lernt und in einer Weltanschauung festhält. Es ist nur ein Abbild jenes schöpfungsmächtigen, wirklichkeitsschaffenden Erkennens, das als Seinsdimension ist. Es ist nur eine Projektion dieser Seinsdimension in unser abendländisches Denken, das im Ganzen das Wirklichsein der Seinsdreiheit fundamentalisiert. Die Formen des an-sich und für-mich und ihr Dualismus sind Ausdruck eines Dualismus des Objektiven und Subjektiven, die als solche doch beide noch im Wirklichsein ruhen; im Wirklichsein als jener Seinsdimension, die eben unser abendländisches Fundament in allen Unterformen und Modifikationen unserer Philosophie ist; Fundament unseres gesamten abendländischen Denkens.

Hätte man also in diesem Dualismus des An-sich-Seins und Für-mich-Seins gar nicht von «Erkannt-Sein» und «Erkennen» sprechen dürfen? Doch: Denn nichts kann über sich selbst hinaus — und in unserem Raum ist dieses eben die uns faßbare Erkenntnis. Realismus, Idealismus, Existentialismus und die verschiedenen Zwischen- und Nebenformen sind mit ihren Wechselspielen in Objektiv und Subjektiv, Absolut und Relativ, Über und Unter zwar nur Abklatsch der Seinsdreiheit in diesen unseren, zwar auch wieder dreiheitlichen, aber doch im Wirklichsein gegründeten Raum; Schattenbilder vor dem Sein, welche die Urgewalt der Seinsdimensionen kaum mehr ahnen lassen. Aber dennoch ist dies eben unser Raum.

Um so erstaunlicher: Obgleich auf der höheren Ebene, in der Seinsdimension der Wirklichkeit begründet — gleichsam schon in höherer Instanz vorentschieden —, ist dennoch auch innerhalb des Dualismus von an-sich und für-mich keine Vorberechtigung der Form des an-sich faßbar; erst recht nicht des für-mich. Und ebenso ist es mit einer großen Zahl anderer Formen, gleichsam Misch- und Sonderformen; wie des «für-sich» oder des «an-mich» des Positivismus, oder beliebig anderer zueinander paarweise komplementärer Formen. Keine Form ist absolut vorberechtigt. Aber jede — die eine wie die andere — kann zur vorberechtigten, maßgeblichen Seinsform in freier Wahl gemacht werden. Dies ist etwas ganz Grundlegendes. Aber welche Seinsform man immer auch zum Fundament wählt, immer bedarf diese einer komplementären Ergänzung durch eben noch eine andere Seinsform.

In dieser komplementären Ergänzung des an-sich und für-mich

(wie beliebig anderer, zueinander komplementärer Formen) wird eine erstaunliche Ähnlichkeit mit der quantenphysikalischen Unbestimmtheit und deren freier Verschiebbarkeit zwischen den komplementären Komponenten deutlich: Das Produkt der Unbestimmtheiten beider zueinander komplementärer Komponenten ist gleichsam eine Konstante; wie das Unbestimmtheitsprodukt der Unbestimmtheiten zueinander wirkungs-komplementärer (kanonischer) Zustandsgrößen immer gleich dem Wirkungsquantum h ist: Je mehr man — frei möglich — in der einen Komponente zu erfassen sucht und festlegt, um so mehr erscheint die Unbestimmtheit, Unzulänglichkeit in der anderen, untrennbar dazugehörigen Komponente. In der gänzlichen Festlegung in der einen Komponente geht die Unzulänglichkeit in der anderen über alle Maße.

Mit der Wirklichkeit und Erkenntnis des Seins, ebenso wie etwa mit an-sich und für-mich in den Seinsformen unseres Denkens ist es ähnlich wie mit Raum und Zeit im relativistischen Aspekt: Sie sind gleichsam darstellbar in aufeinander senkrecht stehenden, zueinander imaginären Koordinaten: Setzt man den Raum reell, so erscheint die Zeit als ein imaginärer Raum; setzt man die Zeit reell, so erscheint der Raum als eine imaginäre Zeit. Aber nie kann Raum allein oder Zeit allein die Mannigfaltigkeit der Geschehnisse umfassen; immer ist die Ergänzung durch die jeweils andere Form notwendig, um in der imaginären Zuordnung die zweite Dimension aufzuschließen; die zweite Dimension, als gleichsam flächenhafte Ausbreitung der Geschehnisse vor dem Blick, der sich aus der dritten Dimension auf die Geschehnisse hinrichtet: Wie der Blick aus dem Ausstellungsraum auf die Ebene der Gemälde. Mit dieser dritten Dimension erschließt sich erst die volle Mannigfaltigkeit des Seins.

Wirklich-Sein und Erkannt-Sein sind zusammengehörige, sich ergänzende und dennoch verdrängende Formen des Seins. Sie zeugen und gebären in immerwährendem Wechselspiel immer wieder neue ihresgleichen. Und dennoch ist jedes — im Gegensatz zum anderen — als Grundlage einer Lebenshaltung und Weltanschauung erwählbar; die jeweils andere Seinsform wird gleichsam damit in die untergeordnete Hilfsrolle einer besonderen Abart der Grund-Seinsform verdrängt. So ist dies auf der Ebene der umfassenden Seinsdreiheit selbst — und so ist es wiederum innerhalb unseres abendländischen Seinsraumes, der das Wirklichsein als übergeordnet ansieht und fundamentalisiert. So ergeben sich auf dieser Ebene als Grundformen der abendländischen

Philosophie der Realismus mit dem Wirklich-Sein als Fundament und der Idealismus mit dem Erkannt-Sein als Fundament; als Fundament gleichsam in der zweiten Ordnung, als untergeordnetes Fundament, denn auf höherer Ebene ist ja im abendländischen Denken das Wirklichsein fundamentalisiert.

Zwischen diesen Seinsformen wird eine eigenartige Dualität spürbar mit einer erstaunlich weitgehenden Vertauschbarkeit der Formen, mit welcher das Eine in das Andere und das Andere in das Eine übergeht; gerade als seien es Spiegelbilder voneinander. Aber durch was kommt diese Ergänzung und dennoch Verdrängung, durch was kommt diese Wählbarkeit des Fundaments und die Vertauschbarkeit eigentlich zustande? Durch das Mitspielen des ebenso merkwürdigen wie selbstverständlichen Umstandes, daß jeder er-selbst und jedes es-selbst ist; daß niemand und nichts über sich hinaus kann. Also auch dieser eigenartige «Dualismus» spielt sich im Raume einer Seinsdreifaltigkeit ab; der Dreiheit von Wirklich-Sein, Erkannt-Sein und Selbst-Sein. Wie auf der Ebene der umfassenden Seinsdreiheit selbst, so auch wieder innerhalb unseres abendländischen Seinsraumes: Wiederum stoßen wir auf unsere dritte Seinsform, das Selbst-Sein, das Fundament des Existentialismus als dritter Grundform innerhalb der abendländischen Philosophie.

In dieser dreidimensionalen Seins-Struktur und ihren drei Seinsformen als Koordinaten erscheinen aber irgendwie das Wirklich-Sein und Erkannt-Sein miteinander näher verwandt als mit dem Selbst-Sein. Warum; stört dies nicht die Dreier-Symmetrie?

Der Grund liegt darin, daß wir als Menschen, als Personen dasind — und nicht als Welt einfachhin und nicht als Geist einfachhin. Wir sind in unserer Dreiheitlichkeit schon auch als Welt und als Geist existent, aber eben in erster Linie doch in unserem personalen Wollen und Bewußtsein, in welchem wir der Welt begegnen und Geist entfalten. Gleichsam liegt die Dimension des Selbst-Seins unmittelbar in Richtung unserer Existenz, während sich die Dimensionen des Wirklichseins und Erkanntseins senkrecht dazu erstrecken. Damit ergibt sich jene Besonderheit in Bezug auf unsere menschliche Existenz; eine Besonderheit, in welcher gerade diese grundlegende Seinsform des Selbst sich gleichsam zur Selbstverständlichkeit verkürzt, so daß nur noch der in die Wirklichkeits-Erkenntnis-Ebene projizierte Dualismus greifbar und sichtbar wird.

Man kann die drei Seinsdimensionen mit den drei Erdkoordinaten vergleichen: Das Wirklich-Sein als Süd-Nord, die Ruherichtung der

Erdachse; das Erkannt-Sein als West-Ost, die Bewegungsrichtung der Erdrotation; das Selbst-Sein als Unten-Oben, die Richtung des Schwerepotentials, der Energie. Die drei Dimensionen des physikalischen Raumes sind zwar grundsätzlich gleichartig; dennoch nimmt im Bereiche einer schweren Masse die Richtung des Schwerefeldes eine Sonderstellung ein. So ist etwa auf unserer Erde das Unten-Oben hervorgehoben gegenüber dem einander ähnlicheren Süd-Nord und West-Ost, in welchem sich praktisch alles Leben abspielt. Gerade die Kraft der Erdschwere ist es zwar, welche das Leben auf der Erdoberfläche festhält und über die Erdoberfläche ausbreitet; aber so grundlegend, so altgewohnt und selbstverständlich, daß man es gar nicht mehr besonders beachtet.

Wirklichsein, Erkanntsein; An-sich und Für-mich! Keine dieser Formen ist absolut; keine absolut vorberechtigt. Aber jede wird vorberechtigt und für alle anderen maßgeblich, sobald sie in einer Erwählung zur Vorberechtigung erhoben wird. Die Erhebung erfolgt gleichsam aus der dritten Dimension und erhebt sie in die dritte Dimension; in die Dimension des Selbstseins; ebenso eigenartig wie selbstverständlich: Jede Seinsform ist sie selbst.

Aber sogleich ergibt sich mit dieser dritten Dimension etwas Eigenartiges, keineswegs Selbstverständliches; etwas ganz Tiefgreifendes: Auch innerhalb jeder Seinsform erhebt sich wieder eine Mannigfaltigkeit. Das Wirklichsein und Erkanntsein oder das an-sich und für-mich ist nicht einfachhin, nicht einfach abstrakt, nicht irgendwie absolut ein Wirklichsein und Erkanntsein, sondern ist vom jeweiligen Selbstsein geprägt, strukturiert. Jedes Selbst hat seine eigene Wirklichkeit und eigene Erkenntnis; jede Personalität hat Welt und Geist in eigenartiger, ihm eben selbst zugehöriger Struktur; Struktur, in der sich eben umgekehrt die Personalität gestaltet, Form annimmt (nicht einfach so als etwas Allgemeines!). Und innerhalb dieser Mannigfaltigkeit gibt es keinen festen, absolut vorberechtigten Punkt, der eine absolut vorberechtigte, vorrangige Personalität festlegen würde. Jeder ist er selbst — und die Beziehungen der vielen Personen zueinander sind nicht auf einen festen, absolut ruhenden Punkt innerhab der Mannigfaltigkeit der Personalitäten hingeordnet. Es gibt diesen ruhenden Punkt überhaupt nicht, sondern alle Personalitäten sind gleichsam gegen den allen gleichwohl unerreichbaren Rand des Seins hingeordnet; als Rand zugleich Ursprung und Grenze.

Dies ist analog den relativistisch-physikalischen Systemen in Raum

und Zeit: Raum und Zeit sind nicht etwa irgendwelche leere gestalt-
lose Schemen, nichts absolut Orientiertes oder Orientierbares. Vielmehr haben sie Struktur. Es gibt nicht den absoluten Raum und die
absolute Zeit, in welchen ein bestimmtes System, ein bestimmter Gegenstand absolut ruhen könnte. Vielmehr hat jedes System seinen eigenen Raum und seine eigene Zeit, und ermißt alles Geschehen in diesem seinem Raum und dieser seiner Zeit.

In jedem System strukturieren sich Raum und Zeit eigenartig — und
in dieser Strukturiertheit gestaltet sich umgekehrt das System eben als
es selbst gegenüber anderen. Aber diese verschiedenen Räume und
Zeiten verschiedener Systeme sind nicht ordnungslos im Verhältnis
zueinander, vielmehr gehen beim Übergang von einem zu einem
anderen System in bestimmter Weise raumartige Größen in zeitartige
und zeitartige Größen in raumartige über. Doch diese Ordnung ist
eben nicht nach einer absoluten Ruhe, sondern nach einer absoluten,
allen Systemen gleichwohl unerreichbaren Invarianzgeschwindigkeit c
orientiert; jener zwar zahlenmäßig endlichen, physikalisch aber quasi-
unendlichen Geschwindigkeit $c = 300\,000$ km/sec; jene Invarianzgeschwindigkeit c, mit der sich der Weltraum «ausdehnt» und die
Weltzeit «verstreicht» und auf die hin alle Strecken und Dauern zu
Null verschwinden. Diese Ordnung ist hingerichtet auf gleichsam den
Rand, zugleich Ursprung und Grenze des physikalischen Seins.

Das gleiche; nur nochmals mit etwas anderen Worten wiederholt:
Raum und Zeit sind — relativistisch-mathematisch ausgedrückt — zueinander imaginär-senkrecht stehende Koordinaten. In verschiedenen
Systemen — dh für verschiedene Bewegungszustände — sind Raum
und Zeit verschieden. Raum und Zeit sind systemeigene Größen. Es
gibt keinen absoluten Raum und keine absolute Zeit; es gibt überhaupt keine absolute Ruhe, kein «vorberechtigtes Ruhesystem». Aber
es gibt eine absolute Geschwindigkeit in der gegenüber jedem beliebigen, realen Bewegungszustand im allgemeinen Weltraum immer gleichgroßen, aber endlichen «Invarianzgeschwindigkeit», welche zugleich
die für Massen höchstens angenähert erreichbare und damit «quasi-
unendliche Grenzgeschwindigkeit» darstellt. Mit genau Invarianzgeschwindigkeit c bewegt sich das Licht und alle elektromagnetische
Strahlungsenergie. Diese Invarianzgeschwindigkeit, die Lichtgeschwindigkeit, ist das absolute Maß, auf das hin alle Räume und Zeiten aller
Systeme ausgerichtet sind, über welches sie alle zusammenhängen und
über welches sich bei Systemwechsel Raum- in Zeitanteile und Zeit-
in Raumanteile transformieren.

In Hinordnung auf diese quasi-unendliche Invarianzgeschwindigkeit sind die Raum- und Zeitgrößen eines jeden Systems einander negativ-quadratisch zugeordnet, so daß sie einander entgegenlaufen. Hierbei sind speziell die Raum- und Zeitgrößen einer konkreten Lichtquantenübertragung in verschiedenen Systemen verschieden, aber innerhalb eines jeden Systems von gleicher Mächtigkeit, so daß sie sich immer zu Null ergänzen (immer umgekehrt-gleich groß). Für die mit der Invarianzgeschwindigkeit übertragene Lichtenergie selbst verschwindet sogar sowohl die Raum- als auch Zeitgröße (Strecke und Dauer des Vorgangs zwischen Emission und Absorption) schon je für sich zu Null; auch wenn diese sich in anderen Systemen zu kosmischen Größen ausdehnen. Das Licht, dem auch eine «Ruhemasse gleich Null» zukommt, bewegt sich somit gleichsam existentiell am Rande des Kosmos; am Rande des Daseins, wo alle Größen in sich selbst verschwinden.

Es gibt keinen absolut festen Punkt innerhalb des Seins. Keine Personalität ist in ihrer Eigenart, in ihrem Selbst innerhalb der Mannigfaltigkeit aller Personalität absolut vorberechtigt. Es gibt keine absolute Ruhe in Weltraum und Weltzeit; kein absolutes Bezugssystem innerhalb der Mannigfaltigkeit aller Systeme. Aber gerade wegen dieser wesensgemäßen Nichtorientierbarkeit nach innerhalb ist jede Person fähig, alle Welt und allen Geist in sich, auf sich hin zu ermessen; ist jeder Person ihre Welt und ihr Geist eigen; viel mehr noch: ist jede Person als sie selbst überhaupt existenzfähig; indem ein Selbst existiert, ist es sich Maß und es strukturiert sich Wirklichkeit und Erkenntnis auf es hin, um es herum. Jede Person, indem sie lebt, prägt Welt und Geist mit ihrer eigenen Metrik — und diese Metrik begründet wiederum ihr eigenartiges und eigenständiges Dasein.

Höchst sonderbar — und doch eigentlich so selbstverständlich, daß man gar nicht darüber reden könnte: Mein Leben, mein Schaffen, mein Denken ist meines, immer wieder meines, meines; wie sollte es auch anders sein. Warum wird dies so schwer begriffen? Es ist als würde alles noch träumen; seit eh und je den Traum der Philosophen und aller Ideologen; den Traum von der allein richtigen Erfaßbarkeit des Seins. Und doch ist das wache Bewußtsein von diesem überaus Erstaunlichen, dem Selbstsein und selbstberechtigten Sein alles Geschaffenen von umwälzender Bedeutung für die gesamte künftige Geschichte. Denn alle Beziehungen der Personen und Personengruppen zueinander — der Menschen im Einzelnen, in Familien, in Völkern, in Nationen, in Staatenverbänden, in Machtblöcken und in der ganzen Menschheit —, hängt entscheidend von dem Bewußtsein über die Struktur des Seins ab; ob es ein absolutes Maß innerhalb des Seins gibt oder ob alles gleichwohl auf ein Maß gleichsam am Rande, am Ursprung, an der Grenze allen Seins wesenhaft ausgerichtet ist.

In wahrhaft großartiger Analogie ist dies zu den physikalischen Systemen und deren Räumen und Zeiten gegeben: Gerade weil es keine absolute Ruhe, kein absolut vorberechtigtes System innerhalb des Seins gibt, ist jedes Sein gleichwohl als Bezugssystem, als System, auf das hin Maß genommen wird, möglich. Gerade deshalb ist die Mannigfaltigkeit der verschiedenen Systeme nebeneinander existenzfähig; jedes gleichberechtigt mit jedem anderen, als das vorberechtigte Bezugssystem wählbar zu sein: Eine wahrhaft revolutionäre Entdeckung der Relativitätsphysik; eine Entdeckung, in der sich das Wesen des Daseins und die mannigfaltigen Wechselbeziehungen des mannigfaltigen Daseienden öffnet.

Die Wechselbeziehungen des jeweils Einzelnen mit der Gesamtheit wird in eindrucksvoller Analogie in den allgemein-relativistischen Systemen der schweren Massen offenkundig: Das Sein ist in Dreidimensionalität strukturiert — und in mannigfaltigem Selbstsein sind mannigfaltige Formen existent und miteinander in Beziehung tretend. Alle Strukturen zusammen sind «die Welt» und «der Geist»; ein großes Sein mit allen Beziehungen alles Einzelnen miteinander. Und in dieser Welt, in diesem Geist existiert mannigfaltiges Selbstsein; diese Welt, dieser Geist existiert als mannigfaltiges Selbstsein. Aber eben damit kann in keiner einzelnen Selbstbezogenheit für sich eine absolute Vorberechtigung begründet sein; eben wie in den Feldern der schweren Massen:

Innerhalb der Strukturierung des Weltraumes und der Weltzeit durch die Weltmasse, durch die Gesamtheit aller Massen, bewirkt die einzelne Masse eine von der allgemeinen Struktur abweichende Raum- und Zeitstruktur: das Raum-Zeit-Kontinuum ist im Bereich von Einzelmassen stärker «gekrümmt». Die einzelne Masse oder mehr oder minder große Massenverbände existieren doch mehr oder minder in einem eigenen Raum und einer eigenen Zeit; innerhalb des umfassenden Weltraumes und einer übergeordneten Weltzeit. Diese raumzeitliche Absonderlichkeit der Einzelmasse ist um so ausgeprägter, je größer und dichter die Einzelmasse ist; je inhomogener die Raumzeitstruktur der allgemeinen Welt-Raumzeit in diesem Bereich ist.

Trotz dieser Absonderlichkeit des Einzelnen innerhalb des Ganzen ist aber dennoch eine scharfe Unterscheidung zwischen den individuellen Raumzeiten und der ganzheitlichen Raumzeit nicht möglich: Die Vereinigung aller individuellen Strukturen ergibt ja die Weltraumzeit — und die Ungleichmäßigkeiten in der allgemeinen Struktur bilden ja die individuellen Raumzeitstrukturen.

Auch die hervorgehobene Richtung im Raum längs dem Schwerefeld einer Masse, auch das Unten-Oben ist keine absolute Richtung eines Raumes einfachhin. Schon auf unserer Erdkugel ist an verschiedenen Stellen ihrer Oberfläche die hervorgehobene Richtung ganz verschieden — und doch hat dieses Vorzugs-Gerichtetsein ganz bestimmte Struktur: Das Hingerichtetsein auf den Erd-Schwerpunkt. Und diese radiale Struktur mit konzentrischen Kugelflächen gleichen Potentials ist jeder Masse, jedem Weltkörper, jedem Weltkörperverband gesondert eigen; jeder Masse — Erde, Mond, Sonne oder Sterne, Sternhaufen und Galaxien, ob groß oder klein, ob unabhängig oder im Banne anderer kreisend und pendelnd — ist diese Struktur der Ausrichtung auf seinen eigenen Schwerpunkt eigen. Obgleich jede derartige Masse einem allgemeinen Weltraume zugehört, ist dennoch in Bezug auf jede Masse der Raum besonders ausgerichtet, strukturiert. Eine ebenso altbekannte und gewohnte wie überaus erstaunliche Struktur; so erstaunlich, daß sich eine der bedeutendsten Krisen unserer Geistesgeschichte daran entzündet hat. Was bedeutet da noch ein absolutes Unten-Oben oder gar ein absolutes Süd-Nord oder Ost-West etwa im Rahmen des Feldes der Sonne oder der Milchstraße?

Man empfindet sofort, daß diese physikalischen Gegebenheiten tatsächlich ein Abbild der selbst nicht mehr umfaßbaren Seinsstruktur darstellen: In jeder Personalität — ob klein oder groß, ob unabhängig oder abhängig — richtet sich in ihrem Wollen und Bewußtsein das Sein radial auf ihren Kern aus — und lagert gleichsam das Gegenüber von Welt und Geist in konzentrischen Schalen um sich. In jeder Personalität gibt es ein Unten und Oben, ein Innen und Außen, ein Ich und Du; aber in jeder Personalität auf einen wesensgemäß anderen Punkt, auf ein anderes Ich hingerichtet. Obgleich alle Personen, welche diesem weltlichen und geistigen Raum innewohnen, einem gemeinsamen Sein zugehören und an dessen dreiheitlicher Struktur teilnehmen, richtet sich doch diese Seinsdreiheit auf jeweils ein anderes, auf eben sein jeweiliges eigenes Seins-Zentrum aus. Zwar richtet sich in jeder Person das Sein in den drei Dimensionen der Wirklichkeit, der Erkenntnis und des Selbst aus, aber in den verschiedenen Personen doch in jeweils so eigenartiger Weise (auf den eigenen Schwerpunkt hin), daß jede Person in mehr oder minder verschiedener Seinsform an der Seinsmannigfaltigkeit teilhat. So haben keine zwei Personen gleiche Seinsform.

Es ist im Wesen der Seinsstruktur begründet, daß keinen zwei Personen ganz gleiche Seinsform eigen sein kann — eine Art Pauli-Verbot des Seins —, wie auch keine zwei Elementarteilchen in einem Verband, in einem Atom, in einem Kristall, im ganzen Weltall sich in allen Zustandsgrößen gleichen können, sondern sich wenigstens in jeweils einer Zustandsgröße voneinander unterscheiden müssen. Es ist im Wesen der Seinsstruktur begründet, daß vielmehr erst alle Personen in ihrer Verschiedenheit zusammen die gesamte Seinsmannigfaltigkeit ausfüllen; gleichsam alle Zustände besetzen.

Das Empfinden, daß das Sein keiner zwei Menschen einander gleich sein kann, ist tief verwurzelt. Überall finden sich die Geschichten des «Doppelgängers»; jenes geheimnisvollen, genauen Ebenbildes eines Menschen, dem zu begegnen für diesen Menschen den Tod bedeutet. In der Tat: Schon Angleichung der Menschen aneinander bedeutet tödliche Uniform; bedeutet eine nicht mehr lebensfähige Gesellschaft und Menschheit. Gleichheit wäre das Erkalten aller Beziehungen der einander gegenüber Seienden; Gleichheit wäre der Tod. Aber die Menschheit in ihrem Gegenüber der Einzelnen in mannigfaltiger Verschiedenheit ist heißes Leben.

Jede Person ist gleichsam ein selbständiges Seins-Zentrum; vergleichbar dem Schwerpunkt der Erde oder eines Sterns. Jedes Selbstsein der verschiedenen Personalitäten strukturiert sich in eigener Wirklichkeit und Erkenntnis der Welt und des Geistes. Zugleich sind aber die verschiedenen Personalitäten nicht unabhängig voneinander: Gerade über Wirklichkeit und Erkenntnis von Welt und Geist, die sie strukturieren und von deren Struktur sie ihr Dasein empfangen, hängen sie auch miteinander zusammen: Ein jeder im Feld aller. Vielheitliche andere Personalität wird ja von jeder Person als Wirklichkeit begriffen und als Erkenntnis vollzogen; eben in jener eigenen Wirklichkeit und Erkenntnis, in der sich eine Person strukturiert.

Sogar jede einzelne andere Personalität wird — mehr oder minder stark — in ihrer Eigenart von einer Person als Wirklichkeit begriffen und als Erkenntnis vollzogen; gleichsam in sich nochmals abgebildet und damit — mehr oder minder stark — in Beziehung gesetzt. Über Wirklichkeit und Erkenntnis üben die verschiedenen Selbstseienden Einfluß aufeinander aus und treten in Wechselwirkung miteinander;

mehr oder minder stark, je nachdem wie mächtig das jeweils andere Selbst ist und wie nahe es steht. Es bilden sich mehr oder minder enge Gemeinschaften und — trotz aller Verschiedenheit eines jeden vom anderen — bilden sich Gemeinsamkeiten aus. Auch kleine und große Gemeinschaften und die gewaltigen Kulturkreise haben ihr jeweiliges Seins-Zentrum; vergleichbar dem Schwerpunkt von Sternhaufen und Galaxien. Es bildet sich ein eigenartiges Gemeinschaftsbewußtsein — neben dem Individualbewußtsein — aus; sich mit diesem verdrängend und es zugleich ergänzend.

Wie jede Masse (etwa jedes Nukleon, jeder Stern) mit ihrem Feld in Raum und Zeit da-ist und sich als ein in Raum und Zeit ausbreitendes Feld strukturiert, wie jede Masse im Feld aller Massen des All raumzeitlich da-ist und in ihrer Bewegung durch den Raum mit der Zeit durch die Felder aller Massen — vornehmlich aber der großen, vielen und nahen — beeinflußt wird, wie die einzelnen Massen sich in mehr oder minder großen Verbänden gruppieren, umeinander und um gemeinsame Schwerpunkte sich bewegen, — so ist es eben auch mit jedem Selbstsein, jeder Personalität im Gegenüber zu der Mannigfaltigkeit der Anderen: Ein Spiel von Verschiedenheit und Gemeinsamkeit, von Individualität und Kollektivität.

Wie weit vermag die Vergemeinschaftung zu gehen? Bis zu einer lebensvernichtenden Homogenisierung. Die vollständige Homogenität ist völlige Strukturlosigkeit und damit gänzliches Verschwinden des Seinsgehaltes; keine Existenzfähigkeit. Wie weit vermag umgekehrt die Verschiedenheit, die Absonderlichkeit, die Isolierung im Selbstsein zu gehen? Sie vermag bis zur völligen Verselbständigung, bis zum Verlust jeglicher Gemeinsamkeit, bis zum Ausscheiden aus dem allgemeinen Sein, bis zum Überschreiten der Existenzschwelle mit völligem Verschwinden aus dem Sein zu gehen. In zunehmender Selbstbezüglichkeit verengt sich die Welt und der Geist der Personalität in zunehmender Krümmung in sich selbst; bis zum Verschwinden der Existenzfähigkeit.

Das Sein ist somit wesenhaft ein Spiel zwischen Kollektivität und Individualität, zwischen Homogenität und Eigenartigkeit; ein Spiel in einem Zwischenbereich, der vorne wie hinten vom Nichtsein begrenzt ist, indem in der vollkommenen Homogenisierung, aber auch in der vollkommenen Vereigenartigung das Leben erlischt und das Sein endet. Wie es sich genau analog im physikalischen Sein in wundervoller Klarheit abbildet, so ist es im allgemeinen Sein gegeben: Völlige Gleichartigkeit wie auch zu große Eigenartigkeit ist nicht existenzfähig. Es gibt ein Mindestmaß und ein Höchstmaß an Verschiedenheit, an Eigenartigkeit.

Jedes Seiende — jedes Selbst, jede Wirklichkeit, jede Erkenntnis — ist in seiner Seinshaftigkeit strukturiert; in wenigstens einer Weise anders strukturiert als anderes; meist jedoch sogar in vielerlei Weise anders strukturiert. Jedes Seiende hat seine besondere Metrik, in welcher es das andere ermißt.

So weltfremd-theoretisierend diese Betrachtungen auch erscheinen mögen, sind sie jedoch von einer ganz handgreiflichen Bedeutung für jede Art von Urteilsbildung und jedes Urteil überhaupt. Denn auch jede Philosophie, jede Ideologie, jede Weltanschauung, jedes Denksystem, jede Denkmethodik ist von eigener Seinsstruktur. Das «ist» eines jeden Denksystems und einer jeden Denkmethodik ist (!) anders. Damit sind alle Grundlagen für die Bildbarkeit allgemeingültiger Urteile wesenhaft in Frage gestellt: Was sollen dann noch die logischen Grundsätze; etwa der Identitätssatz: «Jedes Ding ist(!) sich selbst gleich»; oder der Widerspruchssatz: «Von zwei einander widersprechenden Urteilen ist(!) eines falsch»; oder gar der Satz vom ausgeschlossenen Dritten: «Ein Urteil ist(!) nur falsch oder richtig und ein Drittes ist nicht möglich»; oder sonst irgend einer jener Sätze, auf denen die «Sicherheit» der philosophischen Methodik abgestützt ist(!)?

In all diesen Sätzen und in allen Urteilen überhaupt erscheint als entscheidender Punkt — gleichsam als der Angelpunkt — immerfort das «ist». Was aber dann, wenn dieses «ist» nicht einfachhin ist(!), nicht absolut da-ist, sondern in verschiedenen Weltanschauungen, Denksystemen, Geistesbereichen, Denkmethodiken eben in Verschiedenartigkeit ist(!); wenn die Seinshaftigkeit selbst strukturiert ist(!) und in verschiedener Struktur verschieden ist(!)? Immer wieder und wieder — auch in diesen Aussagen zu diesem Problem des Seins selbst — erscheint das «ist»; unabwendbar.

Die Grundsätze der Logik sind(!) damit nicht einfach falsch, aber auch nicht einfach richtig, sondern sind von begrenztem Wert. Sie haben nur Gültigkeit in Bereichen von Gemeinsamkeiten, in Bereichen gleicher oder wenigstens sehr ähnlicher Seinsform. Sie sind «Grenzsätze»: In engen Bereichen genau, über weite Bereiche ungenau; in der jeweils nächsten Umgebung gut brauchbar, in weiterem Umkreis unbrauchbar, unanwendbar; in Gebieten schwacher Krümmung in weiterem Bereich hinreichend genau und brauchbar, in Gebieten starker

Krümmung nur in sehr eng begrenztem Bereich hinreichend genau und brauchbar.

Immer und überall treten Grenzen in Erscheinung, ohne daß man diese Grenzen eigentlich fassen könnte; man müßte dazu einen über dem Sein selbst nochmals übergeordneten Standpunkt einnehmen können, was wesenhaft unmöglich ist: Die Grenzen kommen schleichend in erst langsamem und dann immer rascherem Ungenauwerden und Leerwerden bei fortschreitender Anwendung logischer Operationen. Man begegnet diesen Grenzen überall und nirgends; diesen Grenzen, die eben nur im Schwachwerden und Scheitern der Methodik selbst offenkundig werden. Gerade in der Physik wird eindrucksvoll deutlich, wie ausgezeichnet die Grundsätze unseres Denkens vor allem in den mittleren Bereichen der physikalischen Welt, im Mesokosmos brauchbar sind, aber wie diese Grenzen schon in den Außenbereichen der physikalischen Welt offenkundig werden; vor allem im extremen Mikro- und Makrokosmos.

Man kann dies auch anders ausdrücken: Die Mannigfaltigkeit, Beweglichkeit und Freiheit in der Schöpfung ist einfach zu groß, um sich in derartigen Schemen umfassend vereinheitlichen, festhalten und zwingen zu lassen; das Sein ist sogar wesenhaft anders, als daß man dies unbeschränkt könnte. Am ehesten ist dies immer noch auf der niederen Ebene der Physik möglich. Aber je höhere Seinsmächtigkeiten mit entsprechend um so größerer Mannigfaltigkeit, Beweglichkeit und Freiheit gegeben sind, um so weniger vermag man zu vereinheitlichen, festzuhalten und zu zwingen.

Wird damit nicht jeglicher Wissenschaft, jeglicher Philosophie, jeglichem Denken der Boden entzogen; ist dann all solches Denken überhaupt noch möglich? Hat es Sinn, ebene Landkarten herzustellen, nachdem die Erde doch rund und ihre Oberfläche damit gekrümmt ist? Freilich hat dies Sinn; man darf nur nicht vermeinen, alles in einer Karte unterbringen zu können und darf nur nicht völlig verzeichnungsfreie Karten fordern; vor allem darf man nicht Karten mit verzeichnungsfreien Rändern beanspruchen: Man fertigt eben Atlanten mit vielen Karten in vielerlei Maßstab — und findet sich damit ab, daß Karten mit großer Übersicht eben entsprechend stärker an den Rändern verzeichnen.

So ist es auch mit der Wissenschaft, mit der Philosophie, mit allem Denken: Man kann, soll und muß den logischen Apparat benutzen; aber mit Feingefühl und — über ihm stehend — mit einem Gespür für seine Grenzen; in ständiger Kontrolle und Korrektur am Sein selbst, in welcher man das jeweilige Krümmungsmaß abtastet. Und man muß aufhören können, wenn sich Systeme zu überspannen beginnen; aufhören, bevor sie in Unsinn auslaufen, Feindschaft hervorrufen oder gar der Mord das letzte Wort spricht. Schrecklich durchziehen die Untaten des sich in seinem Denken verabsolutierenden, selbstvergötternden Menschen die Geschichte.

Nur für jene hochmütige Wissenschaft, Philosophie und Denkakrobatik, die Absolutheit und Sicherheit in sich beansprucht, ist es das Ende. Man muß sich damit abfinden, daß es eine absolute Seinsform einfach nicht gibt und immer nur begrenzte Sicherheiten erzielbar sind. Dies ist aber nicht ein Ende für Wissenschaft, Philosophie, Denken einfachhin, sondern ist ein großer Aufbruch: aus der Zwangsjacke der Enge, Erstarrung und Gewalttat zu den höheren Mannigfaltigkeiten eines veränderlichen, freien Seins; eines Seins als Werk und Spiegelbild des Dreieinen.

Der formale logische Apparat bedarf der Einzigkeit einer Seinsform: Er operiert mit einem gleichsam qualitätslosen, unstrukturierten Sein. Freiheit ist dem Wesen des logischen Apparates ungemäß; dieses Apparates, der so vortrefflich den Geist ersetzt und uns deshalb so teuer geworden ist. Schon die Einteilung «aller» Urteile in allgemein bejahende, allgemein verneinende, teilweise bejahende, teilweise verneinende usw operiert auf der Grundlage einer einzigen Seinsform; gleichsam mit einer Projektion des Seins auf eine einzige Linie. Ist das aber wirklich so schlimm? Kann man nicht logisch beweisen, daß eine Seinsform allein vorberechtigt und ausreichend und umfassend ist? Vielleicht kann man dies beweisen, aber was sagt ein solcher Beweis schon?

Es geht um Seinsformen. Aber einen nochmals über dem Sein stehenden Standpunkt eines Über-Seins kann kein Mensch und kein Geschaffener einnehmen. Jede Weltanschauung und jedes Beweissystem operiert aber — wesensgemäß — mit seiner eigenen Seinsform, so daß Beweise über die Umfassendheit von einer Seinsform wesensgemäß leer werden. Durch diese Leerheit werden aber auch die verschiedensten Seinsformen befähigt, je sich selbst als vorberechtigte Seinsform zu behaupten, so daß dadurch die verschiedensten Seinsformen und die sie einschließenden Ansichten nebeneinander existenzfähig werden; schon der Dialog zwischen den beiden Philosophen *A* und *F* deutete dies an:

Im Wirklich-Sein ist das Wirklich-Sein umfassender, indem es ja das Erkannt-Sein als speziellen Teil mitumfaßt und in sich einschließt; das Erkennen ist ja auch in seiner Art in Wirklichkeit Gegebenes. Im Erkannt-Sein ist aber das Erkannt-Sein umfassender, indem es ja das Wirklich-Sein mitumfaßt und in sich einschließt; das Wirkliche ist ja auch in seiner Art in Erkenntnis Geschaffenes. Das eine ist also umfassender, größer als das andere — und das andere umfassender, größer als das eine! Dies ist merkwürdig ähnlich der relativistischen Raum-Kontraktion, bei welcher der Raum und alle seine Längen des jeweils anderen Systems verkürzt sind gegenüber dem Raume des jeweiligen Bezugssystems selbst; aber wie vom anderen System in Bezug auf das eine System, so auch vom einen System in Bezug auf das andere.

Jede Seinsform ist gleichsam in sich selbst (im eigenen Maßsystem) jeder anderen Seinsform übergeordnet, vorberechtigt; aber in der anderen Seinsform (im anderen Maßsystem) dieser anderen Seinsform eben untergeordnet, nachstehend. Gleichberechtigung, Nichtgleichberechtigung? Dies ist überhaupt keine Frage; wie wenn man mit einem Gewehr auf eine Scheibe zielte und abdrückte und hätte gar nicht geladen. Nichts kann über sich selbst hinaus.

Das eine größer als das andere — und dieses selbe andere größer als das selbe eine! Ist dies kein unannehmbarer Widerspruch? Irgendwie ist dies freilich ein Widerspruch; aber einer irgendwie besonderer Art, in welcher er sich gleichsam selbst wieder ausschaltet. Ist?! Es ist(!) ja ein verschiedenes Sein, in welchem das eine größer als das andere bzw. in welchem das andere größer als das eine ist(!). Nur in einer über dem Sein selbst gegebenen Mächtigkeit könnte ein Widerspruch wirklich sein(!) oder erkannt sein(!); eine Mächtigkeit, die eben dem Sein selbst nicht zugehört; schon gar nicht der Logik.

So kommt es, daß eben mannigfaltig Gegensätzliches und Widersprüchliches nebeneinander möglich wird und da-ist — und sich sogar noch übereinander erheben kann, wenn es will: Trotz der gewaltigen Unterschiede der verschiedenen Ansichten in Qualität, Quantität und Inhalt sind sie einander im tiefsten Wesen doch gleich: Jede Ansicht — als Ansicht, sonst wäre sie keine — stellt sich jeder anderen gegenüber, erhebt sich über die anderen und verengt und verschließt sich damit gegenüber dem Allumfassenden. Hier steht das erzene Tor, durch welches nur der Demütige den Weg findet.

Die Frage der Gleich- oder Vorberechtigung der Seinsformen geht überhaupt am Wesen des Seins vorbei; sie übersieht das Entscheidende: Das komplementäre Zusammenspiel der Seinsdimensionen.

Wie alles Gerede von «Gleichberechtigung der Männer und Frauen» gerade das Zusammenleben des Verschiedenen in gegenseitiger Ergänzung in Frage stellt und somit nicht nur am Wesen des Menschlichen vorbeigeht, sondern dieses sogar verstört, so erst recht in den Seinsformen selbst. So richtig es ist, daß Mann und Frau sich gleichsam dual ineinander spiegeln und in der Erbfolge sogar ineinander enthalten sind, so offensichtlich ist es auch, daß allein mit Männern oder allein mit Frauen keine Generationenfolge und keine Menschheit möglich ist. Und erst recht verhält sich dies so mit den Seinsformen selbst, die in gegenseitiger Durchdringung und Befruchtung die staunenswerte Vielheit, Wandelbarkeit und Gegensätzlichkeit des Seins hervorbringen. Die Dreiheit des Seins ist nicht nur eine Dreidimensionalität, sondern auch eine Komplementarität, welche im Wechselspiel von gegenseitiger Verdrängung und/doch Ergänzung eben die Mannigfaltigkeit, Großartigkeit und Freiheit möglich macht.

Seinsformen! Es gibt gleichsam kein gestaltloses Sein, kein Sein einfachhin. Daß das Sein gestaltlos sei, ist eine von niemand und nichts garantierte Fiktion, eine unbewußte oder willkürliche Voraussetzung; eine eitle Voraussetzung in der Angst, die philosophischen Sicherheiten zu verlieren — und eine enge Voraussetzung, die der Großartigkeit der Schöpfung nicht standhält.

Das Sein ist strukturiert, gestaltet; ein dreifaltiges Gegenüber verschiedener Seinsformen, woraus sich jenes gigantische Wechselspiel des Subjektiven mit dem Objektiven, des Relativen mit dem Absoluten, des Konkreten mit dem Allgemeinen, des Einen mit dem Anderen in einer mannigfaltigen, großartigen und freien Schöpfung ergibt. In dreifaltiger Struktur besteht ein Sein, das aus sich nicht notwendig, nicht selbstverständlich und nicht gesichert ist, das aber dennoch von solch großartiger Macht ist, daß kein ihm innewohnendes Wesen es je aus sich überwunden hätte; daß überhaupt kein Wesen es je überwunden hätte außer Gott selbst und außer in Gottes Willen.

Gott aber ist der Dreieine. Sein Werk ist die ganze Fülle des Seins und sind Menschen aller Art. Und so umfaßt auch die Offenbarung Gottes die ganze Fülle des Seins — und der Erlösungswille Gottes umfaßt alle Menschen jeder Art. Deshalb verlangt die alle Strukturen von Sein und Menschheit umfassende Offenbarung eine kirchliche Verkündigung für Menschen aller Kulturen und Strukturen. Deshalb verlangt diese allumfassende Offenbarung des Dreieinen von Seiner Kirche die Abkehr von jener götzendienerischen Selbstverherrlichung und Selbstsicherung in der Anbetung einer auf abendländisches Kultur- und Geistesgut beschränkten Philosophie; eine Beschränkung in den Schemen italienisch-europäischer Denkformen, in welcher die Kirche ihre wahrhaft allumspannende Berufung verrät und preisgibt.

Wo ist der Glaube an die Offenbarung Gottes; wo der Glaube an Gott selbst? Ein götzendienerischer Glaube an die Theologie läßt jenen Glauben, der Berge versetzen kann, in das Land der Fabel entschwinden. In der Verehrung der Theologie, der Lehre über Gott, betet der Mensch sich selbst in seinem Denken und Wähnen an; sich selbst, statt den Herrn der Offenbarung.

Es gibt eine Berufung, aber auch eine Freiheit, sich der Berufung zu versagen. Es gibt eine Gnade Gottes, aber auch einen Zorn des Richters über Lebende und Tote — und «das Gericht des Herrn beginnt bei Seinem eigenen Haus». Der Dreieine, der Rechenschaft fordert, ist nicht der Gott der Philosophen und Denker, nicht der Gott der Schemen, sondern ist jener ungeheuerliche Gott; jener, der sagt: «Der Weisen Weisheit mache ich zunichte, verwerfe der Verständigen Verstand»: Der Gott über Lebende; der Lebendige.

I 8

9. Verdrängung und Ergänzung

Keine Welt und keine Wirklichkeit, kein Geist und keine Erkenntnis, keine Person und kein Selbst versteht sich selbst, genügt sich selbst, ist sich selbst notwendig. Nichts kann sich selbst umfassen. Ein jedes ist begrenzt, indem es besteht — und besteht, indem es begrenzt ist; andernfalls würde es sich gleichsam in der Vielheit, Wandelbarkeit und Gegensätzlichkeit verlieren.

Es gibt nicht die eine Wirklichkeit der Welt, es gibt nicht die eine Erkenntnis des Geistes, es gibt nicht das eine Selbst der Personalität. Sondern alles ist ein gewaltiges Wechselspiel der Dreiheit des Wirklichsein, des Erkanntseins und des Selbst-Seins. Aus diesem Wechselspiel entsteht diese erstaunliche und beunruhigende Vielheit, Wandelbarkeit und Gegensätzlichkeit der Wirklichkeiten, Erkenntnisse und alles Selbstbewußten.

Wechselspiele sind gegenseitiges Zusammenspielen zweier oder dreier Komponenten vergleichbarer Mächtigkeit. In den Bereichen niederer Seinsmächtigkeiten sind diese Wechselspiele mehr ein dimensionales Zusammentreten von verschiedenen Bestimmungsgrößen, die nach festen, sicheren Ordnungen ineinander übergehen und miteinander das Geschehen bestimmen. In den Bereichen hoher Seinsmächtigkeiten sind diese Wechselspiele eine komplementäre Verdrängung und Ergänzung; Verdrängung in einer sich gegenseitig ausschließenden Gegensätzlichkeit, in deren polarem Kraftfeld sich das Geschehen ausbreitet — und Ergänzung in einander befruchtendem und bedingendem Gegenübertreten, in offenem, ungesichertem, freiem Geschehen.

Wechselspiel in Verdrängung und Ergänzung! Wesenhaft kann das Mannigfaltige nicht als Eines, das Bewegliche nicht als Festes, das Freie nicht als Gezwungenes bestehen, begriffen und erschaut werden. Damit ergibt sich ganz von selbst die Ergänzungsnotwendigkeit des Einen durch auch noch Anderes, auf daß eine Beweglichkeit zwischen dem jeweils Einen und Anderen möglich werde, auf daß die Freiheit der Entscheidung zwischen Verschiedenem geöffnet werde. Damit ergibt sich aber auch zugleich die gegenseitige Verdrängung des in Verschiedenartigkeit Zusammengehörigen ganz von selbst; beinahe selbstverständlich.

Je größer die Mannigfaltigkeit, Beweglichkeit und Freiheit ist, um so unterschiedlicher müssen naturgemäß die zusammengehörigen

Komponenten sein, damit zwischen ihnen ein hinreichend großes Feld ausgespannt wird, um dieser großen Mannigfaltigkeit, Beweglichkeit und Freiheit eben genügend Raum zu geben. Deshalb ist diese Unterschiedlichkeit in niederen Bereichen geringer, in höheren Bereichen größer; bis zu so tiefgehenden Unterschieden, daß sie sich schließlich gegenseitig logisch oder sogar seinsmäßig ausschließen.

Die drei Dimensionen des physikalischen Raumes (x, y, z) sind einander noch so ähnlich, daß man überhaupt keine Verdrängung im Sinne einer Komplementarität feststellen kann; der Raumvektor ist eine positiv-pythagoräische Addition der Komponenten. Die physikalische Räumlichkeit ist ein Bereich mit einfachst-möglicher logisch-mathematischer Erfaßbarkeit. Aber schon in der physikalischen Dreiheit von Raum-Zeit-Energie beginnt sich eine Verdrängung abzuzeichnen: Raum und Zeit sind zueinander in negativ-pythagoräischer Addition zugeordnet; gegeneinander gerichtet kompensieren und ergänzen sie sich gegenseitig in der Raumzeit-Ordnung der Ereignisse. Und über die Raumzeit ergibt sich die negativ-potentielle Energie als der positiven Massenenergie entgegenstehend und dieser gleichsam in der Ergänzung zu Null die Waage haltend. Zugleich treten bereits wesenhafte Relationalitäten, Unbestimmtheiten und Offenheiten in Erscheinung, welche alles physikalische und überhaupt alles irdische Geschehen entscheidend prägen.

Diese Dreiheit Raum-Zeit-Energie der Physik ist noch erstaunlich weitgehend mit dem logischen Kalkül faßbar; allerdings nur noch mit dem schwierigen Apparat der Relativitäts-, Quanten- und Existentialphysik; und auch dies nur aufgrund geschickter Anpassung dieses Apparates an die Fakten, in Operationen bereits an und schon über den Grenzen der logischen Denkmöglichkeiten.

In höheren Bereichen von Seinsmächtigkeit wird derartige Erfaßbarkeit immer fragwürdiger. Der höchste Seinsbereich in der Dreiheit von Wirklich-Sein, Erkannt-Sein und Selbst-Sein ist bereits jenseits dieser Grenzen mit bereits gegenseitiger logischer Ausschließung der Komponenten. Die Logik steht in Rang und Mächtigkeit unter jeder dieser drei Komponenten des Seinsraumes; sie ist insbesondere nicht dem schöpferischen Erkannt-Sein gleichzuordnen. Sie ist vielmehr — eine Etage tiefer — ein Instrument jenes gleichsam nur passiven «Erkennens» als eines Feststellens des Wirklichen; ein Werkzeug jenes untergeordneten Erkennens unseres abendländischen Seinsbereiches, der sich im Wirklichsein begründet, der das Wirklichsein fundamentalisiert.

Die Logik und ihre Kalküle sind gleichsam nur eine Komponente von wieder nur einer Komponente der Seinsdreiheit; eine Unterkomponente einer Seinskomponente. Sie begründet die bewunderungswürdige Klarheit und höchsterstaunliche Tragweite und Exaktheit unseres abendländischen Denkens; zugleich aber auch dessen Grenze. Die Logik ist wie ein Dogma: Jedes neue Dogma faßt die im Glauben Verbleibenden zwar um so fester, aber auch auf um so engerem Raume zusammen, indem es eben die Mächtigkeit aller nicht mehr Mitgehenden ausschließt.

Gar die Majestät der Dreiheit des Seins, des Nichts und des Wortes ist schließlich ein Raum seinshafter Ausschließung der Komponenten. Ja sogar schon überhaupt von «Raum» und «Komponenten» zu sprechen, ist im Grunde Unsinn. Jedes Sprechen über diese unheimliche Dreiheit ist ebenso leere wie gefährliche Vortäuschung von Aussagemöglichkeiten «über» Sein und Nichts; ist Torheit, Leerheit und Vermessenheit in sich.

Es gibt eine unübersehbare Mannigfaltigkeit von Wechselspielen in Verdrängung und Ergänzung, die sich wiederum mannigfaltig ineinander spiegeln, aufeinander abbilden, auseinander hervorgehen.

Ein Wechselspiel ganz gewaltiger Seinsmächtigkeit, das Wechselspiel des Seins selbst ist eben der Dualismus von Wirklichkeit und Erkenntnis vor dem Selbst, ist der Dualismus von Welt und Geist auf dem Fundament der Personalität.

Jede der vielen Wirklichkeiten steht mit einer ihr zugehörigen Erkenntnis und jede der vielen Erkenntnisse steht mit einer ihr zugehörigen Wirklichkeit im Wechselspiel. Aber keines dieser Wechselspiele ist ein in sich umfassend ausgezeichnetes, vorberechtigtes, absolutes Wechselspiel. Jedes Wechselspiel von Wirklichkeit und Erkenntnis ist nur jeweils für sich selbst Maßstab: Jedes Es-selbst-Seiende ruht in seiner Wirklichkeit gegenüber dem anderen und orientiert in seiner Erkenntnis das andere auf sich selbst hin, gestaltet und schafft sich in seiner Erkenntnis seine Wirklichkeit; aber jedes Seiende wesensgemäß auf ein anderes Selbst hin. Somit ergibt sich eine wesensgemäße Relativität des Seins.

Dennoch sind die verschiedenen Seienden und die sie begleitenden Wechselspiele nicht unabhängig voneinander; sie gehören doch zusammen. Sie tragen ein für alle unverändert gleiches Maß in sich; aber ein Maß, das selbst nicht mehr innerhalb des Seins steht, sondern dem das Seiende gleichsam auf seinen Rand und Ursprung hin begegnet. Dieses Maß ist allem Seienden gleich ferne und zugleich eigen, gleich unerreichbar und zugleich nahe. In Hinsicht auf dieses Maß halten sich in jedem der vielen Wechselspiele der verschiedenen Selbst-Seienden Wirklichkeit und Erkenntnis einander im Dasein, wobei in unübersehbarer Mannigfaltigkeit ein Jedes jedes andere nochmals in sich abbildet, auf sich bezieht, mit sich in Verbindung bringt. Aber dieses Abbilden, Beziehen, Verbinden geschieht nach allgemeinen Ordnungen, Schemen. Jede Weltanschauung ist irgendwie gekennzeichnet von diesem Schematismus. Also ist mit einem solchen Schema doch etwas wesensgemäß Absolutes gegeben.

Relativ und Absolut! Was ist «das Eigentliche», was ist übergeordnet, was ist umfassender, was ist mächtiger? Dies ist keine einfachhin beantwortbare Frage; sie ist selbst dem Wechselspiel von relativ und absolut unterworfen: Die Selbstbezugnahme, welche die Relativität in Erscheinung treten läßt, ist selbst eine Komponente des Seins und Geschehens — und ebenso ist das wirkliche und erkannte Abbildungsschema, Ordnungsschema, ebenfalls Seins- und Geschehenskomponente. Aber diese allgemeine Ordnung ist immer nur in der konkreten Selbst-Bezugnahme greifbar und einsichtig — und eine konkrete Bezugnahme wird umgekehrt nur im Rahmen dieser allgemeinen Ordnung wirklich und sinnvoll. Es erfüllt sich somit dieses Absolute erst im Relativen — und dieses Relative umgekehrt auch erst im Absoluten: Ein eigenartiges Wechselspiel von relativ und absolut; eine gegenseitige Verdrängung und zugleich Ergänzung des Relativen und des Absoluten.

Innerhalb des Seins — gleichsam von innen in der Selbstbezogenheit des Seienden — erscheint das seinsgestaltende Wechselspiel zwischen Welt und Geist, zwischen Wirklichkeit und Erkenntnis in einer merkwürdigen Spannung; einer um so größeren Spannung, je mächtiger die Selbstbezogenheit ist: Wirklichkeit und Erkenntnis laufen einander entgegen; Welt und Geist verdrängen einander: Die Verbundenheit mit der Welt, das Verhaftetsein mit der Wirklichkeit schließt die Freiheit des Geistes, die Entfaltung des wundergewaltigen Erkennens aus. Und der Besitz des Geistes, das Innehaben der Macht der Erkenntnis schließt den Zwang der Gesetzmäßigkeit des Wirklichen, das Ausgeliefertsein an die Welt aus. Die Preisgabe des Geistes, die Mißachtung der ideellen Werte, macht den wirklichkeitsnahen Weltmann und verschafft Anteil an der Welt. Und die Abkehr von der Welt, die Entsagung von den realen Gütern läßt die lebendige Anschauung im Geiste aufleuchten und entfaltet die Macht der erkennenden Geister.

Die Wirklichkeit trägt das Festgegebene, Statische; die Erkenntnis erzeugt das Fließende, Dynamische. Auch dies schließt sich gegenseitig aus, verdrängt einander. Aber Wirklichkeit allein ist tödliche Erstarrung und Zwang in unausweichlicher Gesetzmäßigkeit; Erkenntnis allein ist rückhaltlose Offenheit und Auflösung in ungehemmter Gestaltung.

Ist tatsächlich die Wirklichkeit das Statische, Passive; die Erkenntnis das Dynamische, Aktive? Auch die Zuordnung von Statik und Dynamik zu Wirklichkeit und Erkenntnis ist wechselspielhaft aspektabhängig: Als das Gegebene, Geschaffene ist die Wirklichkeit zwar das Statische, Passive; aber als das Wirkende, Erkenntniszeugende ist sie gerade das Dynamische, Aktive. Als das Kennenlernen, Aufnehmen ist die Erkenntnis zwar das Statische, Passive; aber als das Schaffende, Wirklichkeitsgebärende ist sie gerade das Dynamische, Aktive.

Was ist das Wesentliche, Eigentliche; das Statische und Passive oder das Dynamische und Aktive? Sogar diese Frage ist nur im Wechselspiel und als Wechselspiel stellbar und beantwortbar, denn unentwegt vertauschen sich die Rollen in gegenseitiger Ergänzung und Verdrängung. Ist das Zeugende oder das Gebärende das Wesentliche, Eigentliche? In dieser Formulierung wird die Leerheit all dieser Fragen deutlich: Im Spiel der Geschlechter, in Zeugung und Geburt entsteht und lebt die Geschlechterfolge von Generation zu Generation. Das Wechselspiel als solches, die Ergänzung trotz Verdrängung selbst ist das Eigentliche!

Alles ist Wechselspiel innerhalb des Seins; dem Sein zugehörig und es wesenhaft nicht übersteigend. Das «Innerhalb» des Seins ist in sich selbst eine Art Mulde, ein verringertes, negatives Seins-Niveau. Das Sein in sich ist wie ein Loch im Nichts; aber ein Loch mit gewaltigen inneren Ausdehnungen und Spannungen, die den Drang haben, sich ständig weiter auszubreiten und zu vertiefen; gleichsam sich in Zeugung und Geburt immer weiter fortzupflanzen und zu vermehren.

Schrecklich unbefriedigende Gestalt können diese komplementären Verdrängungen annehmen; etwa die Verdrängung von Welt und Geist. Erscheint dies — mit all seinen unheimlichen Konsequenzen — nicht wie eine fürchterliche Fehlkonstruktion? Die Schöpfung ist keine Fehlkonstruktion. Aber sie wird für denjenigen zu einer vernichtenden Fehlrechnung, der das Maß in sich selbst sucht; der das absolute Maß innerhalb des Seins sucht. Dies ist die Verstörung, denn nichts Seiendes hat sein Maß in sich. Dem auf sich selbst hin orientierten Sein droht in der gegenseitigen Verdrängung seiner Komponenten die Verstörung und Vernichtung. Es ist, als wehe etwas herüber von der ungeheuerlichen Komplementarität von Sein und Nichts.

Alle Verdrängung und Ergänzung im komplementären Wechselspiel ist innerhalb und immer nur innerhalb des Seins. Aber alles Sein ist auf den Rand und Ursprung, auf seine Grenze hinorientiert, wo Sein und Nichts einander begegnen. Aber nur Einer und dieser als Einziger ist Herr über das Sein und das Nichts. Das Sein ist tiefes Unten im Potential; aber die Grenze des Seins, auf die hin alles Seiende wahrhaft orientiert ist, wo es herkommt und wo es beheimatet ist, ist Oben. Der Urmythos des Unten-Oben geht tief und trifft unmittelbar auf das Urwesen des Seins: Der Mensch und alles «gefallene Sein» ist Unten; ist im «Tal der Tränen». Gott ist Oben; «Gott in der Höhe».

Aber in Gott, dem Vater und Geist, dem allein wahrhaft Absoluten, dem Herrn über das Sein und das Nichts und dem in allen Räumen und Zeiten zugleich Gegenwärtigen, verschwinden alle Wirklichkeiten und Erkenntnisse, alle Räume und Zeiten wie in einem Punkte; gleichsam zu nichts: «Vor Seinem Angesichte flohen Himmel und Erde und es fand sich keine Stätte mehr für sie». Vor Ihm schwinden alle Wirklichkeiten und Erkenntnisse, alle Räume und Zeiten, die in unserem daseinverhafteten Leben so überwältigende, drohende Mächtigkeiten darstellen. Vor Ihm und auf Ihn hin verlieren sie ihre Macht und ihre Zwiespältigkeit. Sie verlieren ihre Macht auf den hin, der ihnen ihre Macht gegeben hat. Und auf dieses ewige Maß, auf diesen Ursprung allen Seins hin halten diese zwiespältigen Mächtigkeiten innerhalb des Seins sich einander im Dasein in wunderbarer Ergänzung:

In der Erkenntnis im Geiste des Herrn wird Erstarrung und Zwang zu erhabener Ruhe in freier Ordnung — und in der Wirklichkeit des Reiches des Vaters wird Offenheit und Willkür zu gestaltender Schöpfung in geordneter Freiheit. Gott ist die ewige Ruhe und das ewige Licht und Feuer zugleich. In dieser Hinrichtung auf den Ursprung entsteht aus der Verschiedenheit und doch Zusammengehörigkeit von Wirklichkeit und Erkenntnis, von Welt und Geist in immerwährender gegenseitiger Durchdringung und Befruchtung das wundervolle Zugleich von Statik und Dynamik, von Ruhe und Schöpfung, von Ordnung und Freiheit in lebendiger Bewußtheit.

Wie geschieht diese Hinrichtung? Die Schöpfung ist in Gott nicht nur ein verschwindender Punkt, in welchem Sein und Nichts eins werden, sondern zugleich auch ein lebendiges Gegenüber; ein Gegenüber Gottes zu aller geschaffenen Personalität. Gott, der das All im Worte geschaffen hat, erfüllt als Er-Selbst alle Räume und Zeiten in weltverklärender und geistverwandelnder Liebe. Das All ist von Anfang an auf Gott-selbst, auf Gott-Sohn hin geschaffen: Das Wort, welches das Sein vom Nichts scheidet, ist bei und in Gott als Sohn. Und dieser Sohn ist sogar in Menschennatur in den Raum und die Zeit dieser Welt und dieses Geistes «herabgestiegen», um das All in Gott hereinzuholen in ewiger Vollendung und Heiligung des Seienden; als ewiges Leben aller Personen gegenüber Gott. «So sehr hat Gott die Welt geliebt, daß Er Seinen eigenen Sohn hingab zur Erlösung der Welt.»

Diese Liebe ist das Unbegreiflichste; das Urwesen des Alls. Und die Abkehr von dieser Liebe trägt das Gericht in sich selbst: «Das Gericht besteht darin, daß sie nicht an Mich geglaubt haben»; «der Fürst dieser Welt ist schon gerichtet». Denn alles Sein kommt von Gott her und richtet sich auf Gott hin; es richtet sich selbst in Gott; in Gott, aus dem es entsteht und gegen den es verschwindet.

Die Komplementarität des Seins und dessen Wechselspiele sind von kaum zu ahnender und kaum anzudeutender Mächtigkeit. Das eigentliche Wesen des dreiheitlichen Seins ist nicht faßbar, nicht überschaubar. Das Sein ist ja selbst die Grundlage allen Zugriffs und aller Einsicht. Alles Zugreifen und Einsehen ist selbst Teil je einer Komponente und nur je einer Komponente der komplementären Seins-Dreiheit. Aber oft können Gleichnisse das Unerschließbare doch näher bringen. Gott selbst hat Seine Wahrheit in Gleichnissen kundgetan: «Er redete in Gleichnissen zu ihnen — und ohne Gleichnisse redete Er nicht zu ihnen.»

Gleichnisse, die wesensgemäß immer nur Abbildungen des umfassenden Seins auf spezielle Ebenen innerhalb des Seins, auf wesensgemäß niederere Seinsmächtigkeiten darstellen können, vermögen zwar immer nur einzelne Aspekte deutlich zu machen. Aber dies können sie in einer oft sehr wertvollen und sehr weittragenden Weise. Da diese gleichnishaften Abbildungen selbst Teil des Seins und nur Teil des Seins sind, ist das Sein in seiner Gesamtheit mindestens von der Mächtigkeit und Mannigfaltigkeit des Gleichnisses; keinesfalls enger, eher noch viel weiter. Dennoch und gerade deshalb sind solche Gleichnisse unbefriedigend — und die Vielheit verschiedener Gleichnisse, die erforderlich ist, lassen eine beunruhigende Ungesichertheit, Offenheit in diesen überdimensionalen Mächtigkeiten deutlich werden.

Wirklichkeit und Erkenntnis und ihr Wechselspiel gleichen Raum und Zeit; ihre Orientierung der Lichtgeschwindigkeit:

Jedes System hat seinen eigenen Raum und seine eigene Zeit. Aber hingeordnet auf die Invarianzgeschwindigkeit des Lichtes, hängen die Räume und Zeiten der verschiedenen Systeme sowohl in sich als auch zueinander zusammen und sind ineinander abbildbar. Die Raum- und Zeitgrößen ein und derselben Licht-Übertragung sind in Bezug auf verschiedene Systeme verschieden, aber innerhalb jeden Systems sind dessen Raum- und Zeitgrößen von gleicher Mächtigkeit; für das Licht selbst beide verschwindend.

Kein System ist ein absolutes; aber dennoch und gerade deshalb ist jedes System eine gleicherweise berechtigte Bezugnahme auf sich selbst: In sich ruhend und in sich fortschreitend alternd, sind alle anderen Systeme gegenüber ihm (dem jeweiligen Bezugssystem) in räumlicher Bewegung und zeitlicher Verstreichung. Innerhalb dieses Bezuges der Systeme aufeinander laufen Raum und Zeit — in Hinordnung auf die Geschwindigkeit des Lichtes negativ-quadratisch zusammengehörig — gegeneinander: Je mehr ein Gegenstand eines anderen Systems gegenüber einem Gegenstand eines in sich ruhenden Systems, dh Bezugssystems in seiner Bewegung an Raum gewinnt, verliert er an Zeit; Fortschreiten im Raum geht auf Kosten des Fortschreitens in der Zeit; je mehr er sich relativ verschiebt, um so weniger altert er relativ. Weil aber jedes System in sich selbst ruht, gilt dies gleicherweise für jedes andere System in Bezug auf jedes System.

Hingeordnet auf die invariante Lichtgeschwindigkeit hat das ganze All gleiche Mächtigkeit in Raum wie in Zeit; entsprechend seiner Expansion mit Lichtgeschwindigkeit: gleichen Radius in Lichtjahren wie Alter in Jahren; je rund 14 milliarden. Zugleich hat das ganze Weltall auch gleiche Mächtigkeit in der in Raum und Zeit in potentieller Verhaftung versunkenen (negativen) Energie und der in den Massen in Hinordnung auf die Lichtgeschwindigkeit verkörperten (positiven) Energie; Potentialenergie + Massenenergie = 0 : In Raum und Zeit breitet sich das Schwerefeld der Massen aus — und die raumzeitliche Felderfüllung zwischen den Massen, in welcher die Massen einander gegenüberstehen, ist jene Potential-Mulde, jener Zustand weggenommener Energie, jenes Energieloch, welches durch die in den Massen verkörperte Energie zu Null aufgefüllt, ergänzt ist.

Die wesensgemäße Nullergänzung der Gesamtenergie läßt aber in der konkreten Einordnung der Massen in Raum und Zeit eine Offenheit, Nicht-Zwangsläufigkeit. Dies wird aus der Art der Massenver-

teilung spürbar: Wie in der Laune eines Übergiganten sind hundertmilliarden von Galaxien — vereinzelt und in Gruppen, vielgestaltig
und mannigfaltig bewegt und rotierend — in das endliche, unbegrenzte All verstreut; Galaxien, Weltinseln, Sternwolken, die millionen
von Lichtjahren voneinander entfernt sind und je an die hunderttausend Lichtjahre im Durchmesser haben. Und wie in überfließender
Gestaltungsfreude — als Zeuge ewiger Herrlichkeit — sind in jeder
der Galaxien hundertmilliarden Sterne und kosmische Nebel in ver-
schiedenstem Feuer in mannigfaltigen Größen, Gruppierungen und
Bewegungen ins Dasein gerufen; Sterne aller Art, ganz anders oder
ähnlich unserer Sonne mit Kometen, Planeten und Trabanten. Fun-
kelndes Licht durcheilt die Nacht der Räume und Zeiten des All in
unentwegtem kosmischen Werden und Vergehen: Ein wahrhaft über-
wältigendes Abbild der dreifaltigen Komplementarität des umfassenden Seins; ein wahrhaft wunderbares Abbild des lebendigen Feuers
des Dreieinen; des ewigen Lichtes.

Wirklichkeit und Erkenntnis und ihr Wechselspiel gleichen dem
magnetischen und elektrischen Feld und deren Orientierung an der
Lichtgeschwindigkeit.

Die Wechselwirkung dieser beiden Feldarten ist auf die invariante
Lichtgeschwindigkeit hinorientiert: Veränderung des magnetischen
Feldes erzeugt ein darauf senkrecht stehendes elektrisches Feld — und
Veränderung des elektrischen Feldes erzeugt ein darauf senkrecht stehendes magnetisches Feld. In immerwährender Weitererzeugung des
einen Feldes durch das andere ereignet sich die Energieübertragung
der elektromagnetischen Strahlung des Lichtes, welche in Bezug auf
jedes System immer gleich rasch mit der Invarianzgeschwindigkeit
erfolgt.

Im Verhältnis der verschiedenen Systeme zueinander erscheint die
Wechselwirkung der Felder in verschiedener Art, wobei die magnetische und die elektrische Feldwirkung gegeneinanderlaufen: Etwa die
Kraftwirkung, die ein magnetischer Pol und eine magnetische Ladung
bei Bewegung gegeneinander aufeinander ausüben, ist in Bezug auf
verschiedene Systeme von anderer Art und Gestalt: Im System des
magnetischen Pols (in welchem der Pol ruht) kommt die Kraftwirkung
nur durch magnetische Felder (Magnetfeld des Pols und induziertes
Magnetfeld der bewegten Ladung), dagegen im System der elektrischen Ladung (in welchem die Ladung ruht) nur durch elektrische
Felder (elektrisches Feld der Ladung und induziertes elektrisches Feld

des bewegten Pols) zustande; in anderen Systemen entsprechend verschieden durch magnetische und elektrische Felder, wobei sich vergrößerte magnetische Feldwirkung mit entsprechend verkleinerter elektrischer Feldwirkung und umgekehrt zur selben Gesamtwirkung zusammensetzt.

Die elektromagnetischen Grundgrößen ordnen sich in einer erstaunlichen Dreiheit einander zu. Seit Jahrzehnten geht der Streit in den physikalischen und technischen Ausschüssen über die «Zusammengehörigkeit» der vier Grundgrößen und deren dementsprechend zu wählende Benennung; vor allem um die vier Größen E, D, H, B. Man kann hier prinzipiell nicht zu einer eindeutigen Klärung gelangen, weil diese nicht eine 1-faltige Zusammengehörigkeit haben, sondern in den drei Seinskomponenten dreifaltig verschieden zusammengehörig sind; eine dreifaltige Zusammengehörigkeit, die in den neu vorgeschlagenen Benennungen gemäß E = elektrische Feldstärke; D = elektrische Erregungsdichte; H = magnetische Erregungsstärke; B = magnetische Felddichte klar ausgedrückt werden: Dem Phänomen nach (existentieller Aspekt) — ausgedrückt durch gleicherweise «elektrisch» bzw «magnetisch» — gehört E mit D und gehört H mit B zusammen; dem Wesen nach (essentieller Aspekt) — ausgedrückt durch gleicherweise «Feld...» bzw «Erregungs...» gehört E mit B im relativistischen Feldtensor und D mit H im relativistischen Erregungstensor zusammen; dem Verhalten nach (aktueller Aspekt) — ausgedrückt durch gleicherweise «...stärke» bzw «...dichte» gehört E mit H und D mit B zusammen.

In dieser Zusammengehörigkeit verbindet sich die Vertauschung der magnetischen und elektrischen Größen mit einer Spiegelung in der Raum-Zeit; aufschlußreich für das Wesen von Materie und Antimaterie und das Wesen des physikalischen Kosmos. Außerordentlich interessant ist sowohl die Notwendigkeit dieser Dreikomponentenordnung als auch deren logische Vollständigkeit, in welcher sich die Mannigfaltigkeit des Elektromagnetismus erschöpft. Diese drei Aspekte der dreifaltigen Zusammengehörigkeit sind zugleich ein Abbild der Physik als Wissenschaft in ihren drei Grundformen: existentiell in der Existentialphysik der Kosmogonie und Elementarteilchen; essentiell in der Relativitätsphysik; aktuell in der Quantenphysik.

Ein besonders wichtiges und charakteristisches Wechselspiel von Verdrängung und Ergänzung ist im Welle-Körper-Dualismus gegeben; ein Dualismus, wie er vor allem bei der Lichtübertragung, und überhaupt in der Wechselwirkung aller Materie in Erscheinung tritt. Die Lichtübertragung, dh die Energieübertragung der elektromagnetischen Strahlung ist eigentlich eine Dreiheit (indem ja schon die Wechselwirkung des magnetischen und elektrischen Feldes der Welle allein eine Zweiheit darstellt): Sich über riesige Räume während langer Zeiten — aller Raum und alle Zeit des Kosmos stehen dafür offen — ausbreitend, gibt die Welle überall die Möglichkeit des Wirksamwerdens der Energie, die unbestimmbar und in sich unbestimmt irgendwo punktförmig und irgendwann sprunghaft als ganzes, unteilbares Energiequantum reagiert. Die Größe dieses Energiequants prägt die Eigenschaften seiner Welle; vor allem seine Frequenz, mit der sie in allen überstrichenen Räumen und Zeiten auftritt. Die Intensität der Welle an den verschiedensten Stellen und Momenten von Weltraum und -zeit gibt zusammen mit der der Wellenfrequenz zugehörigen Impedanz der verschiedenen in Raum und Zeit gegebenen Atome die Wahrscheinlichkeit für das ungeteilte Auftreten des einen ganzen Energiequants.

Dieser Dualismus von Welle und Körper ist allen materiellen Teilchen — groß oder klein — eigen und ergibt jene erstaunliche «Unbestimmtheitsrelation»: zwei sich jeweils zu einer Wirkung (= Energie mal Zeit) ergänzende Zustandsgrößen eines Teilchens oder Vorgangs sind in ihrem Wesen und Dasein derart unbestimmt, daß das Unbestimmtheitsprodukt immer gleich der universellen Naturkonstanten, dem Wirkungsquantum h ist. Je genauer bestimmt die eine Zustandsgröße ist, um so unbestimmter ist damit naturgemäß die wirkungsmäßig sich ergänzende Zustandsgröße; legt man eine um so genauer fest, wird die andere um so ungenauer; entgleitet die andere in Wechselwirkung mit der Bestimmung um so mehr in die Ungenauigkeit. Diese prinzipielle Unbestimmtheit ist von ganz elementarer Bedeutung für alles physikalische, chemische, physiologische Geschehen. Dieser Dualismus trägt mit seiner gemaßregelten Offenheit und seiner bestimmten Unbestimmtheit alle Geschehnisse. Ohne diese Unbestimmtheit und die von ihr gegebenen Spielräume gäbe es keine Wechselwirkungen; es könnten überhaupt keine Reaktionen ablaufen, denn die Wahrscheinlichkeit des Zusammenkommens genau stimmender, objektiv bestimmter Größen wäre Null; dh die Reaktionsgeschwindigkeit verschwindet. Umgekehrt würde aber eine zu große Unbestimmtheit die Reaktionen ungezügelt, ungeordnet, chaotisch ablaufen lassen. Diese Unbestimmtheit und ihr mit dem Wirkungsquantum gegebenes Maß ist somit das physikalische Abbild einer allgemeinen Verdrängung und Ergänzung von Freiheit und Ordnung; eine Naturkonstante und ein Wechselspiel, das die gesamte Physik und alles irdische Leben ermöglicht und gestaltet. Nicht nur alle physikalischen Geschehnisse, sondern auch alles organische Leben wird hierdurch überhaupt ermöglicht und ins Dasein gerufen.

Das Sein ist eine Überfülle von Wechselspielen, die sich alle ineinander spiegeln. Sogar die niedersten und höchsten Seinsebenen sind Abbildungen voneinander; spiegeln sich ineinander. Damit werden Dinge begreiflich, die sonst unerreichbar scheinen — und im Zeitalter der Physik werden entglittene Verhältnisse zur Metaphysik von ganz anderer Seite her wieder lebendig. So ist tatsächlich das Leben der Geist-Seele und ihre Beziehung zum Körperlichen ein unmittelbares Abbild des Welle-Körper-Dualismus des Lichtes und der Materie. Und uralte Wahrheiten kommen dem Menschen wieder ganz nahe:

Wieso kann im vollkommenen Sein des Heiligen eine über Raum und Zeit erhabene Existenz gegeben sein, die sich trotzdem mit einer Auferstehung des Leibes (in der alten Formulierung «des Fleisches») verbindet? Dies ist nicht anders wie beim Licht: Die sich über das ganze Weltall ausbreitende Welle schafft gemäß der Neigung (gegeben durch Frequenz, Intensität und Impedanz) in allen Räumen und Zeiten die Möglichkeit (Potenz) des Auftretens des Körpers; des Körpers als Photon, als Energiequantum im tatsächlichen Vollzug seiner Gegenwart (Akt). In kosmischen Räumen und Zeiten ist die Freiheit des Auftritts, der Inkorporierung gegeben, die sich frei und doch nach Maßgabe der Neigungen (Eigenart, Begierden, Einklangsmaß) vollzieht. Kosmische Räume und Zeiten vermögen zwischen den verschiedenen, nacheinanderfolgenden Inkorporierungen zu liegen; räumliche und zeitliche Abstände, die im System der vollziehenden Wesenheit selbst aber verschwinden; dh ihre Größenwerte verlieren, ihre beherrschende Macht in Bezug auf das verkörperungsfähige Wesen einbüßen. Überall und immer in der ganzen Schöpfung ist die Möglichkeit des körperhaften Auftretens in freier Materialisierung bzw Dematerialisierung gegeben; ein freies Auftreten, aber dennoch gelenkt, motiviert, durch die Neigungen, die sich in der Eigenart (Charakterformen, analog den Frequenzen) des Auftretenden zusammen mit den Intensionen (Begierden, analog den Intensitäten) des Auftretenden und in Abstimmung auf die Gegebenheiten in den zum Auftritt geeigneten Bereichen (Maß der Übereinstimmung analog den frequenzabhängigen Impedanzen) ergeben. Also tatsächlich — sogar fast

I 9

mit den gleichen Worten ausdrückbar — ist es beim Licht wie mit der personalen Existenz.

Bis in Einzelheiten, sogar auf die Verschiedenheit in den Mächtigkeiten erstreckt sich die Analogie: Wie zwar jedes Photon diesen Welle-Körper-Dualismus aufweist, aber verschiedenen Photonen doch sehr verschiedene Frequenzen und damit sehr verschiedene Energiequanten mit sehr verschiedenen Wellenfeldgestalten, Eigenschaften und Fähigkeiten zukommen, so haben auch die verschiedenen Personalitäten sehr verschiedene Mächtigkeiten, Eigenschaften und Fähigkeiten.

Die Personalität ist auf den hohen und höchsten Ebenen des Seins, ist in den Bereichen hoher und höchster Seinsmächtigkeit eine ebensolche existentielle Einheit wie das Energiequantum des Photons auf den niederen Ebenen der rein materiellen Existenz. Es gäbe somit also tatsächlich «Monaden» sehr verschiedenen Ranges und verschiedener Mächtigkeit, Eigenart und Fähigkeit. Aber allen existentiellen Einheiten ist dieser erstaunliche Dualismus eigen; von der niedersten bis zur höchsten Ebene; ein Dualismus, getragen und geordnet durch eine Wirkungseinheit, denn Leben und Geschehen ist Wirkung.

Warum will es dem «wissenschaftlich gebildeten Neuzeitmenschen» so unglaubwürdig erscheinen, daß der jenseitigen Existenz des Menschen Mächtigkeiten, Eigenarten und Fähigkeiten zukommen sollten, wie sie in den Lehren der großen Religionen, vornehmlich aber in der christlichen Offenbarung von Gott selbst seit Jahrtausenden vorgestellt wurden? Sollte es denn unglaubwürdig sein, daß der über dieses Dasein ins Jenseits ragenden Existenz des Menschen jene Mächtigkeiten, Eigenarten und Fähigkeiten zukommen sollten, die auch schon jedem Photon zukommen? Sollte es unglaubwürdig sein, daß den Einheiten personaler Existenz nicht mindestens jene Eigenarten zukommen, die bereits den Einheiten auf der Ebene des Materiellen zukommen? Es wäre geradezu primitiv, wollte man diesen höchsten und herrlichsten Seinseinheiten nicht wenigstens jene Mächtigkeiten und Fähigkeiten zutrauen, die bereits den niedersten, armseligsten Seinseinheiten eigen sind. Vernünftigerweise sollte man vielmehr jenen höheren Seinseinheiten — ihrem höheren Rang gemäß — auch höhere Mächtigkeiten und Fähigkeiten zubilligen. Tatsächlich sind ja auch die erkenntnisfähigen, selbst schöpfungsmächtigen Wesen von unvergleichlich größerer Mächtigkeit, Beweglichkeit und Freiheit als jene materiellen Einheiten, die uns in den Photonen begegnen: «Ihr Kleingläubigen; wieviel mehr seid ihr doch als die Lilien des Feldes und die

Sperlinge des Himmels.» Der physikalisch Gebildete, der überdies noch diese Analogie begriffen hat, kann sich nicht mehr bereit finden, nach Marx, «den Himmel den Engeln und den Spatzen zu überlassen».

Aber nicht nur die vollkommene, engelartige Personalexistenz — mit ihrer Raum- und Zeiterhabenheit und doch individuell-körperhaften Auftrittsmöglichkeit im Raum und in der Zeit — ist in der materiellen Ebene mit den Photonen gleichnishaft abgebildet. Auch die anderen Arten der personalen Existenz haben in erstaunlicher Weise ihre Abbilder unten im Bereich des Materiellen: So ist etwa die fleischgebundene, in Raum und Zeit festgehaltene Existenz des diesseitigen Menschen abgebildet in den echten Elementarteilchen, in den Nukleonen und deren eigenartigen Materiewellen; im Welle-Körper-Dualismus der stofflichen Materie endlicher Ruhemasse: Wie das Nukleon mit seinem raum-zeitlichen Feld sich über allen Raum und alle Zeit des Kosmos erstreckt und doch in Bindung an sein Elementarvolumen, in welchem sich seine Masse verkörpert, stofflich-existent da-ist; in seinem Elementarvolumen, in welchem es in ständigem Versinken sein Dasein immerfort vertieft und Raum und Zeit erschließt und schafft, — so auch der Mensch: Im Bewußtsein seiner Geist-Seele alle Schöpfung umspannend, ist er doch existentiell an diesen fleischlichen Leib gebunden und unausweichlich in diesen Raum und diese Zeit dieses Leibes hineingestellt. Er ist Raum und Zeit unterworfen, in denen er sich — unentwindbar — stetig von Stelle zu Stelle bewegen und von Moment zu Moment altern muß; eine Bewegung und Alterung, in denen er fortschreitend in äußerer Anschauung seinen Raum und in innerer Anschauung seine Zeit vertieft und erschließt. In fortschreitendem Versinken in seiner Existenz vertieft und weitet sich sein Bewußtsein, das seine eigentliche Personalexistenz darstellt. Und auch diese Geschehnisse sind Wirkung; dargestellt und orientiert in einer Wirkungseinheit.

Das Bewußtsein, das geistig-seelische Feld des Menschen, das die Wechselwirkung mit den anderen Menschen gründet und Gemeinschaft und Gesellschaft schafft und alle Kultur, Wirtschaft und Politik hervorbringt, ist wie das Wellenfeld der materiellen Körper: es umgibt diesen, stellt diesen dar und ist diesem — als Singularität im Dasein — existentiell zugehörig: als Ich hier und jetzt. Aber auch die unabsehbare Mannigfaltigkeit des Möglichen, wie dieses Feld dem Wesen eigen ist, ist im Materiellen in erstaunlicher Analogie abgebildet: Da gibt es weltweit ausgespannte und sich immer weiter dehnende Felder;

so als wäre die selbstbezogene Daseinshaftigkeit in kosmischem Bewußtsein vergessen und aufgegangen. Und da gibt es die eng gebündelten und sich immer enger in sich schließenden Felder der um sich selbst kreisenden und in ihren Begierden und Trieben sich in sich abschließenden Wesen, der in ihrer Ichbezogenheit gefangenen Wesen. Da gibt es weit und eng, groß und klein, mächtig und unfähig, herrlich und armselig, aufsteigend und niedergehend, geheiligt und verworfen. In geradezu unheimlicher, bedrohlicher Mannigfaltigkeit ist die Schöpfung offen; alle Möglichkeiten aufschließend. Überall sind Wechselspiele in Ergänzung und Verdrängung, die sich in erstaunlicher Konsequenz ineinander abbilden und ineinander spiegeln. Wie sollte auch die Schöpfung nicht in sich eines Wesens sein, da sie doch von einem einzigen Schöpfer kommt.

Der Welle-Körper-Dualismus des Lichtes und der Materie ist ein erstaunliches Abbild der Komplementarität des Seins; ein wahrhaft erstaunliches Abbild in der Ebene der Physik: großartig spiegelt sich das Wesen des Schöpfers selbst in Seiner Schöpfung.

Die Grundkonstanten der Physik, die aktualphysikalische Konstante h, das Wirkungsquantum, und die essentialphysikalische Konstante c, die Lichtgeschwindigkeit, sind tatsächliche, erstaunliche Gleichnisse für das Sein und dessen Schöpfer. Das Wirkungsquantum ist das Maß der Komplementarität, das Maß der einander verdrängenden und zugleich ergänzenden Komponenten; das Maß jenes Wechselspiels, in welchem Sein Wirkung ist und in welchem das Sein als Wirkung ist. Alles Sein, alles Sein in dieser seiner Komplementarität hat aber seinen Ursprung und Grund in Gott, der als Dreieiner in ewiger Komplementarität als ewig Wirkender lebt.

Das Licht; ein mächtiges Gleichnis: Das Licht ist mit seiner invarianten Geschwindigkeit das Maß aller innerhalb des physikalischen Bereichs gegebenen Systeme; alle Räume und Zeiten und alle Felder sind auf diese quasi-unendliche, ursprüngliche Invarianzgeschwindigkeit des Lichtes hinorientiert. Zugleich ist das Licht der alles materielle Leben ernährende Energiestrom; alles organische Leben zieht seine Lebenskraft aus dem Licht der Sonne. Das Licht ist ein gewaltiges Gleichnis, Symbol für Gott als das Maß und der Lebensspender alles Seienden.

Das Sein gleicht dem Licht noch in einer anderen Weise, die unmittelbar den Urmythos von Licht und Finsternis berührt. Gott-Selbst im

Sohne ist «das Licht, das in die Welt kam»: Das Sein gleicht dem Licht im Wechselspiel von Hell und Dunkel und seinen Farben.

Die Farbfolge von rot bis violett schließt sich in einem Farbkreis; rot bis violett ergibt gerade eine Frequenzoktav, was vielleicht den Grund für das lückenlose und nicht überschneidende Schließen des Farbkreises abgibt. Alle Farben des Farbkreises ergeben bei gleicher Stärke eine Komplementarität; von diesem Zusammenhang her ist überhaupt die Komplementarität ursprünglich bekannt: Im Gegenüberstehen einander durchflutend ergeben sie Weiß, reines Licht, ausgewogenes Sein; aber im Zusammenfallen einander löschend ergeben sie Schwarz; fehlendes Licht, Nicht-sein.

Aber bereits schon drei, zueinander «komplementäre» Farben des Farbkreises — etwa beliebig dreifach-symmetrisch zueinander wählbar — reichen aus, um die gesamte Mannigfaltigkeit aller Farben des Farbkörpers zu gestalten; drei Vollfarben sind notwendig und hinreichend, die gesamte Mannigfaltigkeit aller überhaupt möglichen Farben zu gewinnen: in gleicher Stärke im Gegenüberstehen einander durchflutend ergeben sie Weiß. In wahlweise verschiedener Stärke einander wahlweise verschieden durchflutend oder löschend ergeben sie die eine oder andere von allen möglichen Farben des Farbkörpers; nicht nur der vollen Farben, sondern auch der gesamten hellklaren, dunkelklaren und trüben Farben aller Farbdreiecke, die sich von der Schwarz-Weiß-Linie der Grauleiter gegen die Spitze der jeweiligen vollen Farbe erheben. In gleicher Stärke im Zusammenfallen einander aufhebend ergeben sie Schwarz.

Zwar ergeben auch schon zwei beliebige, im Farbkreis einander gegenüberstehende Farben eine Komplementarität: In gleicher Stärke ergeben sie einander durchflutend, additiv Weiß; aufhebend, subtraktiv aber Schwarz. Aber eine solche Zweier-Komplementarität erfaßt immer nur die Farbfläche eines der vielen, axialen Querschnitte durch den Farbkörper: die Fläche der beiden Farbdreiecke, die sich beiderseits der Schwarz-Weiß-Linie zur Spitze der einen bzw anderen Komplementärfarbe herausheben.

Gar die Beschränkung auf die Abstufung nach Hell und Dunkel ergibt nur noch die Schwarz-Weiß-Linie der Grauleiter selbst, der Achse des Farbkörpers. Dies ist die Armseligkeit jener, die nur eine Seins-Dimension — Sein und Nichtsein — zu erfassen und zu schauen vermögen: Fern aller bunten Farbigkeit des Lebens wird alles Grau in Grau; die schattenhafte Enge des Formalisten.

Die Dreier-Komplementarität ermißt die gesamte Mächtigkeit des Farbkörpers. Zugleich ist aber Farben-Komplementarität auch Farben-Harmonie; wie immer die komplementäre Zusammengehörigkeit gewählt ist. Die Komplementarität ist das Schöne in der Farbenwelt. Und so ist die Dreier-Komplementarität des Seins nicht nur das Wesen seiner Mächtigkeit, sondern auch seiner Herrlichkeit.

Sogar in übergeordneter Hinsicht gleicht das Sein dem Lichte: Die Schwarz-Weiß-Linie — mit allen Grautönen stetig zwischen Schwarz und Weiß — ist die Achse der Farbkörper, um welche sich alle Farben ordnen; mit dem Kreis aller bunten Vollfarben außen an der Äquatorlinie; mit allen dunkelklaren und hellklaren Farben auf der Oberfläche zwischen dem Äquator und dem Pol Schwarz bzw dem Pol Weiß; mit allen trüben Farben im Innern. Aber Schwarz, Grau, Weiß und alles Hell und Dunkel ist nichts in sich selbst Gegründetes, sondern ist Widerschein des von außen einfallenden Lichtes im Kontrast zu diesem Lichte außerhalb des Farbkörpers. Ohne Licht sieht man überhaupt nichts — auch kein Schwarz —: alles Hell und Dunkel, alles Weiß, Grau und Schwarz verschwindet in Nichts. Aber in blendendem Licht wird alles Dunkel zu Hell und alles Grau zu Weiß; ja sogar das Schwarz selbst leuchtet weiß auf, denn auch das Schwarz ist nur ersetzbares Fehlendes — und nicht das Nichts in sich.

Alles Sein ist gleichsam nur Widerschein eines ganz anderen, ewig überragenden Seins; Abbild des Ungeschaffen-Seienden, der selbst alles Sein aus dem Nichts schafft; Abbild des Herrn über alles Sein und über ein ewig unberührbares und unaussprechbares Nichts, das nicht nur als Negation des geschaffenen Seins ist.

Etwas ganz Unheimliches und Ungeheuerliches erhebt sich hinter allen Wechselspielen, hinter allen Komplementaritäten, hinter allen geschaffenen Welten, Geistern und Personalitäten: Das Sein und Nichts der Allmacht.

Welcher Geschaffene könnte dies begreifen oder dies benennen? Er gliche einem Anatomen, der sich selbst zerlegen wollte. Nur Kinder, Narren und Teufel wagen daran zu rühren: Es bedeutet Selbstpreisgabe und Vernichtung. Grauen überkommt den, der sehend sich anmaßt. Es ist, als läge der Teufel selbst hier auf der Lauer, der Teufel, der eben im Vergriffe am Sein des Höchsten zum Teufel geworden ist. Es ist, als würde das Böse selbst den Anmaßenden überkommen; das Böse, das selbst ist und doch nicht ist.

Das Sein und das Nichts ist Teil der unnahbaren Majestät des Dreieinen. Das Sein und Nichts in der Dreiheit mit dem herrschenden

Wort, das Unmögliches möglich und Mögliches unmöglich macht, ist die Dreiheit des Herrn über Leben und Tod, des Herrn des Gerichts.

Für das Wechselspiel von Statik und Dynamik des Wirklichen und Erkannten gibt es ein großartiges Symbol in den geometrischen Körpern; in den sogenannten «Platonischen Körpern», den «Kosmischen Körpern»:

Unter der Mannigfaltigkeit aller Raum-Körper gibt es die «regelmäßigen» Körper, die je aus lauter gleichen Flächen mit lauter gleichen Kanten und Winkeln bestehen und somit ein Höchstmaß an Ausgewogenheit in sich tragen. Seit alters haben die regelmäßigen Körper und ihre Geheimnisse die Menschen zutiefst beschäftigt; so Plato in seiner Lehre vom Kosmos. So tief gehen ihre inneren Zusammenhänge, daß sie — gerade in diesen Zusammenhängen besonders interessant — die verschiedenen Zweige höchster Mathematik invariantentheoretisch zusammenführen: die Gruppentheorie, Funktionentheorie und Algebra in den «automorphen Funktionen» (Kein).

Insgesamt gibt es nur fünf (konkave) regelmäßige Körper. Davon sind drei gleichsam in sich selbst abgeschlossen, sich selbst genügend und damit irgendwie steril: der Tetraeder, der Hexaeder und der Oktaeder. Dagegen zwei der regelmäßigen Körper — der Dodekaeder und der Ikosaeder — können gleichsam über sich hinausgehen und durch Verlängerung ihrer Kanten Strahlenkörper bilden; die Kepler'schen «harmonischen Körper»: den Strahlen-Dodekaeder und den Strahlen-Ikosaeder. Diese beiden Strahlenkörper — seit alter Zeit Symbol Gottes — haben höchst eigenartige Beziehungen zueinander:

Jeder dieser beiden Strahlenkörper besteht aus 12 Pentagrammen, so daß jeder der beiden Strahlenkörper überall im «Goldenen Schnitt» aufgebaut ist; dem Grundmaß der räumlichen Harmonie, das etwa auch das Idealmaß der Proportionen des menschlichen Körpers und jeder Geometrie ist. Auch in den Raumgestalten ist Komplementarität zugleich Harmonie.

Beide Strahlenkörper sind zueinander geometrisch genau dual; das gleiche gilt für die beiden Grundkörper: Bei konsequenter Vertauschung von Flächen mit Schnittpunkten und umgekehrt, geht der Strahlen-Dodekaeder in den Strahlen-Ikosaeder und der Dodekaeder in den Ikosaeder über und umgekehrt. Jeder dieser Körper ist auch unbegrenzt in sich selbst und im anderen enthalten; jeder umfaßt den anderen mit: wenn man die Spitzen des Strahlen-Dodekaeders verbindet, erhält man den Ikosaeder; wenn man die Spitzen des Strahlen-Ikosaeders verbindet, erhält man den Dodekaeder.

Der Strahlen-Dodekaeder ist tatsächlich das Symbol des ruhenden Verharrens des Wirklichen: Sein Pentagramm wehrt den Beschauer ab, wie eine Festung; die Verharrungsformen gehen dem Beschauer entgegen, während ihn die Bewegungsformen fliehen. Der Strahlen-Ikosaeder ist dagegen gerade umgekehrt das Symbol der schöpferischen Kraft der Erkenntnis; sein Pentagramm stürzt sich auf den Beschauer wie eine Spinne; die Bewegungsformen gehen dem Beschauer entgegen, während ihn die Verharrungsformen fliehen.

Erstaunlicherweise gibt es jedoch insgesamt drei Körper des Pentagramms, womit sich die Gesamtzahl der regelmäßigen und harmonischen Raumkörper überhaupt erschöpft. Dieser dritte harmonische Körper hat keinen regelmäßigen Körper als Grundform. Er ist vielmehr selbst die Grundform der beiden zueinander dualen Strahlenkörper, deren komplementärer Dualismus sich gleichsam auf dem Fundament dieses dritten harmonischen Körpers abspielt. Dieser ist merkwürdig in sich abgerundet und in sich gekehrt: Er ist die Durchdringung von 12 regelmäßigen Fünfecken in sich selbst; derart, daß seine 20 Strahlen sich nach innen auf sich selbst hin richten und mit seinen 12 Grundflächen zusammenfallen, wobei über den 12 fünfeckigen Grundflächen das Pentagramm selbst als Profil hervortritt. Seine nach innen gerichteten 20 Spitzen bilden den Dodekaeder; seine nach außen gerichteten 12 Spitzen den Ikosaeder. Es bildet sich hierin das Wechselspiel von Außen und Innen, von Wirklichkeit und Erkenntnis, von Raum und Zeit ab.

Die Wechselbeziehungen zwischen den drei harmonischen Körpern sind in ihrer Mannigfaltigkeit und Schönheit, in ihrer Mächtigkeit und Tiefe nicht auszuschöpfen: fürwahr, ein gewaltiges Symbol für die Dreiheit des Seins und den Dreieinen in Seiner ewigen Harmonie und Schönheit.

Das Pentagramm ist einfachhin die Grundform der Harmonie; der Stern des goldenen Schnittes. Alle Völker und Kulturen haben tiefgehende Beziehungen zu ihm. Ohne dieses geheimnisvolle Zeichen ist kein Zugang zur Harmonie der Gestalten in der Schöpfung.

Aber in allen Völkern und Kulturen erfuhr dieses Zeichen — mit unheimlicher Konsequenz — eine überall und immer gleiche Verwandlung in der Geschichte; unterschiedlich nur in der analogen Unterschiedlichkeit der Eigenarten der Völker und Kulturen.

Im Altertum stand das Pentagramm zum Zeichen von Kosmos, als höchster Ordnung, und von Logos, als allherrschender Weisheit. Damit wurde es zum Zeichen des «höheren Wissens», der gehüteten Geheimnisse, der geheimen Wissenschaften. Es wurde zum Zeichen der magischen Bannung und Beschwörung der bösen Mächte; der Dämonen, der Nachtgeister, der Druden. Aber eben damit wurde der «Drudenfuß» zum Zeichen der Gnosis und weiterhin zum Zeichen der Zauberei, der Magie selbst. Es wurde zum Zeichen der Dämonen und der gefallenen, bösen Engel. Es wurde gar zum Zeichen der selbstherrlichen Gewalt und des mitternächtlichen Glanzes des «Fürsten dieser Welt», des «Anderen Alten», des Satans selber.

Die mächtigsten und dunkelsten Geheimbünde, welche die Erde hervorgebracht hat, tragen dieses Zeichen; aber auch die größten Wirtschafts- und Militärmächte der Erde: Als Stern der UdSSR ebenso wie als Stern der USA ziert der Fünfstern in Ost und West Rakete, Flugzeug und Panzer; die Machtmittel endzeitlicher Vernichtung eines in Selbstherrlichkeit zugrunde gehenden Menschengeschlechtes.

Dieser geheimnisvolle Bedeutungswandel des Pentagramms erschließt einen unvergleichlich tiefen Einblick in die Struktur der Schöpfung: in ihre bedrohliche und ungesicherte Offenheit, sogar in ihren höchsten Werten. Wieso kann sich dieses Zeichen der schöpferischen Macht — die nur Gott höchstselbst eignet — zum Zeichen endzeitlicher Vernichtung in Nacht und Grauen Satans selber wandeln? Warum verzichtet das Gute und Heilige auf dieses Zeichen, das die Harmonie in sich selbst bedeutet? Hat das Gute und Heilige vor dem Bösen und Verderblichen resigniert und das Zeichen höchster Ordnung und Weisheit preisgegeben?

Keinem selbstherrlichen Geist, keiner selbstgenügenden Welt ist dies erkenntlich und begreiflich: Auch die allerhöchsten geschaffenen Werte wandeln sich in der Selbstherrlichkeit, im Selbstgenügen; wandeln sich von Ordnung und Weisheit in Chaos und Verblendung, von schöpferischer Kraft in vernichtende Gewalt, von heiligender Wahrheit in verderbliche Lüge. Der höchste, strahlendste und mächtigste geschaffene Geist, Luzifer, der «Lichtträger» selbst, erfuhr unausweichlich diese Wandlung — und mit ihm auch das vollendetste geschaffene Zeichen.

Gott selbst aber, der Ungeschaffene, Ungewordene, bedarf überhaupt keines Zeichens. Das Zeichen, das Er uns gesetzt hat, hat außer Ihm selbst überhaupt keine Bedeutung, hat aber in Ihm selbst die absolut höchste Bedeutung: das Kreuz.

Schönheit, Harmonie der Farben, Klänge, Körper; das farbige Licht und die regelmäßigen Körper — ein tiefes Symbol für das Sein: mehr als ein Symbol!

Unversehens gelangt man in einen anderen Bereich mannigfaltiger Wechselspiele; in den Bereich der Kunst. Kunst ist mehr als eine Darstellung des Wirklichen; mehr als ein Barometer des kulturellen Standes der Gesellschaft. Kunst ist mehr als Können; es ist zugleich Künden. Kunst ist unmittelbar schöpferische Macht, gestaltendes Erkennen, das Mensch, Gesellschaft, Kultur in allen Bereichen des Menschseins formt und schafft.

Kunst, Zauber, Magie sind eng verwandt. Man spricht von Zauberkunst; aber auch umgekehrt von der Verzauberung der Welt durch die Kunst; von Kunst, die den Menschen magisch in ihren Bann schlägt. Und das ist mehr als nur ein Gerede: Kunst ist Verkündigung, ist Beschwörung gewaltiger geistiger Mächte, die durch ihre Kunst, über die Kunst vom Menschen Besitz ergreifen und die Gesellschaft beherrschen.

Sogleich drängen sich drei Grundformen der Kunst auf: So gibt es die Kunst im Lichte und in den Farben; Kunst des Auges; vor allem in der Malerei. Dies ist gleichsam die Kunst der im Licht sich spiegelnden Harmonien; des in der lebendigen Energie bestehenden Seins selbst.

So gibt es die Kunst im zeitlichen Ablauf; die Kunst der Bewegung und Klänge; Kunst des Ohres: vor allem in der Tonkunst. Dies ist gleichsam die Kunst der in der Zeit dahingleitenden Harmonien; in der Zeit, als der inneren Anschauung des kosmischen Seins; in der dem Erkennen nahestehenden Seinsmächtigkeit. Es ist die Kunst des Fließenden, nicht Haltbaren. In dieser Kunst gibt es wesenhaft kein fertig, kein abgeschlossen: Die Kompositionen dieser Kunst müssen — durch den Dirigenten, den Musiker, den Interpreten — in selbst schöpferischer Leistung immer neu ins Leben gerufen werden; in einem persönlichen Akt des Erkennens und Erlebens und Vortrages der Komposition, die damit in immer neuer Gestalt erscheint. In dieser Kunst kommt auch die Ruhe aus der Bewegung; fließt aus der Bewegung. Alle Harmonien dieser geistartigen Kunst schwingen — wenigstens in unserer abendländischen Tonkunst — in unausschöpflicher Mannigfaltigkeit um den Dreiklang in den beiden Tongeschlechtern des Dur und Moll.

Das Reich der Klänge ist von einer unausschöpflichen Mannigfaltigkeit. Es scheint unmöglich, einfache Ordnungen über alle Epochen und Kulturen zu finden. Aber irgendwie erscheinen auch hier Dreier-ordnungen: Der Klang erstreckt sich in den Dimensionen von Stärke, Höhe und Farbe; die Höhe im Oktav-Zyklus wendeltreppenartig aufsteigend in einem Wechselspiel von Frequenz und Qualität. Musik ist fortlaufende Verdrängung und Ergänzung der dreifaltigen Komponenten der Harmonie, Melodie und Rhythmik im Wechselspiel der konsonanten und dissonanten Zusammenklänge. Die harmonische, melodische und rhythmische Dimension ergeben den Raum des musikalischen Geschehens. Jede dieser Dimensionen ist fundamentalisierbar; in verschiedenen Epochen und Kulturen verschieden. Aber die Dimensionen des Harmonischen und Melodischen gehören irgendwie enger zusammen als die rhythmische, die die Zeitstruktur selbst darstellt. So ist es etwa möglich, nur mit dem Klopfen des Rhythmus schon ein Lied erkennbar werden zu lassen. Gegenüber etwa dem vorigen Jahrhundert tritt im abendländischen Bereich nun wieder mehr der Rhythmus in den Vordergrund; wie etwa in Zeiten des früheren Mittelalters.

So gibt es die Kunst in der räumlichen Gestalt; die Kunst der Formgebung in der Verharrung; Kunst der Körper; vor allem in der Bildhauerei. Dies ist gleichsam die Kunst der im Raum gelagerten Harmonien; im Raum, als der äußeren Anschauung des kosmischen Seins; in der dem Wirklichen nahestehenden Seinsmächtigkeit. Es ist die Kunst des Greifbaren, Festen. Unverändert und ohne Bedürfnis nach Veränderlichkeit überdauern Bildhauerwerke als hölzerne, steinerne und erzene Zeugen menschlicher Schöpferkraft die Jahrtausende; dem Beschauer fertig, abgeschlossen, statisch gegenübertretend. In dieser Kunst kommt auch die Bewegung aus der Ruhe, stellt sich in Ruhe und Verharrung dar. Alle Harmonien gründen letztlich im goldenen Schnitt; in den in den drei regelmäßigen Strahlenkörpern sich gestaltenden Maßen. Das Spiel um dieses Maß, das Abweichen und wieder darauf Zugehen, das Kreisen um dieses Maß gibt dieser Kunst ihr Leben.

In dieser zeitlichen und räumlichen Orientierung der Kunstgattungen wird die Komplementarität offensichtlich. Zugleich wird dahinter noch eine mächtigere Komplementarität sichtbar. Diese übergeordnete Komplementarität ist das Abbild von Wirklichkeit, Erkenntnis und Personalität in der Kunst. Es ist dies die Aktualität und Idealität auf dem Fundament des künstlerischen Genius (Wagner).

In überaus charakteristischer Weise geht Aktualität und Idealität im künstlerischen Schaffen wechselseitig auseinander hervor; wie Mann und Frau mit Zeugung und Geburt in der Geschlechterfolge. In erstaunlicher Weise vertauschen sich die Aspekte von Aktualität und Idealität in den verschiedenen Kunstgattungen:

In der Aufführung und Darbietung ist ein Musikstück zwar in der Zeit verfließende Kunst. Aber im geistigen Bild ist es eine immerwährende Struktur; eine festgelegte Ordnung von Abständen, Folgen, Fügungen: verkörpert etwa in der Partitur. Die Musik ist fließende Architektur — und die Architektur ist gefrorene Musik (Furtwängler). Die Musik offenbart sich im Fluß der Zeit; zugleich entwindet sie sich und schwingt über die Zeit hinweg in die Zeitlosigkeit. Der tyrannische Schlag·des «Metronom» (Haydn, Beethoven) vermag sie nicht zu umfassen, nicht einzuholen. Aktuell ist das Musikstück fließende Bewegung; ideel aber bleibende Struktur.

Gerade vertauscht ist dies bei einem Bildwerk; einem Kunstwerk etwa aus Stein oder Bronze: In der Ausführung und als Darstellungsmittel ist es im Raum verharrende Kunst. Aber der geistige Gehalt ist fortwährend fließende Bewegung; ist Ausdruck der Dynamik des Lebens einfachhin. Warum ist die Momentaufnahme eines Olympiakämpfers nur informativ kurzzeitig ansehbar; der «Diskuswerfer» (Myron) aber tief bewegt immerwährend betrachtbar? Warum ist ein verstümmelter Menschenleib ein Objekt abgrundlosen Abscheus; ein klassischer Torso aber von beglückender Schönheit? Die Kamera stiehlt nur den Moment aus dem Zeitablauf und tötet damit die Bewegung; der Unglücksfall hinterläßt nur grausiges Zeugnis eines vernichteten Körpers, einer zerstörten Ganzheit. Das Bildwerk aber hat in Stein und Metall fortlebend eingeprägt, was der bildende Künstler in schöpferischer Idee, im Begreifen des Wesens des Lebendigen eingefangen hat. Aktuell ist das Bildwerk unveränderliche Materie; ideell aber fortschwingender Fluß des Lebendigen.

Zeit- und Raumhaftigkeit, Aktualität und Idealität spielen unentwegt in der schöpferischen Kraft des Künstlers miteinander, in einer Komplementarität, die alle Kunst durchwaltet. Die personale Genialität erhebt sich gleichsam über jener Ebene, die sich in den beiden Dimensionen von Raum und Zeit, von Aktualität und Idealität unübersehbar weit ausdehnt. Auf dieser Ebene baut sich gleichsam die dritte Dimension der Höhe auf, in welcher sich das künstlerische Schaffen vollendet.

Mit Malerei, Tonkunst und Bildhauerei ist freilich die Mannigfaltigkeit der Kunst noch keineswegs erschöpft. So gibt es etwa gewaltige

Kunstentfaltung im Schauspiel, in der Dichtung, in der Architektur; zu letzterer ist auch das Handwerk beizugesellen. Sofort fühlt man wieder die drei Dimensionen und — bei aller tiefgehenden Verschiedenheit — die Verwandtschaft zu Malerei, Tonkunst, Bildhauerei.

Die Architektur ist in ihrer Wirklichkeits- und Raumartigkeit der Bildhauerei unmittelbar verwandt; gleiches gilt auch für das Handwerk. Sie ergänzen einander. Nur in Randgebieten lebt architektonische Kunst ohne Bildhauerei und Bildhauerei ohne Architektur. Sie sind unmittelbar Gestaltung von Welt. Ebenso tiefgehend ist die Dichtkunst in ihrer Erkenntnis- und Zeitartigkeit mit der Tonkunst verwandt. Das gesprochene und gelesene Wort ist ebenso eine Erstreckung in der Zeit wie der musikalische Ablauf. Man spricht mit Recht von Tondichtung. In der Tat ist die Musik ein gewaltiges Ausdrucksmittel dichterisch- und sogar weltanschaulich-schöpferischer Mächte, und wahre Dichtkunst — auch in der Prosa — erstreckt sich in jenen Dimensionen der Harmonie, der Melodie und des Rhythmus. Deshalb verliert Dichtung — auch Romandichtung — so stark bei der Übersetzung; es sei denn, der Übersetzer ist selbst Dichter vom Rang des Autors. In der Dichtung wie in der Musik ist schöpferischer Geist unmittelbar gegenwärtig.

Ist aber das Schauspiel etwa mit der Malerei verwandt? Man möchte sofort mit nein antworten. Aber gerade hier werden überaus tiefe Zusammenhänge sichtbar. Schauspiel ist im Schauen zu erfassendes Spiel, Malerei ist im Schauen zu begreifende Kunst; im Gegensatz zur Bildhauerei als der Kunst der greifbaren Gestaltung und der Musik als der Kunst der hörbaren Zeitfolge. Während die Bildhauerei und Architektur weltgestaltend, wirklichkeitsartig und dem Raum verhaftet ist und während die Musik und Dichtung geistentfaltend, erkenntnisartig und in der Zeit fließend ist, ist Malerei und Schauspiel personal, selbstartig und der Energie analog. Dies ist aber — wie jeder Fundamentalaspekt — nicht ohne weiteres selbstverständlich; dh so selbstverständlich, daß es sich der Sicht und dem Zugriff entzieht.

Die Malerei erscheint in der Dimension des Selbstartigen; freilich über die Entfaltung im Licht als der freien und ursprünglichen Energie selbst. So tief dies auch etwa den Physiker bewegt, wäre dies aber doch nur wahrhaft überzeugend, wenn der Mensch selbst in seiner Personalität unmittelbar erschiene. Aber ist denn nicht die Malerei — mehr wie irgendeine andere Kunst — Selbstoffenbarung des Künstlers? Sie entfaltet sich deshalb in besonderem Maße eigenartig. Mehr wie irgendeine andere Kunst ist die Malerei eigenartig; ausgenommen freilich das Schauspiel, in welchem ja die Kunst unmittelbar in der Person des Menschen selbst «auf der Bühne» erscheint. Es ist überhaupt bezeichnend, wie viele Redewendungen vom Schauspielwesen auf das tägliche Leben übergegangen sind: eine Rolle spielen; auf- und abtreten; ein Theater machen; hinter den Kulissen; auf der Bühne der Welt, Wirtschaft, Politik; im Rampenlicht der Öffentlichkeit, der Kritik.

Das Schauspiel ist in all seinen Formen — von der Artistik bis zur Dramatik — die unmittelbar eigenartige Kunst. Sie ist gleichsam für den Menschen in besonderer Weise fundamental — und ist damit für alle Kunstentfaltung des Menschen offen. Sie hat die größte Verbindungsmöglichkeit mit jeglicher anderen Art von Kunst; vor allem aber die Verbindung mit der Farbe, mit dem Auge, mit dem Malerischen. Welche Artistik vermag des Glanzes der Lichter und des Schwelgens in der Farbe zu entbehren, welche Bühne der Lichteffekte und Farbenstimmung in der Inszenierung oder in der Kleidung des Schauspielers selbst? Die Verbindung von Schauspiel mit malerischen Effekten ist schon kaum mehr eine Ergänzung von Verschiedenartigem, sondern geradezu die wesensgemäß «selbe» Komponente: Wer würde Licht und Farbe als eine «Begleitung» des Schauspiels empfinden; wie etwa die Musik oder Bühnengestaltung? Das Malerische gehört so selbstverständlich, so wesensähnlich zum Schauspiel, daß man kaum eine Problematik begreift. Umgekehrt haftet der Malerei wesensgemäß Theaterhaftes an; schon wie die Gestalten auf der Leinwand vor den Kulissen des Hintergrundes hervortreten. Deshalb macht es auch einen so merkwürdigen Eindruck, wenn ein Theaterstück das Entstehen eines Gemäldes oder ein Gemälde eine Bühnenszene zeigt (was mit Musik oder Bildhauerei schon gar nicht möglich wäre); fast so, als wenn auf einer Bühne wieder eine Bühne oder auf einem Gemälde wieder ein Gemälde erscheint.

Dieser innere Zusammenhang über die Selbstartigkeit wird auch nicht dadurch widerlegt, daß es auch Schauspiel unter bewußtem Verzicht auf malerische Effekte und Verzicht auf Inszenierung gibt, wie man diesem bei uns in früherer und wieder in allerneuester Zeit oder seit eh und je in Ostasien begegnet; im Gegenteil. Gerade im aufwühlenden Empfinden dieses Mangels wird die Selbsthaftigkeit des Schauspiels ungemein effektvoll hervorgehoben und die unmittelbare Personalbeziehung zwischen Schauspieler und Zuschauer umso intensiver hergestellt. Das Schauspiel als Kunst des Menschen in seinem Selbst-Sein wird damit dem kulturell Hochstehenden und Tiefempfindenden unmittelbar sichtbar und faßbar.

Überaus aufschlußreich sind die Verdrängung und Ergänzung verschiedener Kunstformen. Wie wenig vermögen Dichtung und Architektur einander wechselseitig zu ergänzen; wie wenig Tonkunst und Bildhauerei. Dichtung und Bildhauerei oder Musik und Architektur haben schon merklich stärkere Beziehungen zueinander; gleichsam in einer diagonalen Verbindung. Die Motive der Bildhauerei sind vielfach Gestalten der Dichtkunst, die ihrerseits von den überkommenen Bildwerken mannigfaltige Anregungen entgegennimmt. Musikalische Darbietungen erfordern architektonisch passende Räume und die jeweiligen musikalischen Empfindungen der Gesellschaft prägen nachhaltig das architektonische Gesicht der Städte.

Schon viel aktiver sind die Beziehungen zwischen Malerei und Musik bzw zwischen Malerei und Bildhauerei; sind die wechselseitigen Beziehungen von Farbe und Klang und von Licht und Gestalt: Bedeutende Musiker verbinden die musikalischen Ausdrucksformen mit starken Farberlebnissen — und Maler empfinden bei ihren Kompositionen vielfach starke musikalische «Stimmungen». Taubgewordene Komponisten konnten sogar über dieses Farberlebnis der Töne weiterhin bedeutende Werke komponieren. Nicht ohne Grund spricht man von «Klangfarbe» oder umgekehrt von «Farbton».

Licht und sogar Farbe sind in der Bildhauerei keineswegs nur Stilbruch, wie das eine akademische Meinung seit dem letzten Jahrhundert axiomatisch vertritt. In einer Verdrängung und zugleich Ergänzung ergeben sie vielmehr in einem beweglichen Wechselspiel eine lebendige Komplementarität. In den antiken Hochformen der Bildhauerei waren Licht und Farbe bedeutende Ausdrucksmittel. Auch umgekehrt ist die bildhauerische Gestalt — dh die gestaltschaffende Räumlichkeit, etwa die zugleich stilbrechenden wie anregenden Gestaltgebungen, Tiefenwirkungen und Perspektiven — wichtiges Ausdrucksmittel der Malerei. Das Spiel zwischen Vermeidung und Benutzung dieser komplementär sich verdrängenden und zugleich ergänzenden Effekte macht die Lebendigkeit.

Noch tiefer und stärker — diagonal werden immer etwas stärkere Wechselwirkungen getätigt — sind die Beziehungen der Malerei zur Dichtung und der Malerei zur Architektur. Die Richtungen und Weltanschauungen des Menschen in der Malerei und in der Dichtung spiegeln einander, bedingen einander und gehen geradezu wechselseitig auseinander hervor. Desgleichen ist die Ergänzung von Malerei und Architektur derart fraglos, daß man kaum mehr ein Problem dahinter vermutet: Nur in architektonisch passenden Räumen kommen Gemälde richtig zur Geltung; der bekannte Kampf der Künstler bei Ausstellungen. Gemälde in dazu unpassender Architektur aufgehängt, können schwere seelische Störungen bei feinfühligen Betrachtern auslösen; passende Verbindung aber den Menschen auf ungeahnte Höhen des Bewußtseins führen. Überhaupt ist die gleichsam architektonische Gestaltung des Bildes, seine innere Struktur und sein Schnitt, eines seiner wesentlichen Elemente, auf die sich die Licht- und Farbwirkung einspielt. Und was wäre umgekehrt Architektur ohne Licht und Farbe? Warum werden architektonische Leistungen immer mit sorgfältig dazu ausgewählten Bildwerken vorgestellt? Dieser Zusammenhang gilt für einzelne Räume wie für Gebäude, wie für ganze Städte. Man spricht mit Recht von einem «malerischen» Stadtbild.

Gerade in diesen Verbindungen wird die Komplementarität der Zusammengehörigkeit sichtbar; die Ergänzung in der Verdrängung: die architektonische Struktur eines Gemäldes durchbricht die Malerei, die in Licht und Farbe ihr Wesen begründet, die harte Form als Beengung empfindend. Aber eben in dieser Durchbrechung gibt sie ihr Gestalt und Inhalt. Gerade das, wogegen sich der Pinsel des Malers sträubt, führt die Malerei über sich hinaus zur Vollendung.

Umgekehrt ergibt sich etwa das malerische Gebäude oder Stadtbild durch die Abmilderung der scharfen Konturen und harten Formen; jener scharfen Linienführung, die dem Architektonischen wesenhaft eigen ist. Lösen, Gleiten, Schwingen, all das lebendige Entwinden aus der geplanten und planbaren Struktur macht das Gemütvolle, Ansprechende, Malerische der Architektur· Gerade das, was das Lineal des Architekten ärgert, führt die Architektur über sich hinaus zur Vollendung.

Wiederum sind Aktualität und Idealität komplementär gegenwärtig. Und in der Vertauschung der komplementär zueinandergehörigen Kunstgattungen vertauschen sich die Aspekte.

Aber die stärksten Kunstwirkungen entfalten sich in den wechselseitigen Beziehungen zwischen Schauspiel und Dichtung und zwischen Schauspiel und Musik; und in der Verbindung von Musik und Dichtung über das Schauspiel. In der gegenseitigen Ergänzung von Schauspiel und Dichtung befruchtet das Schauspiel die Dichtung zu gewaltigen Leistungen, die wiederum das Schauspiel in voller Tiefe entfaltet: eine mächtige Gestaltung des Geisteslebens der Gesellschaft. Und in der gegenseitigen Ergänzung von Schauspiel und Musik, etwa mit der orchestralen Musik als Grundlage der Oper, oder mit dem artistischen Schauspiel als Grundlage des Balletts, führt die Kunst zu geradezu unvergleichlichen Höhepunkten menschlichen Daseins.

All diese schwachen und starken Ergänzungsmöglichkeiten der Kunstformen sind auch ganz dem Wesen des Seins und des Menschen entsprechend, indem die Kunst schöpferische Selbsterfüllung, Selbstoffenbarung des Menschen ist. Deshalb ergänzen sich die unmittelbar den Menschen selbst berührenden, selbstartigen Kunstformen mit den geistartigen Kunstformen wesensgemäß am stärksten.

Damit ist jedoch die Fülle der Kunst immer noch nicht entfernt erfaßt. Beinahe jede Tätigkeit des Menschen kann sich in Kunst vollenden. Die Kunst ist so reichhaltig wie der Mensch selbst; so mannigfaltig, veränderlich und frei. Deshalb ist die Dreidimensionierbarkeit bei der Kunst — so überzeugend sie in einigen Grundformen der Kunst auch sein mag — doch zutiefst fragwürdig. Jede Kunstform hat zwar die Dreidimensionalität und Komplementarität in sich — und fundamentalisiert sich auch in jeweils einer anderen Komponente; aber die vielen Kunstformen in so unfaßbarer Mannigfaltigkeit, Beweglichkeit und Freiheit, daß die allgemeine Ausrichtung in drei allseits kennzeichnende Dimensionen eben doch bald als ein krampfhafter Willkürakt erscheinen müßte. Jede Koordinierung ist Willkür — und mit Willkür zu schematisieren, wäre letzlich doch ein Verkennen des Wesens der Freiheit, des Wesens der Kunst und des Menschen. Die klare Koordinierbarkeit des Seins in den Bereichen der äußersten Mächtigkeit geht gleichsam in der Mitte — im Zusammenströmen der Komplementaritäten von allen Seiten her — verloren. Der Mensch mit seiner Kunst ist jenes geheimnisvolle Wesen der Mitte, in welchem sich gleichsam alle Wege von allen Enden der Schöpfung begegnen: Der Mensch, ein erstaunliches, unausschöpfliches Wesen; ein unheimliches, ungeheuerliches Wesen, das Wesen der Mitte.

Harmonien der Farben, Töne und Körper; Schönheit, Kunst! Müssen denn in der Kunst Harmonie und Schönheit gegeben sein, um eben als Kunst zu sein? Verbindet sich hohe Kunst immer mit Harmonie und Schönheit; ist große Kunst immer gut? Kunst ist mannigfaltiges, bewegliches, freies Spielen um jene irgendwie jenseits der Kunst begründeten Maßstäbe der Harmonie und Schönheit. Gibt es eine Grenze für dieses Spiel? Verbindet sich Kunst — als das im Wesen freie Können und Künden — zwangsläufig, gezwungenermaßen mit der Harmonie und Schönheit?

Nichts zwingt das im Wesen Freie! Sogar die Drohung mit der Zerstörung und die Gegenwart des Entsetzens vermag nicht zu zwingen; selbst nicht die Vernichtung des eigenen Wesens. Deshalb gibt es auch und gerade auch in der Kunst jenes gewaltige Können in zerstörender Perversion, die Meisterschaft infernalen Könnens, die titanische Macht satanischer Verkündigung.

Die Kunst hat in sich keine Grenzen; die Leerheit, Offenheit, Nichtigkeit selbst sind ihre Grenzen. Sie erfährt ihre Grenzen nur in der Selbstvernichtung. In sich selbst ist die Kunst Abbild und zugleich Wesen der Leerheit, Offenheit und Nichtigkeit der Schöpfung in sich selbst; jener furchtbaren, lebenbedrohenden Dreiheit alles sich in sich selbst Genügenden. Aber in der Harmonie und Schönheit ist die Kunst der schöpfungsmächtige Odem Gottes, der Atem der Herrlichkeit des Dreieinen.

Ein ganz besonders tiefgehendes Abbild des Seins und Gottes ist — gleichsam in der Mitte des Seins — der Mensch selbst: das Zusammenleben von Mann und Frau; der Mensch als Mann und Frau selbst. In der Hinrichtung des richtigen Mannes nach außen, nach der Sache, und der richtigen Frau nach innen, nach dem Gefühl, in der Hinrichtung des Mannes auf die zeugende Tat und der Frau auf die gebärende Hingabe, vollzieht sich die lebenspendende Ergänzung.

Was ist der Mann allein? Was ist die Frau allein? Ein Mensch, der lebt und stirbt — und nichts hinterläßt, was dem Range des Menschen gleichkäme; Spuren, die der Wind verweht. Was bedeutet es, daß Mann und Frau als Menschen «gleichen Fleisches», gleichen Wesens sind, wenn jeder allein bleibt? Was bedeutet die Verschiedenheit von Mann und Frau, wenn jeder allein bleibt? Was bedeutet es, daß sich Mann und Frau einander dual entsprechen, wie Spiegelbilder, wenn jeder allein bleibt? Wenn jeder allein bleibt, wenn jeder für sich bleibt, bedeutet all dies nichts, was über den flüchtigen Augenblick hinausginge.

Aber im Zusammenleben in ihrer Gleichheit und doch Verschiedenheit erhebt sich die Kette der Generationen, in welcher Mann und Frau in Zeugung und Geburt neu und immer neu Mann und Frau, immer neu Männer und Frauen in unübersehbarer Generationenkette hervorbringen. Somit bedingen Männer und Frauen einander von Generation zu Generation — und so ergibt sich eben erst im Zusammenleben das, was mit gewaltigem Vermehrungstrieb Menschheit schafft; weiter und immer weiter.

Das Spiel der Geschlechter, der Kampf der Geschlechter ist jenes fundamentale Wechselspiel in komplementärer Verdrängung und Ergänzung, welches zugleich aufbaut und zerstört. Das Spiel der Geschlechter ist Selbsterfüllung und zugleich Selbstpreisgabe des jeweils Gegenwärtigen für das Zukünftige. Der Kampf der Geschlechter ist mächtigster Antrieb und bedrohlichste Auflösung des Menschseins zugleich; des Menschen in der Mitte seiner selbst. Seltsam, unausdrückbar ist die Liebe der Geschlechter dem Tod verwandt; ein Wechselspiel, welches das Leben schafft und zugleich auflöst; das Wechselspiel des sich immer weiter entfaltenden Lebens in immerwährender Aufeinanderfolge von Geburt und Tod. In geheimnisvoller Weise sind darin alle Wechselspiele enthalten.

Wie mit Mann und Frau verhält es sich mit Wirklichkeit und Erkenntnis: Jedes für sich allein bedeutet nichts, hinterläßt nichts; ein Wort ohne Gehalt. Aber in der gegenseitigen Befruchtung und Durchdringung, Verdrängung und Ergänzung entsteht das Sein in Mannigfaltigkeit, Großartigkeit und Freiheit. Gleichsam zeugt die Wirklichkeit immer neue Erkenntnisse, und die Erkenntnis gebiert immer neue Wirklichkeiten, so daß eben je für sich Selbst-Seiendes in Vielheit, Wandelbarkeit und Gegensätzlichkeit ins Dasein gelangt.

Dieses Wechselspiel wirkt bis herein in den konkreten Entwicklungsablauf aller Wissenschaften, aller Gesellschaften, aller Kultur und aller Zivilisation. Schon im Bereiche unserer mehr passiv-feststellenden als aktiv-neuschöpfenden Erkenntnisse der Wissenschaften wird in diesem Wechselspiel eine gewaltige Dynamik offenkundig:

In fortwährender gegenseitiger Ergänzung und Verdrängung, von Überlegung und Experiment, von Theorie und Praxis gestaltet der Wille des Menschen, gestalten individuelles Feingefühl und produktive Geschicklichkeit Umwelt und Menschen. Altes verschwindet, Neues entsteht — und von Epoche zu Epoche, von Jahr zu Jahr, von Tag zu Tag verändert sich unser Dasein bis in seine Grundlagen. Die «Entwicklung» wird zum reißenden Strom und der «Fortschritt» drängt ungestüm voran. Ein gewaltiges Ausdehnungsvermögen wird offenkundig; sich spiegelnd in dem wie mit Lichtgeschwindigkeit expandierenden Weltall.

Ein immer weiterer und immer rascherer Fortschritt beginnt das Sein zu gestalten, zu entfalten und zugleich zu zerstören, zu vernichten. Aktivität und Instabilität verdrängen einander und ergänzen einander zugleich; sie bedingen und begründen einander zwangsläufig. Die schreckeneinjagende Aktivität dieses Wechselspiels ist zugleich eine Seinsinstabilität, mit der das Sein wieder in das Nichts einmündet; sich spiegelnd im Ende des Kosmos in einer sich selbst übersteigenden Expansion, zusammen mit einer seinsvernichtenden Inhomogenisierung.

In allen Richtungen stoßen die Erkenntnisse voran — und vollziehen einen Durchbruch nach dem anderen; Umwälzungen unüberschaubaren Ausmaßes anbahnend und erzielend; und dennoch: Spezialisten wachsen heran, «immer mehr von immer weniger wissend, bis sie schließlich alles von nichts wissen»: Ein Wechselspiel des Allgemeinen mit dem Speziellen, des Abstrakten mit dem Konkreten, des Mehr mit dem Weniger.

Immer tiefer dringen die Erkenntnisse ein — und immer mehr wird das Eigentliche, Wesentliche erfaßt und verstanden und in immer erhabenerer Einfachheit die Welt zusammengefaßt. Und dennoch: Schemen entstehen ohne Fleisch und Blut, die immer engeren Bereichen zugehören und vor deren Kompliziertheit der Normalverbraucher erschauert; bis in die letzten Fasern des Alltags dringt diese Entwicklung: ein Wechselspiel der Konvergenz mit der Divergenz, des Einfachen mit dem Komplizierten, des Überspannten mit dem Primitiven.

Ein Wechselspiel, Wechselspiele!? Kann man nicht die eine Wirklichkeit in einer einzigen, umfassenden Erkenntnis erfassen? Man kann! Kann man? Wer ist dieses «man» selbst? Das ist jene merkwürdige Dimension des Seins und seines Wesens: Jeder Einzelne ist dieses «man» nicht selbst, sondern jeder ist er-selbst in der ihm eigenen Struktur — und sein Bestand und seine Grenze sind sein Wesen. In Bestand und Grenze unterscheidet sich jeder vom anderen — und in dieser Unterscheidung leben die Vielen und das Viele nebeneinander: Ein Wechselspiel von Bestand und Grenze, von Einem und Anderem, vom Einzelnen und Allen.

Alle menschlich-gesellschaftlichen Lebensäußerungen stehen auf diesem ebenso selbstverständlichen wie unbegreiflichen Boden; alles Informieren, Mitteilen, Prüfen, Konferieren, Verhandeln, Spionieren; alles Einladen, Zusammentreffen, Unterhalten, Erzählen, Vorführen, Erklären; alles Wertschätzen, Konsultieren, Beraten, Empfehlen, Werben; alles Suchen, Lernen, Studieren, Dozieren, Ausbilden, Erziehen; alles Begegnen, Versagen und Aufsteigen, Zusammengehören und Entfremden: Ein Wechselspiel von Wissen und Nichtwissen, von Angebot und Nachfrage, ein Wechselspiel von Erkannt und Unerkannt, von Wirklich und Unwirklich im Selbst-Sein eines Jeden gegenüber Allen.

Aus den Wechselspielen erhebt sich ein unheimlicher Fortschritt. Aber führt dieser Fortschritt zwangsläufig im Erkennen zu unbefriedigendem Spezialistentum und entseeltem Formalismus und zu einer Wirklichkeit, die den Menschen unausweichlich gefangennimmt und versklavt? Was ist überhaupt Fortschritt und was Rückschritt?

Die Schöpfung ist kein gesetzmäßig ablaufender Mechanismus, sondern ein freies Spiel der Komponenten und Mächte, das sich im Gegenüber zum Menschen beweglich gestaltet. Und in der Selbstverherrlichung und Verselbständigung des Menschen gestaltet sich dieses freie Spiel zu Verstörung und Unheil. Denn nichts Geschaffenes ist wahrlich sich selbst verständlich, sich selbst genügend und sich selbst notwendig; denn Einsicht und Heil ist nur in der Liebe und Hingabe an Gott und den Mitmenschen nach dem höchsten Gebot: «Du sollst Gott aus ganzem Herzen lieben, aus allen deinen Kräften und aus deinem ganzen Gemüt — und deinen Nächsten wie dich selbst». Aber die Liebe und Hingabe ist Selbstverleugnung, ist Überwindung der Ichbezogenheit und des Eigenwillens: «Wer vollkommen sein will, verleugne sich selbst, nehme sein Kreuz auf sich und folge Mir nach.» So hat «Gott Seinen eigenen Sohn hingegeben zur Erlösung der Welt»; der Welt, die im Sohne aus der Liebe Gottes geschaffen wurde. Dies sind wesenhafte Zusammenhänge im Sein; Zusammenhänge, die genau analog ebenso im Verhältnis von Mann und Frau unmittelbar zutage treten.

Das Zusammenleben von Mann und Frau schafft und erhält die Menschheit in urweltlichem Trieb; die Menschheit, die im Gegenüber der vielen, verschiedenen Menschen lebt: «Wachset und mehret euch und macht euch die Erde untertan.» Die Unterwerfung der Erde ist aber die Frucht eines dynamischen Zeugens und Gebärens von neuen und immer neuen Wirklichkeiten und Erkenntnissen auseinander im Gegenüber zum Menschen. Wie eben das Zusammenleben von Mann und Frau nur in der selbstpreisgebenden Liebe und Hingabe glücklich und fruchtbringend ist, so das gesamte Dasein nur in der Selbstentäußerung und Hinrichtung auf Gott.

«Alles Geschaffene ist nur ein Gleichnis»; ein Gleichnis jenes Gottes, der den Menschen «als Sein Ebenbild, als Mann und Frau» geschaffen hat; jenes Übergewaltigen, der ewig in Seiner Ruhe schöpft und unwandelbar in Seiner Schöpfung ruht; jenes Gottes, demgegenüber alles Seiende nichts ist — und der dennoch alles Sein in lebendigem Gegenüber zu Sich-Selbst in Seine Herrlichkeit hereinnimmt und heiligt. Dieser Gott ist der Dreieine, der Vater, Geist und Sohn. Alles Seiende ist von Anbeginn im Sohne geschaffen und nur im Sohne auf Gott hingerichtet. Auf Ihn, den Richter über Lebende und Tote hin trägt alles Seiende das Gericht in sich selbst.

10. Seinsraum und Menschheit

Das Sein erstreckt sich in drei gewaltigen Dimensionen; es ist ein «Raum». Das Sein ist eine Komplementarität dreier gewaltiger Komponenten.

Jedes Seiende hat irgendwie sein eigenes Sein; als es-selbst. Indem es besteht, ist es begrenzt — und indem es begrenzt ist, besteht es; gegenüber dem Anderen. Das Sein ist strukturiert, gestaltet — und in seiner Strukturiertheit gibt es mannigfaltige Seinsformen mit je eigener Metrik. Keine zwei Seienden haben gleiche Seinsform; mehr oder minder verschieden sind die mannigfaltigen Formen.

Jedes Ding hat sein eigenes Sein; jede Person, jede Gemeinschaft, jede Familie, jedes Volk, jede Kultur, jeder Kulturkreis. Keine zwei Personen, Menschen haben gleiche Seinsform; keine zwei Völker, keine zwei Kulturen. Nicht nur von Mensch zu Mensch, von Volk zu Volk, von Kultur zu Kultur ändert sich die Seinsform, sondern auch von Lebensraum zu Lebensraum, von Erdteil zu Erdteil; ja sogar von Lebenszeit zu Lebenszeit, von Epoche zu Epoche.

Nun ist aber etwas Eigenartiges; ähnlich des Pauli-Verbots der Fermi-Statistik der Elektronen und Atomverbände: Die Mannigfaltigkeit alles Seienden füllt den gesamten Seinsraum aus; alle möglichen Zustände besetzend; wie Wasser alle Fugen eines Gefäßes ausfüllt. Die Mannigfaltigkeit aller Menschen, Völker, Kulturen aller Erdteile und Epochen füllt zusammen die dreifaltige Mannigfaltigkeit des Seins aus. Wie die Menschheit sich über die gesamte Erdkugel — von tropischen bis zu arktischen Gebieten, von Ost bis West, von den Tiefebenen bis zu den Hochgebirgen, wo immer irgend Lebensmöglichkeit besteht — ausdehnt und jeden leeren Siedlungsraum füllt, so überzieht die gesamte Menschheit auch den gesamten Raum des Seins. Das Sein ist aber eine Komplementarität in den drei Komponenten des Wirklich-Seins, Erkannt-Seins und Selbst-Seins; in Welt, Geist und Personalität.

Weiter ist etwas ganz Eigenartiges: Jeder Mensch, jedes Volk, jede Kultur hat als eben sie einen Standpunkt, eine Ausrichtung, eine Seinsgrundlage. Und so ist jede dieser drei Komponenten als Fundament wählbar, einnehmbar — und dieses Fundament wird zu einer so fraglosen Selbstverständlichkeit und so unmittelbar zum Wesen eines Seienden selbst, daß es gleichsam nicht mehr faßbar, sichtbar ist; vielmehr eben die Grundlage ist, von der her alles erst faßbar und sichtbar wird. Was heißt da noch «wählbar»? Dieses Fundament ist das Schicksal. Das Leben ist ein Wechselspiel von Freiheit und Schicksal; für einen Einzelnen, wie für ein Volk, wie für eine Kultur.

Tatsächlich füllt die Menschheit auch noch in dieser Mächtigkeit des Seins selbst den gesamten Seinsraum aus: Jeder der drei großen Kulturkreise, in denen die Menschheit lebt, hat eine andere der drei Seinskomponenten als Fundament. Und jeder dieser Kulturkreise ist wieder je in sich in allen drei Komponenten dreifaltig; mit je einer unübersehbaren Mannigfaltigkeit von Seinsformen: Der Seinsraum der Menschheit ist in den drei Kulturkreisen dreifaltig, in wiederum drei Seinsräumen, gleichsam in drei Unterräumen dreifaltig.

Diese drei Seinsräume sind ganz verschiedenen Wesens, unterschiedlich und doch zusammengehörig, sich ineinander spiegelnd, sich aufeinander abbildend, immer neu auseinander hervorgehend; jeder gegenüber, im Gegensatz zum Anderen bestehend und zugleich sich im Anderen begründend.

Schließlich noch etwas überaus Eigenartiges: Diese drei Kulturkreise, diese drei Seinsräume fallen irgendwie mit den drei Grundrassen der Menschheit zusammen: den Weißen (Europäiden), den Dunklen (Negriden) und den Gelben (Mongoliden). Freilich lassen sich in der Mannigfaltigkeit aller Rassen beliebige Mischformen, Zwischenformen, Übergangsformen und Kreuzungen finden. Die Koordinierung des Seins nach Wirklichsein, Erkanntsein und Selbstsein ist im Grunde Willkür — und vermutlich könnte man auch in beliebig anderen Tripeln koordinieren. Aber hinter all diesem steht ein ganz tiefer Zusammenhang; dem Sein und der Menschheit wesensgemäß zugehörig. Irgendwie ist diese Koordinierung den großen Kulturen doch schicksalhaft eingeprägt:

Der okzidental-europäische Seinsraum, Seinsbereich nimmt das Wirklich-Sein als Fundament. Der Schwerpunkt dieses Bereichs ist die Hochkultur Europas — und erstreckt sich von Rußland bis ins neue Amerika. Von Europa ist all jenes gewaltige Gedankengut der Wissenschaften und Weltanschauungen ausgegangen, das die heutige Weltmachtstellung Amerikas und Rußlands begründet. Dies ist im wesentlichen der Lebensraum der Weißen.

Der oriental-indische Seinsraum, Seinsbereich nimmt das Erkannt-Sein als Fundament. Der Schwerpunkt dieses Bereichs ist die Hochkultur Indiens — und erstreckt sich weit nach Südosten bis nach Australien und über den nahen Orient weit nach Südwesten, bis nach Afrika. Dieser Bereich ist im wesentlichen von dunklen Menschen bevölkert. In Indien ist mit der Überlagerung der frühen arabischen Eroberer über die schwarze Urbevölkerung eine überaus geistvolle Philosophie entstanden, welche die Spiritualität der dunklen Rasse mit der Schärfe westlichen Denkens verbindet und eine überaus hohe Geistigkeit hervorbrachte.

Der ostasiatische Seinsraum, Seinsbereich nimmt das Selbst-Sein als Fundament. Der Schwerpunkt dieses Bereiches ist die Hochkultur Chinas und Japans. Dies ist im wesentlichen der Lebensraum der Gelben. Eine merkwürdige Verwandtschaft mit diesem Bereich — bei aller Verschiedenheit — haben die geheimnisvollen Indianer-Hochkulturen des alten Amerika. Möglicherweise ist das alte Amerika erst relativ spät durch Einwanderung aus Ostasien über die Beringstraße bevölkert worden. Diese Annahme hat viel für sich; zumal in Hinsicht auf die Eskimos von Alaska, Nordkanada und Grönland. Im wesentlichen ist diese Annahme wohl richtig, wenngleich etwa Südamerika auch schon vor der mittelalterlichen Neuentdeckung ein Gemisch aller Rassenmerkmale in sich barg; ein Hinweis darauf, daß Amerika kein originales Ursprungsland einer bestimmten Rasse ist.

Diese drei gewaltigen Bereiche menschlichen Seins gründen sich in jeweils einer anderen Komponente des Seins — und sind somit ganz verschiedener Art. In jedem Bereiche sind zwar auch die jeweils beiden anderen Seinsformen vorhanden, denn das Sein ist immer ein dreidimensionaler Raum, ist eine dreifaltige Komplementarität, die in alle Teile und Unterbereiche nachfolgt. Aber die Eigenart des Verhältnisses der Seinsformen zueinander — wie sie einander verdrängen und ergänzen, gegenseitig befruchten und durchdringen und so das Dasein gestalten — ist verschieden: Eine jeweils andere Grund-Seinsform ist ja das Fundament.

In unserem okzidental-europäischen Seinsraum ist die Welt und ihre Wirklichkeit die Grundlage, der Maßstab. Die Welt ist fraglos gegeben. Irgendwie ist es in Wirklichkeit; irgendwie in ganz bestimmter Weise. Die Tätigkeit des Geistes besteht darin, diese Wirklichkeit der Welt zu begreifen, zu erkennen. Der Geist schöpft nicht, er schafft nicht, indem er Ungewesenes zu Dasein brächte, sondern er «entdeckt», er «erfindet»; er deckt auf, er findet auf, was bisher zwar schon da-war, aber eben im Verborgenen. Er macht bisher unerkannt Dagewesenes in der Erkenntnis greifbar. Der Geist sucht nach den der Welt eigenen «Gesetzen» — um in der Erkenntnis der Naturgesetze die Welt zu beherrschen und die Wirklichkeit zu gestalten, zu entfalten. Das Denken selbst muß nach entdeckten und gefundenen Gesetzen und Notwendigkeiten ablaufen, sonst ist es kein wirkliches Denken.

Dieser okzidental-europäische Bereich ist der Bereich der «klassisch-abendländischen» Philosophie; der Bereich der Wissenschaften, vor allem der «exakten» Naturwissenschaften; der Bereich der Technik und Industrie. Man kommt der Wirklichkeit und Weltbeherrschung näher, wenn man immer genauer und mit immer größeren Mitteln Fragen an die Welt stellt und die Theorie der Praxis immer strenger anpaßt: «Die Praxis ist die beste Theorie». Man kommt der Wirklichkeit näher, wenn man mit immer realistischeren Annahmen immer praktischer und immer weltnäher experimentiert; wenn man mehr entdeckt und mehr erfindet, eben mehr wirklich Daseiendes aufdeckt und auffindet; wenn man eben immer mehr, immer genauer, immer tiefer die Welt selbst allem anderen überordnet.

Das Magische findet hier keinen Raum; Gefühl und Verständnis dafür gehen in diesem Seinsraum immer mehr verloren: das ist ja alles unwirkliches, abergläubisches Zeug; Humbug für den aufgeklärten, wissenschaftlich Gebildeten. Daß die Technik heute Dinge vollbringt, wie sie bei weitem nicht der Geist der Wunderlampe Aladins zuwege brachte — Dinge, die uns in den Augen der «Primitiven» als perfekte Zauberkünstler kennzeichnen —, hat nichts Besonderes zu bedeuten: Die Forschungsinstitute und Produktionsstätten mit ihren Zyklotronen und Kranen, von denen dies ausgeht, und die Wissenschaftler, Ingenieure und Techniker mit ihren weißen Mänteln und Rechenschiebern, die dies betreiben, stehen greifbar gegenständlich vor uns und kosten einen Haufen Geld. Wir selbst gehören dazu und bezahlen und verdienen mit in diesem Getriebe; einem überaus wirklichen Umtrieb. Alles sind wirkliche Erkenntnisse, reale Formeln, reale Konstruktionen, ganz «natürliche» Geschehnisse.

Ist das wirklich so? Ja, dies ist wirklich so. Dies ist eben jener Bereich des Seins, der sich in der Wirklichkeit der Welt gründet.

Wo ist in diesem Bereiche das Personale, das Selbst-Sein alles Seienden? Es erscheint beinahe dumm, danach zu fragen! Die Wirklichkeit ist eben differenziert: dieses ist ein Baum, jenes ein anderer; dieses ist mein Grundstück, jenes deines; dieses ist mein Buch, jenes deines — und dieses ist meine Meinung, jenes deine; ich bin Spezialist für Schraubenköpfe, du für Mozartforschung; keiner kann alles wissen. Man hat Familienangehörige, Verwandte, Bekannte, Betriebskollegen; man hat Menschen aller Art um sich, mit denen man leben und auskommen muß. Jeder hat wieder seine eigene, andere Ansicht und Erkenntnis; meint was anderes; hält anderes für richtig, für wirklich. Aber man muß eben miteinander möglichst einfach, billig, reibungslos auskommen; man muß sich eben anpassen, Ausgleich suchen. Dies ist der Bereich des Sozialdenkens.

Die Verschiedenheit der Erkenntnisse, Ansichten, Meinungen ist ein an sich vermeidbares Übel, das nur praktisch in Wirklichkeit(!) doch unvermeidbar ist. Aber der «Fortschritt» wird dieses Übel vielleicht verringern oder gar beheben; eine Hoffnung, welche schon durch die zunehmende «Pluralisierung» der Gesellschaft sich als eitel offenbart. Die Erkenntnis ist ja nur inneres Abbild der einen und einzigen Wirklichkeit; Abbild, das — törichterweise, unvollkommenerweise — jedem Einzelnen irgendwie verschieden eigen ist.

Ist das wirklich so? Ja, dies ist wirklich so. Dies ist eben jener Bereich des Seins, der sich in der Wirklichkeit der Welt gründet.

Aus diesem Bereich des Seins ist gewaltiger Nutzen für die gesamte Menschheit erwachsen: Philosophie, Wissenschaft, Technik, die den Menschen praktische Orientierung gibt, die Härte des Lebens erleichtert und Menschen ernährt, die sonst des Hungers sterben müßten. Aber aus diesem Bereich erwächst auch eine furchtbare Gefahr: entgeistigende Veräußerlichung und Entpersönlichung; das Äußere nimmt überhand, das Innenleben schwindet, das Erkennen und Denken erstarrt in Automatismen und Formalismen, der Mensch wird zur Masse, zum Realfaktor. Und diese tödliche Gefahr ist am größten und gefährlichsten, wenn die Entwicklung so weit fortgeschritten ist, daß man sie gar nicht mehr empfindet. Diese Gefahr wächst mit der Perfektionierung des Seinsraumes, bis er sich selbst vernichtet.

Im Seinsbereich des oriental-indischen Raumes sind der Geist und seine Erkenntnis die Grundlage, der Maßstab. Das allein wahrhaft Seiende ist reiner Geist; Allgeist, der, selbst unfaßbar, unerkennbar, alle Geister und all ihr Erkennen trägt. Die Macht des all-einen Geistes läßt in der vollkommenen Erkenntnis lebendiges Geschehen werden und vergehen; läßt Welt und Welten entstehen und vergehen. Welt ist Erscheinung im Erkennen; die Schöpfung ist Vorstellung, Idee. Das Verhaftetsein, das Unterworfensein unter den Zwang des Daseins in seiner Vielheit, Wandelbarkeit und Gegensätzlichkeit ist Unerkenntnis: «Alles ist Wahn.» Vom Ararat, dem heiligen Mönch, der das Heil gewirkt hat, heißt es: «Nicht ist die Welt, erkennt er da.»

Es gibt Geister sehr verschieden großer Macht der Erkenntnis, sehr verschieden großer Schöpfungskraft und sehr verschiedener Art: Götter und Dämonen stehen neben und über den Menschen und ihrem Geiste. Je größer die Erkenntnis, um so mächtiger nimmt ein Geist selbst an der Schöpfung teil und setzt selbst Ordnungen, die von den schwächeren Geistern geringerer Erkenntnis als unabänderliche Gesetze anerkannt werden; je mächtiger ein Geist, um so mehr steht er über der wahnhaften Welt und den innewohnenden Geistern. Der Weg zur Erkenntnis ist Abkehr vom Äußerlichen, von den Erscheinungen, ist asketische Enthaltsamkeit, ist innere Besinnlichkeit, Meditation, Versenkung, Kontemplation.

Dies ist der Bereich des Wunders, des ungewöhnlichen schöpferischen Gestaltens — ungewöhnlich eben für die dem Zwang des Gewöhnlichen unterliegenden, erkenntnisärmeren Geister — in gesteigerter Macht des Geistes; dies ist der Bereich der Magie. Aber Wunder und Magie sind in diesem Bereich nichts «Unnatürliches», sondern die ganze Natur selbst; die ganze Schöpfung ist ja Vorstellung, Imagination, Magie; die ganze Welt ist Wunder. Der Zauberer und Magier gehört zur Gesellschaft ebenso natürlich wie im Westen etwa ein Bürgermeister oder Verwalter. Etwa Hexenverfolgungen und -verbrennungen wären in diesem Bereich undenkbar.

Naturgesetze, Gesetze sind vom Allgeist und den ihm nahen, erkenntnisgewaltigen Geistern schöpferisch Gesetztes, Gemachtes. Technik ist Machwerk, Blendwerk mächtiger Geister. Gemacht von Göttern oder Dämonen? Man begegnet ihr mit Scheu, Vorsicht, Zurückhaltung, Argwohn; wie auch wir langsam zu ahnen beginnen, mit gewissem Recht!

Wo ist in diesem Bereich das Personale? Es ergibt sich fast von selbst: Die der Schöpfung innewohnenden Geister sehr verschiedener Macht und Art — Götter, Titanen, Menschen, Dämonen, Tiere, Teufel — stehen einander gegenüber, einander mehr oder minder klar und schöpferisch erkennend und einander in ihrem Erkennen gestaltend; verschieden, je nach ihrer Macht und Art. Macht des Geistes zu erlangen und zu entfalten heißt neben die schöpfungskräftigen Geister treten, ihnen in personalem Bewußtsein begegnen. Wenn die Machtentfaltung nicht zur Verstörung führen soll, sind die anderen Mächte zu erkennen und den Machtverhältnissen angemessen anzuerkennen. Schon innerhalb menschlicher Geistigkeit sind die Ordnungen und Zugehörigkeiten — etwa in den Kasten — sorgfältig zu achten; erst recht im Bereich mächtiger Geister. Götter und Dämonen sind zu beschwichtigen, gnädig zu stimmen — und das ganze Leben ist von diesen Kulten durchdrungen und beherrscht. Gar das normale Geschehen — dh das nach den von mächtigen Geistern gesetzten Ordnungen ablaufende Geschehen — durch anormale Erkenntnisakte (im Sinne tatsächlicher Zauberei) durchbrechen zu wollen, kann den Unwillen und die Macht dieser selbstbewußten Geister verstörungbringend herausfordern. (Schon im nahen Orient und im alten Griechenland klingen diese Vorstellungswelten an).

Ist das wirklich so? Was heißt wirklich! Es ist erkanntermaßen so. Dies, wo so erkannt wird, ist aber jener Bereich des Seins, der in der Erkenntnis des Geistes gegründet ist.

Dieser Bereich ist von hohem Wert für die ganze Menschheit. Er eröffnet machtvolle Einblicke und den Zugang zu weltgestaltenden Gewalten: eine Geistigkeit, die das gesamte Leben durchdringt, trägt und gestaltet; eine wahre Geisteskultur gegenüber einer weitgehenden Körperkultur Europas.

Aber auch darin liegen Gefahren: die entweltlichende Verinnerlichung; Auflösung in unübersehbar viele Erkenntnisformen, die in ihrer Weltfremdheit das konkrete, individualisierte Sein tatsächlich als Wahn erscheinen lassen. Das Geistesleben entartet in abergläubischen Götter- und Dämonenkult und die Askese in sinnlose Selbstpeinigung und Selbstverstümmelung. Das Außenleben schwindet; gesunde technische, wirtschaftliche, soziale Planung findet keinen Boden. Stahlwerke, die man hinstellt, verrotten. Die Menschen sterben auf der Straße. Zugleich droht eine Entpersönlichung; allerdings gerade umgekehrt wie für den realitätsvergötzenden Menschen des Westens: Als grenzenloses Aufgehen in einem alle Verschiedenheit umfassenden alleinheitlichen Geist, in einer alle Geister und Welten zugleich belebenden Allseele; eine Gefahr, die auch den monotheistischen Formen dieses Bereichs in der Unstrukturiertheit droht.

Der okzidental-europäische und der oriental-indische Seinsbereich sind ganz anderer Art — und doch sind sie eine erstaunliche wechselseitige Vertauschung voneinander: Welt und Geist, Wirklichkeit und Erkenntnis, Ruhe und Schöpfung, Gesetz und Wunder, Außen und Innen. Diese Vertauschung durchzieht alles. So etwa empfinden wir die Geschichte als im wesentlichen die «Zeit der Geschehnisse», dort aber wird der «Raum der Geschehnisse» empfunden. So empfindet der okzidentale Mensch den Raum als den Träger des Seins — im Sinne des grundlegenden griechischen Spruches: «der Raum ist die Amme des Weltalls», gebärend und nährend — und empfindet eben dann komplementär dazu die Geschichte als «Zeit der Geschehnisse». Gerade umgekehrt empfindet der orientale Mensch die Zeit als den Schöpfer des Seins — im Sinne des wichtigen indischen Spruches: «Die Zeit ist der Same des Weltalls», zeugend und gestaltend — und empfindet komplementär dazu die Geschichte eben dann als «Raum der Geschehnisse».

Diese erstaunliche Umkehrung ist überaus tiefgehend und ist wesenhaft existentieller Natur; im Sein selbst begründet. Tatsächlich ist der Raum die «äußere Anschauung», die Zeit aber die «innere Anschauung». Der Mensch gleicht der Oberfläche eines abgrundlosen Sees: nach außen geht es ins Unermeßliche und nach innen geht es ins Unermeßliche; zugleich ist aber das Innen Spiegelbild des Äußeren und das Außen auch Spiegelbild des Inneren; gespiegelt an der Oberfläche, an der Grenze, im Bewußtsein der Personalität.

In allen Bereichen erscheint diese geheimnisvolle, im Sein selbst begründete Umkehrung und Vertauschung in der komplementären Ergänzung der Komponenten. Dies erscheint vor allem in der Mystik, denn die Mystik sucht das Wesentliche und die Vollendung im Wesen: Der Okzident gründet im Weltlichen, Wirklichen, Körperhaften. Deshalb sucht seine Mystik die Vervollkommnung in der Vereinigung mit der anderen Sphäre des Geistigen. Deshalb ist die westliche Mystik gekennzeichnet von einem titanischen Kampf gegen die Vorherrschaft des Weltlichen, Wirklichen, Körperhaften — und gelangt so zu einer merkwürdig unwirklichen, geradezu weltfremden und körperfeindlichen Geistigkeit; in ihrer Art von besonderer Feinheit, Schönheit und Jenseitigkeit. Der Orient gründet dagegen im Geistigen, Erkennenden, Ätherischen, gleichsam Wellenhaften. Deshalb sucht seine Mystik die Vervollkommnung zusammen mit einer heilbringenden Bewältigung des anderen, im Weltlichen gegebenen Bereiches. Damit erscheint dessen Mystik im Joga überfüllt und überwuchert mit mannigfaltigen Lehren über richtiges Atmen, richtiges Sitzen, richtige Körperhaltung, richtige Ernährung. So verbindet sich in der indischen Auffassung die mystische Ekstase mit physiologischen Organfunktionen; etwa mit Funktionen von Gehirn, Rückenmark, Zirbeldrüse usw; beispielsweise in der Lehre über «Kundalini». Dort ist dies aber nicht eine «Vermaterialisierung des Geistes», sondern eine heilsame Vergeistigung der Materie; die Materie selbst ist ja in diesem orientalen Seinsraum Geist.

Zur tötenden Vermaterialisierung des Geistes wird dies aber bei Übernahme in den okzidentalen Seinsraum. Denn eine derartige Verbindung ist der westlichen Mystik völlig fremd; aber offenbar nicht nur im Sinne eines noch fehlenden, erst noch anzueignenden Wissens, sondern ist ihr wesenhaft nicht eigen. Die Übernahme der Mystik eines anderen Seinsraumes wäre so, als wenn auf einmal Frauen zeugen und Männer gebären wollten und sollten.

Deshalb kann man die Mystik des anderen Seinsbereiches nicht einfach übernehmen. Denn was hier eine für die Vervollkommnung notwendige Ergänzung darstellt, erscheint und ist dort eine primitive und törichte Mißachtung der notwendigen Erfordernisse. So erscheint unsere abendländische Mystik im ohnehin übergeistigten indischen Raum als eine die körperliche Existenz bedrohende und damit unheilvolle Unausgewogenheit. Umgekehrt wird aber die Pflege der Jogalehre über Atmen in bestimmten Rhythmen, das Sitzen in bestimmten Stellungen, das Essen von bestimmten Speisen zu bestimmten Zeiten, in unserem Raume rasch zu eben jenem sich vermaterialisierenden Körperkult, welcher sich uns auf dem Wege gerade so versperrend in den Weg stellt.

Trotzdem und gerade deshalb gehören auch diese verschiedenen Dimensionen zusammen; in gegenseitiger Ergänzung. Aber nicht im primitiven, törichten und unheilvollen Versuch, sich die Art des Anderen selbst anzueignen, denn dies würde die Verstörung bedeuten. Sondern jeder muß in seiner eigenen Art die Ergänzung durch das Andere suchen und finden; die Vervollständigung des eigenen Seins auf dem eigenen Fundament. Tatsächlich bilden der okzidentale und der orientale Seinsbereich eine erstaunlich weitgehend einander spiegelbildlich-ähnliche Komplementarität miteinander; eine Komplementarität mit tiefgehender Vertauschung der Bedeutung der Komponenten; vergleichbar mit Raum und Zeit in der Physik.

Ganz anders ist der ostasiatische Seinsbereich:

Im Seinsbereich des ostasiatischen Raumes ist die Personalität und das Selbst-Sein die Grundlage, der Maßstab; wenigstens war es dies bis in die jüngste Vergangenheit: das bewußte Ich und das sich daraus ergebende Gegenüber zum Du und den Anderen. Dies ist der Bereich, in welchem die Lebenshaltung grundlegend von der Ehrfurcht und Autorität bestimmt wird: das Verhältnis vom Sohn zum Vater, von den Kindern zu den Eltern, von den jüngeren zu den älteren Geschwistern, vom Einzelnen zur Familie, Sippe, Großfamilie. Dies ist der Bereich des Patriarchats und eines geradezu mystischen Verhältnisses des Schülers zum Lehrer in Ehrfurcht und Verantwortung. Dies ist der Bereich der Ahnenverehrung — mit einer außerhalb dieses Raumes

unverständlichen Ergebenheit des Einzelnen in das Daseins-Bewußt-
sein von Familie, Sippe, Ahnenschaft.

China ist «das Land der Zehntausend Familien». Das Familien- und
Rassenbewußtsein steht über allem; die Siamisierung ist — auch heute
noch — das große Ziel. Gesellschaftslehren gestalten wie Religion
das Leben; sie sind überhaupt die Religion dieses Bereiches. Japan —
in ganz anderer Art, aber auf wesensgemäß gleicher Grundlage — ist
das Land des Staats- und Kaiserkultes; Kulte, die ebenfalls religions-
artig im Leben stehen.

Wie ein tiefgehender Gegensatz zu dieser Orientierung der Welt
erscheint die Entfaltung des Geistes. Dennoch ist es das wesensgemäß
gleiche Fundament der Personalität, des Selbst-Seins, auf dem sich das
Geistesgeschehen abspielt; gleichsam im Wechselspiel zwischen Welt
und Geist breitet sich das Leben dieses Seinsraumes aus.

In der Abkehr von dem im Selbstbezogenen verengten Ich-Bewußt-
sein wird der Anschluß an ein allumfassendes Über-Bewußtsein ge-
sucht: Abkehr vom Handeln, um in der Machtfülle einer namenlosen
Spontaneität der wirkenden, lebendigen Kraft teilhaftig zu werden;
Abkehr vom Denken, um in der Allgegenwart eines unfaßbaren Es
das Sein zu begreifen; Abkehr vom Wollen, um mit der gerechten
Ordnung des All in Einklang zu kommen. Aus dem «Nichthandeln» —
auch nicht nichts zu handeln — bricht die vollkommene Schöpferkraft.
Im «Nichtdenken» — auch nicht nichts zu denken — öffnet sich jene
Wesenlosigkeit, die alle Gestaltung umfaßt und ermöglicht.

Dies ist der Bereich eigenartiger, überaus feinsinniger Kunst und
eigenartigen, überaus geistreichen Spiels und Kampfes; einer Kunst, in
welcher der Künstler mit dem Wesen des ihm Gegenüber-Seienden
eins wird; eines Kampfes, in welchem der Meister so in die Unmittel-
barkeit seines Gegenübers eingeht, daß Gewalttat seines Gegners dessen Selbstvernichtung herbeiführt. In jahrelanger, beharrlicher Übung
lehrt der Meister seinen Schüler die Vermeidung der «Unterscheidung», mit welcher sich das Selbst-Seiende von Anderen und Allumfassenden abgrenzt und einengt. In jahrelanger persönlicher Begegnung lernt der Schüler an der Hand des Lehrers der tötenden Abstraktion, der Verhaftung an den logischen Apparat, und der vergewalti-
genden Aktivität, der Verhaftung an das tätige Wirken, zu entkommen.
Aber all die lange und harte Übung dient nur dazu, des Unvermögens des Verhafteten bis in die Wurzel der Existenz inne zu werden;
«dient nur dazu, daß sein Herz hinweggerafft werde». All das dient
dazu, um über sich selbst hinausgelangend dem all-einen «Es», dem

unmittelbaren Selbst zu begegnen: «Auf der Tempelglocke sitzt ein Schmetterling»; «In der Nacht ist ein Bambustrieb aufgesprossen»; «Ich stehe auf der Brücke, — sie gleitet dahin».

In diesem Bereich ist eine wundervolle, vielgestaltige und überaus feine Kultur entstanden; vielleicht — wenn man überhaupt Vergleiche ziehen kann und darf — ist in diesem Raume die mächtigste und bedeutendste Kultur der Erde geschaffen worden. Schon in der ebenso schönen wie unpraktischen und unformalen Bilderschrift, in welcher jeder Wert und Inhalt in eigenartiger Gestaltung als eben es-selbst erscheint, zeigt sich die Besonderheit dieses Seinsraumes. Unschätzbarer Reichtum ist von diesem Raume für die ganze Menschheit ausgegangen.

Aber zugleich ist dieser Seinsraum, der sich nicht auf die harte Realität der Welt und nicht auf die produktive Gewalt des Geistes, sondern auf das freie Gegenüber der Personalität gründet, besonders gefährdet; eben von Zerstörung durch das «Andere». An der hohen Geistigkeit nehmen immer und überall nur verhältnismäßig wenige, hervorragende Menschen Anteil — und die personal geordnete Welt, die grundlegenden Formen des Familien-, Gesellschafts- und Staatslebens sind besonders stark von wirtschaftlichen Kräften abhängig und einer besonders schnellen Umgestaltung durch äußere Mächte preisgegeben.

Diese eigenartige, existentielle Gefährdung durch «das Andere» haben diese Völker seit ältester Zeit auch zutiefst empfunden. Diese und nur diese Völker dieses Seinsraumes haben sich deshalb mit allen Mitteln staatlicher Macht allem Einfluß und Zugang von außen verschlossen. Erst im vorigen Jahrhundert wurde die «Öffnung» durch die Westmächte in einem Akt beispielloser Barbarei mit militärischer Gewalt erzwungen. Entsetzlich wird sich dieser Angriff auf das existentielle Fundament der größten und leistungsfähigsten Völker der Erde rächen. Dies bedeutet Urfeindschaft und bedingungslosen Vernichtungswillen einfachhin. Keine gemeinsamen Wirtschaftsinteressen und keine gemeinschaftliche Ideologie, keine sachlichen Handlungen und keine vernünftigen Überlegungen, nichts und gar nichts vermag die verheerenden Folgen aus dieser gegen das fundamentale Wesen des Seins dieser Völker verübten Gewalttat je aufzuheben.

Auch die Seinsräume sind der Wandelbarkeit unterworfen; sind gefährdet; besonders aber jene auf dem Selbst-Sein gegründeten: Die Hochkulturen des alten Amerika sind in voller Blüte im Handstreich hingemordet worden — und sind schlagartig fast spurlos verschwunden. Es hat den Anschein, daß auch über dem ostasiatischen Seinsraum die Schatten des Todes heraufgezogen sind und über all der Größe ein trauriges «war» schwebt. In unglaublich kurzer Zeit hat eine im Westen geborene Ideologie eines Pseudosozialismus China in der Seele getroffen — und wie eine Flut billigen Industrieramsches hat «american way of life» die Fundamente Japans unterspült. Die Bande der Tradition — die diesem Bereich wesenhaft zugehören — scheinen gesprengt; ein ebenso leerer wie gewalttätiger Rausch hat die Völker Ostasiens ergriffen. Die Jugend folgt neuen Leitbildern, die wir schon bis zur bitteren Neige geleert haben. Die größten und tatkräftigsten Völker der Erde haben ihr Fundament verloren; gewaltige Energien schießen in den freien Raum. Irgendetwas ganz Unheimliches ist im Entstehen; eine blutrote Zukunft liegt vor uns.

Ist vielleicht Indien die große Hoffnung? Starke Strömungen fördern den technischen, wirtschaftlichen, sozialen Fortschritt. Kann Indien — ohne sein geistiges Fundament aufzugeben und zu verlieren — einen festen Stand in der wirklichen Welt finden, um die ersehnte Großmacht des Ausgleiches zu werden? Sehr wahrscheinlich sind dies eitle Hoffnungen.

Wie ist das schließlich mit unserer westlichen Welt; mit Europa, mit Amerika und — in diesen Weiten auch auf diese Seite zu zählen — mit Rußland? Eine rasende, sich immer weiter beschleunigende Fortentwicklung, eine Exponentialfunktion des Entwicklungsstandes einer wildgewordenen, sich verselbständigenden Technik ist eine stilechte Ausartung dieses Seinsraumes; eine stilechte Ausartung zu einem Unwesen, Ungeheuer. In früheren Jahrhunderten, bis vor nicht allzulanger Zeit, war — bei aller Fundierung in der Wirklichkeit — das Gefühl für Geist, Würde, Hoheit, Autorität tief verwurzelt und bestimmte weitgehend das Leben. In einer schreckenerregenden Veräußerlichung wird jetzt der Geist zum Formalismus, zum Automatismus — und Sozialprestige, Gewalt und Demagogie treten an Stelle von Würde, Hoheit und Autorität. Wie ein Unsinniger schwankt der «moderne» Mensch des Westens zwischen Terror und Chaos.

In jedem Seinsraum treten naturgemäß wieder Dreiheiten mehr oder minder klar in Erscheinung; im Okzident, im Orient und auch in Ostasien. Im Hinduismus Indiens gibt es etwa die «höchste Dreifaltigkeit» (Trimurti) der Gottheiten Brahman, Visnu und Schiwa. In Korea — dem anderen Seinsraum gemäß anders — etwa die «Dreifaltigkeit» von König (wirklichkeitsbezogen), Lehrer (erkenntnisbezogen) und

Vater (personalbezogen), welche als Einheit in drei Personen erfaßt wird. Die Zahl der Beispiele wäre unübersehbar, fast unerschöpflich. Aber alle diese Dreiheiten sind nur Gleichnis, Abglanz, Mythos für die überweltliche Dreiheit des Dreieinen Gottes.

Diese Dreiheit spiegelt sich in den drei Seinsräumen der Menschheit — und spiegelt sich wiederum innerhalb der einzelnen Seinsräume; bis in die kleinsten Teilbereiche. Jeder Seinsraum ist wesensgemäß dreifaltig, welche Seinsform auch immer sein Fundament darstellt; dreifaltig in drei Seinsformen, dreidimensional, dreikomplementär. Wird eine der Seinskomponenten verabsolutiert und vergötzt — und verarmen und verunstalten die anderen Seinsformen, so wird dieser Seinsraum zu einem Unwesen, zu einem Ungeheuer. Nur in der Ausgewogenheit, im harmonischen Spiel von Welt, Geist und Personalität ist Ordnung, Freiheit und Leben; welche Seinsform auch immer das Fundament sein mag.

Jeder Kulturkreis ist in sich wieder dreifaltig; welche Seinsdimension er auch als Fundament haben möge. Dennoch ist keiner dieser Seinsräume sich selbst genügend. Die ihm in sich selbst drohende Gefahr wächst mit der Fortentwicklung, Vervollständigung eines jeden Raumes in sich. Mit der Perfektionierung wird die fundamentalisierte Seinsdimension immer mächtiger, tritt immer erdrückender in den Vordergrund. Das lebendige Spiel der dreifaltigen Komplementarität in Verdrängung und Ergänzung erstirbt. Trotz immer gesteigerter Machtentfaltung endet das Leben. Gerade aus der Vervollständigung je in sich und damit Absonderung vom Anderen erwächst die Verstörung.

Zugleich droht aber auch die umgekehrte Gefahr in der Begegnung der Seinsräume, im gleichsam Näherrücken der verschiedenen Kulturkreise und Seinsräume: Die gegenseitige Zerstörung der Eigenart in ihrer Verschiedenheit; eine Gefahr, die um so größer wird, je selbständiger sich jeder Raum in sich vervollständigt und je mehr er sich von der wesensgemäßen Dreiheit absondert: Eine Einebnung des in Verschiedenheit Eigenartigen bis zur völligen Vernichtung aller Werte.

Die Menschheit ist ein zusammengehöriges Ganzes; gerade in der eigenartigen Verschiedenheit der Kulturkreise, der Seinsräume. In der wechselseitigen Verdrängung und zugleich Ergänzung ist die Menschheit ein ganzheitlicher Organismus: eine mächtige Komplementarität. Nicht in der Einebnung im Zusammenwerfen des Verschiedenen und nicht in der Isolierung in der einseitigen Vervollständigung in sich, ist die Menschheit ein lebendiger, lebensfähiger Organismus; sondern in der Festigung eines Jeden in sich und zugleich Öffnung eines Jeden für den Anderen: Ohne Preisgabe der Eigenart, ja eben in der Entfaltung der Eigenart, sich aber zugleich dem Anderen hingebend, sich dennoch an das Andere verschenkend, ergibt sich das befruchtende, lebendige Gegenüber; das Gegenüber der Seinsräume, in welchem die Menschheit in ihrem dreiheitlichen Wesen Leben erlangt und Leben erhält.

Aber dieses Leben ist ein freies, lebendiges Wechselspiel in Verdrängung und zugleich Ergänzung komplementärer Seinsdimensionen. Da gibt es keine Zwangsläufigkeit. Die Seinsräume haben sich heute vervollständigt bis zur Perfektion — und begegnen nun einander; platzen förmlich aufeinander. Begegnen sie sich in gegenseitiger Vernichtung oder Belebung? Die Selbstherrlichkeit des Menschen und der ganzen Menschheit, die das Maß in sich sucht, von der jeder ihrer Räume und jeder Einzelne das Maß in sich selbst sucht, hat mörderische Formen angenommen.

Ungeheuerliche Umwälzungen spielen sich ab. Sind dies die Zeichen des Fortschritts? Es sind die Zeichen der Zeit der sich anbahnenden Selbstvernichtung des Menschen, im Gerichte des höchstpersonalen Gottes; des Schöpfers und Herrn aller Welten und Geister.

Drei Seinsräume, jeder in den drei Seinsformen dreidimensional, dreikomplementär und je sich auf eine andere dieser drei Seinsformen gründend, sind dem Lebensraum des Menschen und seiner Geschichte eigen. Aber auch jeder Seinsraum ist dreifaltig in Vielheit, Wandelbarkeit und Gegensätzlichkeit. Unübersehbar viele verschiedene Lebens- und Gesellschaftsformen und viele verschiedene Religionen erfüllen die Erde.

Seinsräume und Religionen! Dem Menschen als Geistwesen ist die Suche nach dem Ewigen einfachhin Lebensinhalt — und bestimmt das Leben von den primitivsten bis zu den höchsten Kulturen aller Kontinente und Epochen. Jeder Seinsraum bildet seine eigenen Religionen aus; Religionen, welche das dem Menschen wesenseigene Hingerichtetsein auf den Schöpfer ausdrücken und in den jeweiligen Seinsformen Gestalt annehmen lassen; mehr oder minder tief und klar. Eine Mannigfaltigkeit von Religionen überzieht die Erde: Christentum, Islam, Parsismus, Hinduismus, Buddhismus, Konfuzianismus, Zen — und vieles mehr. Religion ist dem Menschen wesenseigen, ist seiner Natur gemäß; wenn nicht im Guten, dann im Bösen; wenn nicht als Glauben, dann als Aberglauben; wenn nicht in der Anerkennung und Verehrung Gottes, dann in Ablehnung und Verneinung; wenn nicht im lebendigen Gegenüber, dann im mythischen Symbol. Menschen und Kulturen, die gegenüber dem Ewigen in Gleichgültigkeit verfallen, sterben, denn Religion ist die Lebenskraft der Menschennatur. Und die Formen der Religion wandeln sich mit dem Wandel des Seins; sind der verschiedenen Natur verschiedener Seinsräume verschieden eigen.

Ein Gott, eine Wahrheit — und viele, verschiedene Religionen! Wie sollen wir uns dazu stellen? Eine Frage, die unser unmittelbares Sein und Wesen angeht.

Sollen wir alle anderen Religionen als gottlosen, verderblichen Irrtum brandmarken und ihre Anhänger verurteilen oder gar verbrennen; obwohl dadurch Haß, Verachtung, Mord gesät wird — und obwohl Christus sagt, daß dem Feuer der Hölle verfalle, wer zu seinem Bruder «Gottloser» sage? Sollen wir alle Religionen, alles zusammennehmend, zu unserem Eigen machen und alle als Brüder in der Wahrheit annehmen; obwohl dies die Auflösung jeder geistigen Struktur bedeutet — und obwohl Christus sagt, daß Sünde und Gericht darin bestünden, daß die Menschen nicht an Ihn glaubten? Sollen wir aus jeder Religion das allen Gemeinsame herausnehmen; obwohl dann nichts übrig bliebe, was Erlösung und Heil sein könnte? Sollen wir gar aus jeder Religion das uns Angenehme auswählen und selbst entscheiden, was gut und böse, was heilig und verderblich sei; gerade als seien wir selbst das absolute Maß? Eine furchtbare Versuchung ist das Wähnen, einen allen Religionen nochmals übergeordneten Standpunkt einnehmen zu können; ein Wahn, eine Leere, die das Wesen des Seins nicht begreift und das Wesen des Menschen verstört. Eine wahrhaft tödliche Gefahr liegt in dem Vermeinen, des Überseins mächtig zu sein. Der ewige Tod folgt jener Ursünde des Hochmuts im satanischen Wollen, «wie Gott zu sein».

Niemand und nichts kann über sich selbst hinaus. Der Europäer erkennt als Europäer, denkt, spricht und schreibt als Europäer. Ein Inder oder ein Chinese würde wohl ein solches Buch gar nicht schreiben; oder es so ganz anders schreiben, daß man wohl das Gegenstück gar nicht erkennen würde. Niemand kann seine Seinsstruktur übersteigen; niemand kann aus seinem Seinsraum ausbrechen und sich eines Überseins bemächtigen. Denn dieses gibt es nicht; außer in Gott selbst.

Was also!? Wenn man ein Ziel erreichen will und der Fahrplan zeigt viele Züge, kann man diesen oder jenen Zug wählen; aber immer nur einen. Sollte man alle Züge verbieten, bis auf einen? Vielleicht würde dieser nicht alle Passagiere fassen oder nicht für alle passen! Können und dürfen wir frei zwischen dem Verschiedenen wählen — und ist jede Wahl für jeden ein Weg zum Heil? Was also ist die Vielheit der Religionen?

Kein Geschaffener kann diese Fragen aus sich beantworten; nur der Schöpfer selbst. Aber Gott ist der Dreieine, der in Seiner Personalität den Menschen in Fleisch und Blut gegenübergetreten ist. Die Lehre Christi — als Wahrheit des Dreieinen selbst — ist allen Menschen aller drei Seinsräume gleich nahe; sie ist mehr als jede der großen «natürlichen» — nicht geoffenbarten — Religionen, die aus den verschiedenen Seinsräumen selbst entstanden sind und ihnen selbst zugehören: Sie ist die Antwort des Schöpfers selbst; sie ist Offenbarung des Dreieinen selbst.

Warum dann überhaupt den Blick hineinwerfen in die anderen Seinsräume, warum die Eigenarten der anderen Seinsräume zu begreifen suchen? Um die Größe und Vielfalt der Schöpfung und die Weite des Auftrags ehrfürchtig staunend ahnen zu können: «Lehret alle Völker im Namen des Vaters, des Sohnes und des Geistes»; damit wir uns in der Verkündigung nicht auf die Horizonte, Methoden und Formen eines speziellen Raumes verengen — und uns damit vor der Erfüllung dieses Auftrags verschließen; daß die christliche Kirche über eine Kirche der Europäer hinauswachsend zu einer Kirche aller Völker werden könne. Gott ist der Allumfassende; erst alles Sein, alle Seinsräume zusammen sind volles Spiegelbild des Dreieinen in der Schöpfung.

Das Sein! Alles Geschaffene ist nur ein Abbild der ewigen Dreiheit des Seins, des Nichts und des Wortes, welches das Sein vom Nichts scheidet. Alles geschaffene Sein ist nur Spiegelbild des ungeschaffenen, in nichts bedingten und im Nichts Seienden Gottes; des JAHWE, dh dessen, «der ist, weil Er Ist». Heil ist nur in diesem unbegreiflichen Gott, auf den hin alles Seiende Ist.

Er zeigt nicht den Weg, Er sagt nicht die Wahrheit und Er bringt nicht das Leben, sondern allein Er selbst Ist der Weg, Ist die Wahrheit und Ist das Leben; Er, der Herr über das Sein und das Nichts im allgewaltigen Wort; Er, der Herr über Leben und Tod, der Herr des Gerichtes; Er, der Dreieine.

Abu 'I-Kasim Mohammed 380, 436
Ambarzumjan V. A. 288
Ampère André Marie 476, 484
Augustinus Aurelius 436

Bardeen J. 253
Beethoven Ludwig van 573
Bessel Friedrich Wilhelm 452
Bethe Hans Albrecht 281
Bohr Niels 149, 237
Bondi Hermann 191
Boole George 79
Broglie Louis Victor de 207, 457
Büchel Wolfgang 526

Calvin Johannes 380, 436
Celsius Anders 281
Chandrasekhar Subrahmanyan 296
Compton A. 212, 236, 285, 455, 478, 507
Coulomb Charles A. de 199, 247, 410
Critchfield Charles Louis 281

Descartes René 74
Dirac Paul Adrien Maurice 199
Doppler Christian 173, 182, 189

Eddington Arthur S. Sir 199, 259, 268
Einstein 167, 300-5, 360, 389, 394, 520, 526
Fermi Enrico 225, 263, 268, 501, 583
Fleischmann Rudolf 476
Fourier Jean-Baptiste 505, 512
Fresnel Augustin 476, 483, 493, 508
Friedmann Alexander 148, 280
Furtwängler Wilhelm 573

Galilei Galileo 183, 342, 349, 353
Gauß Karl Friedrich 228, 299
Gautama Buddha 32, 132-135
Gell-Mann Murray 256
Goedel Kurt 83
Goethe Johann Wolfgang von 18
Gogol Nikolai Wassiljewitsch 59, 309, 399

Hale George Ellery 4
Haydn Josef 573
Hamilton William Rowan Sir 415
Heisenberg Werner 140, 445, 497, 504
Hertz Heinrich Rudolf 448, 561
Hofstadter Robert 226
Hoyle Fred 191
Hubble Edwin 148, 175, 186
Huygens Christian 55, 446

Jahwe 10-12, 14, 28, 42, 93, 117, 128, 137,
333, 437, 467, 531, 550, 556, 598
Jesus Christus 15, 18, 22, 38, 42, 54, 63-4
96, 134-6, 203, 333, 557, 582, 597, 598
Johannes St. 333
Jordan Pascual 199, 268

Kant Immanuel 180
Kelvin William Thomson 281

Kepler Johannes 568
Klein Felix 449
Kippenhahn Rudolf 295
Kopernikus Nikolaus 180

Lagrange Joseph-Louis 415
Landau Lew Dawidowitsch 304, 308
Laplace Pierre-Simon 510, 517, 521
Lemaître Georges 148
Lifschitz E. M. 304, 308
Lobatschewski Nikolai Iwanowitsch 179
Lorentz Hendrik 183, 254, 345, 385

Mac Gregor M. H. 237, 296
Mach Ernst 508
Markarjan B. 288
Marx Karl 564
Matschinski Matthias 179
Maxwell James C. 282, 296
Minkowski Hermann 382, 435
Moses 10
Mößbauer Rudolf 394

Newton Isaac Sir 55, 446
Nietzsche Friedrich Wilhelm 31

Olbers Wilhelm 174

Pauli Wolfgang 429, 501-503, 583
Paulus St. 96
Philberth 153-9, 191-209, 218, 223-8, 235-8,
242-3, 247-58, 266-76, 309-23, 347, 468-71
Pilatus Pontius 72
Pinajew W. S. 281
Planck Max 140, 149, 454
Plato 568
Poynting John Henry 486, 488

Riemann Bernhard 179
Röntgen Wilhelm Conrad 298, 448, 482

Salpeter Edwin E. 281
Schrödinger Erwin 240, 445, 497
Schwarzschild Karl 169, 309
Schwinger Julian Seymour 237
Seyfert C. K. 287
Shapiro J. J. 200
Sommerfeld Arnold 232, 304

Teufel 15, 65, 126, 129, 136, 557, 597
Tolmann Richard C. 371

Unsöld A. 292

Volta Allessandro 484
Virchow Rudolf 36

Wagner Hansjörg 572
Weber Joe 317
Weber Wilhelm Eduard 476
Weizsäcker Carl Friedrich 281, 445
Wenzl Alois 481
Witmer E. E. 259
Wyler Armand 259

Yukawa Hideki 224

Personenverzeichnis 599

Sachverzeichnis I 5

I 5 *Sachverzeichnis*

MAKROKOSMOS, MIKROKOSMOS, KOSMISCHE GESCHICHTE

1. Wie das Sein, hat auch die Physik drei komplementäre Komponenten: die Aktualität der Wechselwirkungen wird von der Quantenphysik, die Essentialität der Größenverhältnisse wird von der Relativitätsphysik, die Existenz der Elementar- und Weltgrößen wird von der Existenzphysik — einer Physik des Daseins — erfaßt.

2. Die Existenzphysik zeigt Elementarteilchen und Weltall als strukturelle Einheit. Sie verbindet Quanten- und Relativitätsphysik und trifft aus deren Möglichkeiten eine eindeutige Auswahl. Es verschwinden die freien Parameter. Es bleibt *eine* Mikro-Makro-Struktur.

3. Dies ist Einheit des Wesens in Vielfalt der Formen. Die Mannigfaltigkeit wird durch komplementäre Offenheiten möglich: zur quantenphysikalischen Unbestimmtheitsrelation und zur relativistischen Systemwahlfreiheit tritt eine existentielle Mehrschichtigkeit in verschiedenen, seinsgestaltenden Aspekten.

4. Der Mikro- wie Makrokosmos ist beherrscht vom Wirkungsquantum h und der Invarianzgeschwindigkeit c. Die Wirkungsdichten eines mit c expandierenden Weltraumes bestimmen die kosmische Entwicklung. Wirkungsdichten und Expansion sind im Nukleon begründet.

5. Mit der Elementarmasse m (statische Proton-Masse) gibt es eine Elementarlänge $\lambda = h/mc$. Diese ist zugleich der Radius von Proton, Elektron und Pion. Dazu gibt es eine Elementardauer $\tau = \lambda/c$. Das Weltall hat ein Alter von Z (Zeitzahl; heute 10^{41}) Elementardauern. Jedes Nukleon hat in seinem Feld Z Wirkungsquanten und Z Perioden.

6. Die Grundstrukturen des Mikro- wie Makrokosmos sind mit λ und τ gequantelt. Relativistisch variante «Elementargrößen» sind keine «Kleinstgrößen». Dies sind überhaupt wesenhaft verschiedene Begriffe.

7. Die Elementarmasse m (dh ein jedes Nukleon) erschließt mit jeder weiteren Elementardauer τ der Alterung ein neues Wirkungsquantum h. Diese Wirkungsquanten ordnen sich umeinander in λ-starken Kugelschalen, konzentrisch zum Teilchen: jede λ-Schale mit $1\,h$ Wirkung.

8. Diese Wirkungsquanten «lagern» sich nicht nur mit der Zeit im Raum, sondern diese Wirkung *ist* überhaupt die Raumzeit des Nukleons. Die Gesamtwirkung aller Nukleonen des Weltalls *ist* die Welt-Raumzeit. In der mit τ fortlaufenden Wirkungserschließung ist diese λ-Schalenvermehrung wesenhaft identisch der «Expansion» des Nukleonraumes und damit des Weltraumes; eine Expansion identisch c.

9. Diese periodische Wirkungserschließung ist die Materiewelle und das Feld des Teilchens. Expansion, Wirkungserschließung, Materiewelle und Feld sind verschiedene Aspekte derselben Wesenheit.

10. In Alterung und Expansion ist das Weltall vollkommen raum-zeit-symmetrisch. Die Kugelschalen eines Nukleons altern nicht: Je weiter eine Schale schon entfernt ist, um so früher wurde sie erschlossen — und dieser frühe Moment ist ihr unverändert eigen.

11. Die zuerst erschlossene Schale ist zugleich die weitest entfernte: Am «Ursprung» des Kosmos, zeitlich das volle Weltalter T zurück; und am «Rand» des Kosmos, räumlich die volle Welttiefe R entfernt. Das Weltall ist endlich; in Unerreichbarkeit seiner Grenzen.

12. Die im Nukleon begründete Konstant-Expansion des Weltalls hat zugleich einen makrokosmischen Aspekt: Eine Galaxie wird zwar gravitorisch von fernen Galaxien angezogen (was die Potentialenergie begründet); aber nicht von dem ganzen Großraum, in dem die fernen Galaxien eingebettet sind (da sich darin die positiven Massenenergien und die negativen Potentialenergien zu Null ergänzen): Die Expansion ist auch unter diesem Aspekt ungebremst.

13. Das Weltalter T im wesenhaft ungebremsten Kosmos ist genau reziprok der Hubble-Konstanten. Die Tiefe R des Weltalls ist $T \cdot c$. Zur Zeit ist etwa $T = 10^{41}\,\tau$, das sind 14 milliarden Jahre; R ist demgemäß 14 milliarden Lichtjahre. Dies bestätigt sich mit den astronomischen Fakten: Parabolische oder gar elliptische Expansion würde die Singularität weniger weit zurück extrapolieren (nicht einmal 10 milliarden Jahre) als das für Kugelhaufen-Sterne bestimmte Alter (12 milliarden Jahre).

14. Jedes Wirkungsquantum pro seinem Raum·Zeit-Abstand gibt eine «Wirkungsintensität». Der Summenwert aus dem Feld eines Teilchens ergibt die Feldkonstante φ; mit dem halbquantigen Spin der Fermionen: $\varphi = {}_1\Sigma(n+\tfrac{1}{2})^{-2}$. Der Summenwert aus dem ganzen Weltraum ergibt die Existenzvariable Y; mit der effektiven Weltmasse M und dem Weltradius R gilt: $Y = M\lambda/mR$; $Y' = Mc^2/R$.

15. Die Feldkonstante φ ergibt sich aufgrund der λ-Quantelung: ebenso aus der von der Elementarmasse m erzeugten, mit c expandierenden Raumzeit; wie aus dem von der Elementarladung e erzeugten, mit c sich ausbreitendem, elektrostatischen Kugelfeld. Die Feldkonstante φ, die Feinstrukturkonstante α und die Kreiskonstante π beherrschen die gesamte Elementarteilchenphysik.

16.   Die Elektron-Masse ist (von der kleinen Magnetfeldmasse abgesehen) genau die Verkörperung der elektrostatischen Hohlkugel-Energie der Elementarladung e. Der reale Elektron-Radius ist gleich der Elementarlänge λ : Elektron-Radius $\langle \varphi e^2/2m_{es}c^2\rangle$.

17.   Es ist die statische Protonmasse $m_{ps} = m$ (Elementarmasse); die statische Elektronmasse $m_{es} = m\cdot\varphi a/4\pi$; die Pionmasse $m_\pi = m\cdot\varphi/2\pi$. Die totale Protonmasse $m_p = m + m_{pm}$ bzw Elektronmasse $m_e = m_{es} + m_{em}$ ist um die Magnetfeldmasse m_{pm} (0,1‰) bzw m_{em} (3,4‰) größer. Dies ergibt Verhältnisse m_e/m_p bzw m_π/m_p innerhalb der Meßgenauigkeit.

18.   Eine mit c kreisende Elementarladung e induziert einen Elementar-Magnetfluß $\varphi ah/e$. Auf λ-Radius ergibt sich damit eine Elektronmasse m_{es}. Mit deren Compton-Länge als Umfang ergibt sich damit die Elektron-Magnetfeldmasse m_{em}. Mit dem Proton-Magnetmoment auf λ-Radius ergibt sich damit die Proton-Magnetfeldmasse m_{pm}.

19.   Die drei Grund-Elementarteilchen sind: das Proton, als leichtestes und einzig stabiles Baryon; das Elektron, als leichtestes und einzig stabiles Lepton; das Pion als leichtestes Meson. Ihre Grund-Terme — sowie der Supraleitterm und ein Kernbindungsterm — werden von einer einheitlichen Grundformel als Gruppe erfaßt.

20.   Sie existieren vertauscht in drei Grund-Eigenheiten; mit verschiedenen Masseanteilen an der Welt-Materialität: erstrangig Masse mit Schwerefeld (999,4‰); zweitrangig Ladung mit elektrischem Feld (0,5‰); drittrangig Spin und Kernfeld bzw Magnetfeld (0,1‰).

21.   Das Proton ist als Elementarmasse m fundamental existent; Ladung und Spin kommen komplementär hinzu. Die Elementarmasse m ist nicht die Verkörperung einer eigenen Feldenergie des Protons, sondern strukturgebendes Element des Weltalls. Die Ladungsergänzung zur Protonladung e^+ — als Ladungsloch e^- — ist das Elektron.

22.   Das Elektron ist als Elementarladung e fundamental existent; Masse und Spin kommen komplementär hinzu. Die Elektronmasse ist die Verkörperung der elektrischen Feldenergie des Kugelfeldes, das strukturell gleich dem raumzeitlichen Feld der Elementarmasse ist.

23.   Das Pion ist als geschlossenes Spin-Feld fundamental existent; Masse und Ladung kommen komplementär hinzu. Es hat kein Dreh- und Magnetmoment; es *ist* Umlauf. Die Pionmasse ist die Verkörperung der Energie des geschlossenen, materiellen Feldes: Träger der Kern-Bindungsenergie, die sich so zu 9 *MeV*/Nukleon errechnet.

24. In einem der Aspekte besteht das Nukleon als 6 Pionen eines vollsymmetrischen, unveränderlichen Core; dazu ein 7. Pion, in dem sich Proton und Neutron unterscheiden. Damit reagiert das Nukleon mit den 4 Radien: λ (weich), $\lambda/2$ (magn.), $\lambda/6$, $\lambda/2\pi$ (hart).

Wirkung und Weltgeschichte

25. Die Elementar-Ladung e und die Elementar-Masse m besitzen je ein über den gesamten Weltraum erstrecktes, radial-offenes, λ-periodisches Feld. Die individuelle Mikrowirkung dieses Feldes gibt die Ladungskraft (Coulomb-Kraft); die kollektive Makrowirkung gibt die Schwerkraft. Zwischen Proton und Elektron ist die Ladungskraft ebenso proportional λ/e (Elementarlänge/Elementarladung), wie die Schwerkraft proportional R/M (Weltradius/Weltmasse).

26. Die Wirkungsintensität derjenigen Schale eines Teilchens, in der das andere Teilchen steht, ergibt im Verhältnis zum Summenwert aus allen Wirkungsintensitäten: des einen Teilchens die Ladungskraft; des ganzen Weltalls die Schwerkraft. Damit ist die individuell-mikrokosmisch auf das Teilchen orientierte Ladungskraft ebenso proportional $1/\varphi$, wie die kollektiv-makrokosmisch auf das Weltall orientierte Schwerkraft proportional $1/Y$.

27. Den Makrokosmos beherrscht die Existenzvariable $Y = 3Z\eta$. Diese ist mit der Zeitzahl Z und der effektiven Wirkungsdichte η zeitlich variabel. Sie ist räumlich konstant, spaltet aber nahe dichter, schwerer Massen in einen «verdünnten» kosmischen und einen «entkoppelnden» stellaren Anteil auf.

28. Der Gravitationsfaktor G ist durch Y bzw durch Y' bestimmt: $G = (2/Y) \cdot hc/m^2 = 2c^4/Y'$. Die Gravitation ist ebenso Folge des Wirkungsinhaltes des Weltraumes wie die relativistische Raumkrümmung in der Nähe von Massen. Wie im Mikrokosmos, so sind auch im Makrokosmos die Wirkungen (Energie·Zeit-Produkte) bestimmend.

29. Das Pulsations-Modell oder das Steadystate-Modell wäre raumzeitlich unsymmetrisch und hätte mit seiner unbegrenzten Zeit einen unbegrenzt großen Wirkungsinhalt. Ein Bigbang-Modell mit einer Singularität großer Masse erklärt nicht deren Herkunft und hätte einen irrealen Wirkungsinhalt. Demgegenüber führt die Anknüpfung an ältere Vorstellungen (Eddington, Dirac) zum realen Modell:

30. Die Gesamtenergie des Weltalls — die Summe aus positiver Massenenergie und negativer Potentialenergie — ist immer gleich Null.

31. Der Satz der Energieerhaltung ist streng gültig: absolut kosmisch in dem Sinne, daß die Gesamtenergie zu allen Zeiten gleich null ist; relational für jeden beliebigen Beobachter im Sinne des ersten Hauptsatzes. Die elektrische Ladung des Weltalls ist insgesamt immer null.

32. Anfänglich entsteht die Materie, endlich vergeht sie wieder: unter unsymmetrischer Teilung des Nichts in einen positiven und einen negativen Energie-Anteil: nur mit Materie (keine Anti-Materie); Expansion und Alterung nur in einer Richtung.

Die homogene Entstehungsphase

33. Im Ursprung existierte 1 Nukleon zu einer Weltzeit von $1\,\tau$, in einem Weltraum mit der Tiefe $1\,\lambda$. Alle Größen hatten den Zahlenwert 1. Die Schwerkraft war gleich der Ladungskraft. $Y = 1$.

34. Die Materie entstand in vollkommener Homogenität; quadratisch mit der Weltzeit in einem kollektiven Feld mit genau $1\,h$ pro Elementar-Volumen; in völliger Vertauschbarkeit: als absolut kalte Neutronen, die in heißes, reines Wasserstoffplasma zerfielen.

35. Die Schwerkraft nahm reziprok dem Weltalter ab, während die Ladungskraft konstant blieb. Das kosmische Potential war immer $-c^2$.

36. Die Stoßzeiten zwischen den Teilchen waren länger als ein Weltalter. Es konnten keinerlei Kernfusionen stattfinden. Der Weltraum war völlig dunkel. Die Nukleonenentstehung endete durch Inhomogenisierung; bei $Y = 3 \cdot 10^{39}$.

37. Die Inhomogenisierung wurde erst möglich, als die Neutronenzahl relativ zur Protonenzahl zu klein wurde, um deren statistische Schwankungen auszugleichen. Aus der Neutronen-Lebensdauer berechnet sich diese Zeit zu rund 1 Jahrmilliarde; recht genau übereinstimmend mit der Berechnung aus dem heutigen Gravitationsfaktor G_0.

38. Am Ende der Homogenphase war die größte Nukleonenzahl im Weltall gegeben; als homogenes Gas — $\frac{1}{2} \cdot 10^{80}$ Protonen und Elektronen; 15 Paare pro Liter —, das sich nun in Wolken zu ballen begann.

Die inhomogene Gestaltungsphase

39. Die Inhomogenisierung wurde durch wellenmechanische Entstehungssteuerung eingeleitet. Aus der Neutronen-Zerfallsenergie berechnen sich rund 30 milliarden Ballungszentren; spätere Galaxien.

40. Der Zusammenfall der noch drehmomentfreien Wolken erfolgte unter langwelliger Verstrahlung der Elektronen-Bewegungsenergie aus

dem Neutronen-Zerfall: qualitativ und quantitativ die Hintergrund-strahlung. Mit weiterer Verdichtung begann das Weltall zu leuchten. Es bildeten sich die Quasare als Proto-Galaxien.

41. Der Lichtdruck der Quasare schob intergalaktische Gasmassen zu Wolken zusammen, welche die Kugelhaufen der späteren Halo bildeten.

42. Mit übergigantischen Explosionen der Quasar-Kerne wurden Teil-wolken ausgestoßen und mit Nachbargebieten ausgetauscht: die Massen der späteren Galaxien erhielten damit ihre Drehmomente. Ausgestoßene Gasstrahlen bildeten die Spiralarme der Galaxien.

43. In den abkühlenden Spiralarmen ballte sich die Materie zu leuch-tenden Sternen. Deren Leuchtkraft und Lebensdauer wird von den kern-atomaren Reaktionen bestimmt: sie sind zu Ende, wenn im Sterninneren der Wasserstoff zu Helium und schwereren Kernen verbrannt ist.

44. Heute — bei $Y = 2 \cdot 10^{39}$ — leuchten nur noch 4% der ehemaligen Materie; in $2 \cdot 10^{21}$ Sternen von $\frac{1}{2} \cdot 10^{11}$ Galaxien. Ein Großteil der Ma-terie ist schon verstrahlt und verrotet. Der Gravitationsfaktor G, welcher lange Zeit fast konstant war, steigt heute langsam an: $\frac{1}{2} \cdot 10^{-10}/a$.

Die entartete Vergehungsphase

45. Ausgebrannte Sterne fallen zu nukleonendichten Neutronensternen zusammen. Durch Materieaufnahme aus dem Interstellarraum erreicht schließlich ein ausgebrannter Stern die Existenz-Grenze: das tiefst-mögliche Potential $-2c^2$.

46. Diese Grenze ist — analog c — ein quasi-unendlicher, nicht über-schreitbarer Wert. Jenseits dieser Grenze gibt es nichts. Es gibt keine «Schwarzen Löcher»; kein jenseits des Schwarzschildradius.

47. An der Existenzgrenze wird die Defektmassen-Funktion fallend, was eine existentielle Instabilität bedeutet. Damit setzt ein sich selbst beschleunigender Kollaps ein, mit dem die Masse innerhalb einer Milli-sekunde partiell oder total in Neutrinos verstrahlt.

48. Die jähe Verstrahlung großer Massen, ebenso das rasch schwin-gende Zusammenfallen von Restmassen, erzeugt Gravitationswellen.

49. Aufgrund des Anstieges des Gravitationsfaktors G erreichen immer kleinere Massen die Entkopplungs-Grenze, an der sie verstrahlen.

50. Nach und nach verstrahlt alle Materie. Die Energie der Strahlung nimmt reziprok mit der Weltzeit ab. Am Ende — in 10^{50} Jahren; bei $Y = 1$ — werden Raum und Zeit selbst wesenlos und nichtig: Das Welt-all ist wieder ins Nichts versunken.

c	Invarianzgeschwindigkeit (Lichtgeschw.)		$2{,}997\,925 \cdot 10^{10}$ cm/sec	$\pm\,0{,}0003$ ‰
h	Wirkungsquantum (Elementar-Wirkung)		$6{,}626\,196 \cdot 10^{-27}$ $erg{\cdot}sec$	$\pm\,0{,}0033$ ‰
m	Elementarmasse (statische Proton-Masse)		$1{,}672\,412 \cdot 10^{-24}$ g	S. 236
m_{pm}	Proton-Magnetfeldmasse	$m \cdot (^2/_9) \cdot \varphi a/4\pi$	$0{,}000\,202 \cdot 10^{-24}$ g	S. 236
m_p	Proton-Masse, total	$m + m_{pm}$	$1{,}672\,614 \cdot 10^{-24}$ g	S. 236
		Meßwert	$1{,}672\,614 \cdot 10^{-24}$ g	$\pm\,0{,}0055$ ‰
m_{es}	Elektron-Masse, statische	$m \cdot \varphi a/4\pi$	$9{,}078\,591 \cdot 10^{-28}$ g	S. 238
m_{em}	Elektron-Magnetfeldmasse	$m_{es} \cdot \varphi a/2$	$0{,}030\,965 \cdot 10^{-28}$ g	S. 238
m_e	Elektron-Masse, total	$m_{es} + m_{em}$	$9{,}109\,556 \cdot 10^{-28}$ g	S. 238
		Meßwert	$9{,}109\,558 \cdot 10^{-28}$ g	$\pm\,0{,}0032$ ‰
m_π	Pion-Masse, geladen	$m \cdot \varphi/2\pi$	$2{,}488\,188 \cdot 10^{-25}$ g	S. 223
		Meßwert	$2{,}488\,062 \cdot 10^{-25}$ g	$\pm\,0{,}046$ ‰
$m_{\pi o}$	Pion-Masse, neutral	Meßwert	$2{,}405\,982 \cdot 10^{-25}$ g	$\pm\,0{,}055$ ‰
m_n	Neutron-Masse	Meßwert	$1{,}674\,920 \cdot 10^{-24}$ g	$\pm\,0{,}0055$ ‰
τ_n	Neutron-Lebensdauer 932 sec ;		Neutron-Zerfallsenergie $0{,}78$ MeV	

e Elementarladung $1{,}602\,1917 \cdot 10^{-19}$ $A{\cdot}sec$; $\quad \langle 4{,}803\,250 \cdot 10^{-10}(erg{\cdot}cm)^{1/2}\rangle$ $\pm\,0{,}0044$ ‰

ε	Dielektrizitätskontante	$\langle 1/4\pi\rangle$	$8{,}854\,185 \cdot 10^{-14}$ $A\,sec/V\,cm$	S. 232
a	Feinstrukturkonstante	$e^2/2\,\varepsilon h c$; Meßwert	$1/137{,}03602$	$\pm\,0{,}0015$ ‰
r_k	Klass. Elektronradius	$e^2/8\pi\varepsilon m_e c^2$; $(\approx\lambda/\varphi)$	$1{,}408\,969 \cdot 10^{-13}$ cm	S. 243
	Bohrsches Magneton	$e h/4\pi m_e$	$0{,}927\,410 \cdot 10^{-19}$ $A{\cdot}cm^2$	S. 237
μ_1	Elementar-Magnetmoment	$e h/2m$	$3{,}173\,989 \cdot 10^{-22}$ $A{\cdot}cm^2$	S. 233
Φ_1	Elementar-Magnetfluß	$\varphi a h/e$	$2{,}821\,206 \cdot 10^{-17}$ $V{\cdot}sec$	S. 235
τ	Elementardauer	h/mc^2	$4{,}408\,383 \cdot 10^{-24}$ sec	S. 146
λ	Elementarlänge	h/mc	$1{,}321\,600 \cdot 10^{-13}$ cm	S. 146

[$=$ realer Radius von Proton (S. 218), Pion (S. 223), Elektron (S. 243); Urkapazität]

V_1	Elementar-Volumen	$(4\pi/3) \cdot \lambda^3$	$0{,}966\,917 \cdot 10^{-38}$ cm^3	S. 147
ϱ_1	Elementar-Massendichte (Nukleon)	m/V_1	$1{,}729\,635 \cdot 10^{14}$ g/cm^3	S. 147
η_1	Elementar-Wirkungsdichte	h/V_1	$0{,}685\,291 \cdot 10^{12}$ $g/cm{\cdot}sec$	S. 147
χ_1	Elementar-Wirkungsintensität	$h/\lambda\tau$	$1{,}137\,326 \cdot 10^{10}$ dyn	S. 147
K_π	Kernkraft	$(\varphi/\pi) \cdot h/\lambda\tau$	$0{,}338\,419 \cdot 10^{10}$ dyn	S. 227
η	Welt-Wirkungsdichtezahl ;		$\eta_{eff_0} = 1/141$	S. 197
φ	Partikel-Wirkungsintens.zahl (Feldkonstante)		$_1\Sigma(n+\tfrac{1}{2})^{-2} = 0{,}934\,802\,200$	S. 218
Y	Welt-Wirkungsintens.zahl (Existenzvariable)		$3Z\eta_{eff}$; $\quad Y_0 = 0{,}21286 \cdot 10^{40}$	S. 194
G_e	Elektrostat. Grundk. $(m_{es}/m)(2/\varphi) \cdot h c/e^2 = 1/4\pi\varepsilon$;		$2{,}307\,121 \cdot 10^{-19}$ $dyn{\cdot}cm^2/e^2$	S. 247
G	Gravitationsfaktor	$(2/Y) h c/m^2$;	$G_0 = 6{,}6732 \cdot 10^{-8}$ $dyn{\cdot}cm^2/g^2$	S. 194

Z Zeitzahl (Welt-Parameter) T/τ , R/λ $\quad$; $\quad Z_0 = 10^{41}$; $\quad Z_i = 7 \cdot 10^{39}$

T Welt-Alter $Z{\cdot}\tau$ $\quad$; $\quad T_0 = 14$ milliarden Jahre $\quad = 44 \cdot 10^{16}$ sec

R Welt-Tiefe $Z{\cdot}\lambda$ (Weltradius) ; $\quad R_0 = 14$ milliarden Lichtjahre $= 13 \cdot 10^{27}$ cm

V Welt-Volumen $Z^3 {\cdot} V_1$ (param.) ; $\quad V_0 = 10^{70}$ Kubik-Kilometer $= 10^{85}$ cm^3

M	Welt-Masse, total (Neutrinos + Nukleonen)	;	$M_0 = 2 \cdot 10^{55}$ g	S. 200
M_r	Welt-Ruhemasse, materiell (Nukleonen)	;	$M_{r0} = 1 \cdot 10^{55}$ g	S. 200
ϱ	Welt-Massendichte, total (Neutrinos + Nukl.);		$\varrho_0 = 2 \cdot 10^{-30}$ g/cm^3	S. 200
ϱ_r	Welt-Ruhemassendichte, materiell (Nukl.)	;	$\varrho_{r0} = 1 \cdot 10^{-30}$ g/cm^3	S. 200

Sonne: $\quad 1{,}98 \cdot 10^{33}$ g Masse ; $\quad 1{,}18 \cdot 10^{57}$ Nukleonen ; $\quad 696\,000$ km Radius

1 Jahr (sid.) $\quad = \quad 365{,}256$ Tage $\quad = \quad 3{,}1558 \cdot 10^7$ sec $\quad = 7{,}1587 \cdot 10^{30}$ τ

1 Lichtjahr $\quad = \quad 0{,}3066$ Parsec $\quad = \quad 9{,}4608 \cdot 10^{17}$ cm $\quad = 7{,}1587 \cdot 10^{30}$ λ

k_b Boltzmann-Konstante $1{,}380\,622 \cdot 10^{-16}$ $erg/°K$; $\quad$ 1 cal $= 4{,}184 \cdot 10^7$ erg $= 4{,}184$ $W{\cdot}sec$

Masseneinheit $\quad C^{12}/12 \quad = \quad 931{,}4812$ MeV/c^2 $\quad = 1{,}660\,5311 \cdot 10^{-24}$ g

1 MeV $\quad = 1{,}602\,1917 \cdot 10^{-6}$ erg ; $\quad$ 1 MeV/c^2 $= 1{,}782\,6781 \cdot 10^{-27}$ g

1 eV/Partikel $= 11604{,}85$ $°K$ (Energie $= k_b {\cdot} Temp.$) ; $\quad \pi = 3{,}141\,592\,654$

Meßwerte mit Standard Abweichung: Rev. of mod. Phys. 1973. $\quad$ Heutige kosmische Werte mit Null-Index.